Volker Happe · Gustav A. Horn · Kim Otto

Das Wirtschaftslexikon

Begriffe · Zahlen
Zusammenhänge

DIETZ

Bibliografische Information der Deutschen Nationalbibliothek

Die Deutsche Nationalbibliothek verzeichnet
diese Publikation in der Deutschen Nationalbibliografie;
detaillierte bibliografische Daten sind im Internet
über *http://dnb.dnb.de abrufbar*.

ISBN 978-3-8012-0473-0

3., aktual. u. erw. Aufl., 2017

Satz und Layout:
Kempken DTP-Service | Satztechnik · Druckvorstufe · Mediengestaltung, Marburg

Tabellen, Diagramme, Grafiken, Karten:
Kempken DTP-Service | Satztechnik · Druckvorstufe · Mediengestaltung, Marburg
[Nach Entwürfen und Vorgaben der Autoren]

Umschlagentwurf: Groothuis, Lohfert, Consorten, Hamburg
Umschlaggestaltung: Antje Haack | Lichten, Hamburg

Druck und Verarbeitung: CPI – Ebner & Spiegel GmbH, Ulm

Inhalt

Vorwort

Angesichts der fortschreitenden Ökonomisierung fast aller Lebensbereiche ist es heute unerlässlich, wirtschaftliche Vorgänge zu verstehen. »Das Wirtschaftslexikon« erklärt und illustriert ökonomische Grundlagen und Fachbegriffe, es erschließt wichtige Themen der wirtschaftspolitischen Debatte und macht damit die Teilnahme am demokratischen Diskurs möglich.

Die mehr als 1.400 Stichwörter werden von mehr als 60 Tabellen, Grafiken und Karten anschaulich ergänzt. So lassen sich alle grundlegenden Zusammenhänge des Wirtschaftslebens leicht erfassen, zum Beispiel eine angebots- oder nachfragorientierte Wirtschaftspolitik oder die Triebfedern und Mechanismen der Globalisierung. Gängige Schlagwörter zur Wirtschaftspolitik und zur aktuellen Euroraumkrise (wie »EFSF«, »Eurobonds «, »Rettungsschirm«, »Rekapitalisierung« oder »Hair Cut«) wurden in angemessener Form berücksichtigt. Das Lexikon trägt auch dem Deutungswandel Rechnung, der durch die Finanzkrise im Jahr 2008 ausgelöst wurde. Die wissenschaftliche Diskussion um staatliche Eingriffe ins Wirtschaftsgeschehen im Allgemeinen und der Wirksamkeit von Konjunkturpaketen im Besonderen hat sich grundlegend gewandelt. Die weit verbreitete Skepsis ist einer wesentlich positiveren Sichtweise gewichen, die auch im Lexikon ihren Niederschlag findet.

Querverweise in den einzelnen Artikeln machen auf verwandte Themen und Begriffe im Lexikon aufmerksam (siehe die Benutzerhinweise S. 11). Hinzu kommen ausführliche zentrale Statistiken, die den Wirtschaftsprozess mit Daten und Fakten anschaulich machen – zum Beispiel zur Entwicklung des Bruttoinlandsprodukts in Deutschland, der Beschäftigung oder des Bundeshaushalts. Ferner verdeutlichen Zeitleisten zur wirtschaftspolitischen Geschichte Westdeutschlands und der DDR die großen Entwicklungslinien der letzten 60 Jahre im Überblick und helfen, ihre historische Bedeutung einzuordnen. Am Schluss soll ein gut sortierter Serviceteil mit Internetlinks den Leserinnen und Lesern die Möglichkeit bieten, sich rasch zuverlässige Wirtschaftsdaten und wirtschaftliches Wissen im Internet zu beschaffen, um in dieser rasch sich entwickelnden Zeit stets über aktuelle Informationen verfügen zu können.

Die Autoren fühlen sich Ursula Grosse-Grollmann, Mouna Maaroufi und Sabine Malsbender sowie Michael Dauderstädt, Peter Hohlfeld, Gerd Kempken, Mario Müller und Alexander Behrens zu herzlichem Dank verpflichtet für Ihre Mitarbeit, Unterstützung und Kritik.

Düsseldorf/Köln im Frühjahr 2009 *Volker Happe, Gustav Horn, Kim Otto*

Vorwort zur 2. Aufl.

Seit dem Erscheinen der ersten Auflage des Wirtschaftslexikons sind zwei Jahre vergangen. Zwei Jahre sind unter normalen Umständen und bei dem üblicherweise gemäßigten Tempo ökonomischen Begriffswandels keine allzu lange Zeit. Aber die Zeiten sind nicht normal, und der Begriffswandel vollzieht sich mit erhöhter Geschwindigkeit. Standen vor zwei Jahren noch die Folgen der globalen Finanzkrise im Mittelpunkt des wirtschaftlichen Geschehens, ist es mittlerweile die Krise des Euroraums und die durch sie geprägten, teilweise neuen Begriffe. Dem wurde in dieser zweiten Auflage durch das Hinzufügen zahlreicher neuer Stichworte Rechnung getragen; einige ältere wurden gestrichen oder überarbeitet. Daneben wurden – wo nötig – die Datenstände in den Abbildungen und Tabellen aktualisiert.

Diese recht umfangreichen Arbeiten wären ohne zahlreiche helfende Hände in der kurzen, zur Verfügung stehenden Zeit nicht möglich gewesen. Die Autoren danken besonders Peter Hohlfeld für die Aktualisierung der Daten zur volkswirtschaftlichen Gesamtrechnung. Außerdem Dank an Kristin Baars, Alexander Behrens, Ursula Grosse-Grollmann, Fabian Lindner, Silke Tober und Henner Will für ihre wertvolle Unterstützung.

Düsseldorf/Köln im Herbst 2011 *Volker Happe, Gustav Horn, Kim Otto*

Vorwort zur 3. Aufl.

Sechs Jahre sind seit der zweiten Auflage des Wirtschaftslexikons vergangen. Es waren wirtschaftspolitisch wieder unruhige Zeiten. Auch die Europäische Union kommt nicht zur Ruhe. Am 24. Juni 2016 stimmte eine knappe Mehrheit der Wähler des Vereinigten Königreichs für den Austritt aus der Europäischen Union (»Brexit«). Ein Paukenschlag. Gleichzeitig liegen die Verhandlungen über das Transatlantische Freihandelsabkommen zwischen Europa und Amerika auf Eis und haben unter dem neuen amerikanischen Präsidenten Donald Trump kaum eine Chance, wieder aufgenommen zu werden. Donald Trump meint es offenbar ernst mit der Abschottung der heimischen Wirtschaft – es droht eine neue Ära des weltweiten Protektionismus.

Gleichzeitig wandeln sich die Volkswirtschaften der Staaten enorm. Es wird von einer digitalen Revolution gesprochen. Industrie 4.0 lautet der Begriff für die moderne Technologie und Produktion im Zeitalter der digitalen Revolution. Damit wird nicht nur die industrielle Entwicklung weiterer Technologien beschrieben, sondern auch eine geänderte Produktions- und Arbeitswelt im globalen Zeitalter. Die digitale Revolution verändert Lebens- und Arbeitswelten so stark, dass manche Ökonomen ein zweites Maschinenzeitalter ausrufen.

Diesen Entwicklungen wurde in der dritten Auflage des Wirtschaftslexikons durch zahlreiche neue Stichworte Rechnung getragen; einige heute weniger bedeutende Begriffe wurden gestrichen, viele überarbeitet und auf den aktuellen Stand gebracht. Zudem wurden die Datenbestände in den Abbildungen und Tabellen aktualisiert.

Diese recht umfangreichen Arbeiten wären wieder ohne zahlreiche helfende Hände in der kurzen zur Verfügung stehenden Zeit nicht möglich gewesen. Die Autoren danken besonders Peter Hohlfeld und Felix Beywl für die Aktualisierung der Daten zur Volkswirtschaftlichen Gesamtrechnung. Außerdem Dank an Claudio Höll, Alexander Behrens, Ursula Grosse-Grollmann, Fabian Lindner, Silke Tober und Henner Will für ihre wertvolle Unterstützung.

Düsseldorf/Köln im Sommer 2017 *Volker Happe, Gustav Horn, Kim Otto*

Benutzerhinweise

Die Stichwörter sind in alphabetischer Reihenfolge geordnet, wobei, wie heute allgemein üblich, ä wie a, ö wie o und ü wie u eingeordnet sind. Werden im Artikel Stichwörter genannt, die einen eigenständigen Eintrag im Lexikon haben, ist dies nicht extra gekennzeichnet. Nur weiterführende Stichwörter im Lexikon, die nicht ausdrücklich genannt sind, werden am Ende von Artikeln mit ➠ angezeigt. Wird der Artikelbegriff im Artikeltext wiederholt, so steht seine Initiale als Abkürzung für Singular, Plural und alle Flexionen.

Alle übrigen Abkürzungen sind im separaten Abkürzungsverzeichnis erklärt (☛ S. 12 ff.).

Bitte beachten:

Dieses Lexikon benutzt aus Platzgründen nur die männliche Form (z. B. Arbeitnehmer). Sie soll beide Geschlechter repräsentieren.

Bei allen Zahlenangaben in Tabellen, Diagrammen und Grafiken sind geringfügige Abweichungen aufgrund mathematischer Rundungen möglich.

Für Anregungen oder Kritik richten Sie sich bitte an:

Verlag J. H. W. Dietz Nachf. GmbH
Redaktion *Wirtschaftslexikon*
Dreizehnmorgenweg 24
53175 Bonn
E-Mail: alexander.behrens@dietz-verlag.de

Abkürzungsverzeichnis

A

ABM	Arbeitsbeschaffungsmaßnahmen
ABS	Asset Backed Securities (Mit Aktivposten abgesicherte Wertpapiere)
Abs.	Absatz
ADB	Asian Development Bank (Asiatische Entwicklungsbank)
AEntG	Arbeitnehmerentsendegesetz
AEX	Amsterdam EXchange Index (Amsterdam Börsenindex)
AfA	Absetzung für Abnutzung
AfDB	African Development Bank (Afrikanische Entwicklungsbank-Gruppe)
AFG	Arbeitsförderungsgesetz
AFRASEC	Afro-Asian Organization for Economic Development (Afro-asiatische Organisation für wirtschaftliche Zusammenarbeit)
AFRG	Arbeitsförderungs-Reformgesetz
afrik.	afrikanisch
AFTA	ASEAN Free Trade Area (ASEAN-Freihandelszone)
AG	Aktiengesellschaft
AGB	Allgemeine Geschäftsbedingungen
AKI	Arbeitskostenindex
AKP	Afrikanisch-Karibisch-Pazifisch
AktG	Aktiengesetz
ALG	Arbeitslosengeld
amerik.	amerikanisch
AMEX	American Stock Exchange (Amerikanische Börse)
AMF	Arab Monetary Fund (Arabischer Währungsfonds)
angloamerik.	angloamerikanisch
AO	Abgabenordnung
APEC	Asian-Pacific Economic Cooperation (Asiatisch-pazifische Wirtschaftskooperation)
ArbZG	Arbeitszeitgesetz
Art.	Artikel
ASEAN	Association of Southeast Asian Nations (Verband Südostasiatischer Länder)
asiat.	asiatisch
AÜG	Arbeitnehmerüberlassungsgesetz
AWG	Außenwirtschaftsgesetz

B

BA	Bundesanstalt für Arbeit
BaFin	Bundesanstalt für Finanzdienstleistungsaufsicht
BAföG	Bundesausbildungsförderungsgesetz
BAKred	Bundesaufsichtsämter für das Kreditwesen
BAV	Bundesaufsichtsamt für das Versicherungswesen
BAWe	Bundesaufsichtsamt für den Wertpapierhandel
BetrVG	Betriebsverfassungsgesetz
BDI	Bundesverband der Deutschen Industrie
BGB	Bürgerliches Gesetzbuch
BHO	Bundeshaushaltsordnung
Bio.	Billion
BIP	Bruttoinlandsprodukt
BIZ	Bank für Internationalen Zahlungsausgleich
BRD	Bundesrepublik Deutschland
brit.	britisch
BSP	Bruttosozialprodukt
BstatG	Bundesstatistikgesetz
BvS	Bundesanstalt für vereinigungsbedingte Sonderausgaben

BWL Betriebswirtschaftslehre

C

CDO Collateralized Debt Obligations (Forderungsbesicherte Schuldverschreibung)
CDS Credit Default Swap (Kreditausfallversicherung)
CDU Christlich Demokratische Union
CSU Christlich-Soziale Union

D

DAX Deutscher Aktienindex
DDR Deutsche Demokratische Republik
DGB Deutscher Gewerkschaftsbund
d. h. das heißt
DIHK Deutscher Industrie- und Handelskammertag
DIW Deutsches Institut für Wirtschaftsforschung
DM Deutsche Mark
dt. deutsch

E

EAC East African Community (Ostafrikanische Gemeinschaft)
Ecofin Economic and Financial Affairs Council (Rat Wirtschaft und Finanzen der EU)
ECU European Currency Unit (Richtwährung und Rechnungseinheit des EWS)
EDA European Debt Agency (Europäische Schuldenagentur)
EEA Einheitliche Europäische Akte
EFRE Europäischer Fonds für die regionale Entwicklung
EFSF European Financial Stability Facility (Fazilität für Europäische Finanzmarktstabilität)
EFTA European Free Trade Association (Europäische Freihandelsassoziation / -zone)
EFZG Entgeltfortzahlungsgesetz
EG Europäische Gemeinschaft
EGKS Europäische Gemeinschaft für Kohle und Stahl
EGB Europäischer Gewerkschaftsbund
EIP Excessive Imbalance Procedure (Verfahren bei einem übermäßigen Ungleichgewicht)
engl. englisch
EnWG Energiewirtschaftsgesetz
EOE European Options Exchange (Europäische Optionsbörse)
EPZ Europäische Politische Zusammenarbeit
ERP European Recovery Program (Marshall-Plan)
ESF European Social Fund (Europäischer Sozialfonds)
ESM European Stability Mechanism (Europäischer Stabilitätsmechanismus)
EstG Einkommensteuergesetz
ESVG Europäisches System Volkswirtschaftlicher Gesamtrechnungen
etc. et cetera
EU Europäische Union
europ. europäisch
EVS Einkommen- und Verbrauchsstichprobe
EVG Europäische Verteidigungsgemeinschaft
EWF Europäischer Währungsfonds
EWG Europäische Wirtschaftsgemeinschaft
EWR Europäischer Wirtschaftsraum
EWS Europäisches Währungssystem
EWU Europäische Währungsunion
EWWU Europäische Wirtschafts- und Währungsunion
EZB Europäische Zentralbank

F

FAO Food and Agriculture Organization (Ernährungs- und

	Landwirtschaftsorganisation)
Fed	Federal Reserve System (US-Zentralbank)
FinDAG	Gesetz über die integrierte Finanzdienstleistungsaufsicht
FDP	Freie Demokratische Partei
frz.	französisch
FuE	Forschung und Entwicklung

G

g	Gramm
GATS	General Agreement on Trade in Services (Allgemeines Abkommen über den Handel mit Dienstleistungen)
GATT	General Agreement on Tariffs and Trade (Allgemeines Zoll- und Handelsabkommen)
gegr.	gegründet
GG	Grundgesetz
GKV	Gesetzliche Krankenversicherung
GmbH	Gesellschaft mit beschränkter Haftung
GPV	Gesetzliche Pflegeversicherung
GRV	Gesetzliche Rentenversicherung
GWB	Gesetz gegen Wettbewerbsbeschränkungen

H

HGB	Handelsgesetzbuch
HGrG	Gesetz über die Grundsätze des Haushaltsrechts des Bundes und der Länder
HRE	Hypo Real Estate
HVPI	Harmonisierter Verbraucherpreisindex

I

IAB	Institut für Arbeitsmarkt- und Berufsforschung der Bundesagentur für Arbeit
IASB	International Accounting Standards Board (Internationales Rechnungslegungsstandardgremium)
IBRD	International Bank for Reconstruction and Development (Internationale Bank für Wiederaufbau und Entwicklung)
IDB	Islamic Development Bank (Islamische Entwicklungsbank)
ICU	International Clearing Union (Internationale Verrechnungsunion)
i. d. R.	in der Regel
ifo	Institut für Wirtschaftsforschung
IFRS	International Financial Reporting Standards (Internationale Rechnungslegungsvorschriften)
IfW	Institut für Weltwirtschaft
IHK	Industrie- und Handelskammer
i. H. v.	in Höhe von
IKB	Deutsche Industriebank AG
IKT	Informations- und Kommunikationstechnologie
ILO	International Labour Organization
IMF	International Monetary Fund (Internationaler Währungsfonds)
IMK	Institut für Makroökonomie und Konjunkturforschung in der Hans-Böckler-Stiftung
INSM	Initiative neue soziale Marktwirtschaft
InsO	Insolvenzordnung
IOSCO	International Organization of Securities Commissions (Internationale Organisation der Wertpapieraufsichtsbehörden)
IPCC	Weltklimarat
IW	Institut der deutschen Wirtschaft
IWF	Internationaler Währungsfonds
IWH	Institut für Wirtschaftsforschung Halle

K

KAG	Kapitalanlagegesellschaft

KfW	Kreditanstalt für Wiederaufbau
kg	Kilogramm
KG	Kommanditgesellschaft
KgaA	Kommanditgesellschaft auf Aktien
KOF	Konjunkturforschungsstelle
KSchG	Kündigungsschutzgesetz
KSt	Körperschaftssteuer
KStG	Körperschaftssteuergesetz
KWG	Kreditwesengesetz

L

lat.	latein, lateinisch
LDCs	Less/Least Developed Countries (Entwicklungsländer)
LHO	Landeshaushaltsordnung
LLDCs	Landlocked Developing Countries (Länder ohne Meereszugang)

M

MBS	Mortgage Backed Securities (Hypothekenbesicherte Wertpapiere)
Mio.	Million
Mrd.	Milliarde
MuSchuG	Gesetz zum Schutz der erwerbstätigen Mutter/Mutterschutzgesetz

N

NachwG	Nachweisgesetz
NAFTA	North American Free Trade Agreement (Nordamerikanisches Freihandelsabkommen)
NAIRU	Non Accelerating Inflation Rate of Unemployment (Arbeitslosenquote, die die Inflation nicht beschleunigt)

O

OHG	Offene Handelsgesellschaft
OECD	Organization for Economic Cooperation and Development (Organisation für wirtschaftliche Zusammenarbeit und Entwicklung)
OPEC	Organization of Oil Exporting Countries (Organisation erdölexportierender Länder)
österr.	österreichisch
OTC	Over The Counter (außerbörslich)

P

pazif.	pazifisch
PPP	Public Private Partnership (Öffentlich-private Partnerschaft)
PSA	Personal-Service-Agenturen

R

REIT	Real Estate Investment Trusts ((Immobilien-Aktiengesellschaften mit börsennotierten Anteilen)
RGW	Rat für gegenseitige Wirtschaftshilfe
RM	Reichsmark
ROI	Return on Investment (Investitionsrendite)
russ.	russisch
RWI	Rheinisch-Westfälisches Wirtschaftsforschungsinstitut

S

SAM	Strukturanpassungsmaßnahme
SchwarzArbG	Gesetz zur Bekämpfung der Schwarzarbeit und illegalen Beschäftigung
schwed.	schwedisch
SGB	Sozialgesetzbuch
SIDS	Small Island Developing States (Kleine Insel Entwicklungsländer)
SIMAP	Système d'information pour les marchés publics (Informationssystem für öffentliche Märkte)
SNA	System of National Accounts (System der volkswirtschaftlichen Gesamtrechnung)
SoFFin	Sonderfonds Finanzmarktstabilisierung
sog.	sogenannt

SolzG Solidaritätszuschlaggesetz
SPD Sozialdemokratische Partei Deutschlands
SPV Special purpose vehicle
StWG Gesetz zur Förderung der Stabilität und des Wachstums der Wirtschaft
SZR Sonderziehungsrechte

T

TARP Troubled Asset Relief Program (Rettungsprogramm für gefährdete Vermögenswerte)
TRIMS Trade-Related Investment Measures (Allgemeines Abkommen über handelsbezogene Investitionsmaßnahmen)
TRIPS Trade-Related Aspects of Intellectual Property Rights (Abkommen über handelsbezogene Aspekte der Rechte des geistigen Eigentums)
TVG Tarifvertragsgesetz
TzBfG Teilzeit- und Befristungsgesetz

U

u. a. und and[e]re(s); unter and[e]rem, unter ander[e]n
UdSSR Union der Sozialistischen Sowjetrepubliken
UEMOA Union Economique et Monétaire Ouestafricaine (Westafrikanische Wirtschafts- und Währungsunion)
UNCTAD United Nations Conference on Trade and Developemt (Konferenz der Vereinten Nationen für Handel und Entwicklung)
UNO United Nations Organization (Vereinte Nationen)
US-amerik. US-amerikanisch
UWG Gesetz gegen unlauteren Wettbewerb
u. U. unter Umständen

V

v. a. vor allem/vor allen
VAG Versicherungsaufsichtsgesetz
VermBG Vermögensbildungsgesetz
VGR Volkswirtschaftliche Gesamtrechnung
VWL Volkswirtschaftslehre
VZBV Verbraucherzentrale Bundesverband

W

WIFO Wirtschaftsforschungsinstitut
WiStruktG Gesetz über die Gemeinschaftsaufgabe »Verbesserung der regionalen Wirtschaftsstruktur«
WKM Wechselkursmechanismus
WpHG Wertpapierhandelsgesetz
WSI Wirtschafts- und Sozialwissenschaftliches Institut in der Hans-Böckler-Stiftung
WTO World Trade Organization (Welthandelsorganisation)
WWU Wirtschafts- und Währungsunion

Z

z. B. zum Beispiel
ZEW Zentrum für Europäische Wirtschaftsforschung GmbH
ZollVG Zollverwaltungsgesetz
z. T. zum Teil

Abfindung

Bezeichnet im Arbeitsrecht den gesetzlichen Anspruch auf eine einmalige finanzielle Entschädigung, um den Arbeitsplatzverlust eines Arbeitnehmers auszugleichen. Nach der Rechtsprechung hat ein Arbeitnehmer ein Anrecht auf eine A., wenn ein Arbeitsgericht festgestellt hat, dass die Kündigung »sozial ungerechtfertigt« ist und das Arbeitsverhältnis dennoch aufgelöst wird. Die Höhe der A. wird von den Arbeitsgerichten mit Berufung auf das Kündigungsschutzgesetz festgelegt. I. d. R. wird pro Jahr Betriebszugehörigkeit ein Monatsverdienst gezahlt. Die A. steigt, je länger die Betriebszugehörigkeit und je älter der Arbeitnehmer ist.

Abgaben

Gesetzlich festgelegte Geldzahlungen an öffentlich-rechtliche Körperschaften (Bund, Länder, Gemeinden, Sozialversicherungsträger) und die Kirchen. Steuern und Zölle sind Pflichtabgaben ohne besondere Gegenleistung. Dagegen können Beiträge und Gebühren nur für eine öffentliche Leistung bei den Bürgern erhoben werden. Gebühren fallen an, wenn eine Leistung in Anspruch genommen wird. Dabei wird unterschieden zwischen Benutzungsgebühren (etwa die Müllabfuhr) oder Verwaltungsgebühren (z. B. Ausstellung eines Passes). Beiträge sind zu entrichten, wenn eine Leistung vom Staat bereitgestellt wird, unabhängig davon, ob sie auch tatsächlich in Anspruch genommen wird (z. B. Renten-, Kranken-, Arbeitslosen-, Pflegeversicherung).

Abgabeneigung

1. Bezeichnet eine Börsentendenz, die durch fallende Kurse gekennzeichnet ist. Die Verkäufe bestimmen die Kursentwicklung.
2. Maß für die Bereitschaft der Bürger, Steuern und Abgaben zu zahlen.

➡ Aktien ➡ Börse

Abgabeninzidenz

Zeigt an, wer eine Abgabe letztlich trägt. Z. B. kann der Arbeitgeberanteil an den Sozialabgaben, der zunächst von Unternehmen gezahlt werden muss, über höhere Preise ganz oder teilweise auf die Verbraucher abgewälzt werden. Die A. liegt dann beim Verbraucher. Trägt der Betrieb die Abgaben zulasten seines Gewinns selbst, liegt sie beim Unternehmen.

➡ Steuerüberwälzung

Abgabenkeil

Bezeichnet das Verhältnis von Arbeitskosten und Nettolöhnen. Während die Arbeitskosten sämtliche Kosten umfassen, die den Arbeitgeber belasten, z. B. für eine Arbeitsstunde, bezeichnet man mit Nettolohn nur den Betrag, der tatsächlich für den Arbeitnehmer übrig bleibt. Den Unterschied machen die Sozialbeiträge aus, die Arbeitgeber und Arbeitnehmer zahlen müssen, sowie die Einkommensteuer. Vielfach wird die Höhe des A. in einen Zusammenhang mit der Entstehung abgabeninduzierter Arbeitslosigkeit gebracht. Verglichen mit andern Ländern ist der A. in Deutschland relativ hoch wegen der relativ hohen Sozialbeiträge. Nach Berechnungen der OECD betrug er im Jahre 2016 für einen unverheirateten Arbeitnehmer, der einen durchschnittlichen Verdienst hat, 49,4 %. Für eine verheiratetes Paar mit 2 Kindern und durchschnittlichem Verdienst beträgt der Wert nur 38,8 %.

Abgabenquote

Bezeichnet das Verhältnis zwischen den gesamten Steuer- und Sozialabgaben

Tab. 1 Die Höhe der Abgabenlast in ausgewählten Staaten

Steuern und Sozialabgaben in % der Wirtschaftsleistung [Bruttoinlandsprodukt (BIP)]

Land	% vom BIP
Belgien	54,0
Deutschland	49,4
Ungarn	48,2
Frankreich	48,1
Italien	47,8
Österreich	47,1
Finnland	43,8
Tschechien	43,0
Slowenien	42,7
Lettland	42,6
Portugal	41,5
Griechenland	40,2
Spanien	39,5
Estland	38,9
Luxemburg	38,4
Türkei	38,1
Niederlande	37,5
Dänemark	36,5
Norwegen	36,2
Polen	35,8
Island	34,0
Japan	32,4
USA	31,7
Kanada	31,4
Großbritannien	30,8
Australien	28,6
Irland	27,1
Südkorea	22,2
Israel	22,1
Schweiz	21,8
Mexiko	20,1
Neuseeland	17,9
Chile	7,0

Quelle OECD (2016)

eines Landes und seiner Wirtschaftsleistung (Bruttoinlandsprodukt). An dieser Quote kann man die Belastung einer Volkswirtschaft mit staatlichen Abgaben festmachen.
Eine hohe Abgabenquote verweist i. d. R. auf eine umfangreiche staatliche Umverteilung.

Abgeltungsteuer

Quellensteuer auf Kapitaleinkünfte. Sie wird mit einem feststehenden Steuersatz erhoben und ist damit unabhängig vom persönlichen Einkommenssteuersatz. Ab 2009 wird in Deutschland auf Einkünfte aus Kapitalvermögen (§ 20 EStG) sowie private Veräußerungsgewinne (§ 23 EStG) Quellensteuer erhoben.
Dieser Steuer unterliegen Zinsen, Dividenden, Erträge aus Investmentfonds und Zertifikaten. Der Abgeltungssteuersatz beträgt 25 %. Hinzu kommen Solidaritätszuschlag und ggf. Kirchensteuer, in der Summe aber höchstens 28 %. Damit sind dann alle Steuerpflichten erledigt. Inländische Kreditinstitute, bei denen Wertpapiere hinterlegt sind, führen die Steuer direkt an die Finanzverwaltung ab. Früher wurden die Zinserträge der individuellen Einkommensteuer unterworfen und oft mit dem Spitzensteuersatz belegt. Wertpapierbesitzer wurden durch die Reform stark entlastet. Damit Steuerpflichtige mit einem niedrigen Einkommen nicht schlechtergestellt werden, besteht ein Veranlagungswahlrecht. Die Erträge können auch mit dem persönlichen Steuersatz versteuert werden.

Abhängig Beschäftigte

Erwerbstätige, die auf der Basis eines Arbeitsvertrages in Unternehmen, bei privaten Haushalten oder beim Staat beschäftigt sind.

ABM

→ Arbeitsbeschaffungsmaßnahmen

Abmahnung, allgemeine

Formelle schriftliche Verwarnung von Arbeitnehmern, welche ihren Pflichten im Betrieb nicht nachkommen, z. B. wiederholtes Zuspätkommen oder schlechte Arbeitserfüllung. Die A. ist notwendig, um einem Arbeitnehmer kündigen zu können und sie ist in § 314, Abs. 2 **B**ürgerliches **G**esetz**b**uch (BGB) festgelegt.

→ Kündigung

Abmahnvereine

Werden häufig von bestimmten Branchen oder Berufsgruppen gegründet, um gezielt nach Verstößen gegen wettbewerbsrechtliche Vorschriften zu suchen. Diese Wettbewerbsverstöße mahnt der Verein dann ab und fordert i. d. R. den Abgemahnten zur Abgabe einer Unterlassungserklärung auf. Grundlage hierfür ist das Gesetz gegen den unlauteren Wettbewerb (UWG).

Absatz

Wird als Begriff in unterschiedlichen Sinnzusammenhängen verwendet. Er bezeichnet zum einen die Menge der abgesetzten Sach- oder Dienstleistungen innerhalb eines bestimmten Zeitraums. Er wird aber zum anderen auch für das Ergebnis aus verkauften Mengen und Preisen verwendet, steht also für Umsatz oder Erlös. Drittens meint A. den Verkauf und Vertrieb eines Produkts oder einer Dienstleistung, also die letzte Phase des betrieblichen Arbeitsprozesses. Zentrale Aufgabe des A. ist der Verkauf, d. h. die Abgabe der Güter und Leistungen gegen Geld. Durch den Verkauf fließt das im Betriebsprozess eingesetzte Kapital und Geld wieder in den Betrieb zurück, sodass neue Mittel für die Fortsetzung der Produktion vorhanden sind. Die Absatzpolitik umfasst alle unternehmerischen Entscheidungen und Aktivitäten, die dazu dienen, den Erfolg des Unternehmens am Markt zu sichern.

Absatzerwartungen

Werden von den Unternehmen erstellt und sollen den wahrscheinlichen zukünftigen Umsatz angeben. Für Unternehmen sind die A. ein wichtiger Bestandteil der betriebswirtschaftlichen Planung. Bevor mit der Kostenplanung begonnen wird, legt das Unternehmen die Absatzziele für die nächsten Perioden fest.

Abschreibungen

Bezeichnen den Wertverlust von Unternehmensvermögen. Der Wertverlust kann durch allgemeine Gründe wie Benutzung, Verbrauch, Alterung (planmäßige A.) oder durch unvorhergesehene Ereignisse wie Preisverfall und Unfallschaden (außerplanmäßige A.) eintreten. Einerseits werden A. vorgenommen, um den aktuellen Wert des Betriebsvermögens bestimmen zu können, anderseits mindern die A. als Betriebsausgaben den zu versteuernden Gewinn. Die A. werden buchhalterisch ermittelt – d. h., die Anschaffungs- oder Herstellkosten werden ohne Restwert ausgewiesen – und als Betriebsausgaben berücksichtigt. Die Abschreibungssumme sollte möglichst exakt der Wertminderung entsprechen. Bei der sog. linearen A. werden jährlich konstante Quoten bzw. Beträge geltend gemacht. Bei der sog. degressiven A. sinken die Abschreibungsbeträge von Periode zu Periode, und bei der sog. progressiven A. steigen die Abschreibungsbeträge periodisch.

→ Unternehmen

Abschwung

Phase im Konjunkturzyklus, in der die Wachstumsrate der gesamtwirtschaftlichen Produktion im Vergleich zur Vorperiode abnimmt. Zwar herrscht in einer solchen Phase immer noch Wachstum, das aber im Laufe der Zeit schwächer wird. Der A. liegt i. d. R. zwischen einem Boom und einer Rezession. Im ifo Geschäftsklimaindex ist ein A. als Phase mit guter Wirtschaftslage, aber negativen Geschäftserwartungen definiert.

Absicherungsgeschäft

Bezeichnet ein Termingeschäft, das zum Schutz gegen mögliche Verluste abgeschlossen wird, die durch Preisänderungen im Waren-, Devisen- oder Wertpapierverkehr entstehen können.
➟ Aktien ➟ Börse

Absolute Arbeitskosten

Arbeitskosten heißen alle Kosten, die durch den Einsatz von Arbeit in einem bestimmten Zeitraum verursacht werden. Sie bestehen im Kern aus den Bruttolöhnen und Bruttogehältern der Beschäftigten (Bruttoverdienste). Hinzu kommen die Sozialbeiträge der Arbeitgeber. Arbeitskosten werden i. d. R. pro Stunde ausgewiesen, und genau diese Kosten pro Stunde bezeichnet man als A. Nach Zahlen des Statistischen Bundesamtes betrugen die A. im Jahr 2015 im verarbeitenden Gewerbe 38,00 € und im Dienstleistungsbereich (ohne Staat) 29,90 € je Stunde. Damit lag Deutschland im EU-Vergleich auf Rang acht der A.

Absolute Einkommenshypothese

Besagt, dass die Nachfrage privater Haushalte nach Konsumgütern vom aktuellen Einkommen der Haushalte abhängig ist. Damit entsteht eine enge Verbindung zwischen laufendem Einkommen und laufendem Konsum. Keynesianische Modelle sehen in diesem Zusammenhang einen wichtigen Grund für die Verstärkung von Konjunkturschwankungen. Steigt die Arbeitslosigkeit an, während die Löhne nur schwach zunehmen, fällt folglich die Einkommensdynamik ebenfalls schwach aus.
Die A. besagt nun, dass in diesem Fall auch die Konsumdynamik zum Erliegen kommt. Die Konsequenz hieraus ist wiederum steigende Arbeitslosigkeit. So entsteht nach und nach eine Abwärtsspirale. Umgekehrt bildet sich eine Aufwärtsspirale, wenn die Arbeitslosigkeit sinkt und die Löhne steigen. In diesem Fall zieht der Konsum wieder an. Wachstum und Beschäftigung nehmen deutlich zu.

Absorption

1. Prozess, in dessen Verlauf eine bestimmte Menge angebotener Güter in einer Volkswirtschaft verkauft werden. Gesamtwirtschaftlich gesehen ist der Erfolg dieses Prozesses von der Einkommensentwicklung abhängig – einzelwirtschaftlich betrachtet vom Interesse der Käufer und vom relativen Preis.
2. Prozess, mit dessen Hilfe in einer Volkswirtschaft Schocks verarbeitet werden. Steigt z. B. der Ölpreis dramatisch an, werden die übrigen Preise steigen und das Wachstum zurückgehen. Wie und in welchem Ausmaß dies geschieht, bestimmt der Absorptionsprozess. Er kann sich mit der Zeit deutlich verändern. Das zeigte z. B. die Verarbeitung der Ölpreisschocks seit dem Jahr 2000, die im Vergleich zu den 1970er-Jahren sehr viel unschädlicher verlief.

Abwertung

Im Fall einer A. verliert eine Währung gegenüber einer oder mehreren anderen Währungen an Wert. Wenn z. B. der Wechselkurs des Euro gegenüber dem US-Dollar von 1,30 US-$ auf 1,20 US-$ fällt, wertet der Euro gegenüber dem US- Dollar ab. Man bekommt dann je Euro 10 US-Ct. weniger als vorher. Gesamtwirtschaftlich ist eine A. vorteilhaft für Exporteure. Obwohl die Kosten im Inland gleich bleiben, sinkt aufgrund der A. der Preis in Dollar. Sie können daher mehr Produkte in den USA absetzen. Der Export wird also steigen. Für Importeure und Reisende ins Ausland ist eine A. jedoch schädlich. Sie müssen für die importierten Produkte bzw. ihre Ausgaben im Ausland mehr in Inlandswährung zahlen als vor der A. Die Importe dürften also sinken und wegen der höheren Importpreise die Inflation steigen.

Abwertungswettlauf

[Auch: Abwertungsspirale] Entsteht, wenn einzelne Volkswirtschaften bewusst die Abwertung ihrer Währungen anstreben, um in den Genuss hierdurch ausgelöster Wachstumsvorteile zu kommen. Indem sie sich ständig wechselseitig unterbieten, fällt der Kurs der betroffenen Währungen auf den Devisenmärkten i. d. R. beträchtlich. Die Wachstumseffekte bleiben jedoch aus, wenn sich mehrere Länder, die durch intensiven Handel verbunden sind, am A. beteiligen. Denn in diesem Fall hat man gegenüber den wichtigsten Handelspartnern keine Währungsvorteile, die ja die Voraussetzung für Wachstumseffekte wären. Gleichwohl steigen in den beteiligten Volkswirtschaften die Importpreise spürbar an, was die Inflation angeheizt. Im Ergebnis führt ein A. daher i. d. R. nicht zu mehr Wachstum, sondern ausschließlich zu höherer Inflation.

Abwrackprämie

Bestandteil des Konjunkturpakets II, das im Zuge der Finanzmarktkrise von 2008/2009 beschlossen wurde. Die A. i. H. v. 2.500 € bekam jeder Autobesitzer, der sein mindestens 9 Jahre altes Auto verschrotten ließ und zugleich ein nach EU-Standards umweltverträgliches neues kaufte. Mit der A. verbanden sich 2 Ziele. Zum einen sollte der Kauf eines Neuwagens angeregt werden, um der Automobilindustrie konjunkturelle Impulse zu geben. Zum anderen sollte der Pkw-Bestand umweltfreundlicher werden.

Adaptive Erwartungen

Erwartungen, die sich aus vergangenen Ereignissen speisen und auf die Zukunft projiziert werden. Dies lässt sich am Beispiel von Inflationserwartungen erläutern: Herrschen in einem Haushalt oder Unternehmen A. zur Inflationsentwicklung vor, geht man dort davon aus, dass sich die Preise in der laufenden Periode genauso verändern werden wie in der vorhergehenden. Zugleich erinnert man sich an frühere Fehlerwartungen und nimmt entsprechende Korrekturen vor. Wurde z. B. in der jüngeren Vergangenheit die Inflationsrate ständig überschätzt, wird ein Unternehmen, das A. hegt, in seinen Berechnungen einen Abschlag vornehmen, um diesen Fehler zu vermeiden. Wesentlich ist dabei, dass A., anders als rationale Erwartungen, immer rückwärtsgewandt sind, also auf Informationen aus der Vergangenheit beruhen.

Ad-hoc-Pflicht

Bezeichnet die Pflicht eines Aktienunternehmens, Informationen, die den

Börsenkurs erheblich beeinflussen können, sofort zu veröffentlichen. Denn alle Investoren sollen die gleichen Informationen haben, um ihre Entscheidungen treffen zu können. Das gilt insbesondere auch für Bilanzzahlen oder Aktiengeschäfte der Vorstände. So soll verhindert werden, dass Insider ihr Wissen unerlaubt zu Geld machen. Die A. wird im § 15 des Wertpapierhandelsgesetzes geregelt. Aktienunternehmen sind verpflichtet der Ad-hoc-Publizitätspflicht nachzukommen, in dem sie ein weitverbreitetes elektronisches Informationssystem und ein Bündel von Medien zur europaweiten Verbreitung nutzen. Auf ihrer Internetseite müssen betroffene Unternehmen Ad-hoc-Meldungen fünf Jahre lang verfügbar machen, außerdem müssen sie die Meldungen ans Unternehmensregister schicken. Die BaFin schreitet ein, wenn Ad-hoc-Mitteilungen verspätet, falsch, unvollständig oder gar nicht herausgegeben werden. Werden die Pflichten zur A. verletzt, drohen hohe Schadensersatzpflichten gegenüber den Aktionären des Unternehmens.

Adverse Selektion

[Dt.: negative Risikoauslese] Bezeichnet einen Zustand, bei dem es auf einem Markt systematisch zu unerwünschten Ergebnissen kommt, weil der Käufer nur über unzureichende Informationen verfügt. Wissen die Nachfrager wenig über die Qualität eines Produktes, werden sie ihre Erwartung und Zahlungsbereitschaft an der Durchschnittsqualität des entsprechenden Produktes ausrichten. Die Anbieter werden Produkte mit höherer Qualität vom Markt nehmen, weil die Käufer nur bereit sind, Preise für Durchschnittsqualität zu zahlen. Als Folge sinkt die Durchschnittsqualität aller am Markt angebotenen Produkte. Die Käufer überprüfen wiederum ihre Qualitätseinschätzung und zahlen dann noch weniger für das Produkt. Weil jetzt Produkte mittlerer Qualität keine Käufer mehr finden, werden diese vom Markt genommen und die Durchschnittsqualität sinkt weiter. Am Ende dieses Prozesses werden nur noch Produkte mit einer sehr schlechten Qualität angeboten. Das erste Modell hierzu wurde 1970 von George A. Akerlof (* 17.6.1940) entwickelt. Für die Erforschung der A. wurden Akerlof 2001 sowie Andrew M. Spence (* 7.11.1943) und Joseph E. Stiglitz (* 9.2.1943) mit dem Nobelpreis für Wirtschaftswissenschaften ausgezeichnet.

→ Informationsasymmetrie

AEX

→ Amsterdam EXchange Index

Afrikanische Entwicklungsbank-Gruppe

Besteht aus der **Af**rican **D**evelopment **B**ank (AfDB, gegr. 1964), dem **Af**rican **D**evelopment **F**und (AfDF, gegr. 1972) und dem **N**igeria **T**rust **F**und (NTF, gegr. 1976). Ziel der Bankengruppe ist die Förderung der wirtschaftlichen und sozialen Entwicklung in den afrik. Mitgliedstaaten durch Vergabe von Krediten und eine fachkundige Beratung in allen wirtschaftlichen Angelegenheiten. V. a. Projekte von überregionaler wirtschaftlicher Bedeutung werden gefördert. Für viele unterentwickelte afrik. Staaten stellt die Kreditaufnahme bei der Bankengruppe eine wichtige Finanzierungsquelle für neue Investitionsprojekte dar. Viele geförderte Projekte kommen direkt den ärmsten Bevölkerungsschichten in Afrika zugute. Viele afrik. und nicht afrik. Staaten sind inzwischen Mitglieder und halten Anteile an der Bank. Seit 1979 können auch nicht afrik. Länder beitreten. Deutschland trat 1983 bei und auch Industrienationen wie die USA und Japan gehören diesem Bankenverbund an. Die Afrikanische Entwicklungsbank hat ihren Sitz in Abidjan/Côte d'Ivoire (Elfenbeinküste).

➠ Entwicklungspolitik

Agenda 2010

Der frühere Bundeskanzler Gerhard Schröder (SPD) stellte im März 2003 unter dem Namen A. Vorschläge zur Reform der sozialen Sicherungssysteme, des Arbeitsmarktes und der öffentlichen Finanzen vor. Die Zielsetzung fasste Schröder in seiner Regierungserklärung so zusammen »Wir werden die Leistungen des Staates kürzen, Eigenverantwortung fördern und mehr Eigenleistung von den Einzelnen fordern«. Die A. besteht aus insgesamt 30 Einzelvorhaben, wobei die meisten bis 1.1.2005 in Kraft getreten sind. Dazu gehört insbesondere die Arbeitsmarkt- und Sozialreform (Hartz IV), bei der die Arbeitslosen- und Sozialhilfe zum sog. Arbeitslosengeld (ALG) II zusammengelegt wurde. V. a. diese Reformen des Arbeitsmarktes lösten heftige innenpolitische Kontroversen aus.

➠ Sozialstaat

Agentur für Arbeit

Verwaltungsstelle der **B**undesagentur für **A**rbeit (BA), die vor dem 1.1.2004 »Arbeitsamt« hieß. Sie hat Arbeitnehmer über ihre beruflichen Entwicklungsmöglichkeiten zu beraten, ihnen Angebote zur Ausbildungs- oder Arbeitsaufnahme zu vermitteln und Leistungen der Arbeitsförderung anzubieten. Darüber hinaus sind Arbeitgeber umfassend zu informieren, und es gehört auch zu den Aufgaben der Agenturen, ihnen eine auf ihren Betrieb zugeschnittene Arbeitsmarktberatung und Vermittlung anzubieten [Sozialgesetzbuch (SGB) III, § 2]. Die örtliche Erreichbarkeit sollen bundesweit insgesamt 156 A. mit ca. 600 Niederlassungen sicherstellen.

Aggregierte Nachfrage

[Auch: gesamtwirtschaftliche Nachfrage] Summe der gesamten Nachfrage aller privaten Haushalte, Unternehmen, des Staates und des Auslands.

Agrarbericht

Laut Landwirtschaftsgesetz von 1955 ist die Bundesregierung verpflichtet, jährlich einen agrarpolitischen Bericht dem Deutschen Bundestag vorzulegen. In diesem werden die Einkommen in der Landwirtschaft, ihre allgemeine Lage und ihre Finanzsituation im Vergleich zu anderen Wirtschaftszweigen dargelegt.

Agrarmarktordnungen

Zentrale Instrumente der europ. Agrarpolitik, die den Marktprozess einzelner Agrarmärkte steuern. A. legen die Maßstäbe für die Preisbildung und den Marktausgleich bei Agrarprodukten fest, um das landwirtschaftliche Einkommen zu stabilisieren. Deshalb ist es das Ziel der einzelnen A., den EU-Binnenmarkt vom Weltmarkt mit seinen teilweise sehr niedrigen Preisen, abzugrenzen. Innerhalb der EU werden die Preise für Agrarprodukte künstlich hochgehalten, um die heimischen Produzenten vor Wettbewerbern aus dem Nicht-EU-Ausland zu schützen. Dadurch entstehen auch die z. T. viel niedrigeren Erzeuger- und Verbraucherpreise auf dem Weltmarkt. Die verschiedenen A. verfügen über unterschiedliche Steuerungsinstrumente, darunter Abschöpfungen, Ausfuhrprämien und Einfuhrkontingente.

Abschöpfungen sind Abgaben, welche auf die Einfuhr von Agrarprodukten in die EU erhoben werden. Dadurch wird der Preis für die Ware vom niedrigen Weltmarktniveau auf das Preisniveau des EU-Binnenmarktes gehoben. Ausfuhrvergütungen werden für den Export von Agrarprodukten aus der EU an den Exporteur gezahlt, damit die teurere Ware aus der EU auf dem Weltmarkt konkurrenzfähig ist. Die Höhe der Ausfuhrvergütung entspricht ungefähr dem Unterschied zwischen Weltmarktpreis und Binnenpreis in der EU. Die einzelnen A. greifen in unterschiedlich starker Form in den Marktprozess der jeweiligen Agrarmärkte ein. Die Zucker- bzw. Milchmarktordnung sieht z. B. staatliche Maßnahmen durch Mengenregulierung in der Produktion vor. Im Gegensatz dazu stehen die Obst- oder Gemüsemarktordnungen, die einen geringeren Produzentenschutz bieten. Bereits 1962 sind die ersten A. beschlossen worden.

Agrarpolitik

Umfasst alle staatlichen und institutionellen Maßnahmen, welche die Ordnung und Struktur oder die Prozesse in der Landwirtschaft beeinflussen. Die Ziele der A. umfassen gemäß § 1 des Landwirtschaftsgesetztes von 1955 sowie laut Art. 39 des EWG-Vertrages aus dem Jahr 1957: die Verbesserung der Lebensverhältnisse im ländlichen Raum; die Teilnahme der in der Landwirtschaft Tätigen an der allgemeinen Einkommens- und Wohlstandsentwicklung; die Versorgung der Bevölkerung mit qualitativ hochwertigen Nahrungsmitteln zu angemessenen Preisen; die Herbeiführung eines Marktgleichgewichts; die Erhaltung der natürlichen Produktionsgrundlagen (inbegriffen: die Pflege von Natur und Landwirtschaft). In jüngster Zeit kommt der A. auch eine zunehmende Bedeutung für den Umweltschutz und die Versorgung mit ökologisch produzierten Nahrungsmitteln zu. Neben den staatlichen Instanzen wirken auch Einrichtungen wie der Deutsche Bauernverband aktiv an der A. mit.

Mit der Gründung der Europäischen Wirtschaftsgemeinschaft (EWG) ging die Zuständigkeit für die Markt- und Preispolitik auf die Gemeinschaft über. Für die Agrarstrukturpolitik besitzt die Gemeinschaft jedoch nur begrenzte Entscheidungskompetenz. Die Ausführung bleibt in den Händen der Mitgliedstaaten.

➠ Agrarmarktordnungen

Akkommodierend

[Dt.: sich anpassend] Wird meist mit Blick auf einen bestimmten geldpolitischen Kurs verwendet. Die Geldpolitik verhält sich a., wenn sie sich an die aktuelle konjunkturelle Lage anpasst, d. h., wenn von ihr keine Impulse für Veränderungen ausgehen. Ein a. geldpolitischer Kurs steht also im Gegensatz zu jeder Art von Kurs, mit dem die Zentralbank die Konjunkturlage ändern will, sei er nun expansiv, um die Wirtschaft in einer Konjunkturschwäche zu stimulieren, oder restriktiv, um sie in einem Boom zu bremsen.

Akkord

Entlohnungsform für geleistete Arbeit. Beim sog. Stückgeldakkord werden die Arbeiter nach der Arbeitsleistung, die sie verrichten bezahlt. Je mehr Leistung die Arbeiter erbringen, desto mehr Geld verdienen sie. Beim sog. Stückzeitakkord bekommen die Arbeiter eine bestimmte Zeit vorgeschrieben, in der sie die Arbeit zu erledigen haben.

Akkumulation

Bezeichnet den ständigen Anstieg des Kapitalbestandes einer Volkswirtschaft. Als Grundvoraussetzung für das Wirtschaftswachstum nannte sie als erster David Ricardo (* 18.4.1772 † 11.9.1823). In seinem Hauptwerk »Das Kapital« griff Karl Marx (* 5.5.1818 † 14.3.1883) diesen Gedanken auf und erläuterte, wie eine Volkswirtschaft in konstanten Raten wachsen kann, wenn Kapital akkumuliert (angesammelt) wird. Danach ist die antreibende Kraft im Kapitalismus das Streben nach Profit. Der Kapitalist investiert sein Geld in Rohstoffe, Maschinen und Arbeitskräfte, um einen Gewinn mit den erzeugten Produkten zu erzielen. Diesen Gewinn (also Mehrwert) verwendet der Kapitalist einerseits für den privaten Gebrauch, andererseits investiert er in neue Maschinen, Rohstoffe oder Arbeitskräfte. Dadurch wächst die Wirtschaft konstant und ein Teil des Mehrwertes wird in Kapital verwandelt.

➞ Planwirtschaft

AKP-Staaten

[Engl.: **A**frican, **C**aribbean and **P**acific Group of States; dt.: AKP-Staaten/-Gruppe] Bezeichnet eine internationale Organisation von zurzeit 79 Ländern in den Regionen Afrika, Karibik und Pazifik. Diese Länder sind i. d. R. ehemalige Kolonien von EU-Mitgliedstaaten und bilden einen Schwerpunkt der europ. Entwicklungspolitik. Durch das Lomé-Abkommen sind viele der A. mit der EU verbunden. Durch dieses Abkommen ist es den A. erlaubt, zoll- und abgabefrei Produkte in die EU einzuführen. Außerdem erhalten sie u. a. Entwicklungshilfe und Politikberatung. Den A. steht ein Generalsekretariat mit Sitz in Brüssel (Belgien) vor.

Aktien

Anteil- oder Teilhaberpapier an dem Grundkapital einer Aktiengesellschaft. A. zerlegen das Grundkapital eines Unternehmens in kleine Anteile. Durch den Kauf stellt der Aktionär dem Unternehmen für unbestimmte Zeit Geld zur Verfügung. Im Gegenzug erhält der Aktionär einen Gewinnanteil aus dem Reingewinn der Aktiengesellschaft (Dividende) auf seine A. Außerdem erwirbt der Käufer pro A. ein Stimmrecht und kann damit auf der Hauptversammlung die Geschäftspolitik des Unternehmens beeinflussen. Das bedeutet, dass der Käufer dort grundsätzlich zu Entscheidungen des Unternehmens Stellung nehmen kann. Der Aktienwert wird an der Börse ermittelt und durch den Kurs der A. ausgedrückt. Der Wert der A. kann steigen oder fallen.

➞ Aktienemission

Aktienemission

Bezeichnet die Ausgabe von Aktien. Das Unternehmen, das die Aktien ausgibt, wird als Emittent bezeichnet. Investmentbanken platzieren die Aktien für die Unternehmen auf den Märkten und erhalten für ihre Dienstleistung einen prozentualen Anteil des Emissionserlöses. A. sind in 3 Situationen erlaubt: bei der Neugründung einer Aktiengesellschaft, bei der Umwandlung eines Unternehmens anderer Rechtsform in eine Aktiengesellschaft und bei der Ausgabe neuer – sog. junger – Aktien im Rahmen einer Kapitalerhöhung.

➞ Börse

Aktienfonds

Bezeichnet einen Investmentfonds, dessen Werte ganz oder vorwiegend aus Aktien bestehen. Er kann global als internationaler A. investieren oder nur Aktien aus speziellen Regionen, Ländern (geografisch) oder wirtschaftlichen Bereichen (Branchen) halten.

Aktiengesellschaft

Kapitalgesellschaft, deren Gesellschaftsvermögen in Aktien zerlegt ist und meist von verschiedenen Aktionären gehalten wird. Gesetzliche Grundlage ist das Aktiengesetz. Danach müssen mindestens 5 Gründer sowie 50.000 € Grundkapital vorhanden sein. Außerdem regelt das Aktiengesetz die Rechte und Pflichten der Aktionäre, die Gewinnverteilung und den organisatorischen Aufbau der A. Dazu gehören ein Vorstand (führt die Geschäfte), ein Aufsichtsrat (überwacht den Vorstand) und die Hauptversammlung der Aktionäre.

➠ Aktienemission

Aktiengesetz

➠ Aktiengesellschaft

Aktienindex

Beschreibt anhand einer einzelnen Zahl die aktuelle Kursentwicklung am Aktienmarkt. Er kann außerdem einzelne Aktiengruppen aus bestimmten Branchen oder Marktausschnitten (z. B. Neuer-Markt-Index) darstellen. Diese Zahlen sollen eine Orientierung über die Entwicklung am Aktienmarkt geben. Darum nennt man den A. auch Kursbarometer. Es gibt 2 verschiedene Aktienindizes, den Preisindex und den Performanceindex. Der Preisindex gibt die reine Preisentwicklung wieder. Beim Performanceindex wird der Wert der Aktie angegeben, der nach Auszahlung der Gewinne übrig bleibt. Die verschiedenen Aktienindizes werden von Banken, Zeitungen oder anderen Einrichtungen ermittelt und veröffentlicht. Der bekannteste dt. A. ist der »Deutsche Aktienindex«, kurz Dax. Zu den international bekanntesten zählen der amerik. Dow-Jones-Index und der asiat. Nikkei-Index.

➠ Aktien ➠ Börse

Aktienindex-Futures

Vertragliche Vereinbarungen mit dem Ziel, einen standardisierten Wert eines Aktienindex zu einem künftigen Zeitpunkt zu kaufen (Long Position) oder verkaufen (Short Position).

➠ Aktien ➠ Börse

Aktienkapital

➠ Grundkapital

Aktienkurs

Bezeichnet den Preis, zu dem eine Aktie am Markt gehandelt wird (Börsenpreisbildung).

➠ Börse

Aktienmarkt

Markt, auf dem Aktien gehandelt werden.

➠ Börse

Aktienpaket

Man spricht von A., wenn sich eine größere Anzahl von Aktien eines Unternehmens im Besitz einer einzelnen Person oder eines anderen Unternehmens befindet.

➠ Börse

Aktienrückkauf

Aktiengesellschaften können unter bestimmten Voraussetzungen die von ihnen emittierten (ausgegebenen) Aktien wieder zurückkaufen. Ziel eines solchen A. ist es zumeist, den Wert der verbleibenden Aktien am freien Markt zu erhöhen.

Aktiensplit

Bezeichnet die Teilung einer Aktie in 2 oder mehrere Aktien. Ein A. soll die Aktie optisch verbilligen und damit attraktiver machen. Aus teuren »schweren« Aktien werden dann billigere »leichte« Aktien gemacht, die besser zu handeln sind. Der einzelne Aktionär hält nach einem A. den gleichen Anteil an einem Unternehmen. Das Gesellschaftskapital verteilt sich einfach auf mehr Aktien als vorher. Dadurch ergibt sich für die Aktiengesellschaft weder eine Kapitalzufuhr noch ein Finanzierungseffekt.

➠ Börse

Aktienstimmrecht

Stimmrecht der Aktionäre. I. d. R. gewährt eine Aktie ein Stimmrecht. Ausgeübt wird das Stimmrecht auf der Hauptversammlung durch den Aktionär oder einen schriftlich legitimierten Bevollmächtigten. Sollte die Aktien sicherheitsübereignet sein, dann kann das Stimmrecht durch den Sicherungseigentümer oder einen Treuhänder ausgeübt werden. Die Form der Stimmrechtsausübung richtet sich gem. § 134, Abs. 4 Aktiengesetz nach der Satzung der jeweiligen Aktiengesellschaft.

Aktientausch

Bezeichnet den Austausch von Aktien zwischen Aktiengesellschaften zu einer Übernahme oder Beteiligung an einem Unternehmen. Dabei bezahlt eine Aktiengesellschaft einen Teil des Übernahmepreises mit eigenen Aktien. Diese werden folglich als Zahlungsmittel eingesetzt. Die Aktionäre des Konkurrenten, der übernommen wird, erhalten einen Teil des zugesagten Kaufpreises in Form von Aktien, im Tausch gegen ihre Anteilsscheine. Das kann sich für Aktiengesellschaften vor allem dann lohnen, wenn sie nicht über genügend eigenes Kapital hat und für die Übernahme keinen Kredit aufnehmen will. Je nach Tauschverhältnis der Aktien zueinander kann es sich aber auch für die Aktionäre lohnen. Gehören jedem Unternehmen mehr als 25 % des anderen Unternehmens, so unterliegen sie als »wechselseitig beteiligte Unternehmen« den gesetzlichen Bestimmungen für »verbundene Unternehmen« (§§ 291-327, 328 AktG).

Aktionär

Inhaber von Aktien. Dies können Personen oder Gesellschaften sein. Sie sind Teilhaber einer Aktiengesellschaft (AG) und damit am Gewinn oder Verlust in Höhe ihres Engagements beteiligt. Der Kauf von Aktien berechtigt, Einfluss auf die Unternehmenspolitik zu nehmen. Das bedeutet, dass der Hauptaktionär dort grundsätzliche Entscheidungen des Unternehmens mitverhandeln kann. Die Höhe des Einflusses hängt von dem eingesetzten Kapital ab. Je mehr Aktien der A. kauft, desto mehr Einfluss hat er. So besitzt der Kleinaktionär wenige Aktien und hat dadurch weniger Einfluss als der Großaktionär. Besitzt ein Aktionär oder eine Aktionärsgruppe mehr als 50 % des gesamten Aktienvolumens, spricht man von Mehrheitsaktionär. Im Gegensatz dazu gibt es auch den Minderheitsaktionär. Dieser kann Gebrauch von einem sog. Minderheitsrecht machen, wodurch er die Möglichkeit hat, eine unplanmäßige Hauptversammlung einzuberufen.

➠ Aktienstimmrecht

Aktiva

Bezeichnung für die einem Unternehmen frei zur Verfügung stehenden Vermögenswerte. Sie stehen auf der sog. Aktivseite seiner Bilanz. Sie zeigen, wie die finanziellen Mittel im Unternehmen eingesetzt werden. Bei der Bilanzaufstellung eines Unternehmens

Tab. 2 Aktueller Rentenwert in Ost und West

Gültigkeit von ... bis	Wert Ost (in €)	Wert West (in €)
1.7.2000–30.6.2001	21,74	24,99
1.7.2001–30.6.2002	22,06	25,31
1.7.2002–30.6.2003	22,70	25,86
1.7.2003–30.6.2004	22,97	26,13
1.7.2004–30.6.2005	22,97	26,13
1.7.2005–30.6.2006	22,97	26,13
1.7.2006–30.6.2007	22,97	26,13
1.7.2007–30.6.2008	23,09	26,27
1.7.2008–30.6.2009	23,34	26,56
1.7.2009–30.6.2010	24,13	27,20
1.7.2010–30.6.2011	24,13	27,20
1.7.2011–30.6.2012	24,37	27,47
1.7.2012–30.6.2013	24,92	28,07
1.7.2013–30.6.2014	25,74	28,14
1.7.2014–30.6.2015	26,39	28,61
1.7.2015–30.6.2016	27,05	29,21
1.7.2016–30.6.2017	28,66	30,45
Ab 1.7.2017	29,69	31,03

Quelle Deutsche Rente (2017)

(Bilanzierung) werden die A. auf der linken Seite der Bilanz ausgewiesen. Die Aktivseite der Bilanz unterteilt sich in 3 verschiedene Posten: Anlagevermögen, Umlaufvermögen und Rechnungsabgrenzungsposten.

➡ Passiva

Aktive Arbeitsmarktpolitik

➡ Arbeitsmarktpolitik

Aktueller Rentenwert

Bezeichnet seit dem 1.1.1992 den Betrag, der in der dt. gesetzlichen Rentenversicherung einer monatlichen Rente wegen Alters (Altersrente) entspricht, sofern für ein Kalenderjahr Beiträge gezahlt worden sind, die sich an der Höhe des Durchschnittsverdienstes bemessen. Er soll sicherstellen, dass die Renten auch weiterhin der aktuellen Lohnentwicklung angepasst werden. Zum 1.7.2004 und 2005 wurde die Anpassung der Renten per Gesetz ausgesetzt. Der A. ist in SGB VI, § 68 geregelt. Solange sich die Einkommensverhältnisse im Westen und Osten der Bundesrepublik Deutschland nicht angeglichen haben, gilt für die neuen Bundesländer ein eigener aktueller Rentenwert, der aktuelle Rentenwert (Ost).

➡ Altersvorsorge

Akzeleratorprinzip

[Dt.: Prinzip der Beschleunigung] Bezeichnet einen Prozess, bei dem sich das Investitionsvolumen von Unternehmen stark verändert, obwohl die Schwankungen in der Nachfrage relativ moderat sind. Ein Nachfrageimpuls setzt sich also beschleunigt (akzeleriert) in Investitionstätigkeit um. Das A. ist damit ein zentrales Element der keynesianischen Theorie und Empirie, denn es erklärt einerseits, warum eine gesteigerte Nachfrage einen Aufschwung auslösen kann, und andererseits, warum ein Rückgang der Nachfrage (Kontraktion) in einen Abschwung führt. Beides entsteht durch Investoren, die aufgrund von Veränderungen in der Nachfrage die Rentabilität ihrer Investitionen optimistischer oder pessimistischer einschätzen. Im Falle optimistischer Annahmen steigern Unternehmen ihre Investitionen sogar oft in einem stärkeren Ausmaß, als die Nachfrage gewachsen ist. Auf diese Weise beflügeln sie die Konjunktur und setzen eine Aufwärtsspirale in Gang. Das Gegenteil geschieht bei gedrückter Nachfrage. Die Unternehmen spüren den Absatzmangel, werden pessimistischer und reduzieren ihre Investitionen über den ursprünglichen Nachfragerückgang hinaus. Das Ergebnis ist eine Abwärtsspirale. Das A. erklärt, warum Investitionen deutlich höhere Schwankungen aufweisen als die übrigen Komponenten des Wirtschaftswachstums. Und es unterstreicht, wie bedeutsam die Rolle von Investitionen für konjunkturelle Wendepunkte ist.

➠ Multiplikatorprinzip

Allgemeine Geschäftsbedingungen (AGB)

Von Unternehmen vorformulierte Vertragsbedingungen, welche allen abgeschlossenen Verträgen zugrunde gelegt werden. Dabei müssen die AGB kein äußerlich gesonderter Bestandteil des Vertrags – das »Kleingedruckte« – sein oder gar in die Vertragsurkunde selbst aufgenommen werden. Allerdings gelten die AGB nur unter folgenden Voraussetzungen: Der Käufer muss entweder ausdrücklich auf die A. hingewiesen werden (im Vertrag) oder in zumutbarer Weise von ihrem Inhalt Kenntnis nehmen können (durch Aushang). Außerdem müssen die AGB normal lesbar und verständlich geschrieben sein, und der Käufer muss ihnen zustimmen. Geregelt ist die Verwendung von AGB im 2. Abschnitt des 2. Buchs des Bürgerlichen Gesetzbuchs (BGB), §§ 305-310.

Allgemeines Zoll- und Handelsabkommen (GATT)

[Engl.: **G**eneral **A**greement on **T**ariffs and **T**rade (GATT)] Trat am 1.1.1948 in Kraft. Ziel des Abkommens war, Zölle und Handelshemmnisse zwischen den Staaten nach und nach abzubauen und so die Weltwirtschaft zu liberalisieren. Durch den verstärkten weltweiten Warenaustausch sollen Produktion und Beschäftigungsgrad in den einzelnen Ländern erhöht und damit das Realeinkommen und der Lebensstandard in der Bevölkerung verbessert werden. Folgende Grundsätze standen bei den Verhandlungsrunden im Vordergrund: Abbau der Zölle, Abbau von mengenmäßigen Handelsbeschränkungen, Gewährung der allgemeinen Meistbegünstigung, d. h., dass jede Vertragspartei in den Genuss des günstigsten Zollsatzes sowie aller anderen vergünstigten Abgaben und Belastungen bei Ein- und Ausfuhr kommt, die eine Vertragspartei irgendeinem anderen Land einräumt. Außerdem tritt bei Handelsstreitigkeiten zwischen Vertragsstaaten ein gegliederter Konfliktlösungsablauf in Gang. Bei Unstimmigkeiten müssen die Vertragsparteien zunächst über Verhandlungen versuchen, Handelsprobleme eigenständig zu lösen. Gelingt dies nicht, wird der entsprechende Fachausschuss des GATT mit einem Schlichtungsversuch beauftragt. Wenn auch hier der Konflikt nicht zu lösen ist, setzt der Fachausschuss eine Sonderarbeitsgruppe für den speziellen Fall ein. Bei einem Scheitern der Konfliktlösung kann diese GATT-Sondereinheit Vergeltungen erlauben: z. B. Strafzölle für das Land, das zu einer Lösung des Handelsproblems nicht bereit ist. Weiterer Inhalt des GATT-Abkommens ist eine Handelserleichterung für Entwicklungsländer. Diese beinhaltet einen Zollerlass für Importe in Industrieländer. Um Entwicklungsländer zu stärken, ist die Handelserleichterung einseitig. Industrieländer bekommen keine Zollerleichterungen. In Ausnahmefällen soll es auch den Entwicklungsländern gestattet sein, Maßnahmen zu ergreifen, um den Handel mit eigenen Waren zu fördern. Dadurch soll dem Verkauf nationaler Waren Vorrang eingeräumt werden. Es gab 8 Verhandlungsrunden über den Abbau von Hindernissen im weltweiten Handel. Die letzte, die sog. Uruguay-Runde, wurde 1993 abgeschlossen. Mit dem Inkrafttreten der Vereinbarungen der »Uruguay-Runde« wurde die Welthandelsorganisation (**W**orld **T**rade **O**rganization, WTO) eingerichtet. Die WTO soll als Organisation Konflikte beilegen (institutionalisierte Beilegung) und damit das Vertrauen in die multilateralen (mehrseitigen) Handelsvereinbarungen stärken. Innerhalb der WTO ist das GATT eines der bedeutendsten Abkommen. Die WTO hat zurzeit 164 Mitgliedstaaten. Die Bundesrepublik Deutschland gehört dem GATT seit 1.10.1951 an, der WTO seit Beginn (1.1.1995).

➟ Weltwirtschaft

Allgemeinverbindlichkeitserklärung

➟ Tarifbindung

Allokation

[Dt.: Platzierung] Meint die Verteilung knapper Ressourcen auf die verschiedenen Arten ihrer Verwendung. Kennzeichnend für eine allozierte Ressource ist, dass sie nur für einen bestimmten Zweck auf einmal eingesetzt werden kann und nicht für mehrere gleichzeitig. So kann z. B. die Arbeitszeit, die für die Produktion eines bestimmten Gutes aufgewendet wird, nicht gleichzeitig für ein anderes zum Einsatz kommen und ein bestimmter Geldbetrag nicht gleichzeitig gespart und für den Konsum verwendet werden. Die A. von Ressourcen wird dann als effizient bezeichnet, wenn keine Ressourcen vergeudet, sondern alle einem bestimmten Verwendungszweck zugeführt werden. Wird außerdem ein Wohlfahrtsoptimum erreicht, spricht man von der optimalen A. der Ressourcen.

Alternativkosten

➟ Opportunitätskosten

Altersarmut

Materielle Unterversorgung im Alter. 17,2 % der über 64-jährigen Bevölkerung in Deutschland war laut Statistischem Bundesamt 2015 von Armut oder sozialer Ausgrenzung bedroht. Zu den Betroffenen zählen die Statistiker Personen, auf die mindestens eines von drei Kriterien zutrifft: Sie beziehen ein Einkommen unter der Armutsgefährdungsgrenze (Einkommensarmut), sie leben in einem Haushalt, der von erheblicher materieller Entbehrung betroffen ist und/oder in einem Haushalt mit sehr geringer Erwerbsbeteiligung. Der Wert liegt leicht unter dem Durchschnittswert der Gesamtbevölkerung i. H. v. 20 %. Die Ausbreitung der A. wird vor allem in Hinblick auf den demografischen Wandel und die Zunahme nicht sozialversicherungspflichtiger Beschäftigungsverhältnisse diskutiert. Ende 2015 lag die Zahl der Menschen im Rentenalter, die auf Grundsicherung angewiesen waren, laut Statistischem Bundesamt mit über 536.000 so hoch wie nie zuvor. Die Zahl der Bezieher der Grundsicherung stieg seit der Einführung 2003 sowohl für Menschen im Rentenalter als auch für jüngere Menschen, die die Grundsicherung erhalten, weil sie eine dauerhafte Erwerbsminderung (etwa wegen Krankheit) hinnehmen müssen.

Altersdiskriminierung

Darunter versteht man die ökonomische und gesellschaftliche Benachteiligung eines Mitarbeiters aufgrund seines Alters. Obwohl diese Form der Diskriminierung in jeder Phase des Erwerbslebens auftreten kann, werden insbesondere Personen an den beiden Extrempunkten des Altersspektrums, d. h. Jugendliche und Personen über 50 Jahren bei der Auswahl, Entwicklung und Beförderung benachteiligt. Meist findet A. subtil statt. Wenn etwa eine Firma in einer Ausschreibung von »Aufgaben als Teil eines jungen Teams« spricht, sind keine Anschreiben von 50-Jährigen erbeten.

In einigen Ländern, wie z. B. in der Schweiz und in den USA, gibt es konkrete Gesetze zur Verhinderung von Altersdiskriminierung. In Deutschland fehlt ein entsprechendes konkretes Gesetz. Allerdings wird im allgemeinen Gleichheitssatz des Grundgesetzes (GG Art. 3, Abs. 1) ganz allgemein die Gleichheit aller Menschen vor dem Gesetz als Grundrecht festgelegt. Verstöße gegen das Allgemeine Gleichbehandlungsgesetz sind alltäglich: Kritiker fordern daher, im Artikel 3 GG das Alter als konkretes Kriterium zur Gleichbehandlung einzufügen, wie es bislang für Geschlecht, Religion, politische Ansichten und andere Attribute festgeschrieben ist. Immerhin gibt jeder fünfte Deutsche an, schon wegen seines Alters benachteiligt worden zu sein.

Altersrente für Schwerbehinderte, Berufs- und Erwerbsunfähige

➡ Vorgezogenes Altersruhegeld

Altersversorgung

➡ Rente ➡ Rentenreform ➡ Private Altersvorsorge ➡ Riester-Rente

Altersvorsorge

Meint die finanzielle Absicherung nach dem Ausscheiden aus dem Erwerbsleben. Die A. setzt sich in Deutschland heute aus »3 Säulen« zusammen:

- *Erstens* die gesetzliche Vorsorge (Einzahlungen von Pflichtbeiträgen in die gesetzliche Rentenversicherung während des gesamten Erwerbslebens oder Pensionszahlungen des Staates). Dazu zählen die gesetzliche Rente, die **A**lterssicherung **d**er **L**andwirte (AdL), die **B**erufs**s**tändische **V**ersorgung (BSV) und die Beamtenversorgung.
- *Zweitens* die ergänzende erwerbsbasierte Alterssicherung. Dazu zählt hauptsächlich die betriebliche Altersvorsorge, aber auch die **Z**usatzversorgung des **ö**ffentlichen **D**ienstes (ZÖD).
- *Drittens* schließlich die private Vorsorge (eigenverantwortliche Ansparung von Eigenkapital mit der Möglichkeit des späteren Verzehrs): Das können Aktienfondssparpläne, Riester-Rente, Lebensversicherungen oder Immobilienbesitz sein.

➡ Gesetzliche Rentenversicherung ➡ Private Altersvorsorge

American International Group (AIG)

AIG gehört zu den weltweit größten Versicherungskonzernen. Er wies allerdings im Zusammenhang mit der Finanzmarktkrise allein für das 4. Quartal 2008 einen Verlust von 61,7 Mrd. US-$

aus. Der Konzern hatte in großem Umfang Subprime Loans gegen Wertverlust versichert und ebenfalls wertlos gewordene Subprime-Papiere im eigenen Portfolio.
AIG musste mehrfach durch Hilfen der amerik. Regierung vor dem Konkurs gerettet werden, die sich allein bis November 2008 auf mehr als 150 Mrd. US-$ beliefen.

American Stock Exchange (AMEX)

Eine Börse in New York, an der Aktien von kleineren und mittleren Unternehmen gehandelt werden. Sie ist erheblich kleiner als die New York Stock Exchange.

Amsterdam EXchange Index (AEX)

Aktienindex der Börse in Amsterdam, der weltweit ersten Wertpapierbörse, an der 1602 die erste Aktie der Welt gehandelt wurde.
Der AEX beinhaltet die 25 größten Werte, die an der Amsterdamer Börse gehandelt werden. Im Jahr 1983 wurde der Index unter dem Namen **E**uropean **O**ptions **E**xchange (EOE) das erste Mal errechnet.

Amtliche Statistik

Alle statistischen Nachweise, die von staatlichen Behörden veröffentlicht werden. In Deutschland sind z. B. das Statistische Bundesamt, die Statistischen Landesämter der Bundesländer und die Statistischen Ämter von Städten und Gemeinden dafür zuständig. Auf internationaler Ebene ist es v. a. das Statistische Amt der EU, kurz EUROSTAT, das einheitliche europ. Statistiken erhebt. Die Ausführung und Analyse wird jedoch von den jeweiligen nationalen Behörden vorgenommen.

Analystenempfehlung

Experten von Banken, Medien oder Analystenhäusern bewerten Aktien und geben Kaufempfehlungen. Die üblichen Bewertungen sind:

1. Strong Buy = starke Kaufempfehlung
2. Buy = Kaufempfehlung
3. Hold = Halten
4. Sell = Verkaufsempfehlung
5. Strong Sell = starke Verkaufsempfehlung
6. Reduce = Verkaufen bei Kursstärke
7. Accumulate = Kaufen bei Kursschwäche

➠ Börse

Andenpakt

Im Jahre 1969 wurde von den lat.-amerik. Staaten Bolivien, Peru, Ecuador, Kolumbien und Venezuela der A. gegründet. Ziel dieses Zusammenschlusses ist es, den Mitgliedstaaten zu sozialer und wirtschaftlicher Integration nach europ. Vorbild zu verhelfen. Als wesentliche Aufgaben sind hierbei die Schaffung eines gemeinsamen Marktes, der Abbau von Zöllen und die Realisierung einer gemeinsamen Außenpolitik anzusehen. Langfristig soll ebenfalls eine gemeinsame Währung eingeführt werden.

Angebot

Bestimmte Menge von Gütern, Dienstleistungen und Arbeitsstunden, die zum Erwerb zur Verfügung stehen. Ein A. gibt es auf dem Güter- sowie auf dem Arbeitsmarkt. Unter A. versteht man sowohl das A. einzelner Haushalte und Unternehmen als auch das gesamtwirtschaftliche A. aller Marktteilnehmer.

Angebotsbedingungen

Rahmenbedingungen einer Volkswirtschaft, unter denen die Anbieter von

Arbeit, Gütern und Dienstleistungen ihr Einkommen erzielen müssen. Man unterscheidet zwischen den A. auf dem Gütermarkt und A. auf dem Arbeitsmarkt. Dabei gibt es allerdings Überschneidungen. Auf allen Märkten zählen Standortfaktoren wie z. B. die Infrastruktur, das Bildungswesen oder das Steuersystem zu den A. Auf dem Gütermarkt spielen darüber hinaus die Produktionskosten eine Rolle (z. B. Löhne und Zinsen) sowie die Produktivität. Für die Anbieter von Arbeit sind nicht nur die Löhne, sondern auch die allgemeinen Arbeitsbedingungen von Bedeutung. Die A. müssen so gestaltet sein, dass die Anbieter ein Angebot machen können, das aus ihrer Sicht rentabel ist. Anderenfalls kommt es zu Angebotsbeschränkungen, die höhere Preise, geringeres Wachstum und niedrigere Beschäftigung zur Folge haben.

Angebotselastizität

Gibt an, wie stark ein bestimmtes Angebot auf Veränderungen anderer Wirtschaftsfaktoren reagiert, also um wie viel Prozent sich das Angebot verändert, wenn ein bestimmter Faktor wie z. B. der Preis um 1 % erhöht wird. Die meistgenannte Form der A. ist die Preiselastizität. Hierbei ist zu unterscheiden zwischen der direkten Preiselastizität, die die Reaktion auf Änderungen des eigenen Preises anzeigt, sowie der Kreuzpreiselastizität, die die Reaktion auf Preisschwankungen anderer Produkte misst.

➠ Kreuzpreiselastizität

Angebotsfunktion

Stellt den Zusammenhang zwischen Angebot und Preis mathematisch dar. Ein Angebot nimmt bei höherer Rentabilität und steigendem Preis zu, also weist die A. eine positive Steigung auf. Einer A. liegt die Annahme zugrunde, dass hier alle übrigen Einflussgrößen außer dem Preis gleich bleiben. Wenn sich diese allerdings auch ändern, was in der Realität oft vorkommt, verschiebt sich die A.

➠ Nachfragefunktion ➠ Marktgleichgewicht

Angebotsinflation

[Auch: Kostendruckinflation] Häufigste Form der Inflation. Dabei geben die Unternehmen stark steigende Kosten – insbesondere durch höhere Löhne, aber auch durch höhere Ausgaben für Rohstoffe und Energie – über den Preis an die Kunden weiter. Eine Inflation entsteht hieraus aber erst, wenn die höheren Preise von den Arbeitnehmern zum Anlass genommen werden, höhere Löhne durchzusetzen. Aus diesem Zweitrundeneffekt entwickelt sich eine Spirale aus immer höheren Kosten und immer höheren Preisen, die typisch für eine Inflation ist. Sie wird auch als Lohn-Preis-Spirale bezeichnet. Der Impuls für Preis- und Lohnanhebungen geht dabei immer von der Angebotsseite des Güter- bzw. Arbeitsmarktes aus.

Angebotslücke

[Auch: Produktions-/Output-Lücke] Dem Begriff liegt die Annahme zugrunde, dass die aktuelle Produktion die Angebotskapazität tendenziell immer voll auslasten kann. Eine Lücke entsteht dann, wenn das Gesamtangebot hinter den Möglichkeiten, die seine Kapazität bietet, zurückbleibt, wie dies in Phasen konjunktureller Schwäche der Fall ist.

Angebotsmengenüberschuss

Entsteht, wenn die auf einem Markt angebotene Menge eines Gutes nicht nachgefragt wird. Auf dem Gütermarkt hat dies unerwünscht hohe Lagerbe-

stände zur Folge, weil die Unternehmen ihre Produktion nicht absetzen können. Auf dem Arbeitsmarkt bedeutet ein A. Arbeitslosigkeit, da die angebotene Arbeit von den Unternehmen nicht nachgefragt wird. Aus theoretischer Sicht kann ein A. nur entstehen, wenn das Gleichgewicht von Angebot und Nachfrage gestört ist. Die Ursache sehen insbesondere neukeynesianische Ansätze darin, dass der Preismechanismus, der Angebot und Nachfrage zur Übereinstimmung bringen soll, nicht flexibel genug ist.
Ein A. greift auch auf andere Märkte über. Besteht ein Überangebot auf dem Gütermarkt, werden die Unternehmen ihre Beschäftigungsnachfrage reduzieren und es entsteht ein Überangebot auf dem Arbeitsmarkt, also Arbeitslosigkeit.

Angebotsorientierte Wirtschaftspolitik

[Auch: Angebotspolitik] Wirtschaftspolitische Maßnahmen, die die Förderung von Angebotsbedingungen zum Ziel haben. Das bedeutet, eine A. zielt auf eine Verbesserung der Infrastruktur, des Bildungssystems, auf niedrige Steuern, einen intensiven Wettbewerb, die Senkung der Arbeitskosten (v. a. durch niedrige Lohnnebenkosten) sowie höhere Arbeitsanreize durch die Beschränkung von Sozialleistungen.
Nach neoklassischen Vorstellungen, die die Grundlage neoliberaler Wirtschaftspolitik bilden, können Wachstum und dauerhafte Beschäftigung nur auf der Basis einer A. entstehen, die v. a. zu einer hohen Investitionsneigung der Unternehmen führt, während eine Wirtschaftspolitik, die sich an der Nachfrage orientiert, bestenfalls kurzfristige konjunkturelle Wirkungen erziele.
Die Grundlage für eine A. bildet das Say'sche Theorem, das besagt: Jedes Angebot schaffe sich auf Dauer seine entsprechende Nachfrage, weshalb es im Kern keine Nachfrageprobleme geben könne.

Angebotspolitik

➠ Angebotsorientierte Wirtschaftspolitik

Angebotstheorie

Versucht zu erklären, wie bestimmte wirtschaftliche Einflussgrößen auf das Angebot einwirken. In der modernen Makroökonomie legt man Wert darauf, dass die Verhaltensweisen der Anbieter mit rationalen Entscheidungen begründet werden. I. d. R. geht man davon aus, dass ein Unternehmen, das bestimmte Güter anbietet, seine Gewinne maximieren will, weshalb laut A. das Angebot an Gütern ausgeweitet wird, wenn die Preise steigen. Denn dann steigen, sofern alle anderen Faktoren gleich bleiben, auch die Gewinne. Von einem privaten Haushalt, der als Anbieter auf dem Arbeitsmarkt in Erscheinung tritt, wird hingegen meist angenommen, dass er den größten möglichen Nutzen erzielen will, indem er seine verfügbare Zeit zwischen Arbeit und Freizeit aufteilt. Aus diesem Verhalten ergibt sich die Annahme, dass das Angebot an Arbeit ausgedehnt wird, wenn die Reallöhne steigen. Denn dann lohnt es sich, mehr zu arbeiten.

Angestellte

➠ Arbeitnehmer

Ankerwährung

Währung, an die andere Länder ihre Währung koppeln. Diese Kopplung kann je nach Wechselkurssystem fest oder flexibler sein. Ein wesentlicher Grund dafür, seine Währung in dieser Weise zu binden, besteht darin, starke

Tab. 3 Angebotspolitik – Elemente und Forderungen moderater Angebotspolitik

Traditionelle Elemente			
Wettbewerbspolitik	**Geldpolitik**	**Fiskalpolitik**	**Lohnpolitik**
Verbot von Kartellen	Regelgebundene statt diskretionäre Maßnahmen	Geringerer Staatsverbrauch	Am Produktivitätsfortschritt orientierte Lohnsteigerungen
Verhinderung von Marktmacht	Unabhängigkeit der Zentralbank	Reduktion der gesamten Steuerbelastung	Regionale und sektorale Differenzierungen im Lohn
Privatisierung	Flexible Wechselkurse	Durchsichtigeres Steuersystem	Flexibilisierung des Arbeitsmarktes (z. B. reduzierter Kündigungsschutz)
Deregulierung		Abbau der Staatsverschuldung	Minderung der Lohnzusatzkosten
Abbau von Subventionen			

***

Neuere Elemente			
Sozialpolitik	**Forschungspolitik**	**Bildungspolitik**	**Umweltpolitik**
Insgesamt niedrigeres Niveau sozialer Unterstützung	Förderung von Grundlagenforschung	Kürzere Ausbildungszeiten	Weniger ordnungsrechtliche Regulierungen
Unterstützung anreizkompatibel gestalten, damit z. B. die Aufnahme einer Arbeit lohnend bleibt	Gezieltere Förderung von Wachstumstechnologien	Mehr marktwirtschaftliche Elemente (z. B. freie Wahl des Studienplatzes, Studiengebühren, Entlohnung der Professoren nach Leistung)	Mehr marktwirtschaftliche Elemente (z. B. Handel von Umweltzertifikaten)
			Wenn Ökosteuern, dann europaweit, um Wettbewerbsnachteile zu vermeiden

Quelle Eigene Darstellung der Autoren

Wechselkursschwankungen, die den Handel stören, zu vermeiden. Ein zweiter Grund besteht darin, Preisstabilität zu »importieren«. Denn mit der Bindung an eine A. wird die Geldpolitik der Notenbank, die für die A. verantwortlich ist, praktisch übernommen. Als A. dienen v. a. solche Währungen, die sich über einen langen Zeitraum als relativ stabil erwiesen haben. In der

Zeit seit dem 2. Weltkrieg bis in die 1970er-Jahre hinein war dies v. a. der US-Dollar im Rahmen des Bretton-Woods-Systems fester Wechselkurse. Danach übernahm diese Rolle im europ. Raum allmählich die D-Mark. Der Euro setzte diese Tendenz fort, nicht zuletzt durch die Konstruktion der Europäischen Zentralbank (EZB), die an die Bundesbank angelehnt ist. In Asien sind nach wie vor der US-Dollar (US-$) und jap. Yen (¥) bedeutsame A. Problematisch sind A., wenn sie die Hoffnung auf Preisstabilität, die in sie gesetzt wurde, nicht erfüllen. Dann importiert ein Land über die A. Inflation. Auch kann es sein, dass die Bindung an eine A. wegen sehr unterschiedlicher Strukturen – wie z. B. bei der Lohnbildung – realwirtschaftlich unvernünftig ist. Dann kommt es durch den Verlust der Wettbewerbsfähigkeit oder eine Deflation zu Verwerfungen mit Wachstumseinbrüchen. Ein Beispiel hierfür ist Argentinien, das Ende der 1990er-Jahre zeitweise den US-Dollar als A. nutzte und in eine tiefe Krise stürzte.

Ankündigungs- oder Signalwirkungen

Beschreibt, welchen Einfluss angekündigte staatliche Maßnahmen auf das Verhalten von Wirtschaftssubjekten ausüben.
Durch die Ankündigung stehen den Wirtschaftssubjekten neue ökonomische Daten zur Verfügung, und sie verändern ihr Verhalten entsprechend, ohne dass sich zunächst die reale Situation verändert hat. Kündigt die Regierung z. B. eine Erhöhung der Mehrwertsteuer an, dann werden von den Konsumenten Käufe vorgezogen. Das Ausmaß des Ankündigungseffektes hängt vom Informationsstand der Wirtschaftssubjekte ab.

Anleihe

Bezeichnet eine festverzinsliche, langfristige Schuldverschreibung, durch deren Verkauf sich Kreditnehmer am Kapitalmarkt Geld beschaffen können. Dabei sind die Verzinsung, Tilgungsmodalitäten, Sicherheiten etc. vertraglich fixiert. Die Rendite ist abhängig vom Zinssatz, vom Ausgabekurs und vom Rückzahlungskurs. Gehandelt werden Anleihen am Rentenmarkt, und ihre Kurse schwanken sehr viel geringer als Aktienkurse. Anleihen werden sowohl von der öffentlichen Hand als auch von privaten Unternehmen zu Finanzierungszwecken ausgegeben. Man unterscheidet je nach Schuldner zwischen Bundesanleihen (Bundesobligationen), Anleihen der Länder oder Gemeinden (Kommunalobligationen), Industrieanleihen (Industrieobligationen), Anleihen öffentlich-rechtlicher Kreditanstalten sowie Anleihen von ausländischen Emittenten (Auslandsanleihen).

Anleihenrückkauf

Jeder Staat kann seine Schulden reduzieren, wenn er auf den Märkten seine Staatsanleihen zurückkauft. Das funktioniert aber nur, wenn die Anleihen deutlich unter dem 100 %-Nennwert gehandelt werden. Z. B.: Wenn griech. Staatsanleihen unter 50 % ihres Nennwertes an den Märkten gehandelt werden und Griechenland sie zurückkauft, dann würden das Land die Hälfte seiner Schulden einsparen. Allerdings müssen die Gläubiger bereit sein, die Anleihen mit 50 % Verlust zu verkaufen.

Anleihentausch

Mit dem A. soll Ländern, die ihre Schulden nur schwer bedienen können, mehr finanzieller Spielraum gegeben werden. Die betroffenen Länder müssen fällige Staatsanleihen in neue Papiere mit geringerem Nennwert bzw. Zins und verlängerter Laufzeit umtauschen. Das machen sie i. d. R. durch einen Fond, der die alten Staatsanleihen einsammelt und neue Staatsanleihen ausgibt. Dadurch wird die Zinslast für überschuldet Länder zumindest zeitweise gemindert. Bei betroffenen Ländern in Europa dienen die Sicherheiten des Eurorettungsfonds als Anreiz für die privaten Gläubiger, die alten gegen neue Anleihen zu tauschen.

Annuität

Bezeichnet eine periodisch (i. d. R. jährlich) zu zahlende, immer in gleicher Höhe bleibende Rate auf eine Kapitalschuld, die aus einem Zinstilgungsanteil besteht (Annuität = Tilgungsrate + Zins). Bei einem sog. Annuitätendarlehen wird daher die (zunehmende) Tilgungs- und die (abnehmende) Zinszahlung so errechnet, dass die regelmäßige Gesamtbelastung gleich bleibt.

Anrechnungszeiten

Bei der Berechnung des Rentenanspruchs werden in der gesetzlichen Rentenversicherung bestimmte Zeiten berücksichtigt, in denen keine Beiträge eingezahlt wurden. Durch diese Zeiten erhöhen sich die Rentenansprüche, allerdings in geringerem Maße als vollwertige Beitragszeiten. Dazu zählen Zeiten der Krankheit und der Rehabilitation, der Schwangerschaft, der Mutterschaft, des Bezugs von Arbeitslosengeld bzw. -hilfe – soweit keine Versicherungspflicht bestand – und Zeiten des Schul-, Fachhochschul- oder Hochschulbesuchs nach dem vollendeten 16. Lebensjahr bis zu 7 Jahre sowie Ersatzzeiten, d. h. Zeiten des Wehrdienstes und des Zivildienstes. Nicht zu den Anrechnungszeiten gehören Kindererziehungszeiten. Diese werden vielmehr als vollwertige Beitragszeiten betrachtet.

Anreizmechanismen

➟ Incentives

Antizyklische Fiskalpolitik

Fiskalpolitische Strategie, die mittels ihrer Instrumente situativ gezielte Impulse für die gesamtwirtschaftliche Nachfrage geben will und so den Konjunkturzyklus zu glätten versucht. In einer Konjunkturschwäche muss sie anregend (expansiv) auf die Wirtschaft wirken und in einem Boom bremsend (restriktiv). Ihre rechtliche Grundlage hat die A. im Stabilitäts- und Wachstumsgesetz von 1967. Ihre Instrumente können entweder bei den Ausgaben oder bei den Einnahmen des Staates ansetzen: In einer konjunkturellen Schwächephase werden die öffentlichen Investitionen ausgeweitet, in einer Boomphase werden die Ausgaben für den Verbrauch gekürzt. Generell sind solche Konjunkturprogramme wirksamer als eine Lenkung durch Steuern. Denn Staatsausgaben wirken direkt auf den Wirtschaftskreislauf: Die staatliche Nachfrage kann erhöht oder gesenkt werden und schlägt in vollem Umfang bei den privaten Haushalten und Unternehmen zu Buche – selbst wenn ein Teil versickert, für mehr Importe ausgegeben wird und für die Binnenkonjunktur letztlich wirkungslos bleibt. Dagegen wirken die Instrumente der Einnahmenseite, also vornehmlich Steuern, indirekt. Werden in einer Schwächephase die Steuern gesenkt, bleibt zwar den privaten Haushalten und den Unternehmen ein höheres verfügbares Einkommen übrig. Dieses geben sie aber nur z. T. wieder aus. Ein anderer Teil wird gespart, und ein wieder anderer fließt in die Importnachfrage. Damit fällt der gewünschte Impuls entsprechend schwächer aus. Gleiches gilt, wenn in einer Boomphase die Steuern erhöht werden. Ein Teil der höheren Abgaben wird durch geringere Ersparnis finanziert. Damit ist der Bremseffekt entsprechend schwächer. Allerdings sind Ausgabenprogramme ein relativ schwerfälliges Instrument, da sie oft Ermessensentscheidungen der Regierungen und Parlamente erfordern und häufig Zeit benötigen. Deshalb besteht die Gefahr, dass die Programme nicht rechtzeitig wirken können, vielleicht sogar zum falschen Zeitpunkt kommen. Steuern wirken dagegen fast automatisch. Wenn in einer Konjunkturschwäche Löhne, Gehälter und Gewinne zurückgehen, sinken auch die Steuereinnahmen. Umgekehrt sind bei stark steigenden Einkommen auch höhere Steuern zu zahlen. So wird der Zyklus teilweise automatisch geglättet. Zusammen mit den konjunkturbedingten Ausgaben bezeichnet man diese Instrumente daher auch als automatische Stabilisatoren; sie sind damit ein wesentlicher Teil der A.

Antizyklische Geldpolitik

Geldpolitische Strategie, die mit zins- oder geldmengenpolitischen Impulsen den Konjunkturzyklus glätten will, um Rezessionen oder ein Überschäumen der Wirtschaft zu verhindern. In einer Konjunkturschwäche muss sie anregend (expansiv) auf die Wirtschaft wirken und in einem Boom bremsend (restriktiv). Dazu muss die Zentralbank in Zeiten schwacher Konjunktur die Zinsen senken und sie bei starker konjunktureller Dynamik erhöhen. Die veränderten Zinsen wirken über die verschiedenen Kanäle der Geldpolitik auf die Wirtschaft ein. Allerdings treten ihre Effekte sehr verzögert auf. Daher muss eine A. vorausschauend agieren. Sie darf die Zinsen nicht erst dann senken, wenn die Wirtschaftslage sich bereits verschlechtert hat, und sie sollte sie erhöhen, bevor der Boom beginnt. Daher muss sie nicht nur auf aktuelle Daten Bezug nehmen, sondern auch auf Prognosen der Wirtschaftsentwicklung. Ansonsten besteht die Gefahr, dass die Maßnahmen zu spät wirken und ihr Ziel verfehlen. Auch muss eine A. berücksichtigen, dass die Wirkungen der Zinspolitik mit hoher Wahrscheinlichkeit asymmetrisch ausfallen – eine Anhebung der Zinsen bremst die Wirtschaft, und zwar stärker, als eine Zinssenkung um exakt den gleichen Prozentsatz sie stimulieren würde: Durch Zinserhöhungen entstehen für die Unternehmen höhere Opportunitätskosten bei der Finanzierung ihrer Investitionsprojekte. Darauf wird sofort reagiert. Bei einer schlechten Wirtschaftslage haben niedrige Zinsen hingegen einen schwächeren Effekt, denn obwohl die Finanzierungsbedingungen nun günstiger sind, fallen die Erwartungen der Unternehmen aufgrund der allgemeinen Situation negativer aus, und dies stellt ein massives Aufschwunghindernis dar. Anders als noch in den frühen 1970er-Jahren zählt die Stabilisierung der Konjunktur durch eine A. nicht mehr zu den ausdrücklichen Zielen der Zentralbanken. Lediglich das Federal Reserve System (Fed) in den USA hat immer noch diese Aufgabe. Bei den meisten übrigen Zentralbanken, darunter auch die Europäische Zentralbank (EZB), besteht das vornehmliche geldpolitische Ziel darin, Preisstabilität zu erreichen, indem eine maximale Inflationsrate vorgegeben wird. Laut Vertrag von Maastricht ist dies sogar das vorrangige Ziel der EZB, während die Stabilisierung der Konjunktur als Aufgabe einer antizyklischen Wirtschaftspolitik in der

Abb. 1 Antizyklische Wirtschaftspolitik
Mechanismen zur Konjunktursteuerung

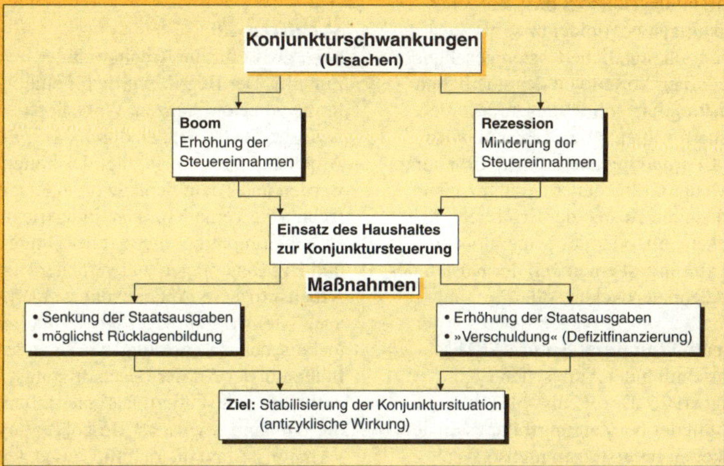

Quelle Eigene Darstellung der Autoren

Eurozone derzeit nur geringe Priorität genießt. Dies änderte sich erst unter dem Einfluss der dramatischen Finanzkrise 2008, als auch die EZB explizit die Konjunktur stützte.

Antizyklische Wirtschaftspolitik

Wirtschaftspolitische Strategie, die den Konjunkturzyklus mithilfe wirtschaftspolitischer Maßnahmen glätten will. In einer Konjunkturschwäche muss sie anregend (expansiv) auf die Wirtschaft wirken und in einem Boom bremsend (restriktiv). Im Kern besteht A. aus einer antizyklischen Finanzpolitik und einer antizyklischen Geldpolitik. Ein wesentliches Element ist dabei die Stabilisierung der gesamtwirtschaftlichen Nachfrage. Die A. geht auf Keynes zurück, der postulierte, dass der Staat in Zeiten schwacher privater Nachfrage die Nachfragelücke schließen müsse. Dies kann direkt geschehen, indem der Staat seine Nachfrage erhöht, oder indirekt, indem der Staat die Zinsen senkt und hierdurch die Finanzierungsbedingungen für Investitionen verbessert. In Zeiten übermäßiger privater Nachfrage muss die Wirtschaftspolitik sie durch einen entsprechend restriktiven Kurs abschöpfen. So können und sollen Haushaltsdefizite, die in Phasen schwacher Konjunktur entstanden sind, in einer Hochkonjunktur abgebaut werden.

Äquivalenzprinzip

Bezeichnet in den Wirtschaftswissenschaften die Gleichwertigkeit von Leistung und Gegenleistung. Dieses Grundprinzip ist v. a. bei Versicherung und als Besteuerungsgrundsatz von Bedeutung. Die Leistungen einer Versicherung müssen mit den Beiträgen übereinstimmen, und die Höhe der

Beiträge richtet sich nach der versicherungstechnischen Wahrscheinlichkeit des Schadenseintrittes. Einige Steuern werden nach dem Ä. mit staatlichen Leistungen begründet bzw. als Ausgleich für staatliche Kosten gesehen. Wer einen Vorteil von der staatlichen Leistung hat, soll in diesem Rahmen Steuern zahlen. Dieses Prinzip wird als Begründung auch für die Erhebung etwa der Grundsteuer herangezogen, welche die Kosten der Erschließung decken soll, oder der Mineralölsteuer, die zumindest einen Teil der Kosten des Straßenbaus decken soll.

Arab Monetary Fund (AMF)

Einrichtung der Arabischen Liga. Gegr. 1976. Der Fonds soll seine Mitglieder bei Zahlungsbilanzschwierigkeiten unterstützen und so Wechselkursstabilität im arabischen Raum gewährleisten. Außerdem unterstützt er den Abbau von Devisenbeschränkungen und fördert die Wirtschafts- und Währungsintegration zwischen den Mitgliedstaaten. Der AMF hat seinen Sitz in Abu Dhabi.

Arbeit

Allgemein bezeichnet A. alle planmäßige menschliche Tätigkeit, die darauf gerichtet ist, ein Einkommen zur Bedarfsdeckung zu erzielen. Allerdings gibt es auch die unbezahlte Reproduktionsarbeit (entsprechend in der Alltagssprache Haus- und Familienarbeit und ehrenamtliche Tätigkeit). In der Volkswirtschaftslehre meint A. einen der 3 Produktionsfaktoren – neben Kapital und Boden. Dabei wird A. ebenso wie Boden als ursprünglicher (originärer) Produktionsfaktor benannt, weil ohne geistige oder körperliche A. keine Güter produziert werden können. Auch der Produktionsfaktor Kapital entsteht erst durch A. Deshalb wird Kapital auch als abgeleiteter (derivativer) Produktionsfaktor bezeichnet.

Arbeiten 4.0

Schlagwort für die Arbeitswelt der Zukunft. Der Begriff wurde für eine Reihe von Konferenzen, Workshops und Veröffentlichungen durch das Arbeitsministerium geprägt. Diskutiert werden unter dem Schlagwort einerseits technische Veränderungen. Industrie 4.0, Cloud-Computing, Internet der Dinge und Big Data prägen und verändern Arbeitsprozesse. Andererseits werden auch – teilweise in Wechselwirkung mit technischen Entwicklungen – Veränderungen in der Art der Beschäftigungsverhältnisse diskutiert. Darunter fallen die Zunahme atypischer Beschäftigungsverhältnisse und die räumliche und zeitliche Entgrenzung der Arbeit. Erwartet werden eine zunehmende Flexibilisierung der Arbeitsverhältnisse und ein noch weiter zunehmender Einfluss der Digitalisierung auf die Arbeitswelt.

→ Atypische Beschäftigung → Big Data
→ Cloud-Computing → Industrie 4.0
→ Internet der Dinge

Arbeiter

→ Arbeitnehmer

Arbeitgeber

Jede natürliche oder juristische Person, die mindestens einen Arbeitnehmer beschäftigt und diesem gegenüber mit Weisungsrechten ausgestattet ist. Im Gegenzug ist der Arbeitgeber zur Zahlung eines Arbeitsentgelts verpflichtet. Rechte und Pflichten zwischen beiden Parteien werden im Arbeitsvertrag geregelt, z. B. die Vergütungspflicht des Arbeitgebers oder der Urlaubsanspruch. Eine gesetzliche Definition des Begriffs existiert nicht.

Arbeitgeberanteil

Unter A. wird der Anteil der Sozialbeiträge verstanden, der von den Arbeitgebern gezahlt wird. Ursprünglich bestand eine paritätische Finanzierung durch Arbeitnehmer und Arbeitgeber mit gleich hohen Beiträgen. Der A. wurde allerdings mit dem Argument, er würde die Wettbewerbsfähigkeit der Unternehmen beschränken, im Zuge der Reformen des Sozialsystems im Vergleich zum Arbeitnehmeranteil gesenkt.

Arbeitgeberverbände

Freiwillige Zusammenschlüsse von Arbeitgebern zur Wahrung ihrer gemeinsamen sozialpolitischen und arbeitsrechtlichen Interessen. Als Tarifvertragspartner nehmen die A. an den Tarifverhandlungen mit den Gewerkschaften teil. Arbeitgeberverbände sind fachlich strukturiert, entsprechend den einzelnen Branchen, z. B. Metallindustrie, chemische Industrie. Gleichzeitig sind sie regional gegliedert und haben sich zu Landes- und Bundesvereinigungen zusammengeschlossen. Spitzenverband ist die »Bundesvereinigung der Deutschen Arbeitgeberverbände« in Berlin. Ihr gehören zurzeit rund 49 Fach- und 14 Landesverbände an.

➟ Gewerkschaften ➟ Tarifpartner ➟ Tarifvertrag

Arbeitgeberzuschuss

Eine vom Arbeitgeber zusätzlich zu einer Aufwendung des Arbeitnehmers erbrachte Leistung (z. B. Essenszuschuss, Fahrtkostenzuschuss). Der Begriff ist gesetzlich nicht definiert.

Arbeitnehmer

Sammelbegriff für nicht selbstständige Erwerbstätige: Angestellte, Arbeiter, Auszubildende oder Heimarbeiter. Beamte, Richter, Wehr- oder Zivildienstleistende gelten hingegen nicht als A., weil sie keinen privatrechtlichen Vertrag mit einem Arbeitgeber abschließen, sondern in einem öffentlich-rechtlichen Dienstverhältnis stehen. Der A. schließt mit dem Arbeitgeber einen Arbeitsvertrag ab, in dem die Rechte und Pflichten festgehalten werden. Der A. muss seiner Dienstpflicht nachkommen und den Weisungen des Arbeitgebers folgen. Im Gegenzug hat er Anspruch auf eine Vergütung, Urlaub und die Fürsorge des Arbeitgebers.

➟ Arbeitgeber ➟ Arbeitgeberverbände ➟ Gewerkschaften

Arbeitnehmerbeteiligung

Erstens versteht man darunter die Einbeziehung von Arbeitern und Angestellten in die Entscheidungsfindung eines Unternehmens. Dies geschieht entweder über Vertreter oder in direkter Form. Arbeitnehmer können z. B. über beratende Ausschüsse oder den Betriebsrat Einfluss auf die Unternehmenspolitik nehmen. Eine direkte Beteiligung erfolgt etwa durch Gruppenbesprechungen, eigenverantwortliche Arbeitsgruppen, Diskussionsforen oder Qualitätszirkel. *Zweitens* versteht man unter A. die Finanzbeteiligung von Arbeitnehmern am Vermögen eines Unternehmens.

➟ Gewerkschaften

Arbeitnehmerentsendegesetz (AEntG)

[Vollst.: Gesetz über zwingende Arbeitsbedingungen bei grenzüberschreitenden Dienstleistungen] Das A. trat am 1.3.1996 in Kraft und soll verhindern, dass Niedriglohnarbeitnehmer aus anderen Ländern die inländischen Arbeitnehmer verdrängen (z. B. in der Bauindustrie). Auf der Grundlage dieses Gesetzes kann das Bundesministerium für Arbeit und Soziales per

Rechtsverordnung Mindeststandards für Arbeitsbedingungen festlegen. Dazu müssen diese in einem allgemein verbindlichen oder durch Rechtsverordnung dazu erklärten Tarifvertrag festgelegt worden sein. Tarifverträge, die eine Tarifbindung für dt. Arbeitgeber einschließen, gelten dann auch für Firmen, die aus dem Ausland kommen und Arbeitnehmer in Deutschland beschäftigen (Allgemeinverbindlichkeitserklärung). Die Arbeitsbedingungen beziehen sich insbesondere auf Lohn (Mindestlohn) und Urlaubsanspruch.

➟ Arbeitsmarktpolitik

Arbeitnehmerfreibetrag

Anstelle einzeln nachgewiesener Werbungskosten kann in der Einkommensteuererklärung bei Einkünften aus nicht selbstständiger Arbeit ein Betrag von jährlich 1.000 € des Bruttolohns abgezogen werden. Bei Ehegatten kann jeder den A. in Anspruch nehmen.

Arbeitnehmerpauschbetrag

➟ Arbeitnehmerfreibetrag

Arbeitnehmerschutz

Bezeichnet alle sozialpolitischen Maßnahmen, die abhängig Beschäftigte vor materiellen und immateriellen Schädigungen und Gefahren am Arbeitsplatz schützen sollen. Zum A. gehören auch der Arbeitszeitschutz, der Betriebsschutz, der Unfallschutz und der Gefahrenschutz.

Arbeitnehmersparzulage

Instrument zur Förderung der Vermögensbildung bei Arbeitnehmern. Sie ist nach dem 5. Vermögensbildungsgesetz und durch Begünstigung nach § 19 a des Einkommensteuergesetzes derzeit folgendermaßen ausgestaltet: Eine A. können alle Arbeitnehmer erhalten, deren Einkommen eine gewisse Grenze (17.900 € für Ledige, 35.800 € für Ehepaare) nicht übersteigt. Die A. ist eine staatliche Zulage für vermögenswirksame Leistungen, welche die Arbeitnehmer in bestimmten, vom Gesetz als förderungswürdig betrachteten Anlageformen anlegen können. Für Bausparverträge z. B. werden Zulagen i. H. v. 9 % der Sparsumme gewährt, maximal jedoch 470 €.

Arbeitnehmerüberlassung

In Rahmen der A. stellt ein Arbeitgeber (Verleiher, Zeitarbeitsunternehmen) einem anderen Unternehmen (Entleiher) Arbeitnehmer (Leiharbeitnehmer, Zeitarbeitnehmer) zur Verfügung. Der Arbeitnehmer hat seinen individuellen Arbeitsvertrag mit einer Zeitarbeitsfirma und besitzt deshalb die gesetzlichen Arbeitnehmerrechte gegenüber dieser Firma. Seine Arbeitsleistung erbringt er allerdings nicht im Zeitarbeitsunternehmen, sondern wird von diesem an ein anderes Unternehmen ausgeliehen. Die Vorgesetzten dieses Betriebs besitzen die Weisungsbefugnis über den Zeitarbeitnehmer und die Verantwortung für den Arbeitsschutz. Vor der Übernahme eines Leiharbeitnehmers ist der Betriebsrat des Entleiherbetriebes einzuschalten (Betriebsverfassungsrecht). Einerseits profitieren die Kundenunternehmen von der Zeitarbeit, da bei einer vorübergehenden guten Auftragslage keine regulären Arbeitskräfte eingestellt werden müssen. Auf der anderen Seite werden weniger reguläre Arbeitsplätze in den Unternehmen geschaffen. Weil die Leiharbeiter i. d. R. schlechter entlohnt werden als die Stammbelegschaft, sinkt die Summe der gezahlten Sozialversicherungsbeiträge und das Einkommensteueraufkommen. Rechtliche Grundlage für die A. ist das **Arbeitneh-**

Tab. 4 Anzahl der beschäftigten Leiharbeitnehmer

Jahr	Anzahl
2002	263.500
2003	281500
2004	332.500
2005	388.000
2006	516.000
2007	731.152
2008	706.522
2009	526.435
2010	701.467
2011	816.279
2012	790.154
2013	800.882
2014	844.232
2015	888.438
2016	931.789

Quelle Bundesagentur für Arbeit (BA) (2016); WSI (2017)

mer**ü**berlassungs**g**esetz (AÜG). Dieses Gesetz regelt die Rechtsbeziehungen zwischen dem Leiharbeitgeber und dem Entleiher.

Arbeitnehmerüberlassungsgesetz (AÜG)

Gesetz vom 7.8.1972, das die Überlassung von Arbeitnehmern regelt. Nach dem A. braucht das Verleihunternehmen eine behördliche Erlaubnis der Bundesagentur für Arbeit. Es diente ursprünglich ausschließlich dem sozialen Schutz der Leiharbeitnehmer, inzwischen verfolgt der Gesetzgeber mit dem A. auch arbeitsmarktpolitische Ziele. Dazu wurde das A. durch das erste Gesetz für moderne Dienstleistungen am Arbeitsmarkt (»Hartz I«) in wesentlichen Punkten geändert: Das besondere Befristungsverbot, das Synchronisationsverbot, das Wiedereinstellungsverbot und die Beschränkung der Überlassungsdauer auf höchstens 2 Jahre wurden aufgehoben. Nach neuerlichen Gesetzesänderungen ist die Überlassung von Arbeitnehmern ab April 2017 auf 18 Monate begrenzt.

➠ Arbeitnehmerüberlassung

Arbeitsamt

Alte Bezeichnung der Agentur für Arbeit (bis zum 1.1.2004).

➠ Agentur für Arbeit

Arbeitsbeschaffungsmaßnahmen (ABM)

Ziel ist es, Arbeitssuchenden bei der Wiedereingliederung in eine Beschäftigung zu helfen oder ein geringes Einkommen zu sichern. Durch Zuschüsse oder Darlehen der Bundesagentur für Arbeit werden Arbeiten v. a. bei Kommunen und Wohlfahrtsverbänden gefördert, welche im öffentlichen Interesse liegen und sonst gar nicht oder erst zu einem späteren Zeitpunkt erledigt werden würden. In den 1990er-Jahren sind außerdem sog. A.-Träger entstanden: kommunale Beschäftigungsgesellschaften, Vereine oder Sozialverbände. Zumeist werden nur qualifikationslose bzw. nur sehr niedrig qualifizierte Jobs vermittelt und das zeitlich nur befristet – i. d. R. auf 6–12 Monate. Die A. wurden nach der Wiedervereinigung wegen der erheblichen Arbeitslosigkeit in den strukturschwachen neuen östlichen Bundesländern eingesetzt. A. galten früher zahlenmäßig als das wichtigste Instrument der aktiven Arbeitsmarktpolitik. Mit der Einführung des ALG II wurden die A.-Mittel weitgehend zugunsten der günstigeren »Arbeitsgelegenheiten«, den sog. Ein-

Euro-Jobs, umgestellt. Außerdem ist es seit 2004 – aufgrund einer Änderung des SGB III – nicht mehr möglich, sich durch eine A.-Beschäftigung einen neuen Anspruch auf ALG I zu erarbeiten. Wer aus dem ALG II in eine A. geht, bekommt nach deren Beendigung wieder nur ALG II. Außerdem besteht die Gefahr, dass aufgrund der Anrechnung von Partnereinkommen innerhalb einer ALG-II-Bedarfsgemeinschaft der Partner kein ALG II mehr bekommt. Bei A. besteht aus ordnungspolitischer Perspektive die Gefahr, dass ein zweiter Arbeitsmarkt mit großen Beschäftigungsgesellschaften entsteht, der nur von staatlichen Subventionen lebt und Leistung unter den realen Kosten anbietet. Dadurch verlieren Unternehmen am ersten Arbeitsmarkt Aufträge.

Arbeitsentgelt

Im engeren Sinn die Summe sämtlicher Einnahmen eines abhängig Beschäftigten für seine Arbeit. Generell kann das A. in 3 verschiedene Gruppen eingeteilt werden, je nachdem, welcher Arbeitnehmer es bezieht: Lohn (Arbeiter), Gehalt (Angestellte), Besoldung (Beamte). Zum A. zählen auch Urlaubs- und Weihnachtsgeld sowie vermögenswirksame Leistungen des Arbeitgebers. Im weiteren Sinne meint A. jedes Entgelt für die Erbringung einer Arbeitsleistung. Auch das Honorar für Freiberufler oder der (fiktive) Unternehmerlohn gehören dazu.

Arbeitsförderungsreformgesetz (AFRG)

Wurde 1997 verabschiedet und regelt die Veränderung des alten Arbeitsförderungsgesetzes (AFG) und des Sozialgesetzbuches. Es dient dazu, verschiedene Teile der Arbeitsmarktpolitik zu verbessern und v. a. den Sozialmissbrauch in der Arbeitslosenversicherung und Arbeitslosenhilfe zu verhindern. Dadurch sollen die Beitragszahler entlastet werden.

Arbeitsgebundener technischer Fortschritt

➠ Technischer Fortschritt

Arbeitsgerichte

Unabhängige Gerichte, die ausschließlich über arbeitsrechtliche Streitigkeiten entscheiden. Es gibt 3 Instanzen: die Kammern bzw. Fachkammern der A., die Landesarbeitsgerichte und das Bundesarbeitsgericht in Kassel. In normalen Streitigkeiten wird ein Urteil gesprochen. Ist allerdings ein Gesetz betroffen, entsteht ein Beschluss. Man kann sich über jedes Urteil und gegen jeden Beschluss bei dem nächsthöheren Gericht beschweren (in Revision gehen). Vor dem A. können sich die streitenden Parteien durch Gewerkschaften bzw. durch ihren Arbeitgeberverband vertreten lassen. Wenn beide Streitpartner einverstanden sind, kann man auch ein Schiedsgericht entscheiden lassen. Das ersetzt dann das A. Ein Schiedsgericht besteht aus gleich vielen Vertretern von Arbeitnehmern und Arbeitgebern.

Arbeitsintensität

Verhältnis von Arbeits- und Kapitaleinsatz bei der Herstellung eines Produktes. Je mehr Arbeit man in ein Produkt steckt, desto arbeitsintensiver wird es. Wenn mehr Kapital als Arbeit in einem Produkt steckt, ist es nicht so arbeitsintensiv. Wird z. B. ein Roboter gekauft, um ein Produkt herzustellen, steigt der Kapitaleinsatz enorm, der Arbeitseinsatz wird aber viel kleiner. Mit der Arbeitsintensität wird oft der technische Fortschritt beschrieben.

Arbeitskampf
Von Arbeitnehmern oder Arbeitgebern gezielt vorgenommene Störungen des normalen Arbeitsbetriebs. Gewerkschaften können einen Streik ihrer Mitglieder aufrufen, und die Arbeitgeber können mit der Aussperrung von Arbeitnehmern reagieren. Ziel beider Seiten ist, Druck auf Tarifverhandlungen auszuüben. Das Recht des A. ist gesetzlich nicht im Detail geregelt, sondern beruht im Wesentlichen auf der Rechtsprechung.
➡ Arbeitgeberverbände ➡ Gewerkschaften ➡ Streik

Arbeitskoeffizient
Gibt das Verhältnis zwischen Arbeitseinsatz und Produktionsergebnis wieder.

Arbeitskosten
Personalkosten eines Unternehmens. Sie setzen sich zusammen aus den Löhnen der Arbeiter bzw. den Gehältern der Angestellten sowie den gesetzlich, tariflich oder arbeitsvertraglich festgelegten Lohnnebenkosten. Hinzu kommen die Personalzusatzkosten wie Sozialversicherungsaufwendungen Weihnachtsgeld, Urlaubsgeld oder Lohnfortzahlung im Krankheitsfall. In der volkswirtschaftlichen Gesamtrechnung werden die A. als durchschnittliche Stundenlöhne der Arbeitnehmer ausgewiesen, errechnet aus dem Einkommen und der innerhalb eines bestimmten Zeitraums geleisteten Arbeit.
➡ Absolute Arbeitskosten

Arbeitskostenerhebung
Von den Mitgliedstaaten der EU seit 1959 durchgeführt, um die Personalkosten der Unternehmen des produzierenden Gewerbes und des Dienstleistungsbereichs zu erfassen. Die Ergebnisse dieser amtlichen Statistik werden alle 4 Jahre veröffentlicht und finden v. a. in der Diskussion über die Qualität des Wirtschaftsstandorts in den einzelnen Mitgliedsstaaten große Beachtung.

Arbeitskostenindex (AKI)
Index, der von Eurostat seit Mitte 2005 auf der Basis der absoluten Arbeitskosten erstellt wird. Der A. misst die Veränderung der Arbeitskosten je geleisteter Arbeitsstunde in der Industrie und im privaten Dienstleistungssektor. Grundlage ist eine EU-Verordnung, die für alle Länder einen einheitlichen und verbindlichen Rahmen zur Datenerhebung festlegt, wodurch die Vergleichbarkeit der Arbeitskosten in Europa entscheidend verbessert wurde. Alle EU-Länder sind verpflichtet, ihre nationalen Zeitreihen für den A. spätestens 70 Tage nach Ende des Quartals an Eurostat zu übermitteln. Auf Basis dieser Daten berechnet Eurostat dann die Arbeitskostenindizes für die Eurozone und die EU. Zu den geleisteten Arbeitsstunden, die im A. berücksichtigt werden, zählen nur die tatsächlich geleisteten Arbeitsstunden. Krankheits-, Urlaubs- und Feiertage sind nicht enthalten.

Arbeitskostenstatistik
➡ Arbeitskostenerhebung

Arbeitskräftebilanz
Wird jährlich vom Institut für Arbeitsmarkt- und Berufsforschung veröffentlicht und beinhaltet die gemeldeten Arbeitslosen, einschließlich der geschätzten »stillen Reserve«, ferner die Erwerbstätigen und das Erwerbspersonenpotenzial. Aus Veränderungen in den einzelnen Gruppen können Kenntnisse über die Ursachen von Arbeitslosigkeit gewonnen und der Erfolg der aktiven Arbeitsmarktpolitik beurteilt werden.

Arbeitslohn

Alle Einnahmen, die einem Erwerbstätigen als Gegenleistung (Entlohnung) für seine Arbeitskraft aus einem gegenwärtigen oder früheren Dienstverhältnis zufließen.

➠ Arbeit

Arbeitslose

➠ Registrierte Arbeitslose

Arbeitslosengeld (ALG)

[Auch: ALG I] Geldliche Lohnersatzleistung aus der Arbeitslosenversicherung. Anspruch darauf hat jeder, der arbeitslos ist, beim Arbeitsamt registriert ist, ALG beantragt hat und der Arbeitsvermittlung zur Verfügung steht. Außerdem muss man die Anwartschaftszeit erfüllt haben. Das ist der Fall, wenn man in den letzten 3 Jahren vor der Arbeitslosigkeit zumindest ein Jahr lang Beiträge zur Arbeitslosenversicherung gezahlt hat. Ein besonderer Fall sind die Saisonarbeiter: Bei ihnen reicht es, wenn sie nur 6 Monate eingezahlt haben. Die Höhe des ALG beträgt 60 % (mit Kind 67 %) des letzten Nettogehalts. Nebeneinkommen des Arbeitslosen und Abfindungen des Arbeitgebers können angerechnet werden. Seit 2007 ist die Anspruchsdauer grundsätzlich auf 12 Monate begrenzt. Ausnahme: Arbeitslose, die das 50., 55. bzw. 58. Lebensjahr vollendet haben, erhalten 15, 18 bzw. 24 Monate ALG. Dem Arbeitslosen kann für 12 Wochen das Geld gestrichen werden, wenn er seine Arbeitsstelle ohne wichtigen Grund aufgegeben hat. Eine solche Sperrzeit erhält der Arbeitslose auch, wenn er sich weigert, eine zumutbare Stelle anzunehmen oder an einer Maßnahme zur beruflichen Fortbildung oder Umschulung teilzunehmen.

➠ Arbeitslosengeld II

Arbeitslosengeld II (ALG II)

Finanzielle Grundsicherung für Bedürftige, die aus Steuermitteln finanziert wird. Die Höhe der Leistungen orientiert sich aus diesem Grunde am Bedarf der Empfänger und nicht am letzten Nettolohn. Anspruchsberechtigt sind alle Bürger, die den Bedarf für sich und ggf. weitere Angehörige des Haushaltes nicht aus eigener Kraft aufbringen können. Die Höhe des ALG II beträgt 409 € für alleinstehende Erwachsene bzw. 368 € pro Kopf für zusammenlebende Erwachsene. (ab 1.1.2018 416 € und 374 €).

Kinder unter 6 Jahren erhalten aktuell (2017) 237 €, Kinder von 6 bis 13 Jahren 291 € und Kinder von 14 bis 17 Jahren 311 €. Dazu werden die Kosten für eine angemessene Wohnung (Miete und Heizkosten) übernommen. Daneben besteht ggf. Anspruch auf einen befristeten Zuschlag. Arbeitslose, die aus dem Arbeitslosengeld in das ALG II wechseln, erhalten ein Jahr lang 2/3 des Unterschiedes beider Leistungen. Nach einem Jahr wird der Zuschlag halbiert, nach 2 Jahren fällt er ganz weg. Am 1.1.2005 löste das ALG II die alten Sozialleistungen Arbeitslosenhilfe und Sozialhilfe ab.

➠ Arbeitslosenversicherung

Arbeitslosenhilfe

Lohnersatzleistung, die bis 2004 gezahlt wurde, wenn kein Anspruch mehr auf Arbeitslosengeld bestand. A. wurde i. H. v. 53 % (mit Kind 57 %) des Nettogehaltes gewährt. Mit den Hartz-Reformen wurden A. und Sozialhilfe zusammengelegt. Erwerbsfähige Hilfeempfänger bekommen ein ALG II auf dem Niveau der Sozialhilfe und werden von sog. Jobcentern als gemeinsame Einrichtung von Arbeitsamt und Sozialamt betreut.

Abb. 2 Arbeitslosenquote[1] nach Bundesländern in Prozent[2] (2016)

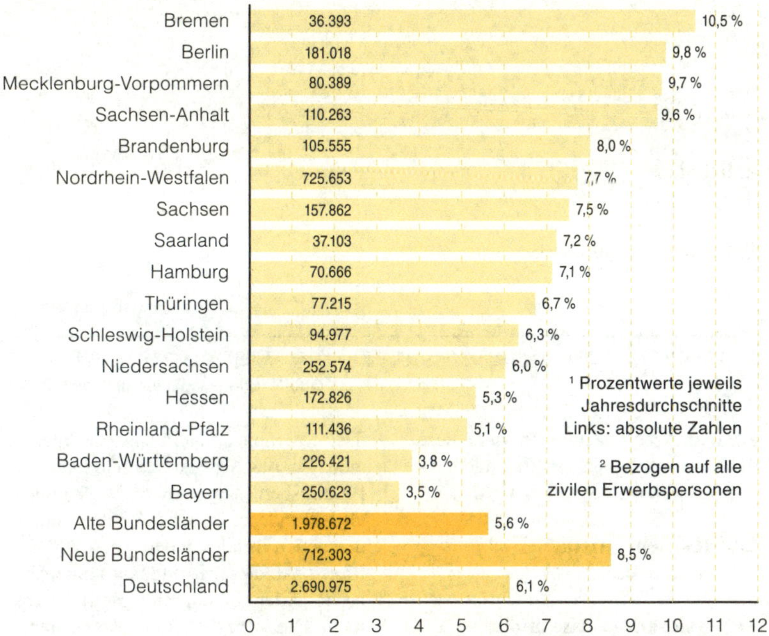

Quelle Bundesagentur für Arbeit (2017)

Arbeitslosenquote

Gibt an, wie viel Prozent der Erwerbspersonen, die dem Arbeitsmarkt offiziell zur Verfügung stehen, bei den Arbeitsämtern arbeitslos gemeldet sind. Zu den Arbeitslosen zählen alle, die nicht oder nur kurzfristig beschäftigt sind und für eine Vermittlung zur Verfügung stehen, jünger als 65 Jahre und nicht arbeitsunfähig erkrankt sind. Außerdem müssen sie beim Arbeitsamt registriert sein.
Die A. ist die wichtigste Kennzahl zur Darstellung der Beschäftigungssituation und des Umfanges der Arbeitslosigkeit. Die Bundesanstalt für Arbeit veröffentlicht jeden Monat die bundesweite Quote und die regionalen A. Allerdings ist die Aussagefähigkeit der A. aus verschiedenen Gründen begrenzt. Zu den Erwerbspersonen werden etwa auch Beamte gezählt, obwohl die Gefahr, arbeitslos zu werden, bei diesen praktisch nicht vorhanden ist. Nicht erfasst werden hingegen Personen, die sich nicht beim Arbeitsamt melden, weil sie keinen Anspruch auf Arbeitslosengeld haben, etwa ehemalig Selbstständige. Diese Arbeitslosen nennt man die »stille Reserve«. Nicht hinzugezählt werden Arbeitslose, welche etwa an Arbeitsbeschaffungs- oder Umschulungsmaßnahmen teilnehmen oder sog. Unterbeschäftigte, also Personen, die weniger als 15 Stunden pro Woche einer

Abb. 3 Arbeitslosenzahl in Deutschland in Mio. (1994–2016)

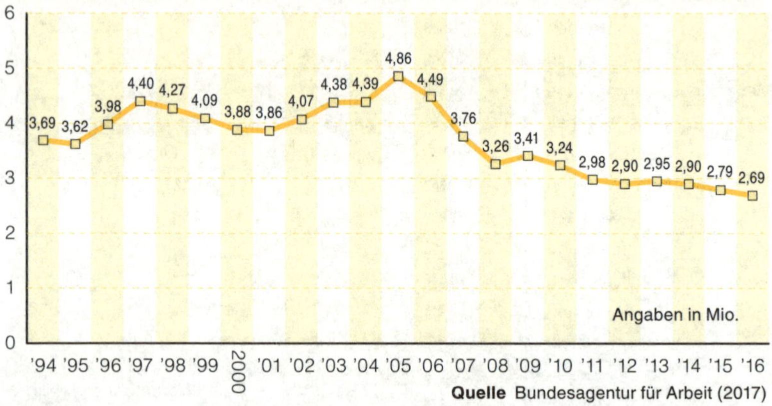

Quelle Bundesagentur für Arbeit (2017)

bezahlten Arbeit nachgehen, falls diese sich nicht arbeitslos gemeldet haben.

➠ Arbeitsmarktpolitik

Arbeitslosenstatistik

➠ Arbeitsmarktstatistik

Arbeitslosenversicherung

Sie gehört zu den sozialen Sicherungssystemen der Bundesrepublik Deutschland und ist eine Pflichtversicherung für alle Arbeitnehmer. Geringfügig Beschäftigte sind nicht pflichtversichert. Im Rahmen der freiwilligen Weiterversicherung gegen Arbeitslosigkeit können sich auch Selbstständige, Pflegepersonen und Arbeitnehmer, die außerhalb der EU beschäftigt sind, versichern. Im Jahr müssen 3 % des Bruttolohns eingezahlt werden (2017). Arbeitnehmer und Arbeitgeber zahlen jeweils die Hälfte. Das Arbeitslosengeld (auch ALG I) wird maximal 12 Monate gezahlt, außer bei Arbeitslosen über 55 Jahre. Sie erhalten 24 Monate Arbeitslosengeld. Das sog. ALG II wird zeitlos gewährt und ersetzte die alte Arbeitslosenhilfe und die Sozialhilfe. Es wird auch nicht aus der A. gezahlt, sondern ist steuerfinanziert. Für das Arbeitslosengeld liegt die Beitragsbemessungsgrenze 2017 in den alten Bundesländern bei 6.350 € und in den neuen Bundesländern bei 5.700 € im Monat. Ab dieser Bruttoeinkommenshöhe steigt der abzuführende Betrag nicht mehr. Die A. findet ihren gesetzlichen Niederschlag im Sozialgesetzbuch und im Arbeitsförderungsreformgesetz. Zuständig für die A. ist die Bundesagentur für Arbeit in Nürnberg. Aufsichtführendes Ministerium ist das Bundesministerium für Wirtschaft und Arbeit. Die Versicherung gibt es seit 1927.

Arbeitslosigkeit

Bezeichnet den Zustand von Erwerbspersonen ohne Arbeit. Sie resultiert aus einem Ungleichgewicht auf dem Arbeitsmarkt oder Teilarbeitsmärkten, bei dem das Arbeitsangebot die Arbeitsnachfrage übersteigt und arbeitswillige Erwerbspersonen zeitweise keine Beschäftigung von Arbeitgebern erhalten. In Abhängigkeit von den Ursachen kann man folgenden Arten von A. unterscheiden:

- Konjunkturelle A.: Sie entsteht durch Konjunkturschwankungen. Während eines wirtschaftlichen Abschwungs entlassen die Unternehmen Arbeitskräfte, die sie im Aufschwung wieder einstellen. Konjunkturelle A. hält i. d. R. nur 2–3 Jahre an.
- Strukturelle A.: Sie wird ausgelöst durch einen Wandel der Wirtschaftsstruktur und/oder durch technologische Entwicklungen. Dadurch ergeben sich veränderte Anforderungsprofile an die Arbeitnehmer bei veränderten Arbeitsabläufen. Die Folge ist, dass die Arbeitnehmer nicht mehr den neuen Qualifikationsanforderungen entsprechen und keine Anstellung mehr finden, wenn gleichzeitig der Arbeitsmarkt oder das Ausbildungssystem zu unflexibel sind, um Arbeitslose in anderen Branchen, Regionen oder Berufen unterzubringen. Sie ist ein dauerhaftes Phänomen.
- Saisonale A.: Sie entsteht durch jahreszeitlich bedingte Schwankung der Nachfrage- und Angebotsbedingungen in einzelnen Sektoren der Volkswirtschaft, z. B. Bau- oder Landwirtschaft im Winter. Sie ist ein dauerhaftes Phänomen.
- Friktionelle A.: Auch als Fluktuations- oder Sucharbeitslosigkeit bezeichnet, entsteht in der Zeitspanne zwischen der Aufgabe der alten und dem Beginn der neuen Tätigkeit. Sie ist i. d. R. nur von kurzer Dauer und auch in Phasen einer Vollbeschäftigung unvermeidlich.

Außerdem kann man zwischen freiwilliger A. (z. B. durch Kündigung des Arbeitnehmers) und unfreiwilliger A. (z. B. Kündigung durch den Arbeitgeber) sowie zwischen dauernder und vorübergehender A. unterscheiden. Auch findet man eine Unterscheidung nach anderen Merkmalen wie Dauer der A. (Langzeit-A.) oder auch nach der betroffenen Gruppe (Jugend-A.). A. ist nicht nur schwerwiegend für die Betroffenen, sondern auch ein wirtschaftspolitisches Problem der öffentlichen Haushalte. Einerseits steigen mit der A. die Ausgaben der öffentlichen Hand für Arbeitslosengeld, Sozialhilfe oder beschäftigungspolitische Maßnahmen, andererseits sinken ihre Einnahmen, weil weniger Steuern und Sozialabgaben gezahlt werden.

➠ Arbeitslosenversicherung ➠ Arbeitslosengeld ➠ Arbeitslosengeld II ➠ Hysterese ➠ Kosten der Arbeitslosigkeit

Arbeitsmarkt

Auf dem A. treffen Arbeit anbietende Erwerbspersonen sowie private Unternehmen und staatliche Stellen, die Arbeit nachfragen, aufeinander. Die einen treten als Anbieter auf, die anderen fragen den Produktionsfaktor Arbeit nach. Das Arbeitsangebot wird bestimmt durch Bevölkerungsentwicklung, Erwerbsbeteiligung, Lohn und gewünschte Arbeitszeit. Im sog. Erwerbspersonenpotenzial ist das Arbeitskräfteangebot zusammengefasst. Multipliziert man das Erwerbspersonenpotenzial mit der gewünschten jahresdurchschnittlichen Arbeitszeit, erhält man das gewünschte Arbeitsvolumen. Die Arbeitsnachfrage wird bestimmt durch die gesamtwirtschaftliche Nachfrage nach Waren und Dienstleistungen, die Höhe des Lohns, die Produktionsbedingungen (technologisches Niveau), die Zukunftserwartung der Unternehmen und etliche Nebenbedingungen (Arbeitsrecht, Lohnnebenkosten etc.). Multipliziert man die bereitstehenden Arbeitsplätze (Anzahl der Beschäftigten) mit der angebotenen Beschäftigungszeit (effektive Jahresarbeitszeit je Erwerbstätigem), erhält man das Beschäftigungsvolumen (effektives Arbeitsvolumen) in einer Volkswirtschaft. Im Gegensatz zu anderen Märkten (z. B. dem Kapitalmarkt) unterliegt der A. einigen Sonderbedingungen, da er nicht hauptsächlich durch das Gesetz von Angebot und Nachfrage geregelt wird. So bildet sich der Preis, die Höhe der Löhne und Gehälter nicht frei nach Angebot und Nachfrage, sondern wird von Arbeitgeberverbänden und Gewerkschaften durch Tarifverhandlungen festgelegt. Der Gesamtarbeitsmarkt wird zur besseren Untersuchung und Beschreibung in Teilarbeitsmärkte aufgegliedert, so nach Regionen (z. B. A. für Ostdeutschland), Berufen (z. B. A. für Baufacharbeiter), Qualifikationen (z. B. A. für Hochschulabsolventen) oder Personengruppen (z. B. A. für Frauen). Außerdem wird zwischen offiziellem und informellem A. (Schattenwirtschaft) unterschieden.

➡ Arbeitslosigkeit ➡ Unterbeschäftigung

Arbeitsmarktpolitik

Alle staatlichen Maßnahmen, die Angebot und Nachfrage auf dem Arbeitsmarkt beeinflussen sollen. Unterschieden werden aktive und passive A. Die aktive A. versucht, willigen Arbeitslosen den Zugang in den Arbeitsmarkt zu ermöglichen. Dazu stehen der Bundesagentur für Arbeit sowie den Gemeinden verschiedene Instrumente zur Verfügung, z. B. Arbeitsvermittlung, Berufsberatung, Förderung der beruflichen Weiterbildung, Trainingsmaßnahmen, Arbeitsbeschaffungsmaßnahmen, »Arbeitsgelegenheiten« (Ein-Euro-Jobs) und Eingliederungsbeihilfen sowie Lohnkostenzuschüsse zur Förderung der Arbeitsaufnahme. Durch diese Instrumente sollen die Arbeitslosen wieder an die Arbeit gewöhnt, ihre Qualifikation erhöht werden. Die passive A. hingegen unterstützt die Arbeitslosen finanziell durch Arbeitslosengeld und ALG II.

➡ Arbeitslosenversicherung

Arbeitsmarktstatistik

Zusammenfassung aller von der Bundesagentur für Arbeit oder vom Statistischen Bundesamt erstellten Statistiken, die für den Arbeitsmarkt von Bedeutung sind. Sie beinhaltet Angaben über Bestand, Struktur sowie Zu- und Abgänge der Arbeitslosen. Die Arbeitsmarktstatistik gibt einen Überblick der Gesamtlage des Arbeitsmarktes.

➡ Amtliche Statistik

Arbeitsmarkttheorien

A. versuchen, die Funktionsweise des Arbeitsmarkts aus ökonomischer Sicht zu erklären. Man unterscheidet gesamtwirtschaftliche und einzelwirtschaftliche A. Erstere widmen sich der Erklärung gesamtwirtschaftlicher Arbeitsmarktphänomene, wobei Beschäftigung und Arbeitslosigkeit im Mittelpunkt stehen. Die einzelwirtschaftlichen Ansätze beschäftigen sich mit den Anreizen zur Arbeitsaufnahme sowie den Anreizen zur Arbeitsnachfrage unter den gegebenen ökonomischen und institutionellen Voraussetzungen. Zwei Größen sind in den gängigen A. von maßgeblicher Bedeutung: die Reallöhne und die gesamtwirtschaftliche Güternachfrage. Allerdings kommen sie je nach Theorie in unterschiedlicher Weise zum Tragen. So sind in neoklassischen Modellen die Reallöhne die entscheidende Größe für Beschäftigung und Arbeitslosigkeit, während die Nachfrage keine Rolle spielt. In neukeynesianischen Ansätzen haben beide Größen Einfluss, während in keynesianischen Theorien nur die Nachfrage bedeutsam ist. In vielen A. der

Abb. 4 Anstieg der Arbeitsproduktivität von 1991 bis 2015 im Vergleich zu 1994 (reales BIP pro Erwerbstätigem, 1994=100)

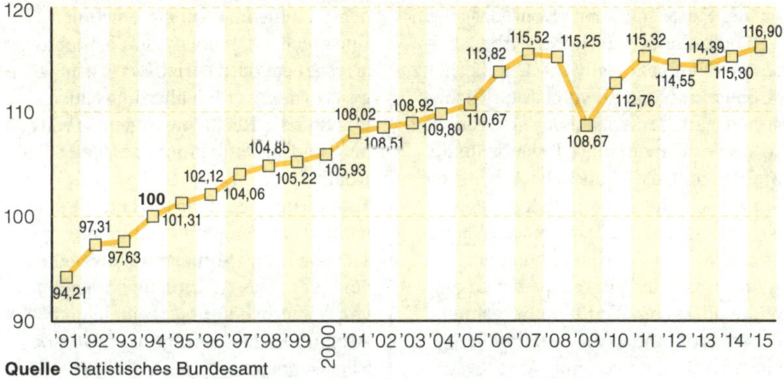

Quelle Statistisches Bundesamt

jüngsten Zeit wird auch die Bedeutung von Institutionen und Regulierungen des Arbeitsmarktes hervorgehoben, wie z. B. die Arbeitslosenunterstützung und Kündigungsvorschriften. Auch soziale Normen, dass Arbeit eine soziale Verpflichtung sei, finden in neueren Überlegungen Berücksichtigung.

Arbeitsnachfrage

Nachfrage der Unternehmen, der Haushalte und des Staates nach Arbeit am Arbeitsmarkt. Sie kann in Arbeitsstunden oder auch in Arbeitskräften angegeben werden. Zusammen mit dem Arbeitsangebot entscheidet die A. über die Höhe der Beschäftigung bzw. der Arbeitslosigkeit. In den meisten Erklärungsmodellen hängt die A. v. a. vom Reallohn ab. Je höher der Reallohn, desto niedriger die A. Ein Unternehmen fragt dann zusätzliche Arbeit nach, wenn der Ertrag aus den zusätzlichen Arbeitsstunden den gezahlten Reallohn übersteigt. Hieraus ergibt sich: Je höher die Kosten der Arbeit sind, desto geringer die Bereitschaft der Unternehmen Arbeit nachzufragen, sofern alle anderen Faktoren gleich bleiben. Folglich sinken die Reallöhne. Aus keynesianischer Sicht hängt die A. v. a. von der gesamtwirtschaftlichen Güternachfrage ab. Denn sie entscheidet darüber, wie viele seiner Produkte ein Unternehmen absetzen kann. Folglich wird dieses so viel Arbeit nachfragen, wie unter den gegebenen technologischen Bedingungen benötigt wird, um die nachgefragte Absatzmenge produzieren zu können. Niedrigere Reallöhne erhöhen nach Keynes nur dann die Beschäftigungsnachfrage, wenn sie ihrerseits nicht die Güternachfrage beeinträchtigen.

Arbeitsparender technischer Fortschritt

➠ Technischer Fortschritt

Arbeitsproduktivität

Gibt an, welches Produktionsergebnis mit einem bestimmten Arbeitseinsatz auf betriebs- oder volkswirtschaftlicher Ebene hergestellt werden kann. Dabei werden Arbeitseinsatz und Produktionsergebnis ins Verhältnis gesetzt. Gemessen wird die A. in der amtlichen Statistik durch den realen Output (Bruttoinlandsprodukt) je Erwerbstätigen. Kritisch anzumerken ist bei der Berechnung pro Kopf, dass die Veränderung der jährlichen Arbeitszeiten nicht einbezogen wird. Die jährliche Arbeitszeit hängt ab von der tariflichen Arbeitszeit, der Anzahl der Überstunden sowie der Kurzarbeits-, Urlaubs- und Streiktage. Da die jährliche Arbeitszeit in Deutschland stark zurückgegangen ist (z. B. durch die 35-Stunden-Woche), ergibt sich bei der Berechnung der A. auf Basis der Erwerbspersonen ein relativ niedriger Wert. Die Berechnung der A. auf Stundenbasis ergibt hingegen einen wesentlich höheren Wert. In der Bundesrepublik Deutschland ist sie seit 1950 absolut gestiegen, seit 1973 allerdings mit schwächer werdendem Anstieg und periodischen Schwankungen. Die jährlichen Wachstumsraten der A. spielen in den Tarifverhandlungen über höhere Löhne sowie in der Debatte über die internationale Wettbewerbsfähigkeit eines Landes eine entscheidende Rolle.

➠ Arbeit

Arbeitsrecht

Umfasst alle Rechtsregelungen, die das Arbeitsverhältnis zwischen Arbeitgebern und Arbeitnehmern gestalten, sowie die rechtlichen Rahmenbedingungen, welche die Erbringung individueller Arbeitsleistungen beeinflussen. Dabei unterscheidet man zwischen dem individuellen und dem kollektiven A. Das individuelle A. regelt die gegenseitigen Rechte und Pflichten der Arbeitgeber und Arbeitnehmer. Zum Individualarbeitsrecht zählen das Arbeitsvertragsrecht und das Arbeitnehmerschutzrecht. Das Kollektivarbeitsrecht regelt die Rechtsbeziehungen der Tarifvertragspartner, ferner die Bildung von Arbeitnehmervertretungen durch die Organe der Betriebsverfassung sowie die Mitbestimmungsrechte der Arbeitnehmer im Unternehmen. Entsprechend gehören zum Kollektivarbeitsrecht das Betriebsverfassungsgesetz (hier werden allerdings auch individuelle Rechte zwischen Arbeitgebern und Arbeitnehmern geregelt), das Koalitionsrecht (Art. 9, Abs. 3 GG), das Tarifvertragsrecht, das Arbeitskampfrecht, das Montanmitbestimmungsgesetz sowie das Mitbestimmungsgesetz von 1976. Das A. wird zunehmend von richterlichen Entscheidungen der Arbeitsgerichte geprägt sowie von der Rechtsentwicklung in der EU.

➠ Arbeit ➠ Arbeitsvertrag

Arbeitsrechtliches Beschäftigungsförderungsgesetz

In Deutschland seit dem 1.10.1996 in Kraft. Es sollte v. a. die Lohnnebenkosten senken. Dazu wurde die gesetzlich vorgeschriebene Lohnfortzahlung im Krankheitsfall von 100 % auf 80 % reduziert, der Kündigungsschutz gelockert und der Abschluss befristeter Arbeitsverträge erleichtert. Inzwischen wurden Teile des Gesetzes wieder rückgängig gemacht.

Arbeitsteilung

Aufspaltung des Wirtschaftsprozesses in bestimmte Tätigkeiten, die dann von verschiedenen Personen, Abteilungen, Unternehmen, Wirtschaftssektoren oder ganzen Volkswirtschaften erledigt werden. Entsprechend wird zwischen innerbetrieblicher, gesellschaftlich-technischer, volkswirtschaftlicher oder internationaler A. unterschieden. Das Ziel der A. ist eine Steigerung der Produktivität. Durch die A. erfolgt eine Spezialisierung, und diese schafft eine höhere Produktivität und damit ein höheres Wirtschaftswachstum. Im Außenhandel meint internationale A. v. a., dass sich jede Nation auf die Produktion jener Güter spezialisiert, die sie am kostengünstigsten produzieren kann.

Arbeitsverhältnis, befristetes

Ein Arbeitgeber kann einen Arbeitnehmer befristet einstellen. Für den Arbeitnehmer besteht allerdings die Gefahr, dass die Arbeitgeber damit Kündigungsschutzbestimmungen umgehen. Aus diesem Grund wurde die Befristung durch das **T**eil**z**eit- und **B**e**f**ristungs**g**esetz (TzBfG) vom 1.1.2001 eingeschränkt. Ein befristetes A. ist zwar zulässig, aber nur unter strengen Bedingungen. Beispielsweise ist eine Befristung ohne sachlichen Grund nicht zulässig, wenn schon vorher mit dem Arbeitnehmer ein befristetes Arbeitsverhältnis bestand. Nach Zahlen des Statistischen Bundesamts waren 2015 4,68 Mio. Menschen in Deutschland befristet beschäftigt.

Arbeitsvermittlung

Bereich der aktiven Arbeitsmarktpolitik und eine der zentralen Aufgaben der Bundesagentur für Arbeit. Sie stellt Arbeitgebern und Arbeitssuchenden Informationen über den Arbeitsmarkt zur Verfügung und erhöht so die Markttransparenz. Dadurch wird die Arbeitslosigkeit verringert. Die Vermittlung hat aber auch eine sozialpolitische Funktion, gerade wenn Personen aus sog. Problemgruppen vermittelt werden. Bereits seit 1994 sind in Deutschland auch private Arbeitsvermittler. Allerdings ist die A. nach wie vor eine Hauptaufgabe der Bundesagentur für Arbeit.

Arbeitsvertrag

Privatrechtlicher Vertrag zwischen einem Arbeitgeber und einem Arbeitnehmer. Er regelt die gegenseitigen Rechte und Pflichten. Im Wesentlichen sind dies die regelmäßige Erbringung einer Arbeitsleistung durch den Arbeitnehmer und die Bezahlung eines Arbeitsentgeltes durch den Arbeitgeber. Es besteht i. d. R. eine generelle Weisungsgebundenheit des Arbeitnehmers und eine allgemeine Fürsorgepflicht des Arbeitgebers für den Arbeitnehmer. Sofern nicht gesetzliche Bestimmungen oder der Inhalt von Tarifverträgen dem widersprechen, können weitere Rechte und Pflichten im A. frei vereinbart werden. Normalerweise wird der A. schriftlich abgeschlossen, er gilt aber auch formlos, sofern Gesetze, Tarifverträge oder Betriebsvereinbarungen nicht explizit die Schriftform vorschreiben. Nur der Ausbildungsvertrag muss schriftlich abgeschlossen werden. Allerdings besteht für die meisten Arbeitnehmer seit Inkrafttreten des **Nachw**eisgesetzes (NachwG) im Jahre 1995 ein einklagbarer Anspruch auf einen schriftlichen A., worin den wesentlichen Inhalten des Gesetzes Rechnung getragen werden muss (z. B. Beginn des Arbeitsverhältnisses, Arbeitsentgelt, Urlaubsanspruch etc.). Unterschieden wird zwischen unbefristeten Verträgen (Dauerarbeitsverträge) und befristeten A. Beendet werden kann der A. z. B. durch einen Aufhebungsvertrag oder durch Kündigung. Der befristete A. muss dagegen nicht gekündigt werden, er endet automatisch zu dem vertraglich vereinbarten Zeitpunkt. Die gesetzliche Kündigungsfrist beträgt 4 Wochen, jeweils zum 15. oder zum Ende eines Kalendermonats. Wesentliche Inhalte eines A. sollten sein: Arbeitszeit, Kündigungsfrist, Probezeit, Sozialleistungen, Tätigkeitsbezeichnung, Tätigkeitsbeschreibung, Urlaubsregelung, Vertragsbeginn und Vergütung. Grundsätzlich ist der A. ein Dienstvertrag gemäß den Bestimmungen in den §§ 611-630 **B**ürgerliches **G**esetz**b**uch (BGB).

➡ Arbeitsrecht

Arbeitsverwaltung

➡ Arbeitsvermittlung

Arbeitsvolumen

Gesamtheit der geleisteten Arbeitsstunden in einem Unternehmen, in einer Branche oder in einer ganzen Volkswirtschaft. Um das A. zu messen, multipliziert man i. d. R. die Zahl der Beschäftigten mit der durchschnittlichen Arbeitszeit.

Arbeitszeit

Betriebswirtschaftlich wird die A. definiert als Zeitspanne vom Beginn bis zum Ende der von einem Arbeitnehmer ausgeübten Tätigkeit, ohne die dabei in Anspruch genommenen Ruhepausen (Arbeitszeitgesetz). Volkswirtschaftlich gesehen bildet die Arbeitszeit zusammen mit der Zahl der Arbeitskräfte die tatsächlich geleistete Arbeit in einer Volkswirtschaft, man spricht auch vom gesamtwirtschaftlichen Arbeitsangebot. Maßgeblich für die volkswirtschaftliche A. der Arbeitnehmer ist die durchschnittlich geleistete Wochen- und Jahresarbeitszeit sowie ihre Lebensarbeitszeit. In Deutschland zeigt die Entwicklung, dass die A. deutlich zurückgeht. Das liegt an der tarifvertraglich vereinbarten Wochenarbeitszeitverkürzung, einer starken Zunahme von Teilzeitstellen zulasten von Vollzeitarbeitsplätzen sowie diversen Frühverrentungsmodellen (z. B. Vorruhestandsgeld). Gleichzeitig wurden die Arbeitszeitregelungen aber auch erheblich flexibilisiert, wodurch sich die Betriebs- und Maschinenlaufzeiten verlängerten.

➡ Arbeitszeitpolitik ➡ Arbeitszeitschutz

Arbeitszeitgesetz

Legt die Rahmenbedingungen für die individuellen und betrieblichen Arbeitszeiten der Arbeitnehmer fest. Darin geregelt ist z. B. die maximale Arbeitsstundenanzahl pro Werktag und Woche. Dabei wird unterschieden zwischen tariflicher Arbeitszeit, tatsächlich geleisteter Arbeitszeit und vergüteter Arbeitszeit, welche auch die Feier-, Urlaubs- und Krankheitstage beinhaltet. Das Gesetz dient v. a. der Sicherheit und dem Gesundheitsschutz der Arbeitnehmer. Die Regelung ist am 1.7.1994 in Kraft getreten und hat damit die seit 1938 bestehende Arbeitszeitordnung ersetzt. Das Gesetz ist für Arbeitgeber und -nehmer verbindlich, sofern kein Tarifvertrag besteht. Existiert dieser doch, kann er das A. ergänzen, begrenzen oder sogar ersetzen.

➡ Arbeitszeitpolitik ➡ Arbeitszeitschutz

Arbeitszeitordnung

➡ Arbeitszeitgesetz

Arbeitszeitpolitik

Umfasst alle Maßnahmen, die zur Festlegung betrieblicher und individueller Arbeitszeiten notwendig sind. Gestaltet wird die A. nicht nur vom Gesetzgeber, sondern, im Rahmen der Tarifautonomie, v. a. auch von Arbeitgeberverbänden und Gewerkschaften sowie Unternehmensleitungen und Betriebsräten. Die Gesetze zur A. beinhalten hauptsächlich sozialpolitische Aspekte. Hingegen sind Vereinbarungen zwischen den Tarifpartnern oft auch von beschäftigungs- bzw. arbeitsmarktpolitischen Argumenten geprägt. Die Arbeitgeberverbände und Unternehmensleitungen befürworten flexible Arbeitszeiten, um den veränderten betrieblichen Anforderungen gerecht zu werden. Bei den Gewerkschaften steht die Diskussion um Arbeitnehmerschutz und Arbeitszeitverkürzung im Mittelpunkt. Infolge dieser unterschiedlichen Zielsetzungen spielen für die A. sowohl sozial- als auch arbeitsmarktpolitische Gesichtspunkte eine Rolle. Als Beispiel für solche arbeitsmarktpolitischen Gesichtspunkte ist das Vorruhestandsgeld zu nennen; es wird anteilig festgesetzt, d. h. an der kürzeren Arbeitszeit des Arbeitnehmers bemessen. Die verkürzte Lebensarbeitszeit soll zur Entlastung des Arbeitsmarktes beitragen.

➡ Arbeitszeitgesetz ➡ Arbeitszeitschutz

Arbeitszeitschutz

Dient dazu, Arbeitnehmer vor körperlicher und geistiger Überforderung zu schützen. Die Einhaltung des Arbeitszeitschutzes wird durch die Gewerbeaufsicht überwacht. Die wichtigsten Arbeitszeitregelungen im Überblick:

- Die tägliche Arbeitszeit von 8 Stunden darf nicht überschritten werden. In Ausnahmefällen kann die Arbeitszeit auf bis zu 10 Stunden erhöht werden. Dies darf aber nur geschehen, wenn der Arbeitnehmer im Durchschnitt eines halben Jahres nicht die Dauer von täglich 8 Stunden überschreitet. (§ 3 **Arb**eits**z**eit**g**esetz, ArbZG).
- Falls ein Arbeitnehmer unter gesundheitsgefährdenden Umständen arbeiten muss, kann die Bundesregierung seine Arbeitszeit über § 3 ArbZG weiter beschränken.
- Nach § 9 des ArbZG darf an Sonn- und Feiertagen nicht gearbeitet werden, außer in besonderen Fällen, die in § 10 des ArbZG aufgeführt sind.
- Falls ein Arbeitnehmer am Sonntag arbeiten muss, so ist in § 11 ArbZG festgelegt, dass er für jeden Sonntag, den er gearbeitet hat, einen zusätzlichen Ruhetag bekommt. Ihm wird außerdem eine Ruhezeit von mindestens 35 Stunden zugesichert. Zusätzlich stehen ihm 15 freie Sonntage im Jahr zu.
- Besonders wichtig sind die Ruhezeiten, die zwischen 2 Arbeitsschichten liegen und die Ruhepausen während der Arbeit.
- Nach den §§ 14, 17, 18 des Jugendschutzgesetzes dürfen Jugendliche weder in der Nacht noch an Sonn- und Feiertagen arbeiten.
- Ebenfalls gilt das Verbot für schwangere Frauen im **Mu**tter**schu**tz**g**esetz (§ 8 MuSchuG). Außerdem ist ihnen nicht erlaubt, die letzten 6 Wochen vor der Geburt des Kindes und 8 Wochen danach zu arbeiten (§§ 3 und 6 MuSchuG).
- Für werdende Mütter besteht die Möglichkeit, nach der Geburt einen 18-monatigen Erziehungsurlaub in Anspruch zu nehmen (§§ 4 und 15 MuSchuG).
- Im Gesetz ist ebenfalls der bezahlte Mindesturlaub festgelegt. So steht jedem Erwachsenen nach § 3 Bundesurlaubsgesetz ein bezahlter Urlaub von 24 Werktagen zu, Jugendlichen nach § 19 des Jugendarbeitsschutzgesetzes ein Mindesturlaub von 25–30 Tagen.

➡ Arbeitszeitpolitik

Arbeitszeitverkürzung

➡ Arbeitszeitpolitik

Arbitrage

A. ist die Bezeichnung für das Ausnutzen von Preis-, Zins- oder Kursdifferenzen, die auf unterschiedlichen Märkten für bestimmte Wertpapiere oder Güter bestehen. Wenn z. B. eine Aktie in den USA zu einem höheren Kurs gehandelt wird als in Europa, werden Wertpapierhändler diese Aktie zum niedrigeren Kurs in Europa kaufen und in den USA wieder verkaufen, bis die Kurse weitgehend angeglichen sind. Auch Preis- und Zinsunterschiede zwischen verschiedenen Märkten werden i. d. R. durch A. ausgeglichen.

➡ Devisenarbitrage ➡ Regulierungsarbitrage

Armutsmessung

Versucht, die Armen und die Entwicklung von Armutserscheinungen zu erfassen, die in einem Indikator dargestellt werden. Um eine Person als arm zu bezeichnen, wird eine Armutsschwelle (engl.: poverty line) festgelegt. Infolgedessen wird eine Person als arm bezeichnet, wenn ihr Existenzniveau unter dieser Schwelle liegt. I. d. R. werden 2 verschiedene Methoden verwendet, um die Armutsgrenze zu bestimmen. Einerseits legt man das Durchschnittseinkommen der Bevölkerung zugrunde. Davon nimmt man einen bestimmten Prozentsatz, etwa 60 % des mittleren Gesamteinkommens (Medianeinkommen). Als »arm« gilt jeder, der weniger verdient. Mit dieser Methode wird die sog. relative Armut ermittelt. Andererseits richtet man sich nach einem bestimmten Warenkorb, dessen Kosten die Armutsgrenze definiert. Als »arm« gilt, wer weniger verdient als der Wert des Warenkorbs beträgt. Mit dieser Methode wird die absolute Armut bestimmt.

➡ Armutsquote

Armutsquote

Gibt den prozentualen Anteil an der Gesamtbevölkerung eines Landes wieder, der mit einem Einkommen unterhalb der Armutsgrenze leben muss.

➡ Armutsmessung

ASEAN

➡ Association of Southeast Asian Nations (ASEAN)

Asiatische Entwicklungsbank (ADB)

Ihr oberstes Ziel ist es, die Armut in Asien zu verringern und sich an wirtschaftlichen sowie sozialen Projekten zu beteiligen. Diese Projekte werden durch die Vergabe von Krediten zu marktähnlichen Bedingungen finanziert. Verantwortlich für die allgemeine Geschäftspolitik sind 12 Direktoren. Damit die Interessen der asiat. Länder gewahrt bleiben, müssen 8 der Direktoren aus regionalen und 4 aus überregionalen Mitgliedsstaaten stammen. Trotz dieser Verteilung ist das regionale Interesse nicht so groß wie bei anderen Entwicklungsbanken. Die ADB arbeitet zukunftsorientiert und ist weiter entwickelt als andere Entwicklungsbanken. Das lässt sich an der Geschäftspolitik der ADB erkennen. Zum einen verleiht sie Geld an Privatpersonen, zum anderen handelt sie mit sog. Währungsswapgeschäften (Swap). Da die Mitgliedstaaten über eine hohe Kreditwürdigkeit verfügen, ist die Rückzahlung der Gelder sehr sicher. Die ADB wurde 1966 in Manila gegründet. Deutschland war ein Gründungsmitglied der Bank und hat sich mit 4,8 % vom gezeichneten Grundkapital beteiligt. Zurzeit hat die ADB 67 Mitgliedsländer.

➡ Entwicklungspolitik

Asiatische Freihandelszone (AFTA)

Seit 1967 gibt es die ASEAN-Gruppe, einen Zusammenschluss verschiedener asiat. Länder. Da es mit Japan und den USA immer wieder wirtschaftliche Unstimmigkeiten gab, wollte die ASEAN-Gruppe den Vorteil der Staatenge-

Karte 1 Die Mitgliedstaaten der APEC

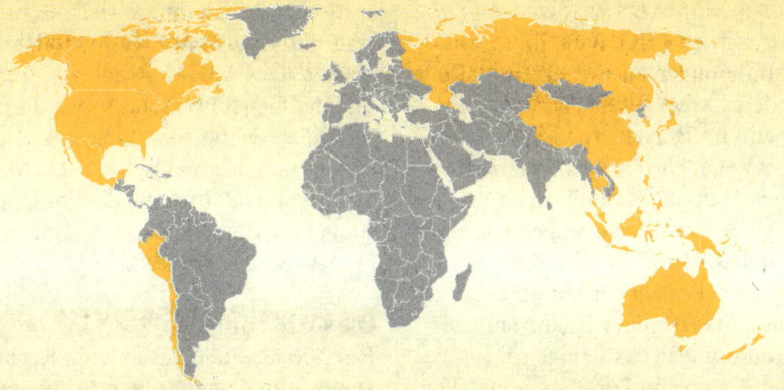

Die 21 Mitgliedstaaten der APEC (gegr. 1989 in Canberra, Australien):
Seit 1989: Australien · Brunei · Indonesien · Japan · Kanada · Malaysia · Neuseeland · Philippinen · Singapur · Südkorea · Thailand · USA. **Seit 1991:** China · Hong Kong · Taiwan. **Seit 1993:** Mexico · Papua-Neuguinea. **Seit 1994:** Chile. **Seit 1998:** Peru · Russland · Vietnam.

meinschaft nutzen, um eine bessere Verhandlungsposition zu erhalten. Indirekte Handelseinschränkungen wie z. B. Importzölle u. a. Handelshemmnisse machten es den Entwicklungsländern oft unmöglich, ihre bestehenden oder potenziellen Wettbewerbsvorteile auszunutzen und ihre Produkte gewinnbringend in die Industrieländer auszuführen. Im Oktober 1991 haben sich die ASEAN-Länder daher entschlossen, Importzölle u. a. Handelshemmnisse innerhalb von 15 Jahren abzubauen und abzuschaffen. Durch diesen Entschluss kam es zur Errichtung der AFTA (**A**sian **F**ree **T**rade **A**rea = Freihandelszone des Verbandes Südostasiatischer Staaten). Zur Verbesserung der Handelsbeziehungen zwischen der ASEAN-Gruppe, Japan und den USA, arbeitete die ASEAN-Gruppe auch in der APEC (Asiatisch-pazifische Wirtschaftskooperation) mit.

Asiatisch-pazifische Wirtschaftskooperation (APEC)

Forum zur Förderung von Handel und Investitionen im asiat.-pazif. Raum. Das Forum beschäftigt sich insbesondere mit Fragen des Freihandels, dem Abbau von Wirtschaftshindernissen und Zöllen sowie länderübergreifenden Wirtschaftskooperationen. Die APEC befasst sich aber auch mit aktuellen Themen wie etwa den Folgen der Vogelgrippe. Sie wurde 1989 gegründet, ihr gehören inzwischen 21 Staaten an: Australien, Brunei, Kanada, Chile, China und Hongkong, Indonesien, Japan, Südkorea, Malaysia, Mexiko, Neuseeland, Papua-Neuguinea, Peru, Philippinen, Russland, Singapur, Taiwan, Thailand, USA und Vietnam.

Asset Backed Securities (ABS)

[Dt.: Mit Aktivposten abgesicherte Wertpapiere] Als ABS bezeichnet man

Zinspapiere, die mit von Schuldnern unterschiedlicher Bonität kombinierten Kreditforderungen z. B. von Banken abgesichert sind. ABS werden dann geschaffen, wenn eine Bank ihre Kreditforderungen an eine eigens dafür gegründete Zweckgesellschaft verkauft. Diese wird im Börsenjargon **S**pecial **P**urpose **V**ehicle (SPV) genannt. Die SPV finanziert den Kauf über die Verbriefung der Kreditforderungen und ihre Weiterveräußerung als ABS-Anleihen. Für die Bank besteht der Vorteil einerseits darin, dass in ihrer Bilanz nun die Kreditforderungen mit dem darin enthaltenen Risiko von Forderungsausfällen nicht mehr erscheinen und andererseits risikoreiche Kreditforderungen über die SPV auf dem allgemeinen Kapitalmarkt verkauft werden können. Oft können Banken oder Anleger das Risiko von Forderungsausfällen wegen der unterschiedlichen Schuldner nicht zutreffend beurteilen, so u. a. durch die Bündelung etwa von Hypothekenforderungen in den ABS-Papieren. Ein Beispiel sind die Forderungen aus amerik. Hypothekenkrediten, die von amerik. Instituten zu Wertpapieren umgewandelt und mit großem Erfolg verkauft wurden. Als immer mehr Hausbesitzer in den USA die fälligen Hypothekenzahlungen nicht mehr leisten konnten, versuchten viele nervös gewordene Anleger ihre ABS-Wertpapiere zu verkaufen. Der Markt brach zusammen und die weltweit gehandelten A. verloren binnen Kurzem erheblich an Wert oder blieben unverkäuflich. Ein Vorgang, der 2008 die Finanzmarktkrise ausgelöst hat.

➠ Verbriefung von Krediten

Association of Southeast Asian Nations (ASEAN)

Zusammenschluss verschiedener asiat. Länder (gegr. 1967 in Bangkok). Die ASEAN soll das Wirtschaftswachstum, den sozialen Fortschritt sowie die kulturelle Entwicklung in den Mitgliedstaaten fördern. Jährlich treffen sich die Außen- und Wirtschaftsminister der Teilnehmerstaaten. Das ASEAN-Generalsekretariat und der Generalsekretär haben ihren Sitz in Jakarta. Mitgliedstaaten sind: Brunei, Indonesien, Kambodscha, Laos, Malaysia, Myanmar (Burma), die Philippinen, Singapur, Thailand und Vietnam.

➠ Asiatische Freihandelszone

Assoziierung

Bezeichnet einen besonderen Rechtsstatus »mit gegenseitigen Rechten und Pflichten, gemeinsamem Vorgehen und besonderen Verfahren« (EU-Vertrag) zwischen der EU und einem Drittstaat, einer Staatenverbindung oder einer internationalen Organisation. Was dieser Status konkret beinhaltet, wird von Fall zu Fall ausgehandelt und ist in einem Assoziierungsvertrag niedergeschrieben.

Grundsätzlich wird zwischen 4 Grundformen der A. unterschieden. *Erstens* die Beitrittsassoziierung, d. h. mit konkreter Aussage über einen späteren Beitritt zur EU, (z. B. das Assoziierungsabkommen EWG-Türkei von 1964), *zweitens* die Freihandelsassoziierung, *drittens* die Entwicklungshilfeassoziierung (z. B. das Lomé-Abkommen) und *viertes* die Assoziierung der überseeischen Länder und Gebiete. Die EG trifft seit Juli 1987 Assoziierungsabkommen. Sie bedürfen der Zustimmung des Europäischen Parlaments.

Attac

[Frz.: **A**ssociation pour une **T**axation des **T**ransactions financières pour l'**A**ide aux **C**itoyens; dt.: Verein für eine Besteuerung von Finanztransaktionen zum Wohle der Bürger] A. wurde als globalisierungskritische soziale Bewegung am 3.6.1998 in Frankreich gegründet. Attac fordert die Einführung einer Devisenumsatzsteuer (Tobin-Steuer), eine bessere Kontrolle der Weltfinanzmärkte sowie die Berücksichtigung von ökologischen und sozialen Zielen im Rahmen der Globalisierung. Die Globalisierungskritiker von Attac agieren als Netzwerk in über 50 Ländern und haben rund 90.000 Mitglieder. Seit 2000 ist die soziale Bewegung auch in Deutschland vertreten. Zurzeit (2017) hat Attac in Deutschland laut eigener Auskunft rund 29.000 Mitglieder, von denen sich die aktiven in über 170 Regionalgruppen und einem guten Dutzend bundesweiter Arbeitsgruppen organisieren. Zu dem Netzwerk gehören in Deutschland rund 150 Organisationen, darunter ver.di, BUND und viele entwicklungspolitische und kapitalismuskritische Gruppen.

Atypische Beschäftigung

Arbeitsverhältnis, die keinem Normalarbeitsverhältnis entsprechen. Die Definition des Statistischen Bundesamts rechnet den A. befristete Beschäftigungen, Teilzeitbeschäftigungen unter 20 Wochenstunden, geringfügige Beschäftigungsverhältnisse und Zeitarbeitsverträge zu. 2015 waren 20,8 % der Erwerbstätigen im Alter zwischen 15 und 64, die keine Ausbildung absolvierten, atypisch beschäftigt. A. sind oft mit geringen Einkommen und mangelnder oder fehlender sozialer Absicherung verbunden.

Aufkommenselastizität

Misst die relative Veränderung des Steueraufkommens in Bezug auf das Bruttoinlandsprodukt. Sie ist ein wichtiges Kennzeichen eines Steuertarifs. Man berechnet mit ihr, wie sich das Steueraufkommen ändert, wenn sich das Bruttoinlandsprodukt um 1 Prozentpunkt ändert.

Aufschlagkalkulation

[Auch: Mark-up Pricing] Primär an den Kosten orientierte Preisbildung. Demnach berechnen die Unternehmen zunächst ihre Kosten, also Löhne, Zinsen und die Preise für die erforderlichen Vorprodukte. Dann versehen sie die Summe dieser Kosten für ihr Produkt mit einem Aufschlag, der ihrem gewünschten Gewinn entspricht. Das Ergebnis ist der Preis. Der Gewinnaufschlag ist je nach Konjunkturlage variabel. Bei schlechter Konjunktur werden die Unternehmen niedrige und bei besserer höhere Zuschläge verlangen. Doch nur das Unternehmen, das über genügend Marktmacht verfügt, ist in der Lage, so errechnete Preise am Markt zu fordern und durchzusetzen. Bei vollständiger Konkurrenz müsste es einen gegebenen Marktpreis akzeptieren und seine Kosten anpassen.

Aufschwung

Phase im Konjunkturzyklus, in der die Wachstumsrate der gesamtwirtschaftlichen Produktion im Vergleich zur Vorperiode zunimmt. In dieser Phase kann sich das Wachstum deutlich beschleunigen. Die Kapazitätsauslastung und die Beschäftigung steigen; die Arbeitslosigkeit geht zurück. Die Inflation nimmt i. d. R. leicht zu. Der A. liegt zwischen einer Rezession oder einer Erholung und einem Boom. In der Systematik des ifo Geschäftsklimaindex ist ein A. als Phase mit guter Wirtschaftslage und positiven Geschäftserwartungen definiert. Eine antizyklische Wirtschaftspolitik muss bei einem A. ihren Kurs von expansiv, über neutral bis zu restriktiv verändern, um ein Überschäumen der Konjunktur zu vermeiden, das sich in zu hohen Inflationsraten zeigen würde. Zudem muss sich der Staatshaushalt in dieser Phase konsolidieren und insbesondere die Schulden abbauen, die möglicherweise in einer vorangegangenen Rezession entstanden sind.

Aufsichtsrat

Ist das Kontrollgremium einer Aktiengesellschaft. Der A. überwacht die Geschäftsführung und kann die Geschäftsbücher prüfen. Außerdem bestimmt er die Mitglieder des Vorstands und erstellt zusammen mit diesem den Jahresabschluss. Der A. besteht aus mindestens 3 Mitgliedern und fasst seine Beschlüsse mit einfacher Stimmenmehrheit. In der Satzung der Aktiengesellschaften ist festgelegt, welche Geschäfte nur mit der Zustimmung des A. getätigt werden können. Er ist neben Vorstand und Haupt- bzw. Gesellschafterversammlung eines von 3 Organen einer Aktiengesellschaft. In Aktiengesellschaften mit 500 bis 2.000 Mitarbeitern muss mindestens ein Drittel der A.-Plätze mit Arbeitnehmervertretern besetzt sein, in größeren AG muss der A. zur Hälfte mit Arbeitnehmervertretern besetzt werden. Allerdings verfügt der Aufsichtsratsvorsitzende bei Stimmengleichheit über eine Zweitstimme.

Auftragseingangsindex

Umfasst den Wert (ohne Umsatzsteuer) aller im jeweiligen Berichtsmonat von den Unternehmen des verarbeitenden Gewerbes fest akzeptierten Aufträge. Die Auftragseingänge werden in Unternehmen der auftragsorientierten Industrie mit 50 und mehr Beschäftigten für die fest akzeptierten Ordern auf Lieferung selbst hergestellter Erzeugnisse ermittelt. Dabei wird zwischen Auftragseingängen aus dem Inland und dem Ausland unterschieden, um die Binnen- und Exportnachfrage zu erfassen. Die Zahlen werden monatlich vom Statistischen Bundesamt veröffentlicht und zählen zu den wichtigsten Frühindikatoren für die Beobachtung und Analyse der Konjunkturentwicklung in Deutschland.

➠ Amtliche Statistik

Aufwertung

Wenn eine Währung gegenüber einer oder mehreren anderen Währungen an Wert gewinnt. Sie ist das Gegenteil einer Abwertung. Bei einer A. müssen die Inhaber der aufwertenden Währung weniger für den Kauf der anderen Währung zahlen, umgekehrt zahlen die Inhaber der anderen Währung mehr. Eine A. verteuert daher die Exporte und verbilligt die Importe. Dies könnte das Wachstum belasten, da die Exporteure durch eine A. an internationaler Wettbewerbsfähigkeit verlieren und möglicherweise Produktionsverluste erleiden. Gleichzeitig wird die Inflation gedrückt, da die Importe tendenziell billiger werden. Man unterscheidet zwischen einer nominalen, einer realen und einer real effektiven A. Erstere drückt sich in einem Anstieg des Wertes gegenüber einer einzelnen anderen Währung aus. Bei einer realen A. steigt der Wert unter Berücksichtigung der Inflationsdifferenz zwischen den Währungen. Eine real effektive A. ist eine reale A. gegenüber einem Bündel von anderen Währungen, das durch die Anteile der einzelnen Währungsgebiete am Außenhandel bestimmt wird. Mit diesem Maß lässt sich die Veränderung der internationalen Wettbewerbsfähigkeit eines Währungsgebietes durch eine A. errechnen.

➠ Abwertung ➠ Währungspolitik

Ausbildungsfreibeträge

➠ Bundesausbildungsförderungsgesetz

Ausfallzeiten
Zeiträume, in denen ein Arbeitnehmer während eines Kalenderjahrs zeitweilig nicht in einem Arbeitsverhältnis stand.

Ausfuhr
➡ Export

Ausfuhrkreditversicherung
Bietet privatwirtschaftlichen Versicherungsschutz (auch Exportkreditversicherungen) gegen ausländische Risiken von Ausfuhrgeschäften. Versichert wird z. B. die Gefahr der Zahlungsunfähigkeit eines ausländischen Kunden. Ausgeschlossen sind i. d. R. politische Risiken.

Ausfuhrpreise
Preise der Exportgüter.
➡ Terms of Trade

Ausgabekurs
Bezeichnet den Preis, den Anleger für neu ausgegebene Aktien oder festverzinsliche Wertpapiere zahlen müssen.

Ausgaben
Bezeichnet den Geldwert von Waren oder Dienstleistungen beim Kauf. Im Rechnungswesen bezeichnet der Begriff A. den Wert aller Wirtschaftsgüter, die in einem Unternehmen innerhalb einer bestimmten Periode hinzugekommen sind. Dabei spielt es keine Rolle, ob das Unternehmen die Wirtschaftsgüter bereits bezahlt hat oder nicht.

Auslastungsgrad
➡ Produktionspotenzial

Außenbeitrag
Mittlerweile veralteter Begriff aus der **V**olkswirtschaftlichen **G**esamt**r**echnung (VGR). Er bezeichnet die Differenz zwischen den realen Exporten und den realen Importen. Hieraus lässt sich ermitteln, wie stark der Außenhandel am Wirtschaftswachstum beteiligt war. Im neueren System wird diese Größe nicht mehr als A., sondern als Nettoexport bezeichnet.
➡ Außenhandel ➡ Außenhandelspolitik

Außenhandel
Bezeichnet den Handel mit Waren und Dienstleistungen über die Landesgrenzen hinweg (Einfuhr und Ausfuhr). Einfuhren und Ausfuhren werden in der Außenhandelsbilanz (Handelsbilanz) einander gegenübergestellt. Berücksichtigt man die jeweiligen Preise eines Basisjahres, ergibt sich aus den Ein- und Ausfuhrmengen das sog. Außenhandelsvolumen. Die Handelsbilanz der Bundesrepublik Deutschland weist i. d. R. einen Überschuss auf. Für Deutschland ist der Anteil der Waren- und Dienstleistungsexporte auch als Konjunkturmotor von maßgeblicher Bedeutung gewesen (»Exportweltmeister«). Im Jahr 2015 betrug der Anteil der Exporte am Bruttoinlandsprodukt 46,9 %.
➡ Außenbeitrag ➡ Außenhandelspolitik

Außenhandelsdefizit
A. bezeichnet monetäre Defizite im Handel mit dem Ausland. Es kann sich dabei um Fehlbeträge bei den Nettoexporten, der Handelsbilanz oder der Leistungsbilanz handeln.

Außenhandelspolitik
Bezeichnet alle staatlichen Eingriffe in den freien Ex- und Import von Gütern. Einerseits kann die A. Importe aus dem Ausland begrenzen, indem Handelsbarrieren aufgebaut werden (Protektionismus). Anderseits kann sie die Exporte des eigenen Landes auch gezielt fördern. Eine weitere Strategie ist die Beteiligung an internationalen Freihan-

Abb. 5 Deutschlands Handel mit der Welt 1993 bis 2004: Ausfuhren · Einfuhren · Ausfuhrüberschüsse (in Mrd. Euro)

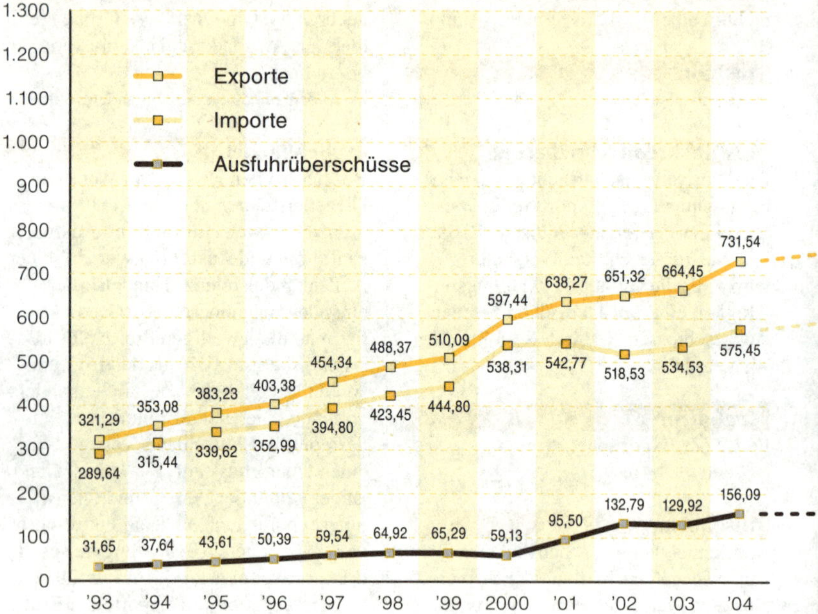

Quelle Statistisches Bundesamt

delsorganisationen (z. B. WTO) und der Abschluss von Handelsverträgen, die zur Liberalisierung des internationalen Handels beitragen.

➡ Außenhandel

Außenhandelsstatistik

Offizielle Statistik, die den Export und Import von Waren erfasst. Der Dienstleistungs- und Kapitalverkehr mit dem Ausland ist dagegen nicht Bestandteil der A. Der grenzüberschreitende Warenverkehr wird in der Statistik als Generalhandel und als Spezialhandel ausgewiesen. Der Generalhandel bezieht alle nach Deutschland eingehenden und ausgehenden Waren ein. Der Spezialhandel hingegen umfasst im Wesentlichen nur Waren, die zum Ge- oder Verbrauch, zur Be- oder Verarbeitung importiert werden sowie Waren, die für den Export bestimmt sind und zu diesem Zweck in Deutschland erzeugt bzw. be- oder verarbeitet wurden. Dabei wird zwischen 2 Erhebungskonzepten unterschieden. Die Intrahandelsstatistik enthält den Warenverkehr mit Mitgliedstaaten der EU. Dazu melden Unternehmen, die Außenhandel betreiben, ihre Daten an das Statistische Bundesamt. Meldepflichtig sind Firmen, deren innergemeinschaftlicher Warenverkehr sowohl beim Export wie bei der Versendung jeweils mehr als 500.000 € im Jahr beträgt. Für den Import beträgt der entsprechende Wert 800.000 Euro.

Abb. 5 Deutschlands Handel mit der Welt 2005 bis 2016: Ausfuhren · Einfuhren · Ausfuhrüberschüsse (in Mrd. Euro)

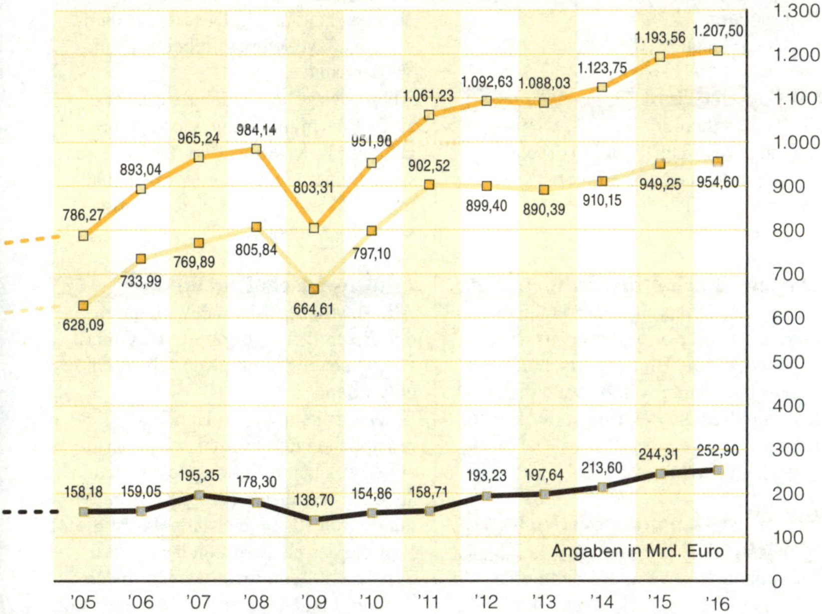

Die Extrahandelsstatistik erfasst den grenzüberschreitenden Warenverkehr zwischen Deutschland und Staaten außerhalb der EU, den sog. Drittländern. Diese Daten werden von der Zollverwaltung erfasst. Gemeldet werden müssen Warensendungen mit einem Wert von über 1.000 € und/oder einem Gesamtgewicht von mehr als 1.000 kg. Die A. wird in Deutschland ausschließlich vom Statistischen Bundesamt erstellt und monatlich veröffentlicht.

➡ Amtliche Statistik ➡ Statistisches Bundesamt

Außenwert einer Währung

Bezeichnet die Menge ausländischer Währungseinheiten, die man für eine Einheit aus inländischer Währung erhält, z. B. 1,26 US-$ für 1 €. Wird eine Währung aufgewertet, steigt ihr Außenwert. Dann erwirbt man für eine inländische Währungseinheit mehr ausländische Währungseinheiten. Wird eine Währung hingegen abgewertet, sinkt ihr Außenwert. In diesem Falle erhält man für eine inländische Währungseinheit weniger ausländische Währungseinheiten. Wird der Außenwert ohne Rücksicht auf die unterschiedlichen Inflationsraten des In- und Auslands angegeben, handelt es sich um den sog. nominalen Außenwert. Werden die unterschiedlichen Inflationsraten des In- und Auslands hingegen berücksichtigt, handelt es sich um den sog. realen

Außenwert. Die Europäische Zentralbank (EZB) errechnet einen gemeinsamen Außenwert des Euro gegenüber Drittländern.

➡ Währungspolitik

Außenwirtschaft

Die Gesamtheit des Waren-, Dienstleistungs-, Kapital-, Zahlungs- und sonstigen Wirtschaftsverkehrs zwischen In- und Ausland.

➡ Außenhandel

Außenwirtschaftliche Absicherung

Alle wirtschaftspolitischen Maßnahmen, die negative Einflüsse aus dem Ausland auf die Binnenwirtschaft eines Landes abwehren sollen. Dazu dient insbesondere die Währungspolitik eines Landes.

➡ Währungspolitik

Außenwirtschaftliches Gleichgewicht

Liegt dann vor, wenn die Zahlungsbilanz des Landes bei unveränderlichen Wechselkursen ausgeglichen ist. Somit liegt ein außenwirtschaftliches Gleichgewicht vor, wenn vom Ausland weder Inflation oder Arbeitslosigkeit noch eine Wirtschaftskrise in die Binnenwirtschaft getragen werden und umgekehrt, wenn heimische Fehlentwicklungen nicht zulasten des Auslands gelöst werden (d. h. kein Export heimischer Inflation, heimischer Beschäftigungsprobleme bzw. keine exportierte Wachstumsschwäche). Neben Geldwertstabilität (Preisniveaustabilität), Vollbeschäftigung (hoher Beschäftigungsstand) und Wirtschaftswachstum zählt das A. zu den gesamtwirtschaftlichen Zielen. Diese sind als »Magisches Viereck der deutschen Wirtschaftspolitik« formuliert, das in § 1 des Stabilitätsgesetzes definiert ist.

Außenwirtschaftsgesetz (AWG)

Bundesgesetz vom 28.4.1961, das den wirtschaftlichen Austausch mit dem Ausland regelt. Der freie Außenwirtschaftsverkehr steht beim A. im Vordergrund.
Allerdings gelten generelle oder spezielle Beschränkungen wie z. B. beim Handel mit Kriegswaffen. Denn diese stehen unter Genehmigungsvorbehalt und werden durch das Kriegswaffenkontrollgesetz erfasst.

Außenwirtschaftspolitik

Alle staatlichen Maßnahmen, die in den freien Ex- und Import von Gütern, Dienstleistungen und Kapitalverkehr eingreifen.
Einerseits kann die A. Handelsbarrieren abbauen und Freihandel fördern, anderseits kann sie Importe aus dem Ausland begrenzen (Protektionismus) oder durch staatliche Maßnahmen die Exporte des eigenen Landes fördern. Seit dem 2. Weltkrieg hat sich in den meisten Ländern schrittweise eine mehr auf Freihandel ausgerichtete A. durchgesetzt.
Diese wird in den letzten Jahren aber von Globalisierungskritikern infrage gestellt.

➡ Außenhandel

Außenwirtschaftstheorie

Teil der allgemeinen Wirtschaftstheorie, der sich mit den Warenströmen des Außenhandels (reale [reine] Außenwirtschaftstheorie) und mit Problemen der Zahlungsbilanz und deren Einflussfaktoren (monetäre Außenwirtschaftstheorie) beschäftigt.

Außerordentliche Aufwendungen

Ausgaben außerhalb der gewöhnlichen Geschäftstätigkeit. Sie beruhen auf Kosten, die nicht durch die ordentliche

Geschäftstätigkeit entstanden sind (z. B. Spekulationsverluste, Beteiligungsverluste usw.). Die A. werden erst nach dem Ergebnis vor Zinsen und Steuern in der Gewinn-und-Verlust-Rechnung ausgewiesen.

Außerordentliche Erträge

Erträge außerhalb der gewöhnlichen Geschäftstätigkeit. Sie beruhen auf Einnahmen, die nicht durch die ordentliche Geschäftstätigkeit erzielt wurden (z. B. Verkauf von Beteiligungen, Immobilien, usw.). Die A. werden erst nach dem Ergebnis vor Zinsen und Steuern in der Gewinn-und-Verlust-Rechnung ausgewiesen.

Außerordentliche Kündigung

Eine Kündigung, die das Arbeitsverhältnis vorzeitig und ohne Beachtung der sonst geltenden Fristen beendet, ist i. d. R. fristlos.

Aussperrung

Bezeichnet eine Strategie des Arbeitgebers, Arbeitnehmer nicht zur Arbeit zuzulassen und gleichzeitig die Lohnzahlung auszusetzen. A. ist ein Mittel der Arbeitgeber gegen Streiks von Arbeitnehmern bei Tarifauseinandersetzungen. Von A. können sowohl streikende als auch arbeitswillige Arbeitnehmer betroffen sein.
Laut Rechtsprechung gilt eine A. als Reaktion auf Streiks und ist als Bestandteil der verfassungsmäßig garantierten Tarifautonomie zu sehen. Allerdings muss sie sich auf das umkämpfte Tarifgebiet beschränken, und es dürfen gewerkschaftlich organisierte Arbeitnehmer nicht diskriminiert werden. Rechtmäßige A. führt nur zu einer vorübergehenden Aussetzung des bestehenden Arbeitsverhältnisses, nicht zur Auflösung des Arbeitsvertrages.

Austauschverhältnis

Wertverhältnis, zu dem Güter gehandelt werden. I. d. R. wird das A. in Preisen des jeweils anderen Gutes gemessen.

➠ Substitution

Autarkie

Völlige wirtschaftliche Unabhängigkeit eines Haushaltes, einer Region oder eines Landes. Wirtschaftlich autark ist ein Land, wenn es alle Güter und Dienstleistung, die es braucht, selbst besitzt oder erzeugt. In diesem Zusammenhang spricht man auch von einer Selbstversorgung des betreffenden Landes.

Automatische Stabilisatoren

Fiskalische Mechanismen, die bei konjunkturellen Schwankungen gleichsam automatisch die gesamtwirtschaftliche Nachfrage stabilisieren.
Wachsen etwa während eines starken konjunkturellen Aufschwungs in Deutschland die Arbeitnehmereinkommen erheblich, führt der progressive Steuertarif zu einer überproportionalen Steuererhöhung bei Löhnen und Gehältern und damit zu einem geringeren Anstieg der Nachfrage. Der Aufschwung wird damit gedämpft und automatisch eine stabilisierende Wirkung erzielt. Bei konjunkturellem Abschwung und sinkenden Arbeitnehmereinkommen führt der progressive Steuertarif umgekehrt zu einer überproportional fallenden Steuerbelastung, sodass die Nachfrage weniger stark absinkt, als es ohne diesen Steuertarif zu erwarten wäre. Die automatische Stabilisierung der Nachfrage wird dadurch unterstützt, dass Menschen, die im konjunkturellen Abschwung arbeitslos wurden, staatliche Sozialleistungen erhalten. Auch diese Transferleistungen des Staates wirken Konjunktur belebend und stabilisierend.

Bad Bank

Die B. ist eine Bank, die anderen Banken »schlecht« oder als »giftig« erscheinende Forderungen abkauft und sie gegebenenfalls bis zu deren Fälligkeit hält.
Die Einrichtung einer B. wird in einer Finanzmarktkrise empfohlen, um den Bankensektor von unsicheren Forderungen zu entlasten und damit zu stabilisieren. Anderenfalls müssten die Banken erhebliche Abschreibungen vornehmen, die ihre Existenz und damit die gesamtwirtschaftliche Stabilität gefährden.
Die finanzielle Ausstattung der B. mit Eigenkapital wird daher mindestens teilweise vom Staat geleistet. Mit einer B. werden aber die Verluste des Bankensektors zumindest in Teilen der Allgemeinheit aufgebürdet. Allenfalls besteht die Chance, dass der Ertrag der Forderungen bei deren Fälligkeit höher ist, als während der Krise von den Märkten geschätzt. Hiervon würde auch der Staat im Rahmen seines Anteils an der B. profitieren. Es ist allerdings unwahrscheinlich, dass dies ausreicht, um die vorangegangenen Verluste auszugleichen. Daher wird mit Einrichtung einer B. häufig die Forderung nach einer Staatsbeteiligung an oder gar der gänzlichen Verstaatlichung der entlasteten Bank verbunden.

BaFin

➠ Bundesanstalt für Finanzdienstleistungsaufsicht

Bagatellsteuer

Steuern, die so gering sind, dass sie nicht einmal die Kosten für ihre Verwaltung einbringen. Sie dienen oft als politisches Steuerungsinstrument und machen nur einen Bruchteil der Gesamtsteuereinnahmen aus, z. B. Vergnügungssteuer (Länder), Getränkesteuer (Kommunen), Hundesteuer (Gemeinden). Die meisten B. wurden in der Steuer- bzw. Zollverwaltung inzwischen abgeschafft, um die Kosten für ihre Erhebung zu sparen.

Bail-out

[Dt.: Rettungsaktion] Rettungsaktion in Form finanzieller Hilfe für ein zahlungsunfähiges Unternehmen oder Land. Griechenland erhielt z. B. 2010 durch einen von den Finanzministern der Euro-Mitgliedstaaten verabschiedeten B. Unterstützung, um den drohenden Staatsbankrott abwehren zu können.

Baisse

Bezeichnung für starkes und längere Zeit anhaltendes Absinken der Wertpapierkurse. Gegenteil: Hausse.

Balanced Growth

Wachstumsmodell, das auf betriebswirtschaftlicher Ebene das ausgewogene Wachstum eines Unternehmens bezeichnet. Auf volkswirtschaftlicher Ebene meint der Begriff einen Zustand, in dem alle wirtschaftlichen Einflussfaktoren gleichermaßen wachsen.

Bank für Internationalen Zahlungsausgleich (BIZ)

[Engl.: **B**ank for **I**nternational **S**ettlement (BIS)] Am 17.5.1930 in Basel (Schweiz) gegründet. Weltweit die älteste internationale Finanzorganisation. Sieht sich selbst als »internationale Organisation, die die internationale Zusammenarbeit im Währungs- und Finanzbereich fördert und Zentralbanken als Bank dient«. In der Hauptsache gibt die B. Kredite an Notenbanken hoch verschuldeter Länder, um deren Zahlungsfähigkeit zu erhalten und damit die Stabilität des internationalen Bankensystems zu sichern. Ferner überwacht sie die weltweiten Finanzmärkte und versucht insbesondere den europ. Geld- und Kapitalmarkt zu steuern. Die B. ist als Aktiengesellschaft organisiert. Das Nominalkapital beträgt 1,5 Mio. Goldfranken (ca. 2,91 Mio. US-$). Als Aktionäre treten nahezu alle europ. Zentralbanken sowie die Notenbanken Australiens, Japans, der USA, Südafrikas und Kanadas auf. Bedeutend für die internationale Währungspolitik ist der Gedankenaustausch zwischen den Präsidenten der einzelnen nationalen Notenbanken auf den monatlichen Sitzungen des Verwaltungsrats. Die wichtigsten Organe der B. sind neben dem Verwaltungsrat die Generalversammlung der Mitgliedszentralbanken und die Geschäftsleitung, die sich aus Mitgliedern der obersten Führungsebene der Bank zusammensetzt.

Bank run

Wenn die Kunden einer Bank das Vertrauen verlieren und ihr Geld schlagartig abzuziehen versuchen. Da keine Bank die hierfür benötigte Liquidität sofort in hinreichender Menge zur Verfügung hat, bedeutet ein B. ihr Ende, es sei denn, sie wird von einem vertrauenerweckenden Konkurrenten oder dem Staat übernommen.

Banken

➡ Geschäftsbanken

Bankenabgabe

Mit einer B. sollen die Banken einmalig oder mehrfach an der Begleichung der durch die Finanzkrise entstandenen finanziellen Schäden beteiligt werden. Zuweilen wird auch eine permanente B. gefordert, um grundsätzlich Vorsorge für die im Bankensektor entstehenden Risiken zu leisten.

Bankenaufsicht

Kontrolliert sämtliche Bankgeschäfte und Finanzdienstleistungen. Ausgeübt wird die B. durch die Bundesanstalt für Finanzdienstleistungsaufsicht und der Deutschen Bundesbank. Sie dient dem Gläubigerschutz und soll die Funktionsfähigkeit des Bankengewerbes gewährleisten. Die B. erteilt den Banken die Genehmigung zur Aufnahme von Bankgeschäften und kontrolliert die Einhaltung von Gesetzen und anderen Vorschriften. Grundlage hierfür ist das Gesetz über das Kreditwesen (Kreditwesengesetz).

Bankenstatistik

Alle Statistiken, welche die Deutsche Bundesbank aufgrund des Bundesbankgesetzes monatlich von den Kreditinstituten und Bausparkassen in Deutschland einfordern darf. Diese Erhebungen sind ein zentraler Bestandteil der Geld- und Kapitalmarktstatistik. Ausgewertet werden die Bilanzen der Kreditinstitute, um das Geldvolumen in einer Volkswirtschaft erfassen zu können.

➡ Amtliche Statistik

Bankgeheimnis

Vertragliche Verpflichtung einer Bank, kundenbezogene Informationen nicht gegenüber Dritten preiszugeben. Das B. ist in Deutschland nicht gesetzlich vorgeschrieben, aber in Zivilprozessen kann es Bankmitarbeiter berechtigen, die Aussage zu verweigern. Banken sind in einer Reihe von Fällen auskunfts- bzw. meldepflichtig gegenüber Behörden und Gerichten, das B. greift dann nicht. Das gilt etwa in Strafverfahren, in Steuerstrafverfahren oder beim Verdacht auf Geldwäsche. Die Kreditinstitute müssen in Anspruch genommene Freibeträge an das Finanzamt melden. Auch gegenüber Arbeitsagenturen und

Sozialämtern sind Banken auskunftspflichtig. Internationale Verfahren regeln die Meldung von Zinsen, die in einem anderen Land als dem Wohnsitzland des Bankkunden anfallen. In der EU wird der **C**ommon **R**eporting **S**tandard (CRS) eingesetzt, an dem sich über 90 Staaten und Gebiete beteiligen, um Informationen über Finanzkonten im Ausland zu gewinnen.

Bardepotpolitik

Ziel der B. ist zu vermeiden, dass größere Geldmengen aufgrund günstiger Zinsbedingungen aus dem Ausland ins Inland fliesen.
Aus diesem Grund müssen Privatpersonen bzw. Unternehmen, die einen Kredit im Ausland aufnehmen, einen bestimmten Prozentsatz bei der Zentralbank hinterlegt (Bardepotsatz). Dieser Anteil des Kredits wird nicht verzinst (Bardepot). In Deutschland wurde die B. zuletzt Anfang der 1970er-Jahre eingesetzt.

Bargaining-Theorie

Besagt, dass bei günstiger Wirtschaftslage, wenn die Arbeitslosigkeit zurückgeht, die Gewerkschaften im Rahmen der Tarifverhandlungen höhere Löhne fordern. Die Unternehmen akzeptieren diese und wälzen die gestiegenen Lohnkosten in Preiserhöhungen ab.
Genau anderes herum verläuft dieser Prozess bei einer ungünstigen Wirtschaftslage.

Bargeld

Die von der Notenbank ausgegebenen Banknoten und Münzen. B. ist das flüssigste Mittel der Geldmenge, welche in einem Land im Umlauf ist. Hinzu kommt der bargeldlose Zahlungsverkehr in Form von Buch- bzw. Girogeld.

➠ Zentralbanken

Bargeldquote

Anteil des Bargelds an der Geldmenge.

➠ Bargeldumlauf

Bargeldumlauf

Die von der Europäischen Zentralbank (EZB) herausgegebenen Banknoten und Münzen. Zu diesem Bestand zählt auch Geld, das sich im Ausland befindet, zerstört wurde oder verloren gegangen ist.

➠ Bargeldquote

Barwert

Auch Gegenwartswert. Das ist der heutige Wert eines in der Zukunft liegenden Zahlungsstromes. Er ermöglicht es, bei gleichbleibendem Zinssatz und jährlichen Zahlungen die Höhe der künftigen Investition zum heutigen Zeitpunkt zu bestimmen. Er wird ermittelt, indem alle in der Zukunft anfallenden Ein- und Auszahlungen auf den heutigen Zeitpunkt abgezinst werden. Er ist wichtig für die Bewertung von Unternehmen, Forderungen oder Finanzprodukten. So kann man unterschiedliche Geld- und Vermögensanlagen mit bestimmten Laufzeiten und Zinssätzen vergleichen.

Basel II

Neueres Regelwerk für die Eigenkapitalvorschriften der Kreditinstitute, mit dem Ziel, die Stabilität des internationalen Finanzsystems zu erhöhen. Risiken im Kreditgeschäft sollen besser erfasst werden, somit soll die Eigenkapitalvorsorge der Kreditinstitute risikogerechter gestaltet werden. Das bedeutet, je höher das Risiko des Kreditnehmers desto höher muss der Eigenkapitalanteil bei der Kreditvergabe sein. Die Bonität des Unternehmens spielt also eine wesentliche Rolle bei der Vergabe von Krediten (bisher wurde ein einheitlicher Satz von 8 % bei der Vergabe von Firmenkrediten angesetzt). In der Finanzkrise seit 2008 erwiesen sich viele im Rahmen von B. vorgeschriebenen Bilanzregeln, die sich an aktuellen Marktwerten orientieren, als Krisen verschärfend, da sie die aktuellen Verluste der Banken erhöhten.

Basel III

Mit B. werden die Beschlüsse des Baseler Ausschuss der **B**ank für **I**nternationalen **Z**ahlungsausgleich (BIZ) vom Dezember 2010 bezeichnet. Sie dienen einer international möglichst einheitlichen Regulierung des Bankensektors. Mit B. verbindet sich der Versuch aus den Erfahrungen mit früheren Regulierungsvorschriften (Basel II von 2007) und insbesondere aus der globalen Finanz- und Wirtschaftskrise Konsequenzen zu ziehen. Kern von B. sind deutlich erhöhte Eigenkapitalrückstellungen, die die Kreditvergabe verteuern und damit insbesondere riskante Kredite beschränken sollen. Die Banken müssen nach B. für ihre Kreditvergabe höhere Sicherheiten an Eigenkapital bereithalten. Bis 2013 reichten 4 % aus, nach B. sind es seit 2013 6 % plus ein Puffer von maximal 2,5 %, dessen Höhe aber in Abhängigkeit von der Konjunktur variiert. Bei guter Konjunktur und kräftiger Kreditvergabe wird er möglichst hoch sein und umgekehrt. Auf diese Weise sollen die Finanzmärkte sowohl vor Überhitzungen, dann wird die Kreditvergabe durch den erhöhten Puffer teurer, als auch vor tiefen Abstürzen, dann wird sie billiger, bewahrt werden. Das zur Unterlegung verwendete Eigenkapital muss aus hartem Stammkapital bestehen, das dem Unternehmen nicht schnell entzogen werden kann. Das beschränkt die Rücklagen i. d. R. auf Stammaktien und einbehaltene Gewinne, während Stille Einlagen, wie sie die Länder in Deutschland ihren Landesbanken gewähren, nicht gerechnet werden sollen. Daher sind viele Bankenvertreter in Deutschland nicht mit B. einverstanden. Insgesamt sollen die neuen Vorschriften im Rahmen von B. die Sicherheit des Bankensystems erhöhen, da eine verteuerte Kreditvergabe das Risikobewusstsein der Banken schärfen soll.

Baugewerbe

Alle Unternehmen des produzierenden Gewerbes, die in der Baustellenvorbereitung (z. B. Abbrucharbeiten), im Hoch-, Wohnhäuser- und Tiefbau (Straßenbau), in der Bauinstallation (Klempnerarbeiten) und sonstigen baulichen Ausstattungsarbeiten (Maler) tätig sind. Das Statistische Bundesamt unterscheidet lediglich zwischen Bauhaupt- und Ausbaugewerbe. Zum Bauhauptgewerbe zählen die Unternehmen, die mit Baustellenarbeiten befasst sowie im Hoch- und Tiefbau tätig sind. Das Ausbaugewerbe umfasst die Bauinstallation und das sonstige Ausbaugewerbe. Die Anzahl der Betriebe im dt. Bauhauptgewerbe sank von 81.301 Betrieben mit 1,16 Mio. Beschäftigten (1998) auf 73.664 Betriebe mit 771.614 Beschäftigten (2015).

Bedarfsdeckungsprinzip

Besagt, dass Hartz-IV-Leistungen nur dafür da sind, einen ganz konkreten individuellen Bedarf in einer gegenwärtigen Notlage zu beseitigen. Dabei orientiert sich das B. an der Deckung bzw. Erfüllung eines Bedarfs am Markt. Nach diesem Prinzip soll Hartz IV ein Existenzminimum sichern, die Teilhabe an der Kultur der Gesellschaft und ihrem sozialen Leben ermöglichen soll.

Bedarfsgemeinschaft

Personen, die besondere persönliche oder verwandtschaftliche Beziehungen zueinander haben und in einem gemeinsamen Haushalt leben. Sie müssen sich in Notlagen gegenseitig finanziell unterstützen und ihren Lebensunterhalt gemeinsam decken. Zu der B. gehören der erwerbsfähige Hilfebedürftige, sein eheähnlicher oder ehelicher Partner sowie die minderjährigen Kinder, die in einem gemeinsamen Haushalt leben. Bei minderjährigen erwerbsfähigen Hilfebedürftigen werden die Eltern, die mit in dem betreffenden Haushalt leben, zur Bedarfsgemeinschaft hinzugezählt. Die B. ist im SGB II und XII gesetzlich geregelt.

Bedürfnisprüfung

Bezeichnet die Ermittlung eines wirtschaftlichen Bedürfnisses, um zu einem Beruf oder Gewerbe (z. B. Taxi) zugelassen zu werden. Die B. beschränkt das Grundrecht der Berufsfreiheit durch eine vom Bewerber nicht beeinflussbare Zulassungsvoraussetzung. Deswegen ist die B. nur zulässig, wenn der Schutz eines »überragend wichtigen Gemeinschaftsgutes« dieses erfordert.

Beggar-my-neighbour-policy

Politikstrategie, die zum Ziel hat, den »Nachbarn zum Bettler zu machen«. In der ökonomischen Literatur wird mit B. eine wirtschaftspolitische Strategie bezeichnet, die systematisch versucht, eigene Vorteile ausschließlich zulasten anderer zu erzielen.

Beiträge

➠ Abgaben

Beitragsbemessungsgrenze

Höhe eines jährlichen Arbeitseinkommens, bis zu dem Beiträge von Sozialversicherungssystemen erhoben werden. Die B. ist also eine Grenzgröße und darüber hinaus dynamisch, da sie jeweils zum 1. Januar eines Jahres an die allgemeine Einkommensentwicklung angepasst wird.

Die für das Jahr 2017 geltenden Werte stellen sich wie folgt dar (Übersicht Rechengrößen West- und Ostdeutschland für das Jahr 2017) – Vorläufiges Durchschnittsentgelt für 2017:

- Allgemeine Rentenversicherung 37.103 €/Jahr (West) 37.103 €/Jahr (Ost).
- Bezugsgröße in der Sozialversicherung 2.975 €/Monat (West) 2.660 €/Monat (Ost).
- Beitragsbemessungsgrenze allgemeine Rentenversicherung 6.350 €/Monat (West) 5.700 €/Monat (Ost).
- Beitragsbemessungsgrenze knappschaftliche Rentenversicherung 7.850 €/Monat (West) 7.000 €/Monat (Ost).
- Beitragsbemessungsgrenze gesetzliche Krankenversicherung (GKV) 52.200 €/Jahr (West) 52.200 €/Jahr (Ost).

(Vgl. auch Tab. 5 u. 6, ☛ S. 71)

➠ Sozialversicherung

Benchmark

[Dt.: Maßstab] Ein Wert, den man als Maßstab für Leistungsvergleiche benutzt. Ein B. kann z. B. ein Aktienindex (z. B. DAX, Dow-Jones) oder das Kurs-Gewinn-Verhältnis einer Aktie sein.

➠ Börse

Benchmarking

Vergleich zwischen den eigenen Produkten und Dienstleistungen mit den besten Wettbewerbern oder mit den anerkannten Marktführern. Dieser Vergleich bezieht sich auch auf die Ablaufprozesse des Unternehmens. Dadurch sollen eigne Defizite aufgedeckt und die Marktstellung des Unternehmens verbessert werden.

Tab. 5 Beitragsbemessungsgrenzen 2003–2017

Jahr	West	Ost
2003	5.100 €	4.250 €
2004	5.150 €	4.350 €
2005	5.200 €	4.400 €
2006	5.250 €	4.400 €
2007	5.250 €	4.550 €
2008	5.300 €	4.500 €
2009	5.400 €	4.550 €
2010	5.500 €	4.650 €
2011	5.500 €	4.800 €
2012	5.600 €	4.800 €
2013	5.800 €	4.900 €
2014	5.950 €	5.000 €
2015	6.050 €	5.200 €
2016	6.200 €	5.400 €
2017	6.350 €	5.700 €

Gültig für die Renten- und Arbeitslosenversicherung, getrennt nach West und Ost. **Quelle** Bundesministerium für Arbeit und Soziales, Sozialversicherungsrechengrößen 2017

Tab. 6 Beitragsbemessungsgrenzen 2003–2017

Jahr	West und Ost
2003	3.450,00 €
2004	3.487,50 €
2005	3.525,00 €
2006	3.562,50 €
2007	3.562,50 €
2008	3.600,00 €
2009	3.675,00 €
2010	3.750,00 €
2011	3.712,50 €
2012	3.825,00 €
2013	3.937,50 €
2014	4.050,00 €
2015	4.125,00 €
2016	4.237,50 €
2017	4.350,00 €

Gültig für die Kranken- und Pflegeversicherung, zusammen in West und Ost. **Quelle** Bundesministerium für Gesundheit, Kennzahlen der Gesetzlichen Krankenversicherung, Juli 2017

➡ Wettbewerb

Berufsunfähigkeitsrente

Leistung der gesetzlichen Rentenversicherung für Versicherte, die berufsunfähig sind. Berufsunfähig ist, wer aufgrund von Krankheit oder Behinderung seiner Arbeit nicht mehr in der Form nachgehen kann, wie er es erlernt hat. Voraussetzung für den Bezug der B. ist, dass der Versicherte mindestens 5 Jahre lang Beiträge in die Rentenversicherung eingezahlt hat und vor dem 1.1.1961 geboren ist. Wer nach diesem Datum geboren ist, muss privat vorsorgen, um sich abzusichern. Privat kann die B. als Zusatzversicherung oder im Rahmen einer Lebensversicherung vereinbart werden, was aufgrund abweichender Rückstellungsvorschriften durchaus preiswerter sein kann. Die private Versicherung zahlt dem Versicherten die vereinbarte B., wenn er den ausgeübten Beruf aus gesundheitlichen Gründen nicht mehr ausüben kann.

➡ Gesetzliche Rentenversicherung

Beschäftigtenstatistiken

Statistik nach Geschlecht und Position aller Beschäftigten. Sie gibt umfassende

Informationen über die Gesamtzahl und die Verteilung der Beschäftigten auf die einzelnen Wirtschaftssektoren. Erhoben werden die Zahlen im Rahmen der Volkszählung durch die sog. Arbeitsstättenzählung. Hierbei melden alle Betriebe sowie der öffentliche Dienst die benötigten Daten über ihre Beschäftigten. Eine besondere Form stellt die Statistik sozialversicherungspflichtiger Beschäftigter dar. Hierbei werden die Daten aus den Meldungen der Betriebe an die Sozialversicherungen (Arbeitslosen-, Kranken-, Renten- und Pflegeversicherung) gewonnen.

➡ Amtliche Statistik

Beschäftigter

Laut Arbeitsförderungsgesetz eine Person, die mindestens 18 Stunden in der Woche einen Beruf ausübt, um ihren Unterhalt zu verdienen.

➡ Arbeitnehmer

Beschäftigung

B. bezeichnet den tatsächlichen Einsatz von Erwerbspersonen in einer Volkswirtschaft. Statistisch gesehen kann man die B. sowohl anhand der Zahl von Erwerbstätigen oder auch anhand der geleisteten Arbeitsstunden in einem bestimmten Zeitraum messen.

➡ Produktionsfaktor ➡ Produktionsfunktion

Beschäftigungsförderungsgesetz

Trat 1985 in Kraft und sollte die Beschäftigung in Deutschland erhöhen. Dazu versuchte man, das Angebot an Arbeit und die Nachfrage nach Arbeit besser zusammenzuführen. Deshalb wurde u. a. das Vermittlungsmonopol der Bundesanstalt für Arbeit aufgehoben und der Einsatz privater Arbeitsvermittler zugelassen. Außerdem regelte das B. den Abschluss befristeter Arbeitsverträge sowie die Teilzeitarbeit. So durfte laut B. ein Arbeitsvertrag bis zu einer Dauer von 24 Monaten befristet sein, ohne dies begründen zu müssen. Das B. wurde zum Januar 2001 durch das **T**eil**z**eit- und **B**e**f**ristungs**g**esetz (TzBfG) ersetzt.

➡ Bundesagentur für Arbeit

Beschäftigungsgrad

Betriebswirtschaftlich: der Kapazitätsausnutzungsgrad, also das Verhältnis von tatsächlicher und möglicher Produktionsleistung (Kapazität) in Betrieben. Volkswirtschaftlich: prozentualer Anteil der beschäftigten Erwerbspersonen am gesamten Erwerbspersonenpotenzial.

➡ Produktivität

Beschäftigungsindikatoren

B. beschreiben Größe und Struktur der Beschäftigung eines Wirtschaftszweiges oder der Volkswirtschaft. Zu den B. zählen die folgenden Niveauindikatoren:

- Rate der Erwerbstätigen;
- registrierte Arbeitslose;
- offene Stellen;
- Arbeitsvolumen;
- Kurzarbeiter sowie
- die globale Erwerbslosen- und Arbeitslosenquote.

Die Strukturindikatoren weisen die regionalen, geschlechts-, alters-, branchen- und berufsspezifischen Ausprägungen der Niveauindikatoren aus.

➡ Amtliche Statistik ➡ Indikator ➡ Statistisches Bundesamt

Beschäftigungspolitik

Im Gegensatz zur Arbeitsmarktpolitik, die das Angebot an Arbeitskräfte erhöhen will, konzentriert sich die B. darauf, die Nachfrage nach Arbeitskräften zu vergrößern. Sie fördert damit das gesamtwirtschaftliche Wachstum. Dazu zählen Maßnahmen zur Verbesserung der regionalen und sektoralen Beschäftigungsstrukturen sowie Maßnahmen, um Höhe und Struktur der gesamtwirtschaftlichen Beschäftigung an das Erwerbspotenzial anzupassen. Der Beschäftigungsgrad soll hierbei maximiert, die Beschäftigungsstrukturen sollen verbessert werden. Träger der B. sind v. a. die nationalen Gebietskörperschaften und Sonderorganisationen (z. B. Bundesagentur für Arbeit). Die Tarifvertragsparteien handeln Lohnsätze, Gehälter und Arbeitsbedingungen autonom aus (Tarifautonomie).

Bestandsgrößen

Volkswirtschaftliche Größen, die zu einem bestimmten Zeitpunkt gemessen werden wie z. B. Geldmenge oder Arbeitslosigkeit. B. werden in Geld oder physischen Einheiten gemessen und zeitpunktbezogen ermittelt (z. B. Kassenbestand, Warenlager). Sie können auf einzel- oder gesamtwirtschaftlicher Ebene zusammengestellt werden, dies nennt man dann Bestandsrechnung. Verändern sich die Werte einer Bestandsgröße, wird dies in einer Bestandsänderungsrechnung erfasst.

➡ Amtliche Statistik

Besteuerungsgrundsätze

Grundlage einer zweckmäßigen und gerechten Besteuerung. Es gibt 2 Arten der steuermäßigen Gerechtigkeit:

1. Horizontale: Alle werden gleich besteuert, sofern sie in gleichen oder gleichartigen Verhältnissen leben.
2. Vertikale: Personen in ungleichen Verhältnissen werden ungleich besteuert.

Dementsprechend können Steuertarife proportional oder progressiv verlaufen. Grundlagen für die Frage der Gerechtigkeit sind das Äquivalenz- und Leistungsfähigkeitsprinzip. Außerdem sollte die Besteuerung die wirtschaftlichen Entscheidungen möglichst wenig beeinträchtigen. Ein weiterer Grundsatz der Besteuerung heißt: Die Verwaltung der Steuern sollte einfach, effizient und gut verständlich sein.

Bestimmungslandprinzip

Grundsatz für die Erhebung von Umsatzsteuer für Waren und Dienstleistungen bei Ex- und Import. Er besagt, dass die Ware oder Leistung bei Export und Grenzüberschreitung von der Umsatzsteuer des Ursprungslandes (Herkunftslandes) befreit und im importierenden Land (Bestimmungsland) mit der dortigen Umsatzsteuer belastet wird. Ziel des B. ist es, Doppelbesteuerungen und Wettbewerbsverzerrungen bei internationalem Handel zu vermeiden. Um den europ. Binnenmarkt zu vollenden und grenzüberschreitenden Handel zu steigern, bemüht sich die EU um eine Umstellung des B. auf das Ursprungslandprinzip. Demnach wäre bei Import von Gütern grundsätzlich die Umsatzsteuer des Ursprungslandes zu entrichten. Da sich die EU-Mitgliedstaaten jedoch darauf bisher nicht einigen konnten, findet weiterhin das B. Anwendung.

➡ Außenhandel ➡ Ursprungslandprinzip

Betrieb

Organisierte Wirtschaftseinheit, in der Produkte und Dienstleistungen für Käufer produziert und erbracht werden. Der B. als Produktionsstätte wird vom Unternehmen unterschieden, das i. d. R. weitere Funktionsbereiche hat (z. B. Finanzwirtschaft, Marketing, Forschung und Entwicklung) und sogar mehrere B. umfassen kann. In der Wirtschaftsstatistik sind B. die örtlich getrennten Niederlassungen von Unternehmen des produzierenden Gewerbes. Im Steuerrecht umfasst der Begriff B. (Betriebsstätte) jede feste Geschäftseinrichtung oder Anlage, die der Ausübung eines stehenden Gewerbes (stehender Gewerbebetrieb) dient (§ 12 AO).

Betriebliche Altersversorgung

Eine Sozialleistung der Unternehmen. Die Arbeitnehmer erhalten diese Leistung nach Beendigung des Arbeitsverhältnisses. U. U. wird die Versorgung auch Familienangehörigen gewährt. Die B. ergänzt die gesetzliche Rentenvorsorge.
Ein entsprechendes Gesetz, um die B. zu verbessern, trat 1974 in Kraft. Es regelt, wann ein Arbeitgeber sie gewähren und in welcher Höhe die Versicherung gezahlt werden muss. Der Arbeitsvertrag legt die Leistungen fest. Es gibt verschiedene Arten der B.:

- die Pensionszusage;
- die Direktversicherung (eine abgeschlossene Lebensversicherung);
- eine dritte Möglichkeit ist die Versorgung über eine Pensions- oder Unterstützungskasse.

➠ Altersvorsorge

Betriebliche Mitbestimmung

Recht auf Beteiligung und Mitwirkung der Arbeitnehmer an den betrieblichen Entscheidungen eines Betriebes. Dies betrifft die Gestaltung der Arbeitsplätze, der Arbeitsabläufe, der Arbeitszeit sowie die Grundsätze der Personalauswahl, Zeiterfassung und Leistungskontrolle. Die B. ist im Betriebsverfassungsgesetz geregelt.

Betriebsrat

➠ Betriebsverfassungsgesetz

Betriebsverfassung

➠ Betriebsverfassungsgesetz

Betriebsverfassungsgesetz (BetrVG)

Regelt die Zusammenarbeit von Arbeitgebern und Arbeitnehmern. Dabei sind festgelegte Rechte und Pflichten einzuhalten, die vorher vereinbart wurden.
In Betrieben mit mindestens 5 Beschäftigten kann bei Vorliegen der gesetzlichen Voraussetzungen alle 4 Jahre ein Betriebsrat gewählt werden, der die Interessen der Arbeitnehmer eines Betriebs vertritt.
Alle dabei entstehenden zusätzlichen Kosten übernimmt der Arbeitgeber. Außerdem genießen die Mitglieder des Betriebsrates einen besonderen Kündigungsschutz. Wenn mindestens 5 Jugendliche in einem Betrieb arbeiten, dürfen von diesen zusätzlich Jugendvertreter gewählt werden (§ 60 BetrVG).
Der Betriebsrat ist für folgende Bereiche zuständig:

- soziale Thematiken (Lohnzahlung, Arbeitszeiten, Unfallverhütung);
- personelle Fragen (Kündigungen, Versetzungen, generelle Personalplanung);
- Gestaltung von Arbeitsplätzen (Arbeitsablauf, -umgebung);
- wirtschaftliche Angelegenheiten (Betriebsstilllegungen, -verlegung, Umsatzprobleme);
- wenn mehr als 100 Arbeitnehmer in einem Betrieb arbeiten, muss zudem ein Wirtschaftsausschuss gewählt werden.

In diesen Bereichen kann der Betriebsrat mitbestimmen, informieren beraten. Ebenso wie die Gewerkschaften, sind auch Betriebsräte selbstständige unabhängige Einrichtungen. Beide arbeiten eng zusammen.
Das Betriebsverfassungsgesetz gilt nicht für den öffentlichen Dienst und für die Kirchen.

Betriebsversammlung

Durch den Betriebsrat einberufene Versammlung der Belegschaft eines Unternehmens. Die B. muss mindestens vierteljährlich abgehalten werden. Dabei legt der Betriebsrat seinen Rechenschaftsbericht vor, die Betriebsversammlung kann zu den Entscheidungen des Betriebsrats Stellung nehmen und Anträge stellen.
Der Arbeitgeber ist berechtigt, an der B. teilzunehmen, einmal jährlich muss er oder ein Stellvertreter dabei Bericht über Sozial- und Personalangelegenheiten und die wirtschaftliche Lage des Betriebs erstatten. Arbeitgebervertreter und Gewerkschafter können zur B. hinzugezogen werden.
Der Betriebsrat kann eine außerordentliche B. ausrufen. Er ist dazu verpflichtet, wenn der Arbeitgeber oder ein Viertel der Belegschaft dazu auffordert. Ordentliche B. finden ohne Lohnausfall während der Arbeitszeit statt.
Nach einem Urteil des Arbeitsgerichts Kiel können B. als Arbeitskampfmaßnahme gelten. Der Betriebsrat eines Paketzentrums hatte eine geplante B. nach einer Aufforderung der Gewerkschaft ver.di auf die Stoßzeit des Betriebs verlegt.
Die gesetzlichen Bestimmungen zur B. legt das **Betr**iebs**v**erfassungs**g**esetz (BetrVG) in §§ 42-46 fest.

➔ Betriebliche Mitbestimmung

Betriebswirtschaftslehre (BWL)

Lehre von der Organisation und Steuerung von Unternehmen. Die B. bildet neben der Volkswirtschaftslehre eine der beiden grundlegenden Teildisziplinen der Wirtschaftswissenschaft. Gegenstand der B. sind alle Unternehmen, die Sachgüter oder Dienstleistungen erstellen.

Bettensteuer

Die B. ist eine Gebühr, die für eine Übernachtung erhoben wird. Seit einigen Jahren benutzen zahlreiche Kommunen sie als Möglichkeit, die Gemeindekasse aufzubessern – auch weil Hoteliers seit 2010 nur noch den ermäßigten Mehrwertsteuersatz von 7 % zahlen müssen. Die Städte Bochum und Berlin verlangen beispielsweise von Hotels 5 % des Übernachtungspreises.

Bevölkerungsentwicklung

Beschreibt, wie sich die Bevölkerungen in verschiedenen Ländern der Welt verändern und warum das geschieht. Die Bevölkerungszahl eines Landes wächst, wenn Kinder geboren werden oder Menschen aus anderen Regionen zuwandern. Durch Tod und Auswanderung verringert sie sich. In Deutschland wie auch anderen hoch entwickelten Ländern würde ohne Zuwanderung die Bevölkerung schrumpfen. Doch weltweit wächst die Zahl der Menschen enorm. Besonders in Entwicklungsländern kommt es zu einer wahren Bevölkerungsexplosion. Die Reaktionen in den betroffenen Ländern fallen sehr unterschiedlich aus. In Ostasien und Südamerika z. B. wird das Bevölkerungswachstum gebremst, während in Afrika und Indien immer mehr Kinder zur Welt kommen. Nicht nur die Weltbevölkerungsentwicklung insgesamt wird künftig ein Problem darstellen, sondern v. a. die diesbezüglichen Unterschiede zwischen den einzelnen Ländern.

➔ Bevölkerungspolitik

Bevölkerungspolitik

Alle staatlichen Maßnahmen, um die Zahl und/oder Zusammensetzung einer Bevölkerung zu beeinflussen. Dazu gehören familienpolitische Maßnahmen wie Kindergeld, Wohnungsgeld für familiengerechte Wohnungen, aber auch Maßnahmen zur Ein- und Auswanderung. In vielen Entwicklungsländern zielt die B. auf eine Reduzierung des Bevölkerungswachstums durch aktive Geburtenkontrolle. In Industriestaaten hingegen versuchte die B. durch steuerliche Entlastungen oder die Zahlung von Kinder- und Elterngeld Anreize zur Steigerung der Geburtenrate zu schaffen. Grund sind die rückläufigen Geburtenzahlen in den Industriestaaten.

➡ Bevölkerungsentwicklung

Big Data

B.-Verfahren nutzen große, komplexe Datenmengen, um Informationen zu gewinnen und Prognosen zu erstellen. Methode, Datengrundlage und Analyseziel können in verschiedenen B.-Anwendungen unterschiedlichste Ausprägungen haben. Datenquellen können u. a. Kundendaten, (Meta-)Daten aus der digitalen Kommunikation oder etwa Fahrzeugdaten und Bewegungsprofile von Smartphones sein. B.-Anwendungen finden sich in der Finanz- und Versicherungsbranche bei der Bewertung von Risiken ebenso wie z. B. bei Verkehrsprognosen für Apps oder autonome Fahrzeuge. B. wirft verschiedene Datenschutzfragen auf, etwa über die Einwilligung in und Information über die Verwendung der eigenen Daten oder die Verknüpfung einzelner unproblematischer Daten zu einem detaillierten Gesamtbild über Personen.

Bilanz

Die B. ist eine vollständige Bestandsaufnahme von Vermögen und Kapital zu einem bestimmten Stichtag nach den Grundsätzen der doppelten Buchführung. Das Vermögen wird dabei auf der Aktivseite dem Kapital auf der Passivseite gegenübergestellt. Aus betriebswirtschaftlicher Perspektive gibt die Passivseite Auskunft über die Finanzierung eines Unternehmens (Eigen- bzw. Fremdkapital), auf der Aktivseite wird die Verwendung der Mittel (Anlage bzw. Umlaufvermögen) festgehalten. In der Außenwirtschaft steht die B. aller ökonomischen Transaktionen zwischen Inländern und Ausländern im Vordergrund: die Zahlungsbilanz.

➡ Handelsbilanz ➡ Leistungsbilanz

Bildungsfinanzierung

Finanzielle Rahmenbedingungen der beruflichen Aus- und Weiterbildung der Bevölkerung. Es gibt 3 Wege der B.:

1. Eigenfinanzierung, z. B. Ausbildungsversicherung oder Kostenübernahme der Ausbildung durch den Arbeitgeber.
2. Fremdfinanzierung, z. B. staatliche oder private Darlehen bzw. Stipendien.
3. Steuerfinanzierung. Darunter versteht man die direkte staatliche Finanzierung von Bildungsstätten, die Gewährung von Bildungsgeld (BAföG) oder die Möglichkeit, Ausbildungskosten einkommenssteuerlich abzugsfähig zu machen.

➡ Bildungsinvestitionen ➡ Bildungsökonomie

Bildungsinvestitionen

Staatliche und private Investitionen in die Ausbildung. Durch einen höheren Bildungsstand der Arbeitnehmer kann die Produktivität eines Landes erhöht werden. B. sind daher eine wichtige Grundlage für Wirtschaftswachstum.

➡ Bildungsfinanzierung ➡ Bildungsökonomie

Bildungsökonomie

Analysiert die wirtschaftliche Entwicklung eines Landes in Abhängigkeit vom Bildungsstand. Als Teilgebiet der Wirtschaftswissenschaften nutzt sie den Erfahrungsschatz vergangener Jahrzehnte und entwickelt daraus Theorien zur Steigerung der Produktivität. Seit Ende der 1950er-Jahre weiß man: Durch mehr Arbeit und Kapitaleinsatz lässt sich das Wirtschaftswachstum nur bedingt steigern. Der entscheidende Faktor, neben dem technischen Fortschritt, ist der Arbeitnehmer und sein Ausbildungsstand. Zu den Aufgabenfeldern der B. gehören heute:

- Untersuchung des Zusammenhangs von Bildungsinvestitionen und Wirtschaftswachstum, Vorschläge zur Steuerung und Planung der Bildungsfinanzierung;
- Forschungsarbeiten zum Finanzierungsbedarf von Bildungseinrichtungen mit dem Ziel, das Wirtschaftswachstums zu verbessern;
- Verbesserung von Lehrplänen für Schulen;
- optimale Gestaltung von Bildungsstätten, richtige Schulgröße, Effizienzsteigerung von Ausbildungen;
- Erforschung von Anreizmechanismen, um das Potenzial von Lehrern und Schülern besser abrufen zu können.

➠ Bildungsinvestitionen

Binnennachfrage

Inländische Nachfrage nach den Gütern einer Volkswirtschaft. Die B. setzt sich üblicherweise aus dem privaten und dem öffentlichen Konsum sowie den privaten und öffentlichen Investitionen in Ausrüstungen, Software und Bauten zusammen. Mithilfe der B. lässt sich beurteilen, wie kräftig die Binnenkonjunktur ist. Steigen die Einkommen stark und sind die Rahmenbedingungen für die Unternehmen günstig, dürften sowohl der private Konsum als auch die privaten Investitionen kräftig expandieren. Außerdem wird die Binnenkonjunktur davon beeinflusst, wie stark der Staat konsumiert und investiert. Die Einschätzung der Binnenkonjunktur ist insbesondere für größere Volkswirtschaften wie Deutschland großer Bedeutung.

➠ Staatlicher Konsum

Bitcoin

B. ist eine sogenannte Kryptowährung, die dezentral geschöpft und verwaltet wird. Die Generierung neuer B. erfolgt durch komplizierte Rechenprozesse, so soll ein schnelles Wachstum der B.-Gesamtmenge verhindert werden. Auf Handelsplattformen im Internet können B. gegen klassische Währungen gehandelt werden. Transaktionen lassen sich weltweit schnell und ohne kostenintensive Intermediäre wie Banken abwickeln. B. werden als Zahlungsmittel, aber auch als Spekulationsobjekt eingesetzt. Ihr Wert unterliegt hohen Schwankungen.

Die Unabhängigkeit von Zentralbanken und Regierungen soll die Entwicklung der Währung vor politischen Einflüssen schützen. Die Idee einer »Entnationalisierung des Gelds« wurde 1976 bereits von F. A. Hayek eingebracht, er hatte als Schöpfer allerdings noch Banken im Sinn. Kritiker hingegen sehen in der Unabhängigkeit von Zentralbanken ein Risiko: Die EZB forderte eine stärkere Regulierung des Geschäfts mit B. und warnte davor Kryptowährungen zu fördern – andernfalls könnten solche Währungen die Kontrolle der Zentralbanken über die Geldmenge schmälern und so die Preisstabilität bedrohen. Aufsichtsbehörden kritisieren die Währung, weil Kriminelle damit anonym illegale Geschäfte abwickeln oder Geldwäsche betreiben können.

Jeder B.-Nutzer verfügt über eine *Wallet*, in der B.-Adressen verwaltet werden. Eine Adresse wird genutzt, um B. aufzubewahren und Transaktionen durchzuführen. Jede Adresse besteht aus einem öffentlichen und einem geheimen Schlüssel. Der Nutzer verwendet seinen geheimen Schlüssel, um Transaktionen zu signieren. Alle jemals getätigten B.-Transaktionen sind in einer einzigen dezentralen Datenbank, der Blockchain, gespeichert. Um die Blockchain ständig fortzuschreiben, stellen Nutzer Rechenleistung zur Verfügung. Sie helfen so, Transaktionen zu beglaubigen: Dabei werden mehrere beglaubigte Transaktionen zu einem neuen Block zusammengefasst, der zusätzlich an die Blockchain gehängt wird. Über zwei Drittel der Bitcoins werden in China generiert – Unternehmen haben sich auf das sog. Mining spezialisiert und dafür eigene Rechenzentren eingerichtet.
Es dauert etwa 10 Minuten, bis eine Transaktion in der Blockchain festgehalten wird. Das Mining ist ein rechenintensiver Prozess, bei dem die Computer eine kryptografische Aufgabe lösen müssen. Die Schwierigkeit dieser Aufgaben wird vom B.-System an die steigende Rechnerleistung angepasst. Solange die maximale Menge an B. noch nicht erreicht ist, erhalten Nutzer, die Mining betreiben sowohl neu geschöpfte B. als auch eine Transaktionsgebühr. Die maximale B.-Menge ist auf 21 Mio. begrenzt, bei der derzeitigen Entstehungsgeschwindigkeit wäre dieser Betrag im Jahr 2140 erreicht. Das B.-Prinzip wurde 2008 in einem pseudonymisierten Paper vorgestellt und 2009 umgesetzt.

Bodenreform

Zuschreibung neuer Eigentümer, neuer Rechte oder neuer Nutzer an vorhandenen Grundstücken. Beim Zusammenschluss der früheren DDR mit Westdeutschland wurde die sozialistische Bodenreform teilweise rückgängig gemacht, Grundstücke mussten häufig an ursprüngliche Eigentümer zurückgegeben werden. Als Grundsatz gilt mit einigen Ausnahmen: Rückgabe vor Entschädigung. Eine Ausnahme besteht z. B. dann, wenn durch die Rückgabe Arbeitsplätze verloren gehen oder andere gravierende wirtschaftliche Folgen eintreten würden.

Bondmarkt

Finanzmarkt, auf dem Anleihen, insbesondere Staatsanleihen gehandelt werden.

Boom

Höhepunkt eines wirtschaftlichen Aufschwungs. In einer Hochkonjunktur sind die Produktionskapazitäten voll ausgelastet und die Preise steigen. Außerdem wachsen in dieser Phase die Aktienkurse an den Börsen stark an. Nach einem B. folgt i. d. R. eine Abschwungphase. Innerhalb des Konjunkturzyklus ist der B. die 3. von 4 Phasen.

Börse

Amtlicher Markt für vertretbare Güter, diese sind an der B. also nicht fassbar vorhanden. Gehandelt werden können Rohstoffe (Warenbörsen), Währungen (Devisenbörsen) und Wertpapiere (Effektenbörse). An der B. werden Angebot und Nachfrage zusammengeführt und Preise für verschiedene Güter ausgehandelt. Alle Güter, die an der B. gehandelt werden, müssen deshalb miteinander vergleichbar sein (Fungibilität). Kunstgegenstände oder Maschinen etc. werden nicht an der B. gehandelt, weil diese Gegenstände sich nie ganz und gar gleichen. Wenn der Abschluss eines Börsengeschäftes und die Erfüllung des

Geschäftes zum gleichen Zeitpunkt erfolgen, spricht man von Kassamarktgeschäft, falls die Erfüllung später erfolgt, von Terminmarktgeschäft.

Brain-Drain

Abwanderung hoch qualifizierter Arbeitskräfte aus ihren Herkunftsländern. Man unterscheidet 2 verschiedene Phänomene:

1. Unter externem B. versteht man die Abwanderung hoch qualifizierter Arbeitskräfte aus den Entwicklungsländern, die keine Beschäftigungsmöglichkeit bieten oder nur zu sehr schlechten Arbeitsbedingungen.
2. Setzen sich Wissenschaftler in den Entwicklungsländern mit Problemen auseinander, die hauptsächlich die Industrieländer betreffen, spricht man von internem B.

Beide Phänomene verschlechtern die Chancen auf eine Änderung der wirtschaftlichen Lage in Entwicklungsländern.

➠ Entwicklungspolitik

Breitband

Internetzugang, der eine hohe Übertragungsgeschwindigkeit ermöglicht. Der Begriff B. ist nicht an einen bestimmten Schwellenwert oder eine Übertragungstechnologie gebunden. Im Ranking der durchschnittlichen Verbindungsgeschwindigkeit belegt Deutschland im weltweiten Vergleich mit 13,7 Mbit/s Platz 26. Der B.-Atlas des Bundesministeriums für Verkehr und digitale Infrastruktur gibt für 2016 eine Verfügbarkeit von Netzen bis 50 Mbit/s für 71,2 % der Haushalte an, bis 2018 will die Bundesregierung diese Geschwindigkeit flächendeckend verfügbar machen. Laut Bundesnetzagentur gab es in Deutschland 2015 30,7 Mio. B.-Ausschlüsse, der Großteil waren DSL-Anschlüsse.

Bretton-Woods-System

Ein System mit festen Wechselkursen zwischen der Leitwährung US-Dollar und den Währungen der teilnehmenden Länder, dass am 22.7.1944 in Bretton Woods (USA) abgeschlossen wurde und 1946 in Kraft trat.
Daran beteiligt waren insgesamt 44 Staaten. Feste Wechselkurse haben den Vorteil, dass sie Kalkulationssicherheit und Vergleichbarkeit bieten. Ziel war der reibungslose und von Handelsbarrieren befreite weltweite Handel.
Der US-Dollar galt als Leitwährung. Der Wechselkurs betrug 35 US-$ pro 30 g Gold. Seitens der US-Zentralbank bestand die Verpflichtung, US-Dollar in Gold einzulösen. Gegenüber dem US-Dollar vereinbarten die anderen Mitglieder des Systems starre Wechselkurse. Für mögliche Interventionen, falls das B. in eine Schieflage kommen sollte, wurde der **I**nternationale **W**ährungs**f**onds (IWF) gegründet. Gleichzeitig wurde auch die Internationale Bank für Wiederaufbau und Entwicklung (Weltbank) gegründet, die heute Kredite für Entwicklungsländer bereitstellt. 1973, nachdem die USA 1971 ihre Goldeinlösungsverpflichtung aufgehoben haben, brach das System zusammen. Der durch das B. gegründete Internationale Währungsfonds (IWF) und die Weltbank blieben erhalten.

BREXIT

[Abk. für »Britains Exit«] Damit wird der Austritt Großbritanniens aus der EU bezeichnet. Dieser wurde im Rahmen eines Referendums am 24.6.2016 beschlossen. Mit einer Mehrheit von 51,9 % zu 48,1 % entschied sich die Bevölkerung für einen Austritt. Die Wahlbeteiligung lag bei 72,2 %. Die Regierung Großbritanniens setzte am 29.3.2017 die Regierungen der übrigen

Mitgliedstaaten gemäß Art. 50 des Vertrags über die Europäische Union von ihrer Absicht in Kenntnis, die EU zu verlassen. Seither läuft eine Frist von zwei Jahren, innerhalb derer Übergangsregelungen vereinbart werden müssen. Anschließend oder parallel kann über einen langfristig gültigen Statusvertrag verhandelt werden.

Briefkastenfirma

Unternehmen, das keinen echten Geschäftszweck verfolgt und vor allem zur Verwaltung von Vermögen eingerichtet wird. B. werden häufig in Ländern gegründet, in denen an Einrichtung und Transparenz einer Gesellschaft keine hohen Anforderungen gestellt werden und sehr niedrige Steuern anfallen. B. können über einen Scheindirektor verfügen, der die Geschäfte des Unternehmens, bzw. die Verwaltung des Vermögens nicht tatsächlich verantwortet, so können die wirklichen Eigner verschleiert werden. Der Aufbau eines Netzwerks aus B. und die Arbeit von Mittelsmännern kann es zusätzlich erschweren, die tatsächlichen Besitzverhältnisse nachzuvollziehen. Die Einrichtung einer B. ist nicht grundsätzlich illegal, kann aber zur Verschleierung von Gesetzesverstößen eingesetzt werden. Die Inhaber versuchen so z. B., illegal beschafftes Vermögen vor den Behörden geheim zu halten. B. können auch der Steuerhinterziehung dienen, wenn deren Inhaber versuchen, Gewinne im Land, in dem die B. ihren Sitz hat, im eigenen Wohnsitzland zu verheimlichen. In den Fokus der Öffentlichkeit rückte 2016 die Kanzlei Mossack Fonseca in Panama. Ein Informant spielte der Presse Daten zu, die offenlegten, dass die Kanzlei ihren Mandanten die Gründung von B. anbot. Die Dokumente belegten die weltweite Involvierung hochrangiger Politiker und Wirtschaftsfunktionäre in B.

➡ Panama Papers

Broker

Bezeichnet einen in den USA einen als Börsenhändler tätigen Unternehmer, der im Gegensatz zum Börsenmakler auch Privatkundschaft hat. Der B. handelt im Auftrag von Kunden gegen Vergütung (sog. Commission). Er kann aber auch auf eigene Rechnung kaufen und verkaufen.
In England und den USA ist es Banken nicht erlaubt, Wertpapiere an der Börse zu kaufen, weshalb sie sich dann an private B. wenden. Zusätzlich können von einem B. Analyse- und Beratungsleistungen angeboten werden.

Brutto

Bedeutet: das Gesamte (ohne Abzüge), z. B. der Preis für eine Sache einschließlich der Umsatzsteuer (Bruttopreis) oder das Gewicht eines Gutes inkl. Verpackung (Bruttogewicht) oder der Lohn- bzw. Gehaltsbetrag, von dem noch keinerlei Abzüge für Steuer, Renten-, Sozial- und Krankenversicherung vorgenommen worden sind (Bruttolohn/-gehalt).

➡ Netto

Bruttogehalt

Im Arbeitsvertrag vereinbartes, tarifliches oder übertarifliches Arbeitsentgelt eines Angestellten. Nach Abzug der vom Arbeitnehmer zu zahlenden Steuern (Lohnsteuer, evtl. Kirchensteuer) und der Sozial- und Krankenversicherungsbeiträge ergibt sich das Nettogehalt.

Bruttoinlandsprodukt (BIP)

Wert aller in einer Volkswirtschaft geschaffenen Güter und Dienstleistun-

Tab. 7 Die Leistung der deutschen Wirtschaft

Bruttoinlandsprodukt (BIP) in Deutschland in Mrd. Euro	
Jahr	**Mrd. Euro**
1991	1.534,60
1992	1.648,40
1993	1.696,90
1994	1.782,20
1995	1.848,50
1996	1.875,00
1997	1.912,60
1998	1.959,70
1999	2.000,20
2000	2.047,50
2001	2.101,90
2002	2.132,20
2003	2.147,50
2004	2.195,70
2005	2.224,40
2006	2.313,90
2007	2.428,50
2008	2.473,80
2009	2.374,50
2010	2.476,80
2011	2.703,12
2012	2.758,26
2013	2.826,24
2014	2.923,93
2015	3.032,82
2016	3.134,07

Quelle Destatis

gen in einem bestimmten Zeitraum. Dabei ist unerheblich, ob Inländer oder Ausländer an der Herstellung des BIP beteiligt sind, es kommt nur auf den Standort, nämlich das Inland, der Wertschöpfung an. Das BIP kann auf 3 Arten erfasst werden:

1. Entstehungsrechnung: Dabei ist das BIP der Wert aller im Inland hergestellten Güter (Waren/Dienstleistungen) für den Endgebrauch. Hierbei werden Vorleistungen für die Produktion von Gütern nicht einbezogen.
2. Verwendungsrechnung: Danach ist das BIP die Summe aus Konsumausgaben, Investitionsausgaben, Ausgaben des Staates für Güterkäufe und der Differenz aus Export und Import.
3. Die Verteilungsrechnung, bei der die Einkommen aus Unternehmertätigkeit und Vermögen sowie die Einkommen aus unselbstständiger Arbeit addiert werden.

Das BIP wird in jeweiligen Preisen und preisbereinigt berechnet. Die Veränderungsrate des preisbereinigten BIP gilt als die zentrale Messgröße zur Bewertung der wirtschaftlichen Leistungsfähigkeit einer Volkswirtschaft auch im internationalen Vergleich.

➡ Bruttosozialprodukt

Bruttoinvestition

Den Begriff B. verwendet man in der volkswirtschaftlichen Gesamtrechnung. Er bezeichnet dort die Gesamtheit der Investitionen in Ausrüstungen, Bauten, sonstigen Anlagen und Vorratsveränderungen.

Bruttosozialprodukt (BSP)

Erfasst die Wertschöpfung zu Marktpreisen der im Inland ansässigen Personen (Inländer), unabhängig von ihrer Staatsangehörigkeit. Es unterscheidet sich vom Bruttoinlandsprodukt

Abb. 6 Bruttoinlandsprodukt (BIP): Entstehung · Verwendung · Verteilung (Beispielstruktur)

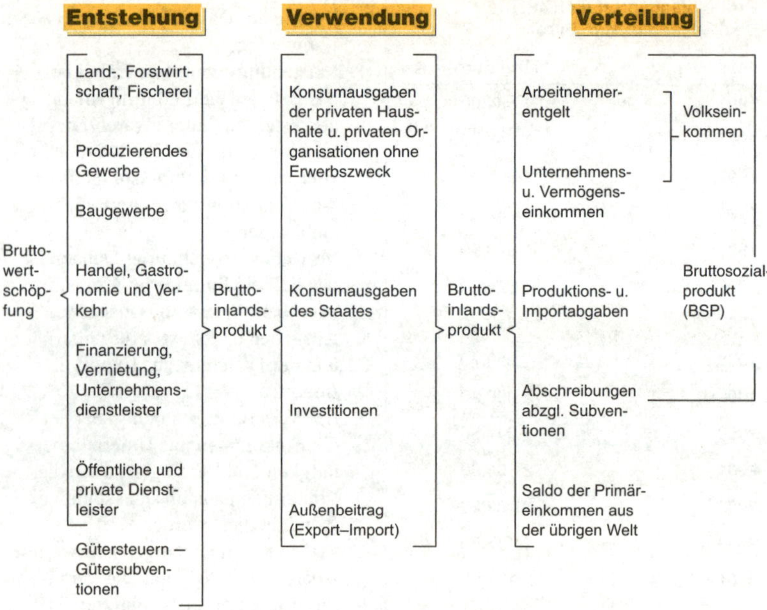

Quelle Destatis

(BIP) dadurch, dass die Erwerbs- und Vermögenseinkommen der Inländer, die im Ausland erzielt wurden, hinzugezählt und die Erwerbs- und Vermögenseinkommen der Ausländer im Inland abgezogen werden. Inzwischen spricht man statt vom B. vom Nationaleinkommen.

Bubbles

[Dt.: Luftblasen] Bezeichnet einen instabilen Boom, der auf Spekulation mit Finanzanlagen basiert, i. d. R. gefolgt von einem Finanzcrash. Wenn sich die Preise auf Finanzmärkten immer weiter von ihren Gleichgewichtswerten entfernen, muss es einen Punkt geben, an dem kein Kapital mehr zur Verfügung gestellt wird. Der Vorgang nennt sich »Bubbles«, da die Marktteilnehmer nicht wissen, wann dies der Fall ist und die Blase somit »platzt«. Diese Ungewissheit bestimmt die Veränderungen auf dem Finanzmarkt und die weiteren Preis- und Kursentwicklungen. Das geschah z. B. um 1630 in den Niederlanden (Spekulationen auf Tulpenzwiebeln), im Jahr 2000/2001 mit Hightechwerten am Neuen Markt oder am Nasdaq oder auch im Jahr 2008 auf dem Immobilienmarkt.

➡ Aktien ➡ Börse ➡ Finanzmarktkrise ➡ Spekulationsblasen

Budget

➡ Haushaltsplan

Budgetausgleich

Haushaltsgrundsatz, der besagt, dass die voraussichtlichen öffentlichen Ausgaben die Staatseinnahmen nicht überschreiten dürfen. Von einem formalen B. spricht man, wenn die zur Deckung der öffentlichen Ausgaben notwendigen Einnahmen auch beschafft werden können.
Bei einem materiellen B. werden alle öffentlichen Ausgaben durch Steuern, Gebühren und Beiträge gedeckt und keine Kredite aufgenommen.

➟ Staatsausgaben

Built-in-Flexibility

[Dt.: eingebaute Flexibilität] Die ökonomische Literatur verwendet den Begriff im Zusammenhang mit automatischen Stabilisatoren in den Konjunkturphasen. Je nach Bedeutsamkeit der automatischen Stabilisatoren spricht man vom Ausmaß der B.

Built-in-Stabilizers

[Dt.: eingebaute Stabilisatoren]

➟ Automatische Stabilisatoren

Bundesagentur für Arbeit (BA)

Im Jahr 2004 wurde die Bundesanstalt für Arbeit im Rahmen des »dritten Gesetzes für moderne Dienstleistungen am Arbeitsmarkt« in **B**undesagentur für **A**rbeit (BA) umbenannt.
Die BA hat im Wesentlichen folgende Aufgaben:

- die Vermittlung in Ausbildungs- und Arbeitsstellen;
- die Berufsberatung;
- die Beratung von Arbeitgebern;
- die Förderung der Berufsausbildung und der beruflichen Weiterbildung;
- die Förderung der beruflichen Eingliederung Behinderter;
- Leistungen zur Erhaltung und Schaffung von Arbeitsplätzen sowie
- die Zahlung von Entgeltersatzleistungen wie z. B. Arbeitslosen- oder Insolvenzgeld.

Des Weiteren gehört zu ihren Aufgaben die Beobachtung und Erforschung des Arbeitsmarktes sowie die Erstellung von Statistiken durch ihre Dienststelle »**I**nstitut für **A**rbeitsmarkt- und **B**erufsforschung« (IAB). Ferner zahlt sie – als Familienkasse – das Kindergeld und bekämpft Leistungsmissbrauch etwa bei der Auszahlung des Arbeitslosengeldes. Die BA ist eine selbstverwaltete Körperschaft des öffentlichen Rechts unter der Aufsicht des Bundesministeriums für Arbeit und Soziales. Sitz der BA ist Nürnberg, sie ist untergliedert in 10 Regionaldirektionen, 156 Agenturen für Arbeit, rund 600 Geschäftsstellen sowie 8 besondere Dienststellen (BA-Service-Haus, BA-IT-Systemhaus, **I**nstitut für **A**rbeitsmarkt- und **B**erufsforschung [IAB], **Z**entrale **A**uslands- und **F**achvermittlung [ZAV], **F**ührungsakademie der **BA** [FBA], Familienkasse, Fachhochschule für Arbeitsmarktmanagement, Europavertretung der BA). Finanziert wird sie durch Beiträge aus der Sozialversicherung.

➟ Arbeitslosigkeit ➟ Arbeitsmarktpolitik

Bundesanleihe

Verzinsliche Wertpapiere, die der Staat Bundesrepublik Deutschland ausgibt und die an der Börse notiert werden. I. d. R. ist der Zinssatz jährlich festgelegt. Neuerdings kann der Zinssatz aber auch an die Inflationsrate gekoppelt sein. Die Laufzeit beträgt i. d. R. 10 Jahre, kann aber auch bis zu 30 Jahren betragen. Die Zinsen werden dem Anleger jährlich ausgezahlt, die Rückzahlung erfolgt dann am Ende der Laufzeit zum Nennwert. B. können über die Deutsche Finanzagentur oder die Börse gekauft werden. Vorteil dieser

Wertpapiere ist für den Investor, dass er Geld sehr sicher und langfristig investiert. Der Staat wiederum kann mit dem geliehenen Geld sein Haushaltdefizit zu finanzieren.

Bundesanstalt für Finanzdienstleistungsaufsicht (BaFin)

Die BaFin wurde im Mai 2002 gegründet und vereinigt unter ihrem Dach die 3 ehemaligen Bundesaufsichtsämter für das Kreditwesen (BAKred), für das Versicherungswesen (BAV) und für den Wertpapierhandel (BAWe). Damit gibt es in Deutschland erstmals eine einheitliche staatliche Allfinanzaufsicht über Kreditinstitute, Finanzdienstleistungsinstitute, Versicherungsunternehmen und den Wertpapierhandel. Die BaFin ist eine rechtsfähige, bundesunmittelbare Anstalt des öffentlichen Rechts im Geschäftsbereich des Bundesministeriums der Finanzen. Grundlage ist das »Gesetz über die integrierte Finanzdienstleistungsaufsicht« (FinDAG) vom April 2002. Im Rahmen der geplanten europ. Bankenunion erfuhr die Aufsichtsstruktur der BaFin teilweise bedeutende Veränderungen. Seit der Verabschiedung des einheitlichen europ. Aufsichtsmechanismus (Single Supervisory Mechanism – SSM) am 14.11.2014, hat die Europäische Zentralbank (EZB) die Beaufsichtigung von 120 als bedeutend für das europ. Bankensystem eingestufte Kreditinstitute übernommen. 21 dieser Institute sind aus Deutschland. Großbanken, deren Bilanzsumme mehr als 30 Mrd. € oder 20 % der Wirtschaftsleistung eines Landes beträgt, fallen unter die direkte Aufsicht der EZB. Im Übrigen beaufsichtigt die EZB in jedem Fall die drei größten Kreditinstitute eines Euro-Landes. Bei der Aufsicht über bedeutende Großbanken kann die EZB auf die Unterstützung der nationalen Aufsichtsbehörden zurückgreifen. Die nationalen Aufsichtsbehörden bleiben für die weniger bedeutenden Institute allein zuständig.

Bundesaufsichtsamt für das Kreditwesen (BAKred)

Kontrollierte gemeinsam mit der Deutschen Bundesbank sämtliche Kreditinstitute in Deutschland. Zum 1.5.2002 wurde das BAKred mit den Bundesaufsichtsämtern für den Wertpapierhandel und für das Versicherungswesen zur **B**undes**a**nstalt für **Fin**anzdienstleistungsaufsicht (BaFin) zusammengelegt. Vorher war das BAKred eine selbstständige Bundesbehörde in Berlin, die dem Bundeswirtschaftsminister unterstand.

Bundesausbildungsförderungsgesetz (BAföG)

Hauptziele sind die Herstellung von Chancengleichheit im Bildungswesen und die Mobilisierung von Bildungsreserven in den einkommensschwächeren Bevölkerungsschichten. Stehen einem Jugendlichen die erforderlichen finanziellen Mittel für eine Ausbildung oder den damit verbundenen Lebensunterhalt nicht zur Verfügung, wird er vom Staat unterstützt. Die Ausbildungsförderung wird an alle Schüler als Zuschuss vergütet, für Studierende allerdings als zinsloses Darlehn geleistet. Gefördert wird der Besuch von weiterführenden allgemeinbildenden Schulen, Abend-, Berufsaufbau-, Berufsfach-, Höhere Fachschulen und Akademien sowie Hochschulen. Ausbildungsförderung ist eine Sozialleistung im Sinne des Sozialgesetzbuches (SGB), das B. daher ein besonderer Teil des SGB (§ 68, Nr. 1 SGB I). Das sog. Meister-BAföG, mit dem die berufliche Aufstiegsfortbildung von Handwerkern u. a. Fachkräften

Abb. 7 Bundeshaushalte 2000 bis 2016: Einnahmen · Ausgaben · Nettokreditaufnahmen (in Mrd. Euro)

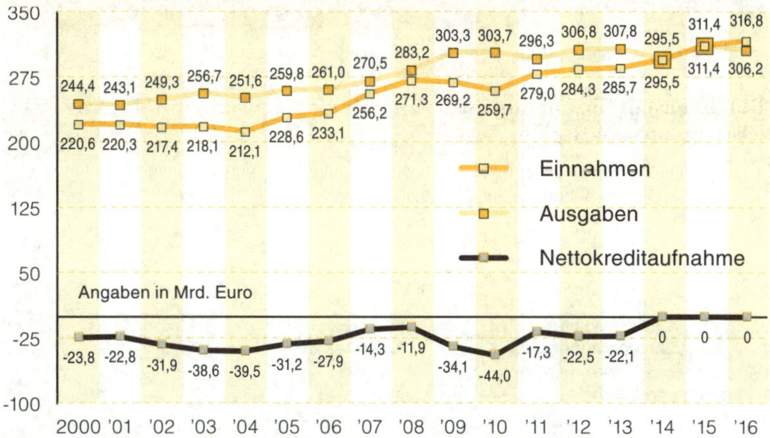

Quelle Übersichten aus den Haushaltsgesetzen der jeweiligen Jahre (IST)

finanziell gefördert wird, ist nicht im B., sondern im Ausbildungsförderungsgesetz (AFBG) geregelt.

Bildungsinvestitionen ➡ Bildungsökonomie

Bundesbank

Nationale Zentralbank der Bundesrepublik Deutschland, die in das System der Europäischen Zentralbanken integriert ist. Ihre Aufgabe ist es, den nationalen und internationalen Bankenzahlungsverkehr abzuwickeln, Bargeld (Noten) auszugeben und bei der Bankenaufsicht mitzuwirken. Mit dem Beginn der Europäischen Währungsunion 1997 hat die B. geldpolitische Steuerungskompetenz, die sie seit Gründung der Bundesrepublik innehatte, verloren.

➡ Europäische Zentralbank

Bundesbetriebe

Öffentliche Unternehmen des Bundes, die abweichend von den Haushaltsgrundsätzen Freiheit und Vollständigkeit einen eigenen Wirtschaftsplan zu erstellen haben, wenn für sie das Wirtschaften nach den veranschlagten Einnahmen und Ausgaben des Haushaltsplans unzweckmäßig ist.

Bundeshaushalt

Haushalt der Bundesregierung.

Bundeskartellamt

Eine in Bonn ansässige, zum Geschäftsbereich des Bundesministers für Wirtschaft und Energie gehörende selbstständige Bundesbehörde, deren Aufgabe der Schutz des Wettbewerbs ist. Die Behörde setzt das Kartellverbot durch, kontrolliert Unternehmenszusammenschlüsse und übt die Missbrauchsaufsicht über marktbeherrschende Unternehmen aus. Das B. kann Unternehmenszusammenschlüsse untersagen, Auflagen erteilen, Handlungsweisen verbieten und Geldbußen verhängen. Die Bundesbehörde besitzt weitgehende, eigenständige Ermittlungsbefugnisse. Dabei handelt sie auf der Grundlage des **G**esetzes gegen

Abb. 8 Bundeshaushalt 2016 nach Einzelplänen

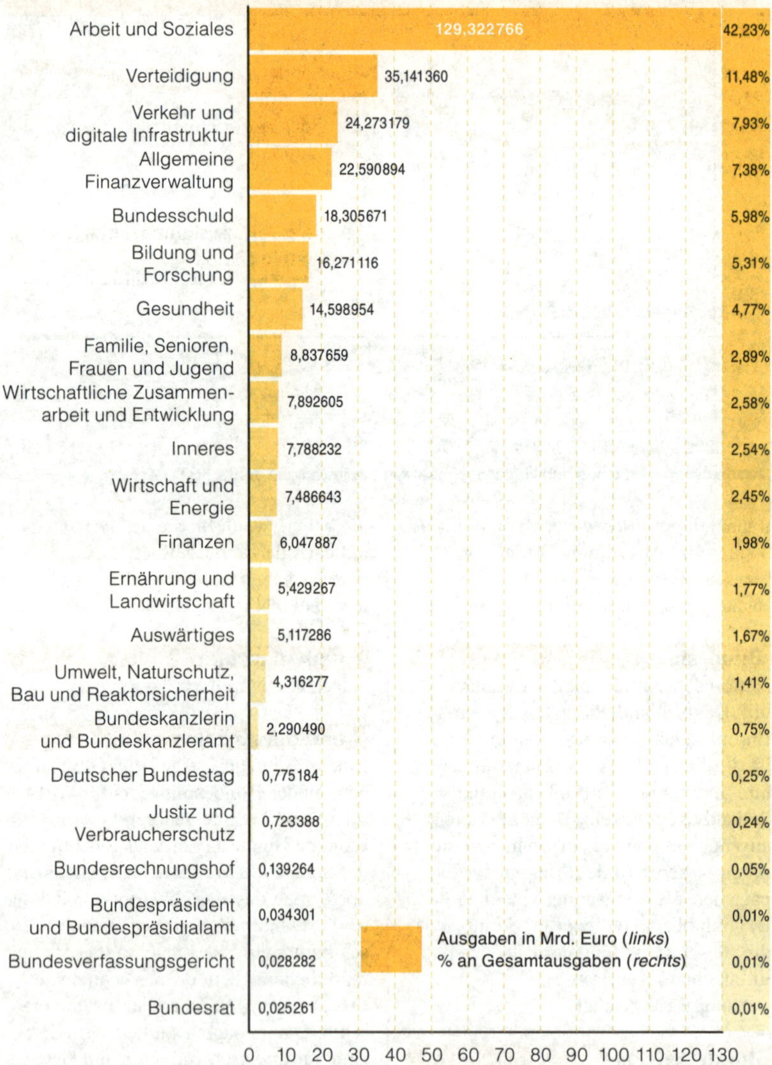

Quelle Haushaltsrechnung des Bundes für das Haushaltsjahr 2016

Wettbewerbsbeschränkungen (GWB), das am 1.1.1958 in Kraft trat. Die Behörde kann auch EU-Recht anwenden, wenn die Europäische Kommission davon keinen Gebrauch macht. Die Zuständigkeit des B. ist auf den dt. Markt beschränkt, aber im Rahmen der zunehmenden Internationalisierung der Märkte ist das B. um eine Zusammenarbeit mit internationalen Wettbewerbsbehörden bemüht. Alle 2 Jahre gibt das B. einen umfassenden Bericht über seine Tätigkeiten heraus. Der Jahreshaushalt beträgt über 30 Mio. € (2017). Die Behörde beschäftigt rund 345 Mitarbeiter. Präsident des Bundeskartellamts ist seit 2009 Andreas Mundt.

➞ Wettbewerbsbeschränkungen

Bundesrechnungshof

Der B. prüft und überwacht gemäß Art. 114 GG die Haushalts- und Wirtschaftsführung des Bundes. Er ist ein gegenüber der Bundesregierung unabhängiges Organ der staatlichen Finanzkontrolle, das nur dem Gesetz (Bundesrechnungshofgesetz, BRHG) unterworfen ist. Seine leitenden Mitglieder besitzen richterliche Unabhängigkeit. Sie haben jährlich der Bundesregierung, dem Bundestag und dem Bundesrat über die Prüfergebnisse zu berichten. Der Sitz des B. ist Bonn. In jedem Bundesland gibt es Landesrechnungshöfe mit vergleichbaren Aufgaben.

Bundesschatzbrief

Festverzinsliches Wertpapier, das seit 1969 vom Bund ausgegeben wird und nicht an der Börse gehandelt wird. B. gibt es in 2 Varianten: Typ A, mit 6 Jahren Laufzeit und jährlicher Zinszahlung; Typ B, mit 7 Jahren Laufzeit und gesammelten Zinsen. Bei beiden Typen ist die Auflösung frühestens nach einem Jahr möglich. Die Mindestanlage beträgt 50 €. Der B. dient zur Finanzierung öffentlicher Investitionen, zur Förderung des Eigentums und der Vermögensbildung.

Bundessteuern

Steuern, die nur dem Bund zufließen. Dazu gehören die Versicherungssteuer, die Mehrwertsteuer (soweit sie nicht den Ländern und Gemeinden zufließt) und der Solidaritätszuschlag. Außerdem fließt das Aufkommen aus Zöllen und Finanzmonopolen ausschließlich an den Bund.

Bundesverband der Deutschen Industrie (BDI)

Der B. ist die Interessenvertretung der dt. Industrieunternehmen und industrienahen Dienstleister. Er vertritt nach eigenen Angaben mit seinen 40 Branchenverbänden die Interessen von mehr als 100.000 Unternehmen mit insgesamt über 8 Mio. Beschäftigten. Der B. hat seinen Sitz in Berlin.

➞ Arbeitgeberverbände

Bündnis für Arbeit

Gesprächsrunde aus Vertretern von Bundesregierung, Gewerkschaften und Arbeitgebern zum Abbau der Arbeitslosigkeit und zur Bereitstellung von Ausbildungsplätzen in Deutschland. Vollständig heißt es »Bündnis für Arbeit, Ausbildung und Wettbewerbsfähigkeit« und wurde 1996 ins Leben gerufen. Das Bündnis für Arbeit scheiterte im Februar 2003 nach heftigen Auseinandersetzungen über die zulässige Höhe von Lohnforderungen in der Tarifpolitik und die Lockerung des Kündigungsschutzes.

Bürgergeld

Modell einer garantierten Grundversorgung aller Bürger. An diese monatliche Zahlung wäre keinerlei Bedingung geknüpft. Das B. soll in gleichen Beträgen ohne Bedürftigkeitsprüfung an jeden Bürger ausgezahlt werden, unabhängig von dessen Vermögen oder Einkommenssituation. Je nach Modellvorschlag bewegt sich die Höhe dieses bedingungslosen Grundeinkommens zwischen 500 und 1.500 €. Daneben sieht dieses Modell allerdings keine weiteren Transferleistungen wie z. B. BAföG, Rente oder Arbeitslosengeld mehr vor.

Bürgerversicherung

Vorhaben einer einheitlichen Krankenversicherung in Deutschland, mit dem Befürworter das »Zwei-Klassen«-Versicherungssystem aus gesetzlichen und privaten Krankenversicherungen ablösen möchten. In der B. zahlen alle Versicherten in ein System ein, allen steht derselbe Leistungskatalog zur Verfügung. Bemessungsgrundlage des Versicherungsbeitrags ist wie in der gesetzlichen Krankenversicherung das Einkommen der Versicherten, nicht wie bei privaten Krankenversicherungen Alter oder Erkrankungsrisiko. Verschiedene Modelle der B. unterscheiden sich unter anderem darin, ob neben Arbeits- auch Kapitaleinkommen wie Zinserträge oder Mieteinnahmen in die Bemessungsgrundlage mit ein bezogen werden sollen. Weitere Formen der B. werden derzeit diskutiert.

Catch-up-Effekt

[Auch: Aufholeffekt] Beschreibt den Zusammenhang zwischen den Startbedingungen eines Landes und seinem wirtschaftlichen Wachstum. Je ärmer eine Volkswirtschaft ist, desto größer ist ihr Wachstum bei einer Investition. Eine geringe Investition in einem ärmeren Land führt dort zu einfachen Produktionsmitteln wie Werkzeugen, die die Produktivität enorm steigern können. Im Gegensatz dazu führen Investitionen in einer reicheren Volkswirtschaft, die schon eine hohe Produktivität hat, nur noch zu einer geringen Steigerung. Das liegt daran, dass dort grundlegende Produktionsmittel wie Werkzeuge und Maschinen bereits vorhanden sind.

Cecchini-Bericht

Studie unter Leitung von Paolo Cecchini (* 1927) über wirtschaftliche Konsequenzen der EU-Binnenmarktvollendung, welche für das Jahr 1992 erwartet wurde. Der C. wurde im Frühjahr 1988 in Brüssel von der Europäischen Kommission in Auftrag gegeben. Er sagte als Effekte Wettbewerbsvorteile und langfristiges Wirtschaftswachstum voraus. Bei Wegfall aller Hindernisse (Grenzkontrollen, technische Handelshemmnisse, Steuerschranken usw.) ließen sich demnach Kosteneinsparungen von etwa 200 Mrd. ECU verwirklichen. Daraus ergäben sich laut Bericht niedrigere Verbraucherpreise, vermehrtes Wirtschaftswachstum und die Schaffung von mindestens 1,8 Mio. Arbeitsplätzen in wenigen Jahren.

➡ Europäische Wirtschaftsgemeinschaft ➡ Europäische Wirtschafts- und Währungsunion ➡ Europäischer Binnenmarkt

Certificates of Deposits

Von Banken ausgegebene Inhaberpapiere, auch Depositen- oder Einlagenzertifikate genannt. Sie sind eine Art Bestätigungsbrief über die Einlage von Geld zu einem bestimmten Zinssatz, der fest oder variabel sein kann. Ihre Laufzeit beträgt zwischen einigen Tagen bis zu 5 Jahren. Die C. wurden zum ersten Mal 1966 in London eingeführt. Seit 1986 gibt es sie in Deutschland, sie sind hier aber erst seit der Europäischen Währungsunion gebräuchlich.

CETA

[Abk. für **C**omprehensive **E**conomic and **T**rade **A**greement] Dies ist die Bezeichnung für ein Handelsabkommen zwischen der EU und Kanada. Mittels C. soll versucht werden, Handelshemmnisse zwischen beiden Vertragspartnern zu beseitigen. Dazu gehören in der Logik von C. auch Regulierungsmaßnahmen im Verbraucherschutz oder auf dem Arbeitsmarkt. Aus diesem Grund war dies Abkommen ähnlich wie TTIP mit den USA umstritten. Im Unterschied zu TTIP konnten aber in Nachverhandlungen mit der kanadischen Regierung vielfache Änderungen erreicht werden. So werden die ILO-Arbeitsnormen allseits akzeptiert und Streifragen werden nicht von privaten Schiedsgerichten, sondern von einem mit öffentlichen Richtern besetzten Schiedsgerichtshof ausgetragen. Daher wurde C. von der EU Kommission und den Mitgliedstaaten unterzeichnet. Die Ratifizierung durch die Parlamente steht derzeit noch aus.

Ceteris-paribus-Klausel

[Dt.: das Übrige gleichbleibend] Diese Klausel spielt v. a. in der ökonomischen Theorie eine wichtige Rolle. Da wirtschaftliche Zusammenhänge sich zumeist wechselseitig beeinflussen, fällt eine theoretische Analyse, bei der Ursachen und Wirkungen eindeutig zu bestimmen sind, schwer. Um dieses komplexe Verhältnis analytisch zu vereinfachen, unterstellt man, dass bestimmte Größen sich nicht verändern. Diese Annahme bezeichnet man als C. Ein unproblematisches Beispiel hierfür ist ein Konjunkturmodell, das unterstellt, dass die Bevölkerung in den folgenden 2 Jahren gleich bleibt. Würde man dies hingegen für die nächsten 10 Jahre unterstellen, wäre die C. schon weitaus problematischer, weil sie unrealistisch wäre: Sie lässt erhebliche Veränderungen in der Bevölkerungsentwicklung außer Acht und schätzt damit ihre Rückwirkungen auf die Konjunktur falsch ein.

Chicagoer Schule

Wurde in den 1930er-Jahren durch Frank H. Knight (* 7.11.1885 † 15.4.1972) und Jacob Viner (* 3.5.1892 † 12.9.1970) an der University of Chicago begründet. Bekannt wurde sie aber erst durch Milton Friedman, den prominentesten Schüler dieser beiden Ökonomen. Friedman entwickelte das Konzept des Monetarismus, für den die Geldmenge eine zentrale Rolle in der wirtschaftlichen Entwicklung spielt. Seine Forschungsaktivitäten verband Friedman mit einem wirtschaftspolitischen Programm, das kennzeichnend für die C. geworden ist. Wesentliche Elemente dieses Programms sind:

1. eine freie Marktwirtschaft ohne regulative Eingriffe;
2. die realwirtschaftliche Unwirksamkeit wirtschaftspolitischer Steuerung auf längere Sicht und
3. die uneingeschränkte Gültigkeit der neoklassischen Theorie.

Mit diesem Dreiklang stellte Friedman sich bewusst in Widerspruch zum seinerzeit dominierenden Keynesianismus. Seit dem Ende der 1970er-Jahre, als insbesondere die Ölpreiskrisen trotz wirtschaftspolitischer Interventionen zu tiefen Rezessionen bei hoher Inflation geführt hatten, gewann der Monetarismus die Oberhand sowohl in der Wissenschaft als auch in der Politik. V. a. die Regierungen von Margaret Thatcher und Ronald Reagan ließen sich von der C. inspirieren.

CIF

[Engl.: **C**ost, **I**nsurance, **F**reight; dt.: Kosten, Versicherung, Fracht] Eine Frachtklausel. Der Verkäufer trägt die

Verantwortung bis zur Ankunft der Ware und somit auch die Kosten, falls die Ware nicht heil ankommt.

Clickworker

sind Menschen, die am Computer gegen Bezahlung Auftragsarbeiten erfüllen. C. sind nicht fest in Unternehmen angestellt und arbeiten i. d. R. von zu Hause aus, Auftragssuche und -vergabe werden über das Internet durchgeführt. Die C. können unabhängig von ihren Auftraggebern auf der ganzen Welt verteilt sein, Unternehmen können Aufgaben so in Ländern mit niedrigem Lohnniveau billig auslagern. Onlineplattformen, wie das bereits seit 2005 bestehende Amazon Mechanic Turk oder Upwork (früher oDesk) erlauben es Unternehmen und anderen Organisationen Aufträge anzubieten, die dann von den C. übernommen werden.
Die C. verrichten ihre Arbeit häufig als Nebenverdienst. Soziale und gesundheitliche Absicherung oder tarifliche Standards existieren nicht. Der Begriff geht auf ein Projekt der NASA zurück, bei dem Freiwillige Krater auf Bildern der Marsoberfläche identifizierten.

Cloud-Computing

Auslagerung von Datenspeicherung und -verarbeitung ins Internet. Daten werden beim C. nicht lokal auf dem Computer des Nutzers gespeichert und verarbeitet, sondern in Serverzentren. C. wird sowohl von Unternehmen als auch von Privatanwendern genutzt. Beispiele für die Anwendung von C. ist etwa die gleichzeitige gemeinsame Bearbeitung eines Dokuments durch mehrere Nutzer oder Anwendungen, die Fotos, die mit einem Gerät aufgenommen wurden, auf mehreren Geräten verfügbar machen. Mit der Bereitstellung von Dienstleistungen über C. ändert sich das Geschäftsmodell der anbietenden IT-Firmen: Statt einer Softwarelizenz für (unbegrenzte) lokale Anwendung zu verkaufen, können Unternehmen ihre Dienstleistung nach Umfang der Nutzung vermarkten.
Werden die C.-Dienstleistungen externer Anbieter genutzt, haben die nachfragenden Unternehmen nicht die volle Kontrolle über die Absicherung gegen digitale Angriffe und über Datenschutzfragen.

Club of Rome

Weltweite gemeinnützige Vereinigung von Vertretern aus Wissenschaft, Kultur, Wirtschaft und Politik, die sich für eine lebenswerte und nachhaltige Zukunft der Menschheit einsetzt. Der C. wurde 1968 von dem Industriellen Aurelio Peccei und dem damaligen OECD-Generaldirektor Alexander King gegründet. Zurzeit gibt es 104 Vollmitglieder aus über 30 Ländern. Berühmt geworden ist der C. mit seinen Studien »Grenzen des Wachstums« und »Menschheit am Wendepunkt«. Die Organisation hat ihren Sitz in Winterthur (Schweiz).

Club-Theorie

Beschreibt die Fähigkeit einer Gruppe, ein besonderes Gut herzustellen, das von einem einzelnen Gruppenmitglied nicht hergestellt werden könnte. Gründe dafür können zu hohe Kosten oder der Umstand sein, dass ein Produkt im Herstellungsprozess nicht aufgeteilt werden kann. Deshalb wird oft ein Club, Verband oder Verein gegründet.

➠ Güter

Coase-Theorem

Geht davon aus, dass Teilnehmer eines Marktes die Fähigkeit haben, externe Effekte alleine auszugleichen, wenn sie über Ressourcen verhandeln können.

Durch diese Selbstständigkeit wird das Eingreifen des Staates unnötig und die Verhandlungskosten sind somit relativ gering. Das C. erzielt zwar theoretisch die optimale Lösung, doch hat es keine praktische Relevanz, da es an unrealistische Bedingungen geknüpft ist, z. B., dass alle Teilnehmer genau wissen müssen, welche Effekte ihr Handeln auf die anderen hat. Das C. ist eine Erweiterung des Hauptsatzes der Wohlfahrtsökonomie und wurde von dem brit. Volkswirtschaftler Ronald Harry Coase aufgestellt, der dafür 1991 den Nobelpreis für Wirtschaftswissenschaften erhielt.

➟ Wohlfahrtsstaat

Collateralized Debt Obligation (CDO)

[Dt.: forderungsbesicherte Schuldverschreibung] CDOs zählen zu den **A**sset **B**acked **S**ecurities (ABS) und stellen eine besondere Gruppe der forderungsbesicherten Wertpapiere dar. Sie enthalten vorwiegend Forderungen aus Krediten, Derivaten, Anleihen oder Hypotheken, die gebündelt oder gemischt zu Wertpapieren verbrieft sind. Für Banken oder Unternehmen hat dieses Verfahren den Vorteil, dass bestehende illiquide Forderungen handelbar gemacht, auf dem Kapitalmarkt platziert werden können und so zur Refinanzierung beitragen. Die CDOs werden allerdings häufig kritisch bewertet, weil bei den hochkomplexen Finanzinstrumenten die Ausfallrisiken der zugrunde liegenden Forderungen für den Käufer oft kaum erkennbar sind, auch wenn Bewertungen oder Einstufungen von Ratingagenturen vorliegen.

➟ Mortgage Backed Securities

Commonwealth

Bezeichnung für einen losen Staatenbund ehemaliger brit. Kolonien. Mit diesem Zusammenschluss soll die technische Zusammengehörigkeit und die wirtschaftliche Verbundenheit zu Großbritannien verstärkt werden. Gerade der Beitritt von Großbritannien in die EG erleichterte die wirtschaftlichen Beziehungen für die Commonwealthländer zur EU. In regelmäßigen Abständen entscheiden Ministerpräsidenten, Staatsoberhäupter sowie Finanzminister und Fachminister der jeweiligen Länder über gemeinsame Vorgehensweisen. Der Sitz des Sekretariats ist London.

Corporate Finance

Sammelbezeichnung für kapitalmarktnahe innovative Finanzierungsdienstleistungen mit speziellem Beratungsbedarf im Firmenkundengeschäft.

Cournot'scher Punkt

Jener Punkt auf einer Preis-Absatz-Funktion, der das Gewinnmaximum eines Monopolunternehmens ist. Benannt wurde dieser Punkt nach dem frz. Ökonomen Antoine Augustin Cournot (* 28.8.1801 † 31.3.1877). Ein Monopolist kann frei entscheiden, wie viel Arbeit und Kapital er einsetzen will, und im Unterschied zu einem Unternehmen, das in vollständigem Wettbewerb steht, entscheidet er auch über den Preis. Er wählt diese Größen so, dass sein Gewinn maximiert wird. Der C. zeigt nun an, welche Menge der Monopolist zu welchem Preis anbieten wird. Typischerweise ist die Absatzmenge eines Monopolisten kleiner als bei vollständigem Wettbewerb, weil er einen höheren Preis verlangen kann. Daher wird das Produkt weniger nachgefragt. Das Gewinnmaximum wird also auch dann schon erreicht, wenn die Absatzmenge kleiner ist als der mögliche maximale Umsatz. Monopole erzeugen folglich niedrigere Produktionsmengen als Wirtschaftszweige in vollständiger Konkurrenz.

Crawling Peg

Wechselkurssystem, in dem die Parität (das Austauschverhältnis zweier Währungen zueinander) mittelfristig festgelegt ist. Die vorausgesagte, schrittweise Änderung der Währungsparität soll eine mögliche Steigung des Preisniveaus verhindern und Devisenspekulationen abwehren. Denn C. werden in erster Linie für eine kontinuierliche Abwertung der eigenen Währung eingesetzt.
➡ Währungspolitik ➡ Währungssystem

Credit Default Swap (CDS)

[Dt.: Kreditausfallversicherung] CDS bezeichnet einen Kontrakt, mit dem sich der Gläubiger einer Anleihe oder eines Kredits gegen das Risiko absichert, dass der Schuldner zahlungsunfähig wird. Diese Kontrakte lösen das Ausfallrisiko von den zugrunde liegenden Anleihe- oder Kreditgeschäften, denn sie können auf den Finanzmärkten gehandelt werden. CDS eignen sich daher auch als Spekulationsobjekte. Beispiel: Angesichts der drohenden Zahlungsunfähigkeit Griechenlands im Jahr 2009 steigt der Handel mit CDS für Anleihen des Landes. Immer mehr Gläubiger wollen sich absichern. Spekulanten erwerben CDS, weil sie erwarten, dass der Wert ansteigen wird. Die Absicherung einer griech. Staatsanleihe i. H. v. 100 Mio. € kostete Ende 2009 1,5 Mio. €, der gleiche Kontrakt im Mai 2010 aber 6,5 Mio. €. Der mögliche Spekulationsgewinn betrug damit 5 Mio. €.

Crowding-in

Gegensatz von Crowding-out. Beide Begriffe beschreiben die Reaktion der privaten Investitionen auf zusätzliche, schuldenfinanzierte öffentliche Investitionen. Beim C. lösen diese zusätzliche private Investitionen aus, weil die öffentlichen Investitionen einen Nachfrageschub erzeugen, der das Vertrauen der privaten Unternehmen in die wirtschaftliche Dynamik stärkt. Und dies veranlasst sie, ihre Investitionen zu erhöhen.

Crowding-out

[Dt.: Verdrängungseffekt] Wenn wirtschaftspolitische Maßnahmen private Investitionen verdrängen, spricht man von C. Es werden 3 Varianten des C. unterschieden. Der Staat nimmt auf dem Kapitalmarkt mehr Kredite auf, wodurch die Zinsen steigen und die privaten Investoren weniger investieren (zinssteigerungsbedingtes C.). Der Staat fragt mehr Produkte nach, und damit steigen die Preise. Dadurch geht die private Nachfrage zurück (preissteigerungsbedingtes C.). Bei steigender Staatsverschuldung gehen auch die privaten Investitionen und Ausgaben zurück, weil erwartet wird, dass es zu bestimmten staatlichen Maßnahmen wie Steuererhöhungen kommt, um der Verschuldung entgegen zu treten (erwartungsbedingtes C.)
➡ Konjunkturpolitik ➡ Währungspolitik ➡ Wirtschaftspolitik ➡ Zeitverzögerung in der Wirtschaftspolitik

Crowdworking

Rückgriff auf eine große, nicht organisierte Menge von Personen um Aufgaben zu erledigen. Vergabe und Durchführung von Aufträgen im Rahmen des C. verlaufen i. d. R. über digitale Kanäle. Ein Unternehmen schreibt einen Auftrag an die eigenen Mitarbeiter (internes C.) oder ohne spezifischen Adressaten (externes C.) in einer Onlineplattform aus. Aufträge, für die auf C. zurückgegriffen wird, können entweder in kleine Teilaufträge aufgeteilt werden, die von einzelnen Personen durchgeführt werden – etwa Texterstellung, Bildbearbeitung oder die Codierung eines bestimmten Programmabschnitts – oder der Auftraggeber greift für eine Aufgabe auf die Ressourcen aller Teilnehmer zurück. Das ist etwa bei Ideenwettbewerben der Fall, die für Werbekampagnen und Marketing, aber auch für technische Innovationen ausgeschrieben werden können. Externes C. wird häufig als Nebenerwerb oder als zusätzliche Auftragsquelle für Selbstständige eingesetzt. Die Auftragnehmer genießen keine Arbeitsschutz-, Mindestlohn- oder Tarifstandards und müssen nicht über den Auftraggeber sozialversichert werden, es sei denn, die C.-Tätigkeit erfüllt die Bedingungen der Scheinselbstständigkeit.

Cum-Cum-Geschäfte

Bei C. hilft ein inländischer Finanzdienstleister einem ausländischen Investor dabei, eine Steuerrückzahlung zu bekommen, die diesem nicht zusteht. Besitzer deutscher Aktien im Ausland und Besitzer deutscher Aktien im Inland werden steuerrechtlich nicht gleichbehandelt. Inländische Aktieninhaber zahlen Kapitalertragsteuer auf die Dividende. Diese können sie sich aber durch Verrechnung mit Verlusten und Kosten aus anderen Wertpapiergeschäften vom Finanzamt erstatten lassen. Ein ausländischer Besitzer von deutschen Aktien kann das nicht. Er muss immer rund 15 % Kapitalertragsteuer zahlen. Die Zahlung der Kapitalertragsteuer will es durch folgenden Trick vermeiden: Vor dem Dividendenstichtag leiht er die Aktien einem inländischen Finanzdienstleister (oft eine Bank) gegen Gebühr (die z. B. 95 % der Dividende entspricht). Dieser Finanzdienstleister bekommt die ganze Dividende und führt darauf 25 % Kapitalertragsteuer ab. Der Finanzdienstleister lässt sich die Kapitalertragsteuer erstatten und gibt kurz nach dem Dividendenstichtag die Aktie samt eines Großteils der Dividende (also den 95 %) an den ausländischen Besitzer zurück. Der streicht die Dividende fasst steuerfrei ein während der Finanzdienstleister an den abgezogenen 5 % verdient.

➠ Cum-Ex-Geschäfte

Cum-Ex-Geschäfte

Aktiengeschäfte, bei denen der Staat mehrfach Kapitalertragssteuer zurückerstattet, obwohl sie nur einmal gezahlt wurde. Bei diesen Geschäften ließen die Beteiligten (Banken, Großinvestoren und Händler) untereinander Aktien kreisen, bis die Finanzbehörden nicht mehr nachvollziehen konnten, wer der wirkliche Eigentümer war. Der großvolumige Leerverkauf von Aktien durch einen Händler leitet das C. kurz vor der Dividendenausschüttung ein. Am Dividendenstichtag zahlt die Aktiengesellschaft den Anteilseignern die Nettodividende (75 % der Bruttodividende) aus. Die Anteilseigner erhalten eine Steuerbescheinigung, die institutionelle Anleger berechtigt, eine Rückerstattung geltend zu machen. Der Leerverkäufer kauft die Aktien, zu deren Lieferung er sich verpflichtet hat, ohne Dividendenanspruch (Ex) am Markt. Der Leerverkauf bezog sich auf Aktien mit Dividendenanspruch (Cum). Er liefert deshalb die Aktien zuzüglich des Werts der Nettodividende. Der belieferte Anleger (dem die Aktien im Leerverkauf zugesichert wurden) erhält von seiner Bank eine Steuerbescheinigung, obwohl für die dividendenausgleichende Zahlung des Leerverkäufers keine Steuern gezahlt wurden. Der Staat erstattet so mehr Steuern zurück als er einnimmt. Dadurch entstand dem Fiskus ein geschätzter Schaden von über 30 Mrd. €. Eine Gesetzesänderung 2007 konnten Händler umgehen, indem sie ausländische Depotbanken in die Geschäfte einschalteten. Mehrere Banken, unter anderem zwei Landesbanken, waren Ziel von Ermittlungen und zahlten Millionenbeträge an das Finanzamt zurück. 2012 wurde diese Lücke geschlossen, die Kapitalertragssteuer wird heute von der Depotbank eines Anlegers einbehalten und bescheinigt.

➠ Cum-Cum-Geschäfte ➠ Leerverkäufe

Currency-Board

Wechselkursvereinbarung, bei der ein Land seine Währung an die eines anderen Landes bindet. Die ausländische Währung wird hierbei als Ankerwährung bezeichnet. Jeder hat das Recht, jederzeit zum festgelegten Wechselkurs beliebig viel Geld der inländischen Währung in die Ankerwährung umzutauschen. Deswegen muss die inländische Geldmenge im Ankerstaat gedeckt sein. Ein C., das sog. Währungsamt, wird eingerichtet, um in inflationsgefährdeten und zumeist ärmeren Ländern die Stabilität einer starken Währung zu schaffen. Z. B. hatten Argentinien und Hongkong den US-Dollar als Ankerwährung, Estland, Bosnien und Bulgarien den Euro.

➠ Währungspolitik ➠ Währungssystem

DAX

Der D. (**D**eutscher **A**ktieninde**x**), der 1988 von der Deutschen Börse eingeführt wurde, ist ein Indexwert der 30 wichtigsten Aktien, die an der Börse in Frankfurt gehandelt werden. Die Auswahl der Aktien erfolgt nicht nur nach dem gesamten Börsenwert des Unternehmens, sondern berücksichtigt vor allem den Anteil der Aktien, die sich im Streubesitz befinden, um einen möglichst großen Markt zu erfassen. Der D. gilt als wichtigster Aktienindex für die Entwicklung der dt. Aktien.

Deckungsfähigkeit

Betrifft Ausnahmen beim Haushaltsgrundsatz »qualitative Spezialität«. D. legt die Möglichkeit fest, Mehrausgaben bei einem Titel des Haushaltsplans aufgrund von Einsparungen bei einem anderen Titel zu leisten (§ 20 BHO). Möglich ist das z. B., wenn eine wirtschaftliche und sparsame Verwendung von Mitteln dadurch gefördert wird oder wenn etwa eingesparte Personalausgaben anderen Haushaltstiteln zugewiesen werden können.

➠ Haushaltsgrundsätze

Deficit-Spending

Staatsausgaben, die durch Kredite und damit höhere Defizite im Staatshaushalt finanziert werden. Ziel dieser Ausgaben ist es, in einer konjunkturellen Krise die gesamtwirtschaftliche Nachfrage anzuregen und auf diese Weise eine volkswirtschaftliche Erholung in Gang zu setzen. Haushaltsneutrale Umschichtungen reichen hierzu nicht aus, weil höhere Ausgaben in einem Bereich Kürzungen in den anderen gegenüberstehen. Die Gesamtnachfrage bleibt dann letztlich unverändert. Die durch D. entstandenen Schulden sollen bei guter Konjunktur durch Haushaltsüberschüsse wieder abgebaut werden. D. steht im Einklang mit der keynesianischen Lehre, die dem Staat die Aufgabe zuschreibt, die Wirtschaft zu stabilisieren, indem er Ausfälle bei der privaten Nachfrage durch eine entsprechend höhere Nachfrage der öffentlichen Hand kompensiert. Allerdings war es nicht Keynes, der vorschlug, diese Ausgaben durch höhere Defizite zu finanzieren, sondern der amerik. Ökonom Abba P.

Lerner (* 28.10.1903 † 27.10.1982). D. wird von neoklassischen Ökonomen als unwirksam und inflationstreibend kritisiert. Doch diese Kritik wäre nur berechtigt, wenn D. in einem wirtschaftlichen Gleichgewicht angewendet würde, also bei voll ausgelasteten Kapazitäten und Vollbeschäftigung. Denn dann könnte sich die höhere gesamtwirtschaftliche Nachfrage nicht in einer höheren Produktion niederschlagen. D. muss immer auch von einer stabilitätsorientierten Lohnpolitik begleitet werden, damit die höheren Staatsausgaben nicht zu deutlichen Lohnerhöhungen benutzt werden. Kritiker des D. befürchten, dass die Praxis des D. in vielen Industrieländern zu einer unhaltbaren Staatsverschuldung geführt hat. Die Ausgaben wurden in Zeiten besserer Konjunktur nicht stark genug zurückgeführt, um die Anhäufung von Schulden zu verhindern. Dies liegt aber auch daran, dass sich in den Konjunkturzyklen v. a. Europas und Deutschlands Phasen kurzer Aufschwünge oft mit längeren Zeiten der Rezession und Stagnation abwechselten. In Deutschland kamen noch die Kosten der Vereinigung hinzu, die durch ein prozyklisches D. während einer Hochkonjunktur entstanden sind. Dies weist darauf hin, dass zum erfolgreichen D. eine adäquate Geldpolitik gehört, die längere Aufschwungphasen möglich macht, in denen Schulden abgebaut werden können.

Defizitfinanzierung

Synonym für ➠ Deficit-Spending

Deflation

Anhaltender Rückgang des gesamtwirtschaftlichen Preisniveaus. Die Folgen einer D. sind i. d. R. weitaus schlimmer als die einer Inflation. Bei einer D. gewinnen die Gläubiger, anders als bei einer Inflation, und die Schuldner verlieren. Eine D. entsteht zumeist durch massiven Druck in Richtung niedriger Löhne, der meist dann aufkommt, wenn die Arbeitslosigkeit bereits hoch ist. Die niedrigeren Löhne drücken durch den Wettbewerb auf die Unternehmen, die in der Folge die Preise senken. Ein sinkendes Preisniveau lässt aber den preisbereinigten Wert von Schulden steigen. Dies ist ein Vorteil für die Gläubiger und ein Nachteil für die Schuldner. In der Konsequenz wird die Bereitschaft, Schulden aufzunehmen, sinken und das Risiko, bestehende Schulden wegen ihrer ständigen »Aufwertung« nicht mehr zurückzahlen zu können, steigen. In einer Wirtschaft, die Schuldner fortwährend schlechterstellt, sinkt damit auch die Bereitschaft zu investieren und zu konsumieren. Denn jedes Unternehmen, das zur Finanzierung seiner Investitionen Kredite aufnehmen muss, hat damit zu kämpfen, dass seine Einnahmen durch die sinkenden Preise ebenfalls zurückgehen. Und jeder Haushalt, der eine kreditfinanzierte Anschaffung erwägt, muss diese in einer D. bei sinkenden Löhnen und damit schrumpfenden Einkommen finanzieren. Durch Konsum- und Investitionszurückhaltung entsteht dann eine tiefe wirtschaftliche Krise mit hoher Arbeitslosigkeit, die die D. noch verstärkt, indem der Nachfragemangel die Preise noch weiter drückt. Die Zentralbank könnte durch die Finanzierung von Schuldtiteln, also letztlich durch Gelddrucken, die D. bekämpfen. Der Europäischen Zentralbank (EZB) ist dies aber rechtlich untersagt. Deshalb ist eine präventive Geldpolitik sehr wichtig. Sobald sich deflationäre Tendenzen abzeichnen, muss versucht werden, das Entstehen einer D. mit einer stark expansiven Geldpolitik massiv zu verhindern.

Davon abgesehen bleibt es im Kern der Finanzpolitik überlassen, durch eine expansive Ausgabenpolitik die Wirtschaft zu stimulieren und eine D. zu bekämpfen. Doch da solche D.-Krisen i. d. R. schwerwiegend sind, ist die Politik von ihr meist überfordert, sodass D. oft ein Problem von langer Dauer bleibt.

Deflationierung

Preisbereinigung einer wirtschaftlichen Größe.

Degressive Abschreibung

Wertverlust von Anlagevermögen in Unternehmen. Auch Absetzung für Abnutzung genannt (AfA). Kauft man in einem Unternehmen ein Wirtschaftsgut, so kann man die Anschaffungskosten absetzen. Der Abschreibungsbetrag wird dabei mit jedem Nutzungsjahr geringer, da man jedes Jahr denselben Prozentsatz vom Restwert abschreibt. Bei Wirtschaftsgütern, die nach dem 31.12.2005 angeschafft wurden, beträgt der Satz 30 %. Das Gegenteil der degressiven ist die lineare Abschreibung, bei der jedes Jahr der gleiche Absolutbetrag vom Restwert abgezogen wird.

➠ Abschreibung

Demand-Shift-Inflation

Inflation, die aus Nachfrageverschiebungen resultiert. Immer wieder zitiertes Beispiel: Die Nachfrage von Stahl verschiebe sich auf Aluminium. Die Stahlwerke müssen ihre hohen Fixkosten auf kleinere Stahlmengen umlegen und erhöhen deshalb die Stahlpreise. Die Aluminiumproduzenten reagieren angesichts der erhöhten Nachfrage ihrerseits mit Preiserhöhungen.

Demografie

Wissenschaft von dem Zustand und der Entwicklung einer Bevölkerung. Demografen arbeiten mithilfe von Volkszählungen, Stichproben und statistischen Mitteln. D. wird auch als Bevölkerungswissenschaft bezeichnet und liefert wichtige Daten für Politik und Wirtschaft.

➠ Bevölkerungspolitik

Demografisch bedingte Arbeitslosigkeit

Arbeitslosigkeit, die durch Veränderung der Bevölkerungsstruktur oder Bevölkerungsanzahl entsteht. Die Bevölkerungsstruktur ändert sich, wenn ein neues Geburten-, Eheschließungs-, Scheidungs-, Sterbe- oder Wanderungsverhalten auftritt. Die Bevölkerungsanzahl ändert sich durch Geburten- bzw. Sterbezu- und -abnahme oder durch Ein- und Auswanderung. Diese Veränderungen können zu Arbeitslosigkeit führen, bei der man 4 Formen unterscheidet:

1. Arbeitslosigkeit durch Zuwanderung, höhere Erwerbsbeteiligung oder Heranwachsen vieler Erwerbstätiger aufgrund geburtenstarker Jahrgänge.
2. Arbeitslosigkeit durch zurückgegangene Güternachfrage aufgrund einer sinkenden Bevölkerungsanzahl oder geringerer Konsumfreudigkeit.
3. Arbeitslosigkeit durch Mangel an qualifizierten Leuten wegen der veränderten Alters- oder Nationalitätsstruktur.
4. Arbeitslosigkeit durch Strukturänderungen in der Güternachfrage z. B. aufgrund einer veränderten Altersstruktur und, damit einhergehend, einem veränderten Konsumverhalten.

➠ Demografie

Demografischer Faktor

Faktor in der Rentenformel, mit dem der Anstieg der Renten angesichts einer abnehmenden Zahl von Erwerbstätigen gedämpft werden sollte. Er wurde 1997 von der CDU/CSU-FDP-Koalition als Reaktion auf einen erwarteten Rückgang der Geburtenrate und eine steigende Lebenserwartung vereinbart. Der D. wurde allerdings nicht Gesetz, sondern 1998 von SPD und Grünen gestoppt. Stattdessen ist zum 1.1.2004 der Nachhaltigkeitsfaktor in die Rentenanpassungsformel eingeführt worden. Er mindert die jährliche Rentenanpassung, wenn sich z. B. das Verhältnis der Zahl der Rentner zur Zahl der Beitragszahler verschlechtert.

➡ Gesetzliche Rentenversicherung

Depfa Bank plc

Die D. ging aus der Deutschen Pfandbriefanstalt hervor, die ab 1954 als eine staatliche Bank auf die Finanzierung von Wohnungsbau spezialisiert war und später auch Kommunalkredite vergab. 1991 wurde die Deutsche Pfandbriefanstalt zur Aktiengesellschaft privatisiert und änderte später ihren Namen in Depfa **De**utsche **Pfa**ndbriefbank AG. 2001 wird das unbefriedigende Immobiliengeschäft ausgegliedert und die Depfa aus vermutlich steuerlichen Gründen zu einer irischen Aktiengesellschaft mit Sitz in Dublin umgewandelt. Sie finanzierte in ihrem Kerngeschäft zeitweise in dreistelliger Milliardenhöhe langfristig vergebene Staatskredite oder -anleihen und refinanzierte sie kurzfristig über den Interbankenmarkt. Im Oktober 2007 schloss sich die irische Depfa plc mit der dt. **H**ypo **R**eal **E**state (HRE) zusammen. Als im September 2008 der Konkurs der amerik. Wallstreet-Bank Lehman Brothers zum Kollaps des Interbankenmarkts führte, brach auch das Geschäftsmodell der Depfa plc zusammen. Sie war in hohem Maße mitverantwortlich dafür, dass die HRE im Oktober 2008 die Zahlungsunfähigkeit erklären musste und schließlich nur durch Verstaatlichung gerettet werden konnte. Die HRE-Krise gilt als bisher schwerste Bankenpleite der dt. Nachkriegsgeschichte.

Depot

Ein D. enthält *erstens* alle dem Geldinstitut zur Verwahrung und Verwaltung anvertrauten Wertpapiere. *Zweitens* bezeichnet ein D. ein Konto zur Verrechnung von Wertpapieren für einen Kunden.

➡ Geschäftsbanken

Depression

Wirtschaftskrise, die mit massiven Rückgängen des Bruttoinlandsprodukts, hoher Arbeitslosigkeit und einer Deflation oder Stagflation einhergeht. Sie reicht damit sowohl in ihrer Dauer als auch Intensität weit über eine konjunkturell bedingte Rezession hinaus.

Deregulierung

Abbau von staatlichen Regelungen wie staatlichen Vorschriften, Preisfestsetzungen, Marktordnungen oder Marktzutrittsbeschränkungen,

➡ Liberalismus

Derivate

Finanzinstrumente, deren Bewertung sich überwiegend vom Preis, von den Preisschwankungen und den Preiserwartungen der zugrunde liegenden Basisinstrumente (beispielsweise Aktien, Anleihen, Devisen, Indizes) ableitet. Ursprünglich sollten hierdurch Verluste durch Kursschwankungen abgemildert werden. Durch sog. Hebeleffekte wird die Entwicklung des Basiswertes um ein Vielfaches auf das daran gebundene D. verstärkt. Deswegen sind mit D. entweder hohe Verluste oder hohe Gewinne verbunden. D. bieten die

Möglichkeit von Arbitragegewinnen, können aber auch aus rein spekulativen Motiven benutzt werden, was im Vorfeld der Finanzmarktkrise von 2008 in massivem Umfang geschah. Zu den D. zählen insbesondere Swaps, Optionen und Futures.

Deutsche Industriebank AG (IKB)

Seit 1949 galt die IKB als Säule der dt. Mittelstandsfinanzierung. Etwa mit dem Jahr 2001 engagierte sich die Bank allerdings zunehmend im hochriskanten US-Markt für zweitklassige, über Hypothekenkredite forderungsbesicherte Wertpapiere. Das Geldinstitut verspekulierte sich in Milliardenhöhe und informierte im Sommer 2007 über die sich abzeichnende Zahlungsunfähigkeit. Um eine dadurch drohende bundesweite Bankenkrise zu verhindern, schnürten der Bund, die staatseigene und als Aktionärin an der IKB beteiligte **K**reditanstalt **f**ür **W**iederaufbau (KfW) und die Bankenwirtschaft ein finanzielles Rettungspaket. Allein für die KfW soll der Kapitalverlust dabei etwa 8 Mrd. € betragen haben. Die IKB war die erste dt. Bank, die in der globalen Finanzkrise vom Staat gerettet wurde. Im Jahr 2008 wurde die IKB von der US-Investmentgesellschaft Lone Star übernommen. Der Kaufpreis für 90,8 % der Anteile soll dabei nach Presseberichten etwa 137 Mio. € betragen haben.

Deutscher Gewerkschaftsbund (DGB)

Dachverband der Branchengewerkschaften IG Metall, ver.di **Ver**einte **Di**enstleistungsgewerkschaft, IG **B**ergbau, **C**hemie, **E**nergie (IG BCE), IG **B**auen–**A**grar–**U**mwelt (IG BAU), **G**ewerkschaft **E**rziehung und **W**issenschaft (GEW), Gewerkschaft **N**ahrung–**G**enuss–**G**aststätten (NGG), **E**isenbahn- und **V**erkehrs**g**ewerkschaft (EVG) und der **G**ewerkschaft **d**er **P**olizei (GdP). Der DGB schließt als Dachverband keine Tarifverträge ab, sondern soll die Interessen der Gewerkschaften gegenüber Bund, Ländern und Gemeinden vertreten. Der DGB ist als Gewerkschaftsbund einer der größten der Welt.

Deutscher Industrie- und Handelskammertag (DIHK)

Eingetragener Verein, der die Interessen der 79 dt. Industrie- und Handelskammern gegenüber der Bundespolitik und der EU vertritt (seit 1.10.1999 Sitz in Berlin). In Brüssel ist er seit 1958 vertreten. DIHK-Präsident ist seit März 2013 Dr. Eric Schweitzer.

Devisen

In der bankwirtschaftlichen Fachsprache bezeichnet man als D. die Forderungen in ausländischer Währung – in Form von Guthaben bei ausländischen Banken oder Wertpapieren wie z. B. Schecks und Wechsel. Bei den Bankguthaben handelt es sich um täglich fällige Sichteinlagen. Teilweise werden auch Terminguthaben, kurzfristige Geldmarktpapiere u. a. geldnahe Forderungen miteinbezogen. D. werden häufig bei hoher Inflation als Wertspeicher benutzt. Ausländisches Bargeld wird in der Fachsprache nicht als D., sondern als Sorte bezeichnet.

➡ Devisenpolitik

Devisenarbitrage

D. liegt vor, wenn eine Devise auf verschiedenen Devisenmärkten zu unterschiedlichen Kursen gehandelt wird und Devisenhändler diese Kursdifferenzen ausnutzen. I. d. R. werden damit die Kursunterschiede rasch wieder eingeebnet.

➡ Arbitrage ➡ Devisenspekulation

Devisenbilanz

Erfasste Veränderungen der Devisenreserven der Zentralbank. Wird auch als Reservebilanz bezeichnet und ist Teil der Zahlungsbilanz.

➡ Devisenmarktintervention ➡ Devisenpolitik

Devisenmarktinterventionen

Wirtschaftspolitisches Instrument zur Beeinflussung des Wechselkurses auf dem Devisenmarkt, in Form von Kauf oder Verkauf von Devisen durch Zentralbanken. Mit dem Kauf von Devisen steigt das inländische Geldangebot, mit dem Verkauf sinkt es.

Sind solche Interventionen verpflichtend in Wechselkursregimen vorgeschrieben, entstehen große wirtschaftliche Abhängigkeiten.

➡ Devisenbilanz ➡ Devisenpolitik

Devisenpolitik

Alle Maßnahmen zur Steuerung von Wechselkursen. Man spricht auch von Valutapolitik. Beispiele dafür sind Devisenmarktinterventionen oder auch Devisenbewirtschaftung. Spricht man von indirekter D., so ist damit die Steuerung der Zahlungsbilanz durch andere wirtschaftspolitische Maßnahmen wie die Geld- oder Fiskalpolitik gemeint.

➡ Devisenbilanz

Devisenspekulation

Inkaufnahme hoher Risiken mit der Hoffnung auf große Gewinne bei nicht gesicherten Positionen auf dem Devisenmarkt.

Die Hoffnungen basieren auf dem zu erwartenden Kassakurs, der vom tatsächlichen Kassakurs auch abweichen kann. Wird auch »trading« genannt. D. kann auf dem Termin-, aber auch auf dem Kassamarkt stattfinden.

➡ Devisenarbitrage

Dienstleistungsbilanz

Erfassung aller Käufe und Verkäufe von Dienstleistungen zwischen Inländern und Ausländern in der Zahlungsbilanz. Wird auch als Bilanz der unsichtbaren Ein- und Ausfuhr bezeichnet (»invisibles«). Ein Beispiel dafür ist der Reiseverkehr oder auch Transport sowie Versicherungsleistungen. Ist der Dienstleistungsexport größer als der Dienstleistungsimport, handelt es sich um eine aktive D. Im umgekehrten Falle spricht man von passiver D.

Dienstleistungsgesellschaft

Volkswirtschaft, deren größte Erträge aus dem Dienstleistungssektor kommen. Seit den 1970er-Jahren zeichnet sich in Deutschland ein Strukturwandel von einer Industriegesellschaft zu einer D. ab.

Durch die Automatisierung fallen immer mehr Arbeitsplätze in der Industrie weg. Hingegen entstehen neue im Dienstleistungssektor.

Dienstleistungsrichtlinie

2006 verabschiedete und eigentlich bis 2009 von den Mitgliedsstaaten umzusetzende EU-Richtlinie, die grenzüberschreitende Dienstleistungen in der Europäischen Union erleichtern soll. Genehmigungen für eine Dienstleistungstätigkeit dürfen die Mitgliedsstaaten nur verlangen, wenn die Genehmigungspflicht notwendig, verhältnismäßig und nicht diskriminierend gegenüber EU-Ausländern ist. Die Richtlinie stellt unter anderem die Anforderung, einen einheitlichen Ansprechpartner für Unternehmen einzurichten, Verwaltungsgebühren nach entstandenem Aufwand festzulegen und elektronische Verwaltungsverfahren anzubieten. Einige Bereiche, wie die öffentliche Gesundheitsversorgung und

öffentliche Verkehrsmittel sind von der D. ausgenommen.
Kritiker fürchten eine Unterwanderung nationaler Mindeststandards bei Lohn- und Arbeitsgesetzen sowie einen zunehmenden Wettbewerb zwischen Arbeitnehmern in der EU.
Die EU-Kommission verklagte mehrere Mitgliedsstaaten, darunter Deutschland, wegen Verstößen gegen die Umsetzung der D.

Dienstleistungssektor

[Auch: tertiärer Sektor] Alle Unternehmen in einer Volkswirtschaft, die Dienstleistungen anbieten. Dazu zählen z. B. die Bereiche Handel, Verkehr und Versicherungen. Daneben gibt es den primären Sektor (Landwirtschaft) und den sekundären Sektor (Industrie).

➠ Dienstleistungsgesellschaft

Direkte und indirekte Besteuerung

Sind der Steuerschuldner und der Steuerträger identisch, spricht man von direkter Besteuerung. Beispiele hierfür sind Einkommenssteuer oder Körperschaftsteuer. Bei der indirekten Steuer sind aber Steuerschuldner und Steuerträger nicht identisch. Als Beispiele sind zu nennen Mehrwertsteuer und Verbrauchssteuern.

Direktinvestition

Finanzielle Beteiligung an einem ausländischen Unternehmen oder Gründung von Tochterunternehmen im Ausland. Eine D. dient zur Senkung der ausländischen Markteintrittsbarrieren. Im Gegensatz zu Portfolioinvestitionen tätigt man Direktinvestitionen nicht nur der Rendite wegen, wie bei der Portfolioinvestition, sondern auch um langfristige Wirtschaftsbeziehungen zu schaffen.

➠ Investition

Dirigismus

Staatliche Bevormundung durch Eingreifen in die Steuerungsmechanismen der Marktwirtschaft, besonders durch Ge- und Verbote wie z. B. Lohn- und Preisstopps, Devisenbewirtschaftung und Investitionslenkung. Der Eingriff des Staates ist stärker als beim Interventionismus, erreicht aber nicht Ausmaße wie in der Zentralverwaltungswirtschaft.

Disinflation

Sinken der Inflationsrate, die aber immer noch über null liegt.
Fällt die Inflationsrate unter null, sinkt also das Preisniveau, spricht man von Deflation.

➠ Inflation

Diskontpolitik

Politik der Zentralbank bei der Festlegung des Diskontsatzes. Dessen Senkung ermöglicht Banken, billiger an Liquidität zu gelangen. Dies sollte über verbilligte Kredite die Wirtschaft stimulieren. Eine Erhöhung wird die Wirtschaftsaktivität bremsen. Diese geldpolitische Strategie wurde von der Bundesbank verfolgt. Seit der Währungsunion verzichtet die nunmehr verantwortliche Europäische Zentralbank (EZB) auf jede D.

Diskontsatz

Zinssatz in Form eines Abschlags auf den Nominalwert, zu dem eine Bank Wechsel bei der Zentralbank verkaufen kann, um als Gegenleistung zu den Wechseln Liquidität zu erhalten. Je höher der D. desto ungünstiger ist die Einlösung für die Bank und umgekehrt.

Distribution

In der Betriebswirtschaftslehre bedeutet D. die gesamtwirtschaftliche Verteilung

vor allem von Waren und Dienstleistungen. Im Vordergrund stehen dabei die ökonomischen Abläufe zwischen Produzent, Händler und Endabnehmer.
Aus volkswirtschaftlicher Sicht bezeichnet D. die Verteilung von Einkommen und Vermögen auf unterschiedliche Wirtschaftsbereiche, Personen und Personengruppen.

Doppelbesteuerungsabkommen

Völkerrechtlicher Vertrag zwischen 2 Ländern, um zu vermeiden, dass eine Person, die z. B. ihre Unternehmensgewinne nicht in ihrem Wohnsitzland erzielt, doppelt besteuert wird. Deutschland unterhält 2016 mit 131 Ländern solche Doppelbesteuerungsabkommen bezüglich der Einkommen und der Vermögen, die sich i. d. R. an den OECD-Musterabkommen orientieren. Darüber hinaus bestehen gegenseitige Abkommen in den Bereichen Rechts- und Amtshilfe, sowie Informationsaustausch.

➡ Briefkastenfirma ➡ Geldwäsche
➡ Schattenwirtschaft

Dow-Jones-Index

International beachteter und ältester derzeit existierender Aktienindex an der New Yorker Börse, bestehend aus den Kursen der 30 führenden Unternehmen der USA.
Geschaffen wurde er 1897 von Charles Henry Dow (* 6.11.1851 † 4.12.1902) und Edward David Jones (* 7.10.1856 † 1920). Pendants dazu sind in Deutschland der DAX, in Europa der Euro Stoxx und in Japan der Nikkei-Index.

➡ Börse

Drei-Säulen-System

Die dt. Bankenlandschaft ist in 3 Sektoren unterteilt. Entsprechend unterscheidet das Kreditwesengesetz (KWG) zwischen privaten Geschäftsbanken, Genossenschaftsbanken (Kreditgenossenschaften und genossenschaftliche Zentralbanken) und öffentlich-rechtlichen Instituten (Sparkassen und Landesbanken). Bei der Altersvorsorge wird ebenfalls von einem D. gesprochen, weil diese aus der gesetzlichen Rente, der betrieblichen Altersversorgung und der privaten Rentenversicherung bestehen kann.

Drei-Sektoren-Hypothese

Volkswirtschaftliche Theorie, die 1939 von Allan G. B. Fisher (* 26.10.1895 † 6.8.1976) aufgestellt und 1949 von Colin G. Clark (* 2.11.1905 † 4.9.1998) und Jean Fourastié (* 15.4.1907 † 25.7.1990) weiterentwickelt wurde.
Bei dieser Hypothese unterteilt man die Volkswirtschaft in 3 Sektoren und verfolgt ihre Entwicklung. Dabei ist zu beobachten, dass der Schwerpunkt sich verlagert von dem primären Sektor (Land-, Forstwirtschaft, Fischerei), auf den sekundären Sektor (Industrie) und später auf den tertiären Sektor (Dienstleistungen). Dies ist ein typisches Muster für Industrieländer, jedoch nicht immer für Entwicklungsländer.

Dritte Welt

Bezeichnung für Entwicklungsländer, in denen zurzeit 2/3 der Weltbevölkerung leben. Der Begriff stammt aus den Zeiten des Kalten Krieges, in denen Ländern 2 Blöcken zugeteilt wurden. Der erste Block waren die demokratischen Industriestaaten mit den USA an der Spitze. Der zweite Block bestand aus den sozialistischen Industriestaaten, angeführt von der Sowjetunion. Die restlichen Staaten, die also blockfrei waren, wurden D. genannt.

➡ Entwicklungshilfe

Dritter Arbeitsmarkt

Im Allgemeinen sind drei verschiedene Arbeitsmärkte zu unterscheiden:

- Der erste Markt umfasst die regulären Arbeitsbeschäftigungen;
- der zweite Arbeitsbeschaffungsmaßnahmen wie z. B. Ein-Euro-Jobs, die die Arbeitslosen wieder in den ersten Markt führen sollen;
- der dritte ist die Bezeichnung für einen zusätzlichen Beschäftigungssektor. In ihm bekommen chancenlose Langzeitarbeitslose staatlich bezahlte Arbeitsstellen zum Verrichten gemeinnütziger Tätigkeiten.

Ziel dieser gemeinnützigen »zusätzlichen Arbeitsgelegenheiten« ist es nicht, die Beschäftigten kurz- oder mittelfristig wieder in einen regulären sozialversicherungspflichtigen Job zu bringen. Dieser Bereich richtet sich ausschließlich an Personen, bei denen der Wiedereinstieg in den Arbeitsmarkt aufgrund fehlender persönlicher Qualifikationen oder Eigenschaften nicht möglich erscheint.

➟ Arbeitslosigkeit ➟ Arbeitsmarktpolitik
➟ Zweiter Arbeitsmarkt

Dualer Arbeitsmarkt

Das Konzept des dualen Arbeitsmarkts wurde in den 1960er-Jahren in den USA entwickelt, um die Benachteiligung von Schwarzen u. a. Minderheiten auf den städtischen Arbeitsmärkten erklären zu können. Danach neigt der Arbeitsmarkt dazu, sich in zwei Segmente aufzuspalten. Die Arbeitsplätze im primären Sektor sind charakterisiert durch höhere Löhne, bessere Aufstiegschancen, größere Arbeitsplatzsicherheit und höhere berufliche Qualifikation der Beschäftigten. Demgegenüber sind die Einkommen im sekundären Sektor niedrig, die Arbeitsbedingungen schlecht, die berufliche Qualifikation gering, die Arbeitsplatzsicherheit kaum vorhanden und Aufstiegschancen der Beschäftigten in den primären Sektor eher die Ausnahme. Dies sei die Folge einer zunehmend dualen Wirtschaftsstruktur, die in einen Kernbereich von monopolistisch – oligopolistischer Struktur und einen instabilen peripheren Wettbewerbssektor zerfalle. Kritiker meinen, dass hier eine Strukturparallelität von Produkt- und Arbeitsmärkten unterstellt werde, die in der Wirklichkeit so nicht gegeben sei.

Dublin-Verordnung

[Auch: Dublin III] In ihrer jetzigen Form seit 2013 bestehende EU-Verordnung, die regelt, welches Land für ein Asylverfahren zuständig ist. Demnach müssen Flüchtlinge in dem Land einen Asylantrag stellen, in dem sie zum ersten Mal den Boden der Europäischen Union betreten haben. Dies betrifft vor allem Länder wie Griechenland und Italien (Mittelmeerrouten) und Ungarn (Balkanroute). Staaten, deren Gebiet Flüchtlinge nach der Reise durch andere EU-Länder erreichen, können Asylbewerber in die Länder zurückschicken, in denen sie zuerst die EU betreten haben. Die Verordnung sieht dazu die Möglichkeit einer Abschiebehaft vor. Dennoch erlaubt die D. Staaten auch, ein Asylverfahren einzuleiten, wenn eine Einreise über ein anderes EU-Land erfolgte. Im europ. Asylrecht wird dann von Selbsteintritt gesprochen.

Dumping

Verkauf eines Produkts unterhalb der Herstellungskosten. Erfolgt der Verkauf im Ausland, so liegt der Preis unter den Herstellungskosten im Inland.
Es handelt sich dabei um eine spezielle Form der räumlichen Preisdifferenzierung.

Dynamische Rente

Kopplung der Rente an die durchschnittlichen Bruttolöhne. Die dynamische Rente ist in der Gesetzlichen Rentenversicherung festgelegt und dient dazu, Rentner vor Altersarmut durch inflationsbedingte Einkommensverluste zu schützen. Die D. wurde 1957 eingeführt. Seit 1992 orientiert sie sich auch an Nettolöhnen. Heutzutage gibt es nur eine eingeschränkte Form der D. Das liegt an der immensen finanziellen Belastung der Rentenversicherungen, die durch die hohe Arbeitslosenquote verursacht wird.

➡ Gesetzliche Rentenversicherung

Dynamischer Wettbewerb

Bezeichnet in der Preistheorie den Wettbewerb als einen dauerhaften, von Rivalität gezeichneten Prozess zwischen Innovation und Imitation, bei dem einzelne Akteure Vorreiter sind, nachziehen oder sich gegenseitig überholen. Durch diese Vorsprungsgewinne bauen sich Marktmächte auf oder werden eliminiert. Der D. bildet den Gegensatz zum statischen Gleichgewicht in der Marktmodelltheorie. »Die Strategie der Innovation«, die Weiterentwicklung der Theorie des D., wurde 1977 von Jochen Röpke aufgestellt.

Dyopol

Sonderform des Oligopols. Marktform, bei der nur 2 Anbieter existieren. Sind auf der Angebots- und auf der Nachfrageseite jeweils nur 2 Anbieter/Nachfrager, spricht man von einem bilateralen D. Das D. wird auch als Duopol bezeichnet.

➡ Wettbewerbsbeschränkungen ➡ Wettbewerbspolitik

Echoeffekt

1. Wenn die Lebensdauer eines stark vertretenen Investitionsgutes in einem Unternehmen oder in einer Volkswirtschaft abgelaufen ist und es zu entsprechenden Ersatzinvestitionen kommt. Wird auch Reinvestitionszyklus genannt.
2. Ein E. entsteht auch, wenn – nachdem Ausgaben als Folge wirtschaftspolitisch motivierter Anreize zeitlich vorgezogen worden sind – in den Nachfolgeperioden entsprechend weniger Ausgaben getätigt werden.

➡ Investition

e-Commerce

Über das Internet abgewickelter Handel. e. umfasst sowohl den Handel mit physischen Gütern und Dienstleistungen, etwa Internetversandhandel oder Reisebuchungsportale, als auch mit digitalen Dienstleistungen wie Streaming-Angeboten für Software, Filme oder Musik. Betrug der Umsatz mit e. im Konsumentenbereich 1999 in Deutschland noch 1,1 Mrd. €, belief sich der Erlös in diesem Bereich 2015 auf 39,8 Mrd. €. Während in der Reisebranche 2015 42 % des Umsatzes in Deutschland im e. erwirtschaftet wurden, machte der Anteil am Erlös im Bereich Lebensmittel und Tiernahrung nur 1 % aus.

Economies of Scale

[Dt.: Skaleneffekte, Skalenerträge] Bezeichnen in der Produktionstheorie die Abhängigkeit der Produktionsmenge (Output) von den eingesetzten Produktionsfaktoren (Input). E. geben an, wie sich die Produktionsmenge ändert, wenn die eingesetzten Produktionsfaktoren verändert werden. Man unterscheidet zwischen konstanten, steigenden und fallenden Skalenerträgen. Bei konstanten Skalenerträgen führt ein Anstieg der Inputs um 1 % zu einem gleichstarken Anstieg der Outputs. Bei steigenden Skalenerträgen wächst die Produktionsmenge um mehr als 1 %. Dies ist i. d. R. dann der Fall, wenn der Produktionsprozess mit steigender Produktzahl immer effizienter wird, wie etwa in der Automobilindustrie, im Bahnverkehr und in der Telekommunikation. Hier finden sich meist nur größere Firmen oder gar Monopolisten am Markt. In der Außenhandelstheorie werden steigende Skalenerträge als Erklärung für die regionale Konzentration von Industrien herangezogen. Bei fallenden Skalenerträgen nimmt die Effizienz des Produktionsprozesses trotz steigender Stückzahl ab. Das gilt zumeist für qualitativ hochwertige Produkte und Einzelanfertigungen. Auch eine zunehmende Bürokratisierung kann diesen Effekt auslösen. Bei fallenden Skalenerträgen werden sich eher kleine und spezialisierte Firmen am Markt behaupten.

Economies of Scope

[Dt.: Verbundvorteil, Verbundeffekte] Vorteile, die für die Produktion durch Verbundeffekte entstehen. Wenn z. B. Industrieprodukte in Verbindung mit Dienstleistungen verkauft werden, stellt dies i. d. R. einen absatzsteigernden Wettbewerbsvorteil für ein Unternehmen dar. Mit Verbundeffekten wird die Produktion also höher ausfallen als ohne. Damit wirkt der Verbund produktivitäts- und wohlstandssteigernd.

EEG

[Abk. für **E**rneuerbare-**E**nergien-**G**esetz] Das E. garantiert den Betreibern regenerativer Stromquellen wie Solarzellen und Windkraftanlagen einen Abnahmepreis für Strom. Die E.-Umlage finanziert so die Abkehr von fossilen Brennstoffen und Kernkraft bei der Stromproduktion. Der Staat bezahlt den Betreibern über 20 Jahre die Differenz zwischen dem Garantiepreis und dem Börsenpreis. Diese Maßnahme wird aus der E.-Umlage finanziert, die Stromkunden pro Kilowattstunde bezahlen müssen. Je geringer der Börsenpreis, desto größer die Ausgleichszahlung und desto höher auch die Umlage. Überproduktion am Strommarkt bringt den Börsenpreis unter Druck und führt zu höheren Umlagen. Große industrielle Energieverbraucher sind von der E.-Umlage ausgenommen, die Energiewende wird damit von den nicht ausgenommenen Unternehmen und den Haushalten finanziert. 2015 entfielen 21,7 % des Strompreises auf die E.-Umlage. Die Gebühr verzeichnet einen starken Anstieg und liegt 2017 bei 6,88 Ct. pro Kilowattstunde.

Effektivlohn

Lohnsatz (pro Stunde oder pro Kopf), den ein Arbeitnehmer erhält. Er setzt sich zusammen aus dem Tariflohnsatz plus übertariflichen Leistungen abzüglich der Sozialbeiträge der Arbeitgeber. Folglich entspricht der E. dem Bruttolohn der Arbeitnehmer.

Effizienzlohntheorie

Versucht zu erklären, warum Unternehmen bei hoher Arbeitslosigkeit die Löhne nicht senken. Wenn Arbeitslosigkeit herrscht, sollten die Arbeitslosen in Lohnkonkurrenz zu den Beschäftigten stehen. Es scheint auf den ersten Blick lohnend für die Unternehmen, Beschäftigte durch Arbeitslose mit niedrigeren Löhnen zu ersetzen. Ein solches Verhalten ist empirisch aber nur selten festzustellen. Die E. besagt, dass Unternehmen die Löhne deshalb nicht reduzieren, weil sie befürchten, dadurch die Motivation der Beschäftigten und damit ihre Leistung zu senken, nicht zuletzt, weil die Arbeitnehmer in einem solchen Verhalten einen Verstoß gegen soziale Normen wie das Gebot der Fairness sehen würden. Hinzu kommen noch die Kosten für Einstellungen und Entlassungen.

EFSF

[Abk. für **E**uropean **F**inancial **S**tability **F**acility (Fazilität für Europäische Finanzmarktstabilität)] Auch als Rettungsschirm bezeichnet. Durch den EFSF sollten die Kurse und damit die Renditen für die Staatsanleihen jener Mitgliedsländer der Europäischen Währungsunion stabilisiert werden, die unter den massiven Verkaufsdruck auf den Finanzmärkten geraten waren. Aus diesem Grund wurden zunächst Irland, dann auch Griechenland und Portugal Kredite zur Finanzierung ihrer Staatsschulden zur Verfügung gestellt, die deutlich niedriger verzinst waren als jene, die auf den Finanzmärkten aufgenommen wurden. Folglich waren die Krisenländer nicht mehr darauf angewiesen, ihre Staatsschulden über die Finanzmärkte zu finanzieren, wo sie dann die erheblich höheren Zinsen hätten zahlen müssen. Diese hätten die baldige Zahlungsunfähigkeit der Staaten zur Folge gehabt.
Mit den Beschlüssen vom 21.7.2011 wurde die finanzielle Ausstattung des EFSF auf 440 Mrd. € (Beitrag Deutschlands: 211 Mrd. €) festgesetzt. Seine Finanzkraft wurde aber durch die nachträglichen Beschlüsse vom Oktober 2011 durch finanztechnische Hebelungen noch erheblich verstärkt. Insgesamt dürften ihm damit über 1 Bio. € zur Verfügung stehen. Zugleich darf der EFSF auch Anleihen direkt am Finanzmarkt erwerben, um die Kurse zu stabilisieren. Mit den Beschlüssen vom Juli 2011 wurde der EFSF ab 2013 in den Europäischen Stabilitätsmechanismus (ESM) überführt.

EG-Außengrenze

Zollgrenze der EG. Innerhalb dieser Grenze gelten die vereinbarten Zolltarife und eine gemeinsame Handelspolitik.

➠ EG-Binnengrenzen ➠ Europäische Wirtschafts- und Währungsunion

EG-Binnengrenzen

Grenzen der Mitgliedsstaaten der EG zu anderen Mitgliedstaaten. An ihnen gelten Arbeitnehmerfreizügigkeit und die Grundfreiheiten für Waren-, Dienstleistungs- und Personenverkehr.

➠ EG-Außengrenze ➠ Europäische Wirtschafts- und Währungsunion

Ehegattensplitting

➠ Splitting

EIB

➠ Excessive Imbalance Procedure

Eigenkapitalquote

Verhältnis zwischen Eigenkapital und Gesamtkapital eines Unternehmens. Die E. ist eine betriebswirtschaftliche Kennzahl. Je höher die E. ist, desto finanziell unabhängiger und unverschuldeter ist das Unternehmen.

➠ Fremdkapital

Eigentum

Das Recht, über eine Sache frei zu verfügen. Die Sache, auf welches sich dieses Recht bezieht, kann sowohl materiell wie auch immateriell sein. Im Gegensatz zum E. bezeichnet der Besitz einer Sache nicht das Verfügungsrecht, sondern nur ihre momentane Zugehörigkeit. Z. B. kann man ein Haus besitzen, solang man die Hypothek noch nicht abbezahlt hat. Ist diese abbezahlt, so ist das Haus nicht nur Besitz, sondern E. Das E. ist im Sachenrecht als Bestandteil des bürgerlichen Rechts geregelt. Rechtsgrundlage ist das dritte

Buch des Bürgerlichen Gesetzbuchs (BGB). Das Eigentumsrecht wird auch im Art. 14 GG garantiert, sein Gebrauch soll zugleich dem Wohl der Allgemeinheit dienen (Sozialbindung des Eigentums).

➡ Eigentumsrechte ➡ Wirtschaftsordnung

Eigentumsordnung

Grundlegendes Element der Wirtschaftsordnung. Generell gibt es das Privateigentum und das gesellschaftliche Eigentum an Produktionsmitteln (Kollektiveigentum). In einer sozialistischen Wirtschaft z. B. sähe die E. vor, dass alle Produktionsmittel verstaatlicht sind; in einer kapitalistischen wären sie Privateigentum. Nach Art. 14, Abs. 2 GG ist in Deutschland das Privateigentum grundsätzlich geschützt. Allerdings gilt ebenfalls: »Eigentum verpflichtet. Sein Gebrauch soll zugleich dem Wohle der Allgemeinheit dienen.« Deshalb kann Privateigentum zum Wohl der Allgemeinheit vergesellschaftet werden.

Des Weiteren spielt die E. in der Theorie der Property Rights eine wesentliche Rolle. Danach ist die Existenz und Sicherung der Eigentumsrechte eine wesentliche Voraussetzung für das Funktionieren von Arbeitsteilung und Gütertausch in modernen Volkswirtschaften. Die Eigentumsrechte können zeitlich befristet sein, mit Hypotheken etc. belastet werden, an bestimmte Personen oder Personengruppen gebunden sein und an andere weitergegeben werden. In ihrer Gesamtheit wird die E. durch die Ausgestaltung der Eigentumsrechte festgelegt.

Eigentumsrechte

Recht, über Eigentum zu verfügen (auch bekannt unter Property Rights). In der Theorie über Verfügungsrechte werden 4 Einzelverfügungsrechte unterschieden, die geteilt werden oder auch nur einer Person gehören können:

1. Das Recht der Nutzung eines Gutes (usus),
2. das Recht, Erträge und auch Verluste aus der Benutzung des Gutes zu tragen (usus fructus),
3. das Recht, das Gut in Substanz und Form zu verändern (abusus),
4. das Recht, das Gut zu verkaufen und den Gewinn zu behalten (ius abutendi).

Eigentumsvorbehalt

Zukünftiger Eigentumserwerb. Ein Verkäufer kann das Eigentum dem Käufer erst nach vollständiger Auszahlung übergeben. Solange der Käufer den Gegenstand nicht abbezahlt hat, ist er nur im Besitz des Gegenstandes. Hat der Käufer das Recht, den Gegenstand weiterzuverarbeiten oder zu verkaufen, obwohl es noch nicht sein Eigentum ist, spricht man von verlängertem E. Der Verkäufer hat also in diesem Fall das Recht, den Gegenstand, falls dieser nicht vertragsmäßig abgezahlt wird, zurückzuverlangen, obwohl der Gegenstand schon verarbeitet oder verkauft worden ist. Die Ware bleibt also immer Eigentum des Verkäufers, bis der Käufer sie vertragsgemäß abbezahlt hat.

Eigenverantwortung

Verpflichtung, die Konsequenzen für das eigene Handeln zu tragen. Der Mensch soll für sich selbst sorgen und für die eigenen Taten einstehen und die Konsequenzen dafür tragen.

Befürworter der weitreichenden Reformen in Deutschland zu Beginn des 21. Jh. haben den Begriff auch dazu benutzt, den Abbau sozialer Rechte zu rechtfertigen.

➡ Flexibilität

Eigenverbrauch
Übliche Bezeichnung für die Entnahme von Gegenständen oder Leistungen eines Unternehmens durch den Eigentümer der Unternehmung, und zwar für Zwecke, die außerhalb der Unternehmung liegen, z. B. für den privaten Verbrauch. Die Entnahme hat der Unternehmer i. d. R. zu versteuern.

Eigenvorsorge
Ergänzung staatlicher Vorsorgeleistungen. Ein Beispiel dafür ist die Riester-Rente, die 2002 eingeführt wurde. Hierbei fördert der Staat den privaten Rentenaufbau.

Ein-Euro-Job
Jobs für ALG-II-Empfänger, um wieder am Arbeitsleben teilzunehmen. Solche Jobs sollten zeitlich begrenzt und gemeinnützig sein. Die ALG-II-Empfänger bekommen für ihre Arbeit keinen Lohn, sondern eine Mehraufwandsentschädigung zusätzlich zum ALG II. Das Arbeitsamt vermittelt solche Jobs. Nimmt ein Arbeitsloser den E. nicht an, so kann ihm das ALG II gekürzt werden oder, wenn er unter 25 Jahren ist, sogar ganz gestrichen. Ein-Euro-Jobber gelten nicht als arbeitslos und werden somit nicht in der Arbeitslosenstatistik aufgenommen.

➡ Arbeitsmarktpolitik

Einfuhr
Import von Waren und Dienstleistungen. Das Gegenteil von Export bzw. Ausfuhr.

➡ Außenhandel

Einfuhrabgaben
Zölle, Abschöpfungen, Währungsausgleichsbeträge, Einfuhrumsatzsteuer und Verbrauchsteuern auf Einfuhren wie z. B. die Kaffee- oder Tabaksteuer. Sie unterliegen dem **Zoll**verwaltungsgesetz (ZollVG) und gelten als indirekte Steuer. Innerhalb der EU werden keine Einfuhrzölle erhoben, da die EU eine Zollunion ist.

➡ Außenhandel ➡ Europäische Wirtschafts- und Währungsunion

Einfuhrpreise
Preis für Importe. Durch das Verhältnis von Ausfuhr- zu Einfuhrpreisen lässt sich ein Preisindex berechnen. Dieses Verhältnis bezeichnet man als Terms of Trade.

➡ Außenhandel

Einfuhrumsatzsteuer
Von der Bundeszollverwaltung erhobene Verbrauchersteuer auf die Einfuhr von Produkten, die aus Drittländern (Staaten, die nicht der EU oder deren Wirtschaftsraum angehören) stammen. Ihr Aufkommen betrug im Jahr 2015 ca. 50,9 Mrd. €. Sie entspricht weitgehend der Umsatzsteuer (auch als Mehrwertsteuer bezeichnet), die beim Verbrauch oder Verkauf von Waren und bei Dienstleistungen im Inland bzw. bei Lieferungen innerhalb der EU anfällt. Der Steuersatz ist also derselbe wie für die Umsatzsteuer des Inlandes, 19 % bzw. auf manche Waren 7 %. Bei der E. handelt es sich neben den Zöllen und den besonderen Verbrauchsteuern (z. B. auf Mineralölerzeugnisse, Alkohol und alkoholhaltige Getränke sowie Tabakwaren) um eine weitere Steuer, die bei der Einfuhr von Waren aus Drittländern in die Bundesrepublik Deutschland erhoben wird.

➡ Einfuhrabgabe

Einfuhrzoll
Abgabe in Form von Verbrauchersteuern auf die Einfuhr von Waren in ein Zollgebiet. Der E. dient dem Schutz

der Wirtschaft. In der EU gibt es ausschließlich Einfuhr- und keine Ausfuhrzölle. Die Gesetzgebungskompetenz für Zölle liegt bei der EU.

➠ Außenhandel ➠ Europäische Wirtschafts- und Währungsunion

Eingangstarif

[Auch: Eingangssteuersatz] Steuertarif für die niedrigste besteuerte Einkommensklasse. In Deutschland beträgt der E. derzeit 14 %.

Eingetragener Kaufmann/ Eingetragene Kauffrau

Der/die E. ist eine Unternehmensform, für die keine Startkapitalsumme vorgeschrieben ist und an deren Organisationsstruktur und Buchhaltung keine strengen Anforderungen gestellt werden. Der E. wird mit seinem Namen ins Handelsregister eingetragen und haftet mit seinem gesamten Privatvermögen für die Firma, wenn er den Betrieb als E. führt. Unternehmen, die von einem E. geführt werden, tragen die Rechtsform bzw. eine Abkürzung wie e. K., e. Kff., oder e. Kfm. im Namen. Ab einer bestimmten Größe müssen Betriebe ins Handelsregister eingetragen werden, vorher ist eine freiwillige Eintragung möglich. Die Eintragung als E. ist eine Möglichkeit, sich ins Handelsregister einzutragen. Übersteigt der Umsatz am Ende von zwei aufeinanderfolgenden Jahren 600.000 € und der Jahresüberschuss 60.000 €, muss der/die E. eine Bilanz erstellen, unter diesen Schwellenwerten dürfen sie auf die einfachere Einnahmenüberschussrechnung zurückgreifen.

Eingleichungsmodell

Form der Regressionsanalyse (statistisches Analyseverfahren), um die Beziehung zwischen verschiedenen Größen festzustellen. Beim E. geht man davon aus, dass nur eine Größe auf die andere Einfluss hat und kein wechselseitiges Verhältnis besteht.

➠ Empirische Wirtschaftsforschung

Einheitlichkeit der Lebensverhältnisse

Bis 1994 fand sich die Forderung nach Einheitlichkeit der Lebensverhältnisse in der Bundesrepublik im Art. 72, Abs. 2 GG. Dann wurde sie in diesem Artikel auf die Gleichwertigkeit der Lebensverhältnisse in den Bundesländern abgeschwächt. Häufig wird dieser Begriff dennoch benutzt, wenn man die gleichmäßige Versorgung öffentlicher Einrichtungen in den Bundesländern fordert.

➠ Wiedervereinigungskosten

Einkommen

Einnahmen eines privaten Haushaltes oder eines Unternehmens. Man unterscheidet Primär- und Sekundäreinkommen. Unter Primäreinkommen versteht man Einnahmen, welche direkt beim Produktionsprozess entstehen. Ein Beispiel dafür ist das E. aus unselbstständiger Arbeit. Darunter versteht man alle Gehälter und Löhne der Angestellten und Arbeiter zuzüglich der gesetzlichen Arbeitgeberbeiträge zur Sozialversicherung. Ein weiteres Beispiel für Primäreinkommen sind Einnahmen aus Unternehmertätigkeiten, also Gewinne von Unternehmen. Des Weiteren zählen Einnahmen aus Vermögen, also Zinsen, Dividenden, Erträge aus Vermietung und Einnahmen aus Patenten zu den Primäreinkommen. Von Sekundäreinkommen spricht man bei Einnahmen, die man ohne direkte Gegenleistung bekommt. Oft handelt es sich hierbei um Subventionen vom Staat, z. B. Hartz IV oder BAföG.

Außerdem unterscheidet man noch zwischen Nominal- und Realeinkommen. Beim Nominaleinkommen bleibt die Inflationsrate unberücksichtigt. Im Gegensatz zum Realeinkommen berücksichtigt die Betrachtung der Nominallöhne also nicht den Anstieg des Preisniveaus von Waren.

➠ Einkommens- und Verbrauchsstatistik
➠ Einkommensteuer ➠ Volkseinkommen

Einkommens- und Verbrauchsstatistik

Statistiken, die die Struktur und Verteilung von Einnahmen und Verbrauchsgewohnheiten privater Haushalte erfassen. Genauer gesagt zählen zu den Einkommens- und Verbrauchsstatistiken die Statistik der Tariflöhne und -gehälter, die laufenden Verdiensterhebungen, die Gehalts- und Lohnstrukturerhebung, die Einkommensteuerstatistik, die Arbeitskostenerhebung, die laufenden Wirtschaftsrechnungen privater Haushalte und die Einkommen- und Verbrauchsstichproben.

➠ Amtliche Statistik ➠ Einkommen
➠ Verbrauch ➠ Volkseinkommen

Einkommens- und Verbrauchsstichprobe (EVS)

1964 eingeführt. Wichtigste amtliche statistische Erhebung in dt. Privathaushalten, die alle 5 Jahre vom Statistischen Bundesamt und von den Statistischen Landesämtern durchgeführt wird. Bei der freiwilligen Stichprobenerhebung bei rund 60.000 Haushalten geht es um das Einkommen, dessen Verwendung, soziale Stellung, Vermögensverhältnisse und personelle Zusammensetzung des Haushalts. Diese Daten werden in der volkswirtschaftlichen Gesamtrechnung und für den Preisindex der Lebenshaltung genutzt.

➠ Amtliche Statistik ➠ Warenkorb

Einkommenseffekt

In der Mikroökonomie: Änderung der Nachfrage nach einem Gut, die als Folge veränderter Realeinkommen auftritt. Am E. zeigt sich, ob sog. superiore Güter, wie Luxusgüter, mit steigendem Einkommen immer stärker nachgefragt werden oder inferiore Güter, wie landwirtschaftliche Produkte, immer schwächer. Zusätzlich zum E. gibt es auch den sog. Substitutionseffekt, der misst, wie sich bei verändertem Einkommen die Nachfrage auf andere (Ersatz-)Güter verlagert.

Einkommenselastizität der Nachfrage

Zeigt, um wie viel sich die Nachfrage verändert, wenn sich die realen Einkommen um 1 % ändern.

Einkommens-Konsum-Kurve

Grafische Darstellung der Nachfrage nach einem Gut. Die Nachfrage ist dabei abhängig von der Einkommenshöhe.

Einkommenssteuer

Steuer, die auf Einkommen erhoben wird. Die E. ist eine direkte Personensteuer, die zu den Ertragssteuern zählt und zugleich die wichtigste Einnahmequelle des öffentlichen Haushalts der Bundesrepublik Deutschland ist. Der E. unterliegen Erträge aus Land- und Forstwirtschaft, Gewerbebetrieben, selbstständiger Arbeit, nicht selbstständiger Arbeit, Kapitalvermögen, Vermietung und Verpachtung sowie sonstige Einkünfte. Der Grundfreibetrag, bis zu dem das Einkommen unversteuert bleibt, liegt derzeit (2017) bei 8.820 €. Der Eingangssteuersatz beträgt 14 %, der Spitzensteuersatz 42 %. Die Einkommenssumme, ab der der Steuersatz nicht weiter ansteigt, beträgt 54.058 €. Liegt das Einkommen

Tab. 8 Einkommen/Einnahmen und Ausgaben privater Haushalte in Deutschland 2014

Einnahmen- und Ausgabenvarianten	Deutschland (West und Ost)
Bruttoeinkommen aus unselbstständiger Arbeit	2.522
Bruttoeinkommen aus selbstständiger Arbeit	30
Einnahmen aus Vermögen[1]	404
Einkommen aus öffentlichen Transferzahlungen[2]	947
Einkommen aus nicht öffentlichen Transferzahlungen[3]	198
Einnahmen aus Untervermietung	2
Haushaltsbruttoeinkommen	**4.101**
– Einkommen-, Kirchensteuer und Solidaritätszuschlag	446
– Pflichtbeiträge zur Sozialversicherung	543
= Haushaltsnettoeinkommen	**3.147**
+ Einnahmen aus dem Verkauf von Waren	29
+ sonstige Einnahmen	32
= Ausgabefähige Einkommen/Einnahmen	**3.208**

Euro je Haushalt und Monat

Nach Gebietsständen und Größe der Wohngemeinde auf der Basis von erfassten Haushalten in D-West (42.710) und D-Ost (10.722) · **Quelle** Statistisches Bundesamt

[1] Vermietung, Verpachtung etc. · [2] Renten, Pensionen; Hilfen etc. · [3] Werks-/Betriebsrenten; Leistungen aus privaten Versicherungen; Unterstützung von privaten Haushalten etc.

allerdings über 256.304 €, gilt die sog. Reichensteuer mit einem Steuersatz von 45 %. Für Ehepaare/eingetragene Lebenspartnerschaften, die steuerlich zusammen veranlagt werden, gilt das Ehegattensplitting. Das Einkommen des Paares wird getrennt ermittelt, addiert und dann durch 2 geteilt. Die Steuerlast ist dann niedriger, wenn die Ehepartner in unterschiedlicher Höhe verdienen.

➠ Besteuerungsgrundsätze

Einkommensverteilung

Stellt die Verteilung der Einkommen nach ökonomischen und sozialen Kriterien dar. Die bekannteste E. ist die personelle E., die die Verteilung der Einkommen über Personengruppen beschreibt. Sie wird verwendet, um z. B. zu zeigen, wie stark sich die Einkommen der Gutverdienenden von denen der Schlechtverdienenden unterscheiden. Sie dient nach internationalem Brauch auch als Grundlage zur Festlegung der Armutsgrenze, die bei weniger als 60 % des Durchschnitteinkommens beginnt. Bei der personellen E. wird außerdem zwischen der primären Verteilung (durch Erwerbsarbeit erzielte Einkommen) und der sekundären Verteilung (berücksichtigt zusätzlich die Steuern und staatlichen Transferleistungen) unterschieden. Die funktionale E. beschreibt hingegen, wie die Einkom-

Abb. 9 Durchschnittliche Nettovermögen (in Euro) in Deutschland (Gesamt · West · Ost) 2002–2012

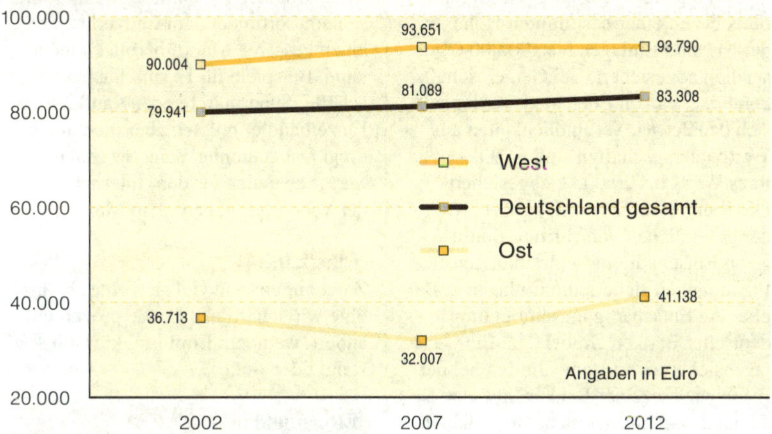

Daten SOEP **Quelle** DIW Wochenbericht 9/2014

men über die unterschiedlichen Produktionsfaktoren einer Volkswirtschaft, also i. d. R. Arbeit (Arbeitseinkommen) und Kapital (Gewinneinkommen) verteilt sind.
Die E. wie auch die noch wichtigere Vermögensverteilung dienen als Ausgangspunkt für die Beurteilung und Berechnung des Ausmaßes der wirtschaftlichen Ungleichheit in einer Gesellschaft. Zu diesem Zweck werden verschiedene Verteilungsmaße ermittelt. Die E. spielt auch für die gesamtwirtschaftliche Entwicklung eine Rolle. So führt eine zunehmend ungleiche Verteilung zu einer schwächeren Konsumdynamik, da Haushalte mit niedrigerem Einkommen weniger Konsumgüter kaufen können. Dies kann die gesamtwirtschaftliche Dynamik belasten.

Einkommensverteilungspolitik

Politische Maßnahmen, um die ungleiche Einkommensverteilung zwischen einkommensstarken und einkommensschwachen Bürgern auszugleichen.
Dies kann im Rahmen der Steuerpolitik geschehen, etwa durch Steuerbefreiung für schlecht bezahlte Arbeitnehmerinnen und Arbeitnehmer. Aber auch im Rahmen der Ausgabepolitik etwa durch Transferleistungen wie z. B. Elterngeld oder Subventionen und Bereitstellung bestimmter Güter und Dienstleistungen (Bildung, Gesundheit und Wohnen).
Aber die E. kommt auch in allen Zweigen der Sozialversicherungen vor: von den Erwerbstätigen zu den Pensionierten, von den Beschäftigten zu den Arbeitslosen oder von den Gesunden zu den Kranken. Einerseits werden Prämien und Steuern einbezahlt, anderseits werden Einkommenstransfers an die Anspruchsberechtigten des Sozialversicherungssystems gewährt.
Die Umverteilung der Einkommen als Mittel zur Verbesserung der Lebensumstände wurde zu einem der wichtigsten Instrumente der Sozialpolitik ausgebaut.
➡ Soziale Gerechtigkeit ➡ Wohlfahrtsstaat

Einlagesicherung

Schützt die Einlagen eines Bankkunden im Fall der Insolvenz eines Kreditinstituts bis zu einer bestimmten Höhe. In der EU sind Einlagen bis 100.000 € gesetzlich abgesichert. Bei Gemeinschaftskonten, etwa von Eheleuten, verdoppelt sich der Betrag. Verbindlichkeiten aus Wertpapiergeschäften sind zu 90 % ihres Werts bis 20.000 € abgesichert. Die Banken zahlen zur Gewährleistung der gesetzlichen Vorschriften Beiträge an Entschädigungseinrichtungen, Privatbanken sichern die Einlagen z. B. über die Entschädigungseinrichtung deutscher Banken GmbH. Die Einlagensicherungssysteme greifen bei der Insolvenz einzelner Banken, auf eine Systemkrise sind sie nicht ausgerichtet.

Einmaleffekte

Von E. spricht man, wenn Ereignisse nur einen einmaligen Effekt auf die wirtschaftliche Entwicklung ausüben. Besonders bedeutsam ist dies im Zusammenhang mit Inflation. Hier spricht man von E., wenn wie z. B. eine Mehrwertsteuererhöhung nur einmalig einen Preisschub auslöst, nicht aber fortwährend die Inflationsrate erhöht.

Einnahmenverteilung

Aufteilung der Einnahmen eines Staates auf seine verschiedenen föderativen Ebenen (in Deutschland z. B. die Länder). Es gibt 3 Systeme der Einnahmenverteilung: Trenn-, Zuweisungs- und Mischsystem. In Deutschland herrscht das Mischsystem, welches auf dem Finanzausgleich beruht.

➟ Föderalismus

Einzelhandel

Handelsunternehmen, das eine Mittlerfunktion zwischen Hersteller und Konsument übernimmt. Solch ein Betrieb beschafft sich seine Ware von einem Großunternehmen und trifft dabei eine Vorauswahl an Produkten, damit er mit seinem Sortiment dem Endverbraucher einen besseren Marktüberblick bieten kann. Beispiele für E. sind Fachgeschäfte, Supermärkte oder Kaufhäuser. Einzelhändler müssen aber nicht unbedingt fest stationiert sein. So gelten auch Versandhändler aus dem Internet oder der Verkaufsstand auf dem Markt als E.

Elastizität

Zeigt an, um wie viel sich eine abhängige wirtschaftliche Größe prozentual ändert, wenn ein Einflussfaktor um 1 % steigt oder sinkt.

Elterngeld

Staatliche Unterstützung in Form von Zahlungen an Familien oder Alleinerziehende mit kleinen Kindern, das am 1.1.2007 das frühere Erziehungsgeld ablöste. Das E. wird nach der Geburt des Kindes max. 14 Monate gezahlt, wenn es von Mutter oder Vater selbst betreut wird. Es beträgt zwischen 65 % und 67 % des vorherigen Nettoeinkommens, höchstens aber 1.800 €. Sind die Eltern nicht erwerbstätig, so ist ein Mindestbetrag von 300 € garantiert. Das E. soll ermöglichen, für eine gewisse Zeit nach der Geburt des Kindes nicht mehr oder nicht mehr voll berufstätig zu sein, ohne einen zu großen Verlust beim Lebensstandard zu riskieren. Eltern, deren Kinder ab dem 1.7.2015 geboren wurden, können das 14-monatige Basis-E., das ElterngeldPlus (bei Teilzeitarbeit 28 Monate lang halber Basis-E.-Betrag) oder eine Kombination aus beiden Formen wählen.

Embargo

Export- und Importverbot in und aus einem Land. Dies wird als völkerrecht-

liche Maßnahme von Staaten eingesetzt, um ein bestimmtes Land zum Handeln bzw. zum Unterlassen einer Handlung zu bringen. Da durch das Export-/Importverbot große wirtschaftliche und politische Probleme entstehen können, wird das jeweilige Land unter Druck gesetzt, mit den anderen Staaten zu verhandeln.
Es gibt verschiedene Arten von Embargos, z. B. kann die Lieferung von Waren, Rohstoffen oder Waffen eingestellt werden.
➡ Außenhandel ➡ Außenhandelspolitik

Emission

E. bezeichnet

1. die Ausbringung von Schadstoffen wie z. B. Gasen, Strahlung oder Lärm in die Umwelt. Emissionen verursachen Umweltschäden, deshalb versucht man durch umweltpolitische Maßnahmen, Emissionen so niedrig wie möglich zu halten, um unseren Lebensraum zu schützen. Ein Beispiel dafür ist die Großfeuerungsanlagenverordnung von Kohlekraftwerken, in der Grenzwerte für das abgegebene Schwefeldioxid festgeschrieben sind. Weitere Beispiele sind die Emissionssteuer und Emissionszertifikate.
2. bezeichnet E. die Ausgabe von neuen Wertpapieren durch ein oder mehrere Kreditinstitute. Auch das auszugebende Papier wird oft als E. bezeichnet.

➡ Umweltabgaben ➡ Umweltpolitik

Emissionssteuer

Steuer auf Schadstoffemissionen.
Die Steuerhöhe richtet sich nach der Emissionsmenge. Damit soll dem Verursacher ein Anreiz gegeben werden, Emissionen zu reduzieren, sich also umweltfreundlich zu verhalten. Die E. ist ein Instrument der Umweltpolitik und gilt als Umweltabgabe.

Emissionszertifikate

Instrument der Umweltpolitik, um Emissionen zu kontrollieren. Dabei wird in einem bestimmten Gebiet für eine bestimmte Zeit die Obergrenze für eine bestimmte Schadstoffabgabe von der Politik festgelegt. Dann werden so viele E. ausgegeben, wie die Obergrenze zulässt.
Da die Zertifikate frei handelbar sind, entsteht ein Markt, bei dem die Nachfrager Unternehmen sind, die hohe Umbaukosten für die Reduzierung der Emissionen haben und sich deswegen einfach zusätzliche Zertifikate kaufen. Anbieter sind Unternehmen, für die es günstiger ist, ihre Maschinen und Anlagen umweltfreundlicher zu bauen, als zusätzliche Zertifikate zu erwerben. Vorteil der E. ist, dass man die Obergrenze und damit das umweltpolitische Ziel eindeutig festlegen kann. E. werden zu den marktwirtschaftlichen Instrumenten der Umweltpolitik gezählt.
➡ Umweltabgaben

Empirische Wirtschaftsforschung

Teil der Wirtschaftsforschung, der den Realitätsgehalt von Aussagen überprüft, die aus der Theorie oder aus der Beobachtung gewonnen werden. Zu diesem Zweck werden mathematisch-statistische Methoden (Ökonometrie) verwendet.

Endnachfrage

Summe aus Konsum-, Investitions- und Exportnachfrage.

Endverbrauch

Teil der gesamtwirtschaftlichen Endnachfrage. Auch unter dem Namen »letzter Verbrauch« bekannt. Bezeichnet

Abb. 10 Internationale Entwicklung der Mineralölpreise in US-$ von 1970 bis 2016 (inflationsbereinigt)

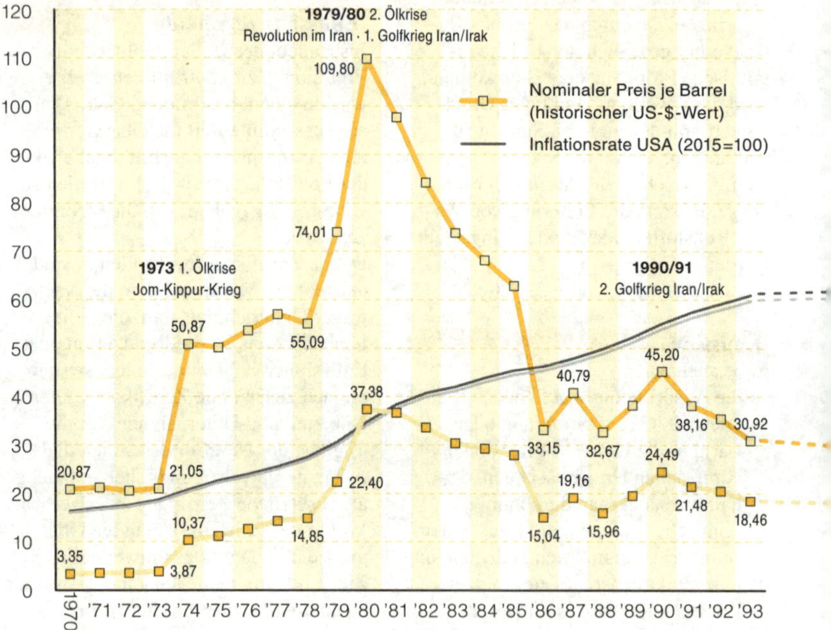

Quelle Bundesministerium der Finanzen (2015)

die Summe aus privatem und staatlichem Konsum.

➡ Aggregierte Nachfrage

Energie

Es gibt verschiedene Arten von Energieträgern. Man unterscheidet zwischen fossiler, erneuerbarer und nuklearer E. Zur fossilen E. zählen Kohle, Erdöl und Erdgas. Nachteil hierbei ist, dass sie nur in begrenzten Mengen vorhanden sind und ihr Verbrauch zu CO_2-Emissionen führt, die den Klimawandel vorantreiben. Erneuerbare E. sind Wind, Wasser, Sonne, Biomasse und Erdwärme. Vorteile sind, dass sie unbegrenzt vorhanden und umweltschonend sind. Deshalb gelten sie als die Zukunftsenergiequellen. Diese sind aber zurzeit noch kaum konkurrenzfähig und werden vom Staat subventioniert, um sie attraktiver zu machen. Unter nuklearer E. versteht man Atomenergie, die bei der Kernspaltung freigesetzt wird. Diese Methode der Energiegewinnung wird öffentlich stark kritisiert, weil bei einem Reaktorunglück tödliche Stoffe in größeren Mengen freigesetzt werden können und die Frage der Endlagerung völlig ungeklärt ist.

➡ Club of Rome ➡ Energiepolitik

Energiepolitik

Bestandteil der Wirtschaftspolitik, welcher auf verbindliche Regelungen der Aufbringung, Umwandlung, Ver-

Abb. 10 Internationale Entwicklung der Mineralölpreise in US-$ von 1970 bis 2016 (inflationsbereinigt)

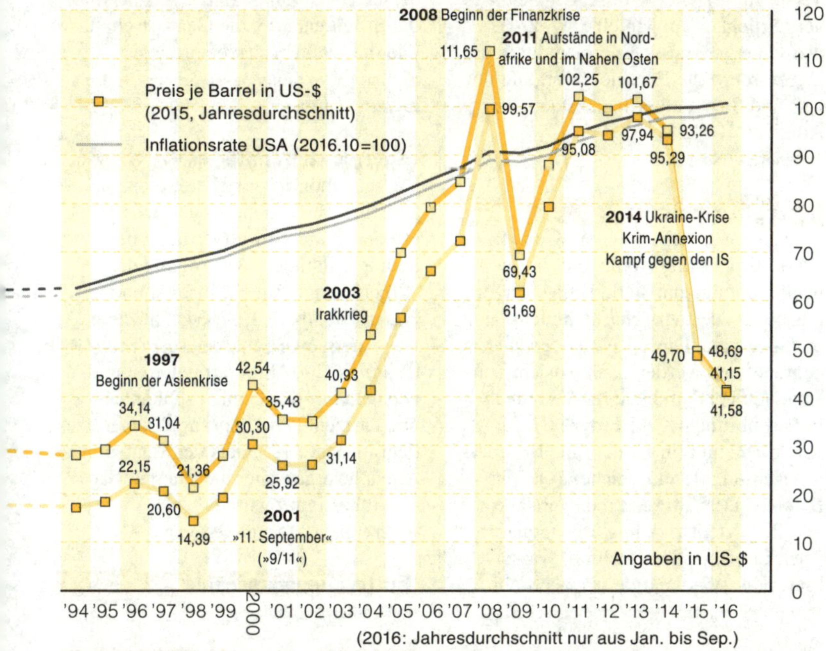

Abb. 11 (Energie-)Steuersätze auf Benzin und Diesel in Cent je Liter

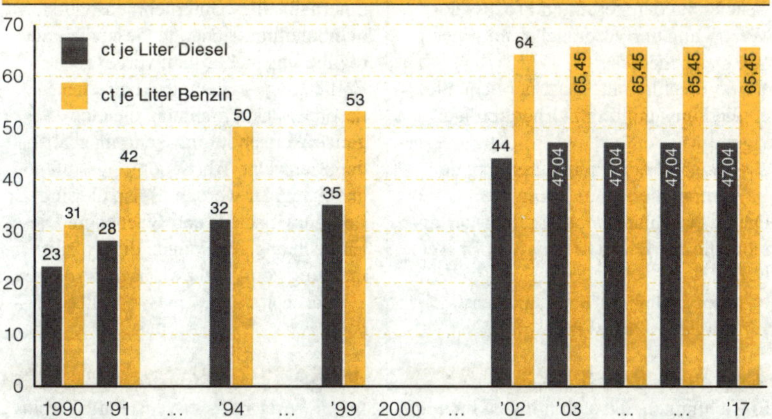

Quelle Bundesministerium der Finanzen (2015)

Ab 2003 konstante Werte

teilung und Verwendung von Energie zielt. Dabei stehen Wirtschaftlichkeit, Versorgungssicherheit und Umweltverträglichkeit im Mittelpunkt. Z. B. werden regenerative Energien durch die E. gefördert; die Energieversorgung mit Gas und Strom unterliegen staatlicher Aufsicht.

➡ Energieressourcen

Energieressourcen

Vorräte von Energieträgern, wie z. B. Erdöl, Erdgas und Kohle, die für uns noch nicht nutzbar sind, da dies zurzeit technisch oder wirtschaftlich nicht rentabel wäre. Diese Ressourcen sind begrenzt und werden nach Ansicht von Experten bei dem heutigen Verbrauch für Erdöl rund 41, für Erdgas 67, für Kohle 192 und für Uran (ohne Brutreaktoren) rund 50 Jahre reichen (Quelle: BUND). Deshalb setzt man verstärkt auf die Fortentwicklung erneuerbarer Energien, z. B. Solartechnik, Wasserkraft oder Windenergie, zu wechseln.

➡ Energiepolitik ➡ Energiewirtschaftsgesetz

Energieversorgung

Bezeichnet den gesamten Prozess der Versorgung der Verbraucher mit Energie. Das bedeutet

1. die Erschließung der Energiequelle;
2. die Umwandlung in Energieträger und
3. Transport der Energieträger an den Verbraucher.

Die E. fasst also alle Aktivitäten zusammen, die zur Bereitstellung von Energie führen.

➡ Energiepolitik ➡ Energiewirtschaft ➡ Energiewirtschaftsgesetz

Energiewirtschaft

Einrichtungen, die sich mit Gewinnung, Transport, Umwandlung und dem Vertrieb von Energieträgern wie Erdgas oder Kraftstoffen wie Strom auseinandersetzen. Beteiligt an der E. sind v. a. die Erdölindustrie, die Gaswirtschaft und die Elektrizitätsversorgung.

➡ Energie ➡ Energieversorgung ➡ Energiewirtschaftsgesetz

Energiewirtschaftsgesetz

Hat die »möglichst sichere, preisgünstige, verbraucherfreundliche, effiziente und umweltverträgliche leitungsgebundene Versorgung der Allgemeinheit mit Elektrizität und Gas« (§ 1, Abs. 1 EnWG) zum Ziel. Das **En**ergie**w**irtschafts**g**esetz (EnWG) ist am 1.6.2007 in Kraft getreten und versucht das EU-Gemeinschaftsrecht umzusetzen. Der Ursprung des Gesetzes liegt im Jahre 1935, als der Staat zum Aufsichtsorgan über die Energiewirtschaft bestimmt wurde.

➡ Energie ➡ Energieversorgung

Entfernungspauschale

➡ Pendlerpauschale

Entflechtung

Trennung von Geschäftsbereichen innerhalb eines Unternehmens; auch »Unbundling« genannt. Gesetzlich oder regulierungsbehördlich vorgegebene Entflechtungsregelungen betreffen besonders Unternehmen, die eine ganze Wertschöpfungskette innehaben, damit einzelne Wertschöpfungsstufen unabhängiger werden. Beispiele sind Energiewirtschaft und Eisenbahn. Diese Entflechtungsregelungen dienen zur Vermeidung von Wettbewerbsverzerrungen.

➡ Monopol ➡ Oligopol ➡ Wettbewerbspolitik

Entgelt

In der Wirtschaftswissenschaft: Vereinbarte Gegenleistung für eine Leistung in einem Arbeitsvertrag. Damit muss nicht unbedingt eine Geldzahlung gemeint sein. Eine Gegenleistung kann genauso gut ein Tauschobjekt sein. Ist keine Gegenleistung vereinbart, bezeichnet man den Vertrag als unentgeltlich.

Entgeltverträge

Verträge über die Entlohnung abhängig Beschäftigter. Dies können z. B. allgemein verbindliche Tarifverträge sein. E. beziehen sich im Unterschied zu Lohn- oder Gehaltsverträgen nicht nur auf Arbeiter oder nur auf Angestellte, sondern sie heben den Unterschied zwischen beiden Gruppen auf.

Entstaatlichung

➡ Privatisierung

Entwicklungshilfe

Auch Entwicklungszusammenarbeit genannt. Das Ziel von E. ist eine Zusammenarbeit von Industrie- und Entwicklungsländern, um die ärmeren Länder durch Güter-, Know-How- oder Finanzhilfen zu unterstützen. Die Entwicklungsländer sollen schließlich durch »Hilfe zur Selbsthilfe« von E. unabhängig werden.

E. ist Bestandteil der internationalen Entwicklungspolitik, die von den großen Industrienationen dominiert wird. 1970 forderten die Vereinten Nationen eine E. i. H. v. 0,7 % des Bruttonationaleinkommens eines jeden Industrielandes.

Dieses Ziel haben die meisten Länder bis heute nicht erreicht. Im Juli 2015 wurden die Industrieländer erneut an diese Vorgabe erinnert, einen Zeitrahmen für die Umsetzung dieser Zusage festzulegen hat man allerdings vermieden. 2015 gaben die G-7-Länder durchschnittlich nur 0,28 % ihres Bruttonationaleinkommens für die E. aus.

Entwicklungsländer

Staaten mit einem sehr geringen Pro-Kopf-Einkommen, die nicht nur wirtschaftlich, sondern auch in sozialer und politischer Hinsicht im Vergleich zu den Industrieländern schlechter abschneiden. Bei E. unterscheidet man zwischen »**L**east **D**eveloped **C**ountries« (LDCs) und »**L**and**l**ocked **D**eveloping **C**ountries« (LLDCs), also zwischen weniger und am wenigsten entwickelten Ländern.

Weitere Unterscheidungskategorien sind die »Most Seriously Affected Countries« und die »Heavily Indebted Poor Countries«, also die am schwersten betroffenen Länder und die ärmsten hoch verschuldeten Länder. Schwellenländer fallen in die Kategorie »Newly Industrializing Countries«.

➡ Entwicklungshilfe ➡ Entwicklungspolitik

Entwicklungspolitik

Alle Maßnahmen, die darauf abzielen, Entwicklungsländer zu fördern. Hierbei stehen die Bekämpfung von Armut und der Aufbau eines funktionierenden wirtschaftlichen und politischen Systems im Vordergrund. Träger der E. sind Regierungen und Nichtregierungsorganisation (NGO). E, wird nicht nur aus moralischer Überzeugung, sondern auch aus Eigeninteresse gemacht. Eine mögliche Maßnahme der E. ist z. B. die Entwicklungshilfe.

Erbschafts- und Schenkungssteuer

Besteuerung des Vermögens, das der Erbe bzw. der Beschenkte bekommt. Es gibt 3 verschiedene Steuerklassen, die sich aus dem Verwandtschaftsverhältnis zwischen Erblasser/Schenker und Erben/Beschenkten ergeben.

Auch die Freibeträge richten sich nach

dem Verwandtschaftsverhältnis. So können der Ehepartner und die Kinder eines Verstorbenen ein Haus oder eine Wohnung unabhängig vom Wert steuerfrei übernehmen, wenn der Erbe für mindestens 10 Jahre dort wohnen bleibt. Die E. ist Gegenstand mehrerer Verfahren vor dem Bundesverfassungsgericht, das eine nicht diskriminierende Besteuerung aller Vermögensarten fordert. Dagegen gibt es aus der Politik immer wieder Bestrebungen, Betriebsvermögen aus Sorge um Arbeitsplätze besser zu stellen.

Erlös

Auch Umsatz genannt. Betriebswirtschaftlicher Begriff, der das Produkt aus der verkauften Warenmenge und dem Verkaufspreis meint. Der E. ist eine wichtige Kennzahl zur Ermittlung von Wirtschaftlichkeit und Rentabilität und tritt auch in der Gewinn-und-Verlust-Rechnung sowie in der Kostenrechnung auf.

ERP-Sondervermögen

Teil des Bundesvermögens aus dem **E**uropean **R**ecovery **P**rogramm (ERP). Dieses wurde 1948 ursprünglich auf der Grundlage des Marshall-Plans bereitgestellt, um den Wiederaufbau der dt. Wirtschaft zu fördern. Zur Verwaltung der Gelder wurde 1948 die Kreditanstalt für Wiederaufbau (KfW) gegründet. Seit dem ERP-Investitionshilfegesetz von 1967 wird das Geld auch noch für andere Förderprogramme verwendet. Nach der Wiedervereinigung 1990 wurde ein großer Teil des Vermögens für Aufbauprogramme in den neuen Bundesländern eingesetzt. Es wird vom Bundesministerium für Wirtschaft und Technologie verwaltet. Die Kreditvergabe erfolgt allerdings durch die KfW.

➡ Wiedervereinigungskosten

Ersatzinvestition

Anlageninvestition, durch die eine bereits vorhandene, abgenutzte Produktionskapazität ersetzt wird. Man unterscheidet 2 Formen der E., die Reinvestition und die Erweiterungsinvestition. Mit der Reinvestition soll erreicht werden, dass durch den Ersatz die Produktionskapazität konstant bleibt. Im Gegensatz dazu dient die Erweiterungsinvestition der Produktionsausweitung.

➡ Investition

Ersparnis

I. d. R. die gesamtwirtschaftliche E. im Rahmen der volkswirtschaftlichen Gesamtrechnung. Sie ergibt sich aus der Differenz zwischen dem gesamtwirtschaftlichen Einkommen und den gesamtwirtschaftlichen Ausgaben. Ein weitverbreiteter Irrtum ist, dass eine höhere einzelwirtschaftliche E. zwangsläufig eine höhere gesamtwirtschaftliche E. zur Folge hat. Wenn die privaten Haushalte mehr sparen, führt dies über einen nachlassenden Konsum z. B. zu sinkenden Einkommen im Unternehmenssektor. Wenn dieser seine Ausgaben unverändert ließe, würde seine E. fallen. Reduziert er aber seine Ausgaben z. B. durch Entlassungen, sinken die Einkommen im privaten Sektor und reduzieren dessen E. Die anfänglichen Sparbemühungen waren dann vergebens. Ähnliche Überlegungen gelten für Sparbemühungen des Staates.

Ertragsanteil der Rente

Steuerpflichtiger Anteil der Rente. Künftig wird der E. kontinuierlich ansteigen, bis im Jahre 2040 die gesamte Rente von der Steuer erfasst sein wird. Im Gegenzug und im Ausgleich werden immer größere Teile der Rentenbeiträge nicht mehr besteuert. Die gegenwärtige

Abb. 12 Ersparnisse der privaten Haushalte in Deutschland 1991–2016

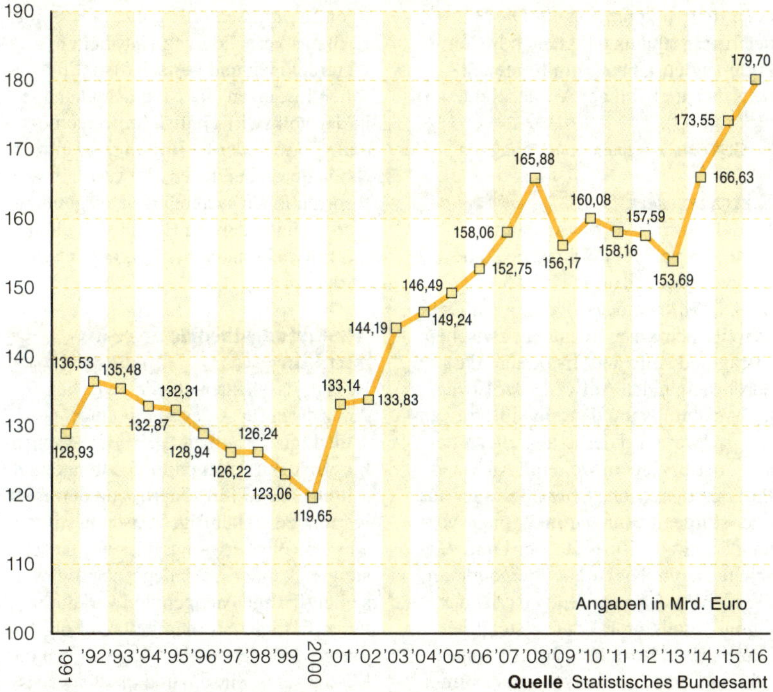

Quelle Statistisches Bundesamt

Abb. 13 Sparquote der privaten Haushalte in Deutschland 1991–2016

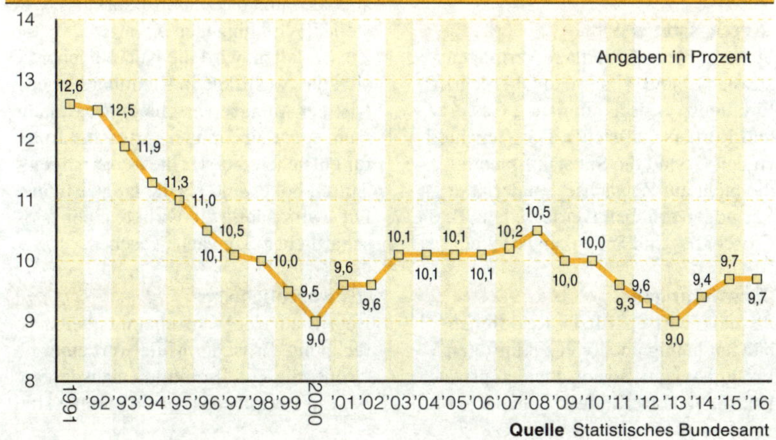

Quelle Statistisches Bundesamt

Rentenbesteuerung wird damit in den nächsten 30 Jahren auf die nachgelagerte Besteuerung umgestellt. Die Höhe des Ertragsanteils hängt auch in den kommenden Jahren vom Renteneintrittsalter und von der Art der Rente ab (§ 22 EStG).

➟ Gesetzliche Rentenversicherung

Ertragsgesetz

Modell aus der Volkswirtschaftslehre, das von dem Franzosen Anne Robert Jacques Turgot (* 10.5.1727 † 18.3.1781) entdeckt worden ist. Es beschreibt den Zusammenhang zwischen Ertrag und Aufwand. Es besagt, dass durch steigenden Aufwand der Ertrag nicht ebenfalls um denselben Betrag ansteigt. Zwar wird der Ertrag zuerst höher, aber bei jedem weiteren Aufwand fällt der zusätzliche Ertrag geringer aus und ist irgendwann gar nicht mehr vorhanden. Ein Beispiel aus der Landwirtschaft, durch das Turgot überhaupt auf die Idee des E. gekommen ist, ist der Düngemitteleinsatz. Zuerst steigt der Ertrag, je mehr Geld man für Düngemittel ausgibt, doch ab einem bestimmten Punkt schadet das Düngemittel dem Boden und der Ertrag minimiert sich.

Ertragssteuern

Steuern, deren Grundlage Vermögenszuwächse sind. Unter den Oberbegriff E. fallen z. B. Einkommens-, Gewerbe- und Körperschaftsteuer. Das Gegenteil zu den E. sind die Substanzsteuern, die nicht auf Zuwächse, sondern auf Vermögen erhoben werden wie z. B. die Erbschafts- und Schenkungssteuer.

Erwartungen

Aktuelle wirtschaftliche Reaktionen hängen häufig auch von zukünftigen Ereignissen ab. So entscheiden private Haushalte über Käufe u. a. danach, ob die Preise der gewünschten Güter steigen werden oder nicht. Solche zukünftigen Ereignisse fließen über bestimmte E. in das Verhalten von Haushalten, Unternehmen und wirtschaftspolitischen Instanzen ein. Man unterscheidet in der Volkswirtschaftslehre verschiedene Formen der E.-Bildung. So gibt es rationale E., bei denen alle verfügbaren Informationen systematisch ausgenutzt werden und adaptive E., die sich allein auf Entwicklungen der Vergangenheit beziehen.

Erwartungstheorie der Zinsstruktur

Besagt, dass Unterschiede zwischen den Zinsen für Anlagen mit unterschiedlicher Laufzeit (so z. B. zwischen kurzfristigen Anlagen für 3 Monate und mittelfristigen für 3 Jahre) von den Erwartungen an künftige Zinsen bestimmt werden. Wird erwartet, dass die Zinsen steigen, kaufen die Anleger vorzugsweise kurzfristige Anlagen und verkaufen längerfristige. Als unmittelbare Folge dieser veränderten Nachfrage sinken die kurzfristigen Zinsen, und die längerfristigen steigen. Die Differenz zwischen kurz- und langfristigen Zinsen erhöht sich also und die Zinsstrukturkurve wird steiler. Wird hingegen erwartet, dass die Zinsen fallen, wird die Kurve flacher, da sich die Nachfrage in Richtung längerfristiger Anlagen verschiebt. U. U. kann dann sogar eine umgekehrte Zinsstruktur entstehen, bei der die kurzfristigen Zinsen höher sind als die langfristigen. Dies wird häufig als Vorbote einer wirtschaftlichen Schwäche gesehen.

Erwartungswert

Begriff aus der Wahrscheinlichkeitsrechnung. Er ist der Mittelwert einer Größe, die Zufallseinflüssen ausgesetzt ist. Ein Beispiel aus der Ökonomie sind

Wechselkurse. Da die täglichen Notierungen sehr stark schwanken können, wird bei Kalkulationen ihr E. über einen bestimmten Zeitraum zugrunde gelegt.

Erwerbs- und Vermögenseinkommen

Unter Erwerbseinkommen versteht man Einnahmen aus einer beruflichen Tätigkeit, z. B. Löhne und Gehälter. Das Vermögenseinkommen bezeichnet hingegen Erträge aus Kapitalvermögen; darunter fallen u. a. Bezüge aus Aktien und Zinsen aus Hypotheken. Die Summe aller E. innerhalb eines Jahres ergibt das Volkseinkommen.

➡ Einkommensverteilung ➡ Einkommensverteilungspolitik

Erwerbsarbeit

Jegliche Art von bezahlter Arbeit. Personen über 15 Jahre, die für Bezahlung arbeiten, bezeichnet man als erwerbstätig. Darunter fallen neben abhängig Beschäftigten auch Selbstständige, Freiberufliche, Landwirtschaftler, Auszubildende, mithelfende Familienangehörige, Minijobber, Aushilfen und Soldaten.

Erwerbsbeteiligung

Anzahl der Erwerbspersonen (erwerbstätig oder auf Stellensuche), dividiert durch die Gesamtbevölkerung. Im Gegensatz dazu existiert auch noch die Erwerbstätigenquote, bei der nur die Erwerbstätigen im Verhältnis zu der Gesamtwohnbevölkerung gesehen werden.

➡ Arbeitslosigkeit ➡ Erwerbsbevölkerung

Erwerbsbevölkerung

Alle Erwerbspersonen (erwerbstätig oder auf Stellensuche). Auch Erwerbspersonenbestand oder Erwerbspersonenpotenzial genannt. Damit sind also alle Personen gemeint, welche dem Arbeitsmarkt zur Verfügung stehen. Die E. kann durch politische Maßnahmen vergrößert werden, z. B., indem man die Schulzeit verkürzt oder das Renteneintrittsalter erhöht.

➡ Arbeitslosigkeit

Erwerbsfähiges Alter

Alter zwischen 15 und bislang 65 Jahren, in dem man i. d. R. im Stande ist, unter den üblichen Bedingungen des Arbeitsmarktes einen Beruf auszuüben. Kinder unter 15 und Rentner über 65 gelten als nicht erwerbsfähig. Anhand der Zahl von Personen im erwerbsfähigen Alter lässt sich die Erwerbsquote ermitteln. Mit der Rentenreform wird die Altersgrenze für die Regelaltersrente stufenweise zwischen 2012 und 2029 von 65 auf 67 Jahre angehoben.

➡ Erwerbspersonen ➡ Erwerbstätige
➡ Renteneintrittsalter

Erwerbslose

Jeder, der weniger als eine Stunde arbeitet, aber mehr arbeiten möchte, gilt als erwerbslos. Die Bezeichnung »Erwerbsloser« ist also weit gefasst und deswegen nicht mit registrierten Arbeitslosen zu verwechseln. Die Erwerbstätigen und die E. bilden zusammen die Gruppe der Erwerbspersonen.

Erwerbspersonen

Teil der Bevölkerung, der einen ständigen Wohnsitz im Inland hat und entweder erwerbstätig ist oder sich um eine auf Erwerb ausgerichtete Tätigkeit bemüht, also erwerbslos ist.

➡ Erwerbsfähiges Alter ➡ Erwerbstätige

Erwerbsquote

Anteil der Erwerbspersonen, das sind sowohl die Erwerbstätigen (Beschäftigte) als auch die Erwerbslosen (Arbeitslose), an der Wohnbevölkerung. Die E. gibt also den Prozentsatz der Bevölkerung an, der auf dem Arbeitsmarkt aktiv ist.

Erwerbstätige

Alle Personen, die selbstständig sind, einem freien Beruf nachgehen oder in einem Arbeitsverhältnis stehen. Des Weiteren kann man E. untereilen in Selbstständige, mithelfende Familienangehörige und abhängig Beschäftigte wie z. B. Arbeiter, Angestellte, Beamte, Soldaten, Zivildienst leistende und Auszubildende. Ehrenamtlich tätige Personen werden nicht zu den E. gezählt. Bislang sind vor allem, aber nicht ausschließlich, abhängig Beschäftigte (Angestellte) in der gesetzlichen Rentenversicherung versichert. Das Konzept einer E. würde hingegen alle Erwerbstätigen, auch Selbstständige und Beamte in eine gesetzliche Altersversicherung einbeziehen. Befürworter der E. führen an, diese sei u. a. wegen der wachsenden Zahl der Selbstständigen, vor allem der Solo-Selbstständigen, notwendig, da diese im Moment nicht in die gesetzliche Rentenversicherung einzahlen. Diese Entwicklung und der demografische Wandel gefährden die Versorgung im Alter, der Aufbau einer E. soll die finanzielle Ausstattung der Rentenversicherungen verbessern und die Versicherten vor drohender Altersarmut schützen.

➡ Erwerbsfähiges Alter ➡ Erwerbspersonen ➡ Erwerbstätigenversicherung

Erwerbstätigkeitsstatistiken

Statistische Erhebung bei denen durch Volkszählung und jährliche, repräsentative Befragungen die Zahl der Erwerbspersonen und der Nichterwerbspersonen in einem Land ermittelt wird. Des Weiteren wird festgehalten, wie viele Erwerbspersonen erwerbstätig und wie viele erwerbslos sind.

➡ Statistisches Bundesamt ➡ Erwerbsfähiges Alter ➡ Erwerbstätige

Erwerbsunfähigkeitsrente

Leistung der gesetzlichen Rentenversicherung, die zum 31.12.2000 abgeschafft wurde. Sie konnte bezogen werden, wenn der Versicherte aus Krankheitsgründen nicht in der Lage war, regelmäßig zu arbeiten oder trotz regelmäßiger Arbeit nur geringe Einnahmen entstanden. Nach dem 65. Lebensjahr wurde sie dann von der Altersrente abgelöst. Seit 2001 gilt die Erwerbsminderungsrente, welche von der früher gezahlten Beitragshöhe abhängig ist und den Betroffenen absichern soll.
Erwerbsminderung tritt dann ein, wenn der Versicherte weniger als 6 Stunden am Tag arbeiten kann.

➡ Gesetzliche Rentenversicherung ➡ Erziehungsgeld

Erziehungsgeld

➡ Elterngeld

ESM

[Abk. für **E**uropäischer **S**tabilitäts**m**echanismus (**E**uropean **S**tability **M**echanism)] Permanenter Stabilisierungsfonds für Staatsanleihen, die unter Verkaufsdruck geraten sind, da das Vertrauen in die Zahlungsfähigkeit der Staaten, die sie emittiert haben, geschwunden ist. Der ESM trat 2012 die Nachfolge des EFSF an. Die Kredite werden ab diesem Zeitpunkt nach zu vereinbarenden Regeln über die zulässige Höhe der öffentlichen Verschuldung und mögliche Leistungsbilanzungleichgewichte vergeben. Zudem ist ein automatischer, teilweiser Forderungsverzicht von privaten Gläubigern vorgesehen, falls ein Staat in Zahlungsschwierigkeiten gerät.

Etat

➡ Haushaltsplan

EU-Assoziierungsabkommen

Abkommen zwischen der EU und Ländern, die der Staatenunion nicht angehören. I. d. R. betreffen die Vereinbarungen die Handelspolitik, etwa Vereinbarungen zu Zöllen und Marktzutritt. Die Vertragspartner können sich aber auch auf Rechte und Pflichten in anderen Politikfeldern einigen. Beispiel für eine Assoziierung mit der EU sind die Übereinkommen mit Ländern in Afrika, der Karibik und dem Pazifikraum (sog. AKP-Staaten, meist ehemalige Kolonien), deren Beziehungen zur EU aktuell das Cotonou-Abkommen regelt. Dieses E. sichert den AKP-Staaten bestimmte Handelskonditionen mit der EU zu. Auch mit der Türkei besteht ein Assoziierungsabkommen. Die Ablehnung eines E. zwischen der Ukraine und der EU durch den damaligen Premier Viktor Janukowitsch war ein Auslöser der Maidan-Proteste 2013.

EU-Kommission

➡ Europäische Kommission

Eurex

Die Eurex AG, gegründet 1998, ist eine Terminbörse für Finanzderivate, an der die Deutsche Börse AG sowie die SIX Swiss Exchange zu jeweils 50 % beteiligt sind.

Zusätzlich betreibt E. die Eurex Repo GmbH für Geschäfte, bei denen sich die Banken durch Hinterlegung von Staatsanleihen Kapital beschaffen, die Euro Bonds GmbH für außerbörslichen Handel mit verzinslichen Wertpapieren und unverzinslichen Schatzanweisungen sowie die Eurex Clearing AG als Abwicklungsanstalt. 2007 fusionierte die E. mit der **I**nternational **S**ecurity **E**xchange (ISE), die eine der weltweit größten Börsen auf Aktienoptionen darstellt. Im Jahr 2009 wurden über E. etwa 1,67 Mrd. Kontrakte gehandelt.

Euro (€)

Gemeinsame einheitliche Währung der 19 Staaten der Europäischen Währungsunion sowie der Kleinstaaten Monaco, San Marino und Vatikanstadt, die keine EU-Mitglieder sind, aber von der EU das Recht erhalten haben, eigene Euromünzen zu prägen. Auch in Andorra, Montenegro und im Kosovo ist der E. offizielle Währung, die dort allerdings einseitig (»unilateral«) übernommen wurde.

Der E. wurde im Januar 1999 eingeführt, existierte aber bis Dezember 2001 nur als Buchgeld. Im Januar 2002 dann wurde das E.-Bargeld ausgegeben und die nationale Währung bis Juni 2002 aus dem Verkehr gezogen. Der E. ist neben dem US-Dollar die wichtigste Währung weltweit.

➡ Europäische Zentralbank ➡ Währungspolitik

Eurobanknoten und -münzen

Von Januar 1999 bis Dezember 2001 existierte der Euro nur als Buchgeld. Seit Januar 2002 gibt es auch das Eurobargeld, das seitdem als gesetzliches Zahlungsmittel in Deutschland gilt. Die Deutsche Bundesbank wechselt zeitlich unbefristet D-Mark-Bargeld gegen Eurobargeld.

➡ Europäische Zentralbank ➡ Währungspolitik

Eurobonds

Derzeit geplante Anleiheform, die gemeinsam von den Staaten der Eurozone ausgegeben wird. Für die Rückzahlung sollen alle Euroländer haften. Dadurch

Karte 2 Die Eurozone

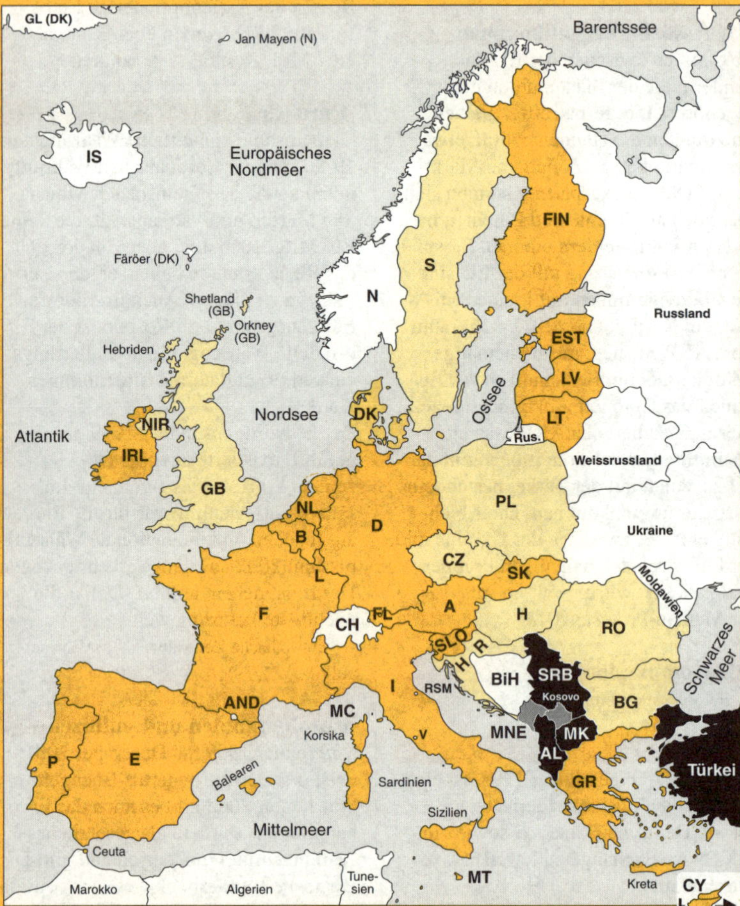

- EU-Staaten mit dem Euro als gesetzlicher Währung (Eurozone).
- EU-Staaten ohne Eurozone [eigene Landeswährung (mit Teilnahme an WKM-II[1])]
- EU-Staaten ohne Eurozone [eigene Landeswährung (ohne Teilnahme an WKM-II[1])].
- EU-Beitrittskandidaten (derzeit keine Eurozone).
- Nicht-EU-Staaten mit dem Euro als unilateral übernommener Fremdwährung (Montenegro; MNE) bzw. Währung (Kosovo).

[[1] **W**echsel**k**urs**m**echanismus **II**]

hätten die E. einen geringeren Zins als Staatsanleihen von überschuldeten Ländern. Diese Länder würden entsprechend weniger Zinsen zahlen. Allerdings müssten zahlungskräftige Länder wie Deutschland höhere Zinsen für ihre Staatsanleihen bezahlen als bisher. Außerdem könnten E. ein nicht beabsichtigter Anreiz für Länder sein, mehr Schulden aufzunehmen, als sie tragen können, weil die anderen Länder mithaften.

Eurodollarmarkt

Teilmarkt der internationalen Finanzmärkte, der in den 1950er-Jahren durch Verlagerung des Dollarguthabens von US-Banken auf europ. Banken entstand. Auf ihm werden die Geschäfte in US-Dollar abgewickelt, wobei die Marktpartner oft Währungsausländer sind. Der E. ist Bestandteil des Eurogeldmarktes. Dieser ist mit dem Eurokreditmarkt und dem Eurokapitalmarkt ein Bestandteil des Euromarktes.

Euromarkt

Internationaler Markt, auf dem Geldgeschäfte getätigt werden, die nicht in der Landeswährung stattfinden. Der Euromarkt ist nicht nur auf Europa oder den Euro beschränkt, wie es der Name vermuten lässt, sondern er steht als Synonym für einen Fremdwährungsmarkt. Er setzt sich aus 3 Teilmärkten zusammen:

1. dem Eurogeldmarkt, auf dem Guthaben zwischen Banken oder Banken und multinationalen Unternehmen gehandelt wird;
2. dem Eurokreditmarkt, auf dem mit Krediten zwischen Banken und Nichtbanken gehandelt wird, und
3. dem Eurokapitalmarkt, auf dem mit Wertpapieren gehandelt wird.

➡ Finanzmärkte

Europäische Freihandelszone (EFTA)

[Engl.: **E**uropean **F**ree **T**rade **A**ssociation] Internationale Organisation, im Januar 1960 in Stockholm gegründet zur Verhinderung der wirtschaftlichen Diskriminierung von Nicht-EG-Staaten. Gründungsmitglieder waren Dänemark, Großbritannien, Norwegen, Österreich, Portugal, Schweden und die Schweiz. 1970 trat Island, 1986 Finnland und 1991 Liechtenstein bei. Da 1973 Dänemark und Großbritannien, 1986 Portugal und 1995 Finnland, Österreich und Schweden in die EG eintraten, besteht die EFTA nur noch aus Island, Norwegen, Schweiz und Liechtenstein – bis auf die Schweiz gehören sie dem europ. Wirtschaftsraum an.

➡ Außenhandel ➡ Freihandel

Europäische Kommission

Die Exekutive der EU. Sie hat die Aufgabe, Beschlüsse von Ministerrat und Parlament umzusetzen, darf ihnen aber auch Gesetzentwürfe unterbreiten. Sie ist die Agentur der Regierungen der EU. Alle 5 Jahre, nach der Wahl des Europäischen Parlamentes, werden von jedem EU-Staat 1–2 Mitglieder zur E. gesendet. Zurzeit gibt es 27 Kommissare. Die E. wurde in den 1950er-Jahren durch die Gründungsverträge der EU eingerichtet und ist seitdem von den nationalen Regierungen unabhängig. Sitz der E. ist Brüssel.

➡ Europäische Wirtschafts- und Währungsunion

Europäische Sozialcharta

Vertrag, in dem sich Mitgliedsstaaten des Europarates zur Anerkennung umfassender sozialer Grundrechte (z. B. Recht auf Arbeit, auf soziale Sicherheit und auf besonderen gesetzlichen, wirtschaftlichen und sozialen Schutz

Karte 3 Die Europäische Union (EU)

- 27 EU-Mitgliedsstaaten [ohne Großbritannien (»Brexit«)]
- 1 EU-Austrittsstaat [Großbritannien (GB) · »Brexit«-Entscheidung vom 23. Juni 2016]
- 5 EU-Beitrittskandidaten (Montenegro, Serbien, Türkei, Albanien, Mazedonien)
- Europäische EU-Nichtmitgliedsstaaten
- Afrikanische Länder (Marokko, Algerien, Tunesien)

der Familie) verpflichten. Um soziale Rechte in einer immer ökonomischer geprägten Welt weiterhin gewährleisten zu können, beschloss der Europäische Rat 1961, die E. zu entwickeln, welche 19 Rechte beinhaltete und 1965 in Kraft trat. Eine neuere Fassung aus dem Jahr 1996, mit 31 Rechten, trat 1999 in Kraft und erweiterte die Ziele der E.

➡ Soziale Gerechtigkeit

Europäische Union (EU)

Verbund aus 28 europ. Staaten, die sich dazu verpflichtet haben, in vielen politischen Bereichen in enger Zusammenarbeit gemeinschaftlich zu handeln und Entscheidungen in Abstimmung zu treffen. Nach dem Vertrag über die E. aus dem Jahr 1993 steht die EU auf 3 Säulen:

- der EG;
- der gemeinsamen Außen- und Sicherheitspolitik und
- der polizeilichen und justiziellen Zusammenarbeit in Strafsachen.

Die zentralen Organe der EU sind der Europäische Ministerrat, das Europäische Parlament, die Kommission der EU, der Europäische Gerichtshof und der Europäische Rechnungshof.

➡ Europäischer Binnenmarkt ➡ Europäische Währungsunion ➡ Europäische Wirtschaftsgemeinschaft

Europäische Währungsunion (EWU)

Währungspolitisches Bündnis, das die dritte und somit letzte Stufe der Europäischen Wirtschafts- und Währungsunion darstellt. Ziel dieses Bündnisses ist, durch Einführung einer gemeinsamen Währung, des Euro, eine hohe wirtschaftliche Stabilität zu erreichen. Im Juni 1998 begann die Europäische Zentralbank, das Organ der gemeinsamen Geld- und Währungspolitik, mit ihrer Arbeit. Als 1999 der Euro als Buchgeld eingeführt wurde, übernahm die Europäische Zentralbank die Zuständigkeit der gemeinschaftlichen Geldpolitik. Aus den 11 Teilnehmerstaaten von 1998 sind inzwischen 19 geworden (Stand 2017).

➡ Europäischer Binnenmarkt ➡ Europäische Wirtschaftsgemeinschaft

Europäische Wirtschafts- und Währungsunion (EWWU)

Übereinkommen des Europäischen Rats der Staats- und Regierungschefs in Maastricht im Dezember 1991 eine E. zu schaffen. Ziele waren u. a. die Schaffung der Europäischen Zentralbank, die Einführung des Euro als gemeinsame Währung und der europ. Binnenmarkt, vollendet durch eine völlige Liberalisierung des Kapitalverkehrs. Diese Ziele wurden in 3 Stufen weitgehend realisiert.

Europäische Wirtschaftsgemeinschaft (EWG)

Wichtiges europ. Bündnis, das 1957 in Rom gegründet wurde. Zweck dieses Zusammenschlusses war die Förderung einer gemeinsamen Wirtschaftspolitik, um mehr Wohlstand zu schaffen zu schaffen, das Lebensniveau zu steigern und engere Beziehungen zwischen den Staaten aufzubauen. Gründungsmitglieder waren Belgien, Deutschland, Frankreich, Italien, Luxemburg und die Niederlande. Es folgten Dänemark, Großbritannien und Irland (1973), Griechenland (1981) und Spanien sowie Portugal (1986). 1993 wurde die EWG umbenannt in EG, die zurzeit die wichtigste Säule der EU darstellt. Weitere Mitgliedsstaaten der EU seit 1993 sind: Finnland, Österreich und Schweden (1995), Lettland, Litauen, Estland, Malta, Polen, Tschechien, Slowenien, die Slowakei, Ungarn und Zypern (2004),

Bulgarien und Rumänien (2007) sowie Kroatien (2013).

➡ Europäischer Binnenmarkt ➡ Europäische Währungsunion

Europäischer Binnenmarkt

Seit 1993 geltender Begriff für den gemeinsamen Wirtschaftsraum der EU. Die Schaffung des E. wurde schon 1987 in der Einheitlichen Europäischen Akte festgelegt. Teilnehmer dieses Wirtschaftsraumes sind die derzeit noch 28 Mitgliedsstaaten der EU (nach dem Brexit 27 Mitglieder), wobei für die ganz neu eingetretenen Staaten teilweise noch Übergangsregelungen gelten. Die 4 Grundfreiheiten, die in diesem Binnenmarkt verwirklicht werden sollen, sind der freie Warenverkehr (entfallende Grenzkontrollen), die Freizügigkeit (freie Wahl des Arbeitsplatzes und des Wohnortes), der freie Dienstleistungsverkehr (Dienstleistungsunternehmen dürfen überall tätig sein) und der freie Kapital- und Zahlungsverkehr.

➡ Europäische Währungsunion ➡ Europäische Wirtschaftsgemeinschaft

Europäischer Gewerkschaftsbund (EGB)

Dachverband der europ. Gewerkschaftsverbände, der 1973 in Brüssel gegründet wurde. Der Zusammenschluss besteht aus 82 nationalen Gewerkschaftsorganisationen in 36 europ. Ländern. Ziel des E. ist es u. a., vor der EU-Kommission und den europ. Arbeitgeberverbänden die Interessen der Arbeitnehmer zu vertreten.

Der E. ist ein Nachfolgebündnis des Europäischen Bundes freier Gewerkschaften der Europäischen Wirtschaftsgemeinschaft und des Gewerkschaftskongresses der EFTA-Staaten (Europäische Freihandelszone).

➡ Europäische Union

Europäischer Rat

Oberste Instanz der EU. Mitglieder sind die Staats- und Regierungschefs der einzelnen EU-Mitgliedsstaaten sowie der Präsident der EU-Kommission. Unterstützt werden diese durch die Außenminister und ein weiteres Mitglied der Kommission. Aufgabe des E. ist, politische Grundsatzentscheidungen zu treffen und Leitlinien festzulegen. Er hat hierbei Weisungsrecht und darf keine rechtlich verbindlichen Beschlüsse fassen. Der E. kommt mindestens zweimal im Jahr zusammen im Land des amtierenden Präsidenten des Rates der EU. Dieses Treffen findet seit 1975 in regelmäßigen Abständen statt und wurde dann 1986 in der Einheitlichen Europäischen Akte vertraglich geregelt.

Europäischer Wechselkursverbund

Währungsabkommen zwischen Deutschland, Belgien, Frankreich, Italien, Luxemburg und den Niederlanden, das im April 1972 geschlossen wurde. Ein Jahr später traten Großbritannien, Irland und Dänemark bei. Es handelte sich dabei um ein System fester, aber veränderbarer Wechselkurse zwischen den beteiligten Währungen und flexiblen Wechselkursen gegenüber anderen Währungen. Der E. ist auch unter dem Begriff »europäische Währungsschlange« bekannt, da sich die Mitgliedswährungen nur um 2,25 % um den vereinbarten Leitkurs bewegen durften. Da dieses System nur wenig zur Stabilisierung der Wechselkurse beitragen konnte, gab es bei Auflösung des Europäischen Wechselkursverbundes nur noch 5 Mitglieder (Deutschland, Belgien, Luxemburg, die Niederlande und Dänemark). An dessen Stelle trat das Europäische Währungssystem.

➡ Europäische Währungsunion

Europäischer Wirtschaftsraum (EWR)

Gebiet, das die Mitgliedsstaaten der EU sowie Island, Liechtenstein und Norwegen umfasst. Der Vertrag über den E. wurde zwischen den EU-Mitgliedsstaaten und den EFTA-Staaten 1992 geschlossen und trat 1995 in Kraft. Innerhalb des E. gilt ein Großteil der Regelungen, die auch im europ. Binnenmarkt vorhanden sind, z. B. die 4 Grundfreiheiten (freier Warenverkehr, Freizügigkeit der Arbeitnehmer/innen, freier Dienstleistungsverkehr und freier Kapital- und Zahlungsverkehr). Nicht übernommene Regelungen sind die Vereinheitlichung der Währung sowie die Schaffung einer Zollunion.

Europäisches System der Zentralbanken

Setzt sich zusammen aus der Europäischen Zentralbank mit Sitz in Frankfurt am Main und den einzelnen nationalen Zentralbanken der Mitgliedsstaaten. Das E. ist die dritte und letzte Stufe der Europäischen Wirtschafts- und Währungsunion, die im Januar 1999 eingeführt wurde.
Ziel dieses Systems ist, die Preisstabilität des Euro zu gewährleisten und die Wirtschaftspolitik der EU zu unterstützen. Geleitet wird das Europäische System der Zentralbanken durch den Europäischen-Zentralbanken-Rat und das Direktorium.

Europäisches System Volkswirtschaftlicher Gesamtrechnungen

System zur Vereinheitlichung der Volkswirtschaftlichen Gesamtrechnungen in den Mitgliedstaaten der EU. Zu nationalen Zwecken dürfen zwar weiterhin spezielle volkswirtschaftliche Gesamtrechnungen angewandt werden, an das Statistische Amt der Europäischen Gemeinschaften (EUROSTAT) sind jedoch nur EU-einheitliche Gesamtrechnungen zu liefern.

➠ Statistisches Bundesamt

Europäisches Währungssystem (EWS)

Nachfolger des Europäischen Wechselkursverbundes, der 1979 von den EU-Staaten (außer Großbritannien) eingeführt worden war. Gekennzeichnet war das EWS durch einen Wechselkursmechanismus, dessen Ziel darin bestand, einen grundsätzlich festen, aber anpassungsfähigen Wechselkurs zu schaffen. Im Januar 1999 wurde das EWS am Beginn der dritten Stufe der Europäischen Wirtschafts- und Währungsunion durch das Europäische Währungssystem II abgelöst, das nun die Zusammenarbeit zwischen den Staaten des Eurowährungsgebietes und den anderen EU-Staaten regelt.

➠ Europäische Währungsunion

Euroraumkrise

Die E. entwickelte sich im Gefolge der Finanzmarktkrise und der nachfolgenden schwerwiegenden globalen Rezession. Diese Krise und ihre Bekämpfung hatte die Staatsverschuldung weltweit massiv ansteigen lassen und löste an den Kapitalmärkten Besorgnis aus, einige Staaten könnten ihre Schuldenlast irgendwann nicht mehr bedienen. Ende 2009 geriet Griechenland in das Visier der Kapitalmärkte, vor allem als deutlich wurde, dass die Staatsverschuldung höher war, als offiziell von griech. Regierungen zuvor verkündet worden war. Dies veranlasste Spekulanten, verstärkt Wertpapiere anzubieten, die gegen Kreditausfälle vonseiten des griech. Staates absicherten. Gleichzeitig stuften Rating Agenturen die Kreditwürdigkeit des griech. Staats

Karte 4 Die Mitgliedstaaten des EWR

- EWR-Mitgliedstaaten.
- EWR-Mitgliedstaaten (ehemalige EFTA-Länder).
- EWR-Mitgliedstaaten (EFTA-Länder, die nicht der EU angehören).
- CH Schweiz: EFTA-Mitglied, aber weder im EWR noch in der EU.
- Europäische Länder, die nicht Mitglied in EU, EWR oder EFTA sind.

herab. Dadurch waren viele Gläubiger, insbesondere die für die Finanzierung von Staatsschulden sehr bedeutsamen Lebensversicherer schon wegen geltender Regulierungsvorschriften gezwungen, die in ihrem Besitz befindlichen Staatsanleihen zu verkaufen. Dies löste einen Kurssturz für diese Papiere aus, und führte zu erheblichen Zinsaufschlägen für griech. Staatsanleihen, was die Finanzierungsprobleme des griech. Staates weiter verschärfte. Im Frühjahr 2010 begann eine Debatte über einen möglichen Staatsbankrott Griechenlands und dessen möglichen Austritt aus der Währungsunion. In der Folge wurden nach anfänglichem Zögern insbesondere seitens der Bundesregierung massive Rettungsmaßnahmen der übrigen Mitgliedstaaten in der Währungsunion für Griechenland beschlossen, die allerdings an harte Auflagen geknüpft waren. Gleichwohl setzte sich die Krise fort, da nunmehr die Finanzlage Spaniens, Irlands und Portugals von den Finanzmärkten immer skeptischer beurteilt wurde. Dies erforderte eine Ausweitung der Rettungsmaßnahmen. Die wesentliche Ursache der E. ist, dass sich zahlreiche Volkswirtschaften nicht an das gemeinsame Inflationsziel hielten. Griechenland, Spanien und Irland wiesen über lange Zeiträume zu hohe Inflationsraten auf. Das verschlechterte ihre Wettbewerbsfähigkeit innerhalb des Euroraums und führte zu teilweise hohen Leistungsbilanzdefiziten. Mit anderen Worten sie verschuldeten sich zunehmend im Ausland. Dabei spielt es letztlich keine Rolle, ob diese Verschuldung wie im Fall Griechenlands zunächst beim Staat entstand oder wie in den Fällen Spanien und Irland zuerst im Privatsektor, wo sich spekulative Blasen im Immobilien- bzw. im Bankensektor gebildet hatten. Platzen diese Blasen und entsteht daraus eine Wirtschaftskrise, landen diese Schulden am Ende doch beim Staat. Das Inflationsziel wurde allerdings nicht nur von den Defizitländern verletzt, sondern auch von Ländern mit Leistungsbilanzüberschüssen wie vor allem Deutschland. Hier war die Inflationsrate zu niedrig. Damit erhöhten diese Länder ihre Wettbewerbsfähigkeit und sie erzielten Leistungsbilanzüberschüsse. Sie erwarben damit Auslandsvermögen, wurden also Gläubiger der Defizitländer. Durch die E. wird aber dieses Vermögen gleichfalls entwertet. Mithin gehören auch die Gläubigerländer sowohl zu den Verursachern wie auch zu den Geschädigten der E. Aus diesem Grund stimmten letztlich alle Mitgliedsländer weitreichenden Rettungsmaßnahmen zu.

EUROSTAT

Statistisches Amt der EU. Erstellt Statistiken nach einheitlichen Methoden, um einen direkten Ländervergleich zu ermöglichen. Dabei werden die Daten von den jeweiligen statistischen Landesämtern der Mitgliedsstaaten erhoben und an E. weitergeleitet. Der Sitz von E. ist Luxemburg. Ende des ersten Halbjahres 2008 hat der vormalige Präsident des Statistischen Bundesamts, Walter Radermacher (* 10.6.1952), den Posten des E.-Generaldirektors übernommen.

➠ Amtliche Statistik

Ex ante

[Dt.: im Voraus] Bedeutet, dass im Vorhinein eine Aussage über ein ökonomisches Ereignis gemacht wird, das noch nicht eingetreten ist.

➠ Ex post

Ex-ante-Prognose

Prognose, die allein auf Informationen beruht, die aus dem Zeitraum vor Beginn des Prognosezeitraums stammen. Jede übliche Konjunkturprognose ist eine E., da immer nur Informationen bis zur Gegenwart verwendet werden können.

➡ Ex-post-Prognose

Excessive Imbalance Procedure (EIP)

[Dt.: Verfahren bei einem übermäßigen Ungleichgewicht] Die E. wurde seitens der EU Kommission als zweite Säule des Stabilitätspaktes neben der Überwachung der Staatsfinanzen vorgeschlagen. Sie dient der Überwachung der Leistungsbilanzen, um Leistungsbilanzkrisen, also sowohl strukturellen Überschüssen als auch Defiziten, präventiv begegnen zu können. Dazu sollen vor allem Inflationsdifferenzen zwischen den Mitgliedstaaten verhindert werden. Die EU-Kommission will auf der Basis ihrer Analysen dann den einzelnen Staaten Empfehlungen geben bzw. Vorschriften machen, wie dies zu erreichen sei. Der Vorschlag wurde im Prinzip vom Ministerrat der EU im März 2011 akzeptiert. Allerdings wurde die Anpassungslast allein den Ländern mit Leistungsbilanzdefiziten auferlegt und es gibt keine automatischen Sanktionen.

Existenzgründungszuschüsse

Instrument zur Förderung der Aufnahme einer selbstständigen Tätigkeit, das seit dem Januar 2003 existiert. In diesem Zusammenhang wurde der Begriff »Ich-AG« bekannt, der ein Einzelunternehmen bezeichnet, das von einem Arbeitslosen gegründet wurde. Solche Einzelunternehmen bekamen E. Mittlerweile wird diese Subvention nur noch gezahlt, wenn der Anspruch darauf vor Juli 2006 geltend gemacht wurde. Stattdessen können ALG-I-Empfänger seit August 2006 einen sog. Gründungszuschuss beantragen.

➡ Arbeitsmarktpolitik

Exogene Variable

Wirtschaftliche Größe, die in einem ökonomischen Modell eine erklärende Rolle hat, selbst aber nicht erklärt, sondern als gegeben angesehen wird.

Expansion

[Dt.: Erweiterung] E. bezeichnet die Aufschwungphase im Konjunkturverlauf. Sie ist gekennzeichnet durch zunehmende Auslastung des Produktionspotenzials, steigende öffentliche und private Investitionen und ein deutliches Wachstum des Konsums.

Expansiv

Anregend für die wirtschaftliche Entwicklung. Der Begriff wird häufig zur Charakterisierung der Geldpolitik und der Fiskalpolitik verwendet.

Expansive Impulse

Die Wirtschaft anregende Impulse durch Instrumente der Wirtschaftspolitik wie Investitionen in die Infrastruktur oder wirtschaftliche Fördermaßnahmen.

Export

Ausfuhr von Gütern ins Ausland, die im Inland hergestellt oder weiterverarbeitet wurden.

➡ Außenhandel

Exportabhängigkeit

Eine Volkswirtschaft mit hohem Exportanteil kann ökonomisch nicht unabhängig von der wirtschaftlichen Situation jener Länder bleiben, die die Güter und Dienstleistungen des Exportlandes importieren. Sobald sich in diesen Ländern eine Rezession entwickelt oder sie Güter, die sie bisher importierten,

Abb. 14 Die 50 wichtigsten Zielländer deutscher Exporte im Jahr 2016

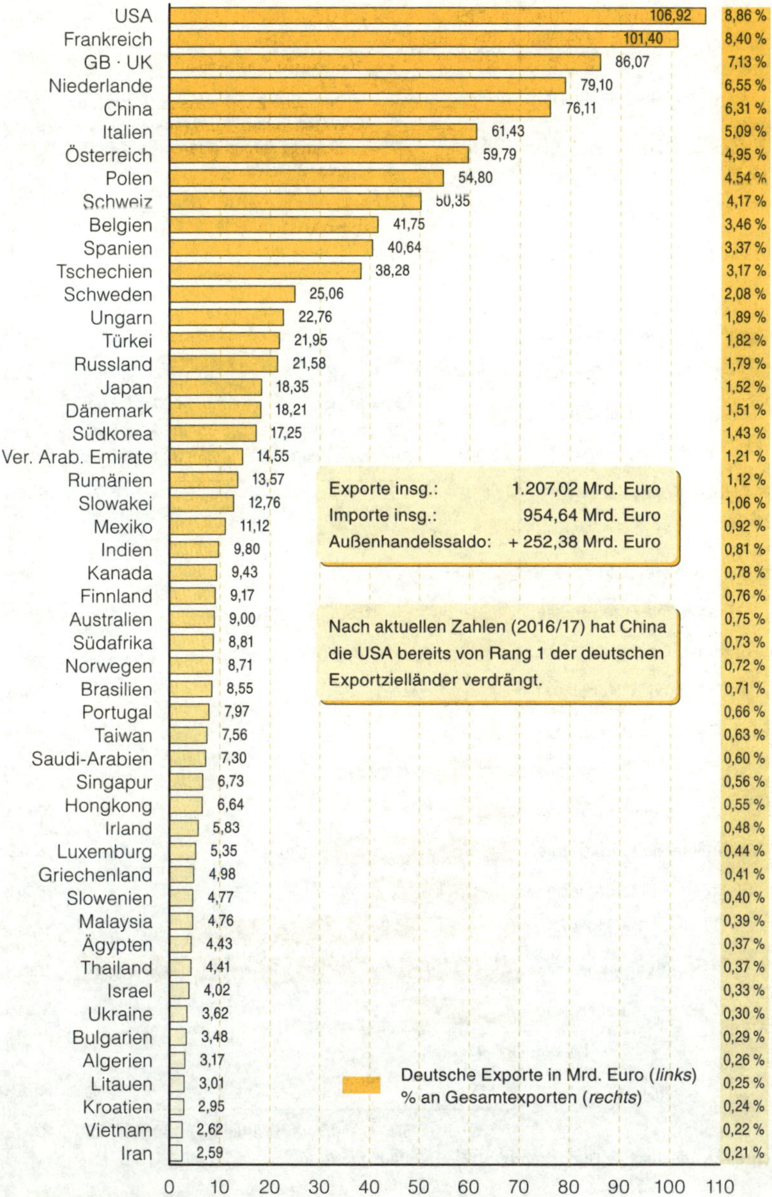

Quelle Statistisches Bundesamt (2017)

Abb. 15 Deutschlands Exporte nach Gütern und Waren im Jahr 2016[1]

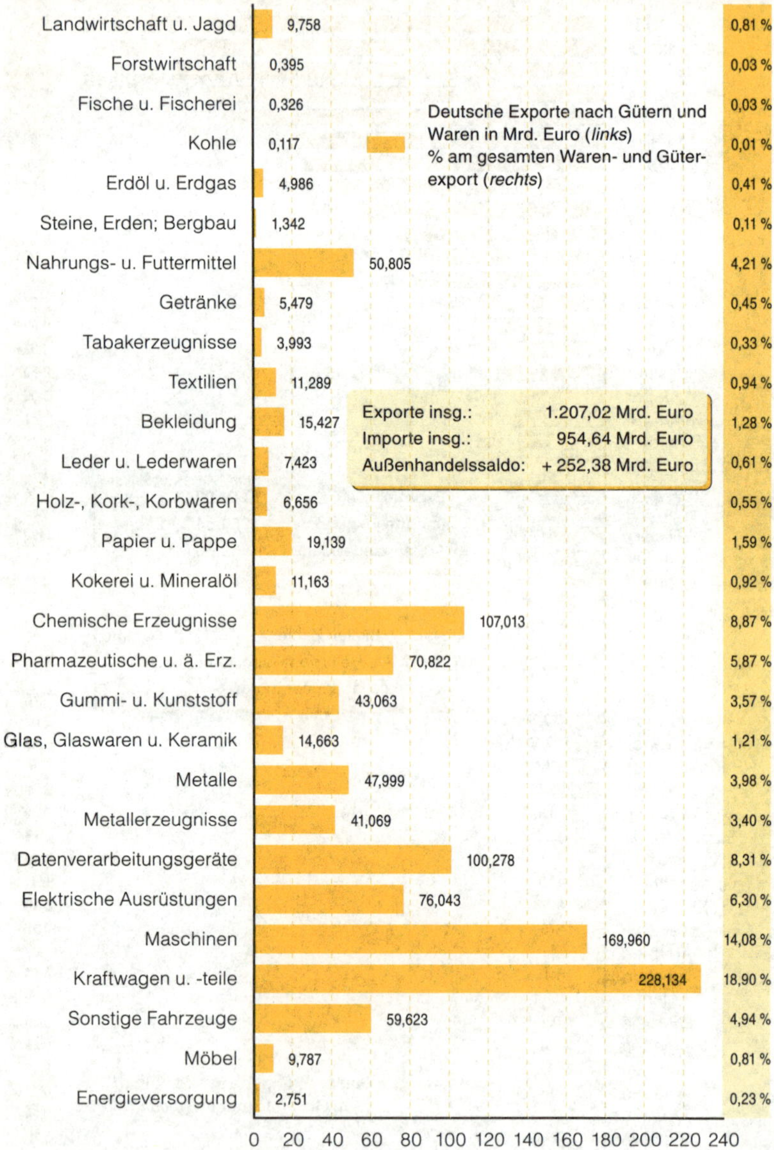

Quelle Statistisches Bundesamt (2017) · [1] Vorläufige Werte

selbst produzieren, wird die Industrie des exportabhängigen Landes spürbare Verluste hinnehmen müssen. Deutschland als Land mit hohem Exportanteil hätte daher bei einem weltweiten Wirtschaftsabschwungs besonders hohe Wirtschaftseinbußen zu erwarten.

➡ Außenhandel

Exportanteil

Teil der in einem Unternehmen oder Staat hergestellten Güter oder Dienstleistungen, die ins Ausland geliefert werden.
Ein hoher E. ist ein Anzeichen dafür, dass man auf dem internationalen Markt Fuß gefasst hat. Ist der E. aber sehr hoch, so besteht die Gefahr der sog. Exportabhängigkeit, da das Unternehmen/der Staat extrem auf die ausländischen Käufer angewiesen ist.

➡ Außenhandel

Exporterlöse

Umsatz, den ein Unternehmen oder ein Staat durch hergestellte Güter oder Dienstleistungen macht, die ins Ausland geliefert werden, macht. Je größer der Exportanteil ist, desto größer ist der daraus resultierende E. Stützt sich ein Unternehmen oder ein Staat auf hohe E., so besteht die Gefahr der sog. Exportabhängigkeit, da das Unternehmen bzw. der Staat auf die ausländischen Käufer extrem angewiesen ist, um den Gesamtumsatz zu halten.

➡ Außenhandel

Exportfinanzierung

Kredite, die zur Finanzierung von Exporten dienen. Sie sind oft notwendig wegen des scharfen Wettbewerbs am Weltmarkt. Solche Kredite gewährt u. a. die Kreditanstalt für Wiederaufbau. Oft schließen Unternehmen zusätzliche Exportkreditversicherungen ab, um sich gegen politische und wirtschaftliche Risiken im Ausland abzusichern.

➡ Wirtschaftspolitik

Exportierte Arbeitslosigkeit

Arbeitslosigkeit, die in einem Land entsteht oder ansteigt, weil ein anderes Land die eigene Arbeitslosigkeit mit besonderen wirtschaftspolitischen Instrumenten zu senken versucht. Ein Beispiel wären intensive Exportfördermaßnahmen eines von Arbeitslosigkeit betroffenen Landes, die dazu führen, dass die Exportindustrie ihre Exporte erheblich steigern kann, mehr Mitarbeiter einstellt und als Folge die Arbeitslosigkeit zurückgeht. Im importierenden Land dagegen gerät die Wirtschaft durch wachsende Mengen von Importgütern unter Druck. Die Produzenten können weniger an eigenen Produkten absetzen, entlassen Mitarbeiter, und die Arbeitslosigkeit steigt hier.

Exportquote

Anteil des Exports am Gesamtumsatz eines Unternehmens. Bezogen auf eine gesamte Volkswirtschaft ist die E. der Anteil des Exports am Bruttoinlandsprodukt. Deutschland hat eine sehr hohe E., da es ein stark außenhandelsorientiertes Land ist.

➡ Importquote

Exportüberschuss

Wenn die Differenz aus Export minus Import eines Landes positiv ist, liegt ein E. vor. Er wird häufig als Maß für die Wettbewerbsfähigkeit einer Wirtschaft angesehen.

➡ Importquote

Exportweltmeister

Ein Land, das weltweit gesehen die meisten Waren ins Ausland liefert. Diesen Titel machen in jüngster Zeit

Tab. 9a Beiträge der NZBen des Euroraums zum EZB-Kapital

Nationale Zentralbank	Kapitalanteil (in %)	Kapitalanteil (in €)
Nationale Bank van België (Belgien)	2,4778	268.222.025,17
Deutsche Bundesbank (Deutschland)	17,9973	1.948.208.997,34
Eesti Pank (Estland)	0,1928	20.870.613,63
Banc Ceannais na hÉireann (Irland)	1,1607	125.645.857,06
Bank of Greece (Griechenland)	2,0332	220.094.043,74
Banco de España (Spanien)	8,8409	957.028.050,02
Banque de France (Frankreich)	14,1792	1.534.899.402,41
Banca d'Italia (Italien)	12,3108	1.332.644.970,33
Central Bank of Cyprus (Zypern)	0,1513	16.378.235,70
Latvijas Banka (Lettland)	0,2821	30.537.344,94
Lietuvos bankas (Litauen)	0,4132	44.728.929,21
Banque centrale du Luxembourg (Luxemburg)	0,2030	21.974.764,35
Bank Ċentrali ta' Malta (Malta)	0,0648	7.014.604,58
De Nederlandsche Bank (Niederlande)	4,0035	433.379.158,03
Oesterreichische Nationalbank (Österreich)	1,9631	212.505.713,78
Banco de Portugal (Portugal)	1,7434	188.723.173,25
Banka Slovenije (Slowenien)	0,3455	37.400.399,43
Národná banka Slovenska (Slowakei)	0,7725	83.623.179,61
Suomen Pankki (Finnland)	1,2564	136.005.388,82
Insgesamt[1]	**70,3915**	**7.619.884.851,40**

Tab. 9b Beiträge nicht dem Euroraum angehörenden NZBen zum EZB-Kapital

Nationale Zentralbank	Kapitalanteil (in %)	Eingezahlter Kapitalanteil (= 3,75 % in €)
Българска народна банка (Bulgarien)	0,8590	3.487.005,40
Česká národní banka (Tschechien)	1,6075	6.525.449,57
Danmarks Nationalbank (Dänemark)	1,4873	6.037.512,38
Hrvatska narodna banka (Kroatien)	0,6023	2.444.963,16
Magyar Nemzeti Bank (Ungarn)	1,3798	5.601.129,28
Narodowy Bank Polski (Polen)	5,1230	20.796.191,71
Banca Naţională a României (Rumänien)	2,6024	10.564.124,40
Sveriges riksbank (Schweden)	2,2729	9.226.559,46
Bank of England (Vereinigtes Königreich)	13,6743	55.509.147,81
Insgesamt[1]	**29,6085**	**120.192.083,17**

Letzte Aktualisierung: 1.1.2015. [1] Mögliche Differenzen in den Zahlenwerten durch Rundungen. **Quelle** EZB Frankfurt a. M. (https://www.ecb.europa.eu/ecb/orga/capital/html/index.de.html)

immer wieder abwechselnd China und Deutschland unter sich aus.

➡ Außenhandel

Ex post

[Dt.: im Nachhinein] Bedeutet, dass etwas aus der Sicht nach Eintreten eines ökonomischen Ereignisses betrachtet wird.

➡ Ex ante

Ex-post-Prognose

Prognose, die auf Informationen beruht, die auch aus dem Zeitraum nach Beginn des Prognosezeitraums stammen. E. werden zum Testen der Prognosegüte bestehender ökonometrischer Modelle und für Politiksimulationen mit ökonometrischen Modellen verwendet. Sie unterscheiden sich daher methodisch grundlegend von den üblichen Konjunkturprognosen.

➡ Ex-ante-Prognose

Externe Effekte

Auswirkungen ökonomischer Entscheidungen auf unbeteiligte Dritte. Dies ist z. B. der Fall, wenn die Produktion von Gütern die Umwelt schädigt. Zwar sind Produzenten und Konsumenten der Güter im Hinblick auf ihr Angebot bzw. ihre Nachfrage nach den entsprechenden Gütern zufrieden. Jedoch leiden alle, also auch diejenigen, die die entsprechenden Güter nicht herstellen oder konsumieren, unter den Umweltproblemen. Damit sind die Umweltprobleme E. der Produktion, die entweder unterbunden oder kompensiert werden müssen.

EZB-Rat

Dem E. gehören die 6 Mitglieder des EZB-Direktoriums sowie die Präsidenten der Nationalbanken und die Mitglieder der Währungsunion an. Er ist das oberste Beschlussorgan der Europäischen Zentralbank (EZB). So trifft der E. alle Entscheidungen über die Höhe der Leitzinsen und über die geldpolitische Strategie.

Faktorpreisausgleichstheorem

Von dem amerik. Ökonomen Paul A. Samuelson (* 15.5.1915 † 13.12.2009) im Rahmen der Außenhandelstheorie aufgestellt. Es besagt, dass sich die Preise für Produktionsfaktoren (Kapitalpreise und Löhne) zwischen Handelspartnern ausgleichen. Allerdings liegen dem Modell unrealistische Annahmen zugrunde. Es setzt einen völlig ungehinderten Handel voraus, die vollständige Mobilität von Arbeit sowie die Abwesenheit von Transportkosten und Wechselkursen.

Faktorproportionentheorem

Nach seinen Begründern auch Heckscher-Ohlin-Theorem genannt [Eli Heckscher (* 24.11.1879 † 23.12.1952) u. Bertil G. Ohlin (* 23.4.1899 † 3.8.1979)]. Es besagt, dass sich Volkswirtschaften vorzugsweise auf Produkte spezialisieren, die jene Produktionsfaktoren stark beanspruchen, die im Inland reichlich vorhanden sind. Verfügt ein Land also über viel Kapital, wird es kapitalintensive Güter exportieren. Ist hingegen Arbeit reichlich vorhanden, wird es arbeitsintensive Güter ausführen. Empirisch ist es umstritten.

➡ Leontief-Paradoxon

Familienlastenausgleich

Finanzielle Leistungen, die an Eltern ausgezahlt werden. Durch sie will der Staat den Mehraufwand, der durch Kinder verursacht wird, ausgleichen. Zum F. zählen u. a. das Kindergeld, der Kinderfreibetrag, der Freibetrag für Betreuungs-, Erziehungs- und

Ausbildungsaufwand und das seit 1.1.2007 geltende Elterngeld.
➟ Sozialpolitik

Federal Reserve

Zentralbanksystem der Vereinigten Staaten von Amerika, das seit Dezember 1913 existiert und sowohl staatlich als auch privat organisiert ist. Es besteht aus dem Board of Governors, 12 regionalen Federal Reserve Banks, dem Federal Open Market Committee (FOMC), einer Vielzahl von Mitgliedsbanken (Mitgliedspflicht ab einer bestimmten Größe) und anderen Institutionen. Die Federal Reserve soll die Preisstabilität wahren, ein Zahlungsgleichgewicht erreichen und Wirtschaftswachstum anstreben.
➟ Zentralbanken

Feinsteuerung

Kurzfristige Behebung von Störungen, die im ökonomischen Ablauf immer wieder auftreten, als Aufgabe der Wirtschafts- und Konjunkturpolitik. Sie konzentriert sich dabei gezielt auf regionale, sektorale oder monetäre Teilbereiche.

Finanzaktivitätssteuer

Eine F. ist eine Finanzmarktsteuer, die u. a. vom **I**nternational **M**onetary **F**und (IMF) vorgeschlagen wurde, bei der im Unterschied zur Finanzmarkttransaktionssteuer aber nicht alle geschäftlichen Aktivitäten besteuert werden, sondern nur die Löhne und die Gewinne im Bankensektor.
Damit erfüllt zwar auch die F. wie die Finanzmarkttransaktionssteuer das Ziel Steuereinnahmen zu generieren und sie bestraft darüber hinaus übermäßige Gehälter, aber sie setzt keinerlei Anreize gegen häufige spekulative Transaktionen.

Finanzausgleich

Regelung der Einnahmen, Ausgaben und Aufgaben zwischen verschiedenen staatlichen Ebenen. Mit europ. F. ist z. B. die Einnahmen-, Ausgaben- und Aufgabenverteilung zwischen der EU und den einzelnen Mitgliedsländern gemeint. Speziell auf Deutschland bezogen meint der F. die Aufteilung zwischen Bund, Ländern und Gemeinden. Passiver F. bezeichnet die Verteilung der Aufgaben und die damit verbundenen Ausgaben bei Aufgabenerfüllung. Im Gegensatz dazu bezeichnet man mit aktivem F. die Verteilung der Einnahmen.
➟ Finanzverfassung ➟ Länderfinanzausgleich

Finanzhebel

Wirtschaftspolitische Maßnahmen, bei denen die finanzielle Auswirkung den ursprünglichen Finanzmitteleinsatz übersteigt. F. wurden u. a. im Zusammenhang mit dem Eurorettungsschirm ESM diskutiert. Private Investoren sollten in den Rettungsfonds einzahlen, sodass dieser größer ausfällt, als es allein durch staatliche Mittel der Fall gewesen wäre. Der Staat würde dann die Kreditausfallrisiken privater Investoren teilweise absichern, sie aber zunächst nicht selbst leisten.
Eine Hebelwirkung im engeren Sinn entsteht nicht, es kommen nur nicht alle eingesetzten Mittel im ESM von den Staaten, sondern auch von privaten Geldgebern.

Finanzhilfen

Durch den Bund geförderte Investitionen von Ländern und Gemeinden. Mit ihnen soll eine Störung des gesamtwirtschaftlichen Gleichgewichts vermieden werden. Beispiele für F. sind öffentlich geförderte Investitionen in Infrastruktur,

Stadtentwicklung oder Energieprogramme.

➟ Wirtschaftspolitik

Finanzierungssaldo des Staates

Allgemein ist ein Saldo die Differenz zwischen der Soll- und der Habenseite eines Kontos. Der F. des Staates setzt sich zusammen aus der Nettoneuverschuldung am Kreditmarkt, dem Saldo der kassenmäßigen Überschüsse/Defizite, dem Saldo der Rücklagenbewegung und den Münzeinnahmen. Durch ihn kann man die konjunkturelle Wirkung des öffentlichen Haushalts einschätzen.

➟ Staatlicher Konsum ➟ Staatsausgaben

Finanzkrise

➟ Finanzmarktkrise

Finanzmärkte

Überbegriff für alle Märkte, auf denen Finanzmittel gehandelt werden. Unterschieden werden können der Geldmarkt, auf dem i. d. R. Banken und Zentralbank mit Krediten handeln, Kapitalmärkte, auf denen u. a. Aktien und festverzinsliche Wertpapiere gehandelt werden und der Kreditmarkt, auf dem Banken Unternehmen, Haushalten oder staatlichen Institutionen Kredite zur Verfügung stellen. Teilmärkte des Finanzmarkts können nach gehandelten Finanzmitteln, nationalem oder internationalem Handel, Fristigkeit der gehandelten Finanzmittel und nach Organisationsgrad (regulierte und unregulierte Märkte) unterschieden werden.

Finanzmarktkrise

Ein durch spekulative Übertreibungen ausgelöster Einbruch der Preise von Finanzmarktanlagen. Diese Übertreibungen entstehen, wenn sich die Gewinnerwartungen der Marktteilnehmer auf den Finanzmärkten weit über die langfristig realwirtschaftlich zu erzielenden Renditen erheben. Früher oder später versiegt dann der Zustrom notwendigen Kapitals auf diese Märkte. Die Erwartungen der Marktteilnehmer werden pessimistisch und die Kurse stürzen nicht zuletzt wegen erheblicher Panikverkäufe ein. F. treten in verschiedenen Formen auf. Sie können sich wie 1987 und 2001 allein auf die Aktienmärkte beschränken oder aber, wie 2008, auch auf das gesamte globale Bankensystem übergreifen, wenn sich die riskanten Anlagen in der Hand weniger Spezialbanken befinden und diese ihre Anlageprodukte weltweit verkaufen. Dann kommt zu den Kurseinbrüchen eine allgemeine Vertrauenskrise, die den Handel auf den Finanzmärkten sogar zum Erliegen bringen kann. In diesem Fall ist das gesamte Bankensystem gefährdet. Ein Zusammenbruch des Bankensystems gefährdet aber die gesamte Wirtschaft, sodass dies unter allen Umständen vermieden werden muss. Ohnehin sind Banken im Gefolge einer F. sehr zurückhaltend bei der Vergabe von Krediten. Damit gerät aber der realwirtschaftliche Investitionsprozess ins Stocken und die Wirtschaft erleidet eine zumeist schwerwiegende Konjunkturkrise. Begünstigt werden F. durch Ungleichgewichte im Welthandel und durch Umverteilung zugunsten hoher Einkommen, da zum einen hierdurch die Notwendigkeit internationaler Kapitalströme steigt und zum zweiten mehr Finanzkapital zur Verfügung steht.

Finanzmarktstabilisierungsgesetz

Das F. wurde im Oktober 2008 von Bundestag und Bundesrat beschlossen. Es hatte zum Ziel, den durch Übersteigerungen in Schieflage geratenen Finanzsektor zu stabilisieren. Um dies zu erreichen, wurden 480 Mrd. € bereitgestellt. Der weitaus größte Teil

Abb. 16 Die Entwicklung der Weltbörsen: Die Indizes Dow Jones, Nikkei und Dax vom 1. März 2008 bis 1. Dezember 2016

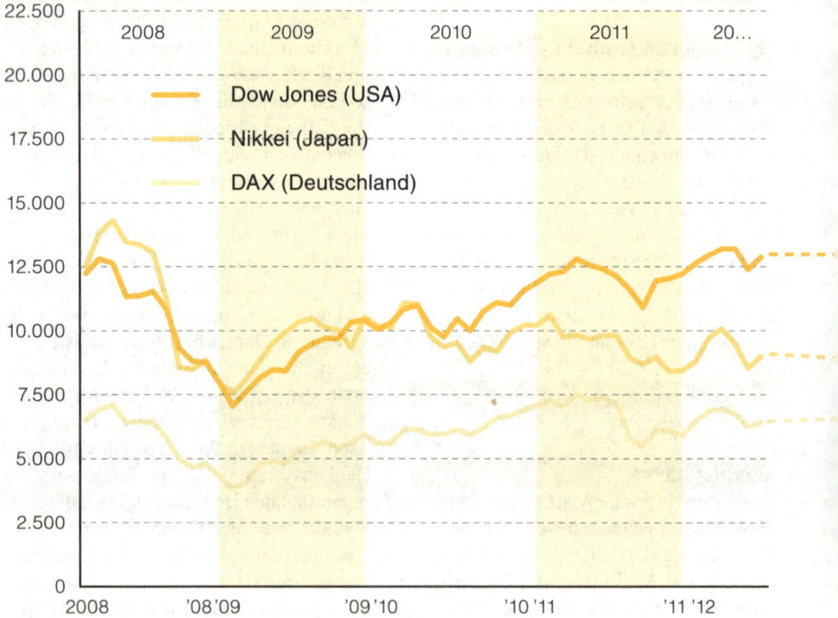

Quelle Macrobond

(400 Mrd. €) diente als Rücklage für staatliche Bürgschaften von Anleihen der betroffenen Banken. Der Rest war für eine verstärkte Eigenkapitalausstattung der Banken und der Übernahme von »schlechten« Forderungen vorgesehen. Als Gegenleistung wurden seitens des Staates Gebühren für die Bereitstellung von Bürgschaften sowie stille Beteiligungen und Aktienanteile verlangt.

Finanzmarkttransaktionssteuer

Mit einer F. sollen alle geschäftlichen Aktivitäten im Finanzsektor besteuert werden. Eine F. ist somit das Äquivalent zur Mehrwertsteuer in der übrigen Wirtschaft. Die Steuer soll zum einen den Anreiz für häufige und damit zumeist spekulativ begründete Transaktionen vermindern. Zum Zweiten soll sie Steuereinnahmen generieren, die als Ausgleich für die vom Finanzsektor während der Finanzmarktkrise verursachten finanziellen Schäden bzw. der Vorsorge gegenüber potenziellen künftigen Risiken dienen sollen. Wichtig für die Einführung einer F. ist, dass alle Aktivitäten des Finanzsektors erfasst werden, um Ausweichreaktionen zu verhindern.

Dies erfordert die börsliche Registrierung auch der Aktivitäten von Hedgefonds und anderen Finanzmarktakteuren. Zudem sollte eine F. möglichst global eingeführt werden, um Verlage-

Abb. 16 Die Entwicklung der Weltbörsen: Die Indizes Dow Jones, Nikkei und Dax vom 1. März 2008 bis 1. Dezember 2016

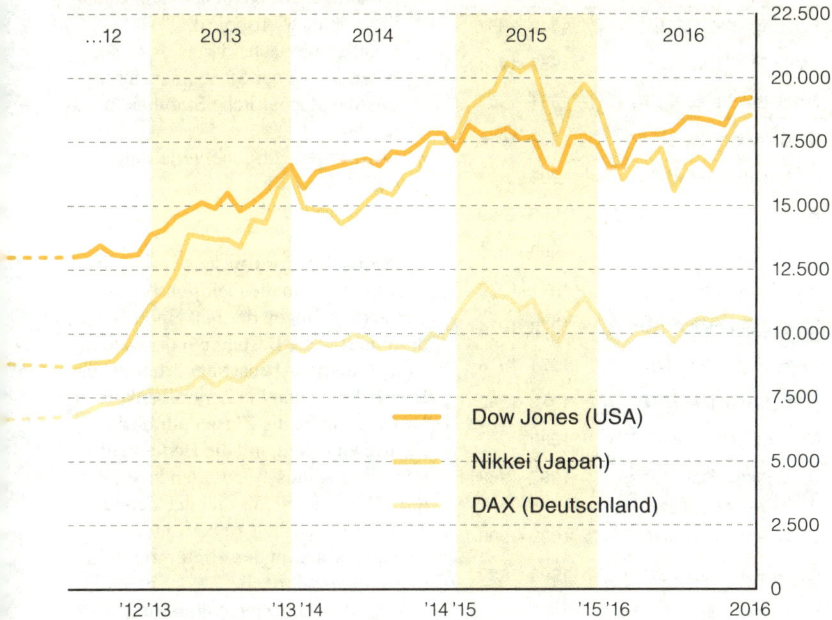

rungen ins jeweilige Ausland vorzubeugen. Allerdings würde auch eine rein nationale Einführung in Deutschland die erwünschten Ziele teilweise erfüllen, da Ausweichreaktionen und Verlagerungen mit Kosten verbunden sind, die insbesondere solide Unternehmen eher scheuen würden.

Finanzpolitik

F. gestaltet die Einnahmen und Ausgaben des Staates. Sie kann die Konjunktur durch eine antizyklische F. stabilisieren, eine gerechtere Einkommensverteilung erreichen oder die Infrastruktur verbessern. F. wird auf allen Ebenen der Gebietskörperschaften (Bund, Länder und Gemeinden) betrieben, wobei der finanzpolitische Gestaltungsspielraum der Gemeinden eher gering ist.

Finanzsektor

Zum F. zählen die Börsen, Finanzmärkte, Geschäftsbanken, Sparkassen, Kapitalanlagegesellschaften, Versicherungsgesellschaften und die Zentralbank eines Wirtschaftsraums.

Finanzverfassung

Bezeichnung für die Rahmenbestimmungen des öffentlichen Finanzwesens in einem Staat. In Deutschland ist sie im Grundgesetz festgelegt und regelt den Umfang der Finanzhoheit von Bund, Ländern und Gemeinden, das Recht,

Tab. 10 Bundesfinanzminister

Minister	Amtszeit
Fritz Schäffer (CSU)	1949–1957
Franz Etzel (CDU)	1957–1961
Dr. Heinz Starke (FDP)	1961–1962
Dr. Rolf Dahlgrün (FDP)	1962–1966
Kurt Schmücker (CDU)	1966
Franz Josef Strauß (CSU)	1966–1969
Alexander Möller (SPD)	1969–1971
Prof. Dr. Karl Schiller(SPD)	1971–1972
Helmut Schmidt (SPD)	1972–1974
Dr. Hans Apel (SPD)	1974–1978
Hans Matthöfer (SPD)	1978–1982
Manfred Lahnstein (SPD)	1982
Dr. Gerhard Stoltenberg (CDU)	1982–1989
Dr. Theodor Waigel (CSU)	1989–1998
Oskar Lafontaine (SPD)	1998–1999
Dr. Werner Müller (parteilos) · kommissarisch	1999
Hans Eichel (SPD)	1999–2005
Peer Steinbrück (SPD)	2005–2009
Wolfgang Schäuble (CDU)	2009–2017
N. N.	seit 2017

Steuern zu erheben und auf die Gebietskörperschaften aufzuteilen. Zur dt. F. gehören auch die rechtliche und die finanzielle Anbindung an den Haushalt der EU und an die Europäische Zentralbank.

➡ Finanzausgleich

Finanzwissenschaft

Beschäftigt sich mit der Analyse des öffentlichen Finanzverhaltens. Die F. bildet zusammen mit der Wirtschaftstheorie und der Wirtschaftspolitik die Volkswirtschaftslehre. Sie untersucht:

- allokatives Marktversagen und staatliche Allokationspolitik;
- staatliche Entscheidungsprozesse;
- Alternativen der Staatsfinanzierung;
- finanzwirtschaftliche Stabilisierungspolitik;
- finanzwirtschaftliche Verteilungspolitik sowie den
- Finanzausgleich.

Fiskalische Dominanz

F. besteht, wenn die Geldpolitik von Zielsetzungen der Fiskalpolitik dominiert wird. Besteht ein dringender Konsolidierungsbedarf bei öffentlichen Haushalten, kann die Zentralbank unter Druck geraten, die Zinsen nur deshalb niedrig zu halten, um die Bedienung und Tilgung dieser Schulden zu erleichtern. Das eigentliche Ziel der Zentralbank, Preisstabilität zu bewahren, geriete darüber in den Hintergrund. In diesem Fall würde die Geldpolitik von fiskalpolitischen Zielen dominiert. Vielfach wird dies für die EZB-Politik von Nullzinsen in der Eurokrise unterstellt. Tatsächlich ist diese Politik aber aus Gründen der Preisstabilität gerechtfertigt, da die Inflationsrate in dieser Zeit weit unter ihrem Zielwert liegt.

Fiskalpolitik

Die F. ist ein wirtschaftspolitisches Instrument, mit dem auf den Konjunkturverlauf eingewirkt werden kann, um ein möglichst stabiles Wirtschaftswachstum zu erreichen. Nach Keynes soll der Staat in der Rezession mit kreditfinanzierten Ausgabenprogrammen die Gesamtnachfrage steigern und mit den Steuerzuflüssen im folgenden Konjunkturaufschwung die entstandene Kreditverschuldung wieder abbauen. Man spricht von einer antizyklischen F.

Fixkosten

Kosten, die unabhängig von Produktion, Verkaufsmenge und Beschäftigungszahlen konstant bleiben. Die F. je produziertem Stück sinken daher umso mehr, je mehr davon produziert werden. Beispiele für F. sind etwa Abschreibungen, Mieten (etwa für ein Verwaltungsgebäude) und Zins, auch Lohn- und Gehaltskosten. Des Weiteren gibt es noch die sog. sprungfixen Kosten, die nur während eines bestimmten Zeitintervalls konstant bleiben. Im Gegensatz zu den F. sind die variablen Kosten abhängig von Beschäftigung und Ausbringungsmenge.

➠ Stückkosten

Flächentarifvertrag

Tarifvertrag zwischen Arbeitgeberverband und Gewerkschaft für eine oder mehrere Branchen in einem bestimmten räumlichen Geltungsbereich. Ein F. ist verbindlich für alle Mitglieder des Arbeitgeberverbandes, der den F. abgeschlossen hat. In Deutschland werden vorwiegend F. ausgehandelt statt sog. Haustarifverträge, die unmittelbar zwischen einer Gewerkschaft und einer Firma ausgehandelt werden.

Flexibilisierung der Arbeitszeit

F. in Form von Überstunden, Sonderschichten und Kurzarbeit gibt es schon seit Jahrzehnten. Eine besondere Form von F. wurde 1984 in der Metallindustrie zusammen mit den Gewerkschaften entwickelt. Man senkte die wöchentliche Arbeitszeit von 40 auf 38,5 Stunden.

Diese Stundenzahl galt nicht zwingend für jeden einzelnen Mitarbeiter, sondern legte, multipliziert mit der Zahl der Mitarbeiter, das Gesamtarbeitsvolumen des Betriebes fest. Das Arbeitsvolumen konnte ganz unterschiedlich auf die einzelnen Mitarbeiter verteilt werden. Seit etwa 2000 wurde F. zunehmend als Stabilisierungspolitik eingesetzt. Unternehmen vereinbarten mit ihren Mitarbeitern flexible Arbeitszeiten, die über Arbeitszeitkonten je nach Auftragslage angepasst werden können. Im Aufschwung zwischen 2006 und 2008 konnten daher die Unternehmen die Arbeitszeiten ohne Mehrkosten rasch ausdehnen. Umgekehrt wurden die Arbeitszeiten während der globalen Finanzkrise deutlich gesenkt, ohne dass Mitarbeiter in großem Umfang entlassen wurden. Dies ist eine der wesentlichen Ursachen für das »deutsche Arbeitsmarktwunder« während der Krise. Die F. wird auch als interne Flexibilität bezeichnet; im Gegensatz zur externen Flexibilität durch Einstellungen und Entlassungen.

➠ Arbeitszeit

Flexibilität

F. ist ein ökonomisch nicht präzise definierter Begriff. Im Arbeitsbereich wird F. häufig dem Arbeitnehmer abverlangt, der die Fähigkeit und Bereitschaft haben müsse, sich rasch auf veränderte Anforderungen und Umstände einzustellen.

Flexible Altersgrenze

Die F. bietet die Möglichkeit, den Zeitpunkt, von dem ab Rente bezogen werden kann, vorzuverlegen und vor der regulären Altersgrenze von derzeit 65 Jahren aus dem Arbeitsleben auszuscheiden. Der Deutsche Gewerkschaftsbund fordert seit Neuem von den Unternehmen altersgerechte Arbeitsplätze und damit die Möglichkeit für Arbeitnehmer, über die reguläre Altersgrenze hinaus weiter arbeiten zu können; auch das gehört zu Flexibilität dazu.

➠ Gesetzliche Rentenversicherung

Floating

[Dt.: gleitend] Bezeichnet ein Wechselkursregime, bei dem der Kurs einer Währung sich gleitend ändern kann. F. unterscheidet sich von einem System flexibler Wechselkurse durch die Bereitschaft der Zentralbank, bei starken Kursschwankungen auf dem Devisenmarkt zu intervenieren. Innerhalb Europas existierte vom Zusammenbruch des Festkurssystems von Bretton Woods im Jahr 1973 bis zur Einführung des Euro am 31.12.1998 ein eben solches System kontrolliert »floatender« Wechselkurse.

Fluktuationsarbeitslosigkeit

Wird auch als friktionelle Arbeitslosigkeit bezeichnet. F. entsteht durch Wechsel des Arbeitsplatzes, also zwischen Beendigung der alten Tätigkeit und Beginn der neuen Beschäftigung. Diese Form der Arbeitslosigkeit dauert nur kurz an und ist oft freiwillig, z. B., wenn ein Arbeitnehmer ein Jobangebot ablehnt in Erwartung eines späteren besseren Angebots. Diese Art Arbeitslosigkeit ist auch bei Vollbeschäftigung unvermeidlich und gilt daher als unproblematisch.

Föderalismus

Ordnungsprinzip, das darauf beruht, dass einzelne Teile ihre Eigenständigkeit behalten, obwohl sie zusammen ein Ganzes bilden. Politisch meint F., dass staatliche Aufgabenfelder auf die Gebietskörperschaften und den Gesamtstaat verteilt werden.
In Deutschland teilen sich diese Aufgaben Bund, Länder und Gemeinden. Das gegenteilige Ordnungsprinzip dazu ist der Zentralismus, bei dem die Entscheidungsbefugnis nur beim Gesamtstaat liegt.
➡ Finanzausgleich ➡ Länderfinanzausgleich

Fonds »Deutsche Einheit«

Bezeichnung für ein Sondervermögen des Bundes, das am 25.6.1990 gesetzlich errichtet wurde. Es diente zur Erfüllung eines Teils der finanziellen Verpflichtungen der Bundesrepublik Deutschland aus Art. 28 des Staatsvertrages mit der DDR vom 18.5.1990 und v. a. der Deckung des allgemeinen Finanzbedarfs der Länder Berlin, Brandenburg, Mecklenburg-Vorpommern, Sachsen, Sachsen-Anhalt und Thüringen nach Vollendung der dt. Einheit. Zum 1.1.1995 wurde die Unterstützung aus dem Fonds »Deutsche Einheit« eingestellt und die neuen Bundesländer in den üblichen Länderfinanzausgleich der Bundesrepublik mit einbezogen.

Freibetrag

Teilbetrag der Einkünfte, der von der Besteuerung frei und bei der Ermittlung der Steuerbemessungsgrundlage unberücksichtigt bleibt. Ein steuerlicher F. soll z. B. das Existenzminimum absichern oder aber das Aufwachsen der Kinder (Kinderfreibetrag).

Freie Güter

F. sind Güter, die im Überfluss vorhanden sind und für deren Konsum daher nicht bezahlt werden muss. Beispiele wären die Atemluft oder der Sand in der Wüste.

Freie Liquiditätsreserven

Zentralbankgeld, über das Geschäftsbanken verfügen oder an das sie problemlos gelangen können. Es besteht aus den sog. primären Liquiditätsreserven, damit sind Überschussreserven gemeint, und sekundären Liquiditätsreserven, das sind zentralbankfähige Aktiva, die jederzeit risikolos in Zentralbankgeld umgewandelt werden können, wie z. B. bestimmte Devisen und Geldmarkt-

Karte 5 Nicht europäische Wirtschaftsräume
NAFTA · Andenpakt · UEMOA · SADC · EAC · ASEAN

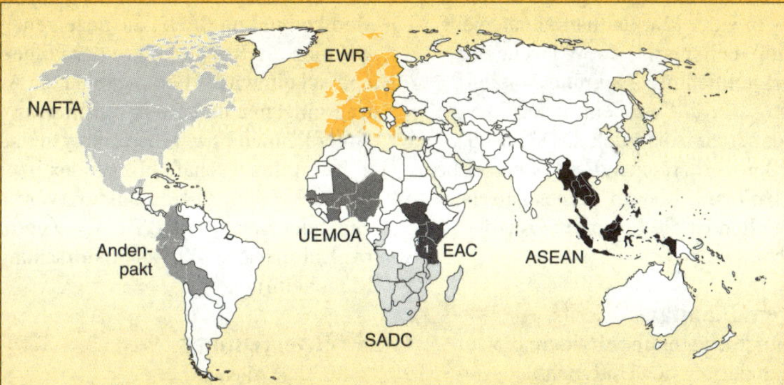

[1] EAC-Mitglied Tansania ist gleichzeitig auch im SADC

NAFTA (*North American Free Trade Agreement* | *Nordamerikanisches Freihandelsabkommen*): Kanada, Mexiko, USA • **Andenpakt** (»Pacto Andino«): Bolivien, Ecuador, Kolumbien, Peru • **UEMOA** (*Union économique et monétaire ouest-africaine* | *Westafrikanische Wirtschafts- und Währungsunion*): Benin, Burkina Faso, Elfenbeinküste, Guinea-Bissau, Mali, Niger, Senegal, Togo. • **SADC** (*Southern African Development Community* | *Entwicklungsgemeinschaft des südlichen Afrika*): Angola, Botswana, Kongo, Lesotho, Madagaskar, Malawi, Mauritius, Mosambik, Namibia, Sambia, Seychellen, Simbabwe, Südafrika, Swasiland, Tansania • **EAC** (*East African Community* | *Ostafrikanische Gemeinschaft*): Burundi, Kenia, Ruanda, Südsudan, Tansania, Uganda • **ASEAN** (*Association of Southeast Asian Nations* | *Vereinigung Südostasiatischer Nationen*): Brunei, Indonesien, Kambodscha, Laos, Malaysia, Myanmar, Philippinen, Singapur, Thailand, Vietnam.

[Der EWR (Europäischer Wirtschaftsraum) ist aus Gründen der Kontrastierung farblich hervorgehoben.]

papiere. Des Weiteren zählt zu den sekundären Liquiditätsreserven das Refinanzierungspotenzial.

→ Bundesbank → Europäische Zentralbank → Geldmarkt → Zentralbanken

Freihandel

Handel von Waren und Dienstleistungen zwischen Handelspartnern aus verschiedenen Ländern, der nicht eingeschränkt wird.

Das Gegenteil des F. ist staatlicher Protektionismus, der mit Handelshemmnissen ausländische Marktteilnehmer fernzuhalten versucht, um die eigene Wirtschaft zu schützen.

→ Außenhandel → Außenhandelspolitik

Freihandelszone

Innerhalb einer F. unterliegt der Handel mit Gütern und Dienstleistungen keiner Beschränkung durch Zölle oder andere Handelshemmnisse.

Freiwillige Arbeitslosigkeit

Form der Arbeitslosigkeit, die entsteht, weil Arbeitssuchende nicht für den Reallohn arbeiten wollen, der am Markt gezahlt wird, und es stattdessen vorziehen, Freizeit zu haben. Das Konzept der F. ist in neoklassischen Modellen von Bedeutung. Diese gehen davon aus, dass in jeder Marktsituation, auch auf dem Arbeitsmarkt, die Wünsche der Marktteilnehmer – zumindest langfristig – erfüllt werden. Arbeitslosigkeit ist daher ein Ausdruck des Wunsches, bei den vorherrschenden Löhnen lieber Freizeit zu haben. In keynesianischen Modellen ist die F. nur eine Randerscheinung.

Fremdkapital

Schulden gegenüber Dritten, die zur Finanzierung des Unternehmensvermögens dienen, wie z. B. Verbindlichkeiten.
Das F. wird auf der Passivseite der Unternehmensbilanz aufgeführt. Man unterscheidet hinsichtlich der Rückzahlungsdauer zwischen kurzfristigem (bis 1 Jahr), mittelfristigem (1–5 Jahre) und langfristigem (über 5 Jahre) F.

➡ Bilanz ➡ Eigenkapital

Friedenspflicht

Begriff aus dem Tarifrecht, der die Verpflichtung meint, zu bestimmten Zeiten keine Arbeitskampfmaßnahmen (z. B. Streiks) einzuleiten. Zwischen den Tarifparteien kann eine absolute F. vereinbart werden, also der Verzicht auf Arbeitskampfmaßnahmen während der gesamten Laufzeit des Tarifvertrages. Üblicherweise wird nur eine relative Friedenspflicht vereinbart, die Streiks gegen nicht im Tarifvertrag geregelte während dessen Laufzeit erlaubt.

➡ Gewerkschaften ➡ Schlichtung
➡ Streik ➡ Tarifvertragsgesetz

Friktionelle Arbeitslosigkeit

➡ Fluktuationsarbeitslosigkeit

Frühindikatoren

Ökonomische Größen, die frühzeitig eine bestimmte wirtschaftliche Entwicklung erkennen lassen. Am bekanntesten sind konjunkturelle F., die anzeigen, wie sich die Konjunktur in der Folgezeit entwickeln wird. Hierzu zählen die Auftragseingänge und die Erwartungen von Unternehmen bzw. Finanzanalysten, die z. B. im ifo Geschäftsklimaindex bzw. im ZEW-Index zu Konjunkturerwartungen gemessen werden (ZEW = **Z**entrum für **E**uropäische **W**irtschaftsforschung, Mannheim).

Frühverrentung

➡ Flexible Altersgrenze

FuE

Steht für »Forschung und Entwicklung«. Man unterscheidet hierbei zwischen Grundlagenforschung, angewandter Forschung und Entwicklung. Grundlagenforschung führt zwar zu neuen wissenschaftlichen Erkenntnissen, nicht aber unbedingt gleich zu einer praktischen Anwendung. In der angewandten Forschung versucht man oft, auch diese Ergebnisse praktisch umzusetzen, um dann im letzten Schritt, der Entwicklung, anwendungsreife Prototypen und Verfahren hervorzubringen. Die Forschungs- und Entwicklungstätigkeit in einem Unternehmen hängt von dem zu erwartenden Profit ab.

➡ Industriepolitik

Funktionale Einkommensverteilung

F. ist die Einkommensverteilung, die über die Produktionsfaktoren Arbeit und Kapital entstanden ist. Durch Arbeit entstandene Einkommen sind die Arbeitnehmerentgelte, durch Kapital entstandene Einkommen sind die Unternehmens- und Vermögenseinkommen.

Seit Beginn der 1980er-Jahre hat sich die F. in Deutschland und den meisten anderen Industrieländern in der Tendenz zum Nachteil des Faktors Arbeit verändert.

Fusionskontrolle

[Fusion = Verschmelzung, Zusammenschluss] Die F. soll die Verschmelzung von Unternehmen verhindern, die zu einer marktbeherrschenden Stellung führt und damit den wirtschaftlichen Wettbewerb einschränkt. Eine Fusion liegt vor, wenn sich bisher selbstständige Unternehmen zusammenschließen oder zumindest miteinander verflechten. Die F. ist Aufgabe des Bundeskartellamts, das Zusammenschlüsse von Unternehmen prüft, die bestimmte Umsatzschwellen überschreiten. Es untersagt eine Fusion, wenn das Entstehen oder die Verstärkung von beherrschender Marktmacht die Folge sein wird, die keinen Wettbewerber mehr fürchten muss und dann die Möglichkeit hat, höhere Preise zu verlangen. Der Bundeswirtschaftsminister kann allerdings die Erlaubnis zu einem vom Bundeskartellamt untersagten Zusammenschluss dennoch erteilen, wenn dieser nach seiner Ansicht z. B. durch ein überragendes Interesse der Allgemeinheit gerechtfertigt sei (§ 42 GWB). Für die Kontrolle der Zusammenschlussvorhaben von Unternehmen auf europ. Ebene bei sog. »gemeinschaftsweiter Bedeutung« ist ausschließlich die Europäische Kommission zuständig. Sie prüft auf der Grundlage der Europäischen Fusionskontrollverordnung (FKVO).

➠ Kartell ➠ Monopol ➠ Oligopol

Futures

Bezeichnet standardisierte Terminkontrakte, bei welchen zu einem bestimmten zukünftigen Zeitpunkt ein dem Geld- und Kapital-, Edelmetall- oder Devisenmarkt zugehöriges Handelsobjekt zum börsenmäßig festgesetzten Kurs zu liefern bzw. abzunehmen ist.

GATT

➠ Allgemeines Zoll- und Handelsabkommen

Geld

Zahlungsmittel, gegen das Waren oder Dienstleistungen eingetauscht werden können. Neben seiner grundlegenden Funktion als Tauschmittel dient G. in modernen Ökonomien als Recheneinheit, Wertmesser, gesetzliches Zahlungsmittel sowie zur Aufbewahrung, Speicherung und Übertragung von Werten. Es wird zwischen dem tatsächlichen Materialwert des G. und dem sog. Nennwert unterschieden, der vom Staat festgelegt wird. Ist der Materialwert größer als oder gleich groß wie der Nennwert, spricht man von überwertigem bzw. vollwertigem G. Wenn der Materialwert des G. unter dem Nennwert liegt oder nicht vorhanden ist, spricht man von unterwertigem bzw. stoffwertlosem G. G. hat heute viele unterschiedliche Formen. Die geläufigsten sind Hart- oder Münzgeld und das Zeichen- oder Papiergeld (Banknoten). Beide zusammen werden als Bargeld bezeichnet. Daneben gibt es noch das Giral-, Buch- oder Geschäftsbankengeld. Es existiert als Sichtguthaben bei Banken. Im Zug des Informations- und Computerzeitalters hat sich zusätzlich das elektronische G. als weitere Geldart etabliert – als Wertkarte mit einem bestimmten im Voraus gespeicherten Geldbetrag oder als Zahlungsmittel in elektronischen Netzen, etwa dem Internet. Neben den verschiedenen Geldarten haben sich weitere geldähnliche Mittel etabliert, die zwar Geldfunktionen übernehmen können, aber kein gesetzliches

Zahlungsmittel sind, etwa Wechsel oder Schecks. Bei ihnen besteht im Gegensatz zum G. kein gesetzlicher Annahmezwang.
➡ Bitcoin ➡ Geldangebot ➡ Geldbasis ➡ Geldmarkt ➡ Geldmarktpapiere

Geld- und Kapitalmarktstatistik

Die Geld- und Kapitalmarktstatistik ist eine Übersicht über Daten, die den Geld- und Kapitalmarkt betreffen. Sie umfasst Informationen zu

- der Geldmenge, die sich zu einem bestimmten Zeitpunkt in Umlauf befindet;
- Bilanzen der Geschäftsbanken (Bankenstatistik);
- Zinssätzen;
- Mengen und Preisen gehandelter Wertpapiere;
- Absatz und Umlauf von Wertpapieren (Emissionsstatistik);
- Wertpapieren, die Nichtbanken bei Banken deponiert haben (Depotstatistik);
- Kurswerten der über Makler gehandelten Wertpapiere (Börsenumsatzstatistik);
- Zinskonditionen für gewisse Kredit-, Einlage- und Wertpapierarten (Zinsstatistik);
- Kursen an der Börse gehandelter Aktien (Aktienindizes).

➡ Amtliche Statistik ➡ Geldangebot ➡ Geldbasis ➡ Geldmarkt ➡ Geldmarktpapiere

Geldangebot

Wer Waren oder Dienstleistungen einkaufen will, braucht Geld. Die Geldmenge, die jederzeit als Zahlungsmittel verwendet werden kann, also z. B. nicht an bestimmte Fristen gebunden ist, heißt G. Es umfasst im Prinzip alle unmittelbar verfügbaren liquiden Mittel innerhalb einer Ökonomie. Sie setzen sich zusammen aus der Geldbasis – also dem Bargeld der Nichtbanken – und dem Zentralbankgeld sowie dem Kreditangebot der Geschäftsbanken.
➡ Geldmarkt ➡ Geldmarktpapiere

Geldbasis

Eine Teilmenge des Geldes. Sie besteht zum einen aus dem Bargeld (Münzen und Banknoten) von Nichtbanken, etwa Unternehmen oder Privathaushalten, das sich im Umlauf befindet. Den zweiten Teil der G. bildet das gesamte Zentralbankgeld der Banken, z. B. ihre Mindestreserven. Die G. wird auch als monetäre Basis oder High-powered Money bezeichnet.
➡ Geldangebot ➡ Geldmarkt ➡ Geldmarktpapiere

Geldillusion

Bezeichnet ein wirtschaftliches Verhalten, das den Wertverlusten durch Inflation keine Rechnung trägt: Wenn z. B. eine Gehaltsteigerung von 2 % bei einer Inflationsrate von 3 % zu einem Verhalten führt, als wäre das Einkommen real um 2 % gestiegen, liegt G. vor. G. wird in den meisten modernen makroökonomischen Modellen als ein irrationales Verhalten angesehen. In jüngster Zeit sind jedoch Ansätze entwickelt worden, die zeigen, dass eine begrenzte G. wegen hoher Informationskosten durchaus rational sein kann.

Geldmarkt

Finanzmarkt, auf dem im Wesentlichen Geld und kurzfristige Geldanlagen gehandelt werden. Marktteilnehmer sind hauptsächlich Geschäfts- und Zentralbanken, aber auch Versicherungen, Fondsgesellschaften und große Unternehmen. Auf dem G. handeln die Geschäftsbanken untereinander Zentralbankguthaben mit einer Laufzeit von bis zu einem Jahr. Dieser Teil des Marktes heißt Interbanken-Geldmarkt. Die Zentralbanken kaufen und verkaufen Geldmarktpapiere mit einer Laufzeit von bis zu 2 Jahren auf dem sog. Regulierungsgeldmarkt. Am G. setzen die Zentralbanken mit ihrer Geldpolitik an. Sie wirken etwa auf Geldangebot und Nachfrage ein, indem sie zusätzliches Zentralbankgeld zur Verfügung stellen, um Einfluss auf die Zinsvergabe der Geschäftsbanken zu nehmen. Eine Anspannung oder auch Verknappung des G. ist durch steigende Zinsen, eine Verflüssigung oder Entspannung des G. durch sinkende Zinsen gekennzeichnet. Das Gegenstück zum G. ist der Kapitalmarkt, auf dem langfristige Kredite und Beteiligungen gehandelt werden.

➠ Geld ➠ Geldangebot ➠ Geldbasis ➠ Geldmarktpapiere

Geldmarktgleichgewicht

Ist dann gegeben, wenn Anbieter und Nachfrager von Geld keinen Anreiz haben, ihre angebotene bzw. nachgefragte Geldmenge zu ändern.

Geldmarktpapiere

G. ist ein Sammelbegriff für verschiedene Arten verbriefter Forderungen oder kurzfristiger Schuldtitel. Sie haben Laufzeiten von bis zu 2 Jahren und dienen dazu, kurzfristig Geld zu beschaffen. Mit G. handeln v. a. Zentralbanken und Geschäftsbanken. Es werden verschiedene Arten von G. unterschieden: Die wichtigsten sind Wechsel, unverzinsliche Schatzanweisungen und Commercial Papers. Wechsel sind mit Schecks vergleichbar. Mit einem Wechsel verpflichtet sich ein Schuldner, dem Gläubiger nach Ablauf einer bestimmten Zeitspanne eine bestimmte Menge Geld zu bezahlen. Bei sog. Schatzwechseln tritt der Staat als Schuldner auf, um sich Geld zur Finanzierung öffentlicher Ausgaben zu beschaffen. Commercial Papers schließlich sind ungesicherte Inhaberschuldverschreibungen. Sie werden vorwiegend von großen Unternehmen ausgegeben, um kurzfristig an Kredite zu gelangen. Je besser die Zahlungsfähigkeit oder Bonität des Unternehmens ist, desto höher ist die Chance, dass Geldanleger ihr Kapital plus Zinsen und Risikoprämie zurückbekommen. Daher gilt: je höher die Bonität, desto geringer die Prämie. Die Bonität einzelner Unternehmen bewerten Ratingagenturen wie Moody's oder Standard & Poor's.

➠ Geld ➠ Geldangebot ➠ Geldbasis ➠ Geldmarkt

Geldmarktzinsen

Zinsen für Anleihen mit Laufzeiten von einem Tag bis zu einem Jahr. Es handelt sich also um Anlagen, deren Liquidität der des Bargeldes sehr nahekommen kann.

Geldmenge

Bestand an Geld in einer Volkswirtschaft. Die G. wird in der ökonomischen Literatur und Statistik mit dem Buchstaben M bezeichnet. Es gibt mehrere Konzepte, die G. zu messen. Diese Konzepte unterscheiden sich je nach Liquiditätsgrad des zu erfassenden Geldes. Den höchsten Liquiditätsgrad hat die sog. Geldmenge M 0 – die Geldbasis. Das ist jene Summe aus Bargeld und Zentralbankgeld, die bei den Geschäftsbanken liegt und jederzeit für Käufe zur Verfügung steht. Die Geldmenge M 1 enthält zusätzlich die Sichteinlagen (Girokonten) bei den Banken, M 2 und M 3 berücksichtigen außerdem noch die Termin- und Spareinlagen (Einlagen mit Kündigungsfristen) sowie Geldmarktanlagen, die nicht mehr sofort für Käufe verfügbar sind. Die Definitionen unterscheiden sich im Detail je nach Zentralbank.

Geldmengenziel

Eine Zentralbank, die sich der ökonomischen Theorie des Monetarismus verpflichtet sieht (Annahme einer engen Abhängigkeit zwischen Inflationsrate und Geldmenge), muss die Geldmenge steuern, um die Inflation in dem von ihr gewünschten Rahmen zu halten. Dabei orientiert die Zentralbank sich an einem G., das die langfristig angestrebte Geldmengenentwicklung benennt. Dieses G. errechnet sich aus dem Wachstumstrend einer Volkswirtschaft, den trendabhängigen Änderungen in der Geldhaltung und der angestrebten Inflationsrate. Die einzige größere Zentralbank, die heute noch ein G. ausweist, ist die Europäische Zentralbank (EZB). Doch die Einhaltung des Ziels gelingt nur selten.

Geldnachfrage

Nachfrage nach Bargeld und kurzfristigen liquiden Anlagen. Die G. spiegelt die aktuelle wirtschaftliche Entwicklung wider.

Geldpolitik

Alle Maßnahmen, die die Zentralbanken ergreifen, um ihre geldpolitischen Ziele in ihrem Währungsgebiet zu erreichen. Für die G. in der Eurozone ist die Europäische Zentralbank (EZB) zuständig. Für das Währungsgebiet der D-Mark lag die Zuständigkeit früher bei der Deutschen Bundesbank.

Geldpolitische Aufgaben

Die G. von Zentralbanken sind i. d. R.:

- Geldversorgung der Volkswirtschaft;
- Durchführung der Geldpolitik;
- Durchführung von Devisengeschäften;
- Garantie des Zahlungsverkehrs.

Neben diesen allgemein üblichen Aufgaben hat die Europäische Zentralbank (EZB) laut Art. 105, Abs. 2 des Vertrages von Maastricht folgende G.:

- Genehmigung des Europapiergeldes;
- wirtschaftspolitische Beratung der EG und nationaler Behörden;
- Kontrolle der Finanzmarktstabilität;
- Sammlung der für ihre Aufgaben wichtigen statistischen Daten.

Geldpolitische Feinsteuerung

Darunter versteht man *erstens* den Versuch einer der Zentralbank, den Konjunkturverlauf mittels geldpolitischer Maßnahmen so exakt wie möglich auf ein bestimmtes Wachstumsziel hin zu beeinflussen. Jede G. ist durch zahlreiche Änderungen des Leitzinses gekennzeichnet. Allerdings ist umstritten, ob die Konjunktur überhaupt durch die Geldpolitik systematisch beeinflusst werden kann. *Zweitens* versteht man unter G. das Bemühen, Liquiditätsschwankungen, die aus Sicht der Zentralbank zu stark sind, auszugleichen, indem die Zentralbank rasch Geld in den Markt hineinschleust oder herausnimmt. Diese Art von G. wird von allen Zentralbanken praktiziert, insbesondere in Zeiten großer Unsicherheit.

Geldpolitische Straffung

Wenn die Zentralbank das Ausleihen von Geld verteuert, also die Leitzinsen anhebt. Damit wird die konjunkturelle Dynamik entweder gebremst oder zumindest weniger angeregt.

Geldpolitische Strategie

Zeigt, auf welche Weise eine Zentralbank ihre Ziele erfüllen will. In der neueren wirtschaftspolitischen Literatur werden v. a. 2 G. vorgeschlagen. *Erstens*, das direkte Prognostizieren

Abb. 17 Die geldpolitische Strategie der Europäischen Zentralbank (EZB)

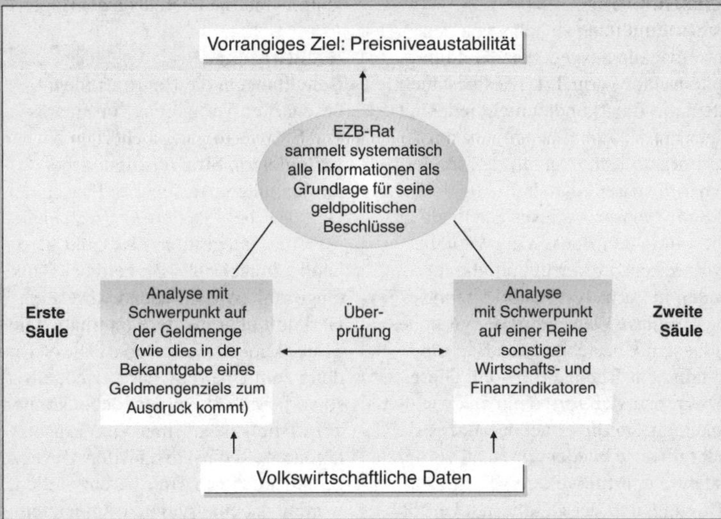

Quelle Eigene Darstellung der Autoren

der Inflationsrate. Weicht die erwartete Inflationsrate über einen längeren Zeitraum vom Inflationsziel ab, sind entsprechende geldpolitische Maßnahmen erforderlich. Steigt sie über das Ziel hinaus, muss die Geldpolitik gestrafft werden, bleibt sie darunter, muss sie gelockert werden. Die *zweite* übliche G. besteht in der monetären Analyse. Dabei wird die Entwicklung der Geldmenge beobachtet. Weicht diese von einem bestimmten Geldmengenziel ab, das Einfluss auf die erwartete Inflation hat, müssen ebenfalls geldpolitische Maßnahmen ergriffen werden. Alle bedeutenderen Zentralbanken – mit Ausnahme der Europäischen Zentralbank – verfolgen die erste Strategie. Die Europäische Zentralbank (EZB) verfolgt im Rahmen ihrer Zwei-Säulen-Strategie beide Ansätze, wobei die monetäre Strategie in jüngster Zeit in den Hintergrund getreten ist.

Geldpolitische Ziele

Das gängige G. besteht darin, Preisstabilität zu wahren, die durch ein Inflations- oder Geldmengenziel definiert wird. Neben der Preisstabilität verfolgen einige Zentralbanken auch das Ziel einer stabilen Konjunktur. Dies gilt insbesondere für die amerik. Zentralbank (Fed), die rasch und stark auf konjunkturelle Bewegungen zu reagieren pflegt und damit bei zahlreichen konjunkturellen Krisen erfolgreich war. Dagegen ist für die Europäische Zentralbank (EZB) Preisstabilität das vorrangige G. Darin spiegelt sich die in Europa vorherrschende Lehre wider, dass Geldpolitik die Konjunktur nur begrenzt zu stabilisieren vermag.

Geldschöpfung

Prozess, durch den sich das von den Zentralbanken ausgegebene Geld im Bankensektor vermehrt. Dies geschieht, in dem die Bankkunden nicht jederzeit ihr gesamtes Geld abheben, um mit dem Bargeld Käufe zu tätigen, sondern einen Teil sparen und als Buchgeld auf der Bank belassen. Dieses Buchgeld steht mithin den Banken zur Vergabe von Krediten zur Verfügung, die ihre Kunden in Form von Bargeld benötigen. Auf diese Weise wird der gesamte Geldbestand, bestehend aus Bargeld und nunmehr Buchgeld erhöht. Dieser Prozess setzt sich fort, denn das von den Banken als Kredit vergebene Bargeld fließt teilweise wieder zur Bank zurück. Es steht damit für weitere Kredite zur Verfügung, und der Geldbestand erhöht sich. Der Prozess der G. ist jedoch endlich, denn die Banken können nicht ihren gesamten Buchgeldbestand ausleihen, da sie eine gewisse Reserve für Bargeldauszahlungen bereithalten müssen. Auch fließen die Kredite der Banken nicht vollständig an diese zurück, ein Teil bleibt als Bargeld bei den Schuldnern. Damit wird die G. von Runde zu Runde schwächer und kommt schließlich ganz zum Stillstand.

Geldschöpfungsmultiplikator

Gibt an, um wie viel sich die ursprünglich von den Zentralbanken ausgegebene Geldmenge durch die Geldschöpfung im Bankensystem erhöht.

Geldtheorie

Wirtschaftswissenschaftliche Theorie, welche die Prozesse zu verstehen sucht, die beim Geldangebot und bei der Geldnachfrage eine Rolle spielen. Im Mittelpunkt der Überlegungen stehen die Zentralbanken und das Bankensystem als Anbieter sowie die privaten Haushalte und Unternehmen als Nachfrager.

Geldwäsche

Bemühungen, die Herkunft illegal beschafften Vermögens vor Finanz- und Strafverfolgungsbehörden zu verschleiern. Strafverfolgungsbehörden unterscheiden drei Phasen der Geldwäsche: Platzierung, Verschleierung und Integration. Das Geld wird häufig zunächst als Bargeld bei Banken eingezahlt. Anschließend wird seine Herkunft über mehrere internationale Transaktionen verschleiert. Die Verbindung zum Ursprung des Vermögens soll so verheimlicht werden, dabei können z. B. Briefkastenfirmen zum Einsatz kommen. Rechtsvorschriften, die geringe Ansprüche an Transparenz stellen, werden dabei ausgenutzt. Im letzten Schritt wird das Geld seinem Besitzer wieder zur Verfügung gestellt und fließt beim Kauf von Gütern in den legalen Geldkreislauf. Die UN schätzt das G.-Volumen auf 2 bis 5 % des globalen Bruttoinlandsprodukts, von dem nur ein kleiner Teil aufgedeckt werde. In Deutschland sieht das Strafgesetzbuch eine Haftstrafe von bis zu fünf Jahren für G. vor. Versicherungen und Banken sind verpflichtet, Verdachtsfälle an die Finanzbehörden zu melden.

➡ Briefkastenfirmen

Geldwertstabilität

Wenn eine Währung innerhalb eines bestimmten Zeitraums geringe oder gar keine Wertverluste bei Güterkäufen aufweist, also wenn man für einen bestimmten Betrag im laufenden und folgenden Jahr etwa die gleichen Güter kaufen kann. Man unterscheidet zwischen innerer und äußerer G. Innere G.

zeigt sich an der Inflationsrate, äußere G. am Wechselkurs. Innere G. herrscht, wenn sich die Inflationsrate mittelfristig kaum oder nicht über längere Zeit von einem durch die Zentralbank definierten Ziel entfernt. Die Europäische Zentralbank (EZB) hat dieses Ziel für die Eurozone auf eine Preissteigerung von unter, aber nahezu 2 % pro Jahr festgelegt. D. h., der Wertverlust des Geldes in Bezug auf Güterkäufe im Inland sollte auf Dauer nicht mehr als 2 % betragen. Äußere G. liegt vor, wenn die Währung nicht ständig abwertet. D. h., auf Dauer sollte bei Güterkäufen im Ausland kein Wertverlust auftreten. Innere und äußere G. bedingen einander. Bei fortwährend hoher Inflationsrate im Inland müssen die Exporteure ihre Preise stark erhöhen. Die Unternehmen verlieren dadurch an Wettbewerbsfähigkeit und die Währung wertet ab. Verliert umgekehrt eine Währung ständig an Wert, steigen die Importpreise und damit die Inflationsrate im Inland.

Geldwirtschaft

Eine Wirtschaft, die Geld als Zahlungsmittel verwendet. Sie unterscheidet sich damit von Tauschwirtschaften, bei denen Güter gegen Güter getauscht werden und nicht Güter gegen Geld.

Geleistetes Arbeitsvolumen

Messgröße für die Menge an Arbeit, die innerhalb einer bestimmten Region oder Volkswirtschaft tatsächlich geleistet wird. Sie umfasst die Arbeitsstunden aller Erwerbstätigen unabhängig davon, wie gut oder intensiv jemand arbeitet. Als erwerbstätig zählt in diesem Zusammenhang jeder, der als Arbeiter, Angestellter, Soldat, Beamter, Selbstständiger oder als mithelfender Familienangehöriger etwas macht, das auf wirtschaftlichen Erwerb ausgerichtet ist. Gezählt werden außerdem Arbeitszeiten, die Personen mit mehreren Jobs ansammeln. Nicht mit in die Rechnung kommen dagegen Arbeitszeiten, die zwar bezahlt, aber nicht geleistet wurden. Dazu zählen z. B. bezahlter Urlaub, Feiertage, Erziehungsurlaub, Essenspausen sowie Krankheits- und Fahrtzeiten. Im Gegensatz zum G. zählen beim bezahlten Arbeitsvolumen die Stunden, für die Arbeitnehmer bezahlt werden – unabhängig davon, ob und wie viel tatsächlich gearbeitet wurde.

➡ Erwerbstätige

Gemeinsamer Markt

Ein G. ist ein einheitlicher Wirtschaftsraum, gekennzeichnet durch den freien Verkehr von Waren, Personen, Dienstleistungen und Kapital, bei freiem Wettbewerb zwischen den Unternehmen. Auf dieser Grundlage wurde der G. in Europa errichtet, der als Ziel 1957 im Vertrag zur Gründung der Europäischen Wirtschaftsgemeinschaft in Art. 2 festgelegt worden ist.

Gemeinschaftsaufgaben

Bestimmte Aufgaben, die in Art. 91 a GG festgelegt sind. Sie umfassen den Ausbau und Neubau von Hochschulen einschließlich der Hochschulkliniken, die Verbesserung der regionalen Wirtschaftsstruktur und die Verbesserung der Agrarstruktur sowie des Küstenschutzes. Ursprünglich waren Planung und Finanzierung der G. Aufgabe der Bundesländer. Seit 1969 werden sie von Ländern und Bund gemeinsam wahrgenommen. Der Bund übernimmt die Hälfte der Kosten. Die Beteiligung des Bundes hatte mehrere Gründe: G. sind langfristige Projekte, für ein Bundesland allein oft nicht finanzierbar und über Landesgrenzen hinaus relevant.

➜ Agrarpolitik ➜ Bildungspolitik ➜ Regionale Strukturpolitik ➜ Sektorale Strukturpolitik

Gemeinschaftsdiagnose

Jene wirtschaftswissenschaftlichen Forschungsinstitute, die im Auftrag der Bundesregierung – vertreten durch das Bundesministerium für Wirtschaft – eine gemeinsame Prognose und gemeinsame wirtschaftspolitische Empfehlungen erstellen. Dabei können je nach Institut die Perspektiven und die Ergebnisse der wirtschaftlichen Bewertung sehr unterschiedlich sein. Gibt es fundamentale Differenzen, können ein oder mehrere Institute ein Minderheitenvotum abgeben. Die G. dient als Grundlage für die Prognosen der Bundesregierung. Die G. gibt es seit 1950. Sie wurde zunächst jährlich, später halbjährlich im Frühjahr und Herbst durchgeführt. Bis zum Frühjahr 2007 konnten nur Institute teilnehmen, die Zuwendungsempfänger des Bundes und der Länder sind. Weil die mangelnde Treffsicherheit der Prognosen sowie die mangelnde Realitätsnähe vieler wirtschaftspolitischer Empfehlungen teils massiv in der Kritik standen, wurde die G. für das Herbstgutachten der Jahre 2007–2010 erstmals international offen ausgeschrieben.

Generationenvertrag

Politische Bezeichnung für einen unausgesprochenen gesellschaftlichen Konsens in Bezug auf das System der umlagefinanzierten Rente. Konkret bedeutet er, dass die abhängig beschäftigten Generationen mit einem Teil ihres Gehalts (zusammen mit Zuschüssen des Bundes) die Rente der nicht mehr arbeitenden Generationen bezahlen. Mit der Zahlung von Rentenbeiträgen häuft man also nicht Kapital an, von dem später die eigene Rente bezahlt wird. Vielmehr wird man zum Anwärter auf Zahlungen der folgenden Generationen, wenn man selbst im Ruhestand ist. Es besteht jedoch keine Parallelität zwischen den selbst gezahlten Beiträgen und dem späteren Rentenanspruch. Die Höhe der Beiträge hängt davon ab, wie viel Geld die Rententräger aktuell benötigen. Derzeit beträgt der Beitragssatz bei Arbeitern und Angestellten 19,9 % des Bruttolohns. Zwei Probleme beeinträchtigen die Funktionsweise des G.: Zum einen sinkt bei hoher Arbeitslosigkeit die Anzahl der Beitragszahler und damit auch die Menge der Beiträge. Zum anderen besteht das demografische Problem, dass immer mehr älteren Rentenempfängern immer weniger junge Beitragszahler gegenüberstehen.

➜ Demografie ➜ Gesetzliche Rentenversicherung

Genossenschaft

Wirtschaftsunternehmen, das versucht, wirtschaftliche, soziale oder kulturelle Interessen seiner Mitglieder oder Genossen zu fördern. Zumeist dient der Zusammenschluss zu einer G. dem Zweck, den wirtschaftlichen Zielen der Mitglieder mehr Gewicht zu verleihen. Ihnen gegenüber stehen die wirtschaftlichen Eigeninteressen der G. zurück. Die Mitglieder sind am Eigenkapital der Genossenschaft beteiligt, indem sie Geschäftsanteile erwerben. G. sind als juristische Personen beim Amtsgericht in das Genossenschaftsregister eingetragen. Sie müssen ein schriftliches Statut und mindestens 7 natürlich oder juristische Mitglieder haben. Eine Obergrenze für die Mitgliederzahl gibt es nicht. Alle Mitglieder wählen den Vorstand und Aufsichtsrat. Je nach Zielen und Interessenlage unterscheidet man Bezugs-, Absatz-, Produktions-, Waren-

und Dienstleistungsgenossenschaften. Um staatlicher Aufsicht zu entgehen, haben sich G. zu Verbänden zusammengeschlossen, die die wirtschaftliche und verwaltungstechnische Prüfung einzelner G. übernehmen. Der Dachverband der dt. G. ist der Deutsche Genossenschafts- und Raiffeisenverband e. V.

Gerechtigkeit

Allgemeiner ethischer Grundbegriff, bezeichnet eine bestimmte Art, die Gemeinschaft zu organisieren und materielle wie nichtmaterielle Güter zu verteilen – in einer Weise, die als gerecht empfunden wird. In Deutschland ist G. im Grundgesetz in Form des Gleichheitssatzes »Alle Menschen sind vor dem Gesetz gleich« verankert. G. ist daher ein wichtiges Ziel des Rechtsstaates. In der Praxis ist die Idee der G. vor Gericht und in der Politik äußerst schwierig umzusetzen, da die Meinungen darüber, was in einem speziellen Einzelfall gerecht ist, stark auseinandergehen können. Generell wird nach einer Einteilung von Aristoteles (384–322 v. Chr.) unterschieden zwischen ausgleichender und austeilender G. Ausgleichende G. bezieht sich auf das Verhältnis Einzelner in einer Gemeinschaft, die untereinander einen Ausgleich an Interessen und Gütern schaffen, etwa indem sie Verträge schließen oder für Lohn arbeiten. Austeilende G. bezieht sich dagegen auf das Verhältnis des Einzelnen zur Gemeinschaft. Sie bezeichnet ein faires Verhältnis zwischen den Leistungen, die das Individuum erbringt, um zum Wohl und Erhalt der Gemeinschaft beizutragen, und den Leistungen, die das Individuum dafür von der Gemeinschaft erhält, etwa Schutz oder Fürsorgeleistungen. Praktische Bedeutung hat der Begriff der G. im Wirtschaftsleben v. a. bei der Frage der Besteuerung. In Deutschland liegen der Steuerpraxis die Prinzipien der horizontalen und vertikalen Besteuerung zugrunde. Horizontale Steuergerechtigkeit heißt, dass Menschen mit gleichem Einkommen gleich besteuert werden. Vertikale Steuergerechtigkeit bedeutet, dass Menschen mit höherem Einkommen stärker steuerlich belastet werden. Wie bei der G. generell tritt auch hier das Problem der konkreten Umsetzung auf: Es gibt keine wissenschaftlich fundierte Methode, die steuerliche Leistungsfähigkeit zu messen, auch wenn das Einkommen hierfür als Indikator benutzt wird. Deshalb ist die Festlegung von Steuergesetzen und -sätzen letztlich eine politische und keine wissenschaftliche Aufgabe.

➠ Einkommensverteilung ➠ Einkommensverteilungspolitik ➠ Sozialpolitik

Geringfügige Beschäftigung

Umgangssprachlich auch Minijob genannt. Bezeichnung für 2 Arten von Arbeitsverhältnissen: geringfügig entlohnte Beschäftigungen und kurzfristige Beschäftigungen. Sie unterscheiden sich von anderen Beschäftigungsverhältnissen sowohl bei der Besteuerung als auch in der Sozialversicherung. Als geringfügig entlohnte Beschäftigungen gelten Stellen, für die regelmäßig nicht mehr als 450 € im Monat bezahlt werden. Kurzfristige Beschäftigungen liegen vor, wenn eine Tätigkeit bei mindestens 5 Arbeitstagen pro Woche höchstens 2 Monate dauert oder innerhalb eines Kalenderjahres nicht mehr als 50 Arbeitstage einnimmt. Geringfügig entlohnte Beschäftigungen unterscheiden sich von anderen Beschäftigungsverhältnissen dadurch, dass der Arbeitnehmer keine Steuern und Sozialversicherungsabgaben zahlen muss. Der Arbeitgeber hingegen muss für den Minijob bis zu rund 30 % des Arbeitsentgeltes abführen. Darin enthalten sind Beiträge zu Rentenversicherung, Krankenversicherung und Steuern. Unter bestimmten Umständen, etwa bei der Beschäftigung eines Minijobbers in einem Privathaushalt, kann dieser Prozentsatz sinken. Bei kurzfristigen Beschäftigungen ist die Höhe des Einkommens unerheblich, solange die Tätigkeit nicht berufsmäßig ausgeübt wird, also von untergeordneter wirtschaftlicher Bedeutung für den Beschäftigten ist. Kurzfristige Beschäftigungen sind für Arbeitnehmer und Arbeitgeber sozialversicherungsfrei. Der Arbeitgeber muss auch keine Pauschalbeiträge zahlen. Allerdings ist der Lohn aus kurzfristigen Beschäftigungen uneingeschränkt lohnsteuerpflichtig.

➡ Beschäftigungspolitik

Gering qualifizierte Arbeitslose

Die Gruppe unterscheidet sich von anderen Arbeitslosen dadurch, dass die ihr Angehörigen keine abgeschlossene Berufsausbildung haben. Mit dieser fehlenden Qualifikation gehen auf dem Arbeitsmarkt viele Nachteile einher. Gering Qualifizierte sind deutlich öfter arbeitslos als Menschen mit Berufsausbildung. Das liegt zum einen daran, dass Arbeitgeber bei mehreren Bewerbern i. d. R. Arbeitnehmer mit höherer formaler Bildung bevorzugen. Zum anderen gibt es immer weniger Stellen, die gering Qualifizierte ohne Fachkenntnisse ausüben können, da einfache, standardisierte Arbeiten wegen des technologischen Fortschritts zunehmend durch Maschinen erledigt oder in Billiglohnländer verlagert werden. Das formale Unterscheidungskriterium »abgeschlossene Berufsausbildung« für die Beurteilung der Qualifikation eines Arbeitnehmers ist nicht unumstritten. So können Menschen zwar eine abgeschlossene Ausbildung haben, ihre Kenntnisse aber völlig veraltet oder wegen des technologischen Fortschritts nutzlos geworden sein. Zudem können Fachkenntnisse durch langjährige praktische Berufserfahrung erworben werden. Kritiker bemängeln auch, dass eine abgeschlossene Berufsausbildung nichts über die sozialen Qualifikationen des Arbeitnehmers, etwa Pünktlichkeit, Zuverlässigkeit oder Motivation, aussagt.

➡ Arbeitslosigkeit ➡ Arbeitsmarktpolitik ➡ Beschäftigungspolitik ➡ Bundesagentur für Arbeit

Gesamtabgabenquote

[Auch: gesamtwirtschaftliche Abgabenquote] Bezeichnet die Höhe aller Belastungen der Wirtschaftsleistung eines Landes durch Abgaben. Sie wird in Prozent des Bruttoinlandsproduktes angegeben. Abgaben umfassen dabei neben Steuern von Bund, Ländern und Kommunen und den Pflichtbeiträgen zur Sozialversicherung auch Zölle und Gebühren. Von der Abgabenquote ist die Steuerquote zu unterscheiden, die lediglich den Anteil der Steuereinnahmen eines Landes an seiner gesamten Wirtschaftsleistung in Prozent angibt. Die G. liegt 2016 in Deutschland bei 36,9 % (2015) laut OECD und bei 40,5 % (2016) laut VGR-Statistik (VGR = **V**olkswirtschaftliche **G**esamt**r**echnung).

➡ Negative Einkommensteuer

Gesamtstaatliches Defizit

Summe der Fehlbeträge aller öffentlichen Haushalte, also sämtliche Defizite des Bundes, der Länder, der Kommunen und der Sozialversicherung.

Abb. 18 Das Bankensystem in Deutschland

	Kreditinstitute Geschäftsbanken		
Europäische Zentralbank	**Universalbanken** (Abwicklung aller banküblichen Geschäfte)		
Deutsche Bundesbank	**Kreditbanken**	**Sparkassen und Girozentralen**	**Kreditgenossenschaften Genossen. Zentralbanken**
• Währungshüterin • Refinanzierungsstelle • Mitwirkung bei der Bankenaufsicht ↔	**264 Institute:** 4 Großbanken 153 Regional- und sonstige Kreditbanken 107 Zweigstellen ausländischer Banken	**565 Institute:** Darunter Dt. Girozentrale Dt. Kommunalbank 8 Landesbanken/ Girozentralen 397 Sparkassen	**965 Institute:** DZ Bank Dt. Genossenschaftsbank 1 genoss. Zentralbank 963 Kreditgenossenschaften (Volksbanken, Raiffeisenbanken)
	Spezialbanken (Beschränkung auf einzelne Bankgeschäfte)		
Bundesanstalt für Finanzdienstleistungsaufsicht (BaFin) ↔	**Realkreditinstitute**	**Kreditinstitute mit Sonderaufgaben**	**Bausparkassen**
• Bankenaufsicht	**14 Institute:** z. B. private Hypotheken- und Schiffspfandbriefbanken, öffentlich-rechtliche Grundkreditanstalten	**20 Institute:** z. B. Kreditanstalt für Wiederaufbau (KfW), Frankfurt am Main; NRW.BANK, Düsseldorf	**20 Institute:** 12 private Bausparkassen 8 öffentliche Bausparkassen

↓

Verbände der Kreditwirtschaft
- Interessenvertretung
- Beratung
- Prüfungswesen

Quelle Deutsche Bundesbank Eurosystem, Stand Juli 2017 | Eigene Darstellung der Autoren

Gesamtwirtschaft

Gesamtheit aller Wirtschaftssubjekte, die Wertschöpfung in einer Volkswirtschaft erzeugen. Dies sind die privaten Haushalte, die Unternehmen, der Staat und die Weltwirtschaft.

Geschäftsbanken

Umgangssprachlich meist einfach Banken genannt, sind Wirtschaftsunternehmen, die Dienstleistungen rund um das Thema Geld erbringen. Sie nehmen und gewähren Kredite, bewahren Geld in Konten auf und tauschen Währungen. Außerdem bieten G. Dienstleistungen wie Kontoführung oder Anlageberatung an. Die Annahme von Geld durch Banken nennt man Einlagengeschäft, die Weiterleitung dieses Geldes als Darlehen heißt Kreditgeschäft. Kredite werden in 2 Arten unterteilt: Existiert ein Dokument, das die Schulden dokumentiert, heißen die Kredite verbrieft. Ein Beispiel dafür sind Ratenkredite. Bei unverbrieften Krediten, etwa Kontoüberziehung, existiert kein solches

Dokument. Eine wichtige Einnahmequelle der Banken ist die Zinsspanne. Dieser Begriff bezeichnet die Differenz zwischen den Zinsen, die Banken für selbst aufgenommene Kredite zahlen, und den Zinsen, die sie für gewährte Kredite bekommen. Geschäftsbanken unterliegen in Deutschland wegen ihrer zentralen Bedeutung für den Geldkreislauf dem Gesetz über das Kreditwesen und der Kontrolle durch die **B**undes**a**nstalt für **Fin**anzdienstleistungsaufsicht (BaFin).

Gesetz der Preisunterschiedslosigkeit

[Engl.: »Law of One Price«] Postuliert, dass auf einem perfekten Markt mit vollständiger Information der Marktteilnehmer kein Preisunterschied zwischen gleichen Produkten bestehen kann. Nur wenn der Markt nicht perfekt ist, weil z. B. der Handel mit Kosten verbunden ist oder nicht alle Marktteilnehmer vollständig informiert sind, können sich nach dem G. Preisunterschiede ergeben.

Gesetz zur Förderung der Stabilität und des Wachstums der Wirtschaft (StWG)

Das StWG trat 1967 in Kraft. Es nennt 4 Ziele der Wirtschaftspolitik: Preisstabilität, einen hohen Beschäftigungsstand, ein außenwirtschaftliches Gleichgewicht und angemessenes und stetiges Wirtschaftswachstum. Da das Erreichen eines oder mehrerer dieser 4 Ziele immer zulasten der übrigen geht, werden sie auch »magisches Viereck« genannt, da nur mit Magie alle auf einmal unter einen Hut zu bringen wären. Die Idee, dass der Staat mithilfe gesetzlich festgelegter Instrumente die Wirtschaft beeinflussen und lenken kann, geht auf den brit. Volkswirtschaftler John Maynard Keynes (* 5.6.1883 † 21.4.1946) zurück.

➡ Finanzpolitik ➡ Geldpolitik ➡ Globalsteuerung ➡ Keynesianische Theorie

Gesetzliche Krankenversicherung (GKV)

Die in Deutschland im Jahr 1883 eingeführte GKV beruht auf dem Prinzip einer Solidargemeinschaft. Unabhängig von der Höhe seines Krankenkassenbeitrags hat jeder Versicherte Anspruch auf notwendige medizinische Leistungen. Fast 90 % der Deutschen, mehr als 70 Mio. Menschen, sind Mitglieder in den 113 Krankenkassen der GKV, vor allem Arbeiter und Angestellte, Auszubildende und Studierende oder Empfänger von ALG II. Beamte und Selbstständige sind nicht zu einer Mitgliedschaft verpflichtet, können sich aber freiwillig in der GKV versichern. Kinder und Ehepartner ohne Einkommen werden kostenfrei mitversichert. Pflichtmitglieder in der GKV sind Arbeiter und Angestellte, deren Einkommen die sog. Beitragsbemessungsgrenze nicht übersteigen. Für das Jahr 2017 wurde sie vom Gesetzgeber auf 4.350 € monatlich festgelegt. Darüber liegendes monatliches Einkommen ist beitragsfrei. Arbeitnehmer, deren Einkommen auf Dauer die Beitragsbemessungsgrenze übersteigt, können wählen, ob sie der GKV freiwillig weiter angehören oder sich privat versichern wollen. Seit dem 1.1.2015 beträgt der Beitrag für die G. 14,6 % des beitragsfähigen Einkommens jedes Versicherten. Die erforderlichen finanziellen Mittel erhalten die gesetzlichen Krankenversicherungen seit dem 1.1.2009 in erster Linie aus dem sog. Gesundheitsfonds. Dieser setzt sich vor allem zusammen aus den Beiträgen der Versicherten, der Arbeitgeber und aus Bundeszuschüssen. Wenn die

Abb. 19 Stabilitäts- und Wachstumsgesetz
Instrumente und Maßnahmen der Fiskalpolitik

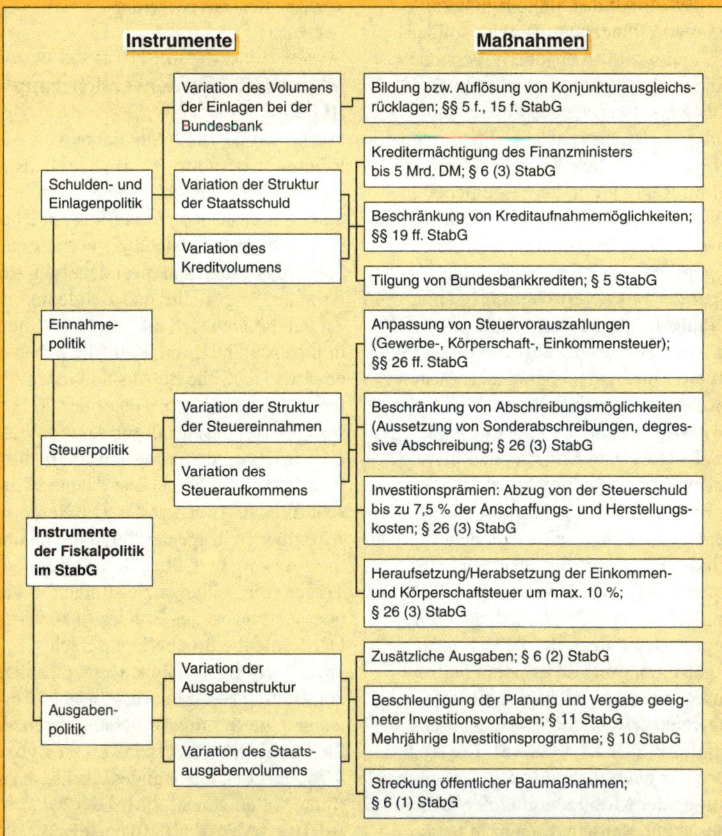

Quelle Eigene Darstellung der Autoren

Krankenkassen steigende Kosten nicht durch die aus dem Gesundheitsfonds zugewiesenen Mittel decken können, bleibt oft nur der Weg, kassenindividuelle einkommensabhängige Zusatzbeiträge von den Mitgliedern zu fordern, die sie ohne Beteiligung des Arbeitgebers zahlen müssen. Im Jahr 2017 liegt der von den Versicherten monatlich zusätzlich zu zahlende durchschnittliche Zusatzbeitrag bei 1,1 % des beitragsfähigen Einkommens. Hinzukommen die Zuzahlungen bei per Rezept verordneten Medikamenten,

➡ Gesetzliche Pflegeversicherung ➡ Rentenversicherung ➡ Sozialversicherung

Gesetzliche Pflegeversicherung

Die gesetzliche P. – auch Soziale Pflegeversicherung genannt – wurde mit dem 1.1.1995 eingeführt, um das materielle Risiko von Pflegebedürftigkeit solidarisch und sozial abzusichern. Versicherte, die nach den Kriterien des Gesetzes (SGB XI, § 14) pflegebedürftig sind, erhalten Leistungen aus der Pflegeversicherung. Gesetzlich Krankenversicherte sind im Regelfall in der gesetzlichen P. versicherungspflichtig, privat Krankenversicherte müssen eine private Pflegepflichtversicherung abschließen. Träger der Pflegeversicherungen sind die Pflegekassen, deren Aufgaben von den Krankenkassen wahrgenommen werden. Zum Jahresbeginn 2016 waren in der Bundesrepublik Deutschland rund 71,12 Mio. Menschen in der gesetzlichen P., etwa 9,36 Mio. in einer privaten Pflegeversicherung pflichtversichert. Bis Ende 2016 wurden 3 Stufen der Pflegebedürftigkeit unterschieden, die nach der Pflegezeit für die (vorwiegend körperlich) Beeinträchtigten gestaffelt war. Seit dem 1.1.2017 wird nach fünf Pflegegraden eingeteilt, die sich nach der geistigen und körperlichen Selbstständigkeit des Versicherten ausrichten. Entsprechend sind die Leistungen der P. gestaffelt (SGB XI, § 28-45). Die Ausgaben der gesetzlichen P. werden durch Beiträge der Mitglieder und der Arbeitgeber je zur Hälfte getragen. In Sachsen ist der Arbeitnehmeranteil jedoch höher als im übrigen Bundesgebiet, da dort ein gesetzlicher Feiertag weiterhin besteht, der im übrigen Deutschland zur Finanzierung der P. abgeschafft wurde. Rentnerinnen und Rentner tragen ihre Beiträge seit dem 1.4.2004 allein. Mit dem 1.1.2017 wurde der Beitragssatz von zuvor 2,35 % des Bruttoeinkommens (bis zur Beitragsbemessungsgrenze) auf 2,55 % erhöht. Bei Kinderlosen stieg der Beitragssatz von bisher 2,6 % auf 2,8 %.

➠ Gesetzliche Krankenversicherung ➠ Gesetzliche Rentenversicherung ➠ Sozialversicherung

Gesetzliche Rentenversicherung (GRV)

Die G. wurde 1889 vom damaligen Reichskanzler Otto von Bismarck als Arbeiterrentenversicherung eingeführt und ist inzwischen eine Pflichtversicherung aller unselbstständig Beschäftigten. Sie umfasst die Rentenversicherung für Arbeiter, Angestellte und Bergleute. Zudem können sich alle Personen, die in Deutschland ihren Wohnsitz haben oder als Deutsche im Ausland leben, freiwillig versichern. Träger der G. sind die Bundesanstalt für Angestellte, die Landesversicherungsanstalten, die Bundesknappschaft sowie die landwirtschaftlichen Alterskassen. Die Rente wird über Beiträge der Versicherten und ihrer Arbeitgeber, über Beiträge der Träger von Lohnersatzleistungen sowie über Zuschüsse des Bundes finanziert. Der Rentenbeitrag beträgt derzeit 18,7 % des Bruttolohns. Den zu zahlenden Beitrag bestimmt die jährlich neu festgelegte Beitragsbemessungsgrenze. Sie beträgt für 2017 6.350 € (West) bzw. 5.700 € (Ost). Die Bundeszuschüsse zur Rente sollen von 91,2 Mrd. € (2017) auf 100,7 Mrd. € (2020) ansteigen. 2015 betrug die Summe der Beiträge 207.317 Mrd. €. Bei der Finanzierung der Rente gilt das Umlageverfahren, d. h., die aktuellen Rentenbeiträge der Arbeitnehmer werden direkt an die Rentenbezieher weitergeleitet. Allerdings gibt es eine Liquiditätsreserve in Höhe mindestens einer Monatsauszahlung. Die G. verfolgt mehrere Ziele. Sie gibt Renten an Versicherte und Hinterbliebene bei Invalidität, Alter oder Tod und sie zielt auf Erhaltung, Besserung und Wiederherstellung der Erwerbsfähigkeit. Das Renteneintrittsalter liegt 2017 bei 65 Jahren und 6 Monaten und soll bis 2031 schrittweise auf 67 Jahre angehoben werden. Die Höhe der Rente wird nach einer Formel berechnet, in die 4 Faktoren einfließen: Entgeltpunkte, Zugangsfaktor, Rentenartfaktor und aktueller Rentenwert. Die Entgeltpunkte richten sich nach dem Einkommen und den Beitragsjahren eines Versicherten. Der Zugangsfaktor erhöht oder vermindert die Entgeltpunkte abhängig davon, ob die Rente vor oder nach Erreichen des Rentenalters in Anspruch genommen wird. Der Rentenartfaktor unterscheidet Alters- und Erwerbsunfähigkeitsrenten (Faktor 1) von Berufsunfähigkeitsrenten (Faktor 2/3) und Witwer- bzw. Witwenrenten (Faktor 0,6). Der aktuelle Rentenwert schließlich gibt unter Berücksichtigung der allgemeinen Einkommensentwicklung an, wie viel Rente pro Entgeltpunkt gezahlt wird. Das Rentenniveau ist seit 2003 als Folge der Rentenpolitik stetig gefallen. Nach Einschätzungen des Bundesministeriums für Arbeit und Soziales und der Deutschen Rentenversicherung/Bund wird sich der Abwärtstrend des Rentenniveaus fortsetzen:

- 2003: 53,3 %
- 2017: 47,9 %
- 2030: 44,3 %
- 2045: 41,6 %

➡ Gesetzliche Krankenversicherung ➡ Gesetzliche Pflegeversicherung ➡ Sozialversicherung

Gewerkschaften

G. sind Organisationen abhängig Beschäftigter, die mit dem Ziel gegründet wurden, eine Verbesserung der sozialen und wirtschaftlichen Lage ihrer Mitglieder gegen Wirtschaft und Staat durchzusetzen. Das Grundgesetz garantiert den Schutz solcher Arbeitnehmerkoalitionen in Art. 9, Abs. 3. Sie sind dadurch in ihrer Existenz, ihrer organisatorischen Autonomie sowie der vereinsgemäßen Betätigung abgesichert. Als G. wird eine Arbeitnehmerkoalition dann bezeichnet, wenn sie ein freiwilliger Zusammenschluss und eine dauerhafte Verbindung einer größeren Zahl von Mitgliedern ist, eine demokratische Struktur aufweist, das geltende Tarifrecht anerkennt und zu Arbeitskämpfen bereit ist. Zu den wichtigsten Aufgaben der einzelnen G. gehören als Tarifvertragsparteien die Tarifverhandlungen mit Arbeitgebern, der Abschluss von Tarifverträgen, die Durchführung von Arbeitskämpfen, der Rechtsschutz und die Rechtsberatung für die Mitglieder. Unter dem Dach des Deutschen Gewerkschaftsbundes DGB sind 8 bedeutende Einzelgewerkschaften vereinigt: ver.di **Ver**einte **Di**enstleistungsgewerkschaft, IG Metall, IG **B**auen–**A**grar–**U**mwelt (IG BAU), IG **B**ergbau, **C**hemie, **E**nergie (IG BCE), die Gewerkschaft **N**ahrung–**G**enuss–**G**aststätten (NGG), die **G**ewerkschaft **E**rziehung und **W**issenschaft (GEW), die **G**ewerkschaft **d**er **P**olizei (GdP) und die **E**isenbahn- und **V**erkehrs**g**ewerkschaft (EVG). Zu den G. zählen auch die im **D**eutschen **B**eamten**b**und (dbb) oder dem **C**hristlichen **G**ewerkschafts**b**und Deutschlands (CGB) zusammengefassten Arbeitnehmerkoalitionen oder der Marburger Bund.

➡ Deutscher Gewerkschaftsbund ➡ Koalitionsfreiheit ➡ Schlichtung ➡ Streik ➡ Tarifautonomie

Gewinn

Erlös (Umsatz) minus Kosten. Der G. ist also der Geldbetrag, der nach Abzug aller Kosten bei den Unternehmen verbleibt.

Gewinnbeteiligung

Zusätzlich zum regulären Arbeitsentgelt bezahlte, vom Gewinn eines Unternehmens abhängige Entlohnung bzw. Anspruch auf die Ausschüttung von Gewinnen. Gewinnausschüttungen an Aktionäre heißen Dividenden. Gewinn im wirtschaftlichen Sinn ist die Differenz zwischen dem Umsatz eines Unternehmens und den Kosten der verkauften Produkte. Ziel einer G. ist es, das Engagement und die Motivation der Mitarbeiter zu erhöhen, indem man ihre Bezahlung mit dem Erfolg des Unternehmens verknüpft. Von der G. ist die Umsatzbeteiligung zu unterscheiden. Diese zielt darauf ab, durch Beteiligung der Mitarbeiter am Umsatz den Absatz zu steigern. Dadurch steigt aber nicht zwangsläufig auch der Gewinn des Unternehmens. Deshalb ist die G. gebräuchlicher.

➡ Aktionär ➡ Arbeitnehmer ➡ Lohn

Gewinnerwartung

Zu Beginn eines Geschäftsjahres oder eines Quartals geben Aktiengesellschaften ihre angestrebten Geschäftsziele inklusive des prognostizierten Geschäftsergebnisses bekannt. Ändert sich etwas, das Einfluss auf die angestrebten Ergebnisse haben kann, ist die Aktiengesellschaft verpflichtet, dies unverzüglich zu melden. Wenn der Gewinn größer wird als angenommen, spricht man davon, dass eine G. »gemeldet« wird. Wenn der Gewinn kleiner oder der Verlust größer wird als angenommen, sagt man hingegen, eine G. wird »herausgegeben«. G. haben häufig Verkäufe von Aktien zur Folge.

➡ Aktionär

Gewinnmaximierung

Das wichtigste Ziel von Unternehmen in einer Marktwirtschaft. Ihr gegenüber treten andere unternehmerische Ziele wie Unternehmenserhaltung, Kundenbindung oder Wirtschaftlichkeit meist in den Hintergrund. Der Gewinn (oder gegebenenfalls auch der Verlust) eines Unternehmens berechnet sich aus der Differenz zwischen Erlös und Kosten. Der Gewinn wird also erhöht bzw. der Verlust verringert, wenn die zusätzlichen Kosten einer Maßnahme (auch Grenzkosten genannt) kleiner sind als der zusätzliche Umsatz, der durch die Maßnahme erzielt wird. Der Gewinn ist daher maximal, wenn Produktpreise so angelegt sind, dass Grenzkosten und Grenzerlös gleich groß sind, d. h., wenn die Kosten für jede zusätzlich produzierte Einheit eines Gutes genauso groß sind wie der zusätzliche Umsatz, den es bewirkt.

Gini-Koeffizient

[Auch: Gini-Index] Maß für die Ungleichheit von Einkommen und Vermögen. Der Koeffizient ist nach dem ital. Statistiker Corrado Gini (* 23.5.1884 † 13.3.1965) benannt und misst die Unterschiede zwischen Einkommen oder Vermögen von Personen, Haushalten oder Regionen.

Der G. misst die absolute Differenz zwischen den Größen und setzt sie in Relation zur Anzahl der untersuchten Einheiten und der Durchschnittshöhe der gemessenen Größe. In seiner normierten Form liegt der G. immer zwischen 0 und 1. Bei einem Wert von 0 gäbe es keine Abweichung zwischen dem Einkommen der einzelnen Einheiten und dem Durchschnittswert. Mit anderen Worten: Es besteht eine Gleichverteilung. Bei einem Wert von 1 besitzt hingegen eine Einheit alles. Es herrscht maximale Ungleichheit. In Deutschland liegt der G. der Haushaltseinkommen bei 0,29 (2015).

GIPS-Staaten

Bezeichnung für einige Länder der Eurozone, die vom Staatsbankrott bedroht und auf die finanzielle Unterstützung durch die anderen Mitglieder der Eurozone angewiesen sind oder sein könnten. Griechenland, Irland, Portugal und Spanien werden dazu gezählt. Auf brit. Wirtschaftsjournalisten geht die abwertende Bezeichnung »PIGS-Staaten« zurück.

➡ PIGS-Staaten

Gläubigerbeteiligung

Beteiligung der Gläubiger an einer Umschuldung. Die Gläubiger müssen dann auf einen Teil ihrer Forderung verzichten und entsprechende Abschreibungen in ihren Bilanzen vornehmen. Im Falle von Griechenland haben sich die EU-Länder, die EZB und die Finanzinstitute geeinigt, dass alte Staatsanleihen gegen neue mit geringerem Zinssatz getauscht werden sollen. Dadurch kann Griechenland seine Schulden besser bedienen. Die Gläubiger wiederum verzichten auf eine angemessene Prämie für das Risiko. Die G. hat auch den Hintergrund, dass Banken und Versicherungen jahrelang an den Zinsen kräftig verdienten, deshalb sollen auch sie haften, wenn entsprechende Länder ihre Schulden nicht mehr bedienen können.

Gleichgewichtspreis

Der G. ist der Preis, bei dem Angebot und Nachfrage für ein Gut übereinstimmen, der Markt also im Gleichgewicht ist.

Gleichverteilung

Allgemein: wenn jeder von einer wirtschaftlichen Größe die gleiche Menge erhält. Aus wirtschaftswissenschaftlicher Sicht versteht man unter G. oft eine Verteilung von Einkommen, Vermögen oder Chancen, durch die jeder einzelne Mensch oder jeder einzelne Haushalt das gleiche Einkommen, Vermögen oder die gleichen Chancen besitzt.

Globale Depression

Gleichzeitige und anhaltende Verminderung der Wirtschaftsleistung in allen größeren Volkswirtschaften.

Globalisierung

Begriff, der für verschiedene Entwicklungen steht. Allgemein versteht man darunter die immer stärker werdende internationale und weltweite (globale) Verknüpfung und Verflechtung aller Lebensbereiche, etwa Wirtschaft, Politik, Kultur oder Umwelt. In einem engeren wirtschaftlichen Sinn bezeichnet der Begriff v. a. den Prozess der zunehmend globalen Arbeitsteilung. Konkret bedeutet das: Die Produktion eines Gutes erfolgt dort, wo die Kostenvorteile am größten sind. Das gilt für ein Produkt insgesamt wie auch für die Herstellung seiner Bestandteile. So wirkt sich die wirtschaftliche G. auf die Finanz- und Kapitalmärkte, den Gütermarkt, auf Wettbewerbsstrategien, Produktionsfaktoren und das technische Wissen aus. Ursachen und Gründe für die G. sind vielfältig. Häufig genannt werden die Liberalisierung des Kapital-, Güter-, Dienstleistungs- und Arbeitsmarktes, der Abbau von Handelsschranken, die Schaffung von Binnenwirtschaftsräumen sowie schnellerer Informationsaustausch dank einfacherer Kommunikationstechnik und sinkender Kommunikationskosten. Außerdem steigt die Austauschbarkeit einzelner Produktionsstandorte dank fallender Transportkosten. Hinzu kamen nach dem Ende des Kalten Krieges neue Wettbewerberstaaten sowie tendenziell sinkende Unterschiede und eine bessere

Austauschbarkeit zwischen Produkten aus verschiedenen Ländern. Die Folgen der G. für die Wirtschaft werden kontrovers diskutiert. Den Chancen, etwa auf neue Absatzmärkte und günstigere Produktionsstandorte, stehen ein erhöhter Wettbewerbsdruck und sinkende Arbeitsplatzsicherheit gegenüber. Auch die Bedeutung des einzelnen Staates bzw. der einzelnen Volkswirtschaft schwindet wegen der immer stärkeren Einbindung in internationale Institutionen, Organisationen und wirtschaftliche Prozesse. Daher scheint die nationale Wirtschaftspolitik ein zunehmend ungeeignetes Instrument, um ökonomische Prozesse zu beeinflussen.

➡ International Monetary Fund ➡ Weltbank ➡ Welthandelsorganisation

Globalsteuerung

Beeinflussung der Wirtschaft und des Wirtschaftssystems durch politische Maßnahmen, die sich auf die Nachfrageseite des Marktes auswirken. Dazu bedient sich der Staat einer Reihe von Instrumenten: Neben der Geld- und Kreditpolitik ist dies v. a. die Finanz- und Außenhandelspolitik. G. beruht auf der Idee, dass die Politik mehr tun sollte, als nur den Rahmen für wirtschaftliche Aktivitäten vorzugeben. Allerdings sollen diese Eingriffe nicht den Prinzipien des Marktes widersprechen. Konkrete Maßnahmen, etwa ein Lohn- oder Preisstopp, sind nicht vorgesehen. Eine erfolgreiche G. bedarf genauer ökonomischer Daten, einer detaillierten Kenntnis des Wirtschaftssystems und geeigneter Instrumente, um diagnostizierten Defiziten entgegenzuwirken. In der Bundesrepublik entwickelte sich das Konzept der G. Mitte der 1960er-Jahre. Dem erstmals nach dem Krieg festgestellten Rückgang von Beschäftigung und Produktion in den Endjahren des Wirtschaftswunders war mit dem klassischen Instrument der Geldpolitik nicht mehr beizukommen. Die Überlegungen mündeten 1967 in das Gesetz zur Förderung der Stabilität und des Wachstums der Wirtschaft.

➡ Keynesianische Theorie

Gold-Devisen-Standard

Ein internationales Währungssystem, in dem neben Gold auch Fremdwährungen, sog. Devisen, zur Deckung der eigenen Geldmenge verwendet werden können. Bedingung dabei ist, dass die Devisen zumindest zu einem gewissen Teil selbst wieder mit Gold gedeckt sein müssen. Zentral- und Notenbanken können in einem Währungssystem mit G. auf den Markt einwirken, indem sie am Devisenmarkt intervenieren, also Fremdwährungen an- oder verkaufen.
Das 1944 in Bretton Woods (USA) beschlossene und 1945 in Kraft getretene Währungssystem basierte auf dem ersten von Staaten beschlossenen G., im Prinzip also auf festen Wechselkursen. Der US-Dollar wurde zur Leitwährung, und die USA verpflichteten sich zur Golddeckung des US-Dollars zu einem festgelegten Kurs, also dazu, den US-Dollar jederzeit in Gold eintauschen zu können.
Die anderen beteiligten Staaten verpflichteten sich im Gegenzug, den Wert ihrer Währungen nur in Bezug auf Gold oder auf den US-Dollar anzugeben. Außerdem waren sie zu Devisenmarktinterventionen verpflichtet, von denen die USA befreit waren. Das System brach 1973 zusammen, nachdem die USA bereits 1971 ihre Pflicht, US-Dollar in Gold einzulösen, gekündigt hatten. Seitdem gelten freie Wechselkurse.

➡ Bretton-Woods-System ➡ Währungsordnung

Goldstandard

Internationales Währungssystem, in dem Gold ein gesetzliches Zahlungsmittel ist oder die Zahlungsmittel ganz oder zu einem gewissen Teil durch Goldreserven gedeckt sein müssen. Theoretisch muss in einem solchen System der vom Edelmetall gedeckte Teil der Zahlungsmittel jederzeit in Gold umgetauscht werden können.

➟ Bretton-Woods-System ➟ Leitwährung ➟ Währungspolitik

Grenzanbieter

Unternehmen, die angesichts der Preise, die am Markt für ihre Produkte zu erzielen sind, ihre wirtschaftliche Tätigkeit gerade noch aufrechterhalten können. Das bedeutet, dass der Marktpreis für die verkauften Produkte soeben noch ausreicht, um die Gesamtkosten des Betriebs zu begleichen. G. können sich, wenn sich nichts an ihrem Status ändert, meist nicht lange am Markt halten. Selbst bei einem kleinen Preisrückgang übersteigen die Kosten schnell den Gewinn. Kurzfristig lässt sich dieser Zustand überbrücken, langfristig aber führt er in die Insolvenz. Doch wird ein Betrieb ebenso unwirtschaftlich, wenn der Marktpreis konstant bleibt, aber die Produktion etwa wegen steigender Rohstoffpreise teurer wird.

Grenzen des Wachstums

Name einer berühmten Studie zur Weltwirtschaft, die 1972 vom Club of Rome veröffentlicht wurde. Der »Bericht zur Lage der Menschheit« beschäftigte sich mit der Frage, ob dem Wirtschaftswachstum Grenzen gesetzt sind – und wenn ja, welche. Dem Bericht zufolge verhindern mehrere Faktoren ein unbegrenztes Wachstum: Der Lebensraum für immer mehr Menschen ist ebenso begrenzt wie die Rohstoffreserven. Außerdem ist die Umwelt immer weniger in der Lage, durch wirtschaftliche Aktivität verursachte Schäden wie Waldsterben oder Klimaerwärmung zu absorbieren und zu kompensieren. Der Bericht ging bei so zentralen Größen wie Bevölkerung, Ressourcenverbrauch und Umweltverschmutzung von einem exponentiellen Wachstum aus, das sich immer schneller seinen Grenzen nähere. Daher wurde ein Wachstumsverzicht empfohlen, um irreparablen Umweltschäden vorzubeugen. Die Studie, deren Name sich als Synonym für einen kritischen Umgang mit dem Wirtschaftswachstum als oberstem Ziel eingebürgert hat, löste zahlreiche umwelt- und wirtschaftspolitische Diskussionen aus. Zwar wurde sie als wichtiger Impuls anerkannt. Aber Kritiker bemängelten, dass der Bericht erneuerbare Ressourcen sowie den Preismechanismus bei knapper werdenden Gütern und Rohstoffen nicht oder zumindest nicht ausreichend berücksichtigte.

➟ Bruttosozialprodukt ➟ Umweltpolitik

Grenzertrag

Ertrag, den die letzte eingesetzte Einheit eines Produktionsfaktors bei ansonsten unveränderten Gegebenheiten liefert. So besteht der G. von Arbeit z. B. in jenen produzierten Gütern, die die letzte eingesetzte Arbeitsstunde erbringt, sofern z. B. der Kapitaleinsatz unverändert bliebe. I. d. R. geht man von abnehmenden G. aus. Das bedeutet, jede zusätzlich eingesetzte Einheit liefert einen immer geringeren G.

Grenzkosten

Kosten, die durch die Produktion einer zusätzlichen Einheit eines Gutes entstehen. Im Unterschied zum Grenzertrag gibt es im Hinblick auf die G. durchaus unterschiedliche Annahmen darüber, wie sie sich auswirken. Es gibt Modelle mit fallenden, konstanten und steigenden G. Erstere beschreiben Produktionsprozesse, die mit Ausdehnung der Mengen immer kostengünstiger je Einheit werden. Dies ist bei typischen Massenprodukten wie Automobilen weitgehend der Fall. Steigende G. treten bei Kapazitätsgrenzen oder organisatorischen Beschränkungen auf. Dann erhöhen sich die Kosten je produzierter Einheit, und es lohnt sich i. d. R. nicht mehr, die Produktion stärker auszudehnen.

Grenzleistungsfähigkeit des Kapitals

Bestimmter Zinssatz, bei dem die Kosten einer Investition genauso hoch sind wie die Erträge, die von ihr erwartet werden. Wenn man die G., auch interner Zins genannt, bestimmt, lässt sich überprüfen, ob sich eine Investition lohnt. Eine Investition lohnt sich, wenn die G. höher ist als der für einen Investitionskredit gezahlte Marktzins, und sie ist unrentabel, wenn die G. kleiner als der Marktzins ist.
Dass der interne Zins auch G. genannt wird, geht auf John Maynard Keynes (* 5.6.1883 † 21.4.1946) zurück. Er brachte die Idee auf, dass Investitionen nicht nur vom Zinssatz für Kredite, sondern in großem Maß auch von den Erwartungen des Unternehmers beeinflusst werden.

Grenznutzen

Zusätzlicher Nutzen, den der Verbrauch einer zusätzlichen Einheit eines Gutes mit sich bringt. Ein Beispiel hierfür ist Essen: Jedes einzelne gegessene Stück Brot ist für das Ziel, satt zu werden, nützlich. Das Konzept des G. basiert auf der Erkenntnis, dass der Nutzen, der sich aus dem Verbrauch einer Einheit eines Gutes ergibt, mit zunehmendem Verbrauch nachlässt und schließlich gegen null tendiert. Im Beispiel bedeutet das, dass die erste Brotscheibe für die Stillung des Hungers von deutlich größerem Nutzen ist als etwa die zehnte. Die Regel des abnehmenden G. bei zusätzlichem Konsum heißt Erstes Gossen'sches Gesetz. Es ist benannt nach dem Volkswirtschaftler Hermann Heinrich Gossen (* 7.9.1810 † 13.2.1858), der es in allgemeingültiger Form aufstellte.

Grenzsteuersatz

Auch marginaler Steuersatz genannt. Dieser Steuersatz wird erhoben, wenn sich die Grundlage der Besteuerung, etwa das Einkommen, um eine Einheit erhöht. Beispiel Einkommensteuer: In Deutschland ist ein Jahresverdienst bis zur Höhe von 8.820 € steuerfrei, der sog. Grundfreibetrag (2017). Der erste darüber hinaus verdiente Euro wird mit dem G. von 14 % besteuert. Weil die Einkommensteuer in Deutschland progressiv gestaffelt ist, steigt mit jedem weiteren verdienten Euro der G. an, und zwar bis zum Spitzensteuersatz von 42 %, der ab einem zu versteuernden Jahreseinkommen von 54.058 € erreicht wird. Von jedem zusätzlich verdienten Euro sind 42 Ct. abzuführen, bis ein Jahreseinkommen vor Steuern von 256.303 € erreicht wird. Darüber hinausgehende Beträge unterliegen einer Steuer von 45 %, auch Reichensteuer genannt.

→ Spitzensteuersatz

Gresham'sches Gesetz

Nach dem brit. Ökonomen Sir Thomas Gresham (* 1519 † 21.11.1579) benannt. Es besagt, dass »schlechtes Geld das Gute verdrängt«. Dieser Effekt tritt in Währungssystemen ein, in denen

2 Geldarten mit festem Umtauschkurs oder Geldarten unterschiedlicher Qualität wie Münz- und Papiergeld im Umlauf sind. Langfristig wird die minderwertig eingeschätzte Geldart als Zahlungsmittel und die höherwertig eingeschätzte Geldart als Wertaufbewahrungsmittel benutzt. Auf diese Weise verschwindet das höher geschätzte Geld allmählich aus dem Umlauf. Das Gesetz ist allerdings nur erfüllt, wenn man die Wahl hat, mit welcher Geldart man zahlen will.
Ist diese Voraussetzung gegeben, bestätigt das Gesetz grundsätzlich die Annahme, dass Geld immer für den Zweck verwendet wird, der den größten Ertrag verspricht.

➟ Währungsordnung

GREXIT

[Engl.: Zusammenschluss von Greece und Exit] Mit G wird der während der Krise des Euroraums häufig debattierte Austritt Griechenlands aus dem Euroraum bezeichnet.

Griechenland

➟ Griechenland-Rettungspakte

Griechenland-Rettungspakte

Die EU, die EZB und der IWF einigten sich am 1./2.5.2010 mit der griech. Regierung auf ein dreijähriges finanzielles Hilfsprogramm, das auf Kreditzusagen im Umfang von insgesamt 110 Mrd. € beruhte. Die griech. Staatsschulden sollten im Gegenzug binnen drei Jahren reduziert werden und das Haushaltsdefizit bis 2014 auf unter 3 % gesenkt werden. Von den zugesagten 110 Mrd. € als bilaterale Kreditzusagen übernahm der IWF 30 Mrd. und die Eurozone 80 Mrd. An diesen 80 Mrd. betrug der dt. Anteil 28 %, also ca. 22,4 Mrd. € in drei Jahren. Nachdem das erste Rettungspaket nicht ausreichte, wurde ein zweites auf einem EU-Gipfeltreffen der 17 Euroländer am 21.7.2011 beschlossen. Dieses hat ein Volumen von insgesamt 109 Mrd. € und kann von dem neu geschaffenen EFSF, einer Einrichtung der beteiligten Staaten, und dem Internationalen Währungsfonds (IWF) bis zum Jahr 2014 ausgezahlt und zu dem niedrigen Zinssatz von 3,5 % ausgegeben werden. Für die Rückzahlung sämtlicher vom Rettungsfonds zur Verfügung gestellten Mittel wurde Griechenland eine Laufzeitverlängerung von 7,5 auf 15 Jahre gewährt.

Große Rezession (Great Recession)

Aus dem angelsächsischen Sprachraum übernommene Bezeichnung für die tiefe Rezession im Gefolge der Finanzmarktkrise. Es handelt sich hierbei um den schärfsten Einbruch der wirtschaftlichen Aktivität seit dem 2. Weltkrieg. Ausgelöst wurde er durch den Zusammenbruch der Kreditvergabe infolge der dramatisch gestiegenen Unsicherheit auf den Finanzmärkten. In der Folge brachen Investitionen und Exporte weltweit ein. Im dt. Sprachraum wird diese gesamte Phase i. d. R. als Finanzmarktkrise bezeichnet.

Grunderwerbssteuer

Wer ein inländisches Grundstück kauft, muss G. zahlen. Sie beträgt in Deutschland mindestens 3,5 % des Kaufpreises. Seit dem 1.9.2006 dürfen die Bundesländer den Steuersatz selbst festlegen. Es gibt Fälle, in denen die Zahlung der G. entfällt. So muss etwa keine G. gezahlt werden, wenn Grundstücke vom Ehepartner oder direkten Verwandten gekauft werden oder wenn die Grundstücke von geringem Wert sind.

➟ Steuern

Grundfreibetrag

Jeder, der in Deutschland Einkommen bezieht, muss bis zu einer gewissen Grenze keine Einkommenssteuer zahlen. Das Einkommen, das von der Besteuerung befreit ist, nennt man G. Dieser soll jedem, der Einkommenssteuer zahlen muss, garantieren, dass sein Einkommen nicht steuerlich belastet ist, soweit es zur Sicherung des Existenzminimums dient. In Deutschland liegt der G. pro Jahr bei 8.820 € (2017). Erst Einkommen, die über dieser Grenze liegen, werden besteuert. Wegen der sich ändernden Lebenshaltungskosten wird der G. alle paar Jahre angepasst.

Grundgesamtheit

Begriff aus der Statistik und der Empirie. Er bezeichnet alle Personen, Dinge oder Fälle, die auf eine bestimmte Frage oder mehrere bestimmte Fragen hin untersucht werden. Weil eine G. oft sehr groß ist, etwa wenn die Meinung der Gesamtbevölkerung zu einem bestimmten Thema in Erfahrung gebracht werden soll, reduziert man sie oft aus zeitlichen, organisatorischen und finanziellen Gründen auf eine Stichprobe. Die Antworten der für diese Stichprobe ausgewählten Personen werden anschließend auf die G. hochgerechnet. Um das Ergebnis nicht zu verfälschen, ist es daher wichtig, dass die Stichprobe repräsentativ für die G. ist.

→ Amtliche Statistik → Empirische Wirtschaftsforschung

Grundrente

Jener Ertrag, der sich erzielen lässt, indem man knappe natürliche Ressourcen nutzt. Insbesondere sind damit Erträge aus der Nutzung des Produktionsfaktors Boden gemeint. Daher wird die G. auch Bodenrente oder Pacht genannt. Sie stellt quasi das Einkommen dar, das sich über die Verzinsung des Bodenkaufpreises hinaus aus der Bewirtschaftung oder auch der industriellen Nutzung des Bodens ergibt. Man unterscheidet mehrere Arten der G. Bei der Bonitätsrente sorgt unterschiedlich fruchtbarer Boden, bei der Intensitätsrente unterschiedliche intensive Nutzung des Bodens für unterschiedliche Erträge. Die Lagerente schließlich bezeichnet unterschiedliche Einkommen, die durch verschiedene Entfernungen zum Markt begründet sind.

Grundsicherung

Eine Sozialleistung, die Menschen im Alter oder bei Erwerbsminderung vor Armut schützen soll. Es gibt sie seit dem 1.1.2003. Die G. wird durch die Sozialämter oder durch überregionale Leistungsträger gezahlt und soll verhindern, dass Sozialhilfe gezahlt werden muss, wenn Personen, die altersbedingt oder aufgrund einer Erwerbsminderung aus dem Berufsleben ausscheiden, ihren Grundbedarf nicht mehr aus ihrem eigenen Einkommen oder Vermögen decken können. G. kann nur beantragen, wer seinen gewöhnlichen Aufenthalt in Deutschland hat. Über die Zahlung von G. entscheidet das zuständige Sozialamt. Keinen Anspruch auf G. haben Personen, deren Eltern oder Kinder ein Einkommen von mehr als 100.000 € im Jahr haben, die ihre Bedürftigkeit innerhalb der vergangenen 10 Jahre vorsätzlich und grob fahrlässig verursacht haben und Personen, die Leistungen nach dem Asylbewerbergesetz erhalten. Die G. umfasst neben einem im SGB XII festgelegten Regelsatz Geld für Unterkunft und Heizung sowie Kranken- und Pflegeversicherungsbeiträge, soweit keine Pflichtversicherung besteht. Der Regelsatz ergibt sich grundsätzlich aus der Formel »Bedarf minus Einkommen gleich Grundsicherung«. Unter besonderen Umständen, etwa bei Schwerbehinderten oder alleinerziehenden Müttern, kommen weitere Leistungen hinzu. In einem weiteren Wortsinn wird das ALG II als »Grundsicherung für Arbeitssuchende« bezeichnet.

Gründungszuschuss

Staatliche finanzielle Hilfe der Bundesagentur für Arbeit für Empfänger von ALG I, die sich selbstständig machen wollen. Er ist ein relativ neues Instrument der Arbeitsmarktpolitik und zum 1.8.2006 an die Stelle der Ich-AG und des Überbrückungsgeldes getreten. Der G. hat zunächst 9 Monate lang die Höhe des ALG I für den Existenzgründer plus einer Pauschale von 300 €. Nach dieser Zeit prüft die Bundesagentur für Arbeit, ob der Empfänger des Zuschusses weiterhin gefördert werden soll. Ggf. wird die Pauschale – nicht aber das ALG I – noch für weitere 6 Monate gezahlt. Auf diese Zahlung in den letzten 6 Monaten besteht allerdings kein Rechtsanspruch. Die Zahlung des G. ist an eine Reihe von Bedingungen geknüpft. Wer ihn bekommt, muss arbeitslos sein und noch mindestens 3 Monate Anspruch auf ALG I haben. Die Arbeitslosigkeit muss zudem durch eine selbstständige Tätigkeit beendet werden, die mindestens 15 Stunden pro Woche in Anspruch nimmt. Außerdem muss der Antragsteller nachweisen, dass er alle Fähigkeiten, die für die angestrebte Tätigkeit notwendig sind, besitzt. Keinen G. erhalten Menschen ab 65 Jahren und Personen, die in den vergangenen 2 Jahren Überbrückungsgeld oder Zuschüsse für eine Ich-AG bekommen haben.

➡ Arbeitsmarktpolitik

Gruppe der Sechs (G6)

Die G6 ist ein informeller Zusammenschluss der sechs bevölkerungsreichsten Länder der Europäischen Union, bestehend aus Frankreich, Großbritannien, Italien, Spanien, Polen und Deutschland, in dem die jeweiligen Innenminister immer wieder Fragen von Einwanderungspolitik, Kriminalität und Terrorismus diskutieren.

Gruppe der Sieben (G7)/ Gruppe der Acht (G8)

➡ Weltwirtschaftsgipfel

Gruppe der Zwanzig (G20)

Die G20 ist ein informelles Forum für den Dialog zwischen Industrie- und Schwellenländern, das 1999 auf Initiative der G7 zur Förderung der weltweiten wirtschaftlichen Stabilität gegründet wurde. Sie besteht aus den Mitgliedsländern der G7 sowie Russland, Argentinien, Australien, Brasilien, China, Indien, Indonesien, Mexiko, Saudi-Arabien, Südafrika, Südkorea, Türkei und der EU. In Folge der zunehmenden wirtschaftlichen Bedeutung der Schwellenländer hat die G20 seit 2009 die G7 als zentrales Forum für internationale Finanz- und Wirtschaftsfragen abgelöst, zumal hier auch Fragen zum Klimawandel und zur Armutsbekämpfung diskutiert werden. Die G20 repräsentiert rund 90 % des weltweiten Bruttoinlandsprodukts, 80 % des Welthandels und rund zwei Drittel der Weltbevölkerung.

➡ Weltwirtschaftsgipfel

Günstigkeitsprinzip

Rechtsgrundsatz, der besagt, dass bei der Beurteilung einer Rechtslage die für den Betroffenen günstigere Regelung anzuwenden ist, wenn verschiedene Rechtsquellen gleichzeitig in einem Fall greifen und miteinander kollidieren. Verschiedene Rechtsquellen können etwa Europa- und Verfassungsrecht sowie Arbeits- oder Tarifverträge sein. Das G. ist v. a. im Arbeitsrecht von Bedeutung und gilt auch, wenn die rangniedere Rechtsnorm für den Betroffenen günstiger ist als die ranghöhere.

Güter

Alle Dinge, die zur Befriedigung eines Bedürfnisses geeignet sind. G. können also die Wohlfahrt von Individuen erhöhen. Daher sollte Wirtschaftspolitik darauf abzielen, die Verteilung von G. auf die Personen, die sie nachfragen, möglichst einfach und effektiv zu machen. Es gibt verschiedene Arten von G. Öffentliche G. zeichnen sich dadurch aus, dass sie ohne Konkurrenz von allen konsumiert werden können (Nichtrivalität) und niemand vom Konsum ausgeschlossen werden kann (Nichtausschluss). Beispiele dafür sind Frieden, saubere Luft oder Straßenbeleuchtung. Für ihre Bereitstellung taugt der Markt nicht, die öffentliche Hand muss sie zur Verfügung stellen. Private G. dagegen erfüllen die Kriterien der Ausschließbarkeit und Rivalität. Daher kann für sie auf dem Markt ein Preis verlangt werden. Beispiele hierfür sind Brot, Kinokarten, Friseurbesuche etc. Ein Sonderfall sind die sog. meritorischen G. oder Mischgüter. Sie können zwar auch von privater Seite angeboten und nachgefragt werden. Allerdings geschieht das oft in geringerem Maß, als dies von politischer Seite für notwendig und angemessen gehalten wird. Beispiele hierfür sind Schulbildung, Impfschutz oder die Rauschgiftbekämpfung. Deshalb greift der Staat bei meritorischen G. oft mit Subventionen ein, um die Nachfrage zu stärken. Für ein gewinnorientiertes Wirtschaftsunternehmen sind nur die privaten G. und mit Einschränkungen die meritorischen G. von Interesse, da nur für sie am Markt ein Preis verlangt werden kann. Die klassische Einteilung dieser G. unterscheidet zwischen Sachgütern, Dienstleistungen und Nutzungsrechten. Diese Basiseinteilung lässt sich noch weiter nach dem Verwendungszweck spezifizieren. Dauerhafte Sachgüter: Hierunter versteht man Konsumgüter wie Radios oder Computer, aber auch Produktionsgüter wie Maschinen zur Herstellung von Waren. Nicht dauerhafte Sachgüter: Auch bei ihnen unterscheidet man zwischen Konsumgütern, etwa Lebensmitteln, und Produktionsgütern, so z. B. die zur Herstellung von Waren benötigte Energie. Dienstleistungen sind per definitionem nicht dauerhaft. Hier unterscheidet man zwischen Konsumdienstleistungen – wie einer Massage – und Produktionsdienstleistungen, etwa Grundlagenforschungen.

➠ Gütermarktgleichgewicht

Gütermarktgleichgewicht

Situation in einer Volkswirtschaft, in der das Angebot an Gütern der Nachfrage nach ihnen entspricht. Dadurch entsteht ein Gleichgewicht, in dem kein Anreiz besteht, das Angebot oder die Nachfrage auf dem Gütermarkt zu verändern.

Habit-Persistence-Hypothese

[Engl.: habit = Gewohnheit, persistence = Fortdauer] Modell des brit. Ökonomen T. M. Brown, der Konsumenten, deren verfügbares Einkommen sich ändert, ein bestimmtes träges Verhalten unterstellt. Brown nahm an (1952), dass sich Konsumenten in ihren Konsumgewohnheiten nicht nur am verfügbaren Einkommen der laufenden Periode orientieren, sondern auch am gewohnten Konsumniveau der Vorperiode.

Darin unterscheidet Brown sich von Keynes' Konsumtheorie. Dieser nahm an, dass der gesamtwirtschaftliche Konsum maßgeblich vom laufenden Einkommen abhängt, nicht aber vom vergangenen oder erwarteten zukünftigen Einkommen.

➠ Keynesianische Theorie ➠ Relative Einkommenshypothese

Hair Cut

[Dt.: Haarschnitt] H. ist ein genereller Abschlag auf eine bestehende Schuld in Höhe eines bestimmten Prozentsatzes. Er wird dann vorgenommen, wenn der Schuldner nicht mehr in der Lage ist, Zins und Tilgung auf seine Schulden zu leisten. Mit dem H. verzichten alle Gläubiger in gleichem Umfang auf einen Teil der ausstehenden Schulden und ermöglichen so dem Schuldner die verminderte Restschuld zu bedienen.

Halbeinkünfteverfahren

Regelte seit 2002 die steuerliche Gewinnermittlung bei Einnahmen aus Beteiligungen an Kapitalgesellschaften. Nach diesem Verfahren wurden Dividenden und Einnahmen des Aktionärs aus Aktienverkäufen nur zur Hälfte besteuert. Das Gleiche galt für Dividenden aus Investmentfonds. Mit Beginn des Jahres 2009 ist das H. entfallen. Gewinne aus Aktienverkäufen und Dividenden sind nun insgesamt zu versteuern.

➠ Abgeltungssteuer

Handel

Im H. werden Güter angeboten und nachgefragt. Der Einzelhandel verkauft an den Endverbraucher, der Großhandel an den Wiederverkäufer. Volkswirtschaftlich unterscheidet man zwischen dem Binnenhandel innerhalb der Grenzen von Nationalstaaten oder Staatengruppen, die untereinander Zölle u. a. Handelshemmnisse abgebaut haben, sowie dem grenzüberschreitenden Außenhandel in Form von Export und Import.

Handelsbilanz

Im betriebswirtschaftlichen Sinne: die gesetzlich vorgeschriebene Gegenüberstellung von Aktiva und Passiva, also von Vermögen und Schulden eines Unternehmens, am Ende eines jeden Geschäftsjahres. In der Außenwirtschaft: Teil der Leistungsbilanz, und zwar der, der den gesamten außenwirtschaftlichen Warenverkehr einer Volkswirtschaft erfasst. Die Exporte (Aktiva) werden hier den Importen (Passiva) gegenübergestellt. Bei einem Handelsbilanzüberschuss (aktive Handelsbilanz) übersteigt der Wert der Exporte den Wert der Importe. Im umgekehrten Fall liegt ein Handelsbilanzdefizit vor (passive Handelsbilanz).

➠ Zahlungsbilanz

Handelspolitik

➠ Außenhandelspolitik

Harmonisierter Verbraucherpreisindex (HVPI)

Preisindikator, der die Konsumausgaben aller Haushalte in den Ländern der Eurozone erfassen und damit ein aktuelles und aussagekräftiges Bild von der Inflationsentwicklung liefern soll. In der gesamten EU werden dabei monatlich weit über 1 Mio. Preisbeobachtungen berücksichtigt. Der HVPI wird für jedes EU-Land, aber auch für das Eurowährungsgebiet berechnet. Ihm liegt ein Warenkorb zugrunde, der nur die Güter und Dienstleistungen enthält, die sich in allen nationalen Warenkörben finden. Nach Auffassung der Europäischen Zentralbank (EZB) ist der HVPI die Messgröße, die am besten geeignet ist,

Abb. 20 Deutschlands Außenbilanzen 1993 bis 2016 (Handelsbilanz · Leistungsbilanz · Differenz)

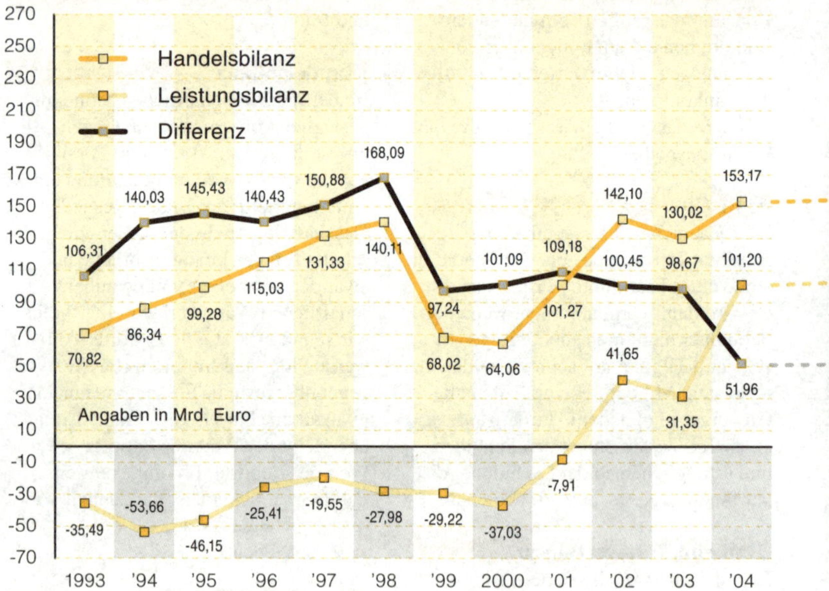

Quelle Bundesbank (2017)

um die Preisniveaustabilität zu beurteilen. Sie legt ihn daher ihren geldpolitischen Entscheidungen zugrunde.

➠ Inflation ➠ Preisniveau

Harrod-Domar-Modell

Die Wachstumsmodelle von Roy F. Harrod (* 13.2.1900 † 8.3.1978) und Evsey D. Domar (* 16.4.1914 † 1.4.1997) stellen den Versuch dar, Keynes Theorie des kurzfristigen makroökonomischen Gleichgewichts dynamisch fortzuentwickeln. Keynes nahm an, dass in der kurzfristigen Betrachtung des wirtschaftlichen Wachstums die Produktionskapazität (sprich: die Investition) eine gegebene Größe sei. Für eine Betrachtung des langfristigen Wirtschaftswachstums muss aber berücksichtigt werden, dass ein Zuwachs bei den Investitionen 2 Effekte hat: Zum einen wächst das Volkseinkommen in gleicher Höhe wie die Investitionen, zum anderen wächst auch die Produktionskapazität einer Volkswirtschaft. Harrod nimmt nun an, dass die Nettoinvestitionen von der gesamtwirtschaftlichen Güternachfrage abhängig sind. Steigt also das Volkseinkommen, so steigen auch die Nettoinvestitionen und damit wiederum das Volkseinkommen. Dieser Mechanismus wird Akzelerator genannt. Die Steigerung des Volkseinkommens führt über den Multiplikator zu einem weiteren Zuwachs des Volkseinkommens und über den Akzelerator auch zu einer Zunahme bei den Nettoinvestitionen. Wenn das

Abb. 20 Deutschlands Außenbilanzen 1993 bis 2016 (Handelsbilanz · Leistungsbilanz · Differenz)

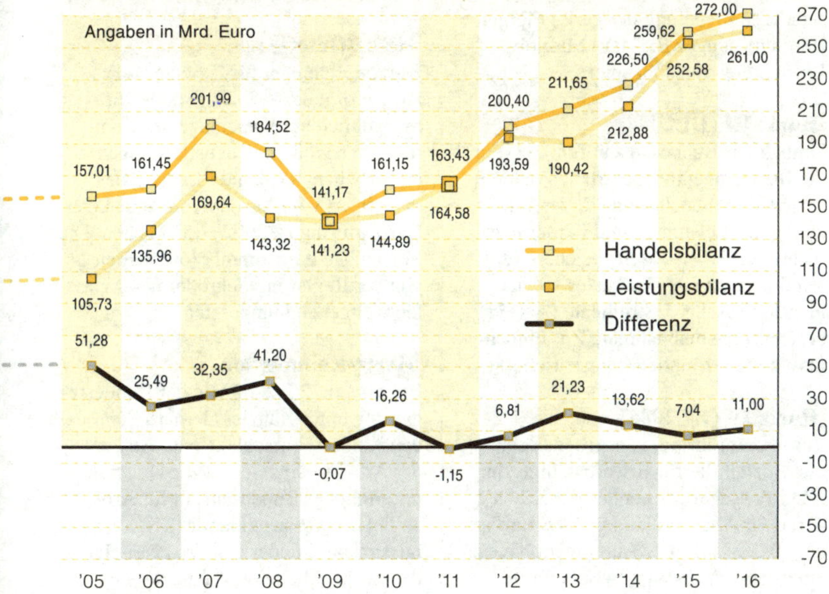

Wirtschaftswachstum schließlich den Höhepunkt erreicht hat, fallen die Investitionen wieder, sodass Akzelerator und Multiplikator in umgekehrter Richtung wirken. Harrod sah hier die Ursache für das Entstehen von Konjunkturzyklen. Domars Modell ist mathematisch formal identisch mit Harrods Modell. Bei Domar sind die Investitionen allerdings nicht an Veränderungen des Volkseinkommens gekoppelt, sondern unabhängige Variablen, deren Kapazitätseffekt er besonders betont. Ein gleichgewichtiger Wachstumsprozess ist nur möglich, wenn die Nachfrage, die etwa durch den Einkommenseffekt zusätzlicher Investitionen entsteht, zur Auslastung der zusätzlich geschaffenen Kapazitäten führt und sie nicht übersteigt.

Harrod und Domar bezweifeln mit ihren Modellen, dass eine Volkswirtschaft ohne wirtschaftspolitische Eingriffe des Staates zur Vollbeschäftigung tendiert. Weil schon Keynes dieser Meinung war, werden Harrod und Domar als Keynesianer bezeichnet.

Hartz I (1.1.2003)

Einführung **P**ersonal-**S**ervice-**A**genturen (PSA), Liberalisierung der Arbeitnehmerüberlassung, Bildungsgutscheine, Verschärfung der Zumutbarkeitsregeln bei der Aufnahme von Arbeit, Kürzung des Arbeitslosengeldes bei verspäteter Arbeitslosenmeldung.

Hartz II (1.1./1.4.2003)

Einführung der Ich-AG, faktische Aufhebung des Scheinselbstständigengesetzes, Neuregelung der geringfügigen Beschäftigung, Mini- und Midijobs, Einrichtung von Jobcentern.

Hartz III (1.1.2004)

Umbau der Bundesanstalt für Arbeit in die Bundesagentur für Arbeit, Änderungen beim Arbeitslosengeld, Vereinfachung des Leistungs- und Förderungsrechts der Arbeitslosenversicherung, Vereinfachung des Einsatzes arbeitsmarktpolitischer Instrumente (Arbeitsbeschaffungsmaßnahmen, Zusammenfassung von Eingliederungszuschüssen).

Hartz IV (1.7.2004)

Zusammenführung von Arbeitslosen- und Sozialhilfe für Erwerbsfähige zum ALG II (Regelsatz bundeseinheitlich 416 € für Alleinstehende, 374 € für Partner ab dem 1.1.2018) auf einem Niveau unterhalb der bisherigen Sozialhilfe. Langzeitarbeitslose müssen vom anrechenbaren Vermögen leben, bevor sie ALG II in Anspruch nehmen können. Langzeitarbeitslosen, die eine Pflichtverletzung begehen – zum Beispiel einen zumutbaren Job ausschlagen – drohen unterschiedlich harte Sanktionen. Mit Wirkung zum 1.1.2005 wurde das bisherige Arbeitslosengeld auf die Hälfte der bisherigen Laufzeit (maximal 1 Jahr) zum ALG I herabgesetzt. Bereits zum 1.8.2006 wurden die Hartz-IV-Gesetze wegen ihrer unerwartet hohen Folgekosten durch das Hartz-IV-Fortentwicklungsgesetz korrigiert und verschärft. Die Hartz-Gesetze sind v. a. von den Gewerkschaften und Wohlfahrtsverbänden als unsozial kritisiert worden, zumal sie das erklärte Ziel, die Zahl der Arbeitslosen um 2 Mio. zu verringern, nicht annähernd erreicht haben. Manche Wirtschaftsexperten äußerten dagegen, der Weg sei richtig, das Hartz-Konzept aber nicht weit genug gegangen.

Hartz-Gesetze

Kurzbezeichnung für Gesetze (I–IV) zur Reform des Arbeitsmarktes, die maßgeblich auf Vorschläge der Kommission »Moderne Dienstleistungen am Arbeitsmarkt« unter Leitung des damaligen VW-Personalvorstands Peter Hartz im August 2002 zurückgehen. Die Vorschläge der Kommission wurden von der Regierung Schröder in 4 Schritten weitgehend umgesetzt.

Hartz-Kommission

Erhielt am 22.2.2002 von der Bundesregierung unter Kanzler Gerhard Schröder den Auftrag, Vorschläge zum Abbau der Arbeitslosigkeit und zur Umstrukturierung der Bundesanstalt für Arbeit zu liefern. Vorsitzender der 15 Kommissionsmitglieder war Dr. Peter Hartz, damals Mitglied des Vorstandes der Volkswagen AG. Dieser Kommission gehörten 8 Industrievertreter und Unternehmensberater an, ferner 2 Gewerkschafter, 2 Politiker, 2 Wissenschaftler und 1 Vertreter eines Landesarbeitsamtes. Unter den Kommissionsmitgliedern fand sich eine Frau und kein Vertreter eines Arbeitslosenverbandes. Die Vorschläge der Kommission zielten darauf ab, dass der Arbeitslose eine höhere Eigenleistung erbringen müsse, um wieder in den Arbeitsmarkt integriert zu werden, und lieferten die Grundlagen für die sog. Hartz-Gesetze.

Haushalt

Personengemeinschaft, die gemeinschaftliche wirtschaftliche Entscheidungen trifft. Der öffentliche H. von Bund, Ländern oder Gemeinden ist eine Gegenüberstellung von vorausgesetzten

Einnahmen und geplanten Ausgaben. Er kennzeichnet das politische Programm der jeweiligen Gebietskörperschaft und erfüllt damit eine wichtige politische Funktion. Der Bundeshaushalt ist hingegen Ausdruck des politischen Handlungsprogramms der Regierung und wird im Haushaltsplan und im Budget gesetzlich konkretisiert. Weil mehr als 40 % des Sozialprodukts über die öffentlichen H. bewegt werden, beeinflusst die öffentliche Hand in beträchtlichem Maße Wachstum und Konjunktur.

Haushaltsfunktionen (Budgetfunktionen)

Der öffentliche Haushalt hat grundsätzliche Aufgaben, die als H. bezeichnet werden. Von zentraler Bedeutung ist seine politische Funktion. Sie umfasst die politische Programmfunktion und die politische Kontrollfunktion. Man spricht auch von der politischen Programmfunktion des öffentlichen Haushalts, weil über ihn das politische Handlungsprogramm der Regierung zum Ausdruck gebracht wird. Dem Parlament ermöglicht der öffentliche Haushalt die Kontrolle über wichtige Bereiche des Regierungshandelns. Er hat also auch eine politische Kontrollfunktion. Die gesamtwirtschaftliche H. findet ihre verfassungsmäßige Verankerung in Art. 109 GG. Zu den Zielen des öffentlichen Haushalts gehört demnach auch das gesamtwirtschaftliche Gleichgewicht. Der öffentliche Haushalt soll also in einer Form vorgelegt werden, die es ermöglicht, Beschäftigung und Wirtschaftswachstum zu fördern und Preisniveaustabilität zu sichern. Dem öffentlichen Haushalt kommt damit auch eine volkswirtschaftliche Lenkungsfunktion zu. Schließlich besitzt der öffentliche Haushalt noch eine juristische Funktion, die zum Ausdruck bringt, dass er auf einer gesetzlichen Grundlage steht und somit die staatliche Haushalts- und Wirtschaftsführung an Recht und Gesetz gebunden ist. Die Verwendung des Budgets kann auf diese Weise exakt kontrolliert werden. Der Haushaltsplan hat also eine Kontrollfunktion und darüber hinaus eine finanzwirtschaftliche Ordnungsfunktion.

Haushaltsgleichgewicht

Bündel aus Gütern, das einem privaten Haushalt, der über ein bestimmtes Einkommen für den Konsum verfügt und mit gegebenen Preisen kalkulieren muss, den größtmöglichen Nutzen bietet. Die optimale Kombination eines Güterbündels kann mathematisch mit der Lagrange-Methode errechnet werden.

Haushaltsgrundsätze (Budgetprinzipien)

H. sind Grundlage für die Aufstellung und Durchführung des Haushaltsplans und sollen den öffentlichen Haushalt kontrollierbar und transparent machen. Die H. wurden in langer Parlamentstradition entwickelt und sind im Grundgesetz gesetzlich geregelt sowie ferner im Gesetz über die Grundsätze des Haushaltsrechts des Bundes und der Länder (HGrG), in der **B**undeshaus**h**alts**o**rdnung (BHO), in den jeweiligen **L**andes**h**aushalts**o**rdnungen (LHO) der Bundesländer und im Sozialgesetzbuch (SGB). Die H. umfassen folgende Einzelgrundsätze:

1. Jährlichkeit: Ein Haushaltsplan wird für ein Haushaltsjahr (Kalenderjahr) oder 2 Haushaltsjahre (Doppelhaushalt) von Bund, Ländern und Gemeinden aufgestellt.
2. Vorherigkeit: Der Haushaltsplan muss vor Beginn der Haushaltspe-

riode aufgestellt sein, auf die er sich bezieht.

3. Verbot der Zweckbindung öffentlicher Einnahmen (Gesamtdeckung, Non Affektationsprinzip): Alle Einnahmen sollen für die Deckung aller Ausgaben genutzt werden. Ausnahmen von diesem Haushaltsgrundsatz sind nur möglich, wenn die Zweckbindung bestimmter Einnahmen gesetzlich oder durch einen Vermerk im Haushaltsplan vorgesehen ist.
4. Einheit und Vollständigkeit: Alle im Haushaltsjahr zu erwartenden Einnahmen, Ausgaben und Verpflichtungsermächtigungen (= Ausgaben, die erst in späteren Haushaltsjahren fällig werden) sind unverkürzt im Haushaltsplan aufzustellen.
5. Genauigkeit und Haushaltsklarheit: Alle im Haushaltsjahr zu erwartenden Einnahmen und Ausgaben werden so genau wie möglich berechnet/geschätzt, die Herkunft der Mittel und der Verwendungszweck im Haushaltsplan systematisch gegliedert und klar aufgestellt. Dadurch soll Verschleierung oder Manipulation von Haushaltsmitteln vermieden werden.
6. Bruttoprinzip/Saldierungsverbot: Die zu erwartenden Einnahmen und Ausgaben müssen im Haushaltsplan in voller Höhe und voneinander getrennt veranschlagt werden. Einnahmen und Ausgaben dürfen nicht miteinander verrechnet werden.
7. Spezialität: Die Einnahmen sind im Haushaltsplan nach dem Entstehungsgrund zu verbuchen. Die Ausgaben dürfen nur für den ausgewiesenen Zweck (= qualitative Spezialität), in der veranschlagten Höhe (= quantitative Spezialität) und im vorgesehenen Zeitraum (=temporäre Spezialität) veranschlagt werden.
8. Ausgeglichenheit: Die veranschlagten Einnahmen und Ausgaben sind auszugleichen.
9. Wirtschaftlichkeit, Sparsamkeit, Notwendigkeit: Die günstigste Relation zwischen dem Zweck und den dazu eingesetzten Mitteln ist einzuhalten, entweder nach dem Minimalprinzip (das Ergebnis soll mit möglichst geringen Mitteln erreicht werden) oder nach dem Maximalprinzip (mit einem bestimmten Einsatz von Mitteln soll das bestmögliche Ergebnis erreicht werden).
10. Öffentlichkeit: Der Haushaltsplan muss der Öffentlichkeit zugänglich sein.

Zu allen Punkten existieren wenige gesetzlich streng geregelte Ausnahmen (Übertragbarkeit, Nothaushaltsrecht, Zweckbindung, Sondervermögen und Bundesbetriebe, Deckungsfähigkeit).

Haushaltskonsolidierung

Schuldenabbau öffentlicher Haushalte. Das Konsolidierungskonzept besteht i. d. R. aus einer Senkung der Ausgaben (politischer Sparkurs) und dem Versuch, die Einnahmen zu erhöhen. Ziel jeder H. ist es, wenigsten mittelfristig das strukturelle Defizit zu beseitigen. Dies ist derjenige Teil am Defizit öffentlicher Haushalte, der nicht auf eine konjunkturelle Rezession zurückzuführen ist, sondern darauf, dass dauerhaft mehr ausgegeben wurde, als man eingenommen hat. Ein allzu strikter Sparkurs zur H. kann allerdings die konjunkturelle Entwicklung gefährden.

Haushaltsplan (Etat, Budget)

Bildet auf der Basis der Haushaltsgrundsätze die Grundlage der öffentlichen Haushalte von Bund, Ländern, Städten und Gemeinden. Den für die Haushaltsperiode (1 oder 2 Kalender-

Abb. 21 Haushaltsplan – Budgetkreislauf des Bundeshaushalts vom Entwurf bis zur Kontrolle

Budgetinitiative

Haushaltsrundschreiben des Bundesfinanzministers.

Berücksichtigung der Ergebnisse des Arbeitskreises Steuerschätzung.

Bundesfinanzministerium erstellt Haushaltsplanentwurf.

Der Haushaltsplan wird als Regierungsentwurf i. d. R. im Juli vor Beginn des Haushaltsjahres an Bundesrat und Bundestag weitergeleitet.

Parlamentarische Beratung und Verabschiedung

Drei Lesungen im Bundestag, zwei im Bundesrat.

1. Lesung i. d. R. im September vor Beginn des Haushaltsjahrs.

Detailberatung im Haushaltsausschuss des Bundestags.

Inkrafttreten des im Haushaltsgesetz verabschiedeten Haushaltsplans im Dezember vor Beginn des Haushaltsjahrs.

Vollzug des Haushaltsplans

Dienststellen tätigen Ausgaben im Rahmen des Haushaltsplans.

Bundesfinanzministerium überwacht Haushaltsvollzug.

Bei großen Abweichungen vom Haushaltsplan: Nachtragshaushalt.

Kontrolle der Haushaltsführung

Rechnungslegung durch den Bundesfinanzminister.

Prüfung durch den Bundesrechnungshof.

Politische Kontrolle durch den Rechnungsprüfungsausschuss des Bundestages.

Entlastung der Bundesregierung in Bundestag und Bundesrat.

Der Budgetzyklus beginnt etwa ein Jahr vor Beginn der Haushaltsperiode mit der Aufforderung des Finanzministeriums an alle Behörden zur Bedarfsmeldung (Voranschläge). Er endet mit der Entlastung der Regierung lange nach Ende der Haushaltsperiode. Aus diesem Grunde laufen zu einem festen Zeitpunkt stets verschiedene Phasen der Budgetzyklen für verschiedene Haushaltsjahre parallel: Während der Haushalt des einen Jahres vollzogen wird, laufen die Kontrolle des Vorjahreshaushalts und gleichzeitig die Vorbereitung des Haushaltsplans für das kommende Jahr.

Quelle Eigene Darstellung der Autoren

jahre) vorausgeschätzten Einnahmen sind die geplanten sowie die bereits feststehenden Ausgaben gegenübergestellt. Der H. dient der Feststellung, Deckung und Kontrolle des Finanzbedarfs für die öffentlichen Aufgaben. Die Haushaltspläne von Bund und Ländern sind nach den Vorschriften des **H**aushalts**gr**undsätze**g**esetzes (HGrG) gegliedert und liefern wichtige Hinweise auf die Politik, die von der regierenden Mehrheit verfolgt wird, insbesondere auch darauf, ob diese Politik den Erfordernissen des gesamtwirtschaftlichen Gleichgewichts Rechnung trägt (§ 2 HGrG). Der Finanzminister legt dem Parlament einen Haushaltsentwurf vor, der nach dem angemeldeten Bedarf der Fachministerien erstellt wurde. Nach Beratungen im Haushaltsausschuss und eventuellen Änderungen wird er vom Bundestag als Haushaltsgesetz verabschiedet. Nachträgliche Änderungen können einen Nachtragshaushalt erfordern.

Hausse

Bezeichnung für einen kräftigen und längere Zeit anhaltenden Anstieg der Wertpapierkurse. Gegenteil: Baisse.

Hebelung

Verstärkung der Wirkung von eingesetztem Eigenkapital durch Fremdkapital.
➠ Leverage

Hebesatz

Instrument der Gemeinden, um ihre wichtigen Einnahmequellen Gewerbesteuer und Grundsteuer zu erhöhen oder abzusenken. Die H. werden für diese beiden Ertragsteuern von den Gemeinden jährlich bestimmt und in Prozent angegeben. Um die der Gemeinde zustehende Gewerbesteuer zu ermitteln, wird der H. mit dem Steuermessbetrag, den die Finanzbehörden nach einem festgelegten Verfahren errechnen, multipliziert. Die Gemeinden dürfen bei der Gewerbesteuer einen H. von 200 % nicht unterschreiten. Damit soll beim kommunalen Wettbewerb um die Ansiedlung von Unternehmen die Entstehung von Gewerbesteueroasen verhindert werden.

Heckscher-Ohlin-Theorem

➠ Faktorproportionentheorem

Hedgefonds

H. sind eine besondere Form der Investmentfonds, die risikoreiche Kapitalanlagen mit der Chance hoher Renditen ausnutzen. Die Manager der H. können z. B. in Aktien, Waren, Rohstoffen, Devisen, Anleihen oder anderen Finanzierungsmitteln in der Weise investieren, dass Gewinne bei steigenden aber auch fallenden Märkten möglich sind. Dabei werden v. a. Derivate verwendet oder Leerverkäufe (Short selling) etwa von Aktien, wenn ein Absinken der Kurse erwartet wird. Um eine größere Hebelwirkung zu erreichen, haben H. häufig über Kreditaufnahme ein Vielfaches des vorhandenen Kapitals investiert. Es hat sich v. a. in der Finanzmarktkrise gezeigt, dass die spekulativen Anlagestrategien der H. für die Anleger oft von hohem Risiko sind, denn ein erheblicher Teil der H. ist insolvent geworden. Die sich mit dem Jahr 2008 ausweitende Krise auf den Kapitalmärkten wurde dadurch verschärft. H. sind in Deutschland mit dem Investmentmodernisierungsgesetz zum 1.1.2004 zugelassen worden.

Hedging

[Engl.: to hedge = absichern] Meint die Absicherung von Kursrisiken, die bei geschäftlichen Transaktionen durch Wechselkursbewegungen, Kursschwankungen von Wertpapieren oder Veränderungen der Rohstoffpreise entstehen können. In aller Regel wird die Kurssicherung über ein Termingeschäft angestrebt. Beispiel: Ein Bauer fürchtet, dass die Kartoffelpreise bis zur Ernte stark fallen könnten, während ihm der aktuelle Kartoffelpreis fair und anständig erscheint. Gelingt es ihm nun, seine noch nicht vorhandene Kartoffelernte zum aktuellen Preis mit Liefertermin nach der Ernte schon heute vorab an einen Abnehmer zu verkaufen, so hat er sein Preisrisiko abgesichert. Der Abnehmer spekuliert, dass die Kartoffelpreise nicht fallen, sondern im Gegenteil steigen werden. Er kann dann die Ernte des Bauern zum Termin mit Gewinn verkaufen. In der Praxis wird bei Termingeschäften v. a. mit sog.

Futures, Optionen oder Optionsscheinen gehandelt.

Helikoptergeld

Von Milton Friedman (* 31.7.1912 † 16.11.2006) in den 1960er-Jahren eingeführtes Bild einer fiktiven geldpolitischen Maßnahme, bei der die Zentralbank von ihr gedrucktes Geld mittels Helikopterabwurf gleichmäßig an alle Haushalte und Unternehmen verteilt. Friedmann wollte mit diesen theoretischen Überlegungen demonstrieren, dass aus dieser Maßnahme in seinem theoretischen Gedankengebäude des Monetarismus keinerlei realwirtschaftliche Konsequenzen entstehen. Zwar würde das Geld von allen ausgegeben werden. Aber dies würde allein Preissteigerungen zur Folge haben, sodass sich keine erhöhte Kaufkraft aus der erhöhten Geldmenge ergäbe. Produktion und Nachfrage bleiben unverändert. Neuere theoretische Ansätze wie der Neukeynesianismus führen zu einer anderen Deutung. In diesen reagieren Preise nicht so rasch, sodass die erhöhte Geldmenge die Kaufkraft doch steigert und zu einer erhöhten Produktion führt. Dies gilt zumindest so lange wie die Produktion und Nachfrage unterhalb ihres Potenzialpfades liegen. Die in Folge der Finanzmarktkrise von allen wichtigen Zentralbanken praktizierte Quantitative Lockerung basiert auf diesem Gedankenexperiment. Nachdem die Leitzinsen im Laufe der Krise ohne die erhoffte durchgreifende Wirkung auf null gesenkt wurden, wird der Wirtschaft großzügig Geld zur Verfügung gestellt. Allerdings geschieht Verteilung nicht über den gleichmäßigen Helikopterabwurf, sondern über das Bankensystem in Form von Krediten. Dies mindert jedoch den Effekt beträchtlich, da sowohl der Bankensektor die zur Verfügung stehende Liquidität vor dem Hintergrund hoher Unsicherheit behält als auch Haushalte und Unternehmen aus dem gleichen Grund nur verhalten Kredite nachfragen. Am stärksten ist der Einfluss über den Wechselkurs, da die erhöhte Geldmenge zu einer Abwertung der Währung führt, was die Exporte verbilligt.

➠ Quantitative Easing ➠ Quantitative Lockerung

Herstellungskosten

Im Handels- und im Steuerrecht findet sich dieser Begriff in unterschiedlicher Ausprägung. Handelsrechtlich sind H. (HGB § 255, Abs. 2) bestimmte Aufwendungen, die bei der Herstellung eines Vermögensgegenstandes anfallen. Dazu gehören Materialkosten, Fertigungskosten oder Sonderkosten der Fertigung (ohne Vertriebskosten). Sie müssen Bestandteil der Handelsbilanz sein. Andere Aufwendungen wie etwa notwendige Materialgemeinkosten oder Fertigungskosten dürfen in angemessener Form in der Bilanz berücksichtigt werden, sofern sie auf den Zeitraum der Herstellung entfallen. Das Steuerrecht behandelt den Begriff H. anders als das Handelsrecht. Die H. im handels- und im steuerrechtlichen Sinne dürfen nicht mit den H. eines Wirtschaftsgutes verwechselt werden.

Heuschrecken

Abwertende Bezeichnung für Finanzinvestoren, hier insbesondere Private-Equity-Gesellschaften und Hedgefonds, die mit geringem Eigenkapital liquide Unternehmen aufkaufen, in deren Folge diese für die Renditeerwartungen, die Rückzahlung der für die Übernahme eingesetzten Kredite sowie deren Zinsen aufkommen müssen. Das kann auch etwa durch Entnahme des Eigenkapitals des übernommenen Unternehmens und dessen Ersetzung durch Fremdkapital geschehen. Diese Entwicklung wurde dadurch begünstigt, weil der dt. Mittelstand unterstützt durch die Wirtschaftspolitik seit Anfang der 80er-Jahre hohe Eigenkapitalquoten bildete und dann nach Abschaffung der Gewinnsteuer auf Unternehmensverkäufe für Kapitalgesellschaften im Jahr 2001 ein attraktives Ziel für Übernahmen und Weiterveräußerungen, insbesondere an weitere Finanzinvestoren, bildeten. In den allgemeinen Sprachgebrauch ging die Bezeichnung H. durch eine Debatten auslösende Bemerkung von Franz Müntefering in einem Zeitungsinterview im Jahr 2005 ein, in dem er solche Unternehmenskäufer als H. kritisierte.

Hicks-Diagramm

[Auch: IS-LM-Modell] Es stellt auf grafische Weise ein gesamtwirtschaftliches Gleichgewichtsmodell dar, das von dem brit. Ökonomen Sir John Richard Hicks (* 8.4.1904 † 20.5.1989) entwickelt wurde. Das gesamtwirtschaftliche Gleichgewicht ergibt sich im Rahmen dieses Ansatzes aus einem partiellen Gleichgewicht auf dem Gütermarkt und einem partiellen Gleichgewicht auf dem Geldmarkt. Das Gütermarktgleichgewicht wird bei der Übereinstimmung von Investitionen (I) und Ersparnis (S) erreicht.

Die Lage des Gleichgewichts hängt einerseits vom Zins ab, dessen Anstieg die Investitionen dämpft, und andererseits vom Volkseinkommen, das die Ersparnis erhöht. Das Geldmarktgleichgewicht ergibt sich aus der Übereinstimmung von Geldnachfrage (L) und Geldangebot (M). Es hängt ebenfalls vom Volkseinkommen ab, da mit steigendem Einkommen die Nachfrage nach Geld steigt.

High-powered Money

Bezeichnung für Geld der Zentralbank. Durch die Möglichkeit, das Geldangebot zwecks Geldmengensteuerung zu verändern, stehen der Zentralbank mächtige ökonomische Hebel zur Verfügung. Die Europäische Zentralbank (EZB) verwendet dabei den Begriff Zentralbankgeld. Das Zentralbankgeld (Geldbasis) besteht aus dem Bargeldumlauf in den Händen der Nichtbanken (z. B. private Haushalte, Unternehmen, Staat), ferner den Sichtguthaben der Geschäftsbanken (Mindestreserven und Überschussreserven) sowie den Sichtguthaben von Nichtbanken bei der EZB. Die EZB kann durch eine sog. Offenmarktpolitik, durch Veränderungen bei den Mindestreserven oder beim Diskontsatz die umlaufende Geldmenge kontrollieren und beeinflussen. So könnte sie z. B. eine Erhöhung der Geldmenge durch den Ankauf von Wertpapieren durchsetzen. Der Ankauf von Wertpapieren führt dem Geschäftsbankensystem Zentralbankgeld zu. Über die Buchgeldschöpfung im Bankensektor wird die Geldmengenerhöhung dann i. d. R. ein Vielfaches des zugeflossenen Zentralbankgeldes betragen. Die Höhe des Geldmengenzuwachses ist u. a. abhängig vom Geldschöpfungsmultiplikator. Umgekehrt kann die EZB auch durch den Verkauf von Wertpapieren die umlaufende Geldmenge bedeutend verringern, etwa um eine sich abzeichnende Inflation zu bekämpfen.

Hinzuverdienstgrenze

Gibt an, bis zu welcher Höhe Arbeitslose hinzuverdienen können, ohne dass ihnen die Transferleistungen nach Hartz IV gekürzt werden. Auch für die Bezieher gesetzlicher Renten gelten H. Ein Hinzuverdienst, der diese

Grenzen überschreitet, führt zur Rentenkürzung. Für Altersrentner entfällt nach Vollendung der Regelaltersgrenze (65. Lebensjahr, ab 2012 stufenweise auf das 67. Lebensjahr ansteigend) die H. (Ausnahme: der Bezug von Diäten als Bundestags- oder Europaabgeordneter neben der Rente).

Hochfrequenzhandel

ist der automatisierte Handel mit Aktien, bei dem Algorithmen in Millisekunden Kauf- und Verkaufsentscheidungen treffen. Der automatisierte H. kann zu Kurseinbrüchen führen, wenn viele Programme gleichzeitig auf ein Ereignis an Aktien- und Devisenmärkten reagieren, Fehler in den Algorithmen können diesen Effekt verstärken. Der technische Aufwand für den H. ist hoch, weil besonders schnelle IT-Systeme eingesetzt werden müssen, um einen Zeitvorteil zu erhalten. Die physische Nähe der Computer der Händler zum Handelsplatz ist mitentscheidend für die Gewinne aus dem H. In den USA macht der H. 60 % der Aufträge an den Börsen aus. Der H. ist in Deutschland im Wertpapierhandelsgesetz geregelt.

Hochrechnung

Statistisches Verfahren, das es erlaubt, von den Merkmalen einer repräsentativ erfassten Stichprobe auf die Merkmale der Gesamtmenge (Personen oder Objekte) zu schließen, der die Stichprobe entnommen wurde.

Humankapital

Begriff aus der Volkswirtschafts- und Betriebswirtschaftslehre, aber auch aus der Wirtschaftspolitik. Unter H. wird das Leistungspotenzial der Arbeitskräfte verstanden, das durch angeborene Fähigkeiten, Erziehung, Ausbildung, Weiterbildung und Berufserfahrung bestimmt ist. Es befähigt Erwerbspersonen oder Gruppen von Erwerbspersonen, ökonomisch verwertbare Tätigkeiten auszuüben und damit Einkommen zu erzielen. Das H. ist nach allgemeiner Auffassung eine Grundlage von Wirtschaftswachstum und Produktivität. Kritiker lehnen dieses Fachwort ab, weil es die Bedeutung von Menschen auf ihren wirtschaftlichen Wert reduziere.

HVPI

➟ Harmonisierter Verbraucherpreisindex

Hyperinflation

Eine exakte Definition des Begriffs liegt nicht vor. Man pflegt aber von einer H. zu sprechen, wenn die monatliche Inflationsrate etwa 50 % erreicht. Wegen der raschen Geldentwertung kann das Geld dann als Zahlungsmittel praktisch untauglich werden. Ein wirtschaftlicher Zusammenbruch ist meist die Folge. Bekanntes Beispiel einer H. ist die dt. H. zwischen Januar 1922 und November 1923.

Hypo Real Estate (HRE)

Kurzbezeichnung für die Bankenholding **H**ypo **R**eal **E**state Holding AG mit Sitz in München. Sie wurde im März 2009 als erste dt. Bank nach dem 2. Weltkrieg verstaatlicht, um ihren Bankrott zu vermeiden. Die HRE finanzierte in großem Umfang staatliche Haushalte, Länder und Kommunen. Eine Pleite der HRE würde auch Versorgungswerke und Berufsgenossenschaften sowie Länder und Kommunen, die hohe Beträge bei dieser Bank angelegt hatten, in Bedrängnis bringen. Darüber hinaus gehörte die HRE zu den größten Immobilien finanzierenden Instituten Europas. Sie entstand aus Tochtergesellschaften der HypoVereinsbank (HVB) im Jahr 2001 sowie der Abspaltung von

Tochtergesellschaften und Teilen des Immobilienfinanzierungsgeschäfts der HVB im Jahr 2003. Bei der Gründung sollen auch risikoreiche Geschäfte mit Immobilien der neuen Bundesländer in die HRE ausgelagert worden sein. Die Übernahme der irischen Depfa-Bank durch die HRE im Jahr 2007 erwies sich angesichts der drohenden Finanzkrise als enormer geschäftlicher Missgriff. Das riskante Geschäftsmodell der Depfa war es, in großem Umfang langfristige Kredite zu vergeben und diese über Kredite mit kurzfristigen Laufzeiten zu refinanzieren. Über 100 Mrd. € je Monat mussten die HRE und ihre irische Tochterbank Depfa dafür zeitweise auf den Finanzmärkten auftreiben. Als der Geldmarkt im Zuge der Finanzkrise austrocknete, waren die nötigen Summen nicht mehr zu erhalten. In der Folge wurde der HRE-Konzern, dessen Bilanzsumme gut 400 Mrd. € betrug, zahlungsunfähig und bald verstaatlicht, gerettet mit öffentlichen Geldern und Garantien i. H. v. über 100 Mrd. €. Fast neun Jahre dauerte die juristische Aufarbeitung des Bankdebakels. Die Verfahren gegen 6 Exvorstände des Instituts wurden gegen Zahlungen zwischen 30.000 und 80.000 € eingestellt. Der ehemalige Bankchef und sein damaliger Finanzvorstand müssen sich 2017 vor Gericht verantworten. Sie hätten – so der Vorwurf – die heikle Lage der Bank in der Jahresbilanz 2007 und im Halbjahresbericht 2008 bewusst falsch dargestellt und damit die Anleger getäuscht. Als HRE-Nachfolgerin wurde 2015 die **D**eutsche **P**fand**b**rief Bank pbb privatisiert. Die gefährlichsten HRE-Wertpapiere und Kredite lagern in der staatlichen »Bad Bank« FMS Wertmanagement, wo sie in den kommenden Jahrzehnten auf Kosten der Steuerzahler abgebaut werden sollen.

Hypothek

Grundpfandrecht, mit dem ein Grundstück oder eine Immobilie zur Sicherung einer Geldforderung (z. B. ein Kredit) belastet wird. Wenn der Schuldner die Geldforderung bei Fälligkeit nicht zahlen kann, ist der Gläubiger, z. B. eine Bank, berechtigt, bei Gericht eine Zwangsvollstreckung (den Verkauf des Grundstücks) zu erwirken und sich aus dem Erlös den geschuldeten Betrag überweisen zu lassen. Die H. ist unmittelbar an die Forderung gekoppelt und kann nicht auf einen Dritten übertragen werden (Akzessorietät). Die Bedeutung der H. im Wirtschaftsverkehr nimmt zugunsten der Grundschuld ab, die unabhängig von der Forderung übertragen werden kann.

Hypothekenzins

Zins für meist langfristige Darlehen, die z. B. zur Finanzierung von Haus- oder Eigentumswohnungskauf dienen und durch eine Hypothek abgesichert worden sind. Dabei müssen Zinssatz, Geldbetrag und Darlehensgeber im Grundbuch eingetragen sein. Klauseln und Vereinbarungen über einen Zinsrahmen oder einen gleitenden Zinssatz hat die Rechtsprechung unter bestimmten Voraussetzungen zugelassen. Diese sind dann ebenfalls Bestandteil der Grundbucheintragung.

Hysterese

[Auch: Pfadabhängigkeit] Mit H. bezeichnet man eine Hypothese, die erklären soll, warum ökonomische Erschütterungen noch lange, nachdem die auslösenden Störungen beseitigt wurden, fortwirken können. Sie wird auch zur Erklärung steigender Sockelarbeitslosigkeit in Industrieländern angewendet. Sie beschreibt, dass sich ein steiler Anstieg der Arbeitslosigkeit

nach dem Wegfall der Ursachen nicht oder nur z. T. wieder zurückbildet. So war es z. B. nach den Ölpreisschocks von 1973 und 1979 der Fall. Dieses auch Sperrklinkeneffekt genannte Phänomen ist selbst in Konjunkturphasen beobachtet worden. So bildet sich die mit einer Rezession verbundene höhere Arbeitslosigkeit im folgenden Konjunkturaufschwung nur unterproportional zurück. Ein langfristiger, treppenförmiger Anstieg der Arbeitslosigkeit ist die Folge.
Als Ursache wird v. a. vermutet, dass Arbeitslose während längerer Arbeitslosigkeit einen Verlust an berufsbezogener Qualifikation erleiden und daher auch im konjunkturellen Aufschwung keinen neuen Arbeitsplatz finden. Ob das H.-Konzept die dauerhaft hohe Arbeitslosigkeit erklären kann, ist umstritten.

IBRD

➠ International Bank for Reconstruction and Development

Ich-AG

Umgangssprachliche Wortschöpfung der Autoren des Hartz-Konzepts, keine spezielle Unternehmensform. Der Begriff sollte zum Ausdruck bringen, dass Arbeitslose ihre Fähigkeiten und Kenntnisse auch als Selbstständige nutzen und damit ihre Arbeitslosigkeit beenden können. Zum Jahresbeginn 2003 wurde deshalb ein Existenzgründerzuschuss in das Arbeitsförderungsrecht (SGB III) aufgenommen, der den Einstieg in die Selbstständigkeit erleichtern sollte. Zum 1.7.2006 wurde der Existenzgründerzuschuss (Ich-AG) trotz guter Beurteilungen durch den Gründerzuschuss abgelöst, auf den Empfänger von ALG II keinen Rechtsanspruch mehr haben.

➠ Hartz II

Identitätsgleichung

Bezeichnung für kombinierte Definitionsgleichungen in ökonomischen und ökonometrischen Modellen. Beispiel einer Definitionsgleichung ist $Y = C + I$ für die geschlossene Volkswirtschaft. Die Gleichung legt fest, dass das Volkseinkommen Y gleich der Summe aus dem Konsum C und der Gesamtinvestition I ist. Die Definitionsgleichung $Y = C + S$ legt fest, dass der nicht konsumierte Teil des Volkseinkommens die gesamtwirtschaftliche Sparquote S bestimmt. Es gilt daher $C + I = C + S$ oder $S = I$. Typische Identitätsgleichungen sind auch die häufig in vielen ökonomischen Modellen verankerten Gleichgewichtsbedingungen. Identitätsgleichungen sind tautologische Beziehungen, die – anders als Verhaltensgleichungen – nichts über kausale Zusammenhänge zwischen den Werten der Gleichungen aussagt.

ifo Geschäftsklimaindex

Wird monatlich vom ifo Institut veröffentlicht und soll sowohl die aktuelle konjunkturelle Lage als auch die Aussichten für die kommenden 6 Monate anzeigen. Der Index basiert auf Befragungen. Den Ergebnissen liegen ca. 7.000 Meldungen aus Unternehmen des verarbeitenden Gewerbes, des Bauhauptgewerbes, des Einzel- und Großhandels zugrunde. Er gliedert sich in 2 Teile. Der erste Teil beschreibt die aktuelle Lage als Ergebnis der Antworten aus den Unternehmen, die, je nachdem, positive und negative Lagen konstatieren. Der zweite Teil ist der Erwartungsteil und bildet das Ergebnis der Antworten ab, die günstigere und ungünstigere Tendenzen für das kommende halbe Jahr erwarten. Beide Teile werden zum Klimaindex verbunden, der in der Öffentlichkeit häufig diskutiert wird.

Abb. 22 ifo Geschäftsklimaindex Januar 2010 bis Juni 2017 (2005 = 100; saisonbereinigt)

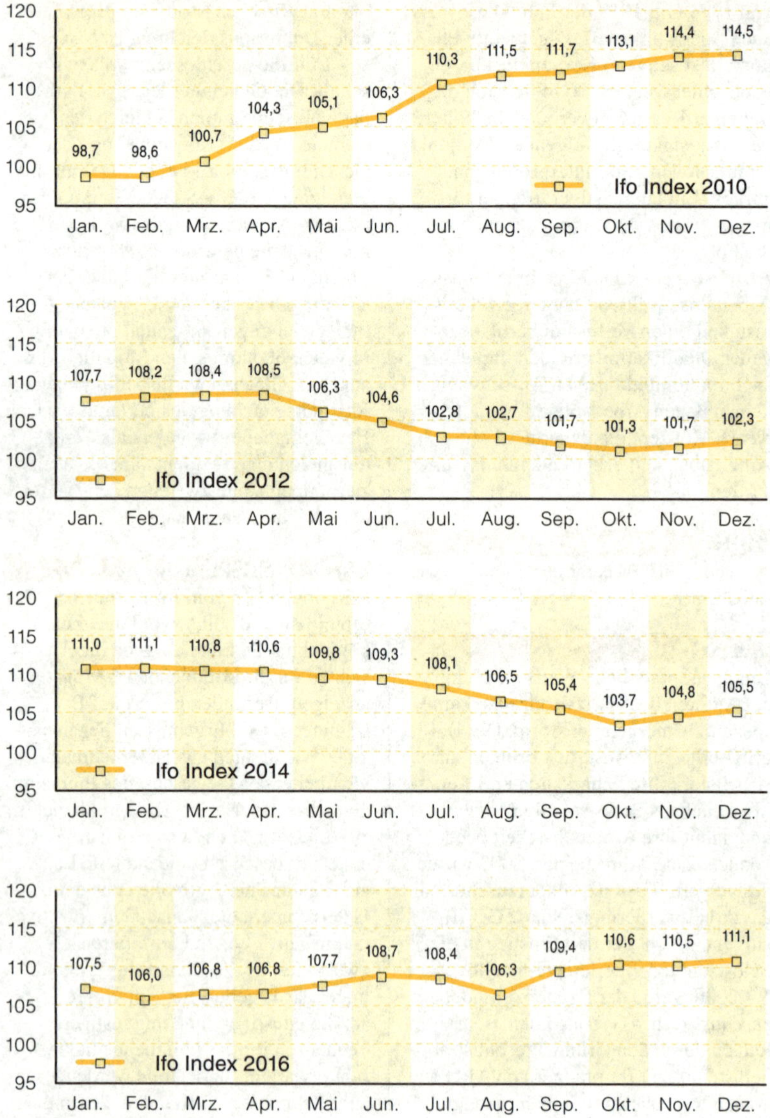

Quelle Ifo Institut (2017)

Abb. 22 ifo Geschäftsklimaindex Januar 2010 bis Juni 2017 (2005 = 100; saisonbereinigt)

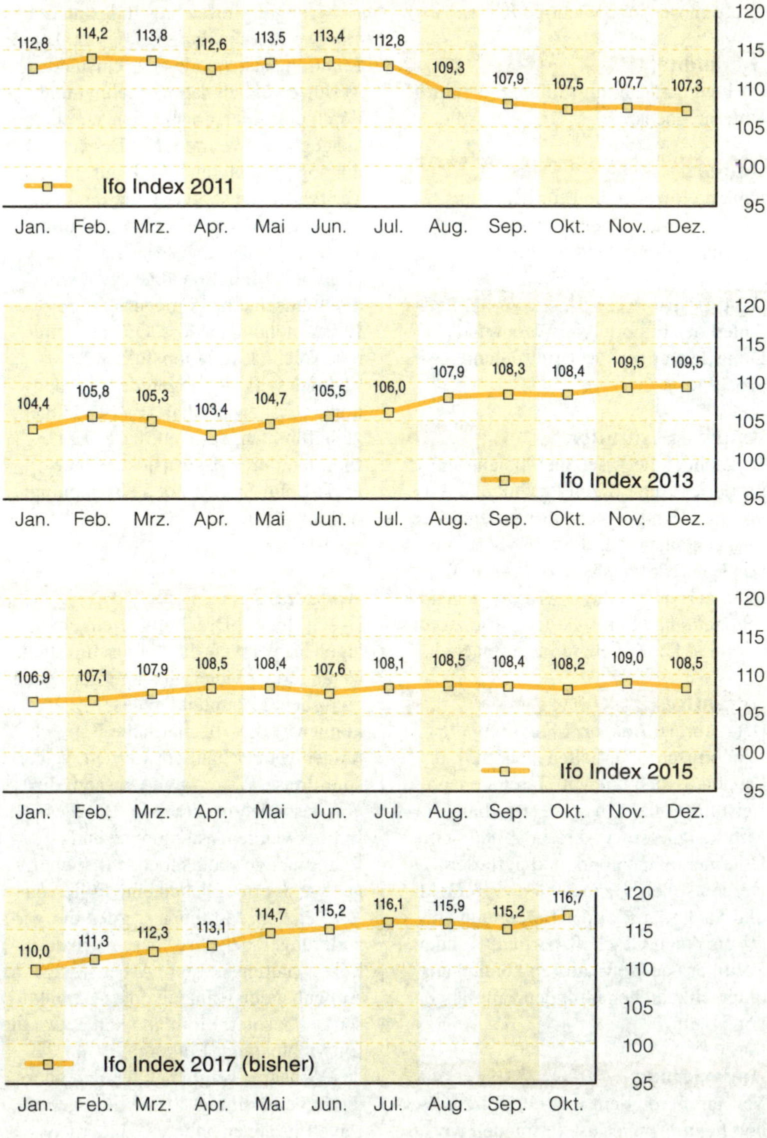

Der i. gilt als bedeutendster Konjunkturindikator in Deutschland. Insbesondere der Erwartungsteil spielt für Konjunkturprognosen eine wichtige Rolle.

Illiquidität

Zustand der Zahlungsunfähigkeit eines Unternehmens.

Import

Übliche Bezeichnung für den Transfer von Waren, Dienstleistungen und Kapital vom Ausland ins Inland.

Importquote

Anteil der Importe von Waren und Dienstleistungen am Bruttoinlandsprodukt.

Importsubstitution

Bezeichnet die Ersetzung bislang importierter Güter durch Produkte, die nun im Inland hergestellt werden. In der Vergangenheit war dies eine Strategie von Entwicklungsländern z. B. in Lateinamerika, um die Devisenreserven zu schonen, die heimische Industrie zu fördern und konkurrenzfähig zu machen.

Incentives

[Dt.: Anreiz, Ansporn] Faktoren, die ökonomisches Verhalten steuern. I. d. R. handelt es sich um Mittel, mit denen die Leistungs- und Einsatzbereitschaft von Mitarbeitern sowie ihre Loyalität zum Unternehmen belohnt und gefördert werden sollen. Dazu zählen z. B. Geld- und Sachprämien oder Belohnungsreisen. Auch Geschäftspartner, Kunden, Politiker oder Journalisten können aus unterschiedlichen Gründen Empfänger von I. sein.

Indexierung

Verfahren, mit dem v. a. ein inflationsbedingter Wertverlust vermieden werden soll. Lohn, Gehalt, Rente, Miete, Zinsen, Forderungen, Verbindlichkeiten oder Geldvermögen werden zur Wertsicherung mithilfe eines Index an die Geldwertentwicklung gekoppelt. Durch Inflation entstehende oder entstandene Verluste können dann errechnet und durch einen entsprechenden Zuschlag ausgeglichen werden. Ein Beispiel ist der sog. Indexlohn. Gleitklauseln in den Tarifverträgen sorgen dafür, dass ein steigender Index der Lebenshaltungskosten, der häufig als Maßstab für die allgemeine Inflation angesehen wird, automatisch eine kompensierende Lohnerhöhung auslöst. Ob aber durch eine solche I. Inflationsfolgen tatsächlich wirksam abgefedert werden können, ist zweifelhaft. Es ist vielmehr zu befürchten, dass auf diese Weise Inflation durch das Auslösen einer Preis-Lohn-Spirale noch beschleunigt werden kann.

➠ Indexzahl

Indexzahl

[Auch: Index] Drückt in einem einzigen Zahlenwert die durchschnittliche Veränderung vieler gleichartiger Daten zwischen 2 Zeitpunkten aus. Mit einer I. können z. B. wirtschaftliche Entwicklungen veranschaulicht werden. Dabei sind Preis-, Waren- und Umsatzindizes von besonderem Interesse. Bei diesen Indizes werden Warenpreise und Warenmenge zueinander in Beziehung gesetzt. I. ermöglichen eine Fülle von Vergleichen. Mit ihnen werden die Veränderungen bei Wirtschaftswachstum, Lebenshaltungskosten, Arbeitslosigkeit, Außenhandelsvolumen oder Aktienkursen beobachtet. Im Inland kann etwa die Entwicklung der Einkommen mit der des Konsums verglichen werden oder die Lebenshaltungskosten im eigenen Land mit denen anderer Länder usw.

Viele I. haben in der Wirtschaftspolitik und auch im Journalismus einen festen Platz gefunden, wie etwa der ifo Geschäftsklimaindex, die Werturteile und Erwartungen beinhalten.

Indikator

Im ökonomischen Sinne eine Kennziffer für wirtschaftliche Entwicklungen. Bekanntes Beispiel: die Arbeitslosenquote. In der Ökonomie wird mit einer Vielzahl von meist quantitativ erfassten Indikatoren etwa die konjunkturelle Entwicklung, Veränderungen des Außenhandels oder auch der Rohstoffpreise beschrieben. Ein qualitativer Konjunkturindikator ist der ifo Geschäftsklimaindex. Die Wirtschaftsindikatoren sind eine wichtige Hilfe für die Wirtschaftspolitik und die empirische Forschung.

➠ Indexzahl

Indirekte Steuern

Im Gegensatz zu den direkten Steuern, die der Staat unmittelbar vom Steuerpflichtigen einzieht, werden die indirekten Steuern nicht von dem Steuerträger an das Finanzamt abgeführt. Beispiel: Der Benzinkäufer an der Tankstelle muss auch die im Preis als indirekte Steuer enthaltene Mineralölsteuer zahlen. Der Käufer ist damit Steuerträger. Der Tankstellenpächter gibt den Steueranteil als Steuerschuldner und Steuerzahler dann weiter an das Finanzamt. Zu den indirekten Steuern gehören die Verbrauchssteuern. Die bekanntesten sind Mineralöl-, Strom- und Tabaksteuer. Auch die Verkehrssteuern, wie z. B. Umsatz- bzw. Mehrwertsteuer (der nicht als Vorsteuer abziehbare Teil), Kraftfahrzeug- oder Lotteriesteuer sind indirekte Steuern. Niedrige Einkommen, die weitgehend für den Konsum ausgegeben werden, sind mit indirekten Steuern stärker belastet als hohe Einkommen.

➠ Mehrwertsteuer

Industrie

Bereich der Wirtschaft, in dem Güter v. a. in größeren Fabriken und Anlagen produziert und weiterverarbeitet werden. Die Arbeit ist dabei durch einen hohen Grad von Automatisierung und Mechanisierung gekennzeichnet. Die wichtigsten Wirtschaftszweige der I. sind:

- Montanindustrie;
- Metallindustrie, darunter die Automobilindustrie und der Maschinenbau;
- Chemische Industrie;
- Konsumgüterindustrie;
- Abfall- und Recyclingindustrie.

Industrie 4.0

Vernetzte Produktion, die sich im Idealfall über die gesamte Lieferkette erstreckt: Bestellt ein Kunde ein Produkt, wird automatisch ein Produktionsauftrag generiert, dessen Bearbeitung die Fabrik selbst einleitet und bis zum Versand durchführt. Die Bezeichnung wurde 2011 erstmals auf der Hannover Messe von der Bundesregierung für ein Projekt im Rahmen einer Hightechstrategie genutzt. Andere Länder betreiben unter anderen Namen ähnliche Initiativen (z. B. »Made in China 2025«). Vorangegangene Stufen der industriellen Entwicklung sind im Sinne des Begriffs der Einsatz von Wasser- und Dampfkraft (»Industrie 1.0«), Elektrizität und Fließbandproduktion (2.0) und Automatisierung (3.0). Voraussetzung für I.-Anwendungen ist die Kommunikation zwischen Mensch und Maschine, Maschine und Maschine und Produkt und Maschine. Zu diesem Zweck wird teils ein digitaler Zwilling von Produkten erstellt. Er ist seinem analogen Pendant jederzeit zuweisbar – etwa über einen RFID-Chip. An ihm lässt sich ständig ablesen, um welche Variante eines Produkts es sich handelt, welche Teile wann verbaut wurden etc. Die verschiedenen Kommunikationsschnittstellen erfordern offene Standards und Normen, die etwa die Kommunikation zwischen den Maschinen verschiedener Hersteller ermöglichen. Die in der I.-Produktion anfallenden Daten ermöglichen einerseits neue Möglichkeiten zur Produktionsüberwachung, -analyse und -entwicklung und stellen andererseits neue Anforderungen an den Schutz vor Datendiebstahl und -missbrauch. Die Möglichkeit zur genauen Arbeits- und Leistungsmessung von Mitarbeitern ist auch datenschutzrechtlich relevant.

Industrie- und Handelskammern (IHK)

Die 80 I. in der Bundesrepublik vertreten in ihren jeweiligen Bezirken die Interessen der gewerblichen Unternehmen von Industrie und Handel, die alle gesetzliche Mitglieder – also Pflichtmitglieder – sind. Die I. haben in ihrer über 150-jährigen Geschichte ein breites Aufgabenfeld vom Staat übernommen oder selbst entwickelt. Dazu gehören heute die Standortpolitik bzw. das Standortlobbying, Starthilfen und Unternehmensförderung, Beratung oder auch die Ausstellung von Dokumenten, die im Wirtschaftsverkehr notwendig sind. Sie wirken bei der kaufmännischen und gewerblichen Berufsausbildung ebenso mit wie bei der Aus- und Weiterbildung. Im Zuge der wachsenden Globalisierung haben die I. enge Verbindungen zu den Auslandshandelskammern geknüpft, um frühzeitig relevante Wirtschaftsinformationen aus dem Ausland liefern zu können, die von den heimischen Mitgliedsunternehmen benötigt werden.

Industrielle Reservearmee

Begriff, den Karl Marx (* 5.5.1818 † 14.3.1883) in »Das Kapital« verwendet. Marx war der Ansicht, dass durch Kapitalakkumulation und technischen Fortschritt die Lohnarbeiter immer produktiver werden und damit der gesellschaftliche Reichtum immer weiter steigt. Gerade weil aber die Lohnarbeiter immer produktiver werden, braucht der Kapitalist immer weniger von ihnen, schafft also wachsende Arbeitslosigkeit und kann daher die Löhne der Arbeiter auf das Existenzminimum drücken. »Die verhältnismäßige Größe der industriellen Reservearmee«, aus der das Kapital nach Belieben bei Bedarf billigste Arbeitskräfte herausziehen und überall einsetzen kann, »wächst also mit den Potenzen des Reichtums«. (Das Kapital. Kritik der politischen Ökonomie, Bd. I, 1867).

➡ Marxismus

Industrielle Revolution

An ihrem Beginn stand James Watts (* 19./30.1.1736 † 25.8.1819) Erfindung der Dampfmaschine (1769), die in Großbritannien den Übergang vom Agrarstaat zur Industriegesellschaft mit auslöste. Die neue Kraftmaschine war ein wichtiger Bestandteil der nun entstehenden Fabrikindustrie, die sich einige Jahrzehnte später auch in den anderen westeurop. Ländern, in Nordamerika und Japan entwickelte. Zu den sozialen Folgeerscheinungen gehörten weitverbreitete Armut und Arbeitslosigkeit.
Die Nutzung der Elektrizität (Generator 1866) v. a. durch die Großindustrie wird häufig als zweite I. charakterisiert. Die breite Verwendung des Computers der Digitalisierung in allen Bereichen der

Wirtschaft während der letzten Jahrzehnte gilt als dritte I.
➡ Industrielle Reservearmee

Industrieobligationen

Statt über den klassischen Bankkredit beschaffen sich Industrie-, Handel- und Verkehrsunternehmen langfristige Darlehen für größere Vorhaben gern über die Emission von I. (von lat.: obligare = anbinden, verpflichten). Dabei handelt es sich meist um festverzinsliche Anleihen in Höhe der aufzunehmenden Schuldsummen, die in Teilschuldverschreibungen gestückelt werden, um diese – unter bestimmten Voraussetzungen – an der Börse zum Kauf anbieten zu können. Je besser die Bonität des Unternehmens beurteilt wird, desto günstiger wird es sich auf diesem Weg das gewünschte Darlehen über den Kapitalmarkt beschaffen können. Die Laufzeit der I. beträgt i. d. R. 10–20 Jahre. Die Emission erfolgt zumeist über eine Kreditorganisation oder ein Bankenkonsortium. I. weisen oft eine höhere Rendite auf als etwa vergleichbare Bundesanleihen. Begründet wird das u. a. mit dem höheren Kreditrisiko der Kapitalgeber.

Industriepolitik

Gesamtheit aller staatlichen Maßnahmen, mit deren Hilfe gezielt die Struktur und der Wandel einer Wirtschaft beeinflusst werden sollen. Die Ziele können im Erhalt einer Industriestruktur durch gesetzliche Maßnahmen liegen, in Finanzhilfen oder Steuervergünstigungen. Aber auch die aktive Gestaltung von Industriesektoren (Industrie) durch die Förderung von Grundlagenforschung, Technologie und Innovationen (z. B. Airbusindustrie) zählen dazu. Bestandteil traditioneller I. ist der Schutz inländischer Industriebranchen vor ausländischer Konkurrenz und die Unterstützung der Exportindustrie. Staatseingriffe werden immer dann als nötig angesehen, wenn der Markt versagt.

INET

[Engl.: **I**nstitute for **N**ew **E**conomic **T**hinking. Im Jahr 2009 von dem US-amerik. Investor George Soros (* 12.8.1930) gegründetes Netzwerk, das sich vor dem Hintergrund der Finanzmarktkrise und dem Versagen konventioneller ökonomischer Ansätze der Förderung neuer ökonomischer Ansätze zum Ziel gesetzt hat. I. vergibt Forschungsaufträge, finanziert Konferenzen und fördert insbesondere jüngere Forscherinnen und Forscher, die neue, auch Krisenphänomene umfassende Ansätze entwickeln.

Inferiore Güter

Güter mit einer negativen Einkommenselastizität, die also bei steigendem Einkommen weniger nachgefragt werden. Beispiele finden sich in allen Konsumbereichen, etwa in der Textilmode, wo Käufer mit steigendem Einkommen statt der üblichen Konfektionsware oft exklusivere Modelle nachfragen. Ebenso im Möbelsektor, wo der besser Verdienende statt sich mit dem einfachen Sitzmöbel zu begnügen eher Interesse an teurerem und qualitativ hochwertigem Mobiliar entwickelt. Güter mit einer positiven Einkommenselastizität werden als superior bezeichnet.
➡ Einkommenseffekt

Inflation

Umgangssprachlich die Anstiegsrate des Preisniveaus. In der Volkswirtschaftslehre wird unter I. lediglich ein zu hoch empfundener Anstieg des allgemeinen Preisniveaus verstanden. Die I. ist also

Abb. 23 Jährliche Inflationsraten von 1994 bis 2016 (nur Aggregat)

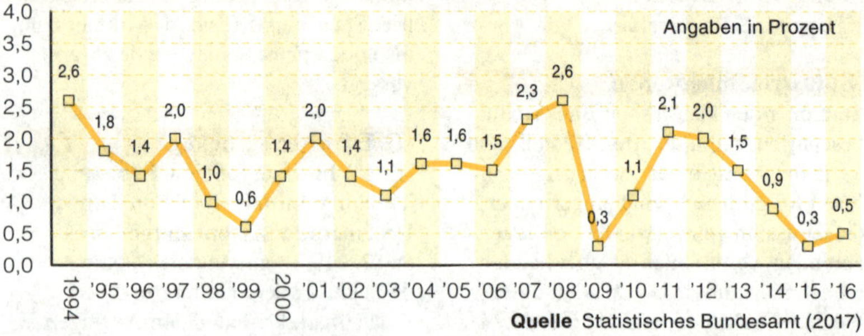

Quelle Statistisches Bundesamt (2017)

ein Ausdruck für Geldentwertung bzw. des Verlusts von Preisstabilität, da bei Vorliegen von I. das Geld in Relation zu allen Gütern an Wert verliert. Ob der Anstieg des Preisniveaus zu hoch ist, also I. herrscht, wird zumeist auf der Basis einer zulässigen Zielrate für Preissteigerungen beurteilt, die die Zentralbank festlegt. Die Europäische Zentralbank (EZB) hat ihre Zielrate so definiert: nahe bei, aber unter 2 %. I. kann auf Dauer nur entstehen, wenn Löhne zu stark steigen oder dies zumindest erwartet wird, und die Geldpolitik es duldet. Die I. wird daher am besten durch eine restriktive Geldpolitik bekämpft, die die wirtschaftliche Aktivität dämpft und damit auch die Lohn- und Gewinnzuwächse wieder auf ein stabilitätsgerechtes Maß zurückführt. I. führt dann zu Wachstums- und Beschäftigungsverlusten, wenn sie sich fortwährend über eine Lohn-Preis-Spirale beschleunigt. Das Vertrauen in die eigene Währung sinkt und der Investitionsprozess kommt zum Stillstand. Dann lässt die Wachstumsdynamik nach und die Arbeitslosigkeit steigt.

➡ Demand-Shift-Inflation ➡ Hyperinflation ➡ Internationaler Preiszusammenhang ➡ Kerninflationsrate ➡ Profit-Push-Inflation

Inflationsbeschleunigung

Tritt ein, wenn sich die Inflationsrate über der Zielrate bewegt, die die Zentralbank zur Sicherung der Preisstabilität festgelegt hat, und sich ständig weiter erhöht. In einer solchen Phase muss die Zentralbank dringend zu einer restriktiven Geldpolitik übergehen, um zunächst den Beschleunigungsprozess zum Stillstand zu bringen und dann die Inflationsrate allmählich wieder in Richtung ihres Stabilitätsziels zu bringen.

➡ Hyperinflation

Inflationsdruck

Druck, der von hohen Inflationsraten auf andere ökonomische Kerngrößen ausgeht. So kann z. B. eine Währung unter hohem I. merklich abwerten. Oder die Löhne steigen als Folge eines hohen I. schneller.

Inflationsrate

Misst die gesamtwirtschaftliche Preissteigerung im Inland in Prozentpunkten. In Deutschland gibt es zwei vom Statistischen Bundesamt berechnete Inflationsraten. Zum einen wird der **V**erbraucher**p**reis**i**ndex (VPI) ermittelt. Als Indikator gelten hier die Preissteigerungen von Waren und Dienstleistungen, die private Haushalte kaufen. Dazu gehören z. B. Nahrungsmittel, Bekleidung und Kraftfahrzeuge ebenso wie Miete oder Reparaturen. Gemessen wird die I. mithilfe eines fiktiven Warenkorbs, der für einen durchschnittlichen Haushalt in Deutschland repräsentativ sein soll. Die Preise dieser Waren und ihre Veränderungen gehen – entsprechend den Anteilen, die für einzelne Produkte ausgegeben wurden – in die Berechnung des VPI und der daraus abgeleiteten I. ein. Der VPI ist der zentrale Indikator für die Preisentwicklung in Deutschland und spielt z. B. bei Tarifverhandlungen eine besondere Rolle. Zum anderen erstellt das Statistische Bundesamt im Auftrag des Statistischen Amts der EU (Eurostat) den Harmonisierten Verbraucherpreisindex, der nach einem EU-weit harmonisierten Verfahren ermittelt wird. Er dient der Europäischen Zentralbank (EZB) zum Vergleich und zur Beurteilung der Inflationsraten in den Ländern der EU. Liegt der HVPI über oder deutlich unter 2 %, gilt die Preisstabilität nach den Maßstäben der EZB als verletzt. Als gewahrt gilt sie nur, wenn der HVPI gerade 2 % oder etwas weniger beträgt.

➡ Preisniveaustabilität

Inflationssteuer

Auch heimliche Steuererhöhung genannt. Bezeichnet das Phänomen, dass die Steuerlast mit höherer Inflationsrate zunimmt. Ganz deutlich ist dies bei der Einkommenssteuer. Jede nominale Einkommenssteigerung führt in einem progressiven Steuersystem, dessen Steuersätze mit wachsendem Einkommen ansteigen, zu einer überproportionalen Ausdehnung der Steuerlast, unabhängig davon, ob auch die Realeinkommen gewachsen sind, was man durch Abzug der Inflationsrate bestimmen kann. Diesen Effekt bezeichnet man als I. Er führt dazu, dass der Staat zu den Inflationsgewinnern zählt.

➡ Kalte Progression

Inflatorische Lücke

➡ Inflationslücke

Informationsasymmetrie

Wenn Käufer und Verkäufer eines Produkts nicht über den gleichen Informationsstand verfügen. Ein markantes Beispiel hierfür ist der Kauf eines Gebrauchtwagens, dessen Verkäufer die Schwächen des Produkts kennt, während der Käufer hierüber i. d. R. deutlich weniger Information besitzt. Eine I. macht die Transaktion für den Käufer kostspieliger, denn er muss Zusatzinformationen einholen oder er riskiert den Kauf eines mangelhaften Produktes. Eventuell unterbleibt angesichts einer I. sogar eine Transaktion, es sei denn, der Staat schützt den Käufer mit Regulierungsvorschriften (wie z. B. gesetzlich vorgeschriebene Garantien des Verkäufers). Während die neoklassische Theorie seit jeher davon ausgeht, dass die Teilnehmer eines Marktes, Anbieter und Nachfrager, gleich gut informiert sind und freie Märkte deshalb zum besten denkbaren Ergebnis führen, wiesen die amerik. Forscher George A. Akerlof (* 17.6.1940), Andrew M. Spence (* 7.11.1943) und Joseph E. Stiglitz (* 9.2.1943) nach, dass auf den Märkten Informationsasymmetrie die Regel ist und sie deshalb zu schlechteren Marktergebnissen führen, als sie die neoklassische Theorie vorhersagt. Den Forschern wurde für diese Erkenntnis, die das Weltbild der neoklassischen Theorie erschütterte, der Nobelpreis für Wirtschaftswissenschaften 2001 zuerkannt.

Infrastruktur

Dieser ursprünglich von der NATO verwendete Begriff für grundlegende militärische Notwendigkeiten wurde später von Politik und Wirtschaft aufgegriffen. Als technische Infrastruktur eines Landes wird dabei die Grundausstattung mit Energie-, Wasser- und Abfallwirtschaft, mit Straßen und öffentlichem Personennahverkehr, Binnen- und Seeschifffahrt, mit Flughäfen und Luftverkehr bezeichnet. Die soziale Infrastruktur zeigt die Versorgung mit Bildung, Wissenschaft und Forschung, Humankapital, mit Ärzten und Krankenhäusern, Bibliotheken und Museen. Auch öffentliche Sicherheit, Rechtsprechung und Verwaltung werden darunter gefasst. Die Infrastruktur – Basis der Volkswirtschaft – wird weitgehend durch den Staat finanziert. Soweit dabei Aufgaben auf Privatfirmen übertragen werden, bleibt i. d. R. die öffentliche Planungshoheit erhalten.

Initiative Neue Soziale Marktwirtschaft (INSM)

Wurde im Jahr 2000 vom Arbeitgeberverband Gesamtmetall gegründet. Sie hat den Charakter einer PR-Agentur und bezeichnet ihre Arbeit als Reformkampagne für mehr Wachstum und neue Arbeitsplätze in Deutschland. Finanziert wird sie durch die Arbeitgeberverbände der Metall- und Elektroindustrie. Ihre Forderungen, denen sie mit den Mitteln moderner Kommunikation umfassend Gehör verschafft, sind marktwirtschaftliche Reformen, die Eigeninitiative, Leistungsbereitschaft und Wettbewerb fördern sollen. Dazu gehören nach Ansicht der INSM z. B. die Senkung von Steuern und Abgaben, weniger staatliche Sozialleistungen, Lockerung des Kündigungsschutzes, weitere Flexibilisierung der Arbeitszeit und eine Alterssicherung, um die sich der Bürger vermehrt selbst kümmern soll. Kritiker sprechen von »Industriepropaganda« und werfen der INSM vor, sie wolle eine »neoliberale« Marktwirtschaft durchsetzen, die fälschlicherweise als alternativlos dargestellt werde.

Inländerkonzept

Ein Berechnungskonzept im Rahmen der **V**olkswirtschaftlichen **G**esamt**r**echnung (VGR). Demnach wird die Wertschöpfung aller im Inland ansässigen Wirtschaftseinheiten erfasst. Das sind neben dem Staat alle im Inland lebenden Menschen und die im Inland ansässigen Unternehmen, selbst wenn diese ihre wirtschaftliche Leistung teils als Pendler oder mittels Tochterunternehmen im Ausland erbringen. Im Gegensatz zum Inlandskonzept werden hier die Leistungen der Einpendler und ausländischen Tochterunternehmen nicht gezählt.

Inlandskonzept

Ein Berechnungskonzept im Rahmen der **V**olkswirtschaftlichen **G**esamt**r**echnung (VGR). Demnach wird die gesamte Wertschöpfung, die im Inland erbracht wird, erfasst. Das umfasst neben dem Staat alle im Inland arbeitenden Menschen und die im Inland produzierenden Unternehmen. Im Gegensatz zum Inländerkonzept werden die Leistungen, die von Inländern oder Tochterunternehmen im Ausland erstellt werden, nicht gezählt.

Inlandsprodukt

➠ Bruttoinlandsprodukt

Innovation

Eine allgemein akzeptierte Definition für den Begriff I., den der Ökonom Joseph A. Schumpeter in die Wirtschaftswissenschaft eingeführt hat, gibt es bislang nicht. I. sind Bestandteil des technologischen Fortschritts. Als Produktinnovationen werden verbesserte oder völlig neue Produkte bezeichnet, die den Markt erreichen. Beispiele sind etwa die Einführung der Großraumjets, die permanente Steigerung der Rechnergeschwindigkeit durch die Computertechnologie oder die Entwicklung der Mobiltelefone. Unternehmen wollen durch Innovationen, für die sie in Forschung und Entwicklung investieren, ihre Wettbewerbsfähigkeit steigern. Die Investitionen sind mit wirtschaftlichem Risiko behaftet. Auf neue Produkte erteilte Patente bedeuten allerdings für einen festgelegten Zeitraum Wettbewerbsschutz. Unter Prozessinnovationen werden v. a. verbesserte Produktionstechniken verstanden, mit denen sich eine bestimmte Produktmenge – Güter oder Dienstleistungen – unter geringerem Einsatz von Produktionsfaktoren, also billiger herstellen lässt. Unter Innovationen im weiteren Sinne können auch organisatorische, soziale und rechtliche Neuerungen verstanden werden.

➡ Technischer Fortschritt

Input

Alle Güter und Leistungen, die beim Produktionsprozess genutzt werden, um Output zu erzielen.

➡ Input-Output-Rechnung ➡ Output

Input-Output-Rechnung

Instrument der sektoralen Analyse und Politikberatung. Mit der I. können die Wirtschaftsstrukturen einer Volkswirtschaft untersucht und die Auswirkungen von Lohn-, Preis- oder Nachfrageänderungen auf die Gesamtwirtschaft oder ihre Teilbereiche vorausgeschätzt werden. Auch die sektoralen Folgewirkungen wirtschaftlicher Lenkungsmaßnahmen sind mit dieser Berechnungsmethode erfassbar. Sie hilft damit bei der Beantwortung wichtiger ökonomischer Fragen: Welche wirtschaftliche Bedeutung haben die Güter der **I**nformations- und **K**ommunikations**t**echnologie (IKT) in der Gesamtwirtschaft? Wie hoch ist der Abbau von Arbeitsplätzen bei sinkenden Bauinvestitionen? Welchen Einfluss haben teurere Ölimporte auf die Preisentwicklung bestimmter Branchen oder das gesamtwirtschaftliche Preisniveau selbst? Basis der Rechnungen sind Input-Output-Tabellen, die detaillierten Einblick in die direkten aber auch indirekten Verflechtungen von Güterproduktion und Güterströmen in der Volkswirtschaft unter Einbeziehung von Export und Import geben.

Inside-money

[Dt.: Innengeld] Normalerweise der größte Teil der Geldmenge, die in einer Volkswirtschaft in Umlauf ist. In der Hauptsache Buchgeld, das im Geschäftsbankensektor über die Vergabe von Krediten und die damit verbundene Geldschöpfung entstanden ist. Auch wenn private Wirtschaftspartner untereinander Kreditbeziehungen eingehen, wird I. geschaffen. Die Schöpfung von I. ist notwendigerweise von einer entsprechenden Zunahme der Verschuldung des privaten Sektors begleitet. In der Wirtschaftstheorie wird zwischen I. und Outside-money unterschieden.

➡ Outside-money

Insider-Outsider-Theorien

Theorien der Arbeitslosigkeit (Outsider), die anhaltende Arbeitslosigkeit als Folge überhöhter Löhne für bereits Beschäftigte (Insider) sehen. Allerdings ist dies – wie in konventionellen neoklassischen Modellen – nicht das Ergebnis zu starker Gewerkschaftsmacht bei Lohnverhandlungen. Sie werden vielmehr durch Insider, die Arbeitsplatzinhaber, gegen die Outsider, die Arbeitslosen, durchgesetzt, weil sie Kostenvorteile und damit Marktmacht besitzen. Denn aus der Sicht des Arbeitgebers verursacht der Insider einer vorhandenen Belegschaft keine Einstellungskosten (Bewerbersuche, Auswahlverfahren, Verhandlungskosten, Opportunitätskosten) und keine Trainingskosten (Bildung von betriebsspezifischem Humankapital, Einarbeitungszeit, Lehrgänge etc.). Außerdem muss der Unternehmer, der einen Insider gegen einen weniger Lohn fordernden Outsider austauschen möchte, mit Abfindungszahlungen, Altersregelungen, Kündigungsschutzklagen, Prozesskosten, Sozialplänen etc. rechnen. Weil der Arbeitgeber an einem kostenintensiven Austausch kein Interesse hat, behält der Insider seine Arbeit und den überhöhten Lohn. In einer erweiterten Version dieser Theorie verstärken die Insider ihre Machtposition mithilfe von Betriebsräten und Gewerkschaften. Denn die können mit Streik und Dienst nach Vorschrift drohen, um weitere Lohnaufschläge für die Insider zu realisieren. Auf diese Weise können die Arbeitsplatzinhaber das Lohnniveau über das markträumende Niveau (Vollbeschäftigung) heben und damit eine Barriere schaffen, die Neueinstellungen und Vollbeschäftigung verhindert. Die I. sind allerdings empirisch nicht bestätigt. Und sie berücksichtigen nicht, dass Arbeitslosigkeit auch durch eine zu geringe gesamtwirtschaftliche Nachfrage hervorgerufen werden kann.

Insolvenz

Liegt vor, wenn eine Person oder eine Firma nicht in der Lage ist, den fälligen Zahlungsverpflichtungen nachzukommen. Die Zahlungsunfähigkeit ist bei Firmen ein Eröffnungsgrund für das Insolvenzverfahren, wenn noch genügend Werte (Insolvenzmasse) vorhanden sind. Das Vermögen des Schuldners wird verwertet und der Erlös gemeinschaftlich auf die Gläubiger verteilt. In einem Insolvenzplan können abweichende Regelungen zum Erhalt des Unternehmens getroffen und dem Schuldner Gelegenheit gegeben werden, sich von seinen Restschulden zu befreien. Bei der Verbraucherinsolvenz kann der Schuldner einen Antrag auf Restschuldbefreiung stellen und u. U. nach einer Wohlverhaltenszeit von 6 Jahren schuldenfrei sein. Die rechtlichen Regelungen enthält die **Ins**olvenz**o**rdnung (InsO).

Institut für Arbeitsmarkt- und Berufsforschung (IAB)

Das IAB ist ein Forschungsinstitut der Bundesagentur für Arbeit. Es betreibt auf der Grundlage gesetzlicher Aufträge Arbeitsmarkt- und Berufsforschung. Beobachtet werden dabei insbesondere die Lage und Entwicklung des Arbeitsmarkts, der Berufe, Wirtschaftszweige und Regionen. Zum Themenspektrum gehört darüber hinaus die Untersuchung der Wirkungen arbeitsmarktpolitischer Instrumente, der Leistungen zur Eingliederung in den Arbeitsmarkt und zur Sicherung des Lebensunterhalts. Das IAB erstellt regelmäßig Statistiken und muss den Informationsbedarf des Bundesministeriums für Arbeit und Soziales sowie des Bundesministeriums für Gesundheit berücksichtigen.

Integration

Als traditionelle Stufen wirtschaftlicher I. von Nationalstaaten werden Freihandelszone, Zollunion und gemeinsamer Markt angesehen, als höchste

Integrationsstufe die Wirtschafts- und Währungsunion.

Interbanken-Geldmarkt

Geldmarkt, auf dem ausschließlich zwischen den Geschäftsbanken kurzfristige Liquiditätsüberschüsse (Zentralbanksichtguthaben) angeboten oder nachgefragt werden. Weil die Institute auf diesem Markt kurzfristige Liquiditätsengpässe häufig rasch ausgleichen können, ohne Kredite der Zentralbank in Anspruch zu nehmen, spricht man vom horizontalen Finanzausgleich. Ein funktionierender I. liefert der Zentralbank frühzeitig wichtige Informationen darüber, ob ihre Geldpolitik zu expansiv oder zu restriktiv ausgelegt ist. In der Finanzmarktkrise, die 2008 begann, brach dieser Markt wegen fehlenden wechselseitigen Vertrauens zeitweise ein.

➠ Finanzmarktkrise ➠ Geldmarkt

International Bank for Reconstruction and Development (IBRD)

[Dt.: Internationale Bank für Wiederaufbau und Entwicklung] Gehört zur Weltbank. Ihre Gründung wurde 1944 im amerik. Bretton Woods beschlossen. Ziel war es v. a., den Wiederaufbau Europas nach dem Ende des 2. Weltkriegs mit langfristigem Kapital abzusichern. Später konzentrierte sich die IBRD auf die Förderung der wirtschaftlichen Entwicklung von Ländern der Dritten Welt. 2016 sind 189 Länder Mitglieder und Kapitaleigner der IBRD. Deutschland gehört ihr seit 1952 an.

International Financial Reporting Standards (IFRS)

Bilanzierungsrichtlinien, die die EU seit Januar 2005 für kapitalmarktnotierte Unternehmen zwingend vorschreibt. Abschlüsse, die nach den I. aufgestellt werden, sollen primär Informationen über die Vermögens-, Finanz- und Ertragslage des Unternehmens liefern. Die I. wurden vom privaten Rechnungslegungsinstitut IASB (**I**nternational **A**ccounting **S**tandards **B**oard) entwickelt.

International Monetary Fund (IMF)

[Dt.: Internationaler Währungsfonds (IWF)] Der IMF wurde 1944 als Teil des Bretton-Woods-Abkommens gegründet. Seine operative Arbeit als Sonderorganisation der Vereinten Nationen nahm er 1947 auf. Er ist zudem eine Schwesterinstitution zur Weltbank. Sitz beider Institute ist Washington, D. C. Der IMF hat derzeit (2017) 189 Mitgliedsstaaten. Deren Stimmrechte bemessen sich an ihrem Kapitalanteil, der sich wiederum an ihrer wirtschaftlichen Größe orientiert, wobei Schwellenländer wie China und Brasilien mittlerweile deutlich unterrepräsentiert sind. Hauptkapitalgeber sind mit knapp 17 % die USA. Deutschland verfügt über einen Anteil von knapp 6 %. Der IMF wird von einem geschäftsführenden Direktor geleitet; nach Absprache der wichtigsten Kapitalgeber ist dies i. d. R. ein Europäer, dessen erster Stellvertreter ein US-Amerikaner. Die Hauptziele des IMF bestehen darin, die internationale Zusammenarbeit in der Geld- und Währungspolitik sowie hohes Wachstum und einen hohen Beschäftigungsstand zu fördern. Ferner soll er mittels technischer Unterstützung und Krediten helfen, Wechselkurse zu stabilisieren und Ungleichgewichte in der Zahlungsbilanz zu überwinden. Das Ausmaß der zulässigen Unterstützung richtet sich nach den Einzahlungsquoten der betroffenen Länder. Der IMF vergibt Kredite allerdings nur mit Auflagen für die Wirtschaftspolitik des betreffenden Landes. Wegen dieser Auflagen ist der IMF in den vergangenen Jahren z. T. heftig kritisiert worden. Seine Auflagen seien wirtschaftspolitisch einseitig neoliberal. Zudem wird i. d. R. die Position der Gläubiger vertreten. Beides zeigte sich exemplarisch in den Währungskrisen der 1990er-Jahre, als Argentinien und einige asiat. Länder, durch die strikte Anbindungen ihrer Währungen an den US-Dollar, was auch der IMF empfohlen hatte, in eine tiefe Krise gerieten. Diesen Ländern, deren Wachstum ohnehin schon durch eine falsche Währungspolitik massiv belastet war (Argentinien), wurden fiskalische Sparprogramme verordnet, die die Wirtschaftskrise noch verschärften. Dieses Vorgehen hat die internationale Akzeptanz des IMF merklich geschwächt und vereinzelt dazu geführt, über Alternativen nachzudenken. In jüngster Zeit wurde v. a. auch unter dem Eindruck der Finanzmarktkrise von dem früheren Direktor Dominique Strauss-Kahn (2007–2011) und seiner Nachfolgerin, der Französin Christine Lagarde, ein Kurswechsel zu eher keynesianischen Ansätzen eingeleitet.

Internationale Bank für Wiederaufbau und Entwicklung

➟ International Bank for Reconstruction and Development

Internationaler Konjunkturzusammenhang

Nach dieser These sind die entwickelten Länder wegen der zunehmenden Verflechtung in der Weltwirtschaft auch konjunkturell zunehmend voneinander abhängig. Beispiel USA: Konjunkturschwankungen in der größten Volkswirtschaft der Welt – ob Boom oder Rezession – breiten sich i. d. R. bald und nachhaltig auf andere Länder aus. Ein Übertragungsweg konjunktureller Impulse ist der Außenhandel: Anhänger der sog. Lokomotivtheorie fordern daher, weltwirtschaftliche Lokomotiven wie die USA oder Deutschland sollten den wirtschaftlich schwächeren Ländern in einer globalen Rezession durch expansive konjunkturpolitische Maßnahmen aus der Krise heraushelfen. Nicht nur über den Außenhandel, sondern auch über Direktinvestitionen und die Umsätze einer Vielzahl von Niederlassungen und Tochtergesellschaften im Ausland sind Staaten konjunkturell miteinander verbunden.
Auch die eng ineinandergreifenden internationalen Finanzmärkte übertragen konjunkturelle Impulse. Zusätzlich gefördert wird der I. durch psychologische Faktoren wie das in den entwickelten Ländern herrschende Wirtschaftsklima.

➟ Globalisierung

Internationaler Preiszusammenhang

Gleicht bei freiem Welthandel internationale Güterpreise aus und ist damit ein Übertragungsweg für importierte Inflationen. Dabei unterscheidet man folgende Effekte:

1. Einkommenseffekt: Angenommen im Land A steigt wegen eines Konjunkturaufschwungs das Preisniveau an. Bei einem festen Wechselkurs werden die Auswirkungen in Land B ebenfalls zum Preisanstieg führen. B steigert nämlich seine Güterexporte nach A, weil dort höhere Preise zu erzielen sind. Auf der anderen Seite wird B die teurer gewordenen Güterimporte aus A einschränken. Der Außenbeitrag Export–Import wird größer in B und damit steigt das Volkseinkommen und die ge-

samtwirtschaftliche Nachfrage, ein Vorgang, der in B zu Preisauftriebstendenzen führt.
2. Liquiditätseffekt: Bei festem Wechselkurs – von Kapitalbewegungen wird abstrahiert – ist die Zentralbank von B verpflichtet, den Wechselkurs zu stabilisieren, indem sie die Mehrerlöse des Exports, die in der Währung von Land A angefallen sind, ankauft und in die Landeswährung wechselt. Damit kommt mehr Landeswährung von B in den Verkehr des Landes B, die Geldmenge steigt und verstärkt bei gleichbleibendem Güterangebot die Inflationstendenzen.
3. Im Land A wirken Einkommenseffekt und Liquiditätseffekt in entgegengesetzter Richtung und verlangsamen dort den Preisanstieg.
4. Direkter internationaler Preiszusammenhang: International gehandelte Güter weisen auf einem freien Weltmarkt langfristig gesehen nur Preisunterschiede in Höhe der Transport- und Handelskosten (Fracht- und Verpackungskosten, Maklergebühren, Versicherungsprämien etc.) auf. Wenn wegen einer Inflation im Ausland teurer gewordene Importe wie etwa Rohstoffe zu Endprodukten verarbeitet werden, versuchen die Produzenten i. d. R. den Kostendruck (Cost Push) über höhere Preise auf die Nachfrager abzuwälzen und fördern damit den Preisauftrieb im Inland. Er wird verstärkt durch erfolgreiche Exporteure, die nun zusätzliche Investitionsgüter und Vorleistungen nachfragen können (Demand Pull).

Inflationsübertragung ist auch bei flexiblen Wechselkursen möglich. Der Inflationsimport fällt allerdings geringer aus als bei festen Wechselkursen, weil Wechselkursanpassungen den ausländischen Preisanstieg kompensieren.

➠ International Monetary Fund

Internet der Dienste

Beschreibt die Entwicklung des Dienstleistungssektors, der seine Dienste zunehmend im Internet anbietet. Unter die im I. erbrachten Dienstleistungen fallen einerseits Dienste, die digital weltweit vertrieben und erbracht werden können, also auch über das Internet durchgeführt werden. Andererseits werden auch klassische physische Dienstleistungen, wie Personen- oder Gütertransport, die über das Internet vertrieben werden unter den Begriff gefasst. Mit der Entwicklung gehen neue Geschäftsmodelle einher: Güter werden zunehmend als Dienstleistungen und nicht als materielle Güter verkauft: Statt eine Festplatte oder einen Server zu kaufen, mietet ein Kunde Speicherplatz in der Cloud eines Anbieters; statt eine Bildbearbeitungssoftware zu kaufen und in der eigenen Infrastruktur zu installieren, kauft er die Fotobearbeitung als Dienstleistung, die über das Internet auf der Hard- und Software eines Anbieters durchgeführt wird. Dieser Wandel der Geschäftsmodelle (auch: Everything as a service), der mit dem I. einhergeht, bezieht sich auch auf physische Dienstleistungen, etwa die Buchung von Carsharing-Dienstleistungen über Apps, statt des Kaufs eines eigenen Wagens.

Internet der Dinge

Oft nach der Abkürzung des engl. Begriffs **I**nternet **o**f **T**hings als IoT abgekürzt. Das I. beschreibt die zunehmende Vernetzung verschiedener Geräte. Ans I. angebundene Geräte sind physische Objekte, die in einem Netzwerk verbunden sind. Dabei kann es sich um Haushaltsgeräte im Smart Home ebenso wie Produkte und Maschinen in einer Industrie-4.0-Fabrik, eine Webcam, ein Wearable oder ein Umweltsensor handeln. Innerhalb des I. vernetzte Geräte kommunizieren untereinander und ggf. mit Menschen. Das I. stellt Herausforderungen an die Sicherheit der einzelnen Geräte: Schlecht abgesicherte Geräte können Daten der Benutzer angreifbar machen. Hacker können dann etwa auf das Bild einer über das I. angebundene Kamera zugreifen oder Bewegungsprofile von Gerätenutzern erstellen. Wie herkömmliche Computer auch können Geräte, die über das I. verbunden sind für massenhafte Abfragen an Internetdienste, sog. DDoS-Attacken genutzt werden (DDoS = Distributed Denial of Service). Diese Angriffe können Webseiten und Internetdienste lahmlegen. Da die Absicherung von Geräten im I. oft vernachlässigt wird, haben Hacker sie als geeignetes Mittel zur Durchführung solcher Angriffe erkannt.

Interventionismus

In der Wirtschaftswissenschaft Bezeichnung für Eingriffe des Staates, mit denen der wirtschaftliche Ablauf in der Volkswirtschaft gezielt beeinflusst werden soll. Befürworter sind i. d. R. Ökonomen, die auf dem Boden der keynesianischen Theorie stehen. Sie setzen auf Nachfrage- und Konjunktursteuerung durch staatliche Maßnahmen. Die wesentlichen Grundgedanken sind im immer noch geltenden Stabilitäts- und Wachstumsgesetz aus dem Jahre 1967 enthalten. Danach sollen durch den Einsatz fiskalpolitischer Instrumente mit einer antizyklischen Finanzpolitik konjunkturelle Schwankungen ausgeglichen, ein hoher Beschäftigungsstand bei stabilem Preisniveau und darüber hinaus außenwirtschaftliches Gleichgewicht bei angemessenem Wirtschaftswachstum erreicht werden. Nach der seit Jahrzehnten vertretenen Meinung liberaler Ökonomen sind Staatsinterventionen dagegen im Grundsatz abzulehnen. Sie vertrauen auf selbststeuernde Kräfte, auf die sog. unsichtbare Hand des Marktes. Eingriffe in den Markt seien allenfalls dann sinnvoll, wenn sie Wettbewerb herstellen und sichern. Die im Jahre 2008 erkennbar gewordene Finanzmarktkrise widerlegte diese Meinung. Weil die Krise die Entwicklung der Realwirtschaft in der gesamten Welt bedroht, wurden weltweit Staatsinterventionen in bisher nicht gekanntem Ausmaß ergriffen.

➠ Gesetz zur Förderung der Stabilität und des Wachstums der Wirtschaft ➠ Selbstheilungskräfte des Marktes

Investition

Eine I. im betriebswirtschaftlichen Sinn ist der Einsatz von Finanzmitteln zur Anschaffung von kurz- oder langfristig nutzbaren Produktionsmitteln, um Erträge sichern oder zu steigern. I. in Wertpapiere werden als Finanzinvestitionen bezeichnet.
Aus der volkswirtschaftlichen Perspektive ist die I. der Einsatz von Finanzmitteln zur Erweiterung des Realkapitalbestandes an Betriebsgebäuden, technischen Anlagen und Maschinen, die zur Güterproduktion eingesetzt werden. Erweiterungsinvestitionen haben 2 gesamtwirtschaftliche Effekte: Zum einen steigern sie das Volkseinkommen, und zwar in gleicher Höhe wie sie selbst, und erweitern damit die Gesamtnachfrage. Man spricht hierbei vom Einkommenseffekt der I. Zum anderen vergrößert der Zuwachs bei Gebäuden und Maschinen das Sachkapital und damit die zukünftigen Produktionsmöglichkeiten einer Volkswirtschaft. Konjunktur und Wachstum sind in

erheblichem Maß vom Verlauf der Investitionstätigkeit abhängig. Der Gesamtbetrag aller I. in einem bestimmten Zeitraum wird als Bruttoinvestitionen bezeichnet. I. zur Aufrechterhaltung der Leistungsfähigkeit von Betrieben sind Ersatzinvestitionen. Werden die Bruttoinvestitionen um die Ersatzinvestitionen gemindert, erhält man die Nettoinvestitionen, die wiederum aus Erweiterungs- und Lagerinvestitionen bestehen und anzeigen, um wie viel das Sachkapital innerhalb einer bestimmten Zeitspanne gewachsen ist.
Bruttoinvestition ➡ Investitionslenkung ➡ Investitionsquote ➡ Investitionszulage ➡ Rationalisierung

Investitionsfunktion

Beschreibt die Abhängigkeit der Investitionen von verschiedenen Einflussfaktoren, darunter vom Zinsniveau. Der Zusammenhang ist deshalb von besonderem Interesse, weil die Zentralbank die Höhe der Zinsen und damit die Kapitalkosten von Investitionen direkt beeinflussen kann. Denn diese werden überwiegend über Kredite finanziert. I. d. R. wird davon ausgegangen, dass die gesamtwirtschaftliche Investitionsquote bei steigenden Zinsen abnimmt und bei sinkenden Zinsen ansteigt. Neben der Zinshöhe bestimmen v. a. Gewinnerwartungen, Unternehmenssteuern und das Vertrauen in die wirtschaftliche Zukunft über die Frage, ob investiert wird, ob Investitionen aufgeschoben oder abgelehnt werden. Auch die Veränderungen des Volkseinkommens beeinflussen die Investitionsquote einer Volkswirtschaft. Mit ihr steigt oder fällt die Gesamtnachfrage und damit die Gesamtproduktion. Um die Mehrnachfrage zu befriedigen, werden viele Unternehmen zusätzlich investieren. Sinkt dagegen die Gesamtnachfrage, wird die Investitionstätigkeit nachlassen. Dieser Zusammenhang hat in der Wirtschaftstheorie zu einer wichtigen makroökonomischen Größe, dem Akzelerator geführt.

Investitionslenkung

Staatlicher Einfluss auf die Investitionen, die z. T. in jene Bereiche gelenkt werden sollen, die von Privatinvestitionen nur unzureichend bedacht werden.
➡ Investitionszulage

Investitionsquote

Zeigt das Verhältnis der Bruttoinvestitionen zum Bruttoinlandsprodukt an.

Investitionszulage

Staatliche Subventionszahlung zur Förderung wirtschaftspolitisch erwünschter Investitionen. Mit I. wird z. B. der Aufbau der Wirtschaft in den neuen Bundesländern und den Fördergebieten Berlins unterstützt. Gefördert werden Erstinvestitionsvorhaben wie die Errichtung neuer Betriebsstätten, die Erweiterung bestehender Betriebsstätten sowie die Anschaffung oder der Bau neuer Gebäude etc. Grundlage ist das Investitionszulagengesetz von 2007. Anders als Instrumente der Investitionsförderung wie Abschreibungserleichterungen oder die Möglichkeit, Investitionskosten von der Steuerschuld abzuziehen, fließen I. den Investoren direkt zu. So können auch Betriebe, die keine Gewinne erwirtschaften, bei Investitionen nach dem Investitionszulagengesetz begünstigt werden.

Investivlohn

Teil des Lohnes, der nicht in bar ausbezahlt wird, sondern in Form von Anteilsscheinen, mit denen der Arbeitnehmer an einem Unternehmen beteiligt wird. Ziel ist die Beteiligung der Arbeitnehmer am Produktivvermögen, um so allgemein eine breitere Vermögensstreuung zu erreichen und gleichzeitig den Arbeitnehmer durch eine größere Identifikation mit dem Unternehmen stärker zu motivieren. Möglich sind betriebliche und überbetriebliche Anlageformen. Der I. kann aus Aktien des Unternehmens bestehen, in dem der Arbeitnehmer beschäftigt ist. Er trägt dann allerdings – zusätzlich zu der Gefahr, seinen Arbeitsplatz zu verlieren – das Unternehmerrisiko mit. Seine Risiken sind hingegen geringer, wenn der Arbeitnehmer durch Anteilsscheine an überbetrieblichen Kapitalanlagegesellschaften oder an sog. Tariffonds beteiligt wird, die von den Gewerkschaften vorgeschlagen werden. Die vermögenspolitisch gewollte Vermögensverteilung bleibt allerdings aus, wenn die Unternehmen die Kosten des Investivlohns in ihre Preise einkalkulieren. Gegen den I. wird eingewandt, dass er eine Form des Zwangssparens sei und die Gefahr eines Nachfragerückgangs berge, der zusammen mit einer abnehmenden Investitionstätigkeit zur Hemmung des Wirtschaftswachstums führen könne.

Investmentbanking

Allgemeinbegriff für kapitalmarktorientierte Geschäfte. Insbesondere sind das die Emission und der Handel von Wertpapieren, darüber hinaus Zins- und Währungsmanagement sowie die Beratung bei Übernahmen und Fusionen.

Investmentfonds

Investmentfonds sind von einer Kapitalgesellschaft verwaltete Einlagen, die für gemeinsame Rechnung der Einleger zur Gewinnerzielung z. B. in Wertpapiere, Waren oder Immobilien investiert werden.

Islamische Entwicklungsbank (IDB)

[Engl.: **I**slamic **D**evelopment **B**ank] Hat als supranationale Bank den Auftrag, die wirtschaftliche und soziale Entwicklung in den Mitgliedsländern (zurzeit 56) und muslimische Einrichtungen in Nichtmitgliedsländern zu fördern. Sie hat dabei in Übereinstimmung mit den religiösen Regeln des Islam und der Scharia vorzugehen. Voraussetzung des Beitritts ist die Mitgliedschaft in der Organisation der Islamischen Konferenz, die Beteiligung am Kapital der Bank und die Akzeptanz bestimmter Bedingungen der Bankenaufsicht (Board of Governors = Repräsentanten der einzelnen Mitgliedsländer). Die Bank wird v. a. durch Ölgelder gestützt. Gemäß der Scharia sind Zinszahlungen verboten, es wurden aber andere Finanzierungswege gefunden. Gezielt wird der Handel in und zwischen den Mitgliedstaaten und die Ausbildung von Studenten unterstützt. Die IDB wurde 1975 gegründet und hat ihren Sitz in Dschidda, Saudi-Arabien.

IS-LM-Konzept

➡ Hicks-Diagramm

Isokostengerade

Begriff aus der Mikroökonomie, der den geometrischen Ort aller Kombinationen von Inputfaktoren definiert, deren Einsatz in der Produktion gleiche Kosten verursacht. Ein Unternehmen kann also anhand der I. z. B. erkennen, um wie viel es den Arbeitseinsatz erhöhen muss, um bei erhöhtem Kapitaleinsatz seine Kosten unverändert zu halten.

Isoquante

Begriff aus der Produktionstheorie. Eine I. zeigt innerhalb eines Koordinatensystems an, wie die Faktoren Arbeit und Kapital miteinander kombiniert werden müssen, um immer zu einem gleich hohen Produktionsergebnis zu gelangen. Die I. zeigt in ihrem Verlauf stets das gleiche Produktionsergebnis X an, das mit unterschiedlichem Einsatz von Kapital und Arbeit erbracht werden kann.

IWF

→ International Monetary Fund

Jahreswirtschaftsbericht

Ihn muss die Bundesregierung gemäß § 2 des Gesetzes zur Förderung der Stabilität und des Wachstums der Wirtschaft (StWG) alljährlich (meist Febr.) dem Bundestag und Bundesrat vorlegen. Er soll die Ziele und Maßnahmen ihrer angestrebten Wirtschafts- und Finanzpolitik darlegen und eine Vorhersage der gesamtwirtschaftlichen Entwicklung des laufenden Jahres für Deutschland enthalten. Darüber hinaus nimmt der J. Stellung zu den Jahresgutachten des Sachverständigenrates.

J-Kurven-Effekt

Begriff aus der Außenhandelslehre. Er beschreibt, welchen Effekt die reale Abwertung einer Währung auf die Außenhandelsbilanz hat. Demnach ist die Wirkung kurzfristig negativ, langfristig aber positiv. Die Ursache hierfür ist, dass Preise schneller reagieren als Mengen. Wertet eine Währung ab, ist sie in einer Auslandwährung weniger wert, deshalb steigen die Importpreise, während die Exportpreise zurückgehen. Da die gehandelten Mengen wegen längerfristiger Verträge zunächst unverändert bleiben, steigt der Wert der Importe – derjenige der Exporte fällt. Die Handelsbilanz verschlechtert sich zunächst. Auf längere Sicht jedoch führen die gestiegenen Importpreise zu verringerten Importen und die sinkenden Exportpreise zu höheren Ausfuhrmengen. Im längerfristigen Ergebnis führt dies oft zu einer positiveren Handelsbilanz als vor der Abwertung.

→ Abwertung → Abwertungswettlauf

Job-AQTIV-Gesetz

Gesetz zur Reform der arbeitsmarktpolitischen Instrumente, trat zum 1.1.2002 in Kraft. AQTIV steht für »**A**ktivieren, **Q**ualifizieren, **T**rainieren, **I**nvestieren, **V**ermitteln«. Hauptziele des Gesetzes waren v. a., Langzeitarbeitslosigkeit abzubauen und Arbeitslose schneller und passgenauer in Arbeit zu vermitteln. Das Motto »Fördern und Fordern« sollte Arbeitsämter und Arbeitslose verstärkt in die Pflicht nehmen. Zahlreiche Regelungen und Bestimmungen dieses Gesetzes wurden in die sog. Hartz-Gesetze übernommen.

→ Hartz I–IV

Jobcenter

Einrichtungen, die für die Betreuung der Bezieher von ALG II (ugs. auch: Hartz IV) zuständig sind. Die J. sollen Arbeitslosen Arbeitsplätze und Weiterbildungsmaßnahmen vermitteln und sind für Leistungsbewilligungen zuständig. Sie verhängen Sanktionsmaßnahmen in Form von Leistungskürzungen, wenn ALG-II-Bezieher etwa ihren Pflichten bei der Arbeitssuche nicht nachkommen, z. B. eine Stelle ablehnen, die das J. als zumutbar ansieht. Träger der J. sind die Agentur für Arbeit und die jeweilige Kommune. Bestimmte Kommunen können optieren, ein J. allein zu betreiben, die zusätzlich anfallenden Verwaltungskosten werden vom Bund getragen.

Jugendarbeitslosigkeit

Bezeichnung für die Arbeitslosigkeit in der Altersgruppe von 15–24 Jahren. Seit

Beginn der 1990er-Jahre ist die J. in Europa enorm angestiegen. Zu Beginn des Jahres 2017 lag nach Angaben der Statistikbehörde Eurostat die J. in Europa bei nicht weniger als 19,9 %. Am schwersten von J. betroffen sind Griechenland mit 47,6 %, Spanien mit 41,7 %, Italien mit 37,1 % und Kroatien mit 28,5 %. Die deutsche J. liegt mit 6,8 % vergleichsweise niedrig. Zu den Ursachen der gestiegenen J. wird die stark rückläufige Übernahmequote von Auszubildenden in Beschäftigung nach Ende der Ausbildung gezählt.

Junk Bonds

[Dt.: Ramschanleihen] Hochriskante Anleihen von Unternehmen und Staaten mit einem niedrigen Rating. Diese haben also eine zweifelhafte Zahlungsfähigkeit, weshalb bei ihnen ein hohes Ausfallrisiko besteht. Dafür wird eine hohe Verzinsung angeboten. Mit J. wurden in den USA vor der ersten Finanzkrise oft Firmenübernahmen finanziert. Die Anleger spekulierten mit J. auf eine Sanierung des Unternehmens und erhofften sich so eine überdurchschnittliche Rendite.

Kalte Progression

Übliche Kurzform für die sog. Kalte Steuerprogression. Sie wird auch als heimliche Steuererhöhung bei Inflationsausgleichszahlungen beschrieben. Dahinter verbirgt sich folgender Vorgang: Steigende Einkommen, die zu versteuern sind, unterliegen der Steuerprogression, d. h. einem stufenweise steigenden Einkommensteuersatz. Durch ihn steigt die steuerliche Belastung. Inflationsausgleichende Einkommenssteigerungen – etwa durch vereinbarte Lohnerhöhungen – sollen das Realeinkommen erhalten. Diese nominal steigenden Einkommen unterliegen einem immer höheren Steuersatz. Am Ende wird der Betroffene höhere Steuern zahlen und sich weniger leisten können. Zu vermeiden wäre die kalte Progression, wenn Einkommensteuerstufen und Steuerfreibeträge regelmäßig der Inflationsentwicklung angepasst würden, wie es z. B. in der Schweiz der Fall ist.

➠ Steuerprogression

Kameralismus

Der Begriff leitet sich ab von dem ital. Wort »camera« (fürstliche Schatzkammer). Wie konnten das Vermögen und damit auch die Macht des Fürsten bzw. des Staates erfolgreich vermehrt werden? Das war bis ins 18. Jh. eine der wichtigsten Fragen für die Vertreter des K., einer preußischen Variante des Merkantilismus. Sie sahen es als Aufgabe des Staates an, das eigene Vermögen und den Wohlstand der Bevölkerung über eine straffe Lenkung der produktiven Wirtschaftskräfte zu erhöhen.
Auf diese Weise entstand die Idee des Wohlfahrtsstaats.

Kapazitätsauslastung

Verhältnis zwischen tatsächlicher und höchstmöglicher Auslastung der Produktionskapazität.

➠ Produktionspotenzial

Kapazitätseffekt von Investitionen

Wenn positive Nettoinvestitionen – z. B. eine größere Zahl von Maschinen – zu erhöhten Produktionsmöglichkeiten eines Unternehmens oder gar der Volkswirtschaft insgesamt führt, spricht man von einem K. Daher weisen Investitionen nicht nur einen positiven Effekt auf die Güternachfrage aus, die durch die Nachfrage nach zusätzlichen Maschinen stimuliert und erhöht wird, sondern auch auf das Angebot, da nun auch mehr produziert werden kann.

Kapazitätserweiterungseffekt

➠ Kapazitätseffekt von Investitionen

Kapital

Zählt neben Boden, Arbeit und Wissen zu den Produktionsfaktoren, die benötigt werden, um Waren und Dienstleistungen herzustellen. Im engeren betriebswirtschaftlichen Sinn gelten als K. einerseits alle dauerhaften Güter wie Maschinen und Anlagen, die im Produktionsprozess zum Einsatz kommen (Realkapital) und andererseits das für Investitionszwecke genutzte (Geld-)Vermögen (Finanzkapital), z. B. in Form von Aktien oder Kreditforderungen. Der aus K. gewonnene Ertrag wird als Kapitalzins bezeichnet.

➠ Humankapital

Kapitaldeckungsverfahren

Methode zur Finanzierung von Altersrenten und bestimmten Versicherungen. Dabei wird ein Teil der Beiträge des Versicherten regelmäßig am Kapitalmarkt angelegt und die spätere Versicherungsleistung aus der individuellen Rücklage (Deckungsstock) gezahlt, die durch laufende Zinsen wächst. Die Rente hängt also beim K. von der Höhe der eingezahlten Sparbeiträge sowie von der Entwicklung auf dem Kapitalmarkt ab. In Deutschland basierte auch die gesetzliche Rentenversicherung auf dem K., ehe sie 1957 auf das Umlageverfahren umgestellt wurde. Mit den staatlich geförderten privaten Riester- und Rürup-Renten soll das K. das Umlageverfahren ergänzen. Anders als dieses ist das K. zwar von einer negativen Entwicklung der inländischen Bevölkerungszahl und des inländischen Arbeitsmarkts weitgehend unabhängig. Dafür birgt es das Risiko, bei globalen Kapitalmarktkrisen das Kapital und damit die Rente u. U. ganz oder teilweise zu verlieren.

➠ Private Altersvorsorge

Kapitalertragsteuer

Besondere Form der Einkommensteuer, die auf inländische Einkünfte aus Kapitalvermögen erhoben wird. Für Zinsen aus Bundesanleihen oder Sparkonten beträgt der Steuersatz derzeit 30 %, bei Dividenden 20 %. Kursgewinne aus Aktien, Fonds oder Zertifikaten bleiben steuerfrei, wenn die Papiere länger als ein Jahr (Spekulationsfrist) gehalten werden. Die K. wird seit 1993 direkt an der »Quelle« einbehalten und an den Fiskus abgeführt, deshalb auch die Bezeichnung Quellensteuer oder Zinsabschlagsteuer. Diese Art der Erhebung soll eine Steuerflucht verhindern. Der einbehaltene Anteil wird auf die insgesamt zu zahlende Einkommensteuer angerechnet, sodass die endgültige Belastung vom persönlichen Steuersatz abhängt. Seit 2009 wurde das System umgestellt. Ab dann ist auf alle Kapitalerträge, also auch auf die Kursgewinne, eine Abgabe i. H. v. 26,375 % (inkl. Solidaritätszuschlag) fällig, die ebenfalls an der Quelle erhoben wird. Gleichzeitig wird die Spekulationsfrist aufgehoben. Da damit die Steuerschuld endgültig beglichen ist, also keine Anrechnung bei der Einkommensteuer erfolgt, spricht man auch von einer Abgeltungssteuer. Für Anleger mit höheren Einkommensteuersätzen ergibt sich also ein Vorteil gegenüber der bisherigen Regelung.

Kapitalexport

Wenn Inländer Vermögen im Ausland anlegen. Dabei werden 3 Arten von K. unterschieden: der Erwerb von dauerhaften Beteiligungen an ausländischen Unternehmen oder Immobilien (Direktinvestitionen), der Kauf von ausländischen Wertpapieren (Portfolioinvestitionen) und die Gewährung von Krediten an Ausländer. All dies lässt die Forderungen an das Ausland steigen. Zum K. zählt aber auch, wenn die Schulden gegenüber dem Ausland verringert werden, also die Verbindlichkeiten abnehmen. Kapitalexporte werden ebenso wie Kapitalimporte in der Kapitalbilanz eines Landes erfasst, die wiederum ein Teil der Zahlungsbilanz ist. Übersteigen die Kapitalexporte die Kapitalimporte, spricht man von Nettokapitalexport. Die Bundesrepublik zählt traditionell zu den großen Kapitalexporteuren. Dies ist v. a. Folge der hohen Überschüsse der Leistungsbilanz. Durch sie nehmen die Forderungen an das Ausland automatisch zu.

Kapitalflucht

Umfangreiche Verlagerung von Vermögenswerten ins Ausland. Auslöser ist meist die Furcht vor Vermögenseinbußen etwa durch staatliche Zwangsabgaben (»Steuerflucht«), Inflation oder politische Repressalien. Tritt sie in größerem Ausmaß auf, kann K. erhebliche wirtschaftliche Schäden anrichten. Betroffen sind v. a. Entwicklungsländer. Im Unterschied zum (legalen) Kapitalexport ist Kapitalflucht häufig mit illegalen Praktiken verknüpft.

→ Steuerhinterziehung → Steueroase

Kapitalgesellschaft

Gesellschaftsform, bei der die Beteiligung der Gesellschafter nur mit ihrem Kapital im Vordergrund steht. Sie unterscheidet sich von der Personengesellschaft, für die der persönliche Einsatz der Gesellschafter kennzeichnend ist, etwa mit ihrer Arbeitskraft, ihrer Kreditfähigkeit und ihrem Privatvermögen. Der Vorteil der K. liegt in der Beschränkung der Haftung auf das Gesellschaftsvermögen. Die Aktiengesellschaft ist der ausgeprägteste Typ der K., denn hier ist die Leitung des Unternehmens (der Vorstand als handelndes Organ) von den Aktionären (Gesellschaftern) weitgehend getrennt. Daneben werden auch die Gesellschaft mit beschränkter Haftung (GmbH) und die Kommanditgesellschaft auf Aktien (KGaA) zu den Kapitalgesellschaften gezählt, Letztere hat allerdings einen persönlich haftenden Gesellschafter, den Komplementär. Jede Kapitalgesellschaft unterliegt als Körperschaft des privaten Rechts der Körperschaftsbesteuerung.

Kapitalimport

Wenn Ausländer Vermögen im Inland anlegen. Gegenstück zum Kapitalexport. Unter K. fallen alle Transaktionen, die die Verbindlichkeiten gegenüber dem Ausland wachsen lassen, wie z. B. der Kauf von Bundesanleihen durch Gebietsfremde oder die Finanzierung von Importen durch Lieferantenkredite. Zum K. zählt aber auch, wenn Forderungen an das Ausland schrumpfen, etwa weil ein inländisches Unternehmen eine ausländische Tochtergesellschaft verkauft. Auf Kapitalimport sind nicht nur viele Entwicklungsländer angewiesen. Größter Kapitalimporteur sind derzeit die USA, die damit ihre gewaltigen Importüberschüsse finanzieren.

Kapitalintensität

Bezeichnet das Verhältnis zwischen dem Kapitalstock eines Unternehmens zu seiner Erwerbstätigenzahl (Kapitalstock/Erwerbstätigenzahl = Kapitalintensität). Dieses Verhältnis ist von erheblicher volkswirtschaftlicher Bedeutung. Wenn ein Unternehmen zusätzlich in Kapitalgüter investiert, steigt die verfügbare Kapitalmenge je Arbeitskraft und damit i. d. R. die

Produktionsleistung. Die K. in Deutschland wird im Rahmen der Volkswirtschaftlichen Gesamtrechnung (VGR) ermittelt. Nach Angaben des Statistischen Bundesamts waren am Ende des Jahres 2015 in der dt. Volkswirtschaft Anlagegüter mit einem Gesamtwert von 17,2 Bio. € vorhanden, preisbereinigt um 5,9 % mehr als im Jahr 2010. Das Bruttoanlagevermögen wird in Relation zu der 2015 im Jahresdurchschnitt eingesetzten Zahl der Erwerbstätigen gesetzt. Im Jahr 2015 entfielen damit je Erwerbstätigem Anlagegüter mit einem Neuwert – d. h. zu Wiederbeschaffungspreisen – von rund 400.000 €. Gegenüber 2014 ist der Kapitaleinsatz je Erwerbstätigem um 0,2 % gestiegen.

Kapitalismus

Wirtschaftssystem, das auf dem Privateigentum an Produktionsmitteln beruht und im Idealfall den gesamten Steuerungsprozess dem Markt überlässt (Marktwirtschaft). Die dort herrschende allgemeine Vertragsfreiheit gilt auch für Arbeitsverhältnisse. Arbeit und Kapital sind im K. getrennt, Arbeitskraft muss wie eine Ware ge- und verkauft werden. Motor des K. ist das (egoistische) Streben der Kapitalbesitzer nach möglichst hohem Gewinn. Einen »reinen« K., der die Marktkräfte völlig frei schalten lässt, gibt es nur in der Theorie. In der Praxis existieren K.-Varianten, die sich nur durch den Grad staatlicher Eingriffe (Regulierungen) in das Wirtschaftsgeschehen voneinander unterscheiden (rhein. K., angloamerik. K.). Die zunehmende Abhängigkeit der Realwirtschaft von der Entwicklung an den Finanzmärkten schlägt sich in neuen Wortschöpfungen wie Finanz-K., Finanzmarkt-K., Finanzialisierung, Shareholder-Value-K. oder Casino-K. nieder.

→ Finanzmarktkrise → Konjunkturpaket I und II

Kapitalkoeffizient

Gibt an, wie viel Kapital (also dauerhafte Produktionsmittel) erforderlich ist, um eine bestimmte Produktionsmenge herzustellen. Er ist betrieblich und gesamtwirtschaftlich definiert als Verhältnis von Kapitalstock (Bruttoanlagevermögen) und erzeugter Produktionsmenge (Bruttowertschöpfung).

Kapitalmangelarbeitslosigkeit

Arbeitslosigkeit, die durch einen Mangel an Sachkapital entstanden ist. K. kann z. B. darauf zurückzuführen sein, dass keine Finanzierungsmöglichkeiten für Investitionen vorhanden waren oder aber auf politische und wirtschaftspolitische Unsicherheit, die Investitionsplanungen und Kapazitätsausweitungen erschweren oder sogar unmöglich machen. Das fehlende Sachkapital gehört zu den wichtigsten Ursachen der Arbeitslosigkeit in Entwicklungsländern.

Kapitalmarkt

Umfasst alle Einrichtungen, an denen längerfristige Finanzinstrumente wie festverzinsliche Wertpapiere (Rentenpapiere) oder Aktien gehandelt werden. Er bringt Anbieter von Kapital (Sparer, Anleger) mit Nachfragern nach Kapital (Haushalte, Unternehmen, Staat) zusammen und soll über den Preismechanismus (Kurs, Zins) für eine optimale Verwendung des Kapitals sorgen, was wiederum als wohlstandssteigernd gilt. Wegen ihrer großen volkswirtschaftlichen Bedeutung – und um Betrügereien zu verhindern – unterliegen K. (Börsen) meist einer Form von staatlicher Aufsicht. Auf dem sog. Primärmarkt beschaffen sich private oder öffentliche

Institutionen frisches Kapital durch die Ausgabe neuer Wertpapiere. Auf dem Sekundärmarkt werden umlaufende Finanzinstrumente gehandelt.

➠ Börse

Kapitalrendite

Gewinn, der innerhalb einer bestimmten Periode im Verhältnis zum eingesetzten Kapital erzielt wird.

Kapitalstock

Gesamtkapital eines Unternehmens oder einer Volkswirtschaft.

➠ Kapitalkoeffizient

Kapitalverkehr

Bezeichnet grenzüberschreitende internationale Kapitalbewegungen. Beim sog. induzierten Kapitalverkehr handelt es sich um Zahlungen, die durch Importe und Exporte von Waren und Dienstleistungen verursacht werden. Der sog. autonome Kapitalverkehr umfasst davon unabhängige Transfers von Bargeld und Kapitalanlagen. Auf Letzteren entfällt inzwischen der Löwenanteil der internationalen Finanzströme. Ein (von staatlichen Eingriffen) freier Kapitalverkehr gehört zu den sog. 4 Grundfreiheiten der EU und gilt damit als eines der zentralen Elemente des Binnenmarkts. Allerdings konnte in der im Jahre 2008 erkennbar gewordenen weltweiten Finanzmarktkrise der Kapitalverkehr nur durch massive Eingriffe der Staaten sichergestellt werden.

Kapitalverkehrskontrolle

Maßnahme, die Überweisungen und Abheben von Geld durch Personen und Unternehmen beschränkt. K. werden eingeführt, um Kapitalabflüsse ins Ausland zu verhindern. Treten K. in Kraft, können Kontoeigner nur noch bestimmte Summen abheben und überweisen. Ein Beispiel für K. sind Maßnahmen Zyperns während der Finanzkrise: Banken wurden für zwei Wochen geschlossen, danach durften Kontobesitzer nur noch 300 € Bargeld am Tag abheben, für Überweisungen ins Ausland war die Zustimmung der Zentralbank notwendig. Indirekte K. können etwa durch hohe Steuern auf internationale Transaktionen durchgesetzt werden. In der EU sind K. nur in Ausnahmefällen und nur zeitlich begrenzt zulässig und bedürfen der Zustimmung der Mitgliedsstaaten, die eine Einschätzung der EZB einholen.

Kartell

Vereinbarung, mit der unabhängige Unternehmen versuchen, den Wettbewerb untereinander einzuschränken oder zu verhindern. Als Mittel dienen etwa Preisabsprachen oder die Aufteilung von Absatzgebieten. Besonders gefährdet durch Kartelle sind Märkte für Produkte, die sich nur wenig oder gar nicht unterscheiden. Da Kartelle i. d. R. die Kunden benachteiligen, sind sie in vielen Ländern untersagt oder bedürfen staatlicher Genehmigung. In Deutschland ist das Bundeskartellamt zuständig. Es kann unter bestimmten Umständen Ausnahmen vom Kartellverbot zulassen.

➠ Bundeskartellamt ➠ Rabattkartell

Kaufkraft

Bezeichnet die Menge an Gütern, die ein Wirtschaftssubjekt mit dem ihm zur Verfügung stehenden Geld kaufen kann. Sie hängt von der Höhe des verfügbaren Einkommens, dem Preisniveau und der Preisentwicklung ab. Bleibt das Einkommen gleich und steigen die Preise, sinkt die K. und mit ihr der Geldwert. Für internationale Wirtschaftsvergleiche wird häufig die sog. Kaufkraftparität herangezogen. Sie zeigt an, wie viel Geld in verschiedenen Ländern unabhängig vom Wechselkurs für jeweils gleiche Güter bezahlt werden muss. Nach der Kaufkraftparitätentheorie hängen die Wechselkurse langfristig von der Preisentwicklung in den jeweiligen Ländern ab.

Kaufkraftparität

Maßstab, um ökonomische Größen verschiedener Währungsgebiete miteinander vergleichen zu können. Der Maßstab ist die gleiche Kaufkraft, also die gleiche Menge gleichartiger Güter. Daran lässt sich ablesen, wie viel Güter mit dem aktuellen BIP in den jeweiligen Währungsgebieten gekauft werden können. Am häufigsten wird die K. im Zusammenhang mit Wechselkursen angewendet. K. für Wechselkurse gibt an, zu welchem Kurs 2 Währungen getauscht werden müssten, damit bei den jeweiligen Preisniveaus in den Währungsgebieten die gleichen Gütermengen gekauft werden können. Sie dienen als Orientierung bei der Beurteilung von Wechselkursänderungen.

➡ Abwertung ➡ Aufwertung ➡ Terms of Trade

Kerninflation

K. ist die Inflationsrate, die sich ergibt, wenn man die gemessene Inflationsrate, im Euroraum die prozentuale Veränderung des **H**armonisierten **V**erbraucher**p**reis**i**ndex (HVPI), um besonders volatile Komponenten bereinigt. In der Regel sind dies die Preisänderungen für Rohstoffe und Energie sowie für Nahrungsmittel. Diese Größen unterliegen starken Nachfrageschwankungen oder saisonalen Einflüssen, die das Ergebnis für die Inflationsmessung erheblich beeinflussen. Dadurch kann aber die Inflationstendenz überlagert und verzerrt ausgewiesen werden. Um dies zu vermeiden, rechnet man diese Komponenten aus dem HVPI heraus und weist die verbleibende Größe als K. aus.

Kerninflationsrate

Inflationsrate, die bereinigt wurde um stark schwankende Preise von Gütern, deren Handel von saisonalen (z. B. Nahrungsmittel) oder spekulativen (Öl und Energie) Einflüssen geprägt ist. Die K. soll die inflationäre Grundtendenz jenseits starker Schwankungen widerspiegeln. Sie wird von Zentralbanken zur Orientierung verwendet.

Kernkapital

K. ist Eigenkapital, das einer Bank dauerhaft zur Verfügung steht. Es besteht aus einbezahltem Eigenkapital (z. B. Stammaktien), einbehaltenen Gewinnen und offenen Rücklagen.

Keynes Plan

Bestand darin, gegen Ende des 2. Weltkriegs eine Zahlungsunion verschiedener Währungsgebiete zu schaffen. Ausgangspunkt der Überlegungen war, ein stabiles Währungssystem zu konstruieren. Der K. sah vor, dass die Wechselkurse fest waren, auch wenn sie im Laufe der Zeit angepasst werden konnten. Weiterhin war die Schaffung einer **I**nternational **C**learing **U**nion (ICU) vorgesehen, bei der alle Zentralbanken der Mitgliedsländer Konten hielten, auf denen die internationalen Zahlungsströme in einer Buchgeldwährung (Bancor) verbucht wurden. Auf diesen Konten sollten sowohl die Überschüsse als auch die Defizite im internationalen Zahlungsverkehr auflaufen. Um den Mitgliedsländern Anreize zu geben, weder zu hohe Überschüsse noch und zu hohe Defizite zu kumulieren, waren Strafzinsen ab ein einem gewissen Niveau vorgesehen, die aus einer vorher zu leistenden Einlage hätten gezahlt werden müssen. Der K. sah somit eine symmetrische Abhängigkeit der Geldpolitik der verschiedenen Länder über die Buchgeldwährung Bancor vor, da die Geldpolitik jedes Landes so gestaltet werden musste, dass übermäßige Überschüsse und Defizite vermieden würden. Der K. wurde abgelehnt. Stattdessen trat das Bretton-Woods-Abkommen in Kraft, durch das die beteiligten Währungen an den US-Dollar gebunden wurden und somit die Geldpolitik der einzelnen Länder einseitig von der amerik. Zentralbank abhängig war.

➠ Bretton-Woods-System

Keynes-Effekt

Der K. beschreibt, wie gesamtwirtschaftliche Preissteigerungen auf die Güternachfrage wirken. So haben sie laut der keynesianischen Theorie keinen unmittelbaren Einfluss auf Nachfrage, sondern nur einen mittelbaren über den Geldmarkt. Höhere Preise führen dazu, dass der Wert des Geldes, das die Zentralbank unverändert zur Verfügung stellt, real – also preisbereinigt – sinkt. Es besteht damit ein Nachfrageüberschuss nach Geld, um die laufenden Transaktionen tätigen zu können. Ein solcher Überschuss führt zu steigenden Zinsen auf dem Geldmarkt. Damit verteuern sich aber die Investitionen und die gesamtwirtschaftliche Nachfrage nimmt als Folge der höheren Preise ab.

Keynesianische Theorie

Geht auf die Lehren von John Maynard Keynes zurück, der das moderne gesamtwirtschaftliche Denken stark geprägt hat. Vor den entscheidenden Arbeiten von Keynes war man der Ansicht, dass die gesamtwirtschaftliche Wirtschaftsaktivität allein vom Angebot an Gütern bestimmt würde. In den meisten Modellen dieser Zeit war Arbeitslosigkeit ein vorübergehendes Phänomen, das sich bei flexiblen Preisen und Löhnen rasch verflüchtigt. Doch die Weltwirtschaftskrise von 1929 mit ihrer bedrückenden Massenarbeitslosigkeit weckten bei Keynes Zweifel an dieser Theorie, und er zeigte in seiner »General Theory of Employment, Interest and Money« (1936), dass die Nachfrage nach Gütern der bestimmende Faktor für die gesamtwirtschaftliche Aktivität ist. In dieser Sichtweise spielen die Einkommen der privaten Haushalte und die Renditeerwartungen der Unternehmen eine zentrale Rolle, denn sie bestimmen über Konsum und Investitionen, die den Kern der gesamtwirtschaftlichen Nachfrage bilden. Die Beziehungen zwischen Einkommen und Konsum sowie insbesondere zwischen Renditeerwartungen und Investitionen sind dabei von fundamentalen Unsicherheiten geprägt. Sind sie zu hoch, halten sich die Konsumenten beim Konsum und die Unternehmen bei den Investitionen zurück. Diese Reaktionen können sich selbst verstärken und in einer tiefen Krise enden, die von anhaltender Massenarbeitslosigkeit gezeichnet ist. Eine solche Krise ist laut Keynes nur durch Eingriffe von »außen« zu überwinden. Denn Preis- und Lohnsenkungen würden die Einkommens- und Renditeunsicherheit verschärfen. Dagegen könnte ein Nachfrageschub aus dem Ausland, der zu höheren Einkommen und verbesserten Gewinnaussichten führt, die Wirtschaft wieder stabilisieren. Ob dies jedoch rechtzeitig geschieht, ist meist ungewiss. Daher ist mit der K. auch die Forderung nach einer binnenwirtschaftlichen Stabilisierungspolitik verbunden: zum einen mithilfe der Fiskalpolitik, durch die der Staat den Ausfall der privaten Nachfrage ersetzt und damit Einkommen und Gewinne stabilisiert; zum Zweiten mithilfe der Geldpolitik, die durch ein erhöhtes Geldangebot und dadurch sinkende Zinsen die privaten Investitionen und den privaten Konsum anregt. Erst diese wirtschaftspolitischen Eingriffe vermögen, die Krise zu überwinden und mit wieder steigenden Einkommen und optimistischen Gewinnaussichten einen Impuls auszulösen, der sich selbst immer mehr verstärkt. Diese wirtschaftspolitische Sichtweise bestimmte das Handeln der Wirtschaftspolitik bis an Anfang der 1970er-Jahre. Danach geriet sie v. a. durch hohe Inflation und hohe Staatsverschuldung in Verruf. Erst seit Beginn der 1990er-Jahre werden die Lehren der K. in den USA wieder angewandt, während sie in Europa und v. a. in Deutschland zunächst weiterhin skeptisch gesehen wurden. Erst mit der Finanzmarktkrise von 2008 gewannen Überlegungen auf der Basis der K. wieder an Gewicht.

Keynesianisch-neoklassische Synthese

Geht wie die keynesianische Theorie von Märkten aus, auf denen Arbeitslosigkeit durch ungenügende gesamtwirtschaftliche Nachfrage entstehen kann. Quelle dieser Arbeitslosigkeit sind aber – anders als bei Keynes – nicht gedrückte Einkommens- und Gewinnperspektiven, die von fundamentaler Unsicherheit erzeugt werden, sondern träge Preis- und Lohnmechanismen, die sich nicht rasch genug an neue Gegebenheiten anpassen. Findet diese Anpassung im Laufe der Zeit statt, herrschen die Gesetzmäßigkeiten neoklassischer Modelle. Man kann die K. somit auch als ein auf kurze Sicht keynesianisches und auf lange Sicht neoklassisches Modell verstehen.

➠ Neoklassik

Keynesianismus

Bezeichnung für die verschiedenen Schulen in der Nachfolge keynesianischer Theorien. Wichtigste Strömungen des K. sind die Postkeynesianer, die Neokeynesianer und die Neukeynesianer.

➠ Postkeynesianismus

KfW

➠ Kreditanstalt für Wiederaufbau

Kinderfreibetrag

Steuerlicher Freibetrag, der das Existenzminimum des Kindes steuerfrei stellen soll. Er wird bei der Veranlagung zur Einkommensteuer vom zu versteuernden Einkommen abgezogen (§ 32, Abs. 6 EStG). Der K. gehört zum Familienlastenausgleich. Er soll einen Ausgleich zwischen den Lasten herbeiführen, die auf der einen Seite Familien und auf der anderen Seite Personen ohne Kinder zu tragen haben. Dahinter steht der Gedanke, die Leistungen von Familien zur Erhaltung der Gesellschaft durch Nachwuchs und dessen gesellschaftskonforme Sozialisation finanziell anzuerkennen. Seit 1996 können Familien zwischen K. oder Kindergeld wählen (Optionsmodell). Durch den K. werden Familien mit höheren Einkommen tendenziell stärker entlastet als Familien mit niedrigen Einkommen. Dieser Effekt wurde u. a. durch die Erhöhung des Kindergeldes abgemildert, dass für Familien mit geringerem Einkommen i. d. R. günstiger ist als die Inanspruchnahme des Freibetrags.

Kindergeld

Staatliche Geldleistung für Kinder. Ihre Erziehungsberechtigten müssen entweder ihren Wohnsitz oder ihren gewöhnlichen Aufenthalt im Inland haben oder, als nicht freizügigkeitsberechtigte Ausländer, zumindest eine Niederlassungs- bzw. Aufenthaltserlaubnis für das Bundesgebiet besitzen. Die Höhe des K. für das erste bis zweite Kind beträgt derzeit (2017) 192 €, für das dritte Kind 198 € sowie für ein viertes und weitere Kinder jeweils 223 € monatlich. Es wird bis zum 18. Lebensjahr gewährt. Soweit das Kind sich in der Ausbildung befindet, verlängert sich der Anspruch bis zum 25. Lebensjahr, in besonderen Einzelfällen auch darüber hinaus. Zusätzlich kann bei geringem Einkommen und Vermögen der Eltern noch ein Kinderzuschlag gewährt werden (§ 6 a Kindergeldgesetz). Das K. soll das steuerfreie Existenzminimum von Familien sicherstellen. Erst ein Betrag, der darüber hinausgeht, kann also als echte Familienförderung angesehen werden. Grundsätzlich können Familien zwischen K. oder Kinderfreibetrag wählen.

Kirchensteuer

Steuer, welche eine inländische Religionsgemeinschaft, die als Körperschaft des öffentlichen Rechts anerkannte ist, von ihren Mitgliedern aufgrund gesetzlicher Bestimmung erhebt. Folglich stellt die K. einen Akt der öffentlichen Gewalt und keine innerkirchliche Angelegenheit dar. Die Rechtsgrundlage für das Steuererhebungsrecht ergibt sich aus den Kirchensteuergesetzen. Weitere Gebiete, auf denen den Kirchen staatliche Gewalt übertragen wurde, sind die theologischen Fakultäten an Universitäten, der Religionsunterricht an Schulen und die Verwaltung von Friedhöfen. Ansonsten üben Kirchen keine staatliche Gewalt aus (Grundsatz der Trennung von Staat und Kirche). Die K. beträgt je nach Bundesland zwischen 8–9 % der Einkommensteuer und ist bei der Einkommensteuerklärung als Sonderausgabe abzugsfähig.

Klassik

Zusammenfassende Bezeichnung für das Gedankengebäude, das v. a. liberale brit. Ökonomen des 18. und 19. Jh. in der Abkehr vom Merkantilismus entwickelten. Mit seinem Werk »Der Wohlstand der Nationen – Eine Untersuchung seiner Natur und seiner Ursachen« schuf Adam Smith (* 1723 † 17.7.1790), der bedeutendste liberale Denker, das Fundament einer eigenständigen wissenschaftlichen Disziplin, der klassischen Nationalökonomie. Nach Smith ist der auf seinen wirtschaftlichen Vorteil bedachte Eigennutz die treibende Kraft wirtschaftlichen Handelns, die den Wohlstand aller schafft. Was man zum Essen brauche, erhalte man vom Metzger, Brauer oder Bäcker nicht aus Wohlwollen, sondern weil sie ihre eigenen Interessen verfolgten. Dieser Egoismus führt nach Smith bei freiem Wettbewerb zu steigendem Wohlstand aller. Die Wirtschaft soll nicht weiter vom Staat bevormundet, sondern dem selbsttätigen Markt überlassen werden. Denn die sog. »unsichtbare Hand«, ein funktionierender Preis- und Marktmechanismus, lenkt das Marktgeschehen: Wird ein Gut am Markt verstärkt nachgefragt, steigt sein Preis und die Produzenten erhalten das Signal, mehr davon zu produzieren. Sinkt die Nachfrage, so wird auch der Preis fallen und die Produzenten werden sich zurückhalten. Der Preis hat also eine koordinierende Funktion. Er räumt bei vollständiger Konkurrenz den Markt und führt damit zum Marktgleichgewicht. Lohn ist der Preis der Arbeit. Daher wird sich nach Meinung der Klassiker auch bei freier Preisbildung auf dem Arbeitsmarkt

Vollbeschäftigung einstellen. Dem Staat wird in den Modellen der Klassiker eine untergeordnete Funktion zugewiesen. Er ist Garant der individuellen Freiheit und hat den ordnungspolitischen Rahmen bereitzustellen. Die Klassiker waren Begründer des wirtschaftlichen Liberalismus. Weil in ihren Modellen der Preismechanismus immer wieder den Markt räumt, finden in den Analysen allerdings Unterbeschäftigung, Wirtschaftskrisen oder Unterinvestitionen zu wenig Beachtung.

➡ Liberalismus ➡ Neoklassik ➡ Neoliberalismus

Klassische Dichotomie

Mit K. bezeichnet man die Sichtweise klassischer und teilweise auch neoklassischer Ökonomen, dass Güter- und Geldmarkt getrennt voneinander funktionieren. Eine Folge davon ist, dass reale und monetäre Sphäre völlig voneinander getrennt sind und man mit Geldpolitik z. B. die reale Wirtschaft nicht stimulieren könnte, wenn es eine K. gäbe. In der modernen Makroökonomie wird i. d. R. keine strikte Trennung zwischen Güter- und Geldmarkt angenommen.

➡ Klassik ➡ Neoklassik

Klassische Zinstheorie

Behauptet, dass der (Kapitalmarkt-)Zins durch das Verhältnis von Sparen und Investieren bestimmt wird und beide Größen ins Gleichgewicht bringt. Je mehr – unter sonst gleichen Bedingungen – gespart wird, desto niedriger der Zins und umgekehrt. Die Geldmenge – und damit auch die Geldpolitik der Notenbanken – hat keinen oder allenfalls einen vorübergehenden Einfluss auf die Zinshöhe. Sie hängt allein von den realwirtschaftlichen Gegebenheiten ab. Die Hypothese gilt inzwischen als widerlegt. Die K. versteht den Zins als Allokationsmechanismus für Kapital. Er sorgt also dafür, dass das Kapital dorthin strömt, wo es am dringendsten benötigt wird. Dort, wo der Zins hoch ist, ist offenbar die Rendite für Kapital hoch; deshalb wird Kapital auch dorthin fließen. Umgekehrt ist, wo nur niedrige Zinsen gezahlt werden, der Kapitalbedarf gering, weshalb in diese Branchen oder Regionen entsprechend weniger Kapital streben wird. Am Ende steht laut K. eine optimale Verteilung von Kapital.

Koalitionsfreiheit

Das Recht von jedermann, mit anderen Koalitionen zur Wahrung und Förderung von Arbeits- und Wirtschaftsbedingungen zu bilden (Art. 9, Abs. 3 GG). Koalitionen sind Vereinigungen wie z. B. Gewerkschaften und Arbeitgeberverbände. Sie sind berechtigt, auf dem Boden dieses Grundrechts Tarifverträge zu vereinbaren. Die K. ist ein Freiheitsrecht und daher ein Abwehrrecht gegen Eingriffe des Staates, sie kann jedoch – als Ausnahmefall unter den Grundrechten – auch unmittelbar gegen Eingriffe von privater Seite schützen. Die individuelle K. umfasst die Bildung eines Verbandes, den Beitritt und den Verbleib in selbigem, die kollektive K. hingegen die Bestandsgarantie, die Verbandsautonomie und die Betätigungsgarantie. Diese richtet sich v. a. auf den Arbeitskampf und die Tarifautonomie, also die Verhandlung und Vereinbarung von Tarifverträgen.

Kohäsionsfonds

Mit dem K. soll der wirtschaftliche und soziale Zusammenhalt zwischen den Mitgliedstaaten der EU gefördert werden. Finanziell gefördert werden seit 1994 v. a. Umwelt- und Verkehrsprojekte. In den Genuss kommen Länder, deren Pro-Kopf-Einkommen unter 90 % des Gemeinschaftsdurchschnitts liegt.

Kohlepfennig

Abgabe, die jeder Stromverbraucher in der Bundesrepublik von 1974–1995 zahlen musste. Mit den Einnahmen wurde zur Erzeugung von Elektrizität der Einsatz heimischer Steinkohle subventioniert, die im Vergleich zur Importkohle teurer war. Letztlich wurden damit Hunderttausende von Arbeitsplätzen gestützt.

Kollektivgüter

➡ Öffentliche Güter

Kombilohn

Mit dem K. bezuschusst der Staat das Gehalt von Arbeitnehmern, die ein Gehalt beziehen, das unter dem Niveau der sozialen Absicherung liegt. Es handelt sich bei dem Modell um eine Lohnsubvention, die i. d. R. direkt an den Arbeitnehmer gezahlt wird. Aber auch an den Arbeitgeber fließende Lohnkostenzuschüsse können den K.-Modellen zugerechnet werden. Der K. soll gering qualifizierte Kräfte in Arbeit bringen, Kritiker der Maßnahme führen mögliche Mitnahmeeffekte, Marktverzerrungen und die Konkurrenz mit regulären Beschäftigungsverhältnissen an.

➡ Niedriglohnsektor

Kommunismus

Der K. gründet auf der von Karl Marx (* 5.5.1818 † 14.3.1883) und Friedrich Engels (* 28.11.1820 † 5.8.1895) entwickelten Lehre und Theorie des Marxismus. Nach Marx wird dem Zusammenbruch des Kapitalismus eine Übergangsphase des Sozialismus folgen, der sich am Ende in eine klassenlose kommunistische Gesellschaft umwandeln wird, in der das Privateigentum an Produktionsmitteln abgeschafft ist. Die Grundgedanken wurden v. a. von Lenin weiterentwickelt und führten zur Bildung kommunistischer Herrschaftsformen, deren mächtigste die Sowjetunion war. Diese strebte eine kommunistische Gesellschaft als Endziel an, das aber 1991 aufgegeben wurde.

➡ Marxismus

Komparative Kosten

Vom brit. Wirtschaftswissenschaftler David Ricardo (* 18.4.1772 † 11.9.1823) entwickelte Theorie, die besagt, dass jedes Land sich auf Produktion und Export der Güter spezialisieren sollte, die es mit dem kleinsten Kostennachteil produzieren kann. Außenhandel lohnt sich nach Ricardo also selbst dann, wenn ein Land bei der Produktion aller Güter dem Ausland unterlegen ist. Es muss sich nur auf die Produktion jener Güter konzentrieren, bei denen es noch relative Kostenvorteile besitzt, und diese ausführen. Umgekehrt muss es Güter importieren, bei denen vergleichsweise Kostennachteile vorliegen. Durch den internationalen Handel werden beide Länder reicher, wenn jedes Land sich auf Güter und Dienstleistungen spezialisiert, die es zu geringeren Kosten herstellen kann. Im Gegensatz dazu war der Ökonom Adam Smith der Ansicht, dass es einzig für Länder mit einem absoluten Kostenvorteil sinnvoll ist, ihre Güter zu exportieren.

➡ Außenhandel ➡ Technologische Lücke

Kondratieff-Zyklus

Nach dem russ. Ökonomen N. D. Kondratieff (* 4.3.1892 † 17.9.1938) benannter Konjunkturverlauf, auch bekannt als »Theorie der Langen Wellen«. Nach der Hypothese, die Kondratieff als erster Ökonom mit einer umfangreichen statistischen Analyse zu belegen versuchte, verläuft die konjunkturelle Entwicklung zwischen Expansion und Kontraktion in sich wiederholenden Zyklen von 48–60 Jahren. Die langen Wellen der wirtschaftlichen Entwicklung, so Kondratieff, wohnen dem kapitalistischen Wirtschaftssystem inne.

➠ Marxismus

Konferenz der Vereinten Nationen für Handel und Entwicklung (UNCTAD)

Sonderorganisation der Vereinten Nationen mit derzeit 193 Mitgliedern. Sie wurde 1964 in Genf gegründet. Ihre Aufgabe ist die Förderung des internationalen Handels zwischen Industrie- und Entwicklungsländern, um deren Entwicklung zu unterstützen. Dies wollte man insbesondere durch Grundsätze und Richtlinien für den internationalen Handel erreichen, um die Handels- und Entwicklungspolitik zu harmonisieren. Die Resolutionen der Konferenz, die alle 4 Jahre tagt und der mehrheitlich Entwicklungsländer angehören, haben nur empfehlenden Charakter. Durch die Gründung der Welthandelsorganisation (WTO) wurde die Bedeutung der UNCTAD eingeschränkt. Seit der Konferenz von Midrand 1996 (Südafrika) besteht ihre wesentliche Aufgabe darin, Entwicklungsländer und Staaten des ehemaligen Ostblocks in den freien Welthandel zu integrieren. Sie ist ein konsensstiftendes Forum, das zu diesem Zweck Informationen, Untersuchungen und politische Analysen bereitstellt.

Königsteiner Vereinbarung

Abkommen, das seit 1950 die Ernennung des Bundesratspräsidenten regelt. Das in Königstein vereinbarte Verfahren schreibt vor, dass die Abfolge der Präsidenten sich nach der Bevölkerungsgröße der Bundesländer richtet. Die Ernennung hängt nicht von den Mehrheitsverhältnissen im Bundesrat ab. Präsident des Bundesrates wird zunächst der Ministerpräsident bzw. erste Bürgermeister des Bundeslandes mit den meisten Einwohnern, gefolgt vom zweitgrößten usw. Vizepräsident wird jeweils der Präsident der vorhergegangenen Wahlperiode. Das Amt des zweiten und dritten Vizepräsidenten wird vom Landeschef des kleinsten und zweitkleinsten Bundeslands eingenommen, in der dann folgenden Wahlperiode von den Landeschefs der nächstgrößeren Länder.

Konjunktur

Aktuelle Gesamtlage einer Wirtschaft zu einem bestimmten Zeitpunkt. Die Konjunkturlage und die Konjunkturschwankungen werden durch Konjunkturindikatoren angezeigt. Der umfassendste Maßstab für die K. ist das Bruttoinlandsprodukt.

➠ Indikator

Konjunkturabschlag

Allgemein: ein Abschlag auf ökonomische Größen wegen schlechter Konjunktur. Dies kann sich auf Preise oder auch Aktienkurse beziehen. Ein K. ist auch im Stabilitäts- und Wachstumsgesetz vorgesehen. Bei schlechter Konjunktur kann die Bundesregierung einen K. von bis zu 10 % bei der Einkommens- und Körperschaftsteuer vornehmen, um die Nettoeinkommen und Gewinne zu stabilisieren.

➠ Gesetz zur Förderung der Stabilität und des Wachstums der Wirtschaft

Konjunkturausgleichsrücklage

Instrument einer antizyklischen Konjunkturpolitik. Nach §§ 5 und 15 **Sta-**

bilitäts- und Wachstumsgesetz (StWG) kann die Bundesregierung mit Zustimmung des Bundesrats in der Hochkonjunktur anordnen, dass Bund und Länder ihren K. Finanzmittel zuführen. Dadurch sollen die Staatsausgaben gebremst werden, falls die Nachfrage die volkswirtschaftliche Leistungsfähigkeit übersteigt. Die frei gewordenen Mittel der K. sollen in einer Phase der Konjunkturabschwächung dazu genutzt werden, die Wirtschaftstätigkeit wieder anzukurbeln.

➡ Gesetz zur Förderung der Stabilität und des Wachstums der Wirtschaft

Konjunkturelle Arbeitslosigkeit

K. ist die Arbeitslosigkeit, die durch einen konjunkturellen Aufschwung wieder abgebaut werden kann. Ihre Berechnung ist schwierig und mit hohen Unsicherheiten behaftet, da eine exakte Trennung zwischen Konjunktur und Struktur angesichts unregelmäßiger Konjunkturzyklen nicht möglich ist.

Konjunkturneutraler Haushalt

Der um Konjunkturschwankungen bereinigte Saldo der öffentlichen Haushalte. Der Begriff des K. wird auch synonym zu dem des strukturellen Defizits verwendet.

➡ Strukturelles Defizit

Konjunkturpaket I und II

Die K. wurden im Zuge der Finanzmarktkrise 2008/2009 beschlossen, um den hierdurch ausgelösten schwerwiegenden Konjunktureinbruch aufzufangen. Nach anfänglichem Zögern wurde im Dezember 2008 zunächst das K. I beschlossen, das allerdings nur einen sehr begrenzten Umfang von rund 0,4 % vom Bruttoinlandsprodukt (BIP) aufwies und somit angesichts der tiefen Krise völlig unzureichend war. Es folgte daher das K. II im Februar 2009 dessen Größenordnung immerhin rund 2 % vom BIP betrug. Allerdings setzen die Wirkungen sehr verzögert ein. Kern des K. II war ein Investitionsprogramm für den Bund und die Kommunen v. a. im Bildungsbereich sowie Steuer- und Abgabensenkungen. Zusätzlich wurden noch eine Abwrackprämie für Altautos und ein Zuschlag zum Kindergeld gewährt.

➡ Konjunkturprogramm

Konjunkturpolitik

Wirtschaftspolitische Maßnahmen mit dem Ziel, die Konjunktur zu stabilisieren. Daher wird K. auch Stabilisierungspolitik genannt. K. besteht primär aus Geldpolitik und Fiskalpolitik. K. ist bei Rezession und Boom gleichermaßen gefordert, um einerseits Arbeitslosigkeit und andererseits Inflation zu vermeiden.

➡ Konjunkturpaket I und II ➡ Konjunkturprogramm

Konjunkturprogramm

Ein Bündel von fiskalpolitischen Maßnahmen, um die Konjunktur zu stimulieren. Gefordert sind K. bei schlechter Konjunktur, im Wesentlichen bei Rezessionen. Folgt man keynesianischen Theorien, ersetzen K. den privaten Nachfrageausfall und beleben damit die Konjunktur. In Deutschland wurden K. wegen Zweifeln an ihrer Wirksamkeit ab Mitte der 1970er- und Anfang der 1980er-Jahre bis zur Finanzmarktkrise nicht mehr aufgelegt. In den USA geschah dies dagegen während der Rezession 2001. Im Ergebnis haben die USA Krisen damit schneller bewältigt. Erst mit der Finanzmarktkrise 2008 wurden auch in Deutschland wie in den USA wieder K. aufgelegt.

➡ Konjunkturpaket I und II

Konjunkturschwankungen

Veränderungen der wirtschaftlichen Dynamik mit mittlerer Frequenz, die sich im Lauf eines Konjunkturzyklus ergeben. Diese Veränderungen sind zwischen kurzfristigen (z. B. saisonalen) Schwankungen und langfristigen Änderungen des Wachstumstrends anzusiedeln und werden v. a. durch eine schwankende Nachfrage ausgelöst.

Konjunkturtheorie

Versucht mittels ökonomischer Ansätze Konjunkturschwankungen zu erklären. Die bekanntesten K. sind keynesianische und monetaristische Ansätze.

➡ Keynesianische Theorie ➡ Monetarismus

Konjunkturzuschlag

Allgemein: ein Zuschlag auf ökonomische Größen bei sehr guter Konjunktur. Dies kann sich auf Preise oder auch Aktienkurse beziehen. Ein K. ist auch im Stabilitäts- und Wachstumsgesetz vorgesehen. In Boomphasen kann die Bundesregierung einen K. von bis zu 10 % bei der Einkommens- und Körperschaftsteuer vornehmen, um die Nettoeinkommen und Gewinne zu dämpfen und damit Inflation zu vermeiden.

➡ Gesetz zur Forderung der Stabilität und des Wachstums der Wirtschaft

Konjunkturzyklus

Umfasst die verschiedenen Phasen der Konjunktur. Er besteht nach gängiger Auffassung aus Aufschwung, Boom, Abschwung und Rezession. Dieser Ablauf wiederholt sich immer wieder in der gleichen Reihenfolge. Entgegen dem üblichen Verständnis von Zyklen ist im Konjunkturverlauf eine Regelmäßigkeit nur schwer zu entdecken, da der K. sehr stark durch irreguläre und globale Einflüsse wie Turbulenzen an den Finanzmärkten oder auch Währungskrisen bestimmt wird.

Konsolidierte Bilanz

Gesamtbilanz eines Konzerns, in der die Einzelbilanzen der zum Konzern gehörenden Unternehmen zusammengefasst sind.

Konsolidierung

In der Makroökonomie: die Sanierung der Staatsfinanzen, d. h. Einnahmen und Ausgaben werden durch Sparen und Steuererhöhungen nach einer Phase hoher Verschuldung wieder zur Übereinstimmung gebracht. K kann auch betriebs- oder finanzwirtschaftlich verstanden werden. Dann bezeichnet K. die Sanierung eines Unternehmens oder Konzerns.

Konsum

[Lat.: consumere = verbrauchen] Bezeichnet den Verzehr oder Verbrauch von Gütern. Der K. steht in einem ökonomischen Gegensatz zur Ersparnis und zu Investitionen. Im Rahmen der volkswirtschaftlichen Gesamtrechnung ist der K., der durch die Ausgaben für Konsumgüter gemessen wird, die wichtigste Komponente der gesamtwirtschaftlichen Wertschöpfung. Es gibt die privaten Konsumausgaben, die von den privaten Haushalten getätigt werden, und den K. des Staates.

➡ Staatlicher Konsum

Konsumausgaben des Staates

➡ Staatlicher Konsum ➡ Keynesianische Theorie

Konsumentenrente

Differenz zwischen dem Preis, den der Konsument für ein Gut, auf das er nicht verzichten will, zu zahlen bereit ist und dem Marktpreis. Beispiel: Wenn ein

Abb. 24 Konsumausgaben und Ersparnisse der privaten Haushalte in Deutschland 1991–2016

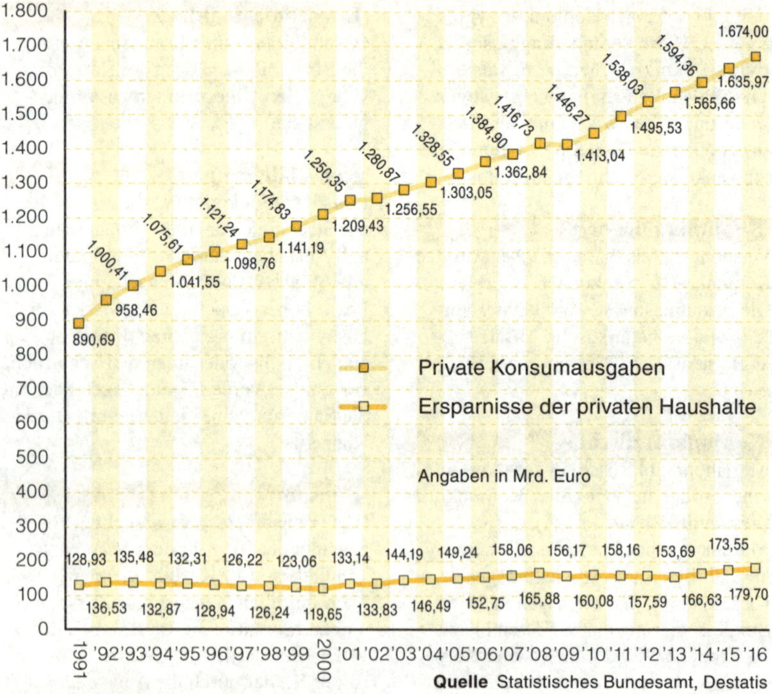

Quelle Statistisches Bundesamt, Destatis

Abb. 25 Sparquote der privaten Haushalte in Deutschland 1991–2016

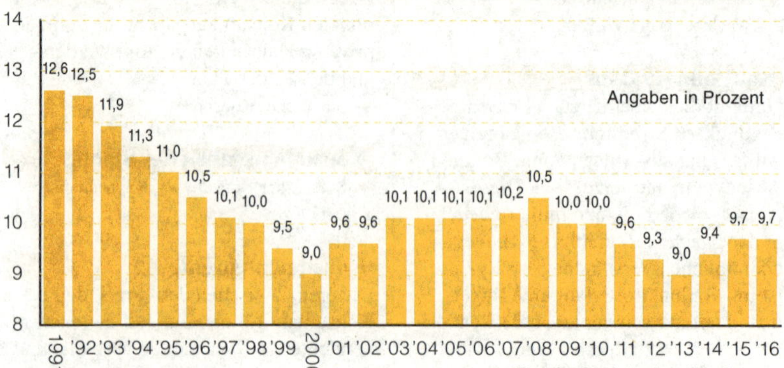

Quelle Statistisches Bundesamt

Konsument bereit ist, für ein Brot 3 € zu zahlen, auf dem Markt aber nur 2 € für das Brot gefordert werden, so beträgt seine Konsumentenrente bzw. der sog. Nettonutzen 1 €.

Konsumgutschein

Eine v. a. in den USA und Japan in Form von Steuergutschriften angewandte Methode, den privaten Verbrauch zu stimulieren. Dies geschieht, indem pro Haushalt oder pro Kopf ein festgelegter Betrag zur Verfügung gestellt wird, der bis zu einem bestimmten Zeitpunkt ausgegeben werden muss. K. wirken schnell, allerdings nur kurzfristig. Sie sind daher nur bei weniger schwerwiegenden Konjunktureinbrüchen zu empfehlen oder aber als Übergang bis z. B. ein öffentliches Investitionsprogramm wirksam wird.

Konsumquote

Verhältnis aller Konsumausgaben eines Haushalts oder einer Volkswirtschaft zum verfügbaren Einkommen bzw. BIP. In Deutschland beträgt die K. nach den Zahlen des Statistischen Bundesamts rund 60 %. Zu unterscheiden sind die durchschnittliche K. und die marginale K., die die Änderung des Konsums bei verändertem Einkommen zueinander ins Verhältnis setzt. Nach einer Hypothese von J. M. Keynes erhöhen Menschen bei steigendem Einkommen ihren Konsum; der Anstieg ihrer Konsumausgaben bleibt aber hinter dem Anstieg des Einkommens zurück, sodass die Konsumquote bei steigendem Einkommen sinkt. Empirische Daten stützen diese Annahme: So lag 2013 nach Angaben des Statistischen Bundesamtes die durchschnittliche K. in Haushalten mit einem monatlichen Nettoeinkommen von weniger als 900 € bei 117 %. Die Haushalte gaben also mehr aus, als sie einnahmen. Die K. der Haushalte mit einem monatlichen Nettoeinkommen zwischen 5.000 und 18.000 € beträgt dagegen nur 63 %. Über das Konsumverhalten bei noch höherem monatlichen Nettoeinkommen – es handelt sich in Deutschland um etwa 1 Mio. Haushalte – sind keine Informationen verfügbar.

Konvergenzkriterien

➟ Maastricht-Kriterien

Konvertibilität

Möglichkeit, eine Währung frei und unbeschränkt in ausländische Währungen zum allgemeingültigen Wechselkurs umzutauschen. Als voll konvertibel gelten nur Währungen, die den zwischenstaatlichen Zahlungs- und Kapitalverkehr weder für In- noch Ausländer beschränken. Der Euro ist eine voll konvertible Währung.

Konvertierbarkeit

➟ Konvertibilität

Konzern

Eine Gruppe von Unternehmen, die unter einheitlicher Leitung zusammengeschlossen sind. Die zum Konzern gehörenden Betriebe sind wirtschaftlich unselbstständig, aber rechtlich selbstständig. Von einem horizontalen Konzern wird gesprochen, wenn sich Betriebe gleicher oder ähnlicher Produktion zusammenschließen (Beispiel: Stahl erzeugende Betriebe schließen sich zu einem Stahlkonzern zusammen). Ein vertikaler Konzern fasst dagegen Betriebe aller Produktionsstufen zusammen (etwa ein Mineralölkonzern, in dem Unternehmen von der Rohölförderung über die Raffinerie bis zur Tankstelle vereint sind). Ein lateraler Konzern, auch Mischkonzern oder

Konglomerat genannt, setzt sich aus Unternehmen unterschiedlicher Bereiche zusammen (Beispiel: der Siemens-Konzern, der Haushaltsgeräte aber auch moderne Kommunikationstechnik u. a. produziert). Als Folge von Konzernbildung sinkt häufig die Zahl der Anbieter. Es steigt der Marktanteil des Konzerns und damit seine Marktmacht.

Konzertierte Aktion

Abgestimmtes Vorgehen, mit dem verschiedene Akteure freiwillig ein gemeinsames Ziel anstreben. Anfang 1967 rief die Bundesregierung erstmals Vertreter des Staats, der Arbeitgeber, der Gewerkschaften, des Sachverständigenrats zur Begutachtung der wirtschaftlichen Entwicklung und der Deutschen Bundesbank zusammen. Ziel des Gesprächskreises war es, die damalige Wirtschaftskrise zu bekämpfen. Die Idee einer Zusammenarbeit verschiedener Interessengruppen geht auf keynesianisches Gedankengut zurück und wurde durch das 1967 verabschiedete Stabilitäts- und Wachstumsgesetz formalisiert. Die Treffen endeten 1977, als die Gewerkschaften wegen Auseinandersetzungen mit den Arbeitgebern die weitere Teilnahme verweigerten. Im selben Jahr wurde eine K. ins Leben gerufen, die den Kostenanstieg im Gesundheitswesen dämpfen sollte. Auch das 1998 initiierte Bündnis für Arbeit war eine K.

➟ Gesetz zur Förderung der Stabilität und des Wachstums der Wirtschaft

Kopfsteuer

Bei dieser Form der Besteuerung haben alle steuerpflichtigen Personen den gleich hohen Steuerbetrag zu entrichten, sodass die unterschiedlichen wirtschaftlichen Verhältnisse und die individuelle Leistungsfähigkeit der Steuerzahler keine Berücksichtigung finden. Die K. verstößt daher gegen übliche Gerechtigkeitsvorstellungen.

Körperschaften

Aus mehreren Mitgliedern bestehende Organisationen in der Rechtsform einer juristischen Person. K. sind vom Wechsel ihrer Mitglieder unabhängig. Die Mitglieder treffen zumindest die Grundsatzentscheidungen für die Körperschaft. Zu den privatrechtlichen K. zählen rechtsfähige Vereine, Genossenschaften und Kapitalgesellschaften wie Aktiengesellschaften oder Gesellschaften mit beschränkter Haftung (GmbH). Körperschaften des öffentlichen Rechts werden durch Gesetz begründet. Darunter fallen z. B. Gemeinden, Universitäten, Handwerkskammern oder allgemeine Ortskrankenkassen.

➟ Körperschaftssteuer

Körperschaftsteuer (KSt)

Besondere Art der Einkommensteuer. Sie gilt für juristische Personen wie Aktiengesellschaften oder **G**esellschaften **m**it **b**eschränkter **H**aftung (GmbH), bestimmte Personenvereinigungen und Vermögensmassen. Besteuerungsgrundlage ist das Einkommen, das die Körperschaft innerhalb des Kalenderjahrs bezogen hat. Ermittelt wird es auf der Basis des Gewinns. Der Steuersatz beträgt seit 2001 für einbehaltene wie ausgeschüttete Gewinne einheitlich 25 %, von 2008 an 15 %. Auf die ausgeschütteten Gewinne wird die Kapitalertragsteuer von 20 % fällig. Dividenden werden allerdings nur zur Hälfte in die Bemessungsgrundlage für die persönliche Einkommensteuer der Anteilseigner einbezogen, um eine steuerliche Doppelbelastung (einmal bei der Körperschaft und einmal bei den Anteilseignern) zu verhindern. Dieses sog. Halbeinkünfteverfahren wurde im Zuge der Unternehmenssteuerreform 2008 abgeschafft und von 2009 an durch eine Kapitalertragsteuer (Abgeltungsteuer) von 25 % (zzgl. Solidaritätszuschlag und ggf. Kirchensteuer) ersetzt. Die K. zählt zu den Gemeinschaftssteuern und fließt dem Bund und den Ländern zu. 2015 betrug ihr Aufkommen rund 20 Mrd. €.

Kosten

K. geben den in Geldeinheiten bewerteten Einsatz von Produktionsfaktoren wider, der notwendig ist, um Waren und Dienstleistungen herzustellen, zu verkaufen und den Betrieb aufrechtzuerhalten. Unterschieden wird zwischen fixen K., die bei steigender Produktionsmenge unveränderlich bleiben, und variablen K., die ansteigen, wenn die Produktionsmenge erhöht wird. Durchschnitt- oder Stückkosten geben unter Berücksichtigung der Gesamtkosten die K. je Stück an. Als Grenzkosten werden K. bezeichnet, die bei der Erzeugung einer weiteren Produktionseinheit aufzuwenden sind. Der volkswirtschaftliche Kostenbegriff umfasst neben den Geldausgaben für die Produktionsfaktoren auch die Opportunitätskosten. Externe volkswirtschaftliche Kosten sind jene Aufwendungen, die nicht von den Verursachern getragen, sondern auf Dritte oder die Allgemeinheit abgewälzt werden. Dazu zählen v. a. Umweltschäden.

➠ Fixkosten ➠ Variable Kosten

Kosten der Arbeitslosigkeit

Beziffern die wirtschaftlichen Schäden, die durch Unterbeschäftigung entstehen. Sie setzen sich aus mehreren Komponenten zusammen. *Erstens* steigen mit der Arbeitslosigkeit die Ausgaben der öffentlichen Haushalte für Arbeitslosengeld, Sozialhilfe oder beschäftigungspolitische Maßnahmen. *Zweitens* sinken die Einnahmen, weil weniger Steuern und Sozialabgaben bezahlt werden. Nach Berechnungen des **I**nstituts für **A**rbeitsmarkt- und **B**erufsforschung (IAB) der Bundesagentur für Arbeit (BA) betrugen diese sog. fiskalischen K. 2014 56,7 Mrd. €. Dabei wurden nur die registrierten Arbeitslosen berücksichtigt, nicht die sog. stille Reserve. *Drittens* sind die volkswirtschaftlichen K. weitaus höher als die fiskalischen Kosten. Denn Arbeitslosigkeit geht einher mit Einkommensverlusten, die wiederum den Konsum, die Investitionen und damit das Wirtschaftswachstum bremsen. *Viertens* fallen Kosten in Form von Wissensverlusten und psychischen oder anderen gesundheitlichen Problemen bei den betroffenen Personen an.

Kosten-Nutzen-Analyse

K. ist eine Form der Wirtschaftlichkeitsrechnung. Der Vergleich von Kosten und Nutzen eines Vorhabens gemessen in Geld ist ein zentrales Element der Betriebswirtschaft. Analysiert wird dabei das potenzielle Gesamtergebnis – überwiegt der Nutzen die Kosten oder ist das Gegenteil der Fall – und die Rentabilität der eingesetzten Faktoren. In der Volkswirtschaftslehre wird die K. genutzt, um etwa die Kosten eines staatlichen Eingriffs in die Wirtschaft dem zu erwartenden Wohlfahrtsgewinn gegenüberzustellen.

Krankengeld

Das K. ist eine gesetzlich vorgeschriebene Regelleistung der gesetzlichen Krankenkassen. Es soll das Einkommen ersetzen bei krankheitsbedingter Arbeitsunfähigkeit, bei bestimmten stationären Kuren, Betreuung eines kranken Kindes sowie bei Arbeitsunfähigkeit durch rechtmäßige Sterilisation oder einen rechtmäßigen Schwangerschaftsabbruch. Beschäftigte haben einen Anspruch auf K. nach Ablauf der sechswöchigen Entgeltzahlung gemäß Lohnfortzahlungsgesetz. Es beträgt im Grundsatz 70 % des letzten Bruttoeinkommens, höchstens aber 90 % des letzten Nettoentgelts. Bei den privaten Krankenversicherungen muss das K. eventuell über eine zusätzlich abzuschließende Verdienstausfallversicherung abgedeckt werden.

Krankenversicherung

Die **G**esetzliche **K**ranken**v**ersicherung (GKV) ist eine kollektive Risikoabsicherung im Krankheitsfall und stellt ein Kernelement des Sozialstaatsprinzips dar (Art. 20, Abs. 1 GG). Die GKV garantiert eine auf dem Solidarprinzip basierende medizinische Grundversorgung und sichert damit auch sozial Schwächere ab, die niedrigere Beitragssätze als die Bezieher mittlerer Einkommen bezahlen. Oberhalb einer bestimmten Einkommenshöhe, der Bemessungsgrenze, ist die Versicherungspflicht von abhängig Beschäftigten allerdings aufgehoben. Gutverdienende können also die GKV verlassen und sich jenseits des o. a. Sozialstaatsprinzips bei einer privaten Krankenkasse versichern. Bei der privaten K. wird der Beitragssatz nach individuellen Risikofaktoren ermittelt und nicht nach dem Einkommen gestaffelt. In Relation zum nominalen Bruttoinlandsprodukt sind die Gesundheitskosten in den letzten Jahren kaum stärker angestiegen. Die gefürchtete Kostenexplosion konnte vermieden werden.

➟ Gesetzliche Krankenversicherung

Kredit

Zeitlich begrenzte Überlassung eines Geldbetrags. Dafür verlangt der Kreditgeber (Gläubiger) vom Kreditnehmer (Schuldner) i. d. R. ein Entgelt, den Zins. Die wirtschaftliche Funktion des K. besteht darin, das Sparen und das Investieren voneinander zu trennen, um Kapital möglichst effizient einzusetzen. Der K. ist ein wesentlicher Motor der wirtschaftlichen Entwicklung in modernen Volkswirtschaften. Die Kreditvergabe erfolgt üblicherweise durch Banken und Sparkassen (Kreditinstitute). Durch sie wird die Geldmenge erhöht, d. h. zusätzliches Geld geschaffen.

➟ Geldschöpfung.

Kreditanstalt für Wiederaufbau (KfW)

Förderbank, die 1948 als Anstalt des öffentlichen Rechts zur Finanzierung des Wiederaufbaus der dt. Wirtschaft gegründet wurde. Sie sollte keine unmittelbare Konkurrenz zu privatwirtschaftlichen Kreditinstituten sein. Im Regelfall erfolgt die Kreditaufnahme über eine Hausbank oder andere Finanzierungsinstitutionen. Der Antragsteller schließt den Darlehensvertrag mit dem zwischengeschalteten Kreditinstitut ab und nicht mit der K., die aber diese Bank dann z. B. zu einem bestimmten Prozentbetrag von der Haftung aus dem Darlehensvertrag freistellt. Ein Direktkredit ist nur in ganz bestimmten Fällen möglich. Mittlerweile ist die K. zu einem umfassenden Förderinstrument für die dt. und europ. Wirtschaft, aber auch für entwicklungspolitische Maßnahmen der Bundesregierung geworden. Sie unterstützt nicht nur den Mittelstand, Existenzgründer und die Exportwirtschaft, sondern auch die Bereiche technischer Fortschritt und Innovationen, Bauen, Wohnen, Bildung, Infrastruktur, Umwelt- und Klimaschutz, internationale Projektfinanzierung, Investitionen und begleitende Beratungsleistung in Entwicklungsländern (§ 2 KfW-Gesetz). Darüber hinaus schaltet der Bund die K. auch für Privatisierungen ein, z. B. bei der Deutschen Telekom AG und der Deutschen Post AG oder auch für Geschäftsbesorgungen etwa der **B**undesanstalt für **v**ereinigungsbedingte **S**onderausgaben (BvS). Das Fördervolumen belief sich 2015 auf 79,3 Mrd. €. Für die Verbindlichkeiten der KfW haftet weitestgehend der Bund (vgl. § 1 a KfW-Gesetz).

Kreditausfallswap

➡ Credit Default Swap

Kreditinstitute

➡ Geschäftsbanken

Kreditkosten

Die tatsächlich anfallenden Gesamtkosten eines Darlehens. Neben den Nominalzinsen zählen dazu v. a. Bearbeitungsgebühren, Provisionen an Kreditvermittler oder auch Restschuldversicherungen. Die üblichen Gesamtkosten werden ins Verhältnis zum Nennwert des Kredits gesetzt und als effektiver Jahreszins bezeichnet. Er erfasst aber nicht zusätzliche Kosten wie Bereitstellungszinsen oder Gebühren für Gutachter. Bei Immobilienkrediten kommt häufig ein Disagio als Kostenbestandteil dazu. Das Disagio ist ein Abschlag auf die vereinbarte Kreditsumme und wirtschaftlich als Zinsvorauszahlung zu werten.

Kreditvolumen

Gesamtumfang der Darlehen, die Kreditnehmer aufgenommen oder Kreditgeber (Banken) vergeben haben.

Kreuzpreiselastizität (der Nachfrage)

Maß für die Elastizität der Nachfrage nach einem Gut, wenn sich der Preis eines anderen verändert. Steigt z. B. der Preis von Butter merkbar an, wird sich der Absatz von Margarine erhöhen. Umgekehrt wird ein entsprechender Preisanstieg für Margarine tendenziell den Absatz von Butter erhöhen. Zwei Güter, bei denen die jeweils abgesetzte Menge zunimmt, wenn der Preis des anderen angehoben wird, heißen substituierbare Güter. Ihre K. ist positiv. Bei komplementären Gütern ist die K. negativ. Steigen z. B. die Preise für Autos, verringert sich die Nachfrage nach Benzin, steigt die Nachfrage nach Benzin, verringert sich die nach Autos. Bei voneinander gänzlich unabhängigen Gütern ist die Kreuzpreiselastizität null.

➡ Elastizität

Kündigung

Die K. ist juristisch gesehen eine einseitige Willenserklärung mit dem Ziel, einen Arbeitsvertrag, einen Mietvertrag oder einen Darlehensvertrag (sog. Dauerschuldverhältnisse) zu beenden. Eine K. des Arbeitsvertrages ist nur dann rechtsgültig, wenn sie das **K**ündigungs**sch**utz**g**esetz (KSchG) beachtet, das den Arbeitnehmer vor ungerechtfertigter Entlassung schützen soll. Nach KSchG kann die K. durch den Arbeitgeber nur dann rechtswirksam sein, wenn die Gründe der K. in der Person des Arbeitnehmers (z. B. häufige oder lang anhaltende Krankheit) oder in dessen Verhalten (Fehlverhalten) oder in betrieblichen Erfordernissen (Umsatzeinbußen etc.) liegen.

➡ Kündigungsschutz

Kündigungsschutz

Soll die Interessen von Arbeitgeber und Arbeitnehmer ausgleichen, darüber hinaus auch Arbeitnehmer vor ungerechtfertigter Entlassung schützen. Der K. ist im **K**ündigungs**sch**utz**g**esetz (KSchG) geregelt. Dieses schreibt Formen und Fristen für eine rechtsgültige Kündigung vor. Das KSchG findet – mit einigen Einschränkungen – nur auf Betriebe mit mehr als 10 Beschäftigten Anwendung. Außer dieser Mindestgröße des Betriebs setzt die Anwendung des KSchG voraus, dass das Arbeitsverhältnis ohne Unterbrechung länger als 6 Monate bestanden hat. Sozial ungerechtfertigte Kündigungen sind rechtsunwirksam. Dieser Fall liegt vor, wenn die Gründe für die Kündigung nicht in der Person des Arbeitnehmers liegen (z. B. häufige oder langanhaltende Krankheit) oder in dessen Verhalten (Fehlverhalten) oder in dringenden betrieblichen Erfordernissen (etwa Umsatzeinbußen, Wegfall von Aufträgen, Änderung von Produktionsmethoden). Wenn es einen Betriebsrat oder Personalrat gibt, muss der Arbeitgeber ihn vor jeder Kündigung anhören (§ 102 BetrVG). Findet die Anhörung nicht statt, so ist die Kündigung unwirksam. Widerspricht der Betriebsrat oder Personalrat innerhalb einer Woche schriftlich der Kündigung und erhebt der Arbeitnehmer innerhalb von 3 Wochen Kündigungsschutzklage beim zuständigen Arbeitsgericht, so muss der Arbeitnehmer grundsätzlich während des Rechtsstreits bei unveränderten Arbeitsbedingungen weiterbeschäftigt werden. Ein besonderer K. besteht für Schwangere und Mütter bis zum Ablauf von 4 Monaten nach der Entbindung, für Arbeitnehmer während der Elternzeit, für schwerbehinderte Menschen und für Arbeitnehmer während des Grundwehrdienstes, einer zweiwöchigen Dienstzeit als Soldat auf Zeit oder während des Zivildienstes.

Kurzarbeit

Verkürzung der regelmäßigen Arbeitszeit für einen bestimmten Zeitraum. K. kann in einer wirtschaftlich schwierigen kurzfristig nicht abzuwendenden Lage vom Arbeitgeber oder der Betriebsvertretung bei der zuständigen Agentur für Arbeit schriftlich angemeldet werden. Erforderlich ist dabei – meist im Rahmen einer Betriebsvereinbarung – die Zustimmung der Mitarbeiter. K. soll bei Auftragslöchern, Zulieferungsausfällen oder Naturkatastrophen helfen, Entlassungen zu vermeiden und die Personalkosten zu senken. Die Verdienstausfälle der Beschäftigten werden z. T. durch das staatliche Kurzarbeitergeld ersetzt. Die sog. »Kurzarbeit Null« wurde nach der Wende eingeführt, um soziale Härten in den neuen Bundesländern abzumildern. Bei »Kurzarbeit Null« wird befristet überhaupt nicht gearbeitet. Die betroffenen Arbeitnehmer erhalten gleichwohl ein staatliches Kurzarbeitergeld, um ihren Lebensunterhalt bestreiten zu können.

Kurzarbeitergeld

Entgeltersatzleistung, die durch die Bundesagentur für Arbeit gezahlt wird, wenn Arbeitnehmer von Kurzarbeit betroffen sind. Das K. ist ein gesetzlicher Anspruch, d. h., die Agentur ist zur Zahlung verpflichtet, sollten die Voraussetzungen vorliegen. Von konjunkturellem K. wird gesprochen, wenn in einem Betrieb durch die allgemeine wirtschaftliche Entwicklung oder unabwendbare Ereignisse mindestens ein Drittel der Arbeitnehmer einen Entgeltausfall von jeweils mehr als 10 % des monatlichen Bruttoentgelts hinnehmen muss. Betroffene Arbeitnehmer mit Kind erhalten 67 %, die übrigen Arbeitnehmer 60 % des durch die Kurzarbeit verursachten Lohnausfalls als konjunkturelles K. Die gesetzliche Regelbezugsdauer für dieses K. gilt ab Januar 2016 längstens 12 Monate. In der Schlechtwetterzeit jeden Jahres haben Beschäftigte z. B. in Betrieben des Baugewerbes, des Dachdeckerhandwerks oder des Garten- und Landschaftsbaus dann Anspruch auf sog. Saison-Kurzarbeitergeld, wenn der Arbeitsausfall aus witterungsbedingten oder wirtschaftlichen Gründen nicht vermeidbar und auch nur vorübergehend ist.

Laffer-Theorem

These des US-amerik. Ökonomen Arthur B. Laffer (* 14.8.1940), wonach die Senkung von Steuersätzen zu steigenden Steuereinnahmen führen könne. Menschen seien nämlich bei niedrigen Steuersätzen besonders leistungsbereit und steigerten damit die Steuereinnahmen des Staates. Würden hingegen die Steuersätze angehoben, so werde ab einer bestimmten Höhe die Leistungsbereitschaft gehemmt, Leistungsanreize und Eigeninitiative beeinträchtigt.
Die Folgen zu hoher Steuerbelastung seien Steuerhinterziehung, Flucht in Schwarzarbeit und Schattenwirtschaft, verbunden mit absinkenden Steuereinnahmen des Staates. Nur eine erhebliche Reduzierung der Steuersätze könne dann den Trend umkehren. Der amerik. Präsident Ronald Reagan griff die Idee Laffers auf. Die Absenkung amerik. Steuersätze führte allerdings anders als erwartet zu einem kräftigen Rückgang der Steuereinnahmen und zu großen Defiziten des US-Haushalts. Das Laffer-Theorem war eine Grundlage der sog. Reaganomics.
In Deutschland ist der Grundgedanke Laffers, dass mit geringeren Steuersätzen unter bestimmten Umständen mehr Steuereinnahmen zu erzielen seien, noch immer Gegenstand der wirtschaftspolitischen Diskussion.

Lags

Der zeitliche Abstand zwischen wirtschaftlichen Ereignissen oder wirtschaftspolitischen Eingriffen und der ausgelösten ökonomischen Wirkung. So würde z. B. ein konjunktureller Aufschwung in den USA nur verzögert konjunkturelle Impulse auf breiter Front in Deutschland auslösen.

➠ Internationaler Konjunkturzusammenhang

Laissez faire

[Dt.: Lasst sie machen] Glaubensgrundsatz des wirtschaftlichen Liberalismus im 19. Jh., wonach eine Volkswirtschaft nur dann effizient und reibungslos funktioniert, wenn sie nicht durch staatliche bzw. gesetzgeberische Eingriffe gestört wird. Die Forderung »machen zu lassen« geht zurück auf frz. Physiokraten in der zweiten Hälfte des 18. Jh. Sie waren der Meinung, Rohstoffe und landwirtschaftliche Produkte seien die einzigen Quellen des Reichtums einer Nation und die treibenden Kräfte der Wirtschaft, sofern das Eigentumsprinzip und die freie Konkurrenz gesichert sind und der Staat sich auf eine lediglich beobachtende Rolle (»Nachtwächterstaat«) zurückzieht.

➠ Liberalismus

Länderfinanzausgleich

Der L. zwischen den Bundesländern hat nach Art. 107, Abs. 2 GG sicherzustellen, dass die unterschiedliche Finanzkraft der Bundesländer »angemessen ausgeglichen wird; hierbei sind die Finanzkraft und der Finanzbedarf der Gemeinden (Gemeindeverbände) zu berücksichtigen«. Im Ergebnis zahlen »reiche« Bundesländer jährlich an Bundesländer mit geringeren Einnahmen. Alle Bundesländer sollen damit in die Lage versetzt werden, ihren Aufgaben nachkommen zu können. Das

Abb. 26 Der Länderfinanzausgleich 2016
Finanztransfer zwischen Geber- und Nehmerländern (in Mio. Euro)

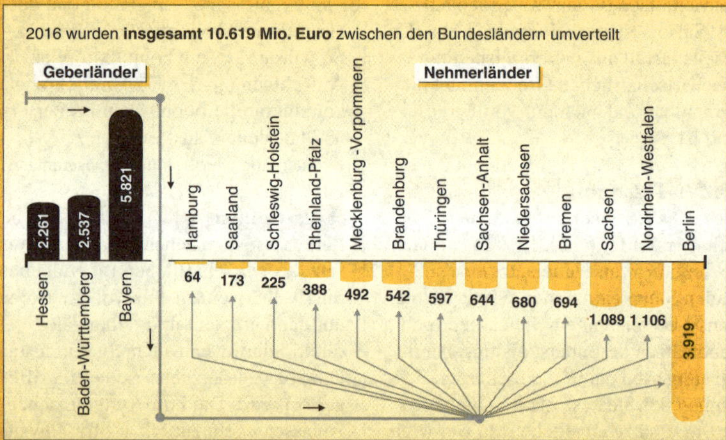

Quelle Destatis

Finanzausgleichssystem ist durch die folgenden Elemente gekennzeichnet: den Finanzausgleich unter den Ländern (auch horizontaler Finanzausgleich genannt), die horizontale Umsatzsteuerverteilung und die den horizontalen Finanzausgleich ergänzenden Zuweisungen durch den Bund (auch vertikaler Finanzausgleich genannt). Im Jahr 2016 gab es 3 Zahlerländer (Hessen, Baden-Württemberg und Bayern) und 12 Empfängerländer. Größtes Zahlerland war Bayern mit 5,8 Mrd. €, Berlin erhielt als größtes Empfängerland rund 3,9 Mrd. €.

Landesbanken

Kreditinstitute (überwiegend Anstalten des öffentlichen Rechts), die für die Besorgung der Bankgeschäfte eines oder mehrerer Bundesländer zuständig sind. Zugleich sind sie die regionalen Zentralinstitute der Sparkassen. Für die Sparkassen verwalten sie die Liquiditätsreserven, sie stellen ihnen Dienstleistungen zur Verfügung, welche die kleineren Institute nicht aus eigenen Mitteln sichern können.
Die jeweiligen L. und die regionalen Sparkassenorganisationen haften für Ausfälle der Sparkassen. Außerdem sind die L. wichtige Kreditgeber für die öffentliche Hand auf Ebene der Bundesländer.

Langzeitarbeitslose

➡ Langzeitarbeitslosigkeit

Langzeitarbeitslosigkeit

L. liegt vor, wenn Arbeitssuchende ein Jahr oder länger ohne Beschäftigung sind. Die Zahl der Langzeitarbeitslosen ist in der Vergangenheit auch deshalb beträchtlich angestiegen, weil mit L. oft der Verlust an beruflicher Qualifikation einhergeht und eine Wiederbeschäftigung im ersten Arbeitsmarkt erschwert.

Abb. 27 Finanzausgleich – Steuer- und Abgabenverteilung zwischen Bund, Ländern und Gemeinden

Gemeinschaftsteuern

	Gemeinden	Länder	Bund	EU
Gemeinschaftsteuern	Lohn- und Einkommensteuer	Lohn- und Einkommensteuer, Körperschaftsteuer, Umsatzsteuer	Lohn- und Einkommensteuer, Körperschaftsteuer, Umsatzsteuer	
Einnahmen	Gewerbesteuer[1] Grundsteuer kleinere eigene Steuern (u. a. Hundesteuer, Getränkesteuer, Vergnügungsteuer, Jagd- und Fischereisteuer)	Erbschaftsteuer Kraftfahrzeugsteuer Grunderwerbsteuer sonstige Verkehrsteuern (sofern nicht an den Bund) Biersteuer Spielbankabgabe	Mineralölsteuer Tabaksteuer Branntweinsteuer sonstige Verbrauchsteuern (sofern nicht an die Länder) Versicherungsteuer	Agrarabschöpfungen und Zölle der Mitgliedstaaten Mehrwertsteuer-eigenmittel BSP-Eigenmittel Finanzbeiträge der Mitgliedstaaten zum Entwicklungsfonds
Aufgaben	Schul- und Kulturwesen Verkehrsaufgaben Sozialhilfe Gesundheitswesen öffentliche Einrichtungen Energieversorgung u. a.	Kulturaufgaben (Schulwesen) Rechtspflege Polizeiwesen Sozialhilfe Steuerverwaltung u. a.	Soziale Sicherung Verteidigung Forschung und Bildung Verkehrswesen Wirtschaftsförderung u. a.	Forschung Energie gewerbliche Wirtschaft Agrarfonds Regionalfonds Entwicklungsfonds u.a.

[1] Abzüglich der an Bund und Länder zu zahlenden Gewerbesteuerumlage

Quelle Eigene Darstellung der Autoren

Mit dem Einsatz arbeitsmarktpolitischer Förderinstrumente (z. B. Weiterbildung) wird versucht, diese hartnäckige Form der Arbeitslosigkeit zu bekämpfen. Langzeitarbeitslose mit Vermittlungshemmnissen wie fehlendem Berufsabschluss oder gesundheitlichen Einschränkungen sollen künftig zusätzlich durch umfangreiche Betreuung und passgenaue Hilfsangebote gefördert werden.

➟ Arbeitsmarktpolitik

Least Developed Countries (LDCs)

Die nach den Untersuchungen der Vereinten Nationen am wenigsten entwickelten Länder. Sie sollen nach einem Beschluss der UN-Vollversammlung zusammen mit den **L**and**l**ocked **D**eveloping **C**ountries (LLDCs), den Entwicklungsländern ohne Zugang zum Meer, und kleineren Inselstaaten, den **S**mall **I**sland **D**eveloping **S**tates (SIDS), Unterstützung zu besonders günstigen Konditionen erhalten.

Lebensstandard

Ausstattung von Personen, Gruppen oder Nationen mit materiellen Gütern und Dienstleistungen. Sie ist abhängig von der Höhe der Einkommen und Vermögen und deren jeweiliger Kaufkraft. Meist wird der L. oder Wohlstand

Abb. 28 Leerverkäufe: Hoffen auf fallende Kurse
Gedeckte Leerverkäufe

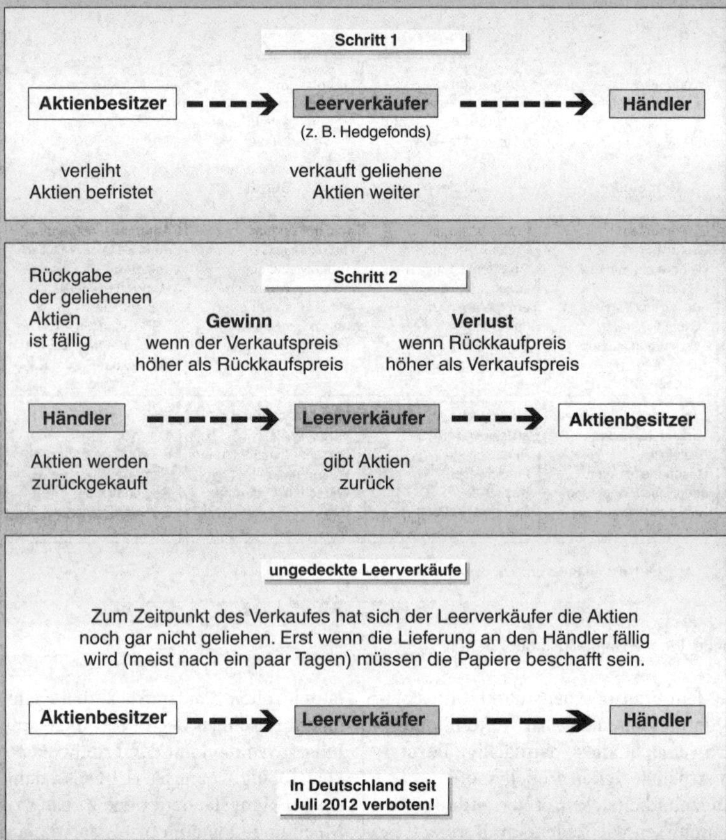

Quelle Eigene Darstellung der Autoren

mit der gesamten Wirtschaftsleistung (Bruttoinlandsprodukt) eines Landes oder dem Volkseinkommen pro Kopf gleichgesetzt. Als Maß wird aber auch die Ausstattung mit langlebigen Wirtschaftsgütern oder die Lebenserwartung verwendet. Aus der Glücksforschung ist bekannt, dass persönliche Zufriedenheit nicht oder nur wenig von materiellem Wohlstand abhängt. Dies versucht das alternative Konzept der Lebensqualität zu erfassen, indem es Faktoren wie soziale Sicherheit, Bildungsniveau oder eine intakte Umwelt in den Vordergrund stellt.

Leerverkäufe

Als L. bezeichnet man Verkäufe von Wertpapieren, die der Verkäufer zum Zeitpunkt des Geschäftsabschlusses nur geliehen hat. Die Leerverkäufer spekulieren auf fallende Kurse. Sie verkaufen die geliehenen Wertpapiere, erwerben die gleiche Anzahl derselben Aktie aber erst zu einem späteren Zeitpunkt zurück, nämlich dann, wenn sie an den Besitzer zurückgegeben werden müssen (in der Hoffnung, dass der Kurs gefallen ist). Wenn die Kurse tatsächlich gefallen sind, ergibt sich der Gewinn aus der Differenz Verkaufskurs minus Kaufkurs. L. können nach Ansicht des Internationalen Währungsfonds erhebliche Störungen an den Finanzmärkten hervorrufen, wenn etwa mehr Aktien leer verkauft werden als überhaupt vorhanden sind. L. insbesondere von Aktien und Staatsanleihen wurden in Deutschland im Mai 2010 bis zum Inkrafttreten einer einheitlichen europ. Regelung verboten.

Leiharbeiter

➠ Arbeitnehmerüberlassung

Leistungsbilanz

Die L. ist eine Teilbilanz der Zahlungsbilanz. Listet die Zahlungsbilanz alle geldwerten Transaktionen eines Landes mit dem Ausland auf, so beschränkt sich die L. auf die zusammenfassende Gegenüberstellung aller grenzüberschreitenden Bewegungen in der Handels- und der Dienstleistungsbilanz, der Bilanz der Erwerbs- und Vermögenseinkommen sowie der Übertragungsbilanz (Bilanz der laufenden Übertragungen). Der Leistungsbilanzsaldo wird als wichtiger Indikator der internationalen Wettbewerbsfähigkeit einer Volkswirtschaft angesehen.

➠ Export ➠ Import

Leistungsbilanzkrise

Eine L. oder auch strukturelle Ungleichgewichte in der Leistungsbilanz bestehen dann, wenn die Leistungsbilanz eine im Trend immer höhere Überschuss- bzw. Defizitquote (gemessen am BIP) aufweist. Dies kann geschehen, wenn Wechselkursänderungen keinen Ausgleich der Leistungsbilanz herbeiführen, oder, wenn es wie im Euroraum, gar keine Wechselkurse mehr gibt. Ein solcher Prozess ist auf Dauer nicht aufrechtzuerhalten, da das Defizitland immer mehr Auslandsschulden aufhäuft, während das Überschussland immer mehr zum Gläubiger wird. Die Schulden können dabei sowohl bei von Unternehmen als auch beim Staat entstehen. Irgendwann kommt das Defizitland nach Auffassung der Märkte an die Grenze seiner Kreditwürdigkeit. Dann verteuern sich die Kredite durch hohe Risikoaufschläge. Dies kann zur Insolvenz von Unternehmen oder zu einer Staatsschuldenkrise führen. In jedem Fall werden dann beide, Schuldner wie Gläubiger, geschädigt: Erstere durch teure Kredite oder Insolvenz, Letztere durch finanzielle Unterstützung an die Schuldner oder durch eine zumindest teilweise Abschreibung ihrer Forderungen.

Leistungsmissbrauch

Findet statt, wenn Personen oder Unternehmen unrechtmäßig staatliche Transferzahlungen wie Arbeitslosengeld, Sozialhilfe, Krankengeld, Renten oder Zuschüsse erschleichen, etwa indem sie andere Einkünfte verschweigen. Bei Betrug drohen Freiheitsstrafen bis zu 5 Jahren. Der tatsächliche Umfang von L. liegt weitgehend im Dunkeln, wird aber von Experten als insgesamt nicht sehr groß eingeschätzt. Gleichwohl sorgen Einzelfälle immer wieder

Abb. 29 Leitzinsentwicklung in Prozent von 2000 bis 2016 (England · USA · EU · Schweiz · Japan)

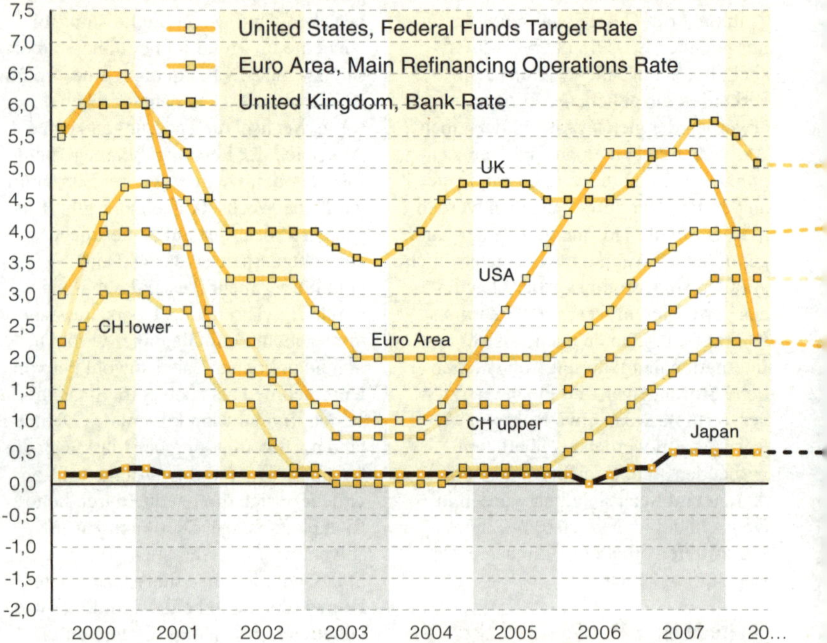

Quelle EZB (2017) · Die vier Datenpunkte eines Jahres sind der 1.1., 1.4., 1.7. und 1.10.

für Aufsehen und Aufregung. Um L. zu bekämpfen, können Behörden untereinander die Daten von Leistungsbeziehern abgleichen und deren Bankkonten einsehen.

Leitwährung

Währung, die deutlich stärker als andere Währungen als internationales Zahlungsmittel und Devisenreserve der Zentralbanken genutzt wird, und zwar weit über das eigene Währungsgebiet hinaus. Die mit Abstand bedeutendste L. seit dem 2. Weltkrieg ist der US-Dollar mit einem Anteil von rund 2 Dritteln an den Weltwährungsreserven. Diese Position behauptet er auch weiterhin, selbst wenn er in jüngster Zeit gegenüber dem Euro, der zweitwichtigsten L. mit rund einem Viertel Anteil an den Weltwährungsreserven, verloren hat.

Leitzins

Zinssatz, den eine Zentralbank festlegt, um ihre Geldpolitik zu steuern. Geschäftsbanken können zum L. bei der Zentralbank Geld leihen, für das sie als Gegenleistung pfändungsfähige Wertpapiere hinterlegen müssen. Man kann den L. als einen Großhandelspreis für Geld bezeichnen, denn das von der Zentralbank geliehene Geld werden die Geschäftsbanken dann an ihre Kunden – andere Banken, Unterneh-

Abb. 29 Leitzinsentwicklung in Prozent von 2000 bis 2016 (England · USA · EU · Schweiz · Japan)

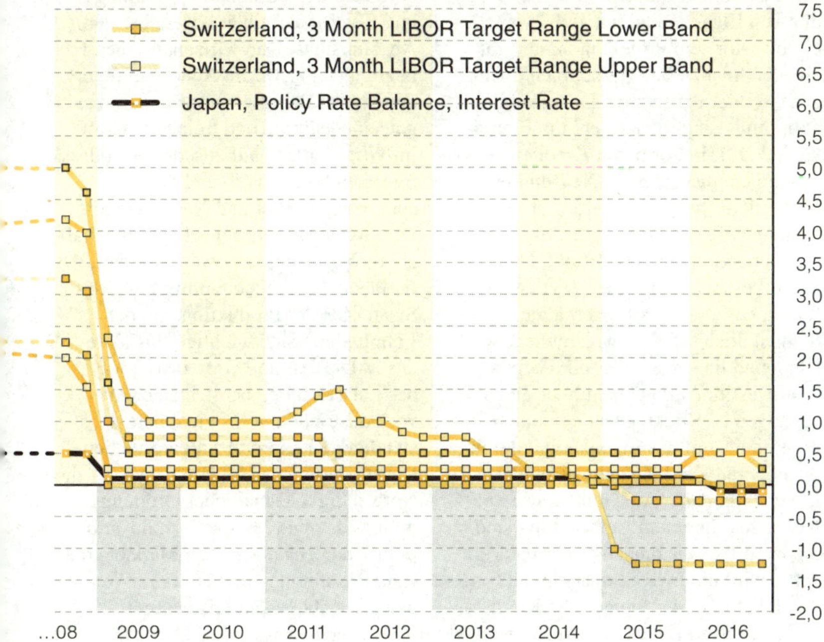

men und private Haushalte, Staat – mit einem Aufschlag weiterverleihen. Auf diese Weise beeinflusst die Zentralbank die Zinsen für Kredite und damit die Nachfrage nach Investitionen sowie den Konsum. Wichtigste L. sind die Federal Funds Rate der US-Zentralbank Fed und der Hauptrefinanzierungssatz der Europäischen Zentralbank (EZB).

Leontief-Paradoxon

Der russ.-amerik. Wirtschaftswissenschaftler Wassily W. Leontief (* 5.8.1906 † 5.2.1999) veröffentlichte 1953 eine empirische Untersuchung über die Wirtschaftsstruktur der USA und ihre Außenwirtschaft. Sie fand als L. Eingang in die Außenwirtschaftstheorie, weil sie dem bis dahin allgemein anerkannten Heckscher-Ohlin-Theorem völlig widersprach. Nach diesem Theorem exportieren Länder mit relativ großer Kapitalausstattung wie die USA v. a. Güter, die mit hoher Kapitalintensität hergestellt werden, und importieren arbeitsintensiv produzierte Güter.
Leontief zeigte gerade das Gegenteil in den USA auf: Hier waren die Exportgüter arbeitsintensiver, die Importgüter aber kapitalintensiver. Später ist versucht worden, das L. mit unterschiedlichen Qualitäten bei Arbeit und Kapital zu erklären.

Leverage

L. bezeichnet bei einer Investition die Wirkung, die Fremdkapital auf die Rendite von Eigenkapital hat, d. h., wenn ein Investor sein Projekt nicht nur mit eigenen finanziellen Ressourcen finanziert, sondern zusätzlich Fremdkapital aufnimmt. Sind die Kosten, um Fremdkapital z. B. in Form von Krediten aufzunehmen, niedriger als die Rendite der Investition, steigert er hierdurch seine Rendite auf sein eingesetztes Eigenkapital, er erzielt einen L.-Effekt. Niedrige Kreditkosten sind folglich ein Anreiz für ein ausgeprägtes L.-Verhalten. Steigen die Kosten hingegen unerwartet an und liegen sie über der Rendite des Investitionsprojekts, gibt es einen negativen L.-Effekt, da sich nunmehr die Rendite auf das Eigenkapital durch die höheren Kreditkosten vermindert. L. verstärkt daher Auf- und Abwärtsbewegungen. In einem Aufschwung sind die Kreditkosten zunächst sehr niedrig, daher wird die Investitionstätigkeit durch L. verstärkt. Steigen die Kreditkosten aber im Zuge eines Aufschwungs an, verstärkt L. aber auch die Abwärtsbewegungen bei den Investitionen. L. wirkt folglich prozyklisch, bedeutet also ein Risiko für die gesamtwirtschaftliche Stabilität.

Liberalismus

Politisch-philosophische Grundhaltung, die das Individuum und sein Recht auf Freiheit, Eigenverantwortung und Entfaltung der Persönlichkeit in den Vordergrund stellt. Der politische L. richtet sich als nachrevolutionäre Erscheinung sowohl gegen Kontrolle und Bevormundung durch den Staat als auch gegen radikaldemokratische Bewegungen, die demokratische Freiheiten dem Allgemeinwohl im Sinne einer Volksherrschaft oder der Führung der Partei unterordnen. Erste Ausprägungen erfuhr der L. in England im 17. Jh. in den Forderungen nach Glaubens-, Meinungs- und Koalitionsfreiheit gegenüber dem Absolutismus. Den wirtschaftlichen L. begründete im 18. Jh. Adam Smith, der dem materiellen Egoismus des Einzelnen eine legitime und treibende Kraft im Wirtschaftsablauf zuschreibt, sodass im freien Wettbewerb und Wechselspiel von Angebot und Nachfrage alle Beteiligten einer freien Marktwirtschaft letztlich gewinnen. Gewerbefreiheit, Freihandel und Nichteinmischung des Staates bei der Produktion und der Lohnfindung sind wichtige Postulate des L. Die extreme Form des L. war das Laissez faire, das sich an einer vorindustriellen Volkswirtschaft selbstständiger Kleinproduzenten orientierte. Der moderne L. sieht demgegenüber die Notwendigkeit staatlicher Ordnungspolitik, da ohne Monopol- und Kartellpolitik der Zugang zu den Märkten, die freie Preisfindung und ein fairer Wettbewerb nicht gewährleistet sind.

➠ Neoliberalismus ➠ Neoklassik

Libor

[Abk. für »**L**ondon **I**nter**b**ank **O**ffering **R**ate«] Der L. ist ein Referenzzinssatz aus dem Interbankenhandel, an dem sich viele Finanzmarktgeschäfte orientieren. Banken geben dazu gegenüber dem brit. Bankenverband an, zu welchem Zins sie sich aktuell bei anderen Banken refinanzieren können. Der L. wird mithilfe der gemeldeten Zinssätze gebildet. Öffentliche Aufmerksamkeit erfuhr der L. durch einen Manipulationsskandal, in dem Barclays, die Deutsche Bank und andere Kreditinstitute erfundene Werte angaben. Sie manipulierten den L. sowie weitere Zinssätze für Spekulationsgeschäfte. Die Bankmitarbeiter sprachen sich dazu

mit den Verantwortlichen in anderen Kredithäusern ab, welcher Zins für ihre Spekulationsgeschäfte günstig wäre und gaben beim Bankenverband einen entsprechenden Zinssatz an, anstatt sich tatsächlich anzugeben, zu welchem Zins sie sich aktuelle refinanzieren können. Der L. beeinflusst vor allem bestimmte Derivate, deren Wert sich danach richtet, ob der Zinssatz über oder unter einem bestimmten Wert liegt.
Die betroffenen Banken schlossen nach der Aufdeckung des Betrugs Vergleiche in Milliarden- bzw. dreistelliger Millionenhöhe mit den Finanzbehörden.

Liquidation

Abwicklung eines Unternehmens bzw. einer Handelsgesellschaft, wenn die Eigentümer mit Mehrheit beschlossen haben, die Gesellschaft aufzulösen oder wenn ein Insolvenzverfahren stattfindet. Laufende Geschäfte sind dann i. d. R. zu beenden, Forderungen müssen eingezogen und das noch vorhandene Vermögen in Geld umgesetzt werden. Alle Gläubiger sind zu befriedigen. Etwaige Überschüsse erhält der Unternehmer oder die Gesellschafter. Auch Vereine können in L. gehen.

Liquidität

Grad der Zahlungsfähigkeit. Unternehmen wie Privatleute sind liquide, wenn sie ihre fälligen Verbindlichkeiten termingerecht bezahlen können. In der Betriebswirtschaftslehre wird die L. einer Firma nach dem Ausmaß ihrer Zahlungsfähigkeit beurteilt. Geld ist das Zahlungs- und Tauschmittel mit dem höchsten Liquiditätsgrad. Aktien und Anleihen können i. d. R. rasch und mit geringen Kosten in Geld umgewandelt werden. Bei betrieblichen Wertgegenständen oder Vermögensobjekten kann das schwieriger sein und Zeit kosten. Der Liquiditätsgrad muss dann geringer eingestuft werden. Die L. einer Volkswirtschaft hängt von der im Umlauf vorhandenen Geldmenge ab. Maßgeblich gesteuert wird sie von der Zentralbank. Nur die optimale Versorgung der Gesamtwirtschaft mit Geld kann den Konjunkturverlauf stabilisieren. Im internationalen Zusammenhang ist die L. eines Landes dann gesichert, wenn es seine Verbindlichkeiten gegenüber dem Ausland bezahlen und Zahlungsbilanzdefizite ausgleichen kann.

Liquiditätsfalle

➟ Liquiditätspräferenztheorie

Liquiditätspräferenz

➟ Liquiditätspräferenztheorie

Liquiditätspräferenztheorie

Zentraler Bestandteil der Keynes'schen Kassenhaltungstheorie. Keynes bezweifelt die Ansicht der klassischen Ökonomen, dass Wirtschaftssubjekte die Höhe ihrer Kassenhaltung (Bargeld und Sichteinlagen) nur von ihren wirtschaftlichen Transaktionen, wie dem Kauf von Gütern und Dienstleistungen oder der Zahlung von Einkommen abhängig machen. Demgegenüber weist Keynes auf 3 Motive hin, die eine Präferenz (Neigung) der privaten Haushalte und Unternehmen begründen, liquide Mittel in der Kasse zu halten, statt sie in zinsbringende Wertpapiere umzuwandeln.

1. Transaktionsmotiv: Geld wird von Privatpersonen und Unternehmern gehalten, um die unterschiedlichen Zeitpunkte zwischen Einkommen (Einnahmen) und Ausgaben zu überbrücken. Die Höhe der Transaktionskasse hängt von der jeweiligen Einnahmen- und Ausgabenstruktur ab.
2. Vorsichtsmotiv: Die Vorsorge für nicht vorhersehbare Ausgaben

wächst bei höherer Unsicherheit über die Wirtschaftsentwicklung.

3. Spekulationsmotiv: Geld wird in Erwartung günstigerer Anlagemöglichkeiten in der Kasse zurückgehalten.

Bei hohen Kursen und damit niedrigen Zinsen von Wertpapieren steigt der spekulative Kassenbestand. Denn Anleger werden dann nicht bereit sein, Geld gegen Wertpapiere einzutauschen, sondern werden in Erwartung günstigerer Anlagemöglichkeiten ihre liquiden Mittel in der Kasse zurückhalten. In einer solchen Lage wird der Versuch der Zentralbank, durch eine Ausweitung der Geldmenge die Güternachfrage und Konjunktur anzukurbeln, scheitern und dazu führen, dass die Spekulationskasse weiter aufgefüllt wird. Die Geldpolitik bleibt wirkungslos und befindet sich in der sog. Liquiditätsfalle.

Locking-in-Effekt

Der Begriff stammt aus dem Bankgeschäft, wird neuerdings auch in der Arbeitsmarktpolitik verwendet.

1. In Phasen hoher Zinsen – wenn die Zinsspanne höher ist als der Ertrag aus Wertpapieren – verkaufen die Banken Teile ihrer Wertpapierbestände, um weitere Kredite geben zu können. Gleichzeitig fallen die Kurse der Wertpapiere. Ist der Kursverlust größer als der Ertrag aus zusätzlicher Kreditvergabe, so belässt die Bank weitere Wertpapiere im Depot (»Locking-in«).
2. Teilnehmer an geförderter beruflicher Weiterbildung oder Arbeitsbeschaffungsmaßnahmen weisen nach wissenschaftlichen Untersuchungen während der Maßnahme eine geringere Suchintensität nach Beschäftigung auf als Nichtteilnehmer. Dies gilt insbesondere in Phasen hoher Arbeitslosigkeit und hängt mit der teils längeren Dauer der arbeitsmarktpolitischen Maßnahmen zusammen, sowie auch mit dem Interesse der Träger der Maßnahmen, Teilnehmer zu halten. Mit Eingliederungsquoten und integrationsorientierten finanziellen Anreizen für die Träger versuchen die Arbeitsagenturen, dem L. entgegenzuwirken.
3. In der Makroökonomie eine v. a. durch steuerliche Anreize hervorgerufene starke Kapitalbindung an bestehende Firmen, was Neugründungen und einen wirtschaftlichen Strukturwandel erschwert. Ein L. wurde in Deutschland vor der Unternehmenssteuerreform des Jahres 2000 diagnostiziert, da es sich insbesondere für Banken nicht lohnte, ihre Beteiligungen zu veräußern. Dann hätten sie hohe Steuern auf angehäufte Kursgewinne zahlen müssen. Also blieb das Kapital in diesen Beteiligungen »eingeschlossen« (engl.: locked in).

Lohn

Entgelt des Arbeitnehmers aus unselbstständiger Tätigkeit, das alle Geld- und Sachleistungen umfasst, die von einem Arbeitgeber an einen Arbeitnehmer für die geleistete Arbeit erbracht werden. Die tatsächliche Summe des L. wird als Nominallohn, der um die Inflation bereinigte Nominallohn als Reallohn bezeichnet, der die Kaufkraft der L. wiedergibt.

Lohnabschlüsse

Verhandlungsergebnis der Tarifparteien, also der Tarifabschluss.

➠ Tarifautonomie

Lohnabstandsgebot

Forderung, nach der das Nettofamilieneinkommen von Lohneinkommensbeziehern höher sein sollte, als das Einkommen einer Familie, die staatliche Transferleistungen bezieht. Das L. war bis 2010 gesetzlich im SGB XII § 28 (4) festgelegt, es entfiel im Zuge der Neugestaltung des Hartz-IV-Regelbedarfs durch eine Gesetzesreform mit Wirkung vom 1.1.2011 ersatzlos. Das L. findet sich in der heutigen Sozialgesetzgebung nicht. Erreicht ein Arbeitnehmer mit seinem Gehalt nicht die Höhe des ALG-II-Niveaus, kann er die Differenz zwischen ALG-II-Satz und Lohn als Transferleistung beziehen (aufstocken).

Lohndiskriminierung

Liegt vor, wenn der für eine Gruppe oder an Einzelne gezahlte Lohn im gleichen Betrieb, Unternehmen oder in der gleichen Branche bei gleicher Leistung niedriger ist als für andere. Ein prominentes Beispiel ist die L. von Frauen.

Lohndruck

Entweder beschleunigte Lohnsteigerungen, die die Unternehmen zu Preisanhebungen veranlassen, die letztlich in eine Inflation münden können (L. »nach oben«) oder anhaltend moderate Lohnanhebungen oder sogar Senkungen, die letztlich in fortgesetzten Preissenkungen und damit Deflation enden können (L. »nach unten«).

Lohnebenkosten

Jene Arbeitskosten, die zusätzlich zum ausgezahlten Lohn entstehen. In Deutschland sind dies v. a. die Sozialbeiträge. Hinzu kommen die Kosten, die der Arbeitgeber dafür zahlt, einen Arbeitsplatz einzurichten und zu betreiben. Steuern zählen hingegen nicht als L.

Lohnentwicklung

Zeitlicher Verlauf der Löhne z. B. in Zuwachsraten oder Senkungen.

Lohnersatzleistungen

[Auch: Entgeltersatzleistungen] Finanzielle Hilfen, die von den Trägern der Sozialversicherung anstelle des Lohns bzw. des Gehalts gezahlt werden: z. B. Arbeitslosengeld, Kurzarbeitergeld, Mutterschaftsgeld, Krankengeld oder Übergangsgeld. Voraussetzung ist, dass der Leistungsbezieher zuvor pflichtversichert war.

Lohnersatzquote

Anteil des Nettoeinkommens, den eine Sozialversicherung im Bedarfsfall auszahlt. Festgesetzt werden L. etwa für gesetzliche Kranken-, Renten-, Arbeitslosen- oder Unfallversicherungen. Beispiele: 70 % Entgeltfortzahlung nach 6-wöchiger Krankheit durch die Krankenkasse. 67 % Arbeitslosengeld für Kinder erziehende Arbeitslose. 60 % Arbeitslosengeld für kinderlose Arbeitslose. Eine große Spannbreite von Zahlungen gibt es bei Unfall- und Rentenversicherungen.

Lohnfortzahlung

Nach dem **E**ntgelt**f**ort**z**ahlungs**g**esetz (EFZG) ist der Arbeitgeber verpflichtet, allen Arbeitnehmern und Auszubildenden im Krankheitsfalle, d. h. bei unverschuldeter Arbeitsunfähigkeit, 6 Wochen lang den Lohn bzw. das Gehalt in voller Höhe zu zahlen.
Bei Fortdauer der Krankheit leistet ab der 7. Woche die Krankenkasse das Krankengeld. Der Arbeitnehmer muss die Krankheit seinem Arbeitgeber unverzüglich mitteilen und spätestens ab dem 4. Tag ein ärztliches Attest vorlegen.

Lohnkostenzuschuss

Teil des Kombilohns. Als Anreiz zur Beschäftigung gering qualifizierter Arbeitskräfte erhält der Arbeitgeber

Abb. 30 Durchschnittlicher monatlicher Verdienst (je Arbeitnehmer in Deutschland in Euro: brutto · netto)

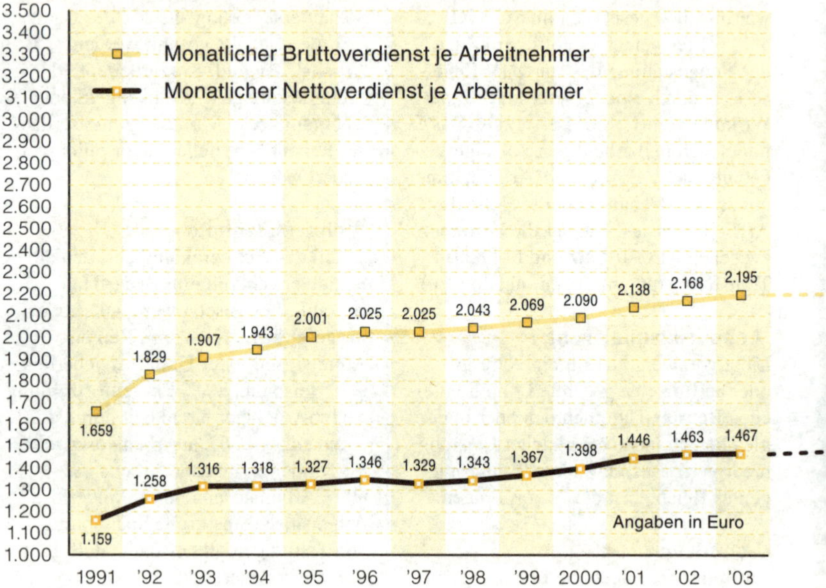

Quelle Statistisches Bundesamt (2017)

für zunächst maximal 24 Monate einen Zuschuss i. H. v. 20–40 % des Lohns. In strukturschwachen Gebieten ist die Aufstockung der Niedriglöhne durch L. auch auf Druck der Arbeitgeber sehr verbreitet, was die Diskussion um den Mindestlohn weiter angefacht hat.

Lohnpolitik

Von den Tarifparteien verfolgte längerfristige Strategie bei Lohnverhandlungen. Der staatliche Einfluss auf Lohnverhandlungen ist durch die Tarifautonomie begrenzt.

➠ Tarifautonomie ➠ Verteilungsspielraum

Lohn-Preis-Spirale

Entsteht, wenn Lohnzuwächse so hoch ausfallen, dass die Unternehmen wegen der höheren Arbeitskosten ihre Preise erhöhen. Infolgedessen steigen auch die Löhne schneller, da die Gewerkschaften versuchen, die Reallohnverluste durch die Preissteigerungen auszugleichen. Die Folge sind erneute Preiserhöhungen. Am Ende einer L. steht Inflation, die i. d. R. durch eine restriktive Geldpolitik und eine daraus folgende Rezession bekämpft wird.

Lohnquote

Als L. wird der gesamtwirtschaftliche Anteil sämtlicher Arbeitnehmerentgelte inklusive der Arbeitgeberbeiträge zur Sozialversicherung am Volkseinkommen bezeichnet. Zwei weitere Kennziffern werden unterschieden, ohne dabei die Arbeitgeberbeiträge zur Sozialversi-

Abb. 30 Durchschnittlicher monatlicher Verdienst (je Arbeitnehmer in Deutschland in Euro: brutto · netto)

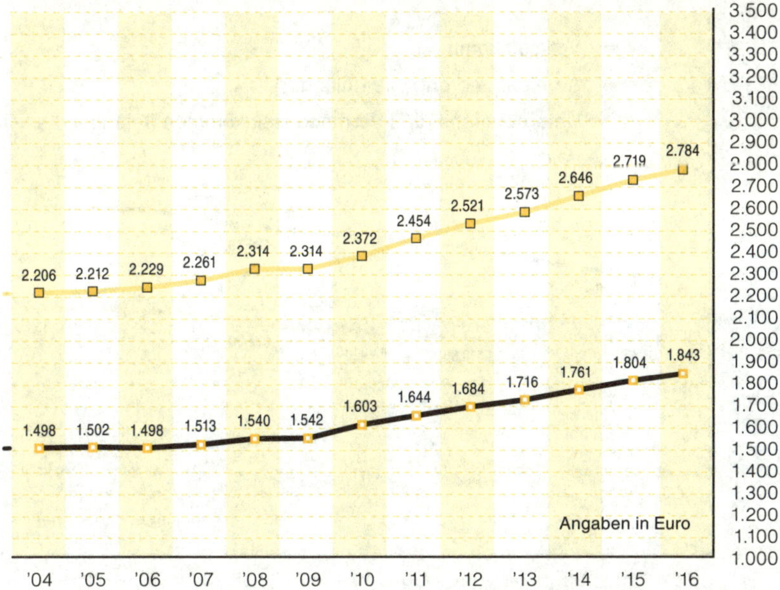

cherung zu berücksichtigen: die Bruttolohnquote, die den prozentualen Anteil des Einkommens aus nicht selbstständiger Arbeit vor Abzug von Steuern und Sozialabgaben am Volkseinkommen zeigt und die Nettolohnquote, in der die Einkommen nach Abzug von Steuern und Sozialabgaben dargestellt sind.

Lohnrigidität

Bezeichnet *erstens* die mangelnde Flexibilität von Löhnen, aufgrund derer es misslingt, einen Ausgleich zwischen Angebot und Nachfrage auf dem Arbeitsmarkt herbeizuführen und z. B. Arbeitslosigkeit zu überwinden. Zum *Zweiten* bezeichnet L. eine unvollkommene Anpassung der Löhne an Preissteigerungen.

Lohnspreizung

Gibt die Differenz zwischen verschiedenen Lohnhöhen an. Üblicherweise werden die höchsten bzw. die niedrigsten Löhne miteinander sowie mit den mittleren Lohnsätzen verglichen. Je größer die Differenz, desto höher ist die L.

Im Idealfall entspricht die L. den Produktivitätsunterschieden. Zum einen ist dies aber nur schwer messbar, zum anderen spielt dabei auch das Verhältnis zwischen der Verhandlungsmacht der Arbeitnehmer und derjenigen der Unternehmen eine entscheidende Rolle. Dies zeigte sich im Fall der Manager, die ihre Marktmacht zu exorbitanten Gehaltssteigerungen ausnutzten.

Abb. 31 Volkseinkommen · Unternehmens- und Vermögenseinkommen · Arbeitnehmerentgelte 1991 bis 2016 (in Mrd. Euro)

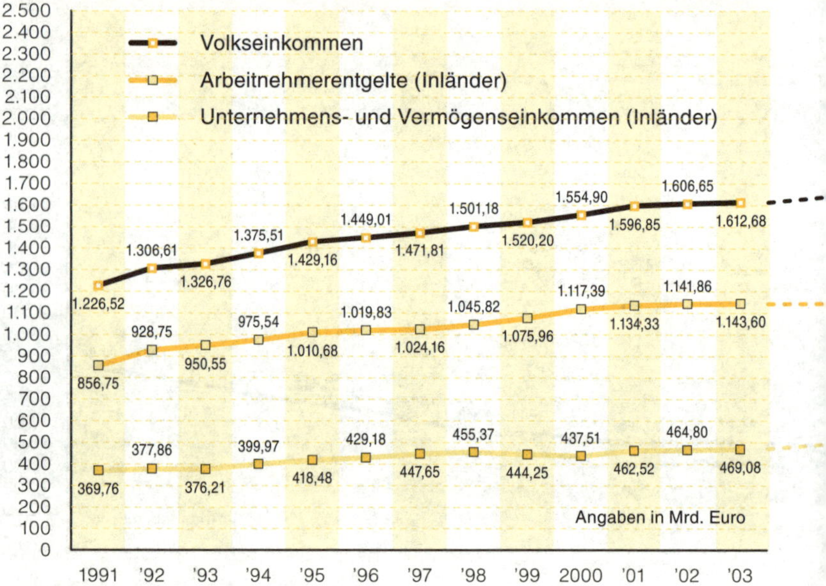

Quelle Statistisches Bundesamt (2017)

Lohnsteuer

Wird auf alle Einkünfte von Arbeitnehmern aus unselbstständiger Arbeit erhoben und vom Arbeitgeber direkt (Quellensteuer) an den Fiskus abgeführt. Insofern ist die L. nach Art der Erhebung eine besondere Form der Einkommensteuer.

Die L. entrichtet der Arbeitgeber anhand offizieller Steuertabellen, in denen die Lohnhöhe und Steuerklasse I-VI (je nach Familienstand und Beschäftigung des Ehegatten/eingetragenen Lebenspartners) sowie der Grundfreibetrag des Arbeitnehmers ausgewiesen sind. Zuviel erhobene L. kann der Arbeitnehmer über den Lohnsteuerjahresausgleich zurückfordern. Vom gesamten Lohnsteueraufkommen fließen jeweils 42,5 % an den Bund und die Länder, die restlichen 15 % an die Gemeinden. Das Aufkommen an Lohnsteuer betrug 2016 laut Statistischem Bundesamt 184,8 Mrd. €.

Lohnstückkosten

Geben an, wie hoch die Arbeitskosten je produzierter Einheit sind. Gesamtwirtschaftlich errechnen sich die L. aus dem Verhältnis von Lohnsatz je Stunde und Produktivität des Arbeitseinsatzes je Stunde. Sie stellen also das Verhältnis von Arbeitskosten zu Arbeitsleistung dar. Die L. sind der wesentliche Einflussfaktor bei der Preisbildung. Ihre Entwicklung beeinflusst daher die Inflationsrate.

Abb. 31 Volkseinkommen · Unternehmens- und Vermögenseinkommen · Arbeitnehmerentgelte 1991 bis 2016 (in Mrd. Euro)

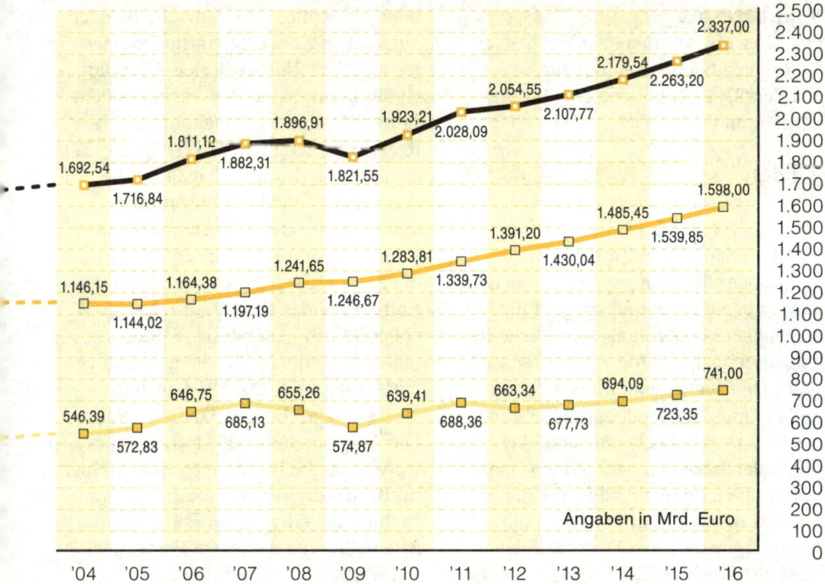

Abb. 32 Resultierende Lohnquoten 1991 bis 2016 (nur Aggregat)

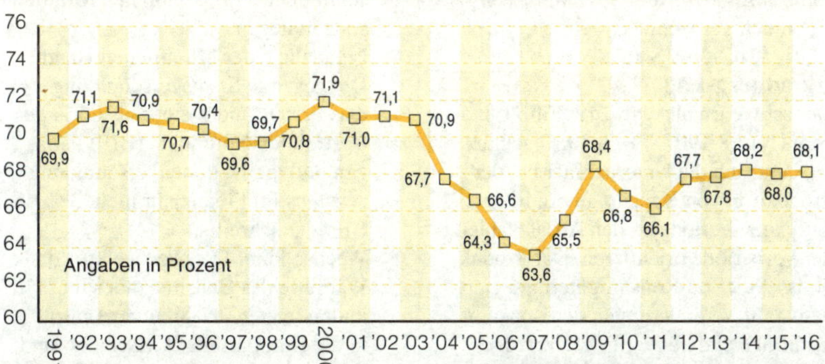

Quelle Statistisches Bundesamt (2017)

Lohnsumme

Summe aller Löhne und Gehälter in einer Volkswirtschaft.

Lohnzusatzkosten

➡ Lohnnebenkosten

Lokomotivtheorie

➡ Internationaler Konjunkturzusammenhang

Lombardsatz

Der L. ist ein Abschlag auf Wertpapiere, die Banken bei der Zentralbank verpfänden. Er ist somit der Zins für die Verpfändung.

LTRO

[Engl.: Abk. für **L**onger **T**erm **R**efinancing **O**perations] L ist ein Offenmarktgeschäft der EZB, bei dem die Zentralbank Banken gegen entsprechende Wertpapiere Zentralbankgeld für eine längere Laufzeit als für übliche Refinanzierungsgeschäfte zur Verfügung stellt. Dies dient dazu, Banken in Zeiten großer Unsicherheit über die Stabilität des Finanzsystems, wenn verstärkte Bargeldabhebungen oder gar ein Bank Run drohen, hinreichend Liquidität zur Verfügung zu stellen. Schon die Ankündigung einer solchen Maßnahme sollte die Unsicherheit verringern und einen drohenden Bank Run im Keim ersticken. Die EZB hat von dieser Möglichkeit in den Hochzeiten der Krise des Euroraums 2011 und 2012 mit Erfolg Gebrauch gemacht.

Lundberg-Lag

Der schwed. Volkswirt Erik Filip Lundberg (* 13.8.1907 † 14.9.1987) nahm an, dass sich die Unternehmer bei der Produktion von Konsumgütern in der laufenden Periode an den Absatzzahlen der Vorperiode orientieren. Der Produktionssektor von Konsumgütern reagiert damit auf Veränderungen der Konsumnachfrage erst mit zeitlicher Verzögerung, also mit einem Timelag, dem L.

➡ Lags

M 1, M 2, M 3

➡ Geldmenge

Maastricht-Kriterien

Müssen alle EU-Länder erfüllen, wenn sie der dritten Stufe der Währungsunion beitreten wollen. Die offizielle Bezeichnung lautet Konvergenzkriterien, zuweilen auch Stabilitätskriterien. Ursprung ist der Vertrag von Maastricht aus dem Jahr 1992, mit dem eine umfassende Reform der Römischen Verträge (1957) erfolgte und die Grundlagen für die Wirtschafts- und Währungsreform und damit für die Schaffung des Euro gelegt wurden. Zunächst entscheiden die M., welche Mitglieder sich für die Einführung des Euro qualifizierten. Nach Beitritt in den Euro-Währungsraum sollen die M. für die notwendige wirtschaftspolitische Übereinstimmung in den Mitgliedsländern sorgen. Die Ausgestaltung der M. trieb dabei wesentlich die Bundesrepublik und hier im Besonderen die Bundesbank voran. In ihrer derzeit gültigen Form sind die M. im Art. 121 der Nizza-Fassung des EG-Vertrags festgeschrieben.

1. Preisniveaustabilität: Die Inflationsrate des Mitgliedstaats darf nicht mehr als 1,5 % über dem Durchschnitt der 3 preisstabilsten Mitgliedstaaten liegen.
2. Finanzlage der öffentlichen Hand: Die gesamte Staatsverschuldung darf *erstens* nicht mehr als 60 % des Bruttoinlandsprodukts (BIP) betragen und die Nettoneuverschuldung *zweitens* im Finanzjahr nicht 3 % des BIP überschreiten.
3. Wechselkurs: Der Wechselkurs der Währung des Beitrittslandes muss in den letzten 2 Jahren vor Eintritt in die Europäische Wirtschafts- und Währungsunion gegenüber den anderen EG-Währungen stabil geblieben sein.
4. Langfristige Zinsen: Der langfristige Nominalzins darf den Durchschnitt

der 3 preisstabilsten Länder um nicht mehr als 2 % überschreiten.

Die Europäische Kommission überwacht die Einhaltung der Kriterien und erstellt ggf. einen Bericht, aufgrund dessen der Europäische Rat Maßnahmen beschließen kann. Im Vorfeld der Euroeinführung wurde insbesondere das Kriterium der Staatsverschuldung flexibel gehandhabt. Strikt verfuhr die Kommission dagegen bei dem Kriterium der Nettoneuverschuldung. Wegen anhaltender Haushaltsdefizite wurden mehrfach Mitgliedsländer angemahnt. Die M. werden immer wieder kritisiert. Sie seien zu einseitig ausgerichtet auf Preisstabilität und eine vorsichtige Haushaltspolitik mit wenig Spielraum für Investitions- und Beschäftigungsförderung. Dies schränke in konjunkturellen Schwächephasen die Möglichkeiten einer aktiven Wirtschaftspolitik unnötig ein.

➡ Europäische Union

Mackenroth-Theorem

These, der zufolge auch eine kapitalgedeckte Altersvorsorge (wie etwa eine private Rentenversicherung) volkswirtschaftlich gesehen ein Umlageverfahren darstellt. Kernerkenntnis des M. ist die Beobachtung, dass alle Sozialausgaben aus dem Volkseinkommen der laufenden Periode erwirtschaftet werden müssen. Alle Güter und Dienstleistungen, die Rentenbezieher erhalten, müssen also in jedem Altersvorsorgesystem immer von den Erwerbstätigen erarbeitet werden, unabhängig davon, ob es sich um ein kapitalgedecktes Modell oder ein Umlageverfahren (heutige gesetzliche Rentenversicherung) handelt. Das M. bildete einen Teil des theoretischen Fundaments für die Rentenreform 1957, mit der ein Umlageverfahren an die Stelle eines kapitalgedeckten Verfahrens trat. Das Theorem ist nach dem dt. Ökonomen und Soziologen Gerhard Mackenroth benannt, der die These 1952 veröffentlichte.

Magisches Viereck

➡ Gesetz zur Förderung der Stabilität und des Wachstums der Wirtschaft

Makroökonomische Stabilität

[Auch: »gesamtwirtschaftliche Stabilität«] Zustand, in dem eine Volkswirtschaft ihre Produktion ausdehnen kann, ohne dass auf Dauer wirtschaftliche Schäden entstehen. M. wird durch das Magische Viereck definiert.

➡ Gesetz zur Förderung der Stabilität und des Wachstums der Wirtschaft

Makroökonomische Theorien

Wirtschaftstheoretische Überlegungen über gesamtwirtschaftliche Fragen. Die bekanntesten sind der Keynesianismus und die Neoklassik.

Makropolitik

Eine gesamtwirtschaftliche Politik, die sich – anders als z. B. die Industriepolitik – auf die Entwicklung in der gesamten Wirtschaft ausrichtet. Beispiele für eine M. sind die Fiskalpolitik und die Geldpolitik.

Managed Floating

Wechselkurssystem, bei dem der Wechselkurs im Prinzip völlig frei variiert. Die Zentralbank interveniert jedoch mit Devisenan- oder -verkäufen, falls er sich nach ihrer Vorstellung zu weit oder zu schnell von einem Wechselkursziel entfernt.

Manager-Boni

Erfolgsabhängige Zahlungen, die Manager zusätzlich zum regulären Jahresgehalt erhalten. M. können sich nach

Abb. 33a Das »Magische Viereck« der Wirtschaftspolitik in Deutschland (Jahresdurchschnittswerte von 2000 bis 2016)

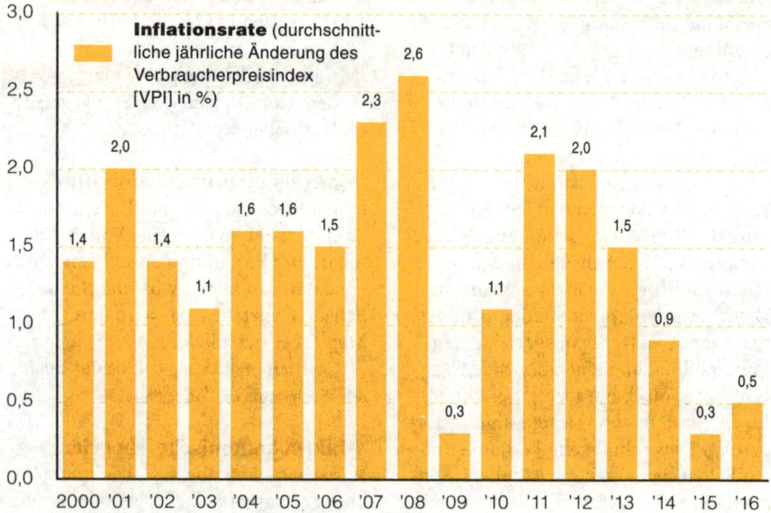

Quelle Statistisches Bundesamt (2017): Verbraucherpreisindizes für Deutschland. Lange Reihe ab 1948

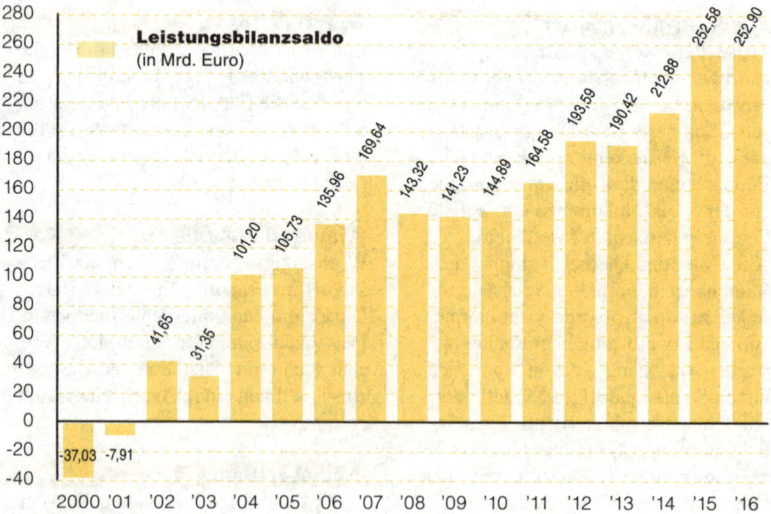

Quelle Destatis

Abb. 33b Das »Magische Viereck« der Wirtschaftspolitik in Deutschland (Jahresdurchschnittswerte von 2000 bis 2016)

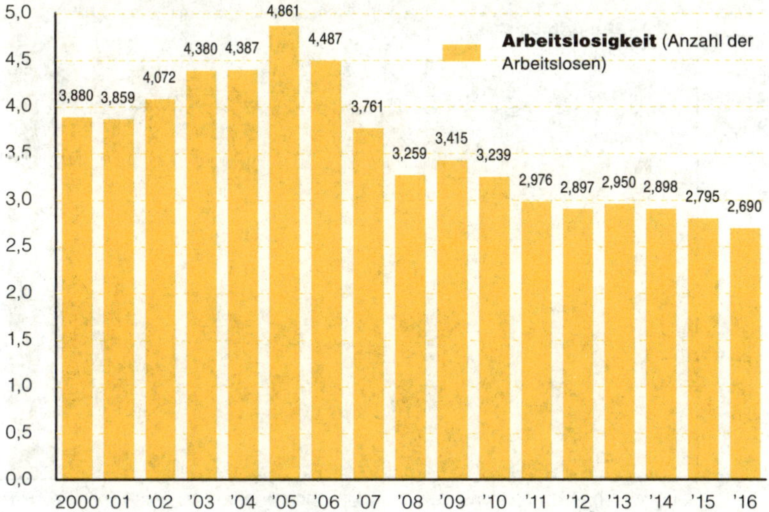

Quelle Bundesagentur für Arbeit: Arbeitslosigkeit im Zeitverlauf (August 2014) und Statistisches Bundesamt: Genesis 13211-0001

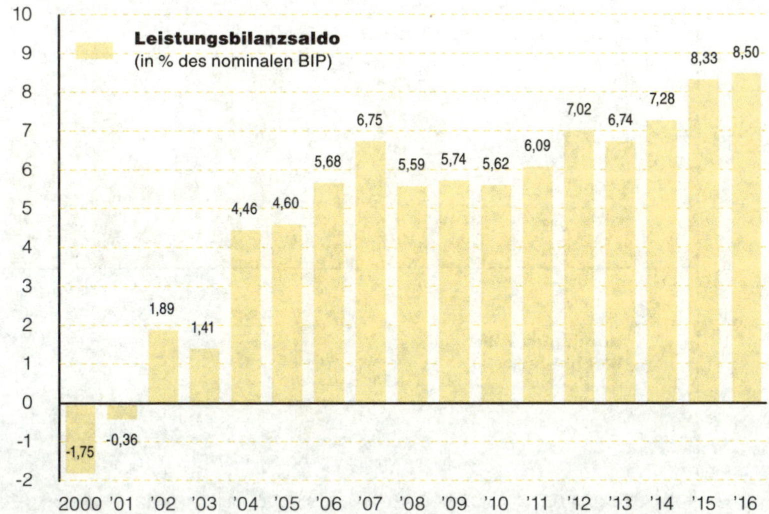

Quelle Destatis

Abb. 33c Das »Magische Viereck« der Wirtschaftspolitik in Deutschland (Jahresdurchschnittswerte von 2000 bis 2016)

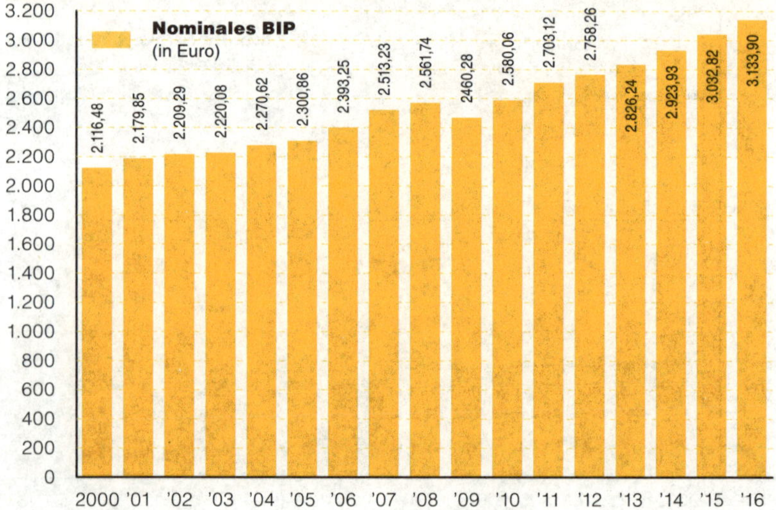

Quelle Destatis

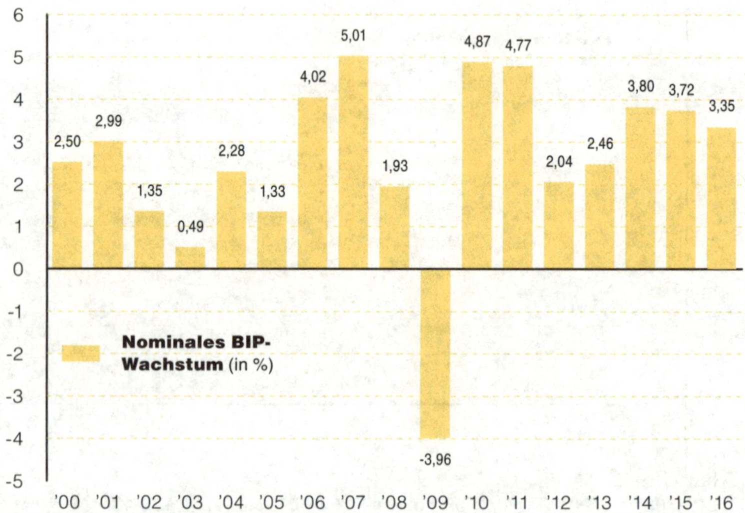

Quelle Statistisches Bundesamt: Volkswirtschaftliche Gesamtrechnung. Inlandsproduktsberechnung. Lange Reihen ab 1970. 2180150

Abb. 33d Das »Magische Viereck« der Wirtschaftspolitik in Deutschland (Jahresdurchschnittswerte von 2000 bis 2016)

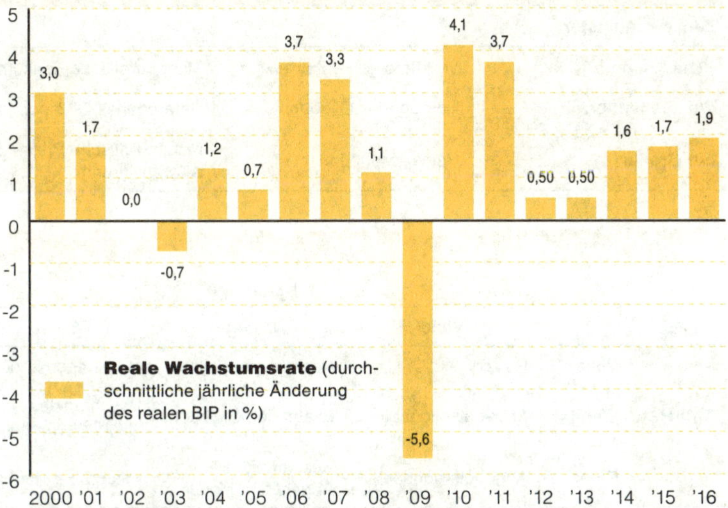

Quelle Statistisches Bundesamt: Volkswirtschaftliche Gesamtrechnung: Bruttoinlandsprodukt, Bruttonationaleinkommen, Volkseinkommen. Lange Reihen ab 1925

verschiedenen Kennzahlen richten, bei Vorstandsmitgliedern oft nach Aktienkursen oder Unternehmensgewinn. Die EU beschloss 2013, Bonuszahlungen an Bankmanager relativ zum Jahreseinkommen zu beschränken. Eine absolute Höchstgrenze wurde damit nicht eingeführt. Kritiker von Bonuszahlungen bemängeln, dass die M. z. B. in Investmentbanken Anreize setzen können, hohe Risiken einzugehen. Im Erfolgsfall profitieren die Empfänger der M., ohne das volle Risiko im Fall eines Verlusts zu tragen. Das kann zu verzerrten Anreizen und hoher Risikobereitschaft führen.

Manteltarif

Rahmentarifabkommen, das die mind. einzuhaltenden Arbeitsbedingungen längerfristig festlegt. Dazu gehören z. B. die Wochenarbeitszeit, Fortbildungsmaßnahmen, Urlaub, Kündigungsfristen oder Abfindungsregelungen. Der M. hat i. d. R. eine längere Laufzeit als die Lohn- oder Gehaltstarifverträge.

➠ Tarifvertrag

Markt

Sozialer Mechanismus, mit dessen Hilfe Waren, Dienstleistungen oder Rechte getauscht und ihre Preise ermittelt werden. Ist das Angebot größer als die Nachfrage, spricht man von einem Käufermarkt. Im umgekehrten Fall von einem Verkäufermarkt. Stimmen Angebot und Nachfrage nach einem Gut überein, liegt Marktgleichgewicht vor, dessen Kennzeichen der Gleichgewichtspreis ist. Er »räumt« den M. So wird für einen effizienten Einsatz von Ressourcen und ihre optimale Vertei-

Tab. 11 Marktformenschema (1)

Markteigenschaft	Vollkommener Markt	Unvollkommener Markt
Zahl der Anbieter		
Viele Kleine	Vollständige Konkurrenz	Monopolistische Konkurrenz
Wenige Mittlere	Homogenes Oligopol	Heterogenes Oligopol
Ein Großer	Reines Monopol	Monopolistische Preisdifferenzierung

Tab. 12 Marktformenschema (2)

		Nachfrager		
		Viele	**Wenige**	**Einer**
Anbieter	**Viele**	Polypol	Nachfrageoligopol	Nachfragemonopol
	Wenige	Angebotsoligopol	Bilaterales Oligopol	Beschränktes Nachfragemonopol
	Einer	Angebotsmonopol	Beschränktes Angebotsmonopol	Bilaterales Monopol

Tab. 13 Marktformenschema (3)

	Starke Nachfrage	Schwache Nachfrage
Starke Konkurrenz	Massenmarkt	Schrumpfmarkt
Schwache Konkurrenz	Zukunftsmarkt	Nischenmarkt

Quelle Eigene Darstellung der Autoren

lung gesorgt. Damit steigert der M. die Wohlfahrt, denn jeder Marktteilnehmer erhöht seinen Nutzen. Der Marktmechanismus funktioniert in dieser Weise aber nur unter bestimmten Voraussetzungen, die in der Wirklichkeit oft nicht gegeben sind. Dann spricht man von Marktversagen. Es kann staatliche Eingriffe rechtfertigen.

➠ Markteintrittsschranken ➠ Marktmacht

Marktbeherrschung

➠ Marktmacht

Markteintrittsbarrieren

➠ Markteintrittsschranken

Markteintrittsschranken

Beschränkungen gesetzlicher oder ökonomischer Art, die Unternehmen den Zutritt zu einem bestehenden Markt erschweren oder verwehren. Zu den gesetzlichen Barrieren gehören z. B. der Patentschutz, der Meisterzwang für zulassungspflichtige Handwerke in Deutschland, die in einer Reihe von europ. Staaten geltenden Mindestlöhne oder Importbeschränkungen, mit denen Konkurrenz aus dem Ausland vom

Markt ferngehalten wird. Ökonomische Marktbarrieren für mögliche Newcomer können die Höhe der Zutrittskosten sein, wenn etwa die auf dem Markt etablierten Unternehmen überlegene Produktionsmethoden und eingespielte Vertriebskanäle für ihre Produkte haben. Auch Produktdifferenzierung und Werbung – häufig unterstützt durch Markentreue der Kunden – können den Markteintritt des interessierten Unternehmers verhindern, ebenso Größennachteile. Der Bau von Passagierflugzeugen etwa ist nur Unternehmen möglich, die hohe Milliardenbeträge zu investieren imstande sind. M. schränken damit den Wettbewerb ein und erklären manche oft dauerhaft hohen Gewinne von Unternehmen.

Marktgleichgewicht

Wenn auf dem Markt bei einem bestimmten Preis das geplante Angebot und die geplante Nachfrage übereinstimmen. Das M. wird daher auch als Markträumung bezeichnet. Der zugrunde liegende Preis ist der Gleichgewichtspreis.

Marktkonforme Demokratie

Kritisch verwendeter Begriff, der auf einen Ausspruch von Bundeskanzlerin Angela Merkel in der Bundespressekonferenz vom 1.9.2011 zurückgeht, wonach man Wege finden werde, »die parlamentarische Mitbestimmung so zu gestalten, dass sie trotzdem auch marktkonform ist, […]«. Das Zitat bezog sich auf die Frage der Mitbestimmung nationaler Parlamente über den EU-Rettungsschirm. Kritiker werfen denjenigen vor, denen sie die Ausformung einer M. als Ziel unterstellen, das Primat der Politik gegenüber der Wirtschaft untergraben zu wollen. Wer nach der M. strebe, möchte demnach eine Demokratie, die sich nach den Märkten richtet. Die M. war Kandidat für das Unwort des Jahres 2011 (Negativpreis der »Sprachkritischen Aktion Unwort des Jahres«).

Marktmacht

M. bezeichnet einen Zustand, in dem Anbieter oder (seltener) Nachfrager die Fähigkeit besitzen, das Marktgeschehen und insbesondere die Preise einseitig zu beeinflussen.

Marktordnung

Wird als Begriff im Zusammenhang mit dem Agrarmarkt der EU verwendet. In diesem Kontext wird M. als das Regulierungswerk verstanden, das den europ. Markt vom Weltmarkt abgrenzt und die innereurop. Landwirte vor Konkurrenz schützt.

Markträumung

→ Marktgleichgewicht

Markttransparenz

Wenn alle Marktteilnehmer über sämtliche Informationen verfügen, die für die Preisbildung relevant sind. M. kennzeichnet den vollkommenen Markt.

→ Informationsasymmetrie

Marktwirtschaft

Wirtschaftsordnung, wo auf der Basis von Eigentumsrechten, Vertragsfreiheit und Wettbewerb ein dezentral koordinierter Austausch von Gütern und Dienstleistungen erfolgt. Wesentliche Merkmale einer M. sind das Vorhandensein von Geld als Tauschmittel und eine arbeitsteilige Produktion.

→ Soziale Marktwirtschaft

Mark-up-Pricing

Bezeichnet ein Preissetzungsverhalten, bei dem Unternehmen ihre Preise

Tab. 14 Marktwirtschaft

Leistungen	Schwächen
• Industrialisierung	• Krasse soziale Missstände
• Entwicklung der Massenproduktion	• Ausbeutung der Arbeitskraft mit Niedriglöhnen
• Kanalisierung	• Wirtschaftskrisen durch die Neigung zu starken Konjunkturschwankungen
• Schaffung von Eisenbahnlinien	• Konzentration des Vermögens
• Erschließung neuer Märkte in Übersee	
• Beseitigung der Vorrechte des Adels	
• Bürgertum erhielt Chance zum sozialen Aufstieg	

Quelle Eigene Darstellung der Autoren

auf der Basis ihrer Kosten plus einen Gewinnaufschlag (mark-up) festlegen. Letzterer hängt von der Marktposition des Unternehmens und der allgemeinen Wirtschaftslage ab. M. kann nur stattfinden, wenn Unternehmen die Absatzpreise beeinflussen können. Dies ist nur dann möglich, wenn sie über Marktmacht verfügen. M. lässt sich daher nicht mit vollständigem Wettbewerb auf den Märkten vereinbaren. Gleichwohl gilt es als realistisches Preissetzungsverhalten.

Marshall-Plan

[Engl.: **E**uropean **R**ecovery **P**rogram (ERP)] Programm von großer Bedeutung für den Wiederaufbau Europas nach dem 2. Weltkrieg. Es geht auf den damaligen amerik. Außenminister George C. Marshall (* 31.12.1880 † 16.10.1959) zurück. Die westeurop. Staaten erhielten als Hilfe zur Selbsthilfe bis Mitte 1951 13 Mrd. US-$ aus amerik. Steuermitteln. Davon entfielen auf Westdeutschland und Westberlin 1,6 Mrd., die den Deutschen nicht als Geschenk, sondern als Kredit v. a. für die Einfuhr von amerik. Waren gewährt wurden. Die Zahlungen der dt. Importeure flossen gemäß einem dt.-amerik. Abkommen bald in ein Sondervermögen, das »1953-ERP-Sondervermögen« genannt wurde. Die Finanzmittel dieses Sondervermögens sollten als zinsgünstige Kredite zur Förderung und Entwicklung der dt. Wirtschaft dienen und die Kreditrückzahlungen immer wieder in den Fördertopf zurückfließen. Das Sondervermögen ist bis heute ein Instrument zur Förderung der Wirtschaft.

Marxismus

Von Karl Marx (* 5.5.1818 † 14.3.1883) und Friedrich Engels (* 28.11.1820 † 5.8.1895) entwickelte Gesellschafts- und Wirtschaftstheorie, die unter dem Eindruck der Industrialisierung und ihrer sozialen Folgen entstand. Der Übergang vom Agrarstaat zur Industriegesellschaft führte zu einer fortgesetzten Anhäufung von Reichtum und Macht bei den Kapitalisten, wie Marx die Fabrikbesitzer nannte, und zur Proletarisierung und Verelendung der meisten Arbeiterfamilien. Nach Marx führt die kapitalistische Produktionsweise notwendig zur Teilung der Gesellschaft in 2 Klassen: die der Kapitalisten, also der Eigentümer von Produktionsmitteln, auf der einen und der Arbeiterklasse auf der anderen Seite. Marx stand ökonomisch gesehen auf dem Boden der Klassik, lenkte ihre Erkenntnisse aber in eine völlig andere Richtung. Während Ökonomen der Klassik vom selbsttätigen Ausgleich der widerstreitenden Interessen des Kapitals und der Arbeit durch die unsichtbare Hand des Marktes ausgingen, ist dies nach Marx nur über den Klassenkampf möglich. Denn infolge der zunehmenden Arbeitsteilung ist der Arbeiter nur noch ein Glied in einer Produktionskette und entfremdet sich seiner Arbeit. Als Lohn erhält er nur die zur Aufrechterhaltung seiner Arbeitskraft erforderlichen Unterhaltskosten, das Existenzminimum. Die Werte aber, die der Arbeiter über seine Unterhaltskosten hinaus schafft, fallen dem Kapitalisten als Mehrwert zu. Wegen der Konkurrenz unter den Kapitalisten sind diese in zunehmendem Maße gezwungen, neue und produktionssteigernde Maschinen einzusetzen. Als Folge werden nicht nur gelernte durch ungelernte Arbeiter ersetzt, sondern es fallen immer mehr Arbeitsplätze auf Dauer weg, denn die Maschine dringt in dem dynamischen Prozess der kapitalistischen Entwicklung in immer neue Produktionsbereiche vor. Für Marx ist aber Arbeit der einzige wertbildende Faktor. Daher verteilt sich der den Kapitalisten noch zufließende Mehrwert auf ein ständig wachsendes Gesamtkapital, mit der Folge, dass der Profit tendenziell sinkt. Der sich nun notwendig verschärfende Konkurrenzkampf unter den Kapitalisten endet damit, dass viele kleinere Kapitalisten in die Hände der Sieger fallen oder untergehen. Die wachsenden Produktivkräfte befinden sich damit in immer weniger Händen. Ihnen steht eine industrielle Reservearmee, die verelendete Arbeiterklasse, das Proletariat, gegenüber. Durch Unterkonsumtion der Arbeiter und temporäre Überproduktion entstehen periodisch wiederkehrende Krisen, die sich zuspitzen (Ansätze einer ersten Konjunkturtheorie). Der wirtschaftlichen folgt die politische Krise. In einem revolutionären Akt wird das Proletariat die Macht mit Gewalt ergreifen, das Privateigentum an Produktionsmitteln beseitigen und sie in gesellschaftliches Eigentum überführen. Die Diktatur des Proletariats ist ein Übergangsstadium, das schließlich automatisch in die klassenlose kommunistische Gesellschaft münden wird.

→ Kommunismus

Maut

Gebühr, die für die Benutzung von Straßen erhoben wird. In Deutschland wird seit 2005 eine Maut für Lkw auf Autobahnen und Bundesstraßen erhoben. Die Höhe der Lkw-Maut richtet sich nach der per Satellit erfassten Länge der Fahrt, der Schadstoffklasse und der Achszahl. Die Bundesregierung befindet sich im Rechtsstreit mit dem Betreiber Toll Collect, der das System mit eineinhalb Jahren Verzögerung in Betrieb nahm.

2015 beschloss der Bundestag die Einführung einer Maut für Pkw. Auf Betreiben der CSU sollte die Maut nur für Fahrzeuge mit ausländischer Zulassung erhoben werden, bzw. dt. Fahrer um genau den Betrag der Maut bei der KFZ-Steuer entlastet werden. Die EU-Kommission stellte sich gegen dieses Modell und einigte sich mit Deutschland auf einen Kompromiss, der die dt. Mautzahler gegenüber ausländischen nicht generell bevorzugt, aber schadstoffarme Autos bei der Pkw-Steuer stärker entlastet.

Mehrwert

Der M. ergibt sich nach der Marx'schen Arbeitswerttheorie aus dem Gewinn, den der Unternehmer aus der Arbeitsleistung der Arbeiter nach Abzug der Lohnkosten und der Aufwendungen für die Produktionsmittel zieht. Der M. ist nach Marx gleichbedeutend mit der Ausbeutung der Arbeiter. Dabei wird von Marx noch unterschieden zwischen absolutem M., der durch einfache Mehrarbeit (längere Arbeitszeit) zu Stande kommt, und relativem M., der durch Produktivitätsfortschritte erreicht wird.

➠ Marxismus

Mehrwertsteuer

Nach der Einkommensteuer die wichtigste Einnahmequelle des Staates. Der Begriff M. ist ungenau und wird in den einschlägigen Verordnungen nicht verwendet, von Politikern und Medien allerdings fast ausschließlich. Die korrekte Bezeichnung ist Umsatzsteuer. Sie wird auf Produkte und Dienstleistungen erhoben und zählt deshalb zu den Verbrauchssteuern (auch: indirekte Steuern). Der sog. Mehrwertsteuersatz beträgt zurzeit (2017) 19 %, der reduzierte Satz z. B. für Waren des täglichen Bedarfs 7 %. Die Umsatzsteuer kann von Unternehmen als Vorsteuerabzug beim Finanzamt geltend gemacht werden, sodass sie vom Endverbraucher als sog. Mehrwertsteuer zu tragen ist.

Meistbegünstigung

Klausel im internationalen Handelsverkehr, wonach sich ein Staat vertraglich verpflichtet, den Partnerländern Vergünstigungen im Außenhandel zu gewähren, z. B. Einfuhrerleichterungen, die er den meistbegünstigten Drittländern einräumt. Gemeinhin fordert ein Land, das die M. akzeptiert, gleiches Verhalten von den Partnerländern. Es gilt der Grundsatz der Nichtdiskriminierung. Alle Handelspartner sollen gleichbehandelt werden. GATT (Allgemeines Zoll- und Handelsabkommen) und Welthandelsorganisation (WTO) bauen auf diesen Prinzipien auf und bilden den rechtlichen Rahmen für die Liberalisierung des Welthandels. Doch einen bedingungslosen Freihandel können sich nur wirtschaftlich starke Länder leisten. V. a. Entwicklungsländer verweisen auf ihre mangelnde Wettbewerbsfähigkeit und fordern Ausnahmen vom Prinzip der M., um z. B. Importgüter mit weit höheren Zöllen belasten zu dürfen, als dies bei ihren Exportwaren der Fall ist. Die WTO gestattet zeitlich begrenzte Ausnahmen von der M. bei Freihandelszonen oder Wirtschaftsgemeinschaften.

Mengentender

Offenmarktgeschäft einer Zentralbank, wobei den Geschäftsbanken ein bestimmter Zinssatz genannt wird, auf das sie mit Nachfrage nach Zentralbankgeld reagieren. Gegensatz: Zinstender.

Meritorische Güter

➠ Güter

Merkantilismus

Bezeichnung für eine auf den Reichtum und die Macht der Monarchien ausgerichtete Wirtschaftspolitik in Europa zwischen dem 16. und 18. Jh. Dabei wurde der Staat als reich angesehen, der viel Geld, Gold und Silber anhäufen konnte. Massive Staatseingriffe in den Wirtschaftsablauf, eine aggressive Exportpolitik und eine Beschränkung der Importe durch Zölle zeichneten den M. aus. Die frühindustriellen Produktionsstätten wurden aktiv gefördert, die Löhne dagegen zur Steigerung der Wettbewerbsfähigkeit der Exportgüter und zur Eindämmung des privaten Konsums niedrig gehalten, um hohe Exportüberschüsse zu erwirtschaften. Letztlich war der M. Ausdruck der wirtschaftlichen und sozialen Verhältnisse. Er diente zur Finanzierung von Monarchien mit Absolutheitsanspruch, wobei daneben noch eine dominierende Schicht von Adligen (Großgrundbesitzern), reichen Kaufleuten, Bankiers und Reedern trat.

➠ Kameralismus

Mezzanine-Finanzierung

Hybrid-Finanzierungsform, die nicht eindeutig dem Fremd- oder Eigenkapital zugerechnet werden kann, sondern Eigenschaften beider Kapitalformen aufweist. Je nach Ausgestaltung fließt Mezzanine-Kapital als Fremd- oder Eigenkapital in die Unternehmensbilanz ein. Eine Ausprägung ist ein Mezzanine-Kredit, der als Eigenkapital ins Unternehmen fließt und als solcher verbucht wird, dem Kapitalgeber aber kein Stimmrecht einräumt. Es entfallen dann sowohl die Stimmberechtigung, die mit Eigenkapital verbunden wäre, als auch die vorrangige Auszahlung im Fall einer Insolvenz, wie sie für Fremdkapital gilt. In dieser Ausgestaltung wird der Investor mit Zinsen entschädigt, deren Niveau über dem der Fremdkapitalfinanzierung liegt.

Midijobs

Wie Minijobs subventionierte Arbeitsverhältnisse im Niedriglohnbereich. Mit ihnen sollte der Zugang zum Arbeitsmarkt insbesondere für gering Qualifizierte und Langzeitarbeitslose erleichtert und gleichzeitig eine rudimentäre soziale Absicherung geboten werden. Dies führte zunächst zur Einführung von Minijobs. Es stellte sich jedoch heraus, dass der Übergang zu üblichen Arbeitsverhältnissen bei Einkommen, die nur geringfügig höher sind als bei Minijobs zugelassen (450 €), drastisch steigende Sätze für Sozialabgaben nach sich zieht, sodass die Annahme einer solchen Beschäftigung nicht mehr lohnend ist. Aus diesem Grund wurde für Einkommen zwischen 450,01 € und 850 € eine Gleitzone eingeführt, in der die Sätze für Sozialversicherungsbeiträge des Beschäftigten von 11 % bis zum vollen Arbeitnehmeranteil steigen, sodass ab 850 € ein Übergang zu üblichen Beschäftigungsverhältnissen ohne finanzielle Einbußen möglich sein soll. Die Arbeitsverhältnisse in dieser Gleitzone werden als M. bezeichnet.

➠ Hartz II ➠ Minijobs

Mietspiegel

Der Mietspiegel von Kommunen und Städten bietet eine Übersicht über die örtliche Vergleichsmiete vergleichbaren Wohnraums. Er kann von der Gemeinde, aber auch gemeinsam von Interessenverbänden der Vermieter und Mieter erarbeitet oder anerkannt werden. Der M. soll nach wissenschaftlichen Grundsätzen erstellt werden (BGB § 558 c), um einen repräsentativen Querschnitt des örtlichen Mietpreisniveaus möglichst zutreffend wiederzugeben. Im gesetzlichen Mieterhöhungsverfahren (BGB § 558 Abs. 1) hat der Mietspiegel besondere Bedeutung, denn der Vermieter kann unter bestimmten Bedingungen die Zustimmung des Mieters zur Erhöhung der bestehenden Miete bis zu der im Mietspiegel dargelegten Höhe der Vergleichsmiete verlangen.

Mikroökonomik

Beschäftigt sich mit dem ökonomischen Verhalten von einzelnen Wirtschaftseinheiten wie Individuen, privaten Haushalten oder Unternehmen.

➠ Betriebswirtschaftslehre

Mikrozensus
Erhebung des Statistischen Bundesamtes, die jährlich durchgeführt wird. Sie soll auf der Basis von repräsentativen Stichproben relevante ökonomische Informationen liefern, ohne auf eine kostenintensive Totalerhebung zurückgreifen zu müssen.

Mindestlohn
➡ Mindestlohngesetz

Mindestlohngesetz
Nach dem M. (MiLoG) galt in Deutschland seit dem 1.1.2015 ein vom Arbeitgeber an Arbeitnehmer/-innen sowie eine Mehrheit der beschäftigten Praktikanten zu zahlender Mindestlohn i. H. v. 8,50 € brutto je geleistete Arbeitsstunde. Die vom Gesetzgeber erwirkte Mindestlohnkommission, in der Arbeitgeber und Gewerkschafter vertreten sind, soll alle zwei Jahre die Höhe des Mindestlohns anpassen. Sie hat sich für einen Stundensatz von 8,84 € ab dem 1.1.2017 entschieden, dem das Bundeskabinett per Rechtsverordnung gefolgt ist. Ausnahmeregelungen wie etwa für Zeitungszusteller oder tarifliche Branchenverträge, bei denen ein Lohn unterhalb des Mindestlohns ausgehandelt wurde, verlieren am 1.1.2018 ihre Gültigkeit, dem Tag eines flächendeckenden Mindestlohns in der Bundesrepublik Deutschland. Er kommt hier auch ausländischen Beschäftigten, Saisonarbeiterinnen und Saisonarbeitern oder Rentnerinnen und Rentnern zugute. Anfang 2015 hatten nach Abschätzung des **I**nstituts **A**rbeit und **Q**ualifikation (IAQ) der Universität Duisburg-Essen mindestens 4 Mio. Beschäftigte Anspruch auf Lohnerhöhung durch den gesetzlichen Mindestlohn. Führende Wirtschaftsforschungsinstitute warnten 2008 allerdings gemeinsam vor den Folgen des Mindestlohns, er werde zu erheblichen Beschäftigungsverlusten im Westen führen, im Osten sogar zu dramatischen Arbeitsplatzverlusten. Tatsächlich war das Gegenteil der Fall. Die Beschäftigungszahlen stiegen mit Einführung des Mindestlohns weiter, vor allem die Zahl der sozialversicherungspflichtigen Beschäftigung stieg sogar überproportional an.

Mindestreserve
Banken und Sparkassen sind verpflichtet, einen bestimmten Prozentsatz der von ihren Kunden erhaltenen Einlagen als (verzinsliche) M. auf Konten des **E**uropäischen **S**ystems der **Z**entral**b**anken (ESZB) zu unterhalten. Der sog. Mindestreservesatz beträgt derzeit 2 %. Die M. wurde früher häufig als geldpolitisches Instrument eingesetzt, da durch eine Veränderung der M. die Liquidität der Banken und damit der Geldschöpfungsprozess beeinflusst wird.

Mineralölpreis
➡ Energie

Mineralölsteuer
Energiesteuer, die mit einem jährlichen Aufkommen von über 40 Mrd. € zu den wichtigen Einnahmequellen des Bundes gehört. Sie ist als Verbrauchssteuer eine indirekte Steuer und wird seit dem 1.8.2006 im Energiesteuergesetz geregelt, das an die Stelle des vorher gültigen Mineralölsteuergesetzes trat. Das Energiesteuergesetz umfasst nunmehr neben dem Energieträger Mineralöl auch z. B. Kohle und Erdgas. Die Energiesteuer wird mit unterschiedlichen Sätzen auf Benzin, Diesel, Heizöl, Kohle, Flüssig- und Erdgas erhoben.

Minijobs
Beschäftigungsverhältnisse mit einer Vergütung bis 450 €. Beschäftigte

bezahlen weder Steuern noch Sozialabgaben, sind allerdings rentenversicherungspflichtig. Seit dem 1.1.2015 zahlen sie 3,7 % ihres Bruttoarbeitsentgelts in die Rentenversicherung. Arbeitgeber zahlen grundsätzlich einen Pauschalbeitrag von 30 % (Renten-, Krankenversicherung und Steuern). Bei haushaltsnahen Dienstleistungen vermindern sich diese Abgaben. Man spricht allgemein von geringfügigen Beschäftigungsverhältnissen. Die M. sind mit dem Zweiten Gesetz für moderne Dienstleistungen am Arbeitsmarkt (Hartz II) zum 1.4.2003 eingeführt worden.
(Bei Beschäftigungsverhältnissen von 450,01 € bis 850 € besteht allgemeine Versicherungspflicht. Die Besonderheit hier ist, dass für Arbeitnehmer die Sozialversicherungsbeiträge schrittweise ansteigen. Der Arbeitgeber zahlt von Anfang an den vollen Satz.).

➡ Midijobs

Minimalkostenkombination

Wenn die Produktionsfaktoren zur Herstellung einer bestimmten Produktionsmenge so kombiniert werden, dass nur die geringstmöglichen Gesamtkosten anfallen (Minimumprinzip). Auch wenn bei festem Kostenaufwand für Produktionsfaktoren die größtmögliche Produktionsmenge erreicht wird, spricht man in der Ökonomie von M. (Maximumprinzip). Letztlich ist die M. gleichsam die Anwendung des ökonomischen Prinzips in einem Produktionsbetrieb.

➡ Ökonomisches Prinzip

Ministererlaubnis

Das Gesetz gegen Wettbewerbsbeschränkungen (GWB) untersagt Kartelle, Preisabsprachen und sonstige Vereinbarungen, die den Wettbewerb behindern. Allerdings kann der Bundesminister für Wirtschaft ausnahmsweise die Erlaubnis zu einem vom Bundeskartellamt untersagten Zusammenschluss von Firmen erteilen, vorausgesetzt, der Zusammenschluss ist für die Gesamtwirtschaft und das Gemeinwohl notwendig.

Ministerrat

➡ Rat der Europäischen Union

Mitbestimmung

➡ Betriebliche Mitbestimmung

Mitnahmeeffekt

Von M. wird insbesondere dann gesprochen, wenn Subventionen oder andere finanzielle Anreize der öffentlichen Hand die beabsichtigte Lenkungswirkung verfehlen, aber doch in Anspruch genommen werden, z. B. wenn staatliche Transferausgaben bereitgestellt und für Investitionen in Anspruch genommen werden, die ohnehin im gleichen Umfang durchgeführt worden wären. Oder wenn Betriebe Neueinstellungen längst beschlossen hätten, aber nun zusätzliche staatliche Transferzahlungen (Kombilöhne) für die Einstellung der neuen Mitarbeiter erhielten.

Mittelfristige Finanzplanung

Die Bundesregierung ergänzt den Bundeshaushalt durch die Planung der Einnahmen und Ausgaben für die nächsten 5 Jahre, die sog. M. So sollen die mittelfristigen Ziele der Regierung in den Haushaltsrahmen eingebunden, Einnahmen und Ausgaben ausgeglichen, die Folgekosten bestimmter Maßnahmen überprüft und Doppelplanungen vermieden werden. Die wesentlichen Elemente einer M. finden auch in Unternehmen der privaten Wirtschaft Anwendung, insbesondere bei der finanztechnischen Abwicklung großer Investitionen.

➡ Haushalt

Mittelstandspolitik

Bezeichnet wirtschaftspolitische Maßnahmen zur Förderung kleiner und mittlerer Unternehmen des Handwerks, der Industrie, des Dienstleistungsbereichs sowie der freien Berufe. Damit sollen Wettbewerbsnachteile gegenüber Großbetrieben, z. B. in der Finanzierung, ausgeglichen werden. Der Rahmen dieser Strukturpolitik hat sich durch erfolgreiche Lobbyarbeit der ständischen Interessenvertretungen erweitert und soll die Leistungsfähigkeit, Innovationsfähigkeit und Anpassung der klein- und mittelständischen Unternehmen an wirtschaftliche Veränderungsprozesse sichern. Entsprechende Förderprogramme finden sich bei Bund, Ländern und der EU. Sie umfassen steuerliche Vergünstigungen, Finanzhilfen, zinsverbilligte Darlehen, Kreditbürgschaften, Projekthilfen, Weiterbildung und Technologietransfer sowie Starthilfen bei Existenzgründungen.

➠ Strukturfonds ➠ Strukturpolitik

Mobiles Arbeiten

Unter dem Begriff wird die räumliche und – damit teils verbunden – zeitliche Entgrenzung von Arbeitsprozessen diskutiert. Unter M. fällt etwa die Möglichkeit, Arbeiten von zu Hause aus zu verrichten. Ein Drittel der Unternehmen in Deutschland bietet diese Möglichkeit an einer Studie des Bundesministeriums für Arbeit und Soziales zu Folge an, allerdings im Gros der Fälle nicht als regelmäßige Lösung im Arbeitsalltag. Ermöglicht wird M. in vielen Fällen durch den Ausbau digitaler Kommunikationsmöglichkeiten wie schneller Internetverbindungen und durch die Schaffung technischer Möglichkeiten für den ortsunabhängigen Zugriff auf die digitale Unternehmensinfrastruktur. Auswirkungen des M. umfassen eine größere Flexibilisierung von Arbeitsprozessen, aber auch Erreichbarkeit während der Freizeit und eine Vermischung von Privat- und Berufsleben.

Monetäre Basis

➠ Geldbasis

Monetarismus

Volkswirtschaftliche Lehrmeinung, der zufolge das marktwirtschaftliche System grundsätzlich stabil ist und zur Vollbeschäftigung tendiert. Von zentraler Bedeutung ist dabei die Geldmenge einer Volkswirtschaft. Staat und Zentralbank sollen sich bei der Steuerung des Wachstums der Geldmenge an der langfristigen Wachstumsrate des realen Sozialprodukts orientieren. Das wichtigste Erfordernis, um gesamtwirtschaftliche Ziele und eine Verstetigung des Wirtschaftsablaufs zu erreichen, sieht der M. in einer konstanten Zuwachsrate der Geldmenge – zu stark ausgeweitet, führt sie zwar zu einer kurzfristigen Steigerung des realen Inlandsprodukts, langfristig aber schlägt sie auf das Preisniveau durch und fördert damit Inflation. Langfristige Geldwertstabilität ist letztlich wichtiger als kurzfristige Vollbeschäftigung. Staatliche Eingriffe wie antizyklische Konjunkturmaßnahmen, Investitionsprogramme oder auch Eingriffe am Arbeitsmarkt, die von den Anhängern Keynes zur Steuerung der Wirtschaft verlangt werden, lehnt der M. strikt ab. Sie führen nach seiner Ansicht zu einer Verstärkung der Konjunkturausschläge. Ein führender Vertreter des M. ist Milton Friedman. Der in den 1960er- und 1970er-Jahren entwickelte M. war über längere Zeit populär, hat sich aber nach Ansicht vieler Ökonomen auf Dauer in keinem Land wirklich bewährt.

➠ Neoliberalismus

Monopol

Marktform mit nur einem Verkäufer (Monopolist) auf der Angebotsseite und einer Vielzahl von Käufern auf der Nachfrageseite. Der Monopolist beherrscht als Alleinanbieter den Markt und ist damit in der Lage, dort eine festgelegte Gütermenge zu verkaufen, deren Preis sich über die Nachfrage der Käufer bildet. Er kann aber auch den Preis für seine Güter selbst festsetzen. Die abgesetzte Gütermenge hängt dann von den Entscheidungen der Nachfrager ab. Da der Monopolist den größtmöglichen Gewinn anstrebt, wird er seine Produktionsmenge solange ausweiten, wie der Grenzerlös für eine zusätzliche Gütereinheit über den Grenzkosten liegt. Wenn der Erlös für eine zusätzliche Gütereinheit mit den Kosten für die Produktion dieser Gütereinheit übereinstimmt, ist der Cournot'sche Punkt und damit der höchstmögliche Gewinn erreicht. Grundsätzlich gilt ein M. als schädlich, weil der Konsument aufgrund fehlender Konkurrenz überhöhte Preise entrichten muss. In der wirtschaftlichen Praxis wacht die Monopolkommission über das Entstehen von zu viel Marktmacht, die in einem M. enden könnte.

➠ Monopson.

Monopolkommission

Berät die Bundesregierung in wettbewerbspolitischen Fragen. Alle 2 Jahre nimmt die M. in einem Hauptgutachten Stellung zum Stand der Unternehmenskonzentration und der absehbaren Entwicklung, zur Fusionskontrolle bei Firmenzusammenschlüssen und zu anderen aktuellen Fragen auf dem Gebiet der Wettbewerbspolitik. Sie erstellt auch Sondergutachten nach eigenem Ermessen oder im Auftrag der Bundesregierung, z. B. über die Wettbewerbsentwicklung auf den Telekommunikationsmärkten, im Bereich der Post, der Eisenbahn und der leitungsgebundenen Versorgung mit Elektrizität und Gas. Die M. wurde 1973 gegründet. Sie besteht aus 5 Mitgliedern. Ihre Tätigkeit ist unabhängig und nur an den gesetzlichen Auftrag gebunden (§ 44, Abs. II GWB).

Monopson

Marktform, bei der ein Nachfragemonopol besteht. Ein Nachfrager (Monopsonist) steht einer Anzahl von Anbietern gegenüber. Klassisches Beispiel: die Nachfrage des Staates nach Straßenbauleistungen (Gegensatz: Monopol).

Montanunion

Kurzform für »**E**uropäische **G**emeinschaft für **K**ohle und **S**tahl« (EGKS). Erste überstaatliche Organisation zur wirtschaftlichen und politischen Integration Europas. Gründerstaaten waren Frankreich, Deutschland, Italien, Belgien, die Niederlande und Luxemburg, die 1957 auch die Verträge zur Gründung der **E**uropäischen **W**irtschafts**g**emeinschaft (EWG) abschlossen. Die M. trat am 23.7.1952 in Kraft und endete nach vertraglich vereinbarten 50 Jahren am 23.7.2002.

Moral Hazard

[Dt.: moralische Gefahr] bezeichnet in der Volkswirtschaftslehre eine riskante verborgene Strategie von Personen, die nach Vertragsabschlüssen Informationsvorteile durch eine Informationsasymmetrie ausnutzen. Sie können davon ausgehen, dass bei Fehlschlägen andere die Folgen z. T. oder ganz zu tragen haben. Beispiel: Eine Versicherung schützt einen Versicherten vor finanziellem Schaden, der deshalb größere Risiken eingeht, als wenn er einen möglichen Verlust selbst tragen müsste.

Mortgage Backed Securities (MBS)

[Dt.: hypothekarisch gesicherte Wertpapiere] MBS zählen zu den **A**sset **B**acked **S**ecurities (ABS). Es handelt sich um forderungsbesicherte Schuldverschreibungen, die Forderungen aus Hypothekendarlehen repräsentieren und zu Wertpapieren verbrieft sind. Auf diese Weise werden Darlehensforderungen handelbar. Kreditinstitute, die hinter dem Verkauf von MBS stehen, wandeln damit zum einen Forderungen aus Hypothekendarlehen in neues Kapital um und übertragen zum anderen das Ausfallrisiko der Kredite auf den Käufer.

➠ Collateralized Debt Obligation

Multiplikatorprinzip

Bezeichnet den Erhalt oder die Verstärkung eines volkswirtschaftlichen Impulses. Bei einem Multiplikator von 1 bleibt ein Impuls in ursprünglicher Höhe erhalten, ist er größer als 1, wird er sogar verstärkt. Anwendung findet das M. zumeist in keynesianischen Modellen, in denen z. B. von der staatlichen Investitionsnachfrage Impulse auf die Gesamtwirtschaft ausgehen und sich durch das M. verstärken. Die Ursache hierfür liegt darin, dass die staatlichen Ausgaben zu höherer Beschäftigung und höheren Einkommen führen, die wiederum vermehrte Ausgaben z. B. bei den privaten Haushalten nach sich ziehen und damit den ursprünglichen Impuls erhöhen.

Mutterschaftsgeld

M. wird von den gesetzlichen Krankenkassen während der Mutterschutzfristen an werdende Mütter gezahlt, die Mitglieder der gesetzlichen Krankenversicherung sind und Anspruch auf Zahlung von Krankengeld haben. Außerdem müssen weitere Voraussetzungen erfüllt sein, so muss die Schwangere z. B. in einem Arbeitsverhältnis stehen oder gestanden haben. Die Krankenkasse zahlt, wenn die Frau in einem Arbeitsverhältnis steht, höchstens 13 € je Kalendertag. Der Arbeitgeber ist verpflichtet, die Differenz zum durchschnittlichen Nettolohn als Zuschuss zum M. zu zahlen. Die Details finden sich im Mutterschutzgesetz (Gesetz zum Schutz der erwerbstätigen Mutter). Für Arbeitnehmerinnen, die nicht Mitglied einer gesetzlichen Krankenkasse sind, dazu werden privat krankenversicherte aber auch in der gesetzlichen Krankenversicherung familienversicherte Frauen gezählt, erhalten M. i. H. v. höchstens insgesamt 210 €.

➠ Mutterschutz

Mutterschutz

Der Schutz von Müttern, die in einem Arbeitsverhältnis stehen (Mutterschutzgesetz). Danach dürfen Mütter in den letzten 6 Wochen vor der errechneten Geburt und 8 Wochen nach der Entbindung nicht beschäftigt werden. Eine Reihe von Schutzvorschriften sollen zusätzlich Gesundheitsgefährdungen von Mutter und Kind ausschließen. Mehrbelastungen von Müttern – etwa durch Akkord- oder Nachtarbeit etc. – sind verboten. Ein besonderes Kündigungsverbot soll sie außerdem vor Arbeitsplatzverlust schützen. Als finanzielle Hilfe wird ein Mutterschaftsgeld gewährt.

Nachfragefunktion

Mathematische Beziehung zwischen der nachgefragten Menge eines Gutes und seinem Preis. I. d. R. steigt die nachgefragte Gütermenge bei sinkendem Preis, während die Nachfrage bei steigendem Preis abnimmt.

Nachfrageinflation

➟ Inflation

Nachhaltig

➟ Nachhaltige Entwicklung

Nachhaltige Entwicklung

Aus der Forstwirtschaft stammender Begriff für eine Form des Wirtschaftens, bei der jedes Jahr nur die Holzmenge genutzt wird, die dem Zuwachs eines Jahres entspricht. Dadurch ist gewährleistet, dass sich die Ressourcen beständig erneuern und dauerhaft zur Verfügung stehen. Von dieser forstwirtschaftlichen Bedeutung ausgehend fand der Begriff Eingang in die ökologische Diskussion.
Er umfasst inzwischen hauptsächlich die Aspekte soziale Ausgewogenheit, ökologische Tragfähigkeit und ökonomische Effizienz als Größen, die sich wechselseitig bedingen und auch die Bedürfnisse künftiger Generationen berücksichtigen müssen. Dazu wurde im September 2015 von der UN-Generalversammlung die »Agenda 2030 für nachhaltige Entwicklung« verabschiedet. Als grundlegender Aktionsplan soll sie bis zum Jahr 2030 die Lebensverhältnisse aller heute lebenden und zukünftigen Generationen nachhaltig verbessern und für den Schutz des Planeten Erde sorgen.

Nachschusspflicht

Ist die sich aus dem Gesellschaftsvertrag oder der Satzung ergebende Pflicht des Gesellschafters, Kapital etwa bei entstandenen Verlusten nachzuzahlen. Bei einer Gesellschaft mit beschränkter Haftung (GmbH) müssen die Gesellschafter dann Einzahlungen über den Betrag der Stammeinlage hinaus leisten, wenn dies im Gesellschaftsvertrag so bestimmt ist (§ 26, Abs. 1 GmbH-Gesetz). Bei Genossenschaften muss die Satzung eine Bestimmung über die N. der Mitglieder im Falle eines Konkurses enthalten (§ 6, Abs. 3 Genossenschaftsgesetz). Für die Aktionäre einer AG gibt es hingegen keine N.

NAFTA

➟ Nordamerikanische Freihandelszone

NAIRU

[**N**on **A**ccelerating **I**nflation **R**ate of **U**nemployment (dt.: Arbeitslosenquote, die die Inflation nicht beschleunigt)] Die Non Accelerating Rate of Unemployment ist die Arbeitslosenquote, bei der sich die Inflation nicht beschleunigt. Diese wird auch häufig als strukturelle Arbeitslosigkeit interpretiert, bei der sich die Arbeitslosigkeit in einem gesamtwirtschaftlichen Gleichgewichtszustand befindet. Das Konzept der NAIRU geht von stabilen Zusammenhängen zwischen Arbeitslosigkeit und Lohnzuwächsen sowie Lohnzuwächsen und Preissteigerungen aus. Es basiert also letztlich auf der Phillipskurve.
Die NAIRU fließt häufig in geldpolitische Urteile der Zentralbank ein. Fällt die Arbeitslosenquote unter die NAIRU, befürchten Zentralbanker eine Inflationstendenz und sie gehen auf Bremskurs. Umgekehrt stimulieren sie, wenn die Arbeitslosenquote höher liegt. Tatsächlich haben sich die der NAIRU zu Grunde liegenden Zusammenhänge in der Vergangenheit häufig als recht labil erwiesen, sodass es zu Fehlurteilen kommen kann, wenn man sich wirtschaftspolitisch zu eng an der NAIRU orientiert.

Nationaleinkommen

Ersetzt in der amtlichen Statistik seit 1999 den Begriff »Sozialprodukt«, worunter die Summe aller wirtschaftlichen Leistungen einer Volkswirtschaft in einem bestimmten Zeitabschnitt verstanden wird. Es kann das Bruttonationaleinkommen (Bruttosozialprodukt) oder das Nettonationaleinkommen (Nettosozialprodukt) gemeint sein.

Nationalökonomie

Frühere Bezeichnung für Volkswirtschaftslehre.

Natürliche Arbeitslosenrate

»Normale« Arbeitslosigkeit, die nach einer Theorie von Milton Friedman auch unter den günstigsten konjunkturellen Bedingungen durch keinen wirtschaftspolitischen Eingriff zu beheben sei. Arbeitslose, die auf der Suche nach einem Arbeitsplatz sind (friktionelle Arbeitslosigkeit), werden dabei ebenso unter die N. gefasst wie wegen ungenügender Qualifizierung oder gesundheitlicher Probleme schwer vermittelbare Arbeitslose oder Arbeitsunwillige. Kritiker weisen darauf hin, dass der spezifische Wert einer N. für eine Volkswirtschaft weder theoretisch zu ermitteln ist noch empirisch belegt werden kann.

➠ NAIRU

Nebenhaushalt

Budget, das zwar dem Staat zuzurechnen ist, aber außerhalb des Haushaltsplans steht. Während der Staat Kredite im Rahmen des Haushaltsplans nur dann aufnehmen kann, wenn er vom Parlament per Gesetz dazu ermächtigt wird, gilt diese Regelung für Sondervermögen u. a. N. nicht. Auch sind N. von der generellen Begrenzung der Kreditaufnahme ausgenommen, die die Verschuldung des Staates im Rahmen halten soll. Kritisiert wird, das N. durch diese Sonderregelungen die Budgethoheit des Parlaments unterlaufen und gegen den Haushaltsgrundsatz der Vollständigkeit verstoßen. Beispiel für einen N. in Deutschland ist der »Fonds Deutsche Einheit«, der zur Bewältigung der finanziellen Folgen der dt. Vereinigung eingerichtet wurde.

➠ Haushaltsgrundsätze

Negative Einkommensteuer

Anders als die Einkommensteuer, die dem Steuerpflichtigen abgezogen wird, ist die N. eine Transferleistung des Staates, die darauf abzielt, die Differenz zwischen einem niedrigen Arbeitseinkommen und dem Existenzminimum auszugleichen. Die verschiedenen Modelle der negativen Einkommensteuer befassen sich v. a. mit der Frage, wie der Anreiz zur Arbeit erhalten werden kann, wenn der Staat das Existenzminimum absichert.

➠ Kombilohn

Negativzins

Wenn festverzinslich angelegte Geldanlagen über die Dauer ihrer Anlageperiode einen Preis hierfür zahlen müssen anstatt – wie üblich – eine Rendite zu erhalten besteht ein N. Eine solche Situation tritt nur bei extremer Unsicherheit auf. Anleger suchen dann verzweifelt nach sicheren Anlagemöglichkeiten bei solventen Gläubigern und sind bereit, hierfür sogar einen Preis in Höhe des N. zu zahlen. Dies geht mit einer extrem expansiven Geldpolitik (siehe Nullzinspolitik) einher, bei der die Zentralbank den Leitzins auf faktisch null senkt, sodass Banken sich gleichsam umsonst refinanzieren können und daher tendenziell kaum Interesse an weiteren Geldanlegern haben. Zusätzlich kann die Zentralbank als absolut sicherer Gläubiger selbst einen N. auf bei ihr angelegtes Geld verlangen. All dies dient dazu, die Ausgabenneigung in der Wirtschaft zu erhöhen und von Unsicherheit getriebenes Sparen zu verhindern. Nachdem die Finanzmarktkrise und die Krise des Euroraums in Europa die Unsicherheit dramatisch erhöht hatten, verlangten die EZB und einzelne Banken einen N. auf einzelne Anlageformen. Zeitweise wiesen dt. Staatsanleihen ebenfalls einen N. auf, da die Bundesregierung als solventer Gläubiger in einem sehr unsicheren Umfeld galt.

Nemax

Die Deutsche Börse startete den Neuer-Markt-Index Nemax am 10.3.1997 als neues Segment an der Frankfurter Wertpapierbörse. Gelistet und gehandelt wurden hier Aktien aus sog. zukunftsträchtigen Branchen, denen überdurchschnittliche Umsatz- und Gewinnperspektiven zugesprochen wurden wie etwa Telekommunikation, Biotechnologie, Multimedia oder Umwelttechnik. Die Euphorie der Anleger um die erwarteten Möglichkeiten der New Economy und des Internets trieb die Aktienkurse einzelner Neuer-Markt-Unternehmen explosionsartig nach oben, sodass ihr Börsenwert v. a. im Jahre 2000 zeitweise den großer Industrieunternehmen übertraf. Als die Spekulationsblase (Dotcom-Blase) schließlich platzte, mussten zahlreiche Neuer-Markt-Unternehmen Insolvenz anmelden. Eine Reihe von Unternehmensvorständen waren in Skandale verstrickt und wurden wegen Insiderhandel und Kursbetrug verurteilt. Die Aktienbesitzer erlitten schwere finanzielle Verluste. Das Segment Neuer Markt wurde nach den enormen Kursverlusten im Juni 2003 geschlossen.

➠ Spekulationsblase

Neokeynesianismus

Als Antwort auf die neoklassische Reaktion gegen den traditionellen Keynesianismus bildeten sich die Theorien des N. heraus, die seit Ende der 1990er-Jahre in der ökonomischen Wissenschaft dominierend sind. Im Unterschied zum traditionellen Keynesianismus sind die Ansätze des N. aus einzelwirtschaftlichen Rationalitätsüberlegungen hergeleitet. Daraus ergeben sich insbesondere Abweichungen zur Neoklassik bei der Preis- und Lohnbildung, die zumeist wegen Informationsmängeln verzögert auf Marktentwicklungen reagiert. Dies führt zumindest temporär zu einer realwirtschaftlichen Wirksamkeit von Wirtschaftspolitik. Wegen der Mischung aus verschiedenen Theorieelementen wird der N. auch als neoklassische Synthese bezeichnet.

Neoklassik

Zusammenfassende Bezeichnung für Wirtschaftstheorien, die als Weiterentwicklung der Klassik zu bezeichnen sind. Auch in der neoklassischen Theorie ist der Eigennutz der Wirtschaftssubjekte die Triebkraft wirtschaftlichen Handelns und führt über Wettbewerb und die »unsichtbare Hand des Marktes« zu steigendem Wohlstand aller. Während sich in der Klassik allerdings der Wert oder Preis eines Produktes aus den Produktionskosten ableitet, bemisst die N. den Wert eines Produktes nach dem Nutzen, der durch seinen Gebrauch erzielt wird. Im Mittelpunkt der N. stehen daher der subjektiv bestimmte Grenznutzen des Güterkonsums für Haushalte und das von Unternehmen angestrebte Gewinnmaximum. Auf der Basis des individuellen Nutzenkalküls von Konsumenten und Produzenten wird das ökonomische Verhalten der Marktteilnehmer in umfassenden mathematisch orientierten Theoriegebäuden zusammengefasst. Preise, Löhne und Zinsen werden als flexibel vorausgesetzt. Die einzelnen

Güter-, Geld- und Arbeitsmärkte tendieren, wenn sie nicht durch staatliche Eingriffe gestört werden, zum Marktgleichgewicht und sind dann geräumt. Beispiel Arbeitsmarkt: Bei sinkendem Reallohn steigt nach Ansicht der N. die Nachfrage der Unternehmen nach Arbeitskräften. Alle, die für diesen niedrigeren Lohn zu arbeiten bereit sind, erhalten einen Arbeitsplatz. Wer nicht für den Gleichgewichtslohn arbeiten will, ist freiwillig arbeitslos. Unfreiwillige Arbeitslosigkeit gibt es in den Theoriemodellen nicht. Für die unfreiwillige Massenarbeitslosigkeit in der Weltwirtschaftskrise der 1930er-Jahre konnte die N. daher keine Erklärung anbieten. Obwohl die Löhne fortgesetzt sanken, sank auch die Nachfrage nach Arbeitskräften dramatisch. Erst die keynesianische Theorie konnte den Zusammenhang befriedigend erklären. Dennoch haben sich die Anhänger der Neoklassik behaupten können und z. B. die Grundlagen des Monetarismus geschaffen.

Neoklassisch

➡ Neoklassik

Neoklassische Arbeitslosigkeit

Arbeitslosigkeit, die trotz guter Wirtschaftslage entsteht. Neoklassische Theorien halten diese Arbeitslosigkeit im Kern für eine freiwillige Entscheidung der Arbeitsuchenden, die nicht bereit sind, zu den herrschenden Löhnen zu arbeiten oder aus Informationsgründen eine längere Zeit der Suche in Anspruch nimmt.

Neoliberalismus

Gesellschaftskonzeption, die – ausgehend vom Liberalismus – zwar Freiheit und Selbstverantwortung betont, den Staat jedoch in der Verantwortung dafür sieht, dem Marktgeschehen einen Regelungsrahmen zu geben. Der Staat hat demnach zum einen das Funktionieren des Marktes sicherzustellen, in dem er z. B. Monopolbildungen verhindert oder durch seine Wirtschaftspolitik strukturelle Veränderungen erleichtert. Zum anderen muss der Staat in jenen Bereichen Vorsorge treffen, in denen die Mechanismen des Marktes nicht greifen, wie etwa in der Sozialpolitik. In Deutschland wird der N. besonders in der Form des Ordoliberalismus von Anhängern der sog. Freiburger Schule vertreten; die Konzeption der sozialen Marktwirtschaft geht maßgeblich auf den N. zurück. Seit Beginn der 1990er-Jahre ist der Begriff in der politischen Auseinandersetzung allerdings zur Kampfvokabel geworden. Kritiker bezeichnen mit N. das Konzept einer Wirtschaftspolitik, die von Marktfundamentalismus, einseitiger Angebotsorientierung und fehlender sozialer Sensibilität geprägt sei.

Netto

Was nach Abzug anderer Größen vom Brutto übrigbleibt. Vom Bruttolohn/-gehalt des Arbeitnehmers z. B. werden ein Steuerbetrag sowie Beiträge für die Renten-, Sozial- und Krankenversicherung einbehalten. Ausgezahlt wird Nettolohn oder -gehalt. Oder: Das Nettogewicht eines Gutes errechnet sich, wenn vom Bruttogewicht (Gut inkl. Verpackung) das Gewicht der Verpackung abgezogen wird.

Nettoentlastung

Wenn die Steuerbelastung des Gewinns und/oder Einkommens abgesenkt wird, spricht man von N.

Nettoinvestition

Bruttoinvestition vermindert um die Ersatzinvestition.

➡ Investition

Nettokreditaufnahme

Das Kreditvolumen, das der Staat innerhalb eines Zeitraumes – meist eines Jahres – zusätzlich am Kapitalmarkt im In- oder Ausland aufnimmt, also die Differenz zwischen dem Schuldenstand am Anfang und am Ende der Periode. Im Gegensatz zur Bruttokreditaufnahme berücksichtigt die N. auch Leistungen zur Schuldentilgung im jeweiligen Zeitabschnitt, sodass sie nur die zusätzliche Verschuldung erfasst.

Nettoneuverschuldung

➠ Nettokreditaufnahme

Nettovermögen

Das N. eines Wirtschaftssubjekts, auch Reinvermögen genannt, errechnet sich aus dem Gesamtvermögen (Forderungen plus Sachvermögen) abzüglich aller Verbindlichkeiten.

Netzentgelte

[Auch: Netznutzungsentgelt] Gebühren, die von Betreibern der Strom- und Gasnetze von den Netznutzern erhoben werden. Netznutzer sind i. d. R. die Anbieter von Strom und Gas, sie geben die N. an die Verbraucher, etwa Haushalte und Industrieanlagen weiter. Um die Ausnutzung lokaler Monopole durch lokale Netzanbieter einzuschränken, gibt die Bundesnetzagentur die Höhe der N. indirekt vor. Die Behörde setzt eine Erlösobergrenze fest, die von den Netzbetreibern erwirtschaftet werden darf. 2015 betrug der Anteil der N. am Strompreis 22,7 %. Bestimmte Industrieanlagen mit hohem Stromverbrauch genießen bei den N. Ausnahmeregelungen.

Neuverschuldung

Das über Kredite finanzierte Defizit des jährlichen Bundeshaushalts. Nach der Neuregelung des Art. 115, Abs. 1 GG im Jahre 2009 (Schuldenbremse) dürfen die Einnahmen aus Krediten die Summe der im Haushaltsplan veranschlagten Ausgaben konjunkturbereinigt nicht um mehr als 0,35 % des BIP überschreiten. Lediglich zur Abwehr einer Notlage sind Ausnahmen zulässig. Zu unterscheiden sind die Bruttoneuverschuldung (alle in einem bestimmten Zeitraum aufgenommen Kredite) und die Nettoneuverschuldung (Bruttoneuverschuldung abzüglich der im gleichen Zeitabschnitt getilgten Kredite auch aus vorangegangenen Haushaltsjahren). Die Bundesrepublik Deutschland hat sich zudem mit den Maastricht-Kriterien und dem Fiskalpakt verpflichtet, die Nettoneuverschuldung von Bund, Ländern und Gemeinden auf höchstens 3 % des Bruttoinlandsprodukts zu begrenzen. Nach den härteren Bestimmungen der Schuldenbremse dürfen sich die Länder konjunkturbereinigt überhaupt nicht mehr verschulden.

Neuverschuldungsquote

Relation zwischen staatlichem Haushaltsdefizit und Bruttoinlandsprodukt.

New Economy

Begriff, der unterschiedliche Dinge bezeichnet. Er kann sich auf das Entstehen von Wirtschaftszweigen durch neue Technologien beziehen, z. B. Internet, Mobilfunk, Halbleiter oder Biotechnologie. Damit verbunden ist auch die Vorstellung von einer neuen, auf digitalen Formen basierenden Wirtschaftsstruktur, die im Gegensatz zur Old Economy mehr auf den Wettbewerb mit innovativen Ideen gerichtet ist und immateriellen Wirtschaftsgütern einen größeren Stellenwert beimisst. Unter N. werden hier die Produktion und der Handel mit sog. Informationsgütern verstanden, dazu gehören Internetseiten, besondere Dateien, Software, aber auch Filme, Bücher und Musik. Andererseits bezeichnet N. auch die Veränderung der bereits bestehenden Wirtschaftsstruktur, die durch den Einsatz von Computern, Telekommunikationseinrichtungen und neuen Informationstechnologien erhebliche Produktivitätssteigerung erfährt.

Nichtbanken

Volkswirtschaftlicher Begriff, der die übrige Wirtschaft von den Kreditinstituten abgrenzt.

Nichterwerbspersonen

Begriff aus der amtlichen Statistik: Kinder, Rentner, Nurhausfrauen usw., die keine auf Erwerb ausgerichtete Tätigkeit ausüben und eine solche auch nicht suchen.

➠ Erwerbspersonen

Niederstwertprinzip

Das N. ist ein Bewertungsgrundsatz, der von den Unternehmen gemäß § 253 HGB bei der Aufstellung ihrer Bilanz anzuwenden ist. Es soll damit aufgrund des Gläubigerschutzes verhindert werden, dass das Vermögen eines Unternehmens, festgehalten als Aktiva der Bilanz, zu hoch ausgewiesen wird. Man unterscheidet zwischen dem strengen und dem gemilderten N. Das strenge N. hat der Bilanzierende bei Gegenständen des Umlaufvermögens einzuhalten. Stets muss hier am Bilanzstichtag bei mehreren zur Verfügung stehenden Werten der niedrigste angesetzt werden. Wenn etwa der aktuelle Marktpreis des im Produktionsprozess zu verarbeitenden Materials unter den Anschaffungskosten liegt, so ist er der Bestandteil der Bilanz auf der Aktivseite. Das gemilderte N. findet beim Anlagevermögen Anwendung. Der Bilanzierende hat hier einen Beurteilungsspielraum bei voraussichtlich nicht dauerhaften Wertminderungen. Wenn jedoch nach seiner ökonomischen Erfahrung Anlagegüter wie Gebäude, Maschinen oder Fuhrpark voraussichtlich dauerhaft im Wert gemindert sind, so hat er außerplanmäßige Abschreibungen vorzunehmen und den niedrigeren Wert am Stichtag in der Bilanz anzusetzen (§ 253 III 3 HGB). Für die Passiva der Bilanz gilt das Höchstwertprinzip. Liegen zwei mögliche Bewertungsansätze für Verbindlichkeiten vor, so ist hier der höhere anzusetzen. Eine Vorsicht, mit der in jedem Fall vermieden werden soll, dass die Schuldenhöhe der Unternehmung zu günstig eingeschätzt wird.

Niedriglohnsektor

Im N. arbeiteten im Jahr 2013 nach Untersuchungen des **I**nstituts **A**rbeit und **Q**ualifikation (IAQ) der Universität Duisburg-Essen mit 8,13 Mio. Personen gut ein Viertel aller Beschäftigten in der Bundesrepublik. Von Niedriglohn wird gesprochen, wenn der Bruttolohn eines Beschäftigten je Arbeitsstunde weniger als zwei Drittel des mittleren Stundenlohns (Median) beträgt. Die Beschäftigtengruppe im N. setzt sich vor allem aus Minijobbeschäftigten, Jugendlichen, befristetet Beschäftigten, Frauen und Ausländern zusammen. Nach Angaben des IAQ verfügen nicht weniger als 66 % dieser Personen über eine abgeschlossene Berufsausbildung und 41,4 % arbeiten auf Vollzeitstellen im Niedriglohnbereich. Dies weist nach Ansicht der Forscher darauf hin, dass es sich im N. keinesfalls ausschließlich um einfache Tätigkeiten handele.

No-bail-out

Klausel in Art. 125 des EU-Vertrages, die sicherstellen soll, dass kein Euroteilnehmerland für die Schulden und Verbindlichkeiten anderer Teilnehmerländer haften oder aufkommen muss. Angesichts des drohenden Staatsbankrotts wurde Griechenland 2010 allerdings doch durch einen Bail-out von den Euroteilnehmerländern vor der Insolvenz bewahrt, die Klausel damit außer Kraft gesetzt. Für die EU schienen die Folgen des Bankrotts eines Mitgliedstaates der Eurozone politisch und ökonomisch kaum beherrschbar.

Nominale Lohnstückkosten

→ Lohnstückkosten

Nominaler Bruttolohn

→ Nominallohn

Nominallohn

In Geld dargebotene Gegenleistung für Arbeit. In der Volkswirtschaftslehre werden dabei meist verschiedene Entgelttypen unter dem Lohnbegriff zusammengefasst, darunter Löhne, die an Arbeiter gezahlt werden, und Gehälter, wie Angestellte sie erhalten. N. werden entweder übergreifend in Tarifverträgen oder individuell in Arbeitsverträgen festgelegt. Im Gegensatz zum Reallohn berücksichtigt die Betrachtung der N. nicht die Preise von Waren. Sie gibt also keine Auskunft darüber, welche Kaufkraft die Beschäftigten durch den N. erlangen. Auch Abzüge wie Steuern oder Sozialversicherungsabgaben werden bei der Betrachtung von Nominallöhnen nicht berücksichtigt.

Nonaffektationsprinzip

Grundsatz staatlicher Haushaltsführung, wonach alle Einnahmen des Staates für alle Ausgaben verwendet werden, also nicht zweckgebunden sind. Dieses Prinzip der Gesamtdeckung soll gewährleisten, dass staatliche Mittel stets zur Finanzierung derjenigen Leistungen verwendet werden können, die die höchste Priorität genießen. Ausnahmen vom Haushaltsgrundsatz der N. sind nur möglich, wenn die Zweckbindung bestimmter Einnahmen gesetzlich oder durch einen Vermerk im Haushaltsplan vorgesehen ist.

→ Haushaltsgrundsätze

Nordamerikanische Freihandelszone (NAFTA)

[Engl.: **N**orth **A**merican **F**ree **T**rade **A**rea (NAFTA)] Sie umfasst die hoch entwickelten Industriestaaten Kanada und die USA sowie Mexiko und wurde zum 1.1.1994 eröffnet. Mit der Eröffnung sind zahlreiche Zölle abgeschafft worden. Die Freihandelszone soll gewerbliche Güter, Investitionen, Dienstleistungen und Kapitalverkehr umfassen und bis zum Jahr 2015 stufenweise vollständig realisiert werden. US-amerik. Gewerkschaften fürchten als Folge den Export von Arbeitsplätzen nach Mexiko, während mexikanische Landwirte von den Produkten der hoch subventionierten US-Farmer bedrängt werden.

Notenbank

→ Zentralbank

Nothaushaltsrecht

Macht Ausnahmen vom Haushaltsgrundsatz Vorherigkeit möglich, und zwar dann, wenn bis zum Ende der vorherigen Haushaltsperiode kein Haushaltsplan für das folgende Jahr aufgestellt und verabschiedet worden ist. Regierung und öffentliche Verwaltung sind dann bis zum Inkrafttreten des Haushaltsplans mit der vorläufigen Haushaltsführung betraut, die besonderen rechtlichen Vorschriften folgt.

→ Haushaltsplan

Nullzinspolitik

Geldpolitische Strategie in Zeiten extremer Unsicherheit, bei der der Leitzins von der Zentralbank auf null oder nahe null gesetzt wird. Kredite werden dann billig und Sparguthaben verzinsen sich kaum. Dies dient dazu, die Ausgabenneigung in der Wirtschaft zu erhöhen. Konsumenten und Investoren sollten trotz hoher Unsicherheit davon abgehalten werden zu sparen. Vielmehr sollen sie ihr Einkommen bzw. ihre Gewinne ausgeben und so die Konjunktur antreiben und damit eine zu niedrige Inflationsrate erhöhen. Dieser erhoffte Effekt wird signifikant verstärkt, wenn die N wegen höheren Zinsen im Ausland dazu führt, dass die heimische Währung abwertet und die Exporte entsprechend steigen. Die amerik. Fed verfolgte nach der Finanzmarktkrise und die EZB in der nachfolgenden Krise des Euroraums eine N. In den USA erwies sie sich, wenn auch erst nach längerer Dauer, als erfolgreich. So konnte die Fed ab 2015 die Zinsen wieder leicht erhöhen. Die EZB blieb zumindest bis 2017 bei einer N.

Nutzen

Gibt an, in welchem Maß Güter oder Gütergruppen die Bedürfnisse wirtschaftlicher Akteure wie z. B. privater Haushalte befriedigen.

Nutzenfunktion

In eine Kurvendarstellung mündendes mathematisches Modell vom Nutzen, den bestimmte Güter bzw. Kombinationen von Gütern dem einzelnen Konsumenten oder Haushalt bringen, wobei ein abnehmender Grenznutzen unterstellt wird. Eine N. lässt sich nur aufstellen, wenn die Vorlieben des Konsumenten, also seine Vorstellungen und Wünsche, vollständig bekannt und nach Wichtigkeit geordnet sind. Dann lassen sich aus der N. sog. Indifferenzkurven ableiten: Diese zeigen, aus welchen anderen Güterkombinationen der Einzelne einen ähnlich oder genauso großen Nutzen ziehen kann.

OECD

➠ Organisation für Wirtschaftliche Zusammenarbeit und Entwicklung

Offenmarktgeschäfte

Wichtiger Teil des geldpolitischen Instrumentariums der Zentralbanken. O. werden eingesetzt, um den Bestand an Zentralbankgeld, die Geldschöpfung und die Zinssätze bei den Geschäftsbanken zu steuern. Die Zentralbank bietet den Geschäftsbanken entweder bestimmte festverzinsliche Wertpapiere (Offenmarktpapiere) zum Kauf an oder kauft selbst Wertpapiere von den Geschäftsbanken. Wenn die Zentralbank Wertpapiere auf dem offenen Geldmarkt von den Geschäftsbanken befristet ankauft und damit Geld an die Geschäftsbanken gibt, erhöht sich die Liquidität aller Geschäftsbanken, die verkaufen. Sie können nun ihr Kreditgeschäft erweitern. Allerdings müssen sie die Wertpapiere am Ende der meist kurzen Laufzeit auch wieder von der Zentralbank zurückzukaufen. Die Zentralbankgeldmenge im Bankensystem wird dadurch wieder verringert. Die Zentralbank kann so die Kapitalbeschaffung der Geschäftsbanken und damit auch den Geldmarktzins beeinflussen, der i. d. R. an die Kunden weitergegeben wird. Ziel der Zentralbank ist die Geldwertstabilität und/oder die Förderung des Wirtschaftswachstums.

Öffentliche Güter

Allgemein: vom Staat bereitgestellte Güter und Dienstleistungen wie Straßen, Parkplätze, Altersheime, Schulen,

Universitäten oder Gewässerschutzbauten, die Teil der öffentlichen Infrastruktur sind. In der Volkswirtschaftstheorie: Güter, die vom Markt nicht bereitgestellt werden können, weil sie keinen Preis haben, und deren Konsum nicht zahlenden Kunden nicht vorenthalten werden kann. Eng gefasst sind damit die innere und äußere Sicherheit, Seuchenschutz oder Gewässerschutzbauten gemeint, im weiteren Sinne auch Luft und Umwelt, soweit sie beim Pkw- und Lkw-Verkehr kostenlos genutzt werden. Auch die zuverlässige Geldversorgung der Wirtschaft durch den Staat kann zu den Ö. gezählt werden.

Öffentliche Investitionen

V. a. Investitionen des Staates in die öffentliche Infrastruktur.

Öffentliche Verschuldung

➡ Staatsverschuldung

Öffentlicher Haushalt

➡ Haushalt

Öffentlicher Verbrauch

➡ Staatlicher Konsum

Öffentlich-Private Partnerschaft (ÖPP)

[Engl.: **P**ublic **P**rivate **P**artnership (PPP)] Unter einer ÖPP wird eine langfristig angelegte Zusammenarbeit zwischen Öffentlicher Hand und einem privaten Partner zur Bereitstellung von öffentlicher Infrastruktur verstanden. In der Regel errichtet, betreibt oder finanziert der private Partner Teile der Infrastruktur und erhält von der Öffentlichen Hand als Gegenleistung Entgelt oder das Recht, von den Nutzern der erstellten Infrastruktur Entgelt zu verlangen. Doch die Verfahren sind umstritten. Kritiker sehen eine Privatisierung der öffentlichen Infrastruktur und damit verbunden ein Milliardengeschenk für private Finanziers und Unternehmer. Projekte dieser Art finden in nicht nur in Deutschland, sondern auch im Ausland, etwa in England statt: Die Sanierung und der Betrieb der Londoner U-Bahn, der Bau von Schulen, Krankenhäusern und Gefängnissen erwiesen sich ebenso wie die mit ihnen langfristig verbundenen Miet- oder Pachtverträge (z. T. mehr als 30 Jahre) allerdings als risikoreich und nachteilig für die Öffentliche Hand. Einige Experten einer dt. Kommission, die sich im Auftrag des Bundesministers für Wirtschaft und Energie, Sigmar Gabriel, mit der Frage beschäftigen, wie Investitionen in die immer wieder marode genannte Infrastruktur Deutschlands gestärkt werden können, kommen 2016 zu einem anderen Schluss: Mit ÖPP könne etwa im Straßenbau ein wesentlicher Teil zur Schließung der Investitionslücke geleistet werden. Ziel der Politik müsse es sein, deutlich mehr Infrastrukturprojekte ÖPP-fähig auszuschreiben. Sie weisen allerdings darauf hin, dass Privatanleger eine angemessene Rendite erwarten, die »oberhalb« der Verzinsung von dt. Staatsanleihen liegen dürfte. Die in der Kommission vertretenen Gewerkschaften, der DGB und kritische Ökonomen fordern dagegen angesichts eines historisch einmaligen Niedrigzinsumfelds von 0,5 % für Bundesanleihen, dass öffentliche Investitionen in die Infrastruktur aus Steuermitteln oder solchen Bundesanleihen finanziert werden sollten. Sie führen zudem Gutachten und Berichte des Bundesrechnungshofs an, in denen ÖPP-Projekte sehr distanziert beurteilt werden. Auch Landesrechnungshöfe stellten fest, dass ÖPP offenbar mit höheren Kosten verbunden waren und auch mit höheren Risiken.

Offshorefinanzplatz

Finanzplatz vor der Küste auf offener See, wo übliche Regeln der Wirtschaftswelt nicht gelten oder umgangen werden. Die Offshorewelt umfasst längst nicht mehr nur kleine Inseln in internationalen Gewässern, sondern Steueroasen in aller Welt, Offshorekasinos oder Billigflaggen etc. Eine Reihe europ. und bestimmte US-Länder müssen hinzugerechnet werden. Sie arbeiten offenbar immer wieder außerhalb der üblichen Rechtsnormen und sind gekennzeichnet durch niedrigste Steuern, Intransparenz, ein unumstößliches Bankgeheimnis und eine beschränkte Bankaufsicht. Ihr zentrales Geschäft ist im Gefolge von Schattenwirtschaft, Geldwäsche und organisierter Kriminalität die Hilfe für Geldanleger bei Steuerhinterziehung und -vermeidung. Trotz immer wieder offengelegter Fluchtfinanzplätze, wie etwa durch die »Panama Papers«, sind ernsthafte politische Anstrengungen zur Regulierung kaum zu erkennen.

➠ Bankgeheimnis ➠ Geldwäsche ➠ Panama Papers

Offshoring

O. bezeichnet die Verlagerung von bestimmten Geschäftsbereichen oder Teilen von Geschäftsbereichen ins Ausland. Grund sind i. d. R. geringere (Lohn-)Kosten im Ausland. Aber auch Steuervorteile oder lokale Bestimmungen, die Firmen mit inländischen Niederlassungen bevorzugen, können eine Rolle spielen. Ermöglicht wird O. in seiner heutigen Form durch schnelle und zuverlässige digitale Kommunikation. Sie ermöglicht einen Informations- und Datenaustausch verschiedener Unternehmensteile unabhängig von der geografischen Lage. O. setzt damit eine entsprechende Infrastruktur im Zielland voraus. Während die physische Produktion verschiedener Unternehmen schon lange weltweit gestreut ist, werden in der jüngeren Vergangenheit auch Dienstleistungen wie IT-Aufgaben oder Call-Center-Arbeit ausgelagert. Herausforderungen für Unternehmen, die O. umsetzen wollen, entstehen durch Sprachbarrieren und unterschiedliche Rechtssysteme. Auch die Notwendigkeit, Kommunikationsprozesse stärker zu strukturieren und zu formalisieren, wodurch zusätzliche Organisationskosten entstehen, müssen bei der Entscheidung über das O. berücksichtigt werden. Abhängig von der Entfernung zum neu zu erschließenden Standort wird zwischen Near- und Farshoring unterschieden, das jeweils einen unterschiedlich hohen Organisationsaufwand erfordert.
Vom O. abgegrenzt werden kann Outsourcing, das allgemein die Auslagerung von Aufgaben an andere Unternehmen – unabhängig vom Unternehmensstandort – beschreibt.

Ökologische Steuerreform

➠ Ökosteuer

Ökonometrie

Zweig der Wirtschaftswissenschaft, der einerseits mit mathematisch-statistischen Modellen ökonomische Hypothesen und Theorien mit zuverlässigen Daten und Fakten überprüft und andererseits aus den komplexen Modellrechnungen Prognosen ableitet, die Auskunft über die Entwicklung verschiedenster ökonomischer Größen geben sollen.
Als eigenständige wissenschaftliche Disziplin gilt die Ö. seit Gründung der »Econometric Society«. Wesentlich begünstigt wurde ihre Entwicklung durch immer leistungsstärkere Computersysteme.

Ökonomie

[Griech.: oikonomia = Haushaltung]
Alle Formen wirtschaftlichen Handelns bei knappen Ressourcen in der Volkswirtschaft eines Landes oder Gebietes, insbesondere

- das Erwirtschaften von Einkommen durch die Produktion von Waren und Dienstleistungen;
- die Verwendung von Einkommen durch den Verbrauch von Waren und Dienstleistungen;
- die Gewährung und Verwendung von Krediten.

Ö. wird auch als Bezeichnung für die Wirtschaftswissenschaft mit ihren Untergliederungen Volks- und Betriebswirtschaftslehre verwendet.

Ökonomik

➡ Ökonomie

Ökonomisches Prinzip

Grundsatz der Wirtschaftlichkeit: das Streben, bei feststehendem Einsatz von Ressourcen den Ertrag zu maximieren (Maximalprinzip) bzw. einen vorgegebenen Ertrag mit dem geringsten möglichen Einsatz von Ressourcen zu erzielen (Minimalprinzip). Das Ö. hilft zum einen, wirtschaftliche Fragen zu entscheiden. Zum anderen grenzt es ökonomische von Fragestellungen anderer gesellschaftlicher und wissenschaftlicher Bereiche ab: Nur Fragen, die nach den Maßstäben des Ö. entschieden werden können, sind als ökonomische anzusehen.

➡ Minimalkostenkombination

Ökonomisierung

Trend, auch politische und gesellschaftliche Fragen nach ökonomischen Kriterien zu entscheiden. Es wird beklagt, dass dabei rein ökonomische Kosten-Nutzen-Betrachtungen eine Bewertung verhindern, die alle entscheidungsrelevanten Aspekte einbezieht.

Ökosteuer

Kurzbezeichnung für die ökologische Steuerreform, die am 1.4.1999 in Kraft trat. Strom, Kraft- und Heizstoffe wurden steuerlich verteuert, um Anreize zum Energiesparen zu setzen und damit die Umwelt zu schonen. Die Steuermehreinnahmen aus der Ö. (2010 etwa 18 Mrd. €) wurden zum größten Teil zur Absenkung von Rentenversicherungsbeiträgen resp. Lohnnebenkosten verwendet. Damit sollten die Rahmenbedingungen für die Schaffung neuer Arbeitsplätze verbessert werden. Im Jahr 2015 beliefen sich die umweltbezogenen Steuereinnahmen laut Statistischem Bundesamt auf 58,2 Mrd. €.

Okuns Gesetz

Nach dem amerik. Ökonomen Arthur M. Okun (* 28.11.1928 † 23.3.1980) benannter und von ihm empirisch entdeckter Zusammenhang von Wirtschaftswachstum und Arbeitslosigkeit. Okun hatte im betrachteten Zeitraum für die USA eine Korrelation zwischen den konjunkturbedingten Schwankungen des Bruttoinlandsprodukts und den Veränderungen der Arbeitslosenquote festgestellt. Auf der Grundlage Okun'scher Beobachtungen konnte auch für Deutschland ein Zusammenhang von Wirtschaftswachstum und Beschäftigung abgeschätzt werden. Danach dürfte ein zusätzliches Wirtschaftswachstum von etwa 3 % die Arbeitslosenquote im Mittel um 1 % absenken.

Oligopol

Marktform, bei der viele relativ kleine Nachfrager wenigen großen Anbietern gegenüberstehen, wie z. B. Automobilherstellern oder Konzernen der Mineralölindustrie. Hier teilen sich jeweils wenige Unternehmen den Markt. Die Auswirkungen der Preis- und Mengenbeschlüsse jedes Einzelnen treffen daher die wenigen Konkurrenten sehr spürbar. Würde ein Anbieter etwa den Preis für Benzin senken, so sind auch Preissenkungen bei den übrigen Anbietern zu erwarten, die keine Kunden verlieren wollen. Dieser Wettbewerb vermindert die Gewinne der Oligopolisten. Er kann sogar zu ruinöser Konkurrenz führen. Oligopolunternehmen tendieren daher zu Arrangements, zu verdeckten Preis- und Mengenabsprachen. Statt solcher sog. Frühstückskartelle kann auch ein stillschweigendes Einverständnis vorliegen, bei der Preisgestaltung vom Wettbewerb abzusehen und bei Preiserhöhungen der Konkurrenten gleichmäßig mitzuziehen. Daneben kann sich aber unter den Oligopolisten durchaus ein starker Wettbewerb bei der Entwicklung neuer Technologien, bei der Innovation, Verbesserung und Differenzierung von Produkten entfalten. Stimmen Oligopolisten ihr Verhalten ab, um Wettbewerb zu verhindern, verstoßen sie gegen das im Gesetz gegen Wettbewerbsbeschränkungen (GWB) festgesetzte Kartellverbot.

➠ Kartell

OMT

[Engl.: Abk. für **O**utright **M**onetary **T**ransactions] Geldpolitisches Programm der EZB, das ihr erlaubt, Staatsanleihen im Euroraum mit kurzfristiger Laufzeit unbegrenzt aufkaufen zu dürfen. Dies dient der Abwehr spekulativer Attacken seitens Finanzmarktakteuren und der Verhinderung eines Sudden Stopps, bei dem Anleger plötzlich extrem zögerlich sind, in bestimmte Staatsanleihen zu investieren, da sie dessen Zahlungsausfall befürchten oder durch ihre Verhalten sogar herbeiführen wollen. Eine solche Zurückhaltung hat durch die fallenden Anleihekurse einen steilen Zinsanstieg zur Folge, der einen Staat rasch in den Bankrott treiben kann. Ein derartiges Szenario kann sich folglich schnell zu einer sich selbst erfüllenden Prophezeiung entwickeln. Schon die Ankündigung einer Zentralbank, unter diesen Umständen Aufkäufe zu starten und damit den Kurs der Anleihen zu stabilisieren und den Zinsanstieg zu verhindern, kann eine solche Spekulations- und Panikwelle brechen. Schließlich verfügt die Zentralbank in heimischer Währung über unbegrenzte Mittel. Das verleiht der Ankündigung die notwendige Glaubwürdigkeit.
Die EZB beschloss O. im Sommer 2012 vor dem Hintergrund der sich dramatisch zuspitzenden Krise des Euroraums mit der berühmten Ankündigung des EZB-Präsidenten Draghi, die EZB werde »innerhalb ihres Mandates alles Erforderliche tun, um den Euro zu erhalten«. Sie versprach damit, gegebenenfalls Staatsanleihen mit einer Restlaufzeit von 1 bis 3 Jahren auf dem Sekundärmarkt, also nicht direkt von den Staaten, unbegrenzt zu kaufen. Voraussetzung war allerdings, dass sich die betroffenen Staaten bereits Geld beim Rettungsschirm ESM geliehen und sich einem Sanierungsprogramm unterworfen hatten. Bereits die Ankündigung der EZB zeigte seinerzeit sofort Wirkung. Die Kurse stabilisierten sich und ein schon einsetzender Zinsanstieg bildete sich zurück. Die Spekulationswelle ebbte ab und tatsächliche Aufkäufe waren unnötig.

OPEC

➠ Organisation erdölexportierender Länder

Opportunitätskosten

O. sind der entgangene Nutzen eines Gutes oder einer Dienstleistung, auf den man wegen einer anderen ökonomischen Entscheidung verzichtet hat. Wenn z. B. zugunsten einer teuren Reise auf den Kauf eines Autos verzichtet wird, bildet der Verzicht auf den Pkw die O. Das Konzept der O. findet bei einer großen Zahl von Entscheidungen Anwendung.

Option

[Lat.: freier Wille] Der Käufer einer Option erwirbt gegen Zahlung einer Optionsprämie von seinem Vertragspartner das Recht – aber nicht die Pflicht – eine bestimmte Menge von z. B. Aktien, Devisen oder Anleihen zu einem vorher festgelegten Preis an bzw. bis zu einem späteren Zeitpunkt zu kaufen (Call-Option) oder zu verkaufen (Put-Option). Optionsgeschäfte dienen häufig der Spekulation, eignen sich allerdings auch zur befristeten Absicherung gegen Kursverluste bei Währungs- und Devisenpositionen.

Optionskommunen

104 Landkreise und kreisfreie Städte (2014), die Ansprüche von Arbeitslosen auf finanzielle Leistungen nach dem SGB II (insbesondere ALG II) in eigener Trägerschaft prüfen und bearbeiten. Die O. nehmen dabei auch Aufgaben der Agenturen für Arbeit wahr. Sie erhielten diese Möglichkeit gemäß der Experimentierklausel des SGB II (§ 6 a, Abs. 1) ab dem 1.1.2005 für die Dauer von 6 Jahren. Dabei soll herausgefunden werden, ob die Kommunen erfolgreicher bei der Eingliederung von Arbeitsuchenden sind als die Bundesagentur für Arbeit.

Ordnungspolitik

Mit ihrer Hilfe gibt der Staat den rechtlichen Rahmen wirtschaftlichen Handelns vor und weist allen Akteuren ihre Entscheidungs- und Handlungsspielräume innerhalb der angestrebten Wirtschaftsordnung zu. Alle regulatorischen Einzelmaßnahmen des Staates müssen den Rahmen, der durch die O. vorgegeben ist, berücksichtigen, sichern und entwickeln.

Ordoliberalismus

Form des Neoliberalismus. In den 1930er-Jahren von Ökonomen der Freiburger Schule entworfen. Diese waren der Überzeugung, dass der klassische Wirtschaftsliberalismus zwar die Leistungsfähigkeit des Wettbewerbs erkannt hatte, aber die Gefahr von Wettbewerbsbeschränkungen (Fusionen, Kartelle usw.) und die soziale Frage nicht berücksichtige. Der O. fordert eine freiheitliche und soziale Wirtschaftsordnung, in der ein starker Staat die Rahmenbedingungen des marktwirtschaftlichen Prozesses rechtlich zu sichern und zu erhalten hat (so das Privateigentum, das Recht auf freie wirtschaftliche Betätigung, die Verhinderung des Entstehens zu großer Marktmacht). Sozialpolitisch setzt der O. auf Einkommensumverteilung und liefert damit Grundlagen für die soziale Marktwirtschaft.

Organisation erdölexportierender Länder (OPEC)

[Engl.: **O**rganization of the **P**etroleum **E**xporting **C**ountries (OPEC)] Die OPEC wurde 1960 in Bagdad von Irak, Iran, Kuwait, Saudi-Arabien und Venezuela gegründet. Sie besteht heute aus 13 Mitgliedsländern, die sich zum Quotenkartell zusammengeschlossen haben, um einen Preisverfall beim Rohöl zu verhindern und die Gewinne der Mitglieder zu sichern. Die OPEC vereinigt etwa 40 % der weltweiten Ölproduktion auf sich. Zur Stützung der Preise dient eine gemeinsame Förderpolitik, bei der

Karte 6 OPEC – Die Mitglieder und ihre Förderquoten

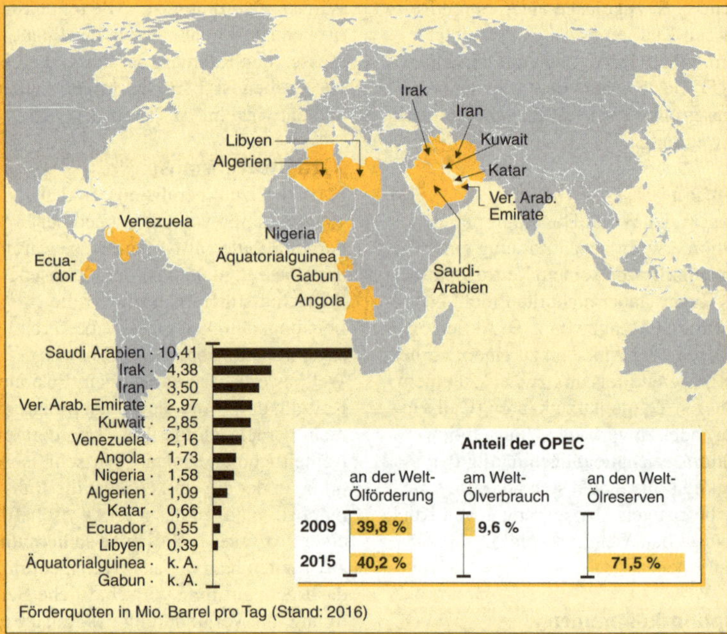

Quelle OPEC Annual Report 2016 / BP Statistical Review of World Energie 2016

jedem Mitgliedsland eine bestimmte Förderquote zugewiesen wird. Zweimal jährlich treffen sich die für die Erdölförderung zuständigen Minister der OPEC, beurteilen den weltweiten Rohölmarkt und einigen sich auf eine Verknappung oder Steigerung der Erdölförderung in ihren Ländern. Sitz der OPEC ist Wien.

Organisation für wirtschaftliche Zusammenarbeit und Entwicklung (OECD)

[Engl.: **O**rganisation for **E**conomic **C**o-operation and **D**evelopment (OECD)] Seit 1961 Nachfolgevereinigung der Organisation für europäische wirtschaftliche Zusammenarbeit (OEEC), die 1948 von europ. Staaten auf der Suche nach einem gemeinsamen Konzept für wirtschaftlichen Aufbau und Zusammenarbeit gegründet wurde. Die O., deren aktuell 35 Mitgliedsländer – vorwiegend Industriestaaten – sich zu Demokratie und Marktwirtschaft bekennen, will nachhaltiges Wirtschaftswachstum fördern, höhere Beschäftigung und Steigerung des Lebensstandards erreichen, finanzielle Stabilität sichern, die Entwicklung in Drittstaaten unterstützen – auch wenn sie nicht Mitglied der O. sind – und einen Beitrag zum Wachstum des Welthandels leisten. Die O. liefert bedeutende Statistiken zu Wirtschafts- und Gesellschafts-

Karte 7 Die OECD

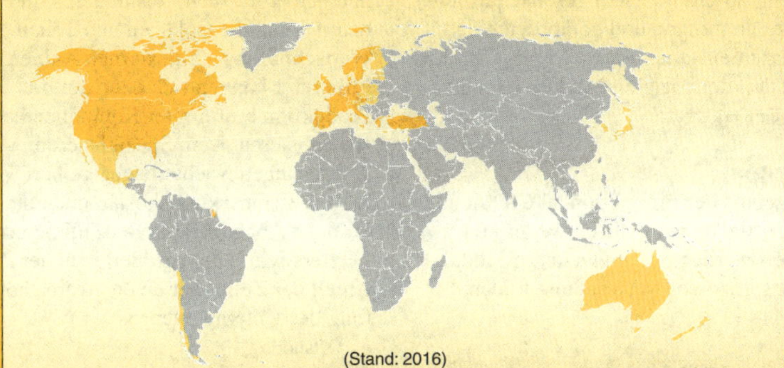

(Stand: 2016)

20 OECD-Gründungsstaaten (1961) 15 der OECD später beigetretene Staaten

Derzeit keine OECD-Staaten

20 OECD-Gründungsstaaten (1961, alphabetisch):
Belgien, Dänemark, Deutschland, Frankreich, Griechenland, Irland, Island, Italien (1962), Kanada, Luxemburg, Niederlande, Norwegen, Österreich, Portugal, Schweden, Schweiz, Spanien, Türkei, Vereinigte Staaten von Amerika (USA), Vereinigtes Königreich (UK).
15 spätere OECD-Beitrittsstaaten (zwischen 1964 und 2016 nach Beitrittsjahr):
Japan (1964), Finnland (1969), Australien (1971), Neuseeland (1973), Mexiko (1994), Tschechien (1995), Südkorea (1996), Ungarn (1996), Polen (1996), Slowakei (2000), Chile (2010), Slowenien (2010), Israel (2010), Estland (2010), Lettland (2016).

fragen, untersucht makroökonomische Entwicklungen, gibt Prognosen ab und versucht, den Marktmechanismus für effizienten Umweltschutz zu nutzen. Sie erarbeitet Analysen und spricht Politikempfehlungen aus. Die O. bildet dabei ein Forum für den Dialog und Erfahrungsaustausch zwischen Mitglieds- und Nichtmitgliedsländern. Eingeladen zu Beitrittsgesprächen sind Kolumbien, Costa Rica und Litauen. Ein Angebot zu vertiefter Zusammenarbeit hat die O. Brasilien, China, Indien, Indonesien und Südafrika vorgelegt. Die Arbeit der O., die ihren Hauptsitz in Paris hat, wird von einem Rat geleitet, in dem Vertreter der Mitgliedsländer und der Europäischen Kommission »Entscheidungen im Konsens« treffen.

OT-Mitgliedschaft

Mitgliedschaft in Arbeitgeberverbänden »**o**hne **T**arifbindung« (OT). Immer mehr Verbände der Arbeitgeber ermöglichen Unternehmen eine Mitgliedschaft, die nicht an die Bestimmungen der eigenen Tarifverträge gebunden ist. Andere Angebote für Mitglieder wie z. B. Rechtsberatung oder Prozessvertretung können jedoch genutzt werden. Der DGB konstatiert eine Flucht von Arbeitgebern aus den Tarifverträgen. Schon 2015 wies der Vorsitzende Reiner Hoffmann daraufhin, dass nach Kenntnis des DGB gut die Hälfte der Arbeitgeberverbände inzwischen Betrieben per Satzungsrecht eine O. möglich machen – ohne jede tarifpolitische Verpflichtung. Nur noch

32 % der Betriebe befänden sich in Tarifbindung. Die Arbeitgeber rüttelten damit an Grundfesten gesellschaftlicher Vereinbarungen und gefährdeten damit die gemeinsame Verantwortung für das Modell der sozialen Marktwirtschaft.
➡ Gewerkschaften

Output
Ergebnis der Produktion an Gütern und Dienstleistungen, die entweder konsumiert werden oder in weiteren Produktionsprozessen Verwendung finden.
➡ Input

Output-Lücke
Differenz zwischen der aktuellen Produktion und dem Produktionspotenzial. An ihr lässt sich die aktuelle Konjunkturlage ablesen. Ist die O. positiv, herrscht eine Boomsituation, da die aktuelle Produktion im Vergleich zu ihrem mittelfristigen Trend hoch ist. Ist sie hingegen negativ, liegt eine Konjunkturschwäche vor.
➡ Produktionslücke

Outside-money
[Dt.: Außengeld] Unter O. wird der Teil des Geldes einer Volkswirtschaft verstanden, dessen Schöpfung – anders als beim Inside-money (Innengeld) – nicht auf einer entsprechenden Zunahme der Verschuldung seiner Wirtschaftssubjekte basiert.
O. wird z. B. durch die Zentralbank geschaffen, wenn sie den Kauf staatlicher Wertpapiere (Offenmarktgeschäfte) oder von Gütern mit selbst geschaffenem Geld finanziert. Auf diese Weise kommt es zu einer Vergrößerung der Zentralbankgeldmenge, ohne dass diesem Vorgang eine Erhöhung der Verschuldung im privaten Sektor gegenübersteht.
➡ Inside-money

Outsourcing
Auslagerung von bisher im Unternehmen erbrachten Leistungen – und damit von Arbeitsplätzen und Teilen der Wertschöpfung – zu externen Anbietern. Zulieferer können sich dann auf die Produktion bestimmter Komponenten spezialisieren. Dem Spezialisierungsvorteil stehen Nachteile gegenüber: z. B. die Transaktionskosten und eine oft hohe Abhängigkeit von Zulieferern. Letztere wird umso größer, je höher der Anteil der Zulieferer an der Wertschöpfung des Unternehmens ist.
➡ Offshoring

Over The Counter (OTC)
[Dt.: über den Schalter/Tresen] Bezeichnung für den Handel mit Finanztiteln, der auf den Finanzmärkten außerhalb der Börse stattfindet. Der OTC-Handel umfasst dabei Geschäfte mit Wertpapieren, die keine Zulassung zum Börsenhandel aufweisen oder mit Finanzderivaten, die anders als die an der Börse gehandelten nicht entsprechend standardisiert sind. Börsennotierte Wertpapiere können allerdings ebenfalls Gegenstand des OTC-Handels sein, wenn z. B. der Kauf/Verkauf eines Aktienpaketes nicht bekannt werden soll.

Panama Papers
[Dt.: Panama-Papiere] Als P. werden rund 11,5 Mio. Dokumente über mehr als 214.000 Briefkastenfirmen bezeichnet, die ein anonymer Informant der Weltöffentlichkeit zugänglich gemacht hat. Die Informationen stammen aus dem vertraulichen Datenbestand des Offshoredienstleisters Mossack Fonseca mit Sitz in Panama-Stadt. Er hatte danach mindestens 14.000 Kunden in 21 Steueroasen zu zahlreichen Tarnfirmen verholfen. Viele Namen von Prominenten und Politikern, aber

auch von Öl- oder Drogenschmugglern etc. finden sich in den Unterlagen.
Die Dokumente wurden 2015 einem Journalisten der Süddeutschen Zeitung zugespielt und lösten in der Folge eine weltweite Recherche und Diskussion aus. Denn solche Briefkastenfirmen können zwar u. U. auch rechtlich zulässig sein, etwa bei der Anonymisierung von Vermögensverhältnissen helfen, könnten aber illegal zur Steuerhinterziehung oder Geldwäsche genutzt werden. Auch in Deutschland wird nun wieder die Forderung erhoben, die Steueroasen endlich trocken zu legen und der Finanzwelt Regeln vorzugeben. Altkanzler Helmut Schmidt hatte dazu schon am 15.1.2009 einen praktikablen und einfachen Vorschlag gemacht. Man müsse nur festlegen: »Finanzeinlagen und Finanzkredite zugunsten solcher Unternehmen werden verboten, die rechtlich in Steuer- und Aufsichtsoasen registriert sind«. Offenbar hat niemand auf ihn gehört.

➟ Briefkastenfirma ➟ Geldwäsche

Panel

Gleichbleibender Kreis von Personen oder Betrieben, die zur Datengewinnung für P.-Untersuchungen regelmäßig zum selben Thema befragt werden. In der Bundesrepublik Deutschland liefert z. B. das Sozioökonomische P. (SOEP) eine repräsentative Wiederholungsbefragung, die bereits seit 30 Jahren durchgeführt wird. Im Auftrag des **D**eutschen **I**nstituts für **W**irtschaftsforschung (DIW) werden derzeit jährlich etwa 30.000 Personen in fast 11.000 Haushalten nach Einkommen, Erwerbstätigkeit, Bildung oder Gesundheit befragt. Weil jedes Jahr den gleichen Personen die gleichen Fragen gestellt werden, können nach Auskunft des SOEP die langfristigen soziologischen und gesellschaftlichen Trends besonders gut verfolgt werden. Das Betriebs-P. des **I**nstituts für **A**rbeitsmarkt- und **B**erufsforschung (IAB) bildet jährlich die Befragung von ca. 16.000 Betrieben zur Beobachtung der Beschäftigungsentwicklung, der Aus- und Weiterbildung oder der Innovationsforschung in den Betrieben ab. Ein Problem bei P.-Befragungen sind die sog. P.-Effekte, die zu Verzerrungen führen. Z. B. könnten befragte Personen ihr Verhalten zu einem bestimmten Thema erst durch die Befragung entwickeln, sodass als deren Folge Einstellungen verändert oder gefestigt werden.

Parafisci

Körperschaften, die staatliche Aufgaben wahrnehmen oder öffentliche Güter bereitstellen, aber nicht im Staatshaushalt geführt werden. Beispiele für P. sind die gesetzlichen Sozialversicherungen, Berufsvertretungen wie Handels-, Handwerks- oder Ärztekammern, auch Sondervermögen öffentlicher Haushalte, wie etwa das ERP-Sondervermögen (**E**uropean **R**ecovery **P**rogram).

➟ Marshall-Plan

Pareto-Optimum

Begriff aus der Mikroökonomie, benannt nach dem ital. Ökonomen Vilfredo Pareto (* 15.7.1848 † 19.8.1923). Das P. stellt eine wirtschaftliche Situation dar, in der sich keiner der beteiligten Akteure verbessern kann, ohne einen anderen schlechter zu stellen.

Pariser Club

Internationaler Zusammenschluss von Ländern, die sich mit den Problemen von Umschuldung und Schuldenerlass von Staaten beschäftigen. Dabei vermittelt der P. auch zwischen Geber- und Schuldnerländern. Der P. hat derzeit (2017) 22 permanente Mitglieder.

Partialanalyse
Wirtschaftswissenschaftliche Untersuchungsform, bei der einzelne relevante Aspekte eines ökonomischen Gesamtgeschehens isoliert betrachtet werden, um Zusammenhänge herauszufinden.

Passiva
[Auch: rechte Seite der Bilanz] P. zeigen das Kapital eines Unternehmens zu einem bestimmten Stichtag. Stark vereinfacht setzen sich die P. aus dem Eigenkapital, den Rücklagen, aus Pensions- und Steuerrückstellungen, den Verbindlichkeiten etwa gegenüber Kreditinstituten oder Lieferanten und den Rechnungsabgrenzungsposten zum Stichtag zusammen. Die P. legen offen, mit welchen Mitteln die Werte auf der Aktivseite der Bilanz finanziert wurden.

Passive Arbeitsmarktpolitik
➠ Arbeitsmarktpolitik

Pauschalsteuer
Soll der Steuervereinfachung dienen. Ein Beispiel ist die Abgeltungsteuer, die ab 1.1.2009 erhoben wird. Private Kapitaleinkünfte werden dann unabhängig von ihrer Höhe und unabhängig von der Höhe der Gesamteinkünfte des Steuerpflichtigen mit einem Steuersatz von 25 % belegt, zuzüglich Solidaritätszuschlag und ggf. Kirchensteuer. Die Abgeltungssteuer vereinfacht die Steuerermittlung, soll allerdings auch durch ihren niedrigen Satz die Steuerflucht in Steueroasen verhindern. Ein anderes Beispiel für eine P. liegt beim Minijob vor. Für Minijobber, die nur bis zu 450 € im Monat verdienen, zahlt der Arbeitgeber eine Lohnsteuerpauschale von 2 % an die Steuerbehörden. Manchmal wird unter P. auch eine Kopf- oder Einheitssteuer verstanden. Alle Bürger sollen danach unabhängig von der Höhe ihrer Einkünfte den gleichen Betrag an das Finanzamt zahlen. Diese Forderung verstößt allerdings gegen allgemeingültige Gerechtigkeitsvorstellungen.

Peak Oil
ist der Zeitpunkt, zu dem das meiste Erdöl gefördert wurde. Ist P. erreicht, sinken die Fördermengen demnach stetig und steigen auch in Zukunft nicht mehr an. Die Prognosen des P. verschieben sich mit der Erschließung neuer Fördergebiete und Techniken wie Fracking weiter in die Zukunft. Die der Ölindustrie nahestehende Internationale Energieorganisation IEA gab den Zeitpunkt der maximalen konventionell geförderten Ölmenge mit 2006 an.

Pendlerpauschale
Entfernungspauschale, mit der in Deutschland die Kosten für den Weg zwischen Wohnung und regelmäßigem Arbeitsplatz seit dem 1.1.2004 pauschal mit 0,30 € je Entfernungskilometer festgesetzt wurden. Sie konnten damit in der Steuererklärung als Werbungskosten in gleicher Höhe steuermindernd aufgeführt werden. Zum 1.1.2007 wurde die Regelung nach Beschluss des Deutschen Bundestages geändert. Während Arbeitnehmer bis dahin die Kosten für den Weg zwischen Wohnung und Arbeitsstelle bereits ab dem ersten Kilometer als Werbungskosten steuerlich geltend machen konnten, sollten nun nur noch die Kosten ab dem 21. Kilometer wie Werbungskosten steuerlich absetzbar sein (§ 9, Abs. 2, Satz 2 EStG). Diese Neuregelung der Entfernungspauschale hat das Bundesverfassungsgericht am 9.12.2008 verworfen. Sie sei verfassungswidrig und verstoße gegen das Grundrecht auf Gleichbehandlung vor dem Gesetz. Der Gesetzgeber wurde aufgerufen,

rückwirkend zum 1.1.2007 eine verfassungskonforme Regelung zu erlassen. Seitdem gilt im Wesentlichen das seit dem 1.1.2004 gültige Recht. Beim Weg von der Wohnung zur Arbeitsstätte können je Kilometer 30 Ct. steuerlich abgesetzt werden. Pendler, die öffentliche Verkehrsmittel benutzen, müssen höhere Fahrtkosten über die Vorlage von Fahrkarten nachweisen. Pro Jahr können – von Ausnahmen abgesehen – höchstens 4.500 € steuermindernd abgesetzt werden.

Pensionsfonds

Betriebliche P. sind eine Ergänzung zur traditionellen betrieblichen Altersversorgung und unterliegen der Versicherungsaufsicht. Der P. wird von einem oder mehreren Arbeitgebern finanziert und erbringt über das Kapitaldeckungsverfahren ausschließlich Leistungen der betrieblichen Altersversorgung. Die Arbeitnehmer oder ihre Hinterbliebenen haben einen Rechtsanspruch auf Leistungen. Das im P. vorhandene Kapital unterliegt kaum Anlagevorschriften und kann auf dem Kapitalmarkt z. B. in Aktien investiert werden, um eine Rendite zu erzielen. Die Höhe der Versorgungsleistungen aus dem P. hängt dann auch von der Entwicklung des Aktienmarkts ab. Dem Arbeitnehmer wird im Falle von Kapitalverlusten des P. durch die Insolvenzsicherungspflicht garantiert, dass im Versorgungsfall wenigstens die Summe der für ihn eingezahlten Beiträge zur Verfügung steht.

Pensionsrückstellungen

Sichern die betriebliche Altersversorgung ab. Sie werden vom Arbeitgeber mit Beginn des Wirtschaftsjahres, in dem die betriebliche Altersversorgung vereinbart wurde, aus Gewinn mindernden Rücklagen gebildet.

Performance

[Dt.: Verrichtung, Leistung] Bezeichnet in der Managementsprache das Maß, in dem eine angestrebte Leistung erreicht wurde. Im Wertpapiergeschäft wird unter P. die Wertsteigerung einer Kapitalanlage verstanden, insbesondere die Entwicklung des Wertes von Aktien, Fondsanteilen oder Portfolios.

Permanente Einkommenshypothese

Von Milton Friedman entwickeltes ökonomisches Konzept. Danach richten Privathaushalte sich bei ihren Konsumausgaben nicht am aktuellen Einkommen, sondern an dem über die ganze Lebenszeit erwarteten Durchschnittseinkommen aus.

Persistenz

Zustand der Verharrung oder Beharrlichkeit. Er wird in der Wirtschaftswissenschaft meist im Zusammenhang mit langsamen Preis- und Lohnreaktionen sowie einer anhaltenden Wachstumsschwäche verwendet.

Personal-Service-Agentur (PSA)

Wesentlicher Teil der Agenda 2010 und der sog. Hartz-Gesetze. Die PSA sind von der Bundesagentur für Arbeit subventionierte Zeitarbeitsfirmen, die v. a. Arbeitslose mit sog. Vermittlungshemmnissen einstellen sollen, um sie dann zeitlich befristet an Unternehmen zu verleihen. Ziel ist es, die Arbeitslosen dauerhaft zu vermitteln und zu erreichen, dass sich ein möglichst langfristiges ungefördertes Beschäftigungsverhältnis beim Entleiher ergibt. In Phasen ohne Einsatzmöglichkeiten ist der eingestellte Arbeitslose zu qualifizieren und weiterzubilden. Mit der Einrichtung und dem Betrieb einer P. können die Agenturen für Arbeit gewerbliche Zeit-

arbeitsfirmen beauftragen, gemeinsam mit privaten Trägern oder den Agenturen für Arbeit.
Am 1.1.2006 wurde die bis dahin geltende Verpflichtung, dass jede Agentur für Arbeit eine P. einzurichten habe, aufgehoben. Kritiker der P. bemängeln, die Vermittlungsbemühungen hätten nicht die erhoffte Senkung der Langzeitarbeitslosigkeit erreicht und seien im Vergleich mit anderen Arbeitsmarktinstrumenten zu teuer.

➡ Hartz I

Personalzusatzkosten

➡ Lohnnebenkosten

Pigou-Effekt

Benannt nach dem brit. Ökonomen Arthur Cecil Pigou (* 18.11.1877 † 7.3.1959). Der P. besagt, dass bei sinkendem Preisniveau das reale Geldvermögen steigt; die Vermögensbesitzer werden also reicher. Sie werden daher ihre Güternachfrage steigern. Gleichzeitig, und dies wurde von Pigou übersehen, steigt aber auch der reale Wert der Schulden; die Schuldner werden also ärmer. Sie werden ihre Nachfrage entsprechend senken. Folglich geht die stimulierende Wirkung des P. verloren.

PIGS-Staaten

Auf brit. Wirtschaftsjournalisten zurückgehende abwertende Bezeichnung (engl.: pigs = Schweine) für **P**ortugal, **I**rland, **G**riechenland, **S**panien (= PIGS), also Länder der Eurozone, die vom Staatsbankrott bedroht und auf die finanzielle Unterstützung durch die anderen Mitgliedstaaten der Eurozone angewiesen sind oder sein könnten. Häufig wird in diesem Zusammenhang auch Italien genannt und dann von den PIGS gesprochen.

Pilotabschluss

Der richtungsweisende, zumeist erste Abschluss eines Tarifvertrags in einer Tarifrunde. P. sind in den Branchen von besonderer Bedeutung, in denen Arbeitgeber und Gewerkschaften Tarifverträge mit regional begrenzter Geltung aushandeln. An dem P. einer Region können sich dann die Tarifvertragsparteien anderer Regionen orientieren. Allgemein verbindlich ist ein P. allerdings nicht.

➡ Tarifvertrag

Planwirtschaft

[Oft auch: Staats-, Befehls-, Zentralplan- oder Zentralverwaltungswirtschaft] Mit P. wird ein Wirtschaftssystem bezeichnet, in dem alle wirtschaftlichen Aktivitäten vom Staat gelenkt werden. In der P. setzt die Staatsführung allgemeine Zielvorgaben fest, die von einer zentralen Planungsbehörde ökonomisch im Zentralplan umgesetzt werden. Aus ihm ist zu ersehen, welche Güter in welchen Mengen für die Konsumenten produziert werden sollten, mit welchem Einsatz von Rohstoffen und Arbeitskräften das geschehen soll und welcher Betrieb für die Produktion bestimmter Güter zuständig ist. Aus dem Gesamtplan werden verbindliche Einzelpläne abgeleitet. Ein Plansoll ist jeweils zu erfüllen und wird vom Staat kontrolliert, der auch Preise und Löhne festsetzt. Noch bis ins Jahr 1990 lebten 1,5 Mrd. Menschen der ehemaligen sozialistischen Länder in einer solchen Wirtschaftsordnung. Sie konnte allerdings den Vergleich mit der Marktwirtschaft nicht bestehen, erwies sich als unproduktiv, innovationsfeindlich, wenig effizient und hat damit den weltweiten Siegeszug der Marktwirtschaft ins sozialistische Lager möglich gemacht. Eine P. haben nur noch die Länder Nordkorea und Kuba.

Plurale Ökonomik

Vorwiegend von Studierenden im Rahmen des Netzwerks Plurale Ökonomik vertretener Ansatz, der auf einen erweiterten Kanon in der ökonomischen Lehre und Forschung abzielt. Es wird kritisiert, dass sich die Ökonomie in den vergangenen Jahrzehnten in Theorie und Empirie zu sehr auf die neoklassische Denkschule verengt hat. Die Forderung ist daher, stärker alternative Ansätze insbesondere eine dogmenhistorische Reflexion in das Lehr- und Forschungsprogramm von Universitäten und Forschungsinstitutionen einzubeziehen.

Pluralismus in der Ökonomie

Forderung nach reflektierter Anwendung vielfältiger Denkschulen in der ökonomischen Lehre und Forschung. Ablehnung einer Verengung auf das neoklassische Grundmodell.

Politikineffizienz

Mangelnde Wirkung oder gar Wirkungslosigkeit von konjunkturpolitischen Maßnahmen. Der Begriff der P. wird im Zusammenhang mit der Neoklassik verwendet, nach deren Modellansätzen die Konjunkturpolitik die Produktion kaum oder gar nicht beeinflussen kann.

Portefeuille

➠ Portfolio

Portfolio

Gedankliche Einheit sämtlicher Geld- bzw. Kapitalanlagen, die ein Unternehmer, eine Bank oder eine Privatperson besitzt. Der Begriff umfasst also alle Kapitalformen, sowohl Bargeld als auch kurz-, mittel- und langfristige Kapitalanlagen wie Girokonten, Anleihen, Aktien oder Fondsanteile. I. d. R. hat das P. eine bestimmte Zusammensetzung mit dem Ziel, das Risiko der verschiedenen Anlageformen zu minimieren, die Rendite aber zu optimieren.

Portfoliomanagement

Steuerung und Verwaltung eines Wertpapierportfolios für Kunden. Kann die ständige Überwachung des Portfolios und nach Absprache mit dem Kunden auch Käufe und Verkäufe einschließen.

Postkeynesianismus

Versucht, die keynesianische Denkweise weiterzuentwickeln und so realitätsnah wie möglich zu gestalten. Die Abfolge von temporären Gleichgewichts- und Ungleichgewichtszuständen wird als der Normalfall in der wirtschaftlichen Entwicklung einer Marktwirtschaft betrachtet. Dabei spielt der Faktor Unsicherheit eine zentrale Rolle. Er führt in der Tendenz zu starren Preisen und Löhnen, mit denen eine kurzfristige Stabilität erreicht werden kann, die Zukunftsplanung erst möglich macht. Die Investitionsentscheidungen oligopolistischer Unternehmen sieht der P. im Wesentlichen als Entscheidungen an, die durch die Orientierung auf Wachstum erzwungen sind und, spricht hier deshalb von der Autonomie der Investitionen. Der P. begreift den Wirtschaftsprozess als Entwicklung, zu deren Erklärung Politik, Machtverteilung und Gewerkschaften stärker herangezogen werden müssen.

➠ Keynesianische Theorie

Potenzialwachstum

Zunahme des Produktionspotenzials.

Preis

Wert einer Ware oder Dienstleistung in Geldeinheiten. Er zeigt damit den Tauschwert von Gütern an. In der marktwirtschaftlichen Ordnung entsteht der P. durch das Zusammenwirken von Angebot und Nachfrage. P. haben dabei Informations- und Signalwirkung für Konsumenten und Produzenten. Wird ein Gut verstärkt nachgefragt, so steigt sein P., und die Produzenten erhalten damit das Signal, mehr davon zu produzieren. P. lenken also die Produktionsfaktoren in die bestmögliche Verwendung. Sinkt die Nachfrage, so wird auch der P. fallen, und die Produzenten halten sich zurück. Der P. hat also eine koordinierende Funktion, die zum Marktgleichgewicht führt. Die Preisbildung selbst ist abhängig von der Marktform (z. B. Polypol, Oligopol, Monopol) und einer Reihe weiterer Faktoren. Die Nachfrage des Konsumenten nach bestimmten Gütern oder Dienstleistungen orientiert sich neben dem aktuellen P. auch am Bedarf, am verfügbaren Einkommen, den wirtschaftlichen Zukunftserwartungen sowie dem P. vergleichbarer Güter. Der Produzent wird sein Angebot neben dem aktuellen Marktpreis zusätzlich von den Kosten, der Konkurrenz und dem Vertrauen in wirtschaftliche Zukunft abhängig machen. Auch der Staat beeinflusst die Preisbildung etwa durch Subventionen, Steuern oder die Festsetzung von Höchst- und Mindestpreisen (europ. Agrarmarkt).

Preis-Absatz-Funktion

Zeigt die Abhängigkeit der absetzbaren Gütermenge vom jeweils geforderten Preis auf.

Preisbildung

Bezeichnet die ökonomische Analyse der Art und Weise, wie sich Preise auf den einzelnen Märkten und in der Gesamtwirtschaft ergeben. Zu unterscheiden ist zwischen einer sog. markträumenden P. und einer P. mit Rationierung. Im ersten Fall können alle Nachfrager und Anbieter, die einen bestimmten Preis fordern oder akzeptieren, ihre sämtlichen Transaktionswünsche befriedigen. Im zweiten Fall werden Nachfrager oder Anbieter rationiert, d. h., sie kommen mit ihren Transaktionswünschen nicht alle zum Zuge.

Preisbindung

Verpflichtung eines Verkäufers gegenüber einem Hersteller oder Zwischenhändler, das eingekaufte Produkt nur zu einem vorgegebenen Preis an Endverbraucher abzugeben. Daher wird auch von P. der 2. Hand gesprochen. Bekanntestes Beispiel in Deutschland ist die Buchpreisbindung. Hier geben die Verlage den Ladenverkaufspreis vor. Diese P. ist aus kulturpolitischen Gründen ausdrücklich zugelassen. In anderen Wirtschaftsbereichen werden P. als wettbewerbswidrig angesehen.

Preiselastizität

Zeigt die prozentuale Veränderung der nachgefragten Menge eines Gutes, wenn dessen Preis um 1 % steigt oder fällt. Die P. ist damit vor allem ein Maß für den Einfluss von Preisveränderungen auf den Umsatz eines Gutes.

Preisführerschaft

Absatzpolitisches Verhalten auf Märkten, die von wenigen mächtigen Wettbewerbern dominiert werden, also ein Oligopol bilden. Erhöht oder senkt das stärkste Unternehmen als Vorreiter seinen Abgabepreis, so schließen sich die anderen Oligopolisten häufig nach kurzer Zeit an (z. B. Benzin- und Energiepreiserhöhungen). Stillschweigendes Einverständnis der Unternehmen, aber auch verbotene Preisabsprachen und Preiskartelle können im Einzelfall die Ursache sein.

➠ Kartell

Preishausse

Stärkerer und länger anhaltender Anstieg der Preise einzelner Marktbereiche oder des Gesamtmarktes.

Preisindex

Ein P. drückt die durchschnittliche Veränderung einer Vielzahl von Preisen mit einem einzigen Wert aus. Bei der Berechnung eines P. ist es notwendig, die zugrunde liegende Warenmenge im sog. Warenkorb konstant zu halten, um damit einen Vergleich der durchschnittlichen Preisentwicklung in verschiedenen Zeitabschnitten zu ermöglichen. Ein wichtiger P. ist der Verbraucher-P., den das Statistische Bundesamt berechnet und mit dem die Teuerungs- oder Inflationsrate gemessen wird. Der Warenkorb des Verbraucher-P. umfasst etwa 700 Waren und Dienstleistungen. Um die gesamte Teuerungsrate zu ermitteln, wird für jede Art der Waren und Dienstleistungen die durchschnittliche Preisentwicklung mit dem Ausgabenanteil gewichtet, den die privaten Haushalte im Durchschnitt dafür ausgeben. Der Verbraucher-P. ist dann ein gewichteter Mittelwert aus der Preisentwicklung der etwa 700 Güterarten. Ein Harmonisierter Verbraucher-P. (HVPI) ermöglicht einen Vergleich der unterschiedlichen Preisentwicklung in den Ländern der Eurozone.

➡ Harmonisierter Verbraucherpreisindex
➡ Indexzahl

Preiskartell

Verständigung eigenständiger Anbieter von identischen oder eng verwandten Produkten über den Preis, zu dem die Produkte angeboten werden sollen. Durch die Absprache wird verhindert, dass sich möglicherweise niedrigere Preise durch einen freien Wettbewerb der Anbieter bilden. In Deutschland sind P. durch das Wettbewerbsrecht verboten.

➡ Kartell

Preiskonkurrenz

Bestimmte Art des Wettbewerbs zwischen Anbietern gleicher Produkte und Leistungen. Der Preis der Wettbewerber wird dazu unterboten. Maßstäbe wie Qualität, Reputation oder Kundendienst spielen bei P. oft nur eine untergeordnete Rolle. Aus der Perspektive des Konsumenten sind Preisunterbietungen erwünscht. Auf Märkten mit wenigen großen Anbietern kann ein Preiskampf allerdings ganze Unternehmen gefährden.

Preis-Lohn-Spirale

➡ Lohn-Preis-Spirale.

Preisniveau

Bezeichnung für den volkswirtschaftlichen Preisdurchschnitt. Das P. spiegelt die Entwicklung der Kaufkraft des Geldes wider: Steigt das P. an, so sinkt die Kaufkraft des Geldes entsprechend, sinkt umgekehrt das P., so steigt der Wert des Geldes an. Die Stabilität des P. bleibt bei Preisänderungen dann erhalten, wenn sich die Bewegungen der verschiedenen Preise nach oben und unten ausgleichen.
Zur Messung des P. dient in der Praxis ein Preisindex, der nur Konsumgüterpreise enthält.

➡ Preisniveaustabilität

Preisniveaustabilität

P. liegt vor, wenn sich in einem bestimmten Zeitabschnitt das Preisniveau nicht oder kaum ändert. Nach Definition des Rates der Europäischen Zentralbank ist P. gleichbedeutend mit einem Anstieg des **H**armonisierten **V**erbraucher**p**reis**i**ndex (HVPI) für das Eurowährungsgebiet von unter 2 % gegenüber dem Vorjahr.

➡ Harmonisierter Verbraucherpreisindex

Preisüberwälzung

Zeigt an, wie stark Unternehmen als Folge von höheren Kosten auch die Preise anheben und auf diese Weise die Kostensteigerungen auf ihre Kunden überwälzen.

Prekäre Beschäftigung

Arbeit, von der Arbeitnehmer ihren Lebensunterhalt nicht dauerhaft bestreiten können. Unfreiwillige Teilzeitarbeit, befristete Arbeitsstellen, Minijobs, Scheinselbstständigkeiten in Kombination mit niedrigen Löhnen werden der P. zugerechnet. Arbeitnehmer, die in P. sind, sind von mangelnden Zukunftsperspektiven, instabilen Beschäftigungsverhältnissen, fehlender sozialer Absicherung, geringem Einkommen und fehlenden Rücklagen bedroht. P. fällt häufig, aber nicht zwingend, mit atypischer Beschäftigung zusammen. 2015 betrug die Zahl der atypisch Beschäftigten in Deutschland etwa 7,5 Mio. Auch Arbeitnehmer in Normalarbeitsverhältnissen können sich in P. befinden, ohne atypisch beschäftigt zu sein, wenn sie im Niedriglohnsektor arbeiten.

➡ Atypische Beschäftigung

Primärer Sektor

Der erste volkswirtschaftliche Sektor: Land-, Forstwirtschaft und Fischerei.

➡ Sektoren der Volkswirtschaft

Prinzipal-Agent-Problem

Phänomen aus der spieltheoretischen Analyse von Institutionen. Es besteht darin, dass ein Auftraggeber (Prinzipal), der wirtschaftliche Ziele setzt, und ein Auftragnehmer (Agent), der die Ziele erfüllen soll, nicht über gleichartige Informationen und Interessen verfügen. Vielmehr herrscht eine Informationsasymmetrie. Während der Prinzipal die Macht hat, Ziele zu setzen und den Agenten zu bestimmen, verfügt der Agent über einen Informationsvorsprung zur Zielerfüllung. Er weiß, ob und wie er angesichts seiner Fähigkeiten überhaupt in der Lage ist, die Ziele zu erfüllen und wie weit er hierbei vorankommt. Die Lösung des P. besteht in Anreizmechanismen, die die unterschiedlichen Ziele bei den unterschiedlichen Informationsständen zu weitgehender Übereinstimmung bringen. Das P. wird v. a. auf die Beziehungen zwischen Unternehmenseigentümer und Manager sowie zwischen Unternehmensführung und Arbeitnehmer angewandt.

➡ Spieltheorie

Private Altersvorsorge

Bezeichnung für den Aufbau von Alterseinkünften etwa über private Kapital- oder Rentenversicherungen, den Kauf von Wertpapieren oder Wohneigentum. Seit 2002 fördert der Staat die private zusätzliche Altersvorsorge v. a. von gesetzlich Pflichtversicherten, aber auch anderen Personengruppen mit Steuerersparnissen oder finanziellen Zulagen (Riester-Rente), wenn ein bestimmter Mindesteigenbeitrag geleistet wird. Seit 2008 beträgt die sog. Grundzulage für Alleinstehende 154 € pro Jahr (ab 2018 175 €), die Zulage für jedes kindergeldberechtigte Kind 185 € pro Jahr. Wurde das Kind nach dem 31.12.2007 geboren, beträgt die Zulage bei einer Riester-Rente 300 € pro Jahr. Die Eigenvorsorge besteht dann aus dem Eigenanteil plus den staatlichen Zulagen. Seit 2008 muss diese Summe 4 % des sozialversicherungspflichtigen Vorjahreseinkommens erreichen, wenn die Höchstförderung greifen soll. Neben der Förderung durch staatliche Zulagen kann die P. auch durch steuerliche Entlastung gefördert werden. Seit 2008 kann die Summe der Vorsorgeaufwendungen (= Eigenanteil plus staatliche Zulagen) bis zu einer Höhe von 2.100 € steuermindernd geltend gemacht werden. Den Teil der Steuerersparnis, der die staatlichen Zulagen übersteigt, erstattet das Finanzamt im Zuge der Einkommensteuererklärung zurück. Auch eine staatliche Förderung des Wohneigentums ist unter bestimmten Bedingungen möglich.

Private Arbeitsvermittler

Bezeichnung für Privatunternehmer, die sich auf die Vermittlung von Arbeitsplätzen an Arbeitssuchende spezialisiert haben. Die privaten Vermittler erhalten eine Prämie von aktuell 2.000 € durch die Bundesagentur für Arbeit, wenn sie für arbeitslose Leistungsempfänger eine mindestens sechsmonatige sozialversicherungspflichtige Beschäftigung erreichen. Im Jahr 2002 führte die Bundesregierung den Vermittlungsgutschein ein. Mit diesem Gutschein können sich Arbeitslose an private Arbeitsvermittler wenden, die ihnen geeignet erscheinen. Die (Teil-)Privatisierung der Arbeitsvermittlung wurde mit der Annahme begründet, dass private Arbeitsvermittler effizienter und effektiver arbeiten als die ehemaligen Arbeitsämter oder heutigen Agenturen für Arbeit. Doch ein nachhaltiger Beitrag der P. zur Integration von Arbeitslosen in den ersten Arbeitsmarkt blieb bislang aus.

Private-Equity-Gesellschaften

Beteiligungsgesellschaften, die Unternehmen privat, also außerhalb der Börse, Eigenkapital anbieten. Die P. sammeln bei reichen Privatleuten, Pensionsfonds, Versicherungen, Stiftungen Geld für einen Fonds. Dieses Geld investieren sie mit häufig überzogenen Renditeerwartungen in Unternehmen. Die Beteiligungsgesellschaften ordnen diese Unternehmen dann neu, um die Gewinne zu erhöhen. Dazu werden oft Arbeitsplätze abgebaut, die Arbeitsprozesse rationalisiert und das Unternehmen restrukturiert. Insbesondere werden Vermögenswerte an die P. übertragen, um den Kaufpreis zu finanzieren. Damit fehlen dem aufgekauften Unternehmen häufig die Reserven, um schlechte Zeiten zu überstehen. Nach 3 bis 10 Jahren werden die Firmen i. d. R. wieder verkauft. Die Gewinne werden an die Geldgeber ausgeschüttet, einen Teil behält die Beteiligungsgesellschaft. In der Kritik stehen P. auch, weil sie die Übernahmen der Firmen häufig nicht nur mit eigenen Mitteln, sondern mit hohen zusätzlichen Krediten finanzieren, welche sie gleichfalls den gekauften Firmen aufbürden. Diese Unternehmen sind dann aufgrund der Zinslast in ihren unternehmerischen Tätigkeiten eingeschränkt. Auch wird den P.-Gesellschaften vorgeworfen, nicht transparent zu sein und Arbeitsplätze zu vernichten. Im politischen Sprachgebrauch hat sich für P. der Begriff »Heuschrecken« durchgesetzt.

Private Güter

Stehen einem einzelnen Haushalt zur Verfügung. Alle anderen Haushalte können vom Konsum und dem Nutzen dieser Güter ausgeschlossen werden. Öffentliche Güter nutzen dagegen alle Menschen einer Region.

Privater Haushalt

Gehört aus volkswirtschaftlicher Perspektive zu den Hauptakteuren einer Marktwirtschaft, weil er Einkommen erzielt und verwendet. Er erhält verteilte Gewinne oder stellt seine Arbeitskraft als Produktionsfaktor an Unternehmen und Staat gegen Lohn bzw. Gehalt zur Verfügung. Mit seinem verfügbaren Einkommen kann er Güter und Dienstleistungen nachfragen und damit letztlich über den Konsum und die Sparquote einer Volkswirtschaft entscheiden, außerdem die Produktionsfaktoren Kapital und Boden bereitstellen. Zu den privaten Haushalten werden auch private Organisationen gezählt, die keinem Erwerbszweck nachgehen, wie die Kirchen, Verbände, Parteien und Vereine unterschiedlicher Art.

Privater Konsum

➠ Konsum

Privater Verbrauch

➠ Konsum

Privatinsolvenz

Das Verbraucherinsolvenzverfahren regelt die Schuldenbefreiung zahlungsunfähiger Privatpersonen. Vor dem eigentlichen Insolvenzantrag muss versucht werden, eine außergerichtliche Einigung zwischen Schuldner und Gläubigern zu erzielen. Scheitert die außergerichtliche Einigung, kann der Antrag auf P. gestellt werden.
Das Gericht versucht, einen Plan zur Tilgung der Schuld durchzusetzen. Ein Treuhänder verwertet das Vermögen des Antragsstellers bis auf ein Existenzminimum. Bis zur Befreiung von der Restschuld dauert das Verfahren sechs Jahre, der Antragssteller befindet sich nach dem Antrag auf Restschuldbefreiung in der sog. Wohlverhaltensphase. Er muss dabei alles Zumutbare unternehmen, seine Schulden abzutragen, sein Einkommen wird bis auf ein Existenzminimum zur Schuldentilgung verwendet. Eine Verkürzung auf fünf Jahre ist möglich, wenn der Schuldner die Verfahrenskosten trägt, eine Verkürzung auf drei Jahre, wenn er 35 % seiner Schulden begleich kann.

Privatisierung

Überführung von staatlichen Unternehmen oder staatlichen Beteiligungen an Unternehmen in privates Eigentum. Beispiele sind die Verkäufe von Bundesbeteiligungen etwa an VW, VEBA, Salzgitter oder Lufthansa in den 1980er-Jahren. Auch die dann folgenden Teilprivatisierungen von Deutscher Telekom AG und Deutscher Post AG zählen dazu. Auch sollen Teile der Bundesbahn AG privatisiert werden. Aber auch in den Bundesländern und den Kommunen wurden öffentliche Betriebe wie Wasserwerke, Energieversorgungsunternehmen oder Müllentsorgungsbetriebe auf der kommunalen Ebene an Private verkauft. Dahinter steht die wirtschaftsliberale Ansicht, dass der Staat an sich ineffizient arbeite und zugunsten der privaten Wirtschaft zurückgedrängt werden müsse. Kritiker sehen allerdings einen Ausverkauf öffentlich regulierter und kontrollierter Daseinsvorsorge, die häufig mit dem Abbau von Arbeitsplätzen und schlechterer Versorgung verbunden sei, sowie die Aushebelung solidarischer Systeme zugunsten von gewinnorientierten Konzernen und Privatleuten. Ein starker Privatisierungsdruck geht von der EU aus, um den gemeinsamen Binnenmarkt und etwa die Dienstleistungsfreiheit (Art. 49-55 EG-Vertrag) durchzusetzen. In den neuen Bundesländern wurden im Übrigen in den 1990er-Jahren die ehemaligen volkseigenen Betriebe der DDR durch die Treuhandanstalt in großem Umfang in privates Eigentum überführt.

Produktinnovationen

➠ Innovation

Produktion

Begriff für den Prozess, bei dem Betriebe durch die Kombination von Produktionsfaktoren Güter produzieren und Dienstleistungen bereitstellen.

Produktionsfaktor

Stark abstrahierend unterscheidet die Volkswirtschaftslehre 3 Hauptkategorien von P.: Boden, Arbeit und Kapital:

- Der P. Boden ermöglicht den landwirtschaftlichen Anbau, den Abbau von Bodenschätzen und den Standort von Häusern, Fabriken oder Verkehrswegen.
- Der P. Arbeit umfasst die Tätigkeit von Menschen für die Produktion, ihre Qualifikation und die geleisteten Arbeitsstunden. Er ist der wichtigste P. in einer modernen Gesellschaft.
- Unter dem P. Kapital wird das Realkapital oder der Kapitalstock einer Volkswirtschaft verstanden, also z. B. Maschinen, Computer, Fabriken, die in früherer Produktion erzeugt wurden und die Produktion anderer Güter möglich machen.

Wegen seiner immer größeren Bedeutung wird das technische Wissen und Können häufig als vierter grundlegender P. bezeichnet. Die Kombination der P. nach dem Stand der Produktionstechnologie ist die Grundlage aller Produktion.

➠ Humankapital

Produktionsfunktion

Zeigt bei gegebenem Stand der Produktionstechnik den funktionalen (mathematischen) Zusammenhang zwischen den eingebrachten Produktionsfaktoren (Input) und dem Produktionsertrag (Output). Die P. gibt also an, welche Herstellungsmengen mit den jeweils eingesetzten Mengen der Produktionsfaktoren Boden, Arbeit und Kapital zu erzielen sind. Eine sog. limitationale (beschränkende) P. liegt vor, wenn die Produktionsfaktoren in einem festen Mengenverhältnis zueinander eingesetzt werden müssen, um einen bestimmten Output zu erreichen. Beispiel: Das Produktionsergebnis eines Arbeiters, der mit der Schaufel ein Gartengrundstück umgräbt, wird sich nur dann verdoppeln lassen, wenn ein weiterer Arbeiter mit Schaufel eingesetzt wird. Der Einsatz nur eines weiteren Arbeiters oder nur einer weiteren Schaufel reicht nicht aus. Dagegen spricht man von einer substitutionalen (ersetzenden) P., wenn die eingesetzten Produktionsfaktoren untereinander (mindestens z. T.) substituierbar, also ersetzbar sind. Beispiel Landwirtschaft: Kartoffeln werden mit dem Einsatz der Produktionsfaktoren Arbeit und Kapital (Maschinen) geerntet. Die Erntemaschinen könnten aber durch den vermehrten Einsatz von Arbeitern substituiert werden, die mit einer Schaufel ausgestattet sind. Eine der bekanntesten und in der Betriebswirtschafts- wie in der Volkswirtschaftslehre oft verwendete substitutionale P. ist die Cobb-Douglas-P. Ihre Bedeutung liegt v. a. in längerfristigen Analysen, mit denen z. B. die Substitution von Arbeit durch Kapital in einem gegebenen Fall untersucht wird. Die Zusammenfassung der Produktionsfaktoren aller Betriebe einer Volkswirtschaft führt zur gesamtwirtschaftlichen P., die abbildet, wie das Sozialprodukt durch den Einsatz von Boden, Arbeit und Kapital unter Verwendung der Produktionstechnologie entsteht.

Produktionsindex

Indexzahl, mit der die monatliche Leistung des produzierenden Gewerbes in Deutschland gemessen wird. Es umfasst das verarbeitende Gewerbe, die Energie- und Wasserversorgung, das Baugewerbe, den Bergbau und die Gewinnung von Steinen und Erden. Der P. ist Teil der amtlichen Statistik und wird vom Statistischen Bundesamt monatlich und vierteljährlich veröffentlicht. Er gilt als zentraler und besonders wichtiger Indikator der konjunkturellen Entwicklung.

Produktionskosten

Kosten, die bei der Produktion von betrieblichen Leistungen durch den Einsatz der dabei benötigten Produktionsfaktoren anfallen.

Produktionslücke

[Auch: Output-Lücke] Eine P. liegt dann vor, wenn das Bruttoinlandsprodukt in einem gegebenen Zeitabschnitt nicht den Wert erreicht, der bei Vollauslastung aller Produktionskapazitäten möglich gewesen wäre. Das höchstmögliche Produktionsergebnis wird auch als Produktionspotenzial bezeichnet. Die prozentuale Abweichung des tatsächlichen Bruttoinlandsprodukts vom Produktionspotenzial kennzeichnet das Ausmaß der P. und damit auch den Auslastungsgrad einer Volkswirtschaft.

➟ Output

Produktionspotenzial

Die maximale Produktionsmenge, die produziert werden kann, ohne einen Inflationsprozess auszulösen. Das P. gibt somit eine gesamtwirtschaftliche Produktionsgrenze an. Ihre Berechnung hat sich in der Vergangenheit allerdings vielfach als unzuverlässig, weil zu niedrig, erwiesen.

Produktionsprozess

➟ Produktion

Produktionstheorie

Analysiert den Zusammenhang zwischen dem Einsatz von Produktionsfaktoren (Input) und dem Güterausstoß (Output). Sie beschreibt ihn in Produktionsfunktionen und leitet daraus ab, welche Produktmengen man in einer bestimmten Zeit mit einer alternativen Menge von Produktionsfaktoren erzielen könnte.

Produktionsvermögen

Uneinheitlich verwendeter Begriff in der Vermögensrechnung. Aus volkswirtschaftlicher Sicht wird als P. oder auch Produktivvermögen meist der Teil der Güter verstanden, der in der Produktion einer Volkswirtschaft eingesetzt wird. Dazu zählen das gesamte Anlagevermögen, also Anlagen und Bauten, das immaterielle Anlagevermögen, etwa Computerprogramme und Urheberrechte, Vorratsbestände und der Wert des zur Herstellung von Leistungen eingebrachten Grund und Bodens. Die Verteilung des P. gibt immer wieder Anlass zu Diskussionen, weil sich der weitaus größte Teil davon in den Händen einer kleinen Bevölkerungsschicht befindet.

Produktionswert

Bezeichnet im Rahmen der volkswirtschaftlichen Gesamtrechnung den Wert der im Inland (Inlandskonzept) produzierten Güter und Dienstleistungen, die durch Unternehmen, Staat und private Organisationen ohne Erwerbszweck hergestellt wurden.

➟ Bruttoinlandsprodukt

Produktivität

Bezeichnet das Produktionsergebnis (Output) im Verhältnis zu den Mengen von Produktionsfaktoren (Input), die dieses Ergebnis hervorgebracht haben. In der volkswirtschaftlichen Analyse wird die P. der Produktionsfaktoren Arbeit und Kapital häufig gesondert errechnet. Die Arbeitsproduktivität gilt als besonders wichtige Kennziffer einer effizienten Wirtschaft. Sie misst z. B., wie viel Output über eine zusätzlich eingebrachte Arbeitsstunde erwirtschaftet wird (Stundenproduktivität) oder wie hoch die gesamtwirtschaftliche Arbeitsproduktivität je Kopf der Erwerbstätigen ist (Pro-Kopf-P.). Letztere wird als Quotient aus preisbereinigtem Bruttoinlandsprodukt und Erwerbstätigen (Arbeitnehmer und Selbstständige) ermittelt. Durch Maßnahmen wie die Qualifizierung von Arbeitskräften lässt sich die Arbeitsproduktivität steigern, wobei auch der technische Fortschritt eine bedeutsame Rolle spielt.

Produzentenrente

Der Gewinn, den ein Produzent erzielt, weil der Marktpreis über dem Preis liegt, zu dem er das Produkt nach seiner Kostenplanung bereits verkaufen würde. Je intensiver der Wettbewerb ist, desto eher wird der Marktpreis auf ein Niveau absinken, das nur noch die Kosten des am günstigsten produzierenden Herstellers deckt, desto schneller wird also die P. minimiert sein.

Profit-Push-Inflation

Wenn die Unternehmen aufgrund ihrer Marktmacht und ihres Gewinnanspruchs höhere Preise durchsetzen können, die einen signifikanten Anstieg des Preisniveaus zur Folge haben.

➡ Demand-Shift-Inflation ➡ Inflation

Prognose

Vorhersage der wirtschaftlichen Entwicklung über eine kurze (6 Monate bis 2 Jahre), mittlere (4–5 Jahre) oder lange Frist (mehr als 5 Jahre). P. werden sowohl mithilfe von Prognosemodellen, die auf wirtschaftstheoretischen und empirischen Überlegungen basieren, als auch aufgrund fundierter Urteile von Experten erstellt.

➡ Projektion

Prognosezeitraum

Zeitraum, dessen wirtschaftliche Entwicklung im Rahmen einer Prognose vorhergesagt wird.

Progression

Begriff aus der Steuer- und Abgabenanalyse. P. bezeichnet den Anstieg des Steuer- oder Abgabensatzes mit steigendem Einkommen.

➡ Kalte Progression

Prohibitivpreis

Derjenige Preis, bei dem Konsumenten das angebotene Gut nicht mehr nachfragen. Ein Hersteller, der für sein Produkt den P. oder einen noch höheren Preis verlangt, wird es am Markt nicht verkaufen können.

Projekt-Bonds

Anleihen, die für die Finanzierung von Infrastrukturprojekten genutzt werden. Anstatt die Finanzierung über einen Bankkredit zu realisieren, werden P. ausgegeben, die von verschiedenen institutionellen Investoren, etwa Versicherungen gekauft werden. Regierungen, die Infrastrukturprojekte finanzieren möchten, sind so nicht ausschließlich auf Banken angewiesen, die sich strikterer Regulierung bei der Kreditvergabe gegenübersehen, wie etwa den Vorgaben aus Basel III. Auch in der Europäischen Union existieren P.: Die EU haftet gemeinschaftlich für die P., für private Investoren soll so ein Kaufanreiz gesetzt werden. Die P. sind in diesem Fall eine gemeinsame Initiative der Europäischen Kommission und der Europäischen

Investitionsbank (EIB). Sie sollen mit dazu beitragen, im Rahmen der »Europa 2020«-Strategie der EU 2 Bio. € in Verkehrs-, Energie- und Kommunikationsinfrastruktur zu investieren.

Projektion

Im Unterschied zur Prognose werden bei einer P. die jeweils aktuellen Rahmenbedingungen mechanisch als auch für die Zukunft gültig unterstellt.

→ Prognose

Protektionismus

Bezeichnung für alle Instrumente der Handelspolitik (Zölle, Einfuhrverbote und nicht tarifäre Handelshemmnisse wie bestimmte, ausschließende Produktanforderungen und Standards), die heimische Produzenten vor konkurrierenden Importen schützen sollen. P. wird v. a. in Entwicklungsländern gerechtfertigt zum Schutz junger Industrien, die nur unter geschützten Bedingungen reifen können. In Industrieländern werden protektionistische Maßnahmen hauptsächlich damit begründet, dass bestehende Strukturen – und damit Arbeitsplätze – geschützt oder strukturelle Anpassungen erleichtert werden sollen. Ein weiteres Element ist die Sicherung der Autarkie in bestimmten – für strategisch wichtig erachteten – Wirtschaftsbereichen, etwa in der landwirtschaftlichen Produktion, in der Energieversorgung oder in der Rüstungsindustrie. Die Rechtfertigung des P. ist jedoch umstritten, weil er – so die Argumentation – den freien Handel und damit die produktivste Verwendung der Produktionsfaktoren sowie die Realisierung von Wohlfahrtsgewinnen verhindere.

→ Freihandel

Public Private Partnership (PPP)

→ Öffentlich-private Partnerschaft (ÖPP)

Public-Choice-Theorie

Theorien, die Entscheidungen politischer Institutionen und der Bürokratie mit wirtschaftswissenschaftlichen Argumenten zu erklären versuchten. Die Annahme, Politiker und Bürokraten orientierten sich selbstlos an der wirtschaftlichen Wohlfahrt der Staatsbürger, wird verworfen. Vielmehr versuchten diese, mit ihren Entscheidungen auch den eigenen Nutzen zu maximieren, z. B. über Wahlgeschenke an mächtige Interessengruppen. Staatliches Handeln bewirke daher nicht stets das wirtschaftlich optimale Ergebnis. Dieses »Staatsversagen« wird auch erklärt durch die Funktionsweise des Marktes für Wählerstimmen, auf dem die politischen Akteure miteinander konkurrieren. Insbesondere hohe Informations- und Transaktionskosten, die Wähler u. a. Kontrollinstanzen zur Steuerung der Institutionen aufbringen müssten, lassen auch suboptimale Ergebnisse zufrieden stellend erscheinen.

Qualifizierung

→ Arbeitsmarktpolitik

Qualitatives Wachstum

Anders als beim quantitativen Wachstum von Volkswirtschaften, das sich z. B. durch Zuwächse des Bruttoinlandsprodukts vergleichsweise einfach darstellen lässt, wird im Rahmen des Q. auch die Zunahme an Lebensqualität berücksichtigt. Es wird argumentiert, dass quantitatives und Q. zueinander im Gegensatz stünden. Quantitatives Wachstum sei z. B. häufig nur über Umweltschäden möglich, die einen Verlust an Lebensqualität nach sich ziehen. Problematisch am Begriff des Q. ist, dass er sich kaum in messbare Größen fassen lässt. Es ist bislang kein Indikator für Lebensqualität durchgängig anerkannt.

Quantitative Easing

[Dt.: quantitative Lockerung] Mit Q. wird eine geldpolitische Strategie bezeichnet, bei der die Zentralbank den Märkten zum Teil massiv Liquidität zur Verfügung stellt. Eine solche Strategie wird angewendet, wenn der Leitzins bereits so niedrig bzw. sogar nahe null ist, dass weitere Zinssenkungen keine stimulierenden Wirkungen mehr versprechen, weil die Erwartungen der Märkte extrem pessimistisch sind. Dies ist i. d. R. nur in einer akuten Krisensituation wie einer Finanzmarktkrise der Fall. So begann die US-Zentralbank Fed während der jüngsten Finanzmarktkrise mit dem Q., vor allem um den Interbankenmarkt zu stabilisieren, der wegen wechselseitigen Misstrauens zwischen den Banken zusammengebrochen war. Andere Zentralbanken darunter die EZB folgten später in abgeschwächter Form, wobei im Euroraum Q. auch zur Stabilisierung der Märkte für Staatsanleihen von Krisenstaaten eingesetzt wurde.

Quantitätsgleichung

Besagt, dass das Produkt aus der Geldmenge M und der Umlaufgeschwindigkeit V des Geldes immer dem Produkt aus der gesamtwirtschaftlichen Produktion Y und dem Preisniveau P entspricht. Es gilt also: $M \times V = P \times Y$ oder Geldseite = wertmäßige Güterseite. Die Q. beschreibt keinen Kausalzusammenhang, sondern ist eine Identität. Doch werden mit ihr in der Quantitätstheorie wichtige Zusammenhänge der Geld- und Güterseite einer Volkswirtschaft erklärt.

Quantitätstheorie

Aus der Quantitätsgleichung ($M \times V = P \times Y$) abgeleitete Erklärung für den Zusammenhang zwischen der geld- und der güterwirtschaftlichen Sphäre einer Volkswirtschaft. In ihrer ursprünglichen Fassung geht die Quantitätstheorie auf den Schriftsteller Jean Bodin (* 1529/1530 † 1596) zurück. Er postulierte in der zweiten Hälfte des 16. Jh., dass eine Veränderung der Geldmenge in einer Volkswirtschaft nur eine proportionale Veränderung der Güterpreise bewirkt. In weiterentwickelten Formen der Q. wird angenommen, dass die Umlaufgeschwindigkeit V des Geldes ziemlich stabil und vorhersehbar ist. Eine drastische Erhöhung der Geldmenge M (so v. a. bei Vollbeschäftigung) wird nicht zu einer wirklich nachhaltigen Erhöhung der Produktion bzw. des Handelsvolumens Y – der umgesetzten Gütermenge – führen, sondern sich in einem inflationären Anstieg des Preisniveaus P niederschlagen. Geldmenge und wertmäßige Gütermenge müssen nach dieser Lehrmeinung gesamtwirtschaftlich immer in einem richtigen Verhältnis stehen, um ein stabiles Preisniveau zu sichern. Der Monetarismus hat diesen Grundgedanken aufgegriffen.

Quasigeld

[Engl.: near money] Ein nicht exakt gefasster Begriff für Dinge, die zwar rasch in Bargeld oder Sichtguthaben umgewandelt werden können, aber nicht zum Geld einer Volkswirtschaft zählen. So v. a. Spareinlagen mit dreimonatiger Kündigungsfrist, aber auch Termingelder mit einer Laufzeit unter 4 Jahren.

Quellenabzugsverfahren

Verfahren der Steuererhebung, bei dem die Steuer direkt an der Quelle erhoben wird, wenn das zu besteuernde Einkommen entsteht. Beispiele für im Q. erhobene Steuern sind die Lohnsteuer, die direkt vom Arbeitgeber an den Fiskus abgeführt wird, sowie die Abgeltungssteuer bei Kapitalerträgen, die seit dem 1.1.2009 erhoben und von den Banken direkt an das Finanzamt abgeführt wird. Durch das Q. verringert der Fiskus Möglichkeiten, die betreffende Steuer zu hinterziehen. Allerdings wird das Prinzip der Leistungsfähigkeit des Steuerpflichtigen im Q. weniger berücksichtigt, weil es nur die jeweils zu besteuernde Einkommensart erfasst. Ein hohes Gesamteinkommen, das sich aus verschiedenen Einkommensarten wie etwa Arbeitsentgelt und Kapitalerträgen zusammensetzt, kann nicht mehr in seiner Gesamtheit nach progressiven Tarifen besteuert werden.

➡ Abgeltungsteuer

Quellensteuer

➡ Quellenabzugsverfahren

Rabattkartell

Preiskartell, bei dem mehrere Verkäufer Absprachen über Preisnachlässe beim Absatzpreis getroffen haben.

➡ Kartell

Rat der Europäischen Union

Offizielle Bezeichnung für den sog. EU-Ministerrat seit dem Vertrag von Maastricht, der am 1.11.1993 in Kraft trat. Seine Mitglieder sind Minister der EU-Staaten und unmittelbar an der Gesetzgebung der EU beteiligt.

Rat für gegenseitige Wirtschaftshilfe (RGW)

Ehemaliger ökonomischer Zusammenschluss der Länder des Ostblocks; wurde 1949 in Moskau als sozialistische Antwort auf den amerik. Marshall-Plan gegründet. Gründungsmitglieder waren die UdSSR, Bulgarien, Tschechoslowakei, Ungarn, Polen, Rumänien, später schlossen sich Albanien, DDR, Mongolei, Kuba und Vietnam an. Angestrebt wurden die Intensivierung der sozialistischen Zentralplanungen über den R. und auch die Nutzung seiner internationalen Arbeitsteilung z. B. über eine Spezialisierung der verschiedenen Länder auf bestimmte Produktbereiche. In den 1970er- und 1980er-Jahren schloss der RGW mit einer Reihe von Entwicklungsländern Kooperationsverträge ab. Die Sowjetunion versuchte, solche Länder über die RGW-Kontakte politisch an sich zu binden. Der RGW wurde aber v. a. von osteurop. Mitgliedsländern kritisiert und schließlich 1991 aufgelöst.

Rating

[Dt.: Einschätzung] bezeichnet eine Befragungsmethodik, mit der in der Marktforschung z. B. die Kreditwürdigkeit von Personen, Unternehmen oder Ländern eingeschätzt und auf einer Skala eingestuft wird. Der Begriff wird allerdings nicht einheitlich verwendet. Auch die Einschaltquoten von Rundfunk und Fernsehen z. B. werden R. genannt.

Ratingagentur

R. bewerten die Kreditwürdigkeit (Bonität) von Ländern, Unternehmen oder Wertpapieren. Die 3 bekanntesten sind Standard & Poor's, Moody's und Fitch Ratings, die weltweit agieren. Sie haben einen Marktanteil von über 90 % und genossen in der Vergangenheit den Nimbus der Unbestechlichkeit und des geballten Expertenwissens. Banken und Anleger orientierten sich in hohem Maß an den Bewertungen der Agenturen. Der Ruf dieser privat geführten Institute wurde 2001 beschädigt, als Standard & Poor's dem US-Energiekonzern Enron noch kurz vor seiner Insolvenz beste Zahlungsfähigkeit bescheinigte. In der Finanzmarktkrise hat der Ruf der Agenturen weiter gelitten. Bis Ende

Juni 2007 hatten sie den US-Hypothekenderivaten immer noch Traumnoten vergeben. Dadurch wurde nach Meinung von Kritikern ein Herdenverhalten von Großanlegern verursacht, das die weltweite Krise des Finanzmarkts mit ausgelöst habe.

Rationale Erwartungen

Übliche Form der Erwartungsbildung in makroökonomischen Modellen, die von dem US-amerik. Ökonomen John Fraser Muth (* 27.9.1930 † 23.10.2005) eingeführt wurde. R. setzen voraus, dass die Marktakteure das Modell kennen, nach denen sich eine Wirtschaft entwickelt, und sie verhalten sich auch danach. Sie begehen nur unsystematische Irrtümer, da sie Zufallsschwankungen nicht in ihrer Erwartungsbildung berücksichtigen können. Der unterstellte Informationsstand der Marktakteure ist bei R. extrem hoch, sodass die Verwendung von R. als Element in ökonomischen Modellen vielfach auch als unrealistisch kritisiert wird. R werden dennoch i. d. R. sowohl in neoklassischen wie auch neukeynesianischen Modellen unterstellt. Keynesianischen Modellen sind sie wesensfremd, da die dort unterstellte Unsicherheit nicht über Erwartungsbildung aufgefangen werden kann.

➠ Informationsasymmetrie

Rationalisierung

Durch R. wird die Effizienz der Produktion gesteigert, d. h., mit gleichem Mitteleinsatz wird mehr erzeugt, oder es wird gleich viel mit weniger Mitteleinsatz hergestellt.

Rationierung

Allgemein wird unter R. die Zuteilung von beschränkt vorhandenen Gütern durch den Staat verstanden. In der Ökonomie verwendet man den Begriff R. auch im Zusammenhang mit staatlich festgesetzten Preisen. Wenn z. B. politisch festgelegte Niedrigpreise für bestimmte Güter – etwa Lebensmittel – zu einer Verringerung des Angebots an diesen Gütern führen, liegt im Ergebnis eine R. vor.

Reaganomics

Schlagwort, zusammengesetzt aus »Reagan« und »economics«, mit der die angebotsorientierte und auf Steuersenkung setzende Wirtschaftspolitik des US-Präsidenten Ronald Reagan (* 6.2.1911 † 5.6.2004, Präsident 1981–1989) bezeichnet wurde. Die Reagan-Regierung erweiterte den Handlungsspielraum der Unternehmer; ermäßigte den Spitzensteuersatz von 70 % auf 33 %, reduzierte Kapitalertrags- und Unternehmenssteuern, um Investitionen und Wachstum zu stimulieren und den privaten Konsum anzuregen. Um die Steuersenkungen zu finanzieren, wurden die Sozialausgaben drastisch reduziert. In der Folge verschlechterte sich die soziale Absicherung der Arbeitnehmer. Neue Arbeitsplätze wurden v. a. bei Entlohnung zu Mindestlöhnen geschaffen. In Großbritannien hat die brit. Premierministerin Margaret Thatcher (* 13.10.1925 † 8.4.2013, Premierministerin 1979–1990) eine ähnliche Politik verfolgt.

➠ Thatcherismus

Real Estate Investment Trusts (REIT)

Bezeichnet börsennotierte Immobilienaktiengesellschaften, die steuerlich begünstigt sind. R. widmen sich fast nur dem Kauf und Verkauf sowie der Verwaltung von Immobilien. Sie werden von der Körperschafts- und Gewerbesteuer befreit; Voraussetzung dafür ist, dass sie ihre Erträge fast vollständig an ihre Anleger ausschütten. Je nach Land müssen das 80 bis 95 % des Gewinns sein. Seit dem 1.1.2007 sind in Deutschland die steuerbegünstigten Immobilienaktiengesellschaften zulässig. Seitdem wandeln Finanzinvestoren große Wohnanlagen in R. um. Dadurch werden Wohnungen zu Spekulationsobjekten.

Real-Balance-Effekt

Von dem amerik. Ökonomen Don Patinkin (* 8.1.1922 † 7.8.1995) aufgezeigtes Phänomen, das beschreibt, wie bei fallenden Preisen die Realeinkommen steigen und damit der Konsum stabilisiert wird. Er ist verwandt mit dem Pigou-Effekt.

Reale Geldlücke

Wenn die reale Geldmenge langsamer zunimmt als durch den Referenzwert einer Zentralbank vorgegeben, entsteht eine R. Sie hat zur Folge, dass das Wachstumspotenzial nicht ausgeschöpft wird, weil die Zinsen aufgrund des in Relation zur Geldnachfrage zu niedrigen Geldangebots dann zu hoch sind.

Realeinkommen

Das R. bemisst die Menge an Gütern und Dienstleistungen, die mit einem bestimmten Nominaleinkommen gekauft werden können. Zur Berechnung des R. wird das Nominaleinkommen durch einen passenden Preisindex, i. d. R. den der Verbrauchsgüterpreise, dividiert.

Realer Wechselkurs

Als R. wird das Verhältnis des inländischen Preisniveaus zum ausländischen Preisniveau – gewichtet mit dem Wechselkurs – bezeichnet. Der R. zeigt eine Aufwertung an, wenn der nominale Wechselkurs stärker steigt als das Verhältnis von ausländischem zu inländischem Preisniveau. Steigen also die Preise im Ausland schwächer als im Inland und verändert sich der nominale Wechselkurs nicht, wertet der R. gleichwohl auf. Er gilt als wichtiges Maß für die internationale Wettbewerbsfähigkeit eines Landes.

Reales Austauschverhältnis

➠ Terms of Trade

Reales Bruttoinlandsprodukt

➠ Bruttoinlandsprodukt

Reallohn

Gibt an, wie viel Kaufkraft der Nominallohn (Bruttolohn) enthält. Dabei wird die Preissteigerungsrate berücksichtigt. Angenommen, die Tariflöhne steigen um 4 % und die Preise während der Laufzeit des Tarifvertrages um durchschnittlich 2,5 %, dann beträgt der durchschnittliche Reallohnzuwachs 1,5 % (4 %–2,5 % = 1,5 %).

Realtransfer

Unentgeltliche Überlassung von Gütern und Dienstleistungen durch die öffentliche Hand.

Realzinssatz

Gibt die reale Verzinsung (den realen Ertrag) einer Geldanlage an. Er entspricht dem Geldzinssatz (Nominalzinssatz) vermindert um die für die Laufzeit eines Kredits erwartete Inflationsrate. Weil diese nicht präzise vorhergesagt werden kann, ist der R. letztlich nur am Ende eines Zeitraums exakt bestimmbar.

Reformpolitik

Kein exakt definierter Begriff, der gleichwohl in der dt. Debatte um die Notwendigkeit entschiedener Reformen verwendet wird. Ausgelöst wurde sie durch die Agenda 2010 des ehemaligen Bundeskanzlers Gerhard Schröder im Jahre 2003. Viele Politiker, Wirtschaftswissenschaftler, der Bundespräsident, Kirchen und Medien schlossen sich der Meinung an, dass einschneidende Reformen dringlich seien, und beklagten einen Reformstau. In der Folge wurden z. B. weitreichende Steuersenkungen, Einschränkungen der umlagefinanzierten Rente, die Lockerung des Kündigungsschutzes, die tief greifende Umgestaltung der Bundesanstalt für Arbeit zur Agentur für Arbeit und die Gründung neuer Institutionen wie der »Ich-AG« oder Personal-Service-Agenturen sowie die Einführung von Hartz IV als wichtige Ergebnisse der R. vorgestellt. Kritiker bestreiten allerdings Erfolge der R. Nach ihrer Meinung ist die reformgeprägte Wirtschaftspolitik durch den Neoliberalismus gekennzeichnet. Sie habe v. a. zu einer Ausweitung des Niedriglohnsektors und zu mehr Armut geführt. Das eine derartige R. hohe Arbeitslosigkeit und anhaltende volkswirtschaftliche Schwäche wirksam bekämpfen könne, sei eine »Reformlüge«.

Reformstau

➡ Reformpolitik

Regionalförderung

Bezeichnet die gezielte Unterstützung strukturschwacher Regionen. Die R. soll regionale Entwicklungsunterschiede abbauen, das Wirtschaftswachstum stärken und Strukturwandel erleichtern. Jährlich wird ein Rahmenplan von Bund und Ländern erarbeitet, der Fördergebiete und Fördersätze enthält. Die Förderung erfolgt i. d. R. über Zuschüsse, mit der die regionale Investitions- und Wirtschaftstätigkeit in Gebieten mit Nachholbedarf gestärkt werden soll. Sie wird mit Mitteln aus dem **E**uropäischen **F**onds für die **r**egionale **E**ntwicklung (EFRE) koordiniert. Der Schwerpunkt der R. ist auf die neuen Bundesländer und Berlin konzentriert.

➡ Strukturfonds

Regionalpolitik

Bezeichnet eine Standortpolitik, mit der die Strukturschwächen ausgewählter Regionen gezielt behoben werden sollen. Das Mittel dazu ist die Regionalförderung. In Deutschland hat man die Herstellung gleichwertiger Lebensverhältnisse in allen Regionen als Gemeinschaftsaufgabe von Bund und Ländern gesetzlich verankert (Art. 91 a GG; Gesetz über die Gemeinschaftsaufgabe »Verbesserung der regionalen Wirtschaftsstruktur«, WiStruktG).

➡ Strukturpolitik

Registrierte Arbeitslose

Arbeitslose werden als solche bei der Bundesagentur für Arbeit registriert, wenn sie folgende Kriterien aufweisen: sie sind Arbeitssuchende, die vorübergehend nicht in einem Beschäftigungsverhältnis stehen, sie suchen eine versicherungspflichtige Beschäftigung, sie wollen sich von einer Agentur für Arbeit vermitteln lassen, sie haben sich dort persönlich arbeitslos gemeldet und sie können und dürfen die angestrebte Arbeitnehmertätigkeit ausüben. Nicht als Arbeitslose gelten in der Arbeitslosenstatistik z. B. Menschen, die ihre Verfügbarkeit für die Arbeitsagentur ohne zwingenden Grund einschränken, die sich nicht oder regelmäßig länger als 3 Monate nicht mehr bei der zuständigen Agentur für Arbeit gemeldet haben oder die sich etwa zwecks Qualifizierung in arbeitsmarktpolitischen Maßnahmen befinden. Ebenfalls nicht zu den Arbeitslosen gezählt werden erwerbsfähige Hilfebedürftige, wenn sie mindestens 15 Stunden pro Woche arbeiten, aber wegen zu geringen Einkommens hilfebedürftig sind und ALG II erhalten, sowie die zahlenmäßig nicht kleine stille Reserve. Die veröffentliche Zahl der R. wird daher i. d. R. nicht mit der tatsächlichen Zahl der Arbeitssuchenden übereinstimmen.

Regulierung

Steht für ein Instrumentarium zur staatlichen Wirtschaftslenkung. Mit Gesetzen, Verordnungen u. a. Bestimmungen wurden Regeln geschaffen, um etwa die öffentlichen Versorgungs- oder Verkehrsbetriebe zu kontrollieren, Marktversagen oder den Missbrauch von Marktmacht durch Großunternehmen zu verhindern. Mit Regulierungsmaßnahmen können soziale Härten auf dem Arbeitsmarkt vermieden werden. Auch die Sozialgesetzgebung ist ein Instrument der R. Wirtschaftsliberale Kritiker sehen dabei häufig eine Behinderung marktwirtschaftlicher Kräfte und fordern Deregulierung.

Regulierungsarbitrage

Wenn Akteure auf den internationalen Finanzmärkten gezielt nationalstaatliche Vorschriften umgehen, spricht man von R. Damit wollen sie Preis- oder Kursvorteile z. B. beim Handel mit risikobehafteten Kreditforderungen erlangen. Juristen und Finanzfachleute können zu diesem Zweck u. U. durchaus legale Finanzkonstruktionen entwickeln, die von den geltenden Regeln nicht erfasst werden. Die zahlreichen nationalstaatlichen Unterschiede zwischen den Mitgliedsstaaten der EU bei der Regulierung der Finanzmärkte bieten v. a. den Banken erhebliche Gewinne durch R. Sie werden allerdings nicht durch wirtschaftliche Tätigkeit auf transparenten Märkten erzielt, sondern durch das Ausnutzen von Unterschieden bei Gesetzen, Verordnungen und Vorschriften der 27 EU-Staaten. Nach Einschätzung des Internationalen Währungsfonds ist dies gefährlich für die finanzielle Stabilität Europas.

Rekapitalisierung

Die Finanzaufsicht schreibt vor, dass Banken Eigenkapital vorhalten müssen, um mögliche Verluste ausgleichen zu können. Macht eine Bank zu hohe Verluste und fällt deswegen das Eigenkapital unter eine bestimmte Schwelle, muss sie neues Kapital aufnehmen. Das kann sie sich durch die Ausgabe neuer Aktien an den Börsen besorgen oder von einem privaten Investor. In der Bankenkrise müssen Staaten die Banken rekapitalisieren, also Geld bereitstellen, weil private Investoren dazu oft nicht bereit sind.

Relative Einkommenshypothese

Nach der R., die 1949 von dem US-amerik. Ökonomen James Duesenberry (* 18.7.1918 † 5.10.2009) eingeführt wurde, ist der Konsum der Haushalte nicht nur vom Einkommen der laufenden Periode, sondern auch vom höchsten jemals erreichten Einkommen der Vergangenheit bestimmt. Bei einem Rückgang des Einkommens werden sich die Haushalte daher am in der Vergangenheit erreichten Lebensstandard orientieren, was sich bremsend auf den Rückgang des Konsums auswirkt. Die Haushalte verhalten sich nach Duesenberry in ihrem Konsumverhalten bei Einkommenszuwachs und Einkommensverlust jeweils asymmetrisch.

Rendite

Tatsächlicher jährlicher Ertrag von Sachinvestitionen oder von Geldmitteln, die auf den Finanzmärkten angelegt sind, etwa in Aktien, Rentenpapieren,

Derivaten oder Devisen. Die R. solcher Finanzanlagen wird auch Effektivverzinsung genannt und in Prozent des eingesetzten Kapitals angegeben.

Rentabilität

Betriebswirtschaftliche Erfolgsgröße, die aus dem Verhältnis von Gewinn und Kapitaleinsatz errechnet wird. R. ist gleich Gewinn dividiert durch den Kapitaleinsatz. Steigt der Gewinn bei gleichem Kapitaleinsatz an, so erhöht sich die R. eines Betriebes.

Rente

V. a. regelmäßige Geldleistungen aus der gesetzlichen Sozialversicherung, aus den Finanztöpfen der Betriebsrente oder aus angelegtem Kapitalvermögen.

Rentenanpassung

Anpassung der Renten aus der gesetzlichen Rentenversicherung an die Entwicklung der Bruttolöhne zum 1. Juli eines Jahres. Berücksichtigt werden dabei auch Veränderungen der Beiträge zur gesetzlichen Rentenversicherung und zur privaten Altersvorsorge. Stagnieren die Bruttolöhne, sind für die Rentner sog. Nullrunden zu erwarten. Seit 2005 wird bei der Berechnung der R. ein Nachhaltigkeitsfaktor einbezogen, der aus dem Verhältnis von Beitragszahlern zu Rentnern besteht. Hat sich die Zahl der Rentner im Vergleich zu den Beitragszahlern im Verlauf der letzten 12 Monate erhöht, fällt über den Nachhaltigkeitsfaktor die R. tendenziell geringer aus.

Rentendynamik

➡ Dynamische Rente

Renteneintrittsalter

Das R. gibt Auskunft über das Alter, in dem eine Person erstmals Rente aus der gesetzlichen Rentenversicherung bezieht. Weil Rente aus den verschiedensten Gründen häufig schon vor Erreichen der Regelaltersgrenze von 65 Jahren bezogen wird, verwendet man den Begriff R. meist, um den Altersdurchschnitt der Neurentner eines Zeitabschnitts zu kennzeichnen. Mit der Rentenreform 2007 wird die Altersgrenze für die Regelaltersrente stufenweise zwischen 2012 und 2029 von 65 auf 67 Jahre angehoben.

Rentenformel

Mathematische Berechnungsgrundlage (§ 63 SGB VI) für die jährliche Rentenanpassung. Grundsätzlich folgt die Rentenentwicklung der Bruttolohn- und -gehaltssumme des Vorjahres. Damit wird erreicht, dass Rentner nicht von der Entwicklung des allgemeinen Lebensstandards abgekoppelt werden (dynamische Rente). Allerdings wird die Rentenanpassung in jüngster Zeit um demografische und Kostenfaktoren korrigiert. Zum einen soll der Nachhaltigkeitsfaktor, der das Verhältnis von beitragspflichtigen Arbeitnehmern zu Rentnern abbildet, die Kosten der demografischen Alterung auffangen. In der Tendenz vermindert dieser Faktor den Rentenanstieg. Zum Zweiten führt auch der sog. Riester-Faktor, der allerdings für 2008 und 2009 ausgesetzt wurde, zu einem weiteren Abschlag, da durch ihn die hypothetischen Rentenansprüche aus einer Riester Rente und Veränderungen der Beitragssätze Höhe auf die gesetzliche Rente angerechnet werden. Wegen dieser beiden Korrekturfaktoren wird die künftige gesetzliche Rente hinter der Entwicklung der allgemeinen Einkommen zurückbleiben.

Rentenmarkt

Der Teil des Kapitalmarkts, auf dem Rentenpapiere gehandelt werden.

Tab. 15 Rentenhöhe und -verteilung in Deutschland 2015 (nach Geschlecht sowie alten und neuen Bundesländern)

Von bis <	m./w.	Ost	in %	von Tsd.	West	in %	von Tsd.
< 150	Männer	6.344	0,5	5	472.949	7,7	77
	Frauen	7.012	0,5	5	394.112	7,7	77
150–300	Männer	3.740	0,3	3	384.772	6,3	63
	Frauen	19.017	1,5	15	925.621	18,1	181
300–450	Männer	6.602	0,5	5	314.942	5,2	52
	Frauen	36.524	2,8	28	784.151	15,4	154
450–600	Männer	29,874	2,2	22	308.460	5,0	50
	Frauen	112.275	8,7	87	660.809	12,9	129
600–750	Männer	90.977	6,8	68	333.592	5,5	55
	Frauen	256.180	19,8	198	663.587	13,0	130
750–900	Männer	182.369	13,7	137	399.922	6,5	65
	Frauen	359.005	27,7	277	601.964	11,8	118
900–1.050	Männer	267.351	20,1	201	510.884	8,4	84
	Frauen	233.138	18,0	180	428.519	8,4	84
1.050–1.200	Männer	259.436	19,5	195	675.500	11,0	110
	Frauen	130.072	10,0	100	276.456	5,4	54
1.200–1.350	Männer	183.050	13,7	137	773.895	12,7	127
	Frauen	73.307	5,7	57	174.093	3,4	34
1.350–1.500	Männer	120.982	9,1	91	674.689	11,0	110
	Frauen	41.360	3,2	32	100.334	2,0	20
1.500–1.650	Männer	89.059	6,7	67	508.051	8,3	83
	Frauen	18.897	1,5	15	53.183	1,0	10
1.650–1.800	Männer	55.023	4,1	41	388.414	6,4	64
	Frauen	6.561	0,5	5	25.535	0,5	5
1.800–1.950	Männer	23.449	1,8	18	235.179	3,8	38
	Frauen	1.822	0,1	1	10.753	0,2	2
1.950–2.100	Männer	6.982	0,5	5	89.750	1,5	15
	Frauen	442	< 0,0	0	4.220	0,1	1
> 2.100	Männer	6.459	0,5	5	42.358	0,7	7
	Frauen	123	< 0,0	0	1.759	< 0,0	0

Quelle BAMS, Rentenversicherungsbericht 2016, S. 94 f.

Abb. 34 Renten im internationalen Vergleich: Verbleibende Renten und private Vorsorgemaßnahmen

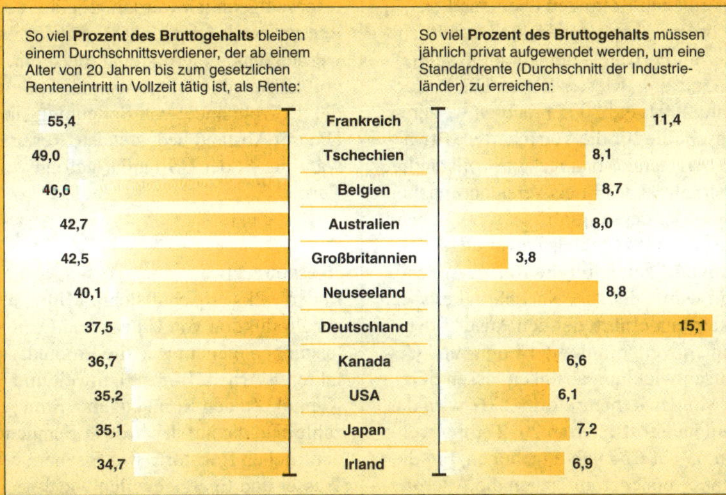

Quelle OECD, (Jahreswerte 2015)

Rentenpapiere

Im Börsenhandel festverzinsliche Wertpapiere wie etwa Bundesanleihen oder Bundesschatzbriefe, die auf dem Rentenmarkt gehandelt werden.

Rentenreform

Mit einer Vielzahl von Reformen der Rente sollte gesichert werden, dass die Menschen auch künftig eine ausreichende Rente erhalten können. Die gesetzliche Rentenversicherung, die in der Vergangenheit für die Absicherung des Alters der Arbeitnehmer und ihrer Angehörigen entscheidend war, steht vor Problemen: Die hohe Arbeitslosenzahl hat bei ihr zu erheblichen Einnahmeverlusten geführt, viele Beschäftigte nutzten außerdem die vom Gesetzgeber geschaffene Möglichkeit, frühzeitig in Rente zu gehen. Gleichzeitig werden die Rentnerinnen und Rentner immer älter, entsprechend erhalten sie länger Rente, während immer weniger Kinder geboren werden, sodass auf lange Sicht weniger Beiträge in die Rentenversicherung eingezahlt werden dürften, aber mehr Renten ausgezahlt werden müssen. Die Integration der Bürger der ehemaligen DDR ins bundesdt. Sozialsystem hat die gesetzliche Rentenversicherung zusätzlich finanziell belastet. Ausreichende Beitragserhöhungen, die Arbeitnehmer aber auch die Arbeitgeber belastet hätten, wurden in der Folge politisch verhindert. Bis zum Jahr 2020 darf der Höchstbeitrag des Rentenniveaus nicht über 20 % und bis zum Jahre 2030 nicht über 22 % steigen. Das wurde per Gesetz festgelegt. Mit Gesetzesreformen und kurzfristigen Einsparmaßnahmen hat man 2001 den jährlichen Rentenanstieg für die Zukunft deutlich verringert. Entstehende Rentenlücken sollen die Beschäftigten mit eigenen Beiträgen über staatlich geförderte, kapitalgedeckte betriebliche oder/und private Altersvorsorge schließen, die sog. Riester-Rente. Die R. der Jahre 2004 und 2005 brachten weitere Einschnitte für die Versicherten. Etwa die den Rentnern auferlegte vollständige Übernahme des Pflegeversicherungsbeitrags oder der Wegfall von schulischen Ausbildungszeiten als bewertete Anrechnungszeiten für die Rente. Außerdem wurde der sog. Nachhaltigkeitsfaktor eingeführt, der den Anstieg der Renten weiter hinter der Lohn- und Gehaltsentwicklung absinken lassen dürfte. Mit der Rentenreform 2007 wird das Renteneintrittsalter ab 2012 stufenweise von 65 auf 67 Jahre angehoben, um die Rentenversicherung gegen die Alterung der Bevölkerung abzusichern. Ziel ist es, die umlagefinanzierte gesetzliche Rentenversicherung auf niedrigerem Niveau langfristig zu sichern, wobei künftig die kapitalgedeckte betriebliche Alterssicherung und private Zusatzvorsorge immer mehr an Bedeutung gewinnen werden. Die Rentenreformen finden allerdings auch Kritik. Profitieren würden von den Reformen v. a. Arbeitgeber, Banken und Versicherungen. Die Senkung des Niveaus der gesetzlichen Rente durch einen willkürlich festgelegten Beitragssatz sei verfehlt und werde künftig selbst bei langjährigen Beitragszahlerinnen und Beitragszahlern zu großer Altersarmut führen. Richtig sei es dagegen, die gesetzliche Rentenversicherung als solidarisches Sicherungssystem auszubauen.

➡ Rentenanpassung ➡ Rentenformel

Rentenversicherung

➡ Gesetzliche Rentenversicherung

Reservewährung

Währungen oder Sonderziehungsrechte, die von Zentralbanken als Devisenreserven gehalten werden, um die internationale Liquidität zu sichern. Es werden dabei international meist nur voll konvertible Währungen akzeptiert, die im Welthandel von Bedeutung sind. Die mit Abstand bedeutendste Reservewährung ist der US-Dollar gefolgt vom Euro.

➡ Konvertibilität

Ressourcen

In der Volkswirtschaftslehre Mittel, die zur Produktion von Gütern und Dienstleistungen dienen; v. a. die Produktionsfaktoren Arbeit, Boden, Umwelt und Kapital. Zu den R. im engeren Sinn zählt man die auf der Erde vorhandenen natürlichen Rohstoffe wie Eisenerz oder Wasser und Energiequellen wie etwa Rohöl. Bildung und Forschung gehören zu den gesellschaftlichen R., die eine sich im ökonomischen Sinn entwickelnde Produktion von Gütern ermöglichen.

Restposten der Zahlungsbilanz

Bezeichnung für Transaktionen, die in der Zahlungsbilanz statistisch nicht erfasst bzw. nicht weiter aufgegliedert werden.

Rettungspaket für Banken

Bezeichnung für das Finanzmarktstabilisierungsgesetz, das im Oktober 2008 vom Bundestag verabschiedet wurde, um die Finanzmärkte nach dem Bankrott der Investmentbank Lehman Brothers vor dem Kollaps zu bewahren. Das R. besteht aus drei Komponenten. Die wichtigste ist die Bereitstellung von 400 Mrd. € für Bürgschaften. Diese übernimmt der Staat für die Ausgabe von Bankschuldverschreibungen, die damit staatlich garantiert sind. Ferner

Abb. 35 Deutsche Rettungsprogramme zur Stabilisierung der Finanzmärkte

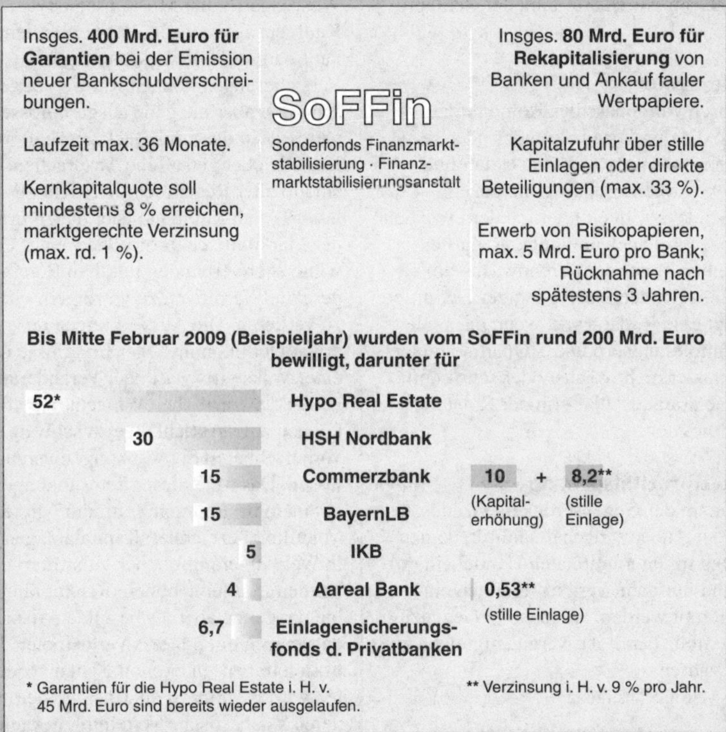

Quelle Bundesbank

besteht die Möglichkeit, dass der Staat den Banken Eigenkapital von bis zu 10 Mrd. € pro Bank zur Verfügung stellt. Hierfür wurden 80 Mrd. € zur Verfügung gestellt. Schließlich ist auch der Aufkauf notleidender Schuldtitel möglich. Keine dieser Leistungen ist kostenlos, sondern an schmerzhafte Bedingungen geknüpft: Staatliche Garantien gibt es nur gegen marktübliche Gebühren und Eingriffe in den Geschäftsablauf, Eigenkapital nur gegen Eigentumstitel der Bank (je nach Rechtsform Stamm- und Vorzugsaktien oder Genussscheine). Zudem behält sich der Staat im Gegenzug für diese Leistung Eingriffe in die Vergütung der Bankangestellten, der Boni, der Dividendenausschüttungen und den Geschäftsablauf vor.

Rettungsschirm

Populärer Ausdruck für ESM und EFSF.

→ EFSF → ESM

Return on Investment (ROI)

Gewinn eines Betriebes im Verhältnis zum eingesetzten Kapital. R. ist eine Maßzahl zur Beurteilung der Rentabilität.

Rezession

Abschwungphase des Konjunkturzyklus, die durch stagnierendes oder sogar negatives Wirtschaftswachstum und rückläufige Beschäftigung gekennzeichnet ist. In einigen Ländern wie den USA wird auch ein längeres Zurückbleiben hinter dem Trendwachstum als R. bezeichnet. Nach gängiger Definition liegt eine R. dann vor, wenn das reale Bruttoinlandsprodukt 2 Quartale hintereinander nicht wächst oder schrumpft. Eine dramatische Form der R. ist die Depression.

Reziprozitätsprinzip

Prinzip der Gegenseitigkeit. Grundsatz in der Außenwirtschaftspolitik, demzufolge im internationalen Handel einem Land nur dann Vergünstigungen eingeräumt werden, wenn es im Gegenzug ebenfalls bereit ist, Vergünstigungen zu gewähren.

➟ Meistbegünstigung

Riester-Rente

Verbreitete Bezeichnung für die staatliche Förderung von privater zusätzlicher Altersvorsorge. Sie wurde am 1.1.2002 in der Amtszeit von Walter Riester (* 27.9.1943) eingeführt, des damaligen Bundesministers für Arbeit und Sozialordnung (1998–2002). Daher der Name.

➟ Private Altersvorsorge

Risiko

Das R. ist Bestandteil der Marktwirtschaft. Neben der Chance auf Gewinn sind Unternehmer mit einer Fülle von R. konfrontiert: z. B. Produktions-, Absatz-, Preis-, Kapital-, Konjunktur-, Inflations-, Liquiditäts-, Steuer- oder Währungsrisiken. Mit Marktanalyse, Kaufvertragsklauseln, Risikoprämien, kaufmännischer Sorgfalt und geeigneten Versicherungen können R. zwar eingeschränkt, aber nie ganz ausgeschlossen werden. Zu diesem Zweck geschaffene Kartelle oder getroffene Absprachen sind in aller Regel rechtlich nicht zulässig. Auch Kapitalanleger haben in der Marktwirtschaft die Chance auf Gewinn, aber verbunden mit dem R., eingesetztes Vermögen zu verringern oder zu verlieren. Die Auswirkungen unerwarteter ökonomischer Ereignisse in einer Volkswirtschaft oder Veränderungen in der staatlichen Wirtschaftspolitik können z. B. Aktienkurse zu schwer vorhersehbaren Schwankungen veranlassen. Das Maß dieser Schwankungen in einem bestimmten Zeitraum wird als Volatilität bezeichnet. Kapitalanlagen in Wertpapiere mit hoher Volatilität können zwar eine höhere Risikoprämie bieten, gelten aber als besonders riskant, da sie auch ein höheres Verlustpotenzial in sich tragen. In ökonomischen Modellen wird R. zumeist als Unsicherheit, deren stochastische Verteilung bekannt ist, erfasst.

Risikoaufschlag

Zinsunterschied zwischen dt. Staatsanleihen und anderen Papieren. Staatsanleihen sind festverzinsliche Wertpapiere und werden an der Börse gehandelt. Dem Käufer wird der Anspruch auf Rückzahlung zu einem festen Zinssatz und zu einem bestimmten Zeitpunkt garantiert. Je höher das Risiko, dass der ausgebende Staat das Geld nicht zurückzahlen kann, umso höher ist der Zinssatz. Auch die Kreditausfallversicherung (CDS) kann ein Signal sein: Je höher die Prämie für diese Versicherungen, desto höher schätzt der Markt das Risiko ein. Als besonders sicher gelten dt. Staatsanleihen und sind deswegen oft der Vergleichsmaßstab. Vergleicht man deren Rendite mit anderen Staatsanleihen, kann man ablesen, für wie wahrscheinlich Investoren einen Zahlungsausfall ansehen. Der R. wird auch »Spread« genannt.

Risikokapital

[Auch: Wagniskapital] bezeichnet ganz allgemein Geld, das in Wirtschaftsunternehmungen investiert wird. Solche Kapitalanlagen bieten die Chance auf Erträge, sind allerdings oft mit hohem Risiko verbunden.

Risikomanagement

Wird von Banken und anderen Finanzmarktakteuren betrieben. Es soll verhindern, dass die durch Finanzanlagen eingegangenen finanziellen Risiken das eigene Unternehmen gefährden.

Risikoprämie

Finanzieller Ausgleich für ein übernommenes Risiko. Die R. für das allgemeine vom Unternehmer getragene Risiko (Ausfall von Forderungen etc.) wird häufig als Aufschlag in die Verkaufspreise kalkuliert und ist damit Teil des Unternehmergewinns. Bei riskanten Kapitalanlagen wird auch der Zinsaufschlag, den die Anleger einfordern können, als R. bezeichnet.

Ruinöse Konkurrenz

Wenn wenige große Wettbewerber auf dem Markt versuchen, sich gegenseitig mit immer niedrigeren Angebotspreisen unter den Selbstkosten vom Markt zu drängen und damit den eigenen Ruin riskieren.

➠ Oligopol

Rüstungsausgaben

Erstmals seit 4 Jahren sind 2015 die weltweiten Rüstungsausgaben wieder gestiegen. Insgesamt betrugen sie in diesem Jahr laut SIPRI (**S**tockholm **I**nternational **P**eace **R**esearch **I**nstitute) 1.676 Mrd. US-$ (1,5 Bio. €). Mit 596 Mrd. US-$ und weitem Abstand vor allen übrigen Ländern weisen die USA die höchsten Rüstungsausgaben auf. Es folgt China mit 215 Mrd. US-$ vor Saudi-Arabien mit 87,2 Mrd. US-$ und Russland mit 66,4 Mrd. US-$. Deutschland liegt bei den R. hinter Großbritannien, Indien, Frankreich und Japan mit 39,4 Mrd. US-$ an 9. Position. An den weltweiten Rüstungsexporten der Jahre 2011–2015 hatten die USA laut SIPRI einen Anteil von 33 % vor Russland mit 25 %. Die beiden Länder verantworten also in diesem Zeitraum mehr als die Hälfte aller internationalen Rüstungsexporte. Deutschland findet sich hinter China und Frankreich mit 4,7 % an fünfter Stelle. Es wird daher weiter zu den großen Waffenlieferanten gezählt.

Sachkapital

Bezeichnet die Gesamtheit aller Produktionsmittel eines Unternehmens, d. h. materielle Güter. S. besteht aus Anlagen, Maschinen, Gebäude und Grundstücken, die für die Produktion verwendet werden. Im Unternehmenskreislauf wird Geldkapital oft in S. verwandelt und neben Arbeit werden diese Sachgüter auch im Produktionsprozess verwendet. In jeder Bilanz und jedem Jahresabschluss stehen sich die Positionen Kredit und Geldkapital sowie S. gegenüber. Wobei das S. auf der Aktivseite zu finden ist. Dadurch wird u. a. der Wert des Unternehmens berechnet.

Tab. 16 Sachverständigenrat

Derzeitige Besetzung des Sachverständigenrates (gewählt für 5 Jahre)
Vorsitzender: Prof. Dr. Christoph M. Schmidt, Ph. D. [* 25.8.1962; Uni Bochum (seit 2002); Präsident des RWI Essen (seit 2002). Im Rat seit März 2009. Vorsitz seit März 2013]
Prof. Dr. Peter Bofinger [* 18.9.1954; Uni Würzburg (seit 1992). Im Rat seit März 2004]
Prof. Dr. Lars P. Feld [* 9.8.1966; Universität Freiburg, Leiter des Walter-Eucken-Instituts Tübingen. Im Rat seit März 2011]
Prof. Dr. Isabel Schnabel [* 9.8.1971; Uni Mainz (2007–2015), Uni Bonn (seit 2015). Im Rat seit Juni 2014]
Prof. Volker Wieland, Ph. D. [* 3.2.1966; Uni Frankfurt a. M. (2000–2012). Im Rat seit März 2013]

Quelle www.sachverstaendigenrat-wirtschaft.de

Sachverständigenrat

Kurzform für den »Sachverständigenrat zur Begutachtung der gesamtwirtschaftlichen Entwicklung«. Der S. besteht seit 1963. Er soll die Urteilsbildung aller wirtschaftspolitisch Verantwortlichen, aber auch der Öffentlichkeit erleichtern. Zu seinen Aufgaben gehört die Untersuchung, wie in der Marktordnung gleichzeitig Stabilität des Preisniveaus, hoher Beschäftigungsstand und außenwirtschaftliches Gleichgewicht bei stetigem und angemessenem Wirtschaftswachstum gewährleistet werden können. Dabei soll auch die Bildung und Verteilung von Einkommen und Vermögen einbezogen sein. Jährlich zum 15. November leitet der S. der Bundesregierung sein Gutachten der Bundesregierung zu. Der S. besteht aus 5 Mitgliedern (den sog. »5 Weisen«), die über besondere wirtschaftswissenschaftliche Kenntnisse verfügen. Sie werden für einen Zeitraum von jeweils 5 Jahren auf Vorschlag der Bundesregierung vom Bundespräsidenten berufen. Häufig ist der S. kritisiert worden, die Gutachten seien nicht selten angreifbar und im Wesentlichen aus neoliberaler Perspektive geschrieben.

➠ Neoliberalismus

Saisonale Arbeitslosigkeit

➠ Arbeitslosigkeit

Saison-Kurzarbeitergeld

Finanzielle Hilfe – früher: Schlechtwettergeld, Winterbauförderung –, auf die Arbeitnehmer des Baugewerbes für die Dauer des Arbeitsausfalls in der Schlechtwetterzeit (1.12. bis 31.3.) Anspruch haben können. Dieser kann geltend gemacht werden, wenn der Betrieb von saisonbedingtem Arbeitsausfall betroffen ist, der Arbeitsausfall erheblich ist und ausschließlich durch Witterungsgründe verursacht wurde (SGB III, § 175).

➠ Kurzarbeitergeld

Säkulare Stagnation

Langanhaltende Wachstumsschwäche in den größeren Volkswirtschaften in der Folge der Finanzmarktkrise. Der Begriff stammt von Alvin Hansen (* 23.8.1887 † 6.6.1975) aus den 30er-Jahren des vorigen Jahrhunderts. Die jüngste Interpretation von S wurde wesentlich von Lawrence Henry »Larry« Summers (* 30.11.1954) geprägt. Demnach resultiert S. aus einem durch technologischen Wandel verursachten Nachlassen von Kapitalbedarf. In der Folge verfügen Unternehmen über eine hohe Liquidität, für die sie keine aus ihrer Sicht rentablen Anlagemöglichkeiten

finden. Damit geht aus Sicht dieser Theorie einher, dass der Gleichgewichtszins wegen des Überangebots an Geld sinkt und die Zentralbank folglich Mühe hat, über einen niedrigen Leitzins die Wirtschaft zu beleben. Mithin unterbleiben Investitionen und ein durchgreifender Wachstumsprozess kommt nicht in Gang. Allein eine expansivere Fiskalpolitik, die den Liquiditätsüberhang absorbiert, kann diesen Teufelskreis durchbrechen.
Diese Thesen sind umstritten. Paul Robin Krugman (* 28.2.1953) sieht die Wirtschaft in einer Liquiditätsfalle, in der niedrige Zinsen keine wirtschaftliche Belebung mehr zu erzeugen vermögen. Aber auch dann wäre eine expansivere Fiskalpolitik das Mittel der Wahl. Dagegen hält Kenneth S. Rogoff (* 22.3.1953) einen Schuldenüberhang sowohl bei den privaten Haushalten als auch beim Staat für die Ausgabenschwäche verantwortlich. Unter diesen Umständen ist eine sparsame Haushaltsführung wirtschaftspolitisch empfehlenswert.

Saving glut/Savings glut

➠ Sparschwemme

Schattenbanken

sind Unternehmen, die Finanzgeschäfte wie eine Bank betreiben, dabei allerdings nicht – wie Banken – von der Finanzaufsichtsbehörde kontrolliert werden. Banken können manche Geschäfte an spezialisierte S. auslagern und so Regulierungsmaßnahmen umgehen. Unter S. fallen beispielsweise Hedgefonds und Finanzinvestoren (Private Equity). Der Schattenbankenbereich war es auch, der die Finanzkrise 2007 mit auslöste. Die Mittelstandsbank IKB ging damals überraschend bankrott – Grund waren verborgene Milliardenrisiken in Zweckgesellschaften. Inzwischen wurden die Regeln für Banken deutlich verschärft, eine europ. oder gar internationale Regulierung der S. gibt es noch nicht. Es wird vermutet, dass viele Banken ihre risikoreichen Geschäfte weiterhin in S. auslagern, um höhere Gewinne zu erzielen. Der Bankenaufsicht fehlt ein Überblick über die Risiken im System, weil diese Geschäfte nicht in der Bilanz geführt werden. Rund 80 Bio. US-$ sollen auf den Schattenbankenmarkt entfallen. Da die Finanzkrise gezeigt hat, dass von S. systemische Risiken ausgehen können, wird inzwischen auf globaler Ebene sowie auf EU-Ebene eine Regulierung angestrebt.

Schattenwirtschaft

Sammelbezeichnung für alle wirtschaftlichen Tätigkeiten, deren Leistungen bei der Berechnung des Bruttoinlandsprodukts (BIP) nicht erfasst werden oder nicht erfasst werden können. Dazu zählen z. B. Schwarzarbeit, Steuerhinterziehung, Geschäfte ohne Rechnung auf dem Schwarzmarkt, Drogenschmuggel oder andere illegale Aktivitäten. Im erweiterten Sinne gehören zur S. Tätigkeiten wie Hausarbeit, Selbstversorgung, Nachbarschaftshilfe oder ehrenamtliche Leistungen. Der Umfang der S. in Deutschland für 2016 wird auf einen Anteil von 10,8 % gemessen am BIP geschätzt.

Scheinselbstständigkeit

S. liegt dann vor, wenn Erwerbstätige als Selbstständige geführt werden, obwohl sie wie Arbeitnehmer de facto abhängig beschäftigt sind. Für Arbeitgeber hat das den Vorteil, dass keine Sozialversicherungsbeiträge für die angeblich Selbstständigen abzuführen sind, die Arbeitnehmer aber verlieren damit an sozialer Sicherheit. Ein Beispiel wäre der Fall eines Arbeitnehmers, dem eine Kündigung nahegelegt wird, um die gleiche Arbeit bei seinem Arbeitgeber als Selbstständiger zu leisten. Im Einzelfall kann die Abgrenzung zwischen Selbstständigkeit bzw. S. allerdings schwierig sein. Um Klarheit zu schaffen, könnte z. B. nach § 7 a Abs. 1 SGB IV eine Entscheidung durch die dt. Rentenversicherung schriftlich beantragt werden, die unter Berücksichtigung aller Umstände abzuwägen hat, ob eine abhängige Beschäftigung oder Selbstständigkeit vorliegt.

Schiedsgerichte

sind nicht staatliche Gerichte, die einen Streit zwischen zwei Parteien rechtsverbindlich beilegen können. Auf die Anrufung eines klassischen S. müssen sich beide Parteien freiwillig verständigen. Internationale Schiedsgerichte hingegen sind oft Teil von Handelsabkommen zwischen Staaten. Investoren erhalten vor internationalen S. die Möglichkeit, Staaten zu verklagen, wenn sie ihre Rechte verletzt sehen. Unternehmen können so Schadensersatz fordern, wenn sie ihre Investitionen durch neue Gesetze oder Privatisierungen entwertet sehen. Die Schiedsrichter werden von den beteiligten Parteien, etwa einem klagenden Unternehmen und einem beklagten Staat, benannt. So sieht etwa das Verfahren des Internationalen Zentrums zur Beilegung von Investitionsstreitigkeiten neben anderen möglichen Konstellationen die Möglichkeit vor, dass jeweils ein Schiedsrichter von jeder Partei und ein Schiedsrichter gemeinsam benannt wird. Ähnlich wie in einem staatlichen Gerichtsverfahren werden im Prozess Zeugen gehört, Plädoyers vorgetragen und Gutachten herangezogen. In Deutschland klagte Vattenfall wegen der Abschaltung der Kernkraftwerke im Zuge der Energiewende gegen Deutschland, der Streitwert beläuft sich auf 4,7 Mrd. € plus Zinsen. Die Verhandlung ist inzwischen öffentlich und wird über das Netz als Video verfügbar gemacht. Kritiker monieren den nicht staatlichen Charakter und die Intransparenz privater internationaler S, vor allem im Hinblick auf Handelsabkommen, die die Einsetzung von S. vorsehen, wie CETA oder TTIP. Der Staat gebe die Macht Recht zu sprechen zugunsten privater Institutionen aus der Hand, so die Kritik. Weiterhin wird der nicht öffentliche Charakter der Verhandlungen kritisiert.

Schlechtwettergeld

➡ Saison-Kurzarbeitergeld

Schlichtung

Verfahren zur Beilegung von streitigen Tarifauseinandersetzungen zwischen Arbeitgeberverbänden und Gewerkschaften. Wenn Tarifverhandlungen gescheitert sind, kann durch die Einschaltung mehrerer unbeteiligter, aber von beiden Seiten akzeptierter Vermittler (Schlichter) versucht werden, doch noch eine Einigung zu erreichen. Ein Arbeitskampf ist in diesem Fall erst dann möglich, wenn die Kompromissvorschläge der Schlichter nicht die Zustimmung beider Tarifpartner finden.

➡ Streik

Schulden

Privatrechtlich die Verpflichtung aus einem Schuldverhältnis gemäß § 241 Bürgerliches Gesetzbuch (BGB). Der Schuldner ist verpflichtet, dem Gläubiger die vereinbarte Zahlung zu erbringen. In der Terminologie des unternehmerischen Bilanzrechts umfassen S. die Verbindlichkeiten und Rückstellungen. Die Verbindlichkeiten von Bund, Ländern und Gemeinden werden als Staatsschulden oder Staatsverschuldung bezeichnet.

➡ Fremdkapital

Schuldenbremse

Eine S. ist eine gesetzlich oder verfassungsmäßig verbindliche Regel, nach der öffentliche Haushalte im Falle von Schulden konsolidiert werden müssen. Die Regel besteht aus Vorschriften über Zeiträume, innerhalb derer eine Konsolidierung zu erreichen ist, und der Festlegung von Defizitgrenzwerten, die vom Gesetzgeber einzuhalten sind. I. d. R. scheitern S. an ihrer mangelnden konjunkturellen Flexibilität, da bei Konjunktureinbrüchen die Grenzwerte oder auch die Zeiträume meist nicht einzuhalten sind, ohne die Konjunkturkrise zu verschärfen. Zudem sind sie ein schwerwiegender Eingriff in das Budgetrecht des Parlaments. In Deutschland erhielt 2009 eine S. sogar Verfassungsrang. Demnach darf ab 2016 im Bund das strukturelle Haushaltsdefizit nicht höher als 0,35 % vom BIP sein. Die Bundesländer dürfen ab 2020 überhaupt keine strukturellen Defizite mehr aufweisen.

Schuldendienst

Bezeichnung für die Zins- und Tilgungszahlungen, die die Schuldner eines Kredits oder einer Anleihe zu festgelegten Terminen entrichten müssen. Entsprechend umfasst der S. der Entwicklungsländer die Zins- und Tilgungszahlungen, die aufgewendet werden müssen, um bei privaten Banken, anderen Staaten, Internationaler Währungsfonds (IWF) oder Weltbank aufgenommene Schulden wieder auszugleichen. I. d. R. werden dabei Zahlungen in harter Währung gefordert.

➡ International Monetary Fund

Schuldenquote

Der gesamte Bestand öffentlicher Schulden im Verhältnis zum Bruttoinlandsprodukt.

➡ Staatsverschuldung

Schuldenschnitt

[Auch: Hair-Cut oder harte Umschuldung] Teilerlass von Schulden, insbesondere auch Staatsschulden. Durch den S. soll ein Staat in die Lage versetzt werden, wieder handlungsfähig zu werden und letztendlich einen Teil seiner Schulden zurückzuzahlen. Der Erlass wird dann in Erwägung gezogen, wenn davon ausgegangen wird, dass der Staat seine Finanzen ohne den S. nicht sanieren kann. Durch die Maßnahme verlieren die Gläubiger einen Teil ihrer Forderungen, die Kreditwürdigkeit des Landes sinkt weiter und eine zukünftige Finanzierung am Kapitalmarkt wird zusätzlich erschwert. Griechenland wurden im Zuge der Staatsschuldenkrise mehr als 100 Mrd. € Schulden durch einen S. erlassen. Fast 86 % der privaten Gläubiger stimmten zu, Griechenland einen Teil seiner Schulden zu erlassen. Die Besitzer der Staatsanleihen erhielten neue Titel zu 53,5 % des Nennwerts mit geringerem Zins und längerer Laufzeit als die ursprünglichen Papiere.

➡ Hair-Cut

Schuldenstaaten

Bezeichnung für EU-Staaten, die nach gängiger Meinung vom Staatsbankrott bedroht sind oder künftig sein können. Immer wieder werden dabei die sog. »PIGS-Staaten« genannt.

➡ PIGS-Staaten

Schwarzarbeit

Mit S. werden allgemein unterschiedliche Arbeitsleistungen bezeichnet, bei

denen die Zahlung von Steuern und Sozialversicherungsbeiträgen vermieden werden soll. Als Schwerpunkte der S. gelten v. a. Großbaustellen der Bauwirtschaft, das Taxi- und Mietwagengewerbe, Reinigungs- und Spielhallenbetriebe, das Hotel- und Gaststättengewerbe sowie Privathaushalte. S. führt zu Einnahmeverlusten der öffentlichen Kassen und der gesetzlichen Sozialversicherung. S. ist ein Teil der sog. Schattenwirtschaft.
Keine S. sind hingegen Dienst- und Werkleistungen, die von Angehörigen oder Lebenspartnern, aus Gefälligkeit oder Nachbarschaftshilfe oder als Selbsthilfe ohne nachhaltige Absicht der Gewinnerzielung erbracht werden (§ 1, Abs. 3 SchwarzArbG).

Schwarze Null

Wirtschaftspolitischer Begriff für einen ausgeglichenen Staatshaushalt.

Schwarzmarkt

Entsteht z. B., wenn der Staat Höchstpreise und Rationierungen für knappe und begehrte Güter festlegt, aber ein Nachfrageüberhang durch Käufer vorhanden ist, die bereit sind, mehr als diese Höchstpreise zu zahlen. Es besteht dann ein Anreiz, Waren unter Umgehung staatlicher Vorschriften »schwarz« zu handeln.

➠ Schattenwirtschaft

Schwellenländer

Bezeichnung für ehemalige Entwicklungsländer, die an der Schwelle zu fortschreitender Industrialisierung stehen, aber noch nicht zu den Industrieländern gerechnet werden. Einheitliche Kriterien für diese Einstufung fehlen allerdings. Brasilien, China, Indien, Mexiko und Südafrika zählen zu den wichtigsten S.

Seigniorage

Erträge der Zentralbank und des Staates, die durch Geldschöpfung entstehen. Die Herstellungs- und Bereitstellungskosten eines 50-Euro-Scheines etwa dürften bei ca. 10 Ct. liegen. Der Differenzbetrag von 49,90 € ist dann der Banknotengewinn bzw. die S., wenn der Schein in Verkehr gebracht ist. Die Europäische Zentralbank (EZB) verteilt den Gewinn auf die nationalen Zentralbanken der Teilnehmerländer. Bei Münzen liegen die Prägekosten höher, entsprechend niedriger fällt hier die S. aus. Weil in der Bundesrepublik das Recht zur Münzprägung dem Staat zusteht, fließt diese S. dem Bundesfinanzminister zu. Eine weitere Quelle der S. sind Zinsgewinne der Zentralbank. Sie fallen an, weil Geschäftsbanken verpflichtet sind, verzinsliche Reserven bei der Zentralbank zu halten. Der Begriff S. leitet sich ab von frz. »seigneur« (Grundherr). Im Mittelalter lag das Recht zur Münzprägung meist bei Fürsten und Königen. Häufig wird S. als Anreiz für den Staat beschrieben, zu viel Geld zur Verfügung zu stellen, also die Inflation hochzuhalten. Bei einer unabhängigen Zentralbank ergibt sich dieses Problem allerdings nicht.

➠ Mindestreserve

Sektor

In der Ökonomie allgemein: ein bestimmter Ausschnitt des Wirtschaftsgeschehens, also ein Wirtschaftsbereich.

➠ Sektoren der Volkswirtschaft

Sektorale Strukturpolitik

➠ Strukturpolitik

Sektoraler Strukturwandel

➠ Strukturwandel

Sektoren der Volkswirtschaft

Aus klassischer Sicht die 3 Produktionssektoren der Volkswirtschaft:

- Primärer Sektor = Land- und Forstwirtschaft, Fischerei;
- Sekundärer Sektor = Industrie und Handwerk;
- Tertiärer Sektor = Dienstleistungsbereich (auch Handel, Banken, Versicherungen oder Staat).

Die volkswirtschaftliche Gesamtrechnung unterscheidet heute folgende Sektoren:

1. Nicht finanzielle Kapitalgesellschaften (AG und GmbH, Personengesellschaften wie OHG und KG, aber auch private Organisationen ohne Erwerbscharakter wie Krankenhäuser oder Pflegeheime sowie Wirtschaftsverbände).
2. Finanzielle Kapitalgesellschaften (Banken und Versicherungen).
3. Staat (Bund, Länder, Gemeinden und Versicherungen).
4. Private Haushalte (selbstständige Landwirte, Einzelunternehmer, Freiberufler usw.).
5. Private Organisationen ohne Erwerbscharakter (politische Parteien, Gewerkschaften, Kirchen, Wohlfahrtsverbände, Vereine).
6. Übrige Welt (Gesamtheit aller Wirtschaftseinheiten, die ihren ständigen Wohnsitz außerhalb des Wirtschaftsgebietes haben).

Sekundärmarktkäufe

Allg.: Käufe auf dem Sekundärmarkt, auf dem bereits emittierte Wertpapiere gehandelt werden. Davon abzugrenzen ist der Primärmarkt, auf dem neu emittierte Papiere gehandelt werden, und Unternehmen oder Staaten sich mit neuem Kapital eindecken können. Als Unterstützungs- und Rettungsmaßnahme für finanzschwache Staaten sind S. von Staatsanleihen durch Rettungsfonds oder die Zentralbanken relevant. Rettungsfonds oder Zentralbank erwerben dabei Staatsanleihen am Sekundärmarkt, um die Anleihen zu verteuern. Diese Maßnahme soll die Verzinsung neu emittierter Anleihen drücken, sodass Staaten sich günstiger verschulden können. Der EZB wird durch das »**O**utright **M**onetary **T**ransactions«-(OMT)-Programm S. in unbegrenzter Höhe ermöglicht. Die Besonderheit des OMT-Programms besteht darin, dass dem Ankauf im Rahmen des Programms keine Grenzen gesetzt sind. Seiner Ankündigung während der europ. Staatsschuldenkrise folgend, zu tun, was immer nötig sei (»whatever it takes«) um den Euro zu bewahren, setzte EZB-Chef Mario Draghi das Programm 2012 auf. Obwohl die EZB über andere Programme bereits S. tätigt, wurde das OMT bislang nicht aktiviert. Neben Staatsanleihen kauft die EZB im Rahmen des **C**orporate **S**ector **P**urchase **P**rogramme (CSPP) inzwischen auch Unternehmensanleihen auf dem Primär- und Sekundärmarkt. So soll die Wirtschaft auch dann mit billigem Geld versorgt werden, wenn Banken die niedrigen Zinsen der EZB nur zögerlich an Unternehmen weitergeben.

Selbstfinanzierung

S. liegt vor, wenn Gewinne oder Gewinnteile einer Unternehmung nicht an den Eigentümer oder die Gesellschafter ausgeschüttet werden, sondern als Finanzierungsquelle etwa für Investitionen herangezogen werden.

Selbstheilungskräfte des Marktes

Klassik, Neoklassik und Monetarismus vertrauen darauf, dass über einen funktionierenden Preis-, Lohn- und Marktmechanismus S. freigesetzt werden, die

z. B. in einer Rezession ohne staatliche Eingriffe zur Vollbeschäftigung führen. Der Keynesianismus hingegen verneint das und verweist auf das von Keynes beschriebene Gleichgewicht bei Unterbeschäftigung, das nur durch energische Maßnahmen der Wirtschaftspolitik zu beheben ist.

Selbstständige

Alle Erwerbstätigen, die in eigenem Namen und auf eigenes wirtschaftliches Risiko arbeiten, ihre Tätigkeit und die Arbeitszeit im Wesentlichen frei gestalten oder als Eigentümer oder Pächter eine eigene Betriebsstätte führen, wobei die Vergütung des S. von dem Gewinn abhängt, der mit den produzierten Waren oder Dienstleistungen erzielt wird. S. in diesem Sinn sind also z. B. Handwerker, Hausgewerbetreibende, selbstständig tätige Lehrer und Erzieher, Hebammen und Entbindungshelfer, Hoteliers oder Angehörige freier Berufe wie Ärzte oder Anwälte.

➠ Scheinselbstständigkeit

Shareholder-Value

S. kann mit »Wert für den Aktionär« übersetzt werden. Das dahinterstehende betriebswirtschaftliche Konzept fordert eine sog. wertorientierte Unternehmensführung, deren vorrangiges Ziel nicht die Maximierung des Unternehmensgewinns ist. Vielmehr gilt es, v. a. den Wert eines Unternehmens für den Eigenkapitalgeber, den Aktionär, an der Börse über steigende Aktienkurse zu maximieren und Dividendenansprüche ausreichend zu berücksichtigen. Langfristig soll dadurch die Wettbewerbsfähigkeit und Profitabilität des Unternehmens optimiert werden. Durch neue Vergütungssysteme – Aktienpakete oder Aktienoptionen – wurde das Interesse von Topmanagern an schnell steigenden Aktienkursen erweitert. Seit sich schon die Ankündigung, Beschäftigte entlassen zu wollen, für ein Unternehmen kurssteigernd an der Börse auswirkte, steht der S. in der Kritik. Er orientiere sich in der Praxis zu sehr an der Kapitalrendite der Aktionäre und berücksichtige zu wenig die Interessen aller am Wirtschaftsprozess Beteiligten, der Beschäftigten, der Betriebsräte, der Gewerkschaften, der Kunden, der Lieferanten oder der Standorte und Regierungen. Die Zukunft von Unternehmen sei gefährdet, wenn statt betrieblicher Innovationen die Steigerung des Aktienkurses und die Zahlung hoher Dividenden im Vordergrund stünden.

Short selling

[Dt.: etwas an der Börse leerverkaufen] Begriff für Spekulationsgeschäfte, die auch als Leerverkäufe bezeichnet werden.

➠ Leerverkäufe

Smart Factory

beschreibt die Produktionsstätte in der Industrie 4.0. Die S. zeichnet sich durch die Vernetzung von Produktionsprozessen aus. Die Idealvorstellung der S. wickelt die gesamte Lieferkette ohne menschlichen Eingriff ab. Bestellt ein Kunde ein Produkt, wird automatisch ein Produktionsauftrag erstellt, dessen Bearbeitung die S. selbst einleitet und bis zur Versendung an den Kunden überwacht. Innerhalb der S. kommunizieren Maschinen untereinander, Produkte mit Maschinen und Menschen mit Maschinen. Neben der Abwicklung des Produktionsprozesses ermöglicht die S. so auch die Überwachung von Maschinenzuständen zur Wartung. Die in der Produktion entstehenden und über Sensoren erfassten Daten können überall auf der Welt ausgewertet und zur Überwachung und

Verbesserung des Produktionsprozesses genutzt werden. Voraussetzung für die S. ist das Internet der Dinge, in dem Produktionsmaschinen und Produkte miteinander kommunizieren und Sensoren Informationen über den Zustand der Komponenten der S. liefern.

➡ Industrie 4.0 ➡ Internet der Dinge

Sockelarbeitslosigkeit

➡ Hysterese

SoFFin

➡ Sonderfonds Finanzmarktstabilisierung

Solidaritätszuschlag

Zur Finanzierung der Kosten der dt. Wiedervereinigung wird ein Zuschlag auf die Einkommensteuer und Körperschaftsteuer i. H. v. 5,5 % erhoben. Das **Sol**idaritäts**z**uschlag**g**esetz (SolzG) regelt die Bemessung und Erhebung des S. Das Aufkommen steht allein dem Bund zu.

Solidarpakt

Bezeichnung für die Einigung zwischen dem Bund und den alten Bundesländern, den ostdt. Ländern für den infrastrukturellen Nachholbedarf und die Angleichung der Lebensverhältnisse nach der Wende Finanzmittel im Rahmen des Länderfinanzausgleichs über Sonderbedarfs-Bundesergänzungszuweisungen von 1995 bis zum Jahre 2019 zu gewähren. Insgesamt werden es ca. 156 Mrd. € sein, mit denen die langfristige Sicherung des Aufbaus in den neuen Bundesländern erreicht werden soll. Eine deutliche Verringerung des Mittelzuflusses setzt allerdings ab 2009 ein. Von 1990–1994 waren nicht zweckgebundene Leistungen von insgesamt 82,2 Mrd. € über den Fonds Deutsche Einheit in die neuen Länder geflossen.

Solo-Selbstständige

sind Selbstständige, die keine Mitarbeiter beschäftigen. Während es 1991 in Deutschland noch ca. 1,3 Mio. S. gab, arbeiteten 2012 2,4 Mio. Menschen in dieser Form der Erwerbstätigkeit, bis 2014 sank die Zahl auf 2,3 Mio. Anders als zu Anfang der 90er-Jahre übersteigt die Zahl der S. heute die der Selbstständigen mit Beschäftigten. Das erzielte Einkommen liegt im Durchschnitt unter dem der Arbeitnehmer, das durchschnittliche Vermögen darüber. Etwa die Hälfte der S. in Deutschland zahlen nicht in die private oder gesetzliche Altersversicherung ein. Mehr als ein Drittel der S. können aus den laufenden Einkommen keine Ersparnisse bilden.

Sonderabschreibung

➡ Abschreibung

Sonderfonds Finanzmarktstabilisierung (SoFFin)

Hilfsfonds für durch die in der Finanzmarktkrise 2008 in Schwierigkeiten geratene Banken und Versicherungen. Bewilligen kann der Fonds Garantien bis zur Höhe von 400 Mrd. €. Außerdem kann er Beteiligungen an Finanzunternehmen erwerben und Vergütungen für Garantien erheben. Das Bundesfinanzministerium kann zur Finanzierung Kredite bis zur Höhe von 70 Mrd. € aufnehmen. Wenn der Haushaltsausschuss des Deutschen Bundestages zustimmt, kann dieser Rahmen um 10 Mrd. € ausgeweitet werden. Geschaffen wurde der Fonds am 17.10.2008 durch das Finanzmarktstabilisierungsgesetz.

Sondervermögen

Vermögensmasse von Bund, Ländern oder Gemeinden, die zur Erfüllung besonderer Aufgaben herangezogen wird. Als Ausnahme vom Haushalts-

Abb. 36 Hilfe aus dem Rettungsfonds: Die Rettungspakete der deutschen Bundesregierung

Quelle Eigene Darstellung der Autoren

grundsatz Einheit und Vollständigkeit sind für das S. im Haushaltsplan nur die Zuführungen und Ablieferungen aufzustellen. Die vollständigen Einnahmen und Ausgaben ergeben sich hier aus besonderen Haushalts- und Wirtschaftsplänen (§ 26 BHO).

➟ Haushaltsgrundsätze

Sonderwirtschaftszone

beschreibt einen Bereich, in dem der Staat günstige Konditionen für Unternehmen anbietet. Regularien, die normalerweise im Land gelten, können ausgesetzt oder abgemildert sein. Vor allem niedrigere Steuern oder Zollfreiheit sollen Investoren in strukturschwache Gebiete locken, die wirtschaftliche Entwicklung fördern und Arbeitsplätze schaffen. S. können zu Steuerausfällen und Wettbewerbsverzerrungen führen, Sozial- und Umweltstandards können ebenfalls betroffen sein. Während der Wendezeit wurde die Einführung von

S. in den neuen Bundesländern diskutiert und verworfen. In der EU existieren mehrere S. in Polen. In China gibt es zahlreiche, teils sehr ausgedehnte S., die wesentlich zur wirtschaftlichen Entwicklung des Landes beigetragen haben. Das Land setzt seit 1978 auf die Etablierung dieser Zonen, in der ausländische Unternehmen mit niedrigen Arbeitskosten und Steuervergünstigungen gelockt werden.

Sonderziehungsrechte (SZR)

S. ist die Bezeichnung für die offizielle Rechnungseinheit des Internationalen Währungsfonds (IWF). Die Kredite des IWF an Mitgliedsländer werden in S. vergeben. Der Wert eines S. richtet sich nach dem Marktwert eines Währungskorbs, der feste Beträge der 5 wichtigsten Weltwährungen US-Dollar (US-$), Euro (€), Yen (¥), Renminbi (Yuan; Abk. RMB) und brit. Pfund (£) enthält und täglich neu festgesetzt wird.

Sorten

Banknoten und Münzen ausländischer Währungen.

➡ Devisen

Sozialabbau

Begriff für das Ergebnis einer Wirtschaftspolitik, die umfassende Kürzungen im System der sozialen Sicherung durchsetzt.

Sozialabgaben

Beiträge der versicherungspflichtig Beschäftigten und der Arbeitgeber zur Renten-, Arbeitslosen-, Kranken- und Pflegeversicherung. Bei der Berechnung des Beitrags wird das versicherungspflichtige Arbeitsentgelt bis zur Beitragsbemessungsgrenze berücksichtigt. Für die Teile des Gehalts, die über dieser Grenze liegen, müssen keine Beiträge mehr entrichtet werden. Grundsätzlich werden die zu entrichtenden Beiträge je zur Hälfte von Arbeitnehmer und Arbeitgeber getragen. Es gibt allerdings Ausnahmen. Von Mitgliedern der gesetzlichen Krankenversicherung etwa wird ein zusätzlicher Beitrag i. H. v. 0,9 % der Beitragsbemessungsgrenze erhoben. Er ist allein vom Arbeitnehmer aufzubringen.

Sozialabgabenquote

Summe der Sozialabgaben im Verhältnis zum Bruttoinlandsprodukt.

Sozialbeiträge

➡ Sozialabgaben

Sozialbudget

Eine Aufstellung aller Sozialleistungen und ihrer Finanzierung. Die Leistungen werden nach Funktionen unterschieden und erbracht für

- Krankheit und Invalidität;
- Alter und Hinterbliebene;
- Kinder, Ehegatten und Mutterschaft;
- Arbeitslosigkeit;
- Sonstige.

Finanziert werden die Sozialleistungen durch die Sozialbeiträge der Arbeitgeber und der Versicherten sowie durch Zuschüsse des Staates. Die Bundesregierung berichtet jährlich über das aktuelle S. Im Jahr 2015 betrugen die Sozialleistungen insgesamt 888,2 Mrd. €.

Soziale Gerechtigkeit

S. als staatliches Ziel wird aus dem Sozialstaatsgebot des Art. 20, Abs. 1 GG abgeleitet, der die Bundesrepublik zu einem sozialen Bundesstaat erklärt. Jedem soll ein Leben in Würde, Selbstachtung und mit Teilhabe an der Gemeinschaft garantiert werden. Die Verpflichtung des Staates zu einer gerechten Sozialordnung verlangt auch, Ungleichgewichte in der ökonomischen Verteilung auszugleichen. Eine unfaire Einkommensverteilung hat der Staat durch eine Besteuerung mit Umverteilungswirkungen abzumildern. Auch die soziale Marktwirtschaft enthält diesen Grundgedanken.

➠ Soziale Marktwirtschaft ➠ Sozialstaat

Soziale Kosten

Externe volkswirtschaftliche Kosten.

➠ Kosten

Soziale Marktwirtschaft

Leitbild der dt. Wirtschaftsordnung nach 1948, das von Ludwig Erhard (* 4.2.1897 † 5.5.1977) und Alfred Müller-Armack (* 28.6.1901 † 16.3.1978) geprägt wurde. Der vom Ordoliberalismus ausgehende Grundgedanke war, die Leistungsfähigkeit einer freien Wettbewerbswirtschaft mit einer Politik des sozialen Ausgleichs zu verbinden. Zu den wichtigsten Aufgaben des Staates in der S. gehört die Schaffung einer Rechtsordnung, in deren Rahmen die freie wirtschaftliche Betätigung, das Privateigentum an Produktionsmitteln, freie Preisbildung und die Erhaltung eines freien marktwirtschaftlichen Wettbewerbs gewährleistet sind. Kartelle oder Monopole, zerstörerischer Wettbewerb und Arbeitslosigkeit sollen verhindert werden.
Der Staat ist allerdings aufgerufen, für soziale Gerechtigkeit, soziale Sicherheit und sozialen Fortschritt zu sorgen. Dazu gehört etwa die Erarbeitung einer geeigneten Arbeits- und Sozialordnung, eine aktive Sozialpolitik, die Gestaltung der sozialen Sicherungssysteme (Renten-, Kranken-, Arbeitslosen-, Pflege- und Unfallversicherung), die Korrektur unfairer Einkommensverteilung z. B. durch eine progressive Einkommensteuer oder andere steuerrechtliche Maßnahmen. Von den Unternehmern wird soziales Verantwortungsbewusstsein verlangt.
Das Ziel der von Erhard und Müller-Armack konzipierten S. war der Wohlstand für alle bei bestmöglicher sozialer Absicherung. Sie führte in der Nachkriegszeit zu einem nie gekannten Wohlstand und zu sozialer Sicherheit breiter Bevölkerungsschichten. Unter dem Eindruck der Massenarbeitslosigkeit ist die von der europ. und dt. Politik gestaltete S. in der heutigen Form zunehmend umstritten.

➠ Soziale Gerechtigkeit ➠ Sozialpolitik
➠ Sozialstaat

Sozialer Wohnungsbau

Der S. verschaffte Millionen von Menschen in der Nachkriegszeit ein Dach über dem Kopf. Ziel des späteren Wohnraumförderungsgesetzes (2002) sind Haushalte, die am Markt keine angemessene Wohnung erhalten und auf Unterstützung angewiesen sind. Gefördert werden soll der Mietwohnraum für Haushalte mit geringem Einkommen, für Familien mit Kindern, Alleinerziehende, ältere Menschen, Behinderte, Wohnungslose oder andere Hilfsbedürftige. Auch die Bildung selbst genutzten Wohneigentums kann unter bestimmten sozial geprägten Voraussetzungen gefördert werden. Im Zuge der Föderalismusreform wurde am 1.9.2006 die Zuständigkeit der sozialen Wohnraumförderung vom Bund auf die Länder übertragen.

➠ Sparförderung

Sozialgesetzbuch (SGB)

Im SGB wurden seit 1969 zahlreiche Sozialleistungsgesetze zusammengefasst und zu einem zusammenhängenden Gesetzeswerk fortentwickelt.

Es enthält 12 Bücher, die als jeweils eigenständige Gesetze gelten:

- SGB I: Allgemeiner Teil;
- SGB II: Grundsicherung für Arbeitssuchende;
- SGB III: Arbeitsförderung;
- SGB IV: Gemeinsame Vorschriften für die Sozialversicherung;
- SGB V: Gesetzliche Krankenversicherung;
- SGB VI: Gesetzliche Rentenversicherung;
- SGB VII: Gesetzliche Unfallversicherung;
- SGB VIII: Kinder- und Jugendhilfe;
- SGB IX: Rehabilitation und Teilnahme behinderter Menschen;
- SGB X: Sozialverwaltungsverfahren und Sozialdatenschutz;
- SGB XI: Soziale Pflegeversicherung;
- SGB XII: Sozialhilfe.

Weitere Gesetze sollen künftig noch in das SGB eingeordnet werden, darunter das Bundesausbildungsförderungsgesetz, das Gesetz über die Krankenversicherung der Landwirte, das Bundeskindergeldgesetz, das Unterhaltsvorschussgesetz und das Altersteilzeitgesetz.

Sozialhilfe

Vorwiegend Geld-, aber auch Sach- und Beratungsleistungen, die seit dem 1.1.2005 auf der rechtlichen Grundlage des 12. Sozialbuchgesetzes (SGB XII) gewährt werden. Die S. soll den Leistungsempfängern, die nicht in der Lage sind, ihren Lebensunterhalt aus eigener Kraft zu bestreiten und keine Hilfe Dritter erhalten, ein Leben in Menschenwürde ermöglichen (Art. 1 GG i. V. m. Art. 20 GG: Sozialstaatsgebot). Die örtlichen Träger der S. sind meist die kreisfreien Städte und die Landkreise. Die S. umfasst u. a. Hilfe zum Lebensunterhalt, Hilfen zur Gesundheit, Eingliederungshilfen für behinderte Menschen, Hilfe zur Pflege und zur Überwindung besonderer sozialer Schwierigkeiten. Der Bedarf des notwendigen Lebensunterhalts wird nach Regelsätzen erbracht, die am aktuellen Rentenwert ausgerichtet sind. Es sind daher Forderungen laut geworden, die jährliche Anpassung der Regelsätze müsse die Steigerung der Lebenshaltungskosten berücksichtigen. Auch die für Schüler maßgebliche Regelleistung der S. sei zu erhöhen, um die Beschaffung von besonderen Lernmitteln zu ermöglichen.

➠ Soziale Gerechtigkeit

Sozialistische Marktwirtschaft

Wirtschaftsordnung, die aus einer Kombination von Elementen der Zentralplanwirtschaft und der Marktwirtschaft besteht. China hat 1992 als Ziel seiner Wirtschaftsreformen die sozialistische Marktwirtschaft genannt. Der schrittweise Übergang zur Marktwirtschaft, z. B. über die Gewährung von weitgehend freier Preisbildung oder von Konkurrenz zwischen Staatsbetrieben, setzte große Wachstumskräfte frei. Trotz Annäherungen an die freie Marktwirtschaft besteht die chin. Regierung auf der Schlüsselrolle des Staates in der Wirtschaft Chinas.
Auch die Wirtschaft des einst kommunistischen Vietnams könnte man auf dem Weg zur S. sehen. Das vietnamesische Wirtschaftssystem ist eine Mischung von Staats- und Privatbetrieben. Staatsbetriebe sollen künftig beschleunigt privatisiert, wichtige Schlüsselunternehmen jedoch im Besitz des Staates verbleiben. In der Vergangenheit war die Wirtschaftsordnung der Arbeiterselbstverwaltung im ehemaligen Jugoslawien eine Form S.

Sozialleistungen

→ Sozialbudget

Sozialleistungsquote

Alle Sozialleistungen in % des Bruttoinlandsproduktes.

Sozialplan

Vereinbarung zwischen Betriebsrat und Unternehmer über einen Ausgleich oder die Milderung wirtschaftlicher Nachteile, die Arbeitnehmer in Betrieben mit mehr als 20 Beschäftigten durch geplante Betriebsänderungen erleiden (§ 112 und 112 a BetrVG). Der Unternehmer hat den Betriebsrat rechtzeitig und umfassend zu unterrichten, wenn wesentliche Nachteile auf die Belegschaft etwa durch die geplante Stilllegung, Einschränkung, Verlegung des Betriebs oder andere grundlegende Änderungen zukommen (§ 111 BetrVG). Der zwischen Betriebsrat und Unternehmer schriftlich vereinbarte S. kann z. B. Abfindungsregelungen bei Verlust des Arbeitsplatzes, Versetzungen, Maßnahmen der Umschulung und Qualifikation enthalten. Er hat die verbindliche Wirkung einer Betriebsvereinbarung. Kommt eine Einigung zwischen Arbeitgeber und Betriebsrat über einen Interessenausgleich nicht zu Stande, so entscheidet die Einigungsstelle über den S. Sie hat dabei sowohl die sozialen Belange der betroffenen Arbeitnehmer als auch die wirtschaftlichen Interessen des Unternehmens zu beachten.

Sozialpolitik

Sammelbegriff für Maßnahmen und Leistungen der sozialstaatlichen Politik und für nicht staatliche Sozialleistungen von Trägern wie Wohlfahrtsverbänden, Kirchen, Gewerkschaften oder ehrenamtlichen Einrichtungen. Die Bundesregierung gibt jährlich im Sozialbudget einen Bericht über das Spektrum an Leistungen für Alter, Gesundheit, Ehe und Familie und Beschäftigte sowie über die Finanzierung der sozialen Sicherung. Sie betrug 2015 rund 888 Mrd. €. Ob allerdings der Sozialstaat zu teuer ist und reduziert werden muss, wie es Vertreter von Wirtschafts- und Arbeitgeberverbänden fordern, lässt sich erst beantworten, wenn den Kosten der Nutzen gegenübergestellt wird. Eine erfolgreiche S. gilt als Voraussetzung politischer Stabilität und als produktiver Faktor wirtschaftlicher Leistungsfähigkeit. Der Sozialstaat, den das Grundgesetz garantiert, ist nach

Tab. 17 Bundesminister für Arbeit und Soziales

Minister/in	Amtszeit
Anton Storch (CDU)	1949–1957
Theodor Blank (CDU)	1957–1965
Hans Katzer (CDU)	1965–1969
Walter Arendt (SPD)	1969–1976
Dr. Herbert Ehrenberg (SPD)	1976–1982
Heinz Westphal (SPD)	1982
Dr. Norbert Blüm (CDU)	1982–1998
Walter Riester (SPD)	1998–2002
Wolfgang Clement (SPD)	2002–2005
Ulla Schmidt (SPD)	2002–2005
Franz Müntefering (SPD)	2005–2007
Olaf Scholz (SPD)	2007–2009
Dr. Franz Josef Jung (CDU)	2009
Dr. Ursula von der Leyen (CDU)	2009–2013
Andrea Nahles (SPD)	2013–2017
N. N.	seit 2017

Ansicht seiner Anhänger deshalb in einer Finanzierungskrise, weil die dt. und europ. Wirtschaftspolitik zu einer hohen Arbeitslosigkeit geführt habe, die von den sozialen Sicherungssystemen aufgefangen werden müsse.

Sozialprodukt

→ Bruttosozialprodukt

Sozialstaat

Art. 20 GG legt fest: Die Bundesrepublik Deutschland ist ein demokratischer und sozialer Bundesstaat. Das Sozialstaatsgebot gehört damit zur Verfassungsordnung. Eine Änderung des Grundgesetzes mit dem Ziel, dieses Prinzip zu beseitigen, ist nach Art. 79, Abs. 2 GG unzulässig. Das Grundgesetz verpflichtet also zum Aufbau eines Staates, der in Gesetzgebung, Verwaltung und Rechtsprechung soziale Gerechtigkeit und soziale Sicherheit verbunden mit einer Milderung ökonomischer Ungleichverteilung zu verwirklichen sucht. Eine wichtige Rolle im sozialstaatlichen System spielt die Sozialpolitik, über deren Leistungsspektrum die Bundesregierung jährlich im Sozialbudget berichtet.

Der Sozialstaat wird zunehmend kritisiert, seine Leistungen seien zu hoch und böten so keine Anreize etwa für Arbeitslose, eine Erwerbstätigkeit aufzunehmen. Als Folge stecke der Sozialstaat in Finanzierungsschwierigkeiten. Dabei ist allerdings zu berücksichtigen, dass der Sozialstaat Millionen von Arbeitslosen auffangen und verkraften muss, die trotz aller Anstrengung keinen Arbeitsplatz finden.

→ Soziale Gerechtigkeit

Sozialversicherung

Wichtigster Teil des sozialen Netzes in Deutschland. Über 90 % der Bevölkerung sind sozialversichert und damit großen Lebensrisiken wie Krankheit, Arbeitslosigkeit, Betriebsunfällen, Alter und Pflegebedürftigkeit nicht schutzlos ausgeliefert. Die Zweige der S. umfassen v. a. die gesetzliche Rentenversicherung, die gesetzliche Krankenversicherung, die Arbeitslosenversicherung bei der Bundesagentur für Arbeit, Unfallversicherung und Pflegeversicherung. Im Grundsatz tragen die zu versichernden Risiken alle Versicherten gemeinsam. Die S. basiert also wesentlich auf dem Solidaritätsprinzip. Beiträge zur Finanzierung der S. werden mit einigen Ausnahmen jeweils zur Hälfte von Arbeitnehmern und Arbeitgebern getragen. Die S. ist Bestandteil staatlicher Sozialpolitik, die im Sozialgesetzbuch (SGB) geregelt ist.

→ Arbeitslosenversicherung → Gesetzliche Krankenversicherung → Gesetzliche Pflegeversicherung → Gesetzliche Rentenversicherung

Sozialversicherungsbeiträge

Beitragszahlungen, die Arbeitnehmer und Arbeitgeber auf der Basis Gehaltssumme des Beschäftigten an die Sozialversicherung leisten. S. sind keine Steuern, sondern Abgaben, da für eine konkrete Leistung gezahlt wird.

Sozialversicherungspflichtig Beschäftigte

Für alle abhängig Beschäftigten einschließlich Personen in der beruflichen Ausbildung, selten auch für Selbstständige besteht i. d. R. eine Versicherungspflicht in der Sozialversicherung. Der weit überwiegende Teil der Selbstständigen sowie die Beamten sind nicht versicherungspflichtig beschäftigt.

Sozialversicherungssystem

→ Sozialversicherung

Sparen
Einnahmen, die nicht in der gleichen Periode ausgegeben werden.

Sparerfreibetrag
Bei der Besteuerung von Einkünften aus Kapitalvermögen können derzeit (2016) von Alleinstehenden 801 €, bei Zusammenveranlagung 1.602 € als S. von der Steuer freigestellt werden. Seit dem 1.1.2009 wird in Deutschland eine Abgeltungsteuer von pauschal 25 % zuzüglich Solidaritätszuschlag und ggf. Kirchensteuer erhoben. Seitdem wird der S. durch den Begriff Sparerpauschbetrag ersetzt.

Sparförderung
Die staatliche Förderung des Sparens erfolgt zum einen über den Sparerfreibetrag, zum anderen über vermögenswirksame Leistungen durch die Arbeitnehmersparzulage nach § 13 des 5. Vermögensbildungsgesetzes (VermBG). Über die Arbeitnehmersparzulage wird u. a. das Bausparen unterstützt, das außerdem durch das Wohnungsbauprämiengesetz mit Bundesmitteln gefördert wird. Auch den Aufbau einer zusätzlichen privaten kapitalgedeckten Altersvorsorge zu unterstützen, gehört zur S.

➡ Riester-Rente

Sparparadoxon
Beruht auf einem keynesianischen Einnahme-Ausgaben-Modell. Es besagt: Vermehrte einzelwirtschaftliche Sparbemühungen führen bei schlechter Wirtschaftslage, wenn die Kapazitäten nicht ausgelastet sind, zu einer verringerten gesamtwirtschaftlichen Ersparnis. Verabschiedet z. B. der Staat aufgrund hoher Defizite ein Sparpaket mit Ausgabenkürzungen, dann kürzt er zugleich die Einnahmen der privaten Haushalte und der Unternehmen. Diese reduzieren dann ihre Ausgaben und ihre Ersparnis. Ein Teil der reduzierten Ausgaben besteht in verminderten Steuerzahlungen, sodass auch die Einnahmen des Staates sinken. Damit geht zumindest ein Teil des ursprünglichen Spareffekts beim Staat wieder verloren. Bei den privaten Haushalten und den Unternehmen fallen die Ersparnisse sogar geringer aus. In der Summe hat sich die gesamtwirtschaftliche Ersparnis folglich verringert.

Sparquote
Anteil der Ersparnis in % am Bruttoinlandsprodukt. I. d. R. wird unter S. nur Ersparnisanteil der privaten Haushalte am verfügbaren Einkommen verstanden. Die S. liegt in Deutschland zwischen 10 und 12 %.

Sparschwemme
[Engl.: Savings glut] Überangebot an Liquidität im Vergleich zu den Investitionsmöglichkeiten. Dieses von Ben Bernanke (* 13.12.1953) erstmals 2005 mit Blick auf asiat. Volkswirtschaften – insbesondere Japan und China – beschriebene Phänomen dient als Erklärung für niedrige Zinnsätze auf den Kapitalmärkten. Zugleich geht ein S. mit hohen Außenhandelsüberschüssen einher, da der Geldüberhang zur Kapitalanlage ins Ausland fließt und nicht für Güterkäufe genutzt wird. Die Überlegungen zur S. finden in jüngster Zeit ihre Fortsetzung in Theorien zur säkularen Stagnation.

Special Purpose Vehicle (SPV)
Finanzierungsgesellschaft, die von einer Bank eigens zu einem bestimmten Zweck (purpose) gegründet wird, ohne den strengen Regulierungsvorschriften für eine Bank zu unterliegen: Sie soll

dem Kreditinstitut vorhandene Kreditforderungen abkaufen. Die S. finanziert den Kauf über die Verbriefung von Krediten und die Ausgabe von Asset-Backed-Securities-Wertpapieren, denen die angekauften Forderungen einschließlich ihrer Risiken zugrunde liegen.
Über die S. wird so auch das Risiko von Forderungsausfällen an den Kapitalmarkt weitergegeben. Ihren Sitz haben S. häufig in einer Steueroase.
➡ Asset Backed Securities ➡ Finanzmarktkrise

Spekulationsblase

Als S. wird ein ungerechtfertigter und über längere Zeit anhaltender steiler Preisanstieg bei Aktien, Rohstoffen oder Immobilien bezeichnet. Die S. ist nicht auf reale Veränderungen der zugrunde liegenden Wirtschaftsdaten, sondern auf die übertriebenen Gewinnerwartungen spekulierender Anleger zurückzuführen. V. a. unerfahrene Investoren, oft getrieben von euphorischen Medienberichten und Analysten, die dauerhafte Gewinnsteigerungen prognostizieren, drängen in Erwartung steigender Kurse und Preise auf den Markt und treiben die Preise weiter nach oben. S. sind häufig rational nur schwer erklärbar und oft auch nur schwer erkennbar.
Platzt die S., weil schließlich der wahre Wert des Spekulationsobjekts erkannt wird und weitere Käufer ausbleiben, platzt auch der Traum vom schnellen Reichtum. Die Preise fallen fortgesetzt und Anleger sowie beteiligte Firmen erleiden große Verluste. Beispielhaft war der Zusammenbruch der Spekulation mit Internet- und Telekommunikationsaktien in Deutschland im Jahr 2000. Die Kursverluste betrugen am Ende oft mehr als 90 %.

Spekulationskasse

In der S. wird Geld in Erwartung günstigerer Anlagemöglichkeiten zurückgehalten. Nach Keynes ist die S. ein wichtiger Bestandteil der Geldnachfrage.
➡ Liquiditätspräferenztheorie

Spieltheorie

Mithilfe der S. werden Konfliktsituationen in der Wirtschaft analysiert, in denen das Ergebnis jedes Entscheidungsträgers von den Entscheidungen der anderen abhängt. Um etwa bei Preiskämpfen zwischen Unternehmen optimal zu entscheiden, müssen die Überlegungen konkurrierender »Mitspieler« berücksichtigt werden. Auf der Suche nach einer Theorie für rationales und strategisch richtiges Verhalten bei Gesellschaftsspielen, Skat oder Poker, entwickelten die Mathematiker John von Neumann und Oskar Morgenstern in den 1940er-Jahren Lösungswege, die schon bald Eingang in die Wirtschaftswissenschaften fanden. Wirtschaftsprozesse weisen i. d. R. ein Grundmuster wie bei konkurrierenden Spielern auf, deren Informationen über die »Karten« der Gegenspieler unvollständig sind.
Die S. bietet keine Pauschallösungen für ökonomische Konfliktsituationen, aber sie findet Modelle, die beschreiben, dass auch bei wirklicher Konkurrenz die Möglichkeit zur Kooperation besteht.
Die S. wird auch bei Verhandlungssituationen, Streiks, generellen Konflikten oder Kriegen, in der Evolutionsbiologie und Psychologie angewendet.
➡ Prinzipal-Agent-Problem

Spin-off

Ausgliederung oder Abspaltung eines Unternehmensteils in die Selbstständigkeit. Häufig bleibt ein S., z. B. über eine Holding oder andere Kanäle, mit dem Mutterunternehmen verbunden.

Von S. wird insbesondere auch im Forschungsbereich gesprochen, wenn etwa Hochschulassistenten oder wissenschaftliche Mitarbeiter von Forschungseinrichtungen wie der Max-Planck-Gesellschaft oder der Fraunhofer Gesellschaft Forschungsergebnisse, deren wirtschaftliche Verwertung von der Mutterorganisation frei gegeben wurde, mit Gewinn zu vermarkten suchen.

Spitzensteuersatz

Der S. von 42 % liegt 2017 in Deutschland in der Einkommenszone von 54.057 € bis 256.304 €. Darüber liegendes Einkommen wird mit 45 % besteuert. Man spricht von der sog. Reichensteuer.

Splitting

Bezeichnung für die Ermittlung der Einkommensteuer von Ehepaaren, die zusammen veranlagt werden wollen (§ 32, Abs. 5 EStG). Das zu versteuernde Einkommen beider wird zusammengefasst, dann halbiert, der Steuerbetrag für eine Hälfte errechnet und zur Festlegung der gemeinsamen Steuerschuld verdoppelt. Beim progressiv verlaufenden Einkommensteuertarif führt das S. zur Steuerersparnis beim Ehepaar, wenn die Einkommen beider unterschiedlich groß sind. Die Steuerersparnis ist umso größer, je unterschiedlicher die Einkommen sind. Nur bei gleich großen zu versteuernden Einkommen bietet die Zusammenveranlagung gegenüber der getrennten Veranlagung keinerlei Steuerersparnis.

Spotmärkte

S. dienen dem kurzfristigen Handel an den internationalen Warenbörsen. Geschäfte – etwa mit Mineralöl – werden dort nur gegen sofortige Bezahlung und Lieferung abgewickelt. Der Begriff S. wird inzwischen auch beim kurzfristigen Handel mit Erdgas, Strom oder Wertpapieren verwendet.

Staatlicher Konsum

Unter S. werden Ausgaben des Staates zur Befriedigung des Bedarfs an öffentlichen Leistungen etwa im Bildungsbereich, in der Gewährleistung von Sicherheit, Verteidigung usw. verstanden. Die Bezeichnung S. ist dabei leicht irreführend, weil der Staat diese Leistungen produziert, zur Verfügung stellt und nicht etwa für eigene Zwecke konsumiert. Besonders deutlich wird dies bei staatlichen Ausgaben für Forschung und Entwicklung, die eher investiven Charakter haben und doch den Konsumausgaben des Staates zugerechnet werden. Der S. ist eine Komponente der volkswirtschaftlichen Gesamtrechnung.

➠ Infrastruktur ➠ Volkswirtschaftliche Gesamtrechnung

Staatsanleihe

Finanzierungsinstrument der Haushalte von Bund, Ländern und Kommunen. Die Gebietskörperschaften geben i. d. R. festverzinsliche Schuldverschreibungen mit längerer Laufzeit aus, bieten sie zum Kauf an und erhalten so nötige Mittel.

➠ Finanzpolitik

Staatsausgaben

Die gesamten öffentlichen Ausgaben von Bund, Ländern und Gemeinden. Zu den S. zählen v. a. staatlicher Konsum, die öffentlichen Investitionen, die Sozialleistungen und die Subventionen.

➠ Infrastruktur ➠ Subventionen

Staatsbankrott

S. ist die Erklärung fällige Zinsen oder die Tilgung von Staatsschulden

nicht oder nur teilweise zu leisten.
Eine mildere Form des S. ist Zins- und Tilgungszahlungen nicht zum vereinbarten Termin, sondern erst zeitlich verzögert zu tätigen. Die Ursache eines S. liegt in einer Schuldenaufnahme der öffentlichen Hand, die mit den gegebenen Einnahmen nicht mehr abgedeckt werden kann. Verschuldet sich der Staat überwiegend bei inländischen Gläubigern, kann ein S. durch höhere Steuern, also höhere Einnahmen, abgewendet werden. Auch bei einer überwiegenden Verschuldung in Inlandswährung ist der S. abwendbar, solange der Staat die Macht über die Notenbank hätte und diese auffordert, die Staatsschuld zu finanzieren, in dem die Geldmenge entsprechend ausgeweitet wird. Der Preis eines solchen Verhaltens wäre allerdings auf Dauer eine hohe Inflation mit schwerwiegenden ökonomischen Belastungen. Nicht abwendbar ist ein S., wenn sich ein Staat überwiegend bei ausländischen Gläubigern in ausländischer Währung verschuldet und über keine Währungsreserven mehr verfügt. Dann hilft weder eine höhere Besteuerung im Inland noch eine Ausweitung der inländischen Geldmenge.
Die unmittelbare Konsequenz eines S. ist, dass der Staat mit sofortiger Wirkung seine Ausgaben nicht mehr mithilfe der Kapitalmärkte finanzieren kann. Zumindest müsste er hohe Risikozuschläge auf die Zinsen zahlen, was die Finanzierung von Schulden extrem verteuert und möglicherweise eine erneute Schuldenspirale begründet. Unabhängig davon müssen im Fall eines S. die Steuern spürbar erhöht bzw. staatliche Leistungen massiv abgebaut werden, was die heimische Wirtschaft i. d. R. in eine tiefe Krise stürzt. Dabei werden i. d. R. Banken und andere Finanzmarktakteure betroffen, die als Hauptgläubiger des Staates ein Großteil ihrer Forderungen werden abschreiben müssen.
Auf längere Sicht kann sich ein S. aber als hilfreich erweisen, wenn er mit einer möglicherweise sogar dramatischen Abwertung der heimischen Währung einhergeht. Dann würde die internationale Wettbewerbsfähigkeit der heimischen Wirtschaft merklich gesteigert, was zu erhöhten Exporten und zum Erwerb von Auslandsvermögen führt. Dadurch wird nicht nur aktuelle wirtschaftliche Dynamik gesteigert, sondern auf Dauer auch die Kreditfähigkeit eines Landes wiederhergestellt. In der Europäischen Währungsunion ist jedoch ein S. besonders schwerwiegend, da diese Möglichkeit der Abwertung für ein einzelnes Land nicht besteht.

Staatsbürgschaft

Von Staatsbürgschaft wird gesprochen, wenn der Staat als Bürge die Geschäfte privater Unternehmen absichert, weil die Bürgschaft von öffentlichem Interesse ist. Um z. B. die Kreditvergabe an förderungswürdige Wirtschaftsbereiche sicherzustellen, kann der Staat den beteiligten Banken die Rückzahlung der Darlehen garantieren. Auch die Bundesländer unterstützen die Wirtschaftsförderung immer wieder mit Bürgschaften. In der Außenwirtschaft werden häufig staatlich erwünschte Exporte abgesichert, indem der Staat dafür bürgt, dass die Forderungen der Exporteure erfüllt werden. Zahlt also der Kunde im Ausland nicht, springt der Staat ein. Um der mit dem Jahr 2007 entstandenen globalen Finanzmarktkrise und den Auswirkungen auf die reale Wirtschaft wirksam entgegenzutreten, hat die Bundesrepublik Deutschland am 17.10.2008 mit dem Finanzmarktstabilisierungsgesetz Garantien für Finanzunternehmen

i. H. v. bis zu 400 Mrd. € vergeben, für Kapitalhilfen und Risikoübernahmen zusätzlich 80 Mrd. €. Weil selbst gewinnträchtige Industrieunternehmen Kredite nur noch zu Konditionen bekamen, die Geschäfte unrentabel machten, wurde das Bürgschaftsvolumen der Bundesrepublik Deutschland z. B. zur Absicherung von Unternehmenskrediten und Anleihen auf 100 Mrd. € angehoben. Mit unterschiedlichen Garantien wurden Unternehmen in der Krise auch von den Bundesländern unterstützt.

Staatseinnahmen

Die bedeutendsten Einnahmequellen des Staates sind die Steuereinnahmen und die Sozialabgaben. Hinzu kommen v. a. Beiträge und Gebühren, die Einnahmen aus aufgenommenen Krediten, Vermögensveräußerungen und Privatisierungserlösen, aus staatlichen Erwerbseinkünften und Bundesbankgewinnen.

➠ Staatsanleihe

Staatshandelsländer

Länder, deren Außenhandel in der Hand staatlicher Stellen liegt oder von ihnen kontrolliert wird. In der Vergangenheit traf dies v. a. auf die sozialistischen Länder zu.

Staatshaushalt

Der öffentliche Haushalt von Bund, Ländern und Gemeinden.

➠ Haushalt ➠ Haushaltsfunktionen
➠ Haushaltsgrundsätze ➠ Haushaltsplan

Staatsquote

Die S. gilt als zentrale Kennziffer für Umfang, Ausweitung oder Verringerung der Staatstätigkeit in der Wirtschaft. Sie wird üblicherweise als das Verhältnis der Staatsausgaben zum Bruttoinlandsprodukt definiert. Die Aussagekraft der S. ist umstritten, u. a., weil die Staatsausgaben auch Einkommenstransfers wie die Rentenzahlungen aus der Sozialversicherung enthalten.

Staatsverbrauch

➠ Staatlicher Konsum

Staatsversagen

➠ Public-Choice-Theorie

Staatsverschuldung

Bezeichnung für die Verbindlichkeiten des Staates, die durch staatliche Kreditaufnahme zur Finanzierung von Haushaltsdefiziten entstehen. Neben Steuern gehörten in der Vergangenheit Einnahmen aus Krediten zu den wichtigen Finanzierungsinstrumenten des Staates. Die Anhäufung von Budgetdefiziten der zurückliegenden Jahrzehnte hat die S. Deutschlands v. a. nach der Wiedervereinigung auf rund 1.500 Mrd. € anwachsen lassen. Nach deutschem Recht darf sich der Staat nur innerhalb bestimmter Grenzen verschulden. Nach Art. 115 GG dürfen die Einnahmen aus Krediten die Summe der im Haushaltsplan für Investitionen veranschlagten Ausgaben nicht überschreiten. Ausnahmen sind nur zur Abwehr einer Störung des gesamtwirtschaftlichen Gleichgewichts zulässig. In konjunkturellen Schwächephasen kann also die Konjunktur vorübergehend durch eine zusätzliche Verschuldung (Deficit-Spending) angekurbelt werden. Die Kriterien des Maastrichter Vertrages lassen für Mitgliedsländer der EU allerdings nur eine jährliche Neuverschuldung von max. 3 % des Bruttoinlandsprodukts zu. Unstrittig ist, dass eine langfristige S. über hohe Zinslasten den Handlungsspielraum der Politik einengt. Von Crowding-out (dt.: Verdrängung) wird gesprochen, wenn der Staat auf

Abb. 37 Nettokreditaufnahmen und Investitionen des Bundes

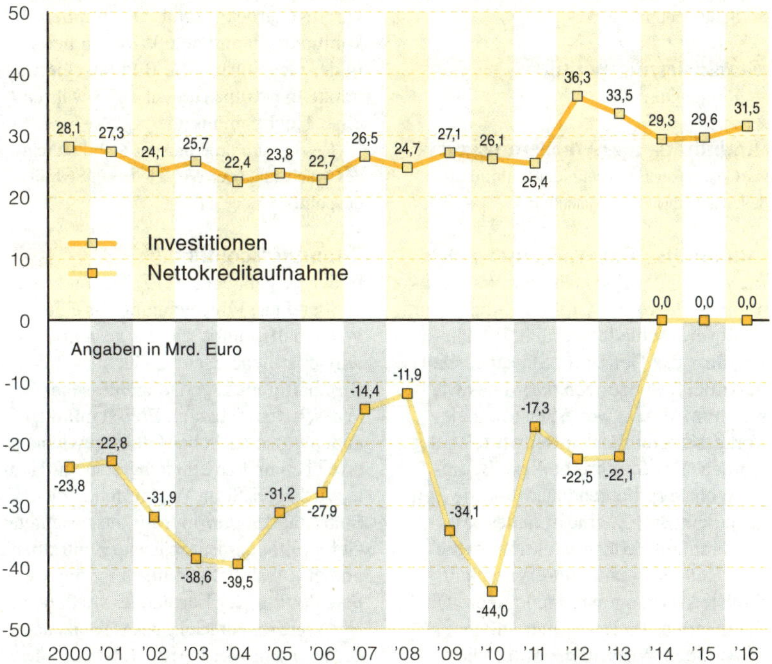

Quelle Bundesministerium der Finanzen

dem Kapitalmarkt mit Privaten um Kredite konkurriert und den Marktzins nach oben treibt, sodass private Investitionen verdrängt werden. Die Behauptung, mit S. lebe man auf Kosten der kommenden Generation, ist dagegen im Grundsatz nicht haltbar, da die künftige Generation auch die Forderungen an den Staat, also Vermögen, erbt. Wenn der Staat etwa die Infrastruktur (z. B. Bildungseinrichtungen wie Schulen oder Universitäten) kreditfinanziert aufbaut und erhält, so werden auch diese Einrichtungen und der Nutzen an ihnen an kommende Generationen weitergegeben. Die S. bewirkt dagegen eine Umverteilung von unten nach oben, denn die Zinsen der S. müssen alle steuerzahlenden Bürger aufbringen. Die Zinsbeträge aber fließen v. a. den Wohlhabenden zu, die einen erheblichen Teil der staatlichen Schuldverschreibungen etc. kauften. Ein radikaler, rascher Abbau der Gesamtverschuldung des Staates über allgemeine Steuererhöhungen, umfassende Kürzungen von Sozialtransfers oder Subventionen verbietet sich. Die Folge wäre ein Absinken der gesamtwirtschaftlichen Nachfrage, das zu geringerem oder sogar negativem Wirtschaftswachstum und steigender Arbeitslosigkeit führen würde. Die Sozialausgaben des Staates steigen in einer solchen Lage, während sich die Steuereinnahmen vermindern.

Am Ende könnte die S. noch weiter angewachsen sein.
➠ Schuldenbremse

Stabilisierungspolitik
➠ Konjunkturpolitik

Stabilitäts- und Wachstumsgesetz
➠ Gesetz zur Förderung der Stabilität und des Wachstums der Wirtschaft

Stabilitäts- und Wachstumspakt
Im Vorfeld der Europäischen Währungsunion auf dem EU-Gipfel in Amsterdam 1997 verabschiedet worden. Er schreibt vor, dass das Defizit im Staatshaushalt maximal 3 % betragen darf. Dies war schon im Vertrag von Maastricht als Voraussetzung für den Beitritt festgelegt worden. Der S. schreibt diese Bedingung als verpflichtend auch für die Zeit nach dem Beitritt eines Landes fest. Anderenfalls drohen Sanktionen, die vom Rat der Finanz- und Wirtschaftsminister verhängt werden können. Der S. entspricht im Kern einer angebotsorientierten Wirtschaftspolitik, die die Begriffe Stabilität und Wachstum vollkommen von Konjunktur gelöst hat. Dies hat dazu geführt, dass die Interpretation des Defizitkriteriums gelockert werden musste. Im Zuge der Finanzkrise 2008/2009 wurden zudem die Ausnahmeklauseln für einen starken Einbruch angewendet.

Stabilitätsanleihe
Eine Regierungsanleihe, die am Kapitalmarkt aufgelegt wird. Die erzielten Einnahmen werden stillgelegt. Auf diese Weise soll Kaufkraft abgeschöpft werden, um eine Konjunkturdynamik, die die Stabilität gefährdet, zu bremsen. Die S. ist damit in ihrer unmittelbaren Wirkung einem Konjunkturzuschlag vergleichbar. Sie ist allerdings freiwilliger Natur, und zudem werden die Beträge zu einem späteren Zeitpunkt verzinst zurückgezahlt. Das mindert die konjunkturdämpfende Wirkung bereits in der Gegenwart. Die Bundesregierung nutzte dieses Instrument 1973 während einer Hochkonjunktur.
➠ Gesetz zur Förderung der Stabilität und des Wachstums der Wirtschaft ➠ Stabilitätspolitik

Stabilitätspolitik
In der Vergangenheit (1970er- und 1980er-Jahre) Bezeichnung für eine Wirtschaftspolitik, die das gesamtwirtschaftliche Gleichgewicht (hoher Beschäftigungsstand, angemessenes Wirtschaftswachstum, Preisstabilität, außenwirtschaftliches Gleichgewicht) zu erreichen und zu erhalten versucht. Heute wird unter S. im Wesentlichen die auf Stabilität des Preisniveaus ausgerichtete Geldpolitik der Europäische Zentralbank und eine stabilitätspolitisch motivierte Fiskalpolitik der Euroländer verstanden.
➠ Gesetz zur Förderung der Stabilität und des Wachstums der Wirtschaft ➠ Stabilitäts- und Wachstumspakt ➠ Geldpolitik

Stagflation
Das zeitliche Zusammentreffen von Stagnation und Inflation. Der Begriff S. wurde erstmalig während der Ölpreiskrise Mitte der 1970er-Jahre für den damaligen Wachstumseinbruch bei gleichzeitig hoher Inflation verwendet.

Stagnation
Zustand, bei dem die gesamtwirtschaftliche Produktion nicht oder kaum zunimmt. S. ist i. d. R. von zunehmender Arbeitslosigkeit begleitet.

Stakeholder
Bezeichnung für Gruppen, die Einfluss auf den geschäftlichen Erfolg eines

Unternehmens nehmen können. Dazu zählen Aktionäre, Mitarbeiter, Kunden oder Investoren. Weil der Geschäftserfolg ebenso von Akzeptanz und Glaubwürdigkeit des Unternehmens bei bestimmten Vertretern aus Wissenschaft, Politik, Medien und anderen Institutionen abhängt, werden diese ebenfalls unter die Stakeholder gefasst. Anders als das Shareholder-Value-Konzept will der unternehmerische Stakeholder-Ansatz nicht nur die Interessen der Anteilseigner und Aktionäre, sondern die aller Gruppen und Kräfte berücksichtigen, die die Position des Unternehmens am Markt beeinflussen können.

➠ Shareholder-Value

Standortdebatte

Seit Anfang der 1990er-Jahre geführte Auseinandersetzung um die Wettbewerbsfähigkeit von Industrie und Wirtschaft am Standort Deutschland. In ihrem »Bericht zur Zukunftssicherung des Standortes Deutschland« (3.9.1993) hatte die Bundesregierung festgestellt, dass nach ihrer Ansicht die Löhne und Lohnnebenkosten im internationalen Vergleich zu hoch seien und die Arbeitszeiten zu kurz (obwohl die Bundesrepublik 1992 auf Platz 2 der Exportnationen lag). Die Unternehmenssteuern müssten erheblich gesenkt werden, um die Wettbewerbsfähigkeit der Wirtschaft zu sichern. Aus demselben Grunde seien Sozialabgaben und Sozialleistungen strikt zu begrenzen. Der Staat habe im Übrigen zu viele Aufgaben, die Private besser oder ebenso gut ausführen könnten. Die Bundesregierung sei deshalb entschlossen, die Privatisierung von öffentlichen Unternehmen oder Unternehmensbeteiligungen voranzutreiben. Für Arbeitslose sei die Zumutbarkeit von Arbeit auszuweiten und die private Arbeitsvermittlung zu testen. Insgesamt müsse mehr dereguliert werden. Vertreter von Wirtschafts- und Arbeitgeberverbänden forderten zusätzlich, ihnen auferlegte gesetzliche, bürokratische und flächentarifliche Verpflichtungen einzuschränken. Gefordert wurde mehr Markt und mehr Eigenverantwortung des Einzelnen statt staatlicher Leistungen. Nur so könne die Wettbewerbsfähigkeit von Industrie und Wirtschaft erreicht werden. Von der großen Mehrheit der dt. Medien wurden solche Forderungen unterstützt. Mit der Reformpolitik Ende der 1990er-Jahre wurde ein entsprechender Kurswechsel durch die Regierung Schröder vollzogen, der v. a. auf einen umfangreichen Abbau von Leistungen gerichtet war. Zum Symbol dieser Politik wird das Hartz IV genannte Gesetzespaket, das zu den nachhaltigsten Kürzungen von Sozialleistungen seit Bestehen der Bundesrepublik führte. Kritiker unter den Wirtschaftswissenschaftlern führen die anhaltend schwache Binnennachfrage und das gegenüber anderen europ. Ländern unterdurchschnittliche Wirtschaftswachstum in Deutschland auf solche Leistungskürzungen und die niedrigen Lohnentwicklungen zurück. Die S. um die Wettbewerbsfähigkeit hält an, nachdem osteurop. Staaten mit ihrem Niedriglohn- und Niedrigsteuerniveau der EU beigetreten sind. Verbände fordern weiter Lohnzurückhaltung und verlängerte Arbeitszeit, obwohl die dt. Wirtschaft als sog. Exportweltmeister auf vielen Weltmärkten dominiert.

Die strukturellen Handelsüberschüsse trugen in Verbindung mit einer gleichartigen Politik in China und Japan auch zur weltwirtschaftlichen Destabilisierung bei, die die Finanzmarktkrise mit auslöste.

➠ Standortwettbewerb

Standortwettbewerb

Bezeichnet die Konkurrenz von Städten, Gemeinden, Regionen oder Staaten um Produktionsfaktoren und dabei v. a. um die Ansiedlung von Unternehmen. Eine große Rolle bei den Standortentscheidungen der Unternehmen spielt die Höhe der Lohnkosten, die Steuerbelastung, die Kosten der sozialen Sicherheit, die öffentliche Infrastruktur, das Bildungs- und Ausbildungssystem, die Qualität und Leistungsbereitschaft der Arbeitnehmer und Umweltgesichtspunkte. Innerhalb der EU hat sich gezeigt, dass v. a. neu beigetretene, wirtschaftlich noch unterentwickelte Länder mit niedrigen Steuern, Löhnen und Sozialstandards um Unternehmensinvestitionen aus den Nachbarländern werben. Wenn die übrigen EU-Länder mit noch niedrigeren Steuern usw. reagieren, könnte ein ruinöser S. in Gang gesetzt werden. Kritiker fordern deshalb z. B. eine Steuerharmonisierung in der EU. Drittstaaten außerhalb der EU bieten für Großinvestitionen oft höhere Subventionen, als es den EU-Staaten im Rahmen des europ. Beihilferechts erlaubt ist. Die Bundesregierung wünscht Ausnahmeregelungen, um solchen Verzerrungen des Wettbewerbs begegnen zu können. Ein Subventionswettlauf beim internationalen S. soll dabei allerdings vermieden werden.

➠ Standortdebatte

Statistisches Bundesamt

Das S. ist eine selbstständige Bundesbehörde im Geschäftsbereich des Bundesinnenministers. Sein Auftrag auf der Grundlage des Bundesstatistikgesetzes ist, für eine am Sozialstaatsprinzip ausgerichtete Politik (§ 1 BstatG) statistische Informationen über Bevölkerung, Wirtschaft, Soziales und Umwelt zu liefern. Die Bundesstatistiken werden in enger Zusammenarbeit mit den 16 eigenständigen Statistischen Landesämtern durchgeführt und Parlament, Regierung und Öffentlichkeit zur Verfügung gestellt. Über 2 Drittel der statistischen Erhebungen in Deutschland werden dabei bereits auf europ. Rechtsgrundlage durchgeführt. Die rund 390 produzierten Statistiken enthalten wichtigste wirtschaftliche Daten wie etwa die Höhe und Veränderungsrate des Bruttoinlandsprodukts, die Entwicklung der Auftragseingänge in der Industrie, die Bewegung der Verbraucherpreisindices – die Auskunft über die Inflationsrate geben – oder aktuelle Zahlen von Erwerbstätigen und Erwerbslosen.

➠ Amtliche Statistik

Steuer

Geldleistungen, die ein Steuerpflichtiger an ein öffentlich-rechtliches Gemeinwesen zahlen muss, ohne dass er einen individuellen Anspruch auf Gegenleistung hat. S. sind die Haupteinnahmequelle des Staates.

Steuerausweichung

➠ Steuervermeidung

Steuerbemessungsgrundlage

Die der Steuerbemessung zugrunde liegende Größe. Beim Einkommen ist die S. das zu versteuernde Einkommen, bei der Gewerbesteuer ist die S. der Gewerbeertrag, bei der Kraftfahrzeugsteuer ist die S. der Hubraum des Kraftfahrzeugs.

Steuerfreiheit bei Veräußerungsgewinnen

Veräußert eine Kapitalgesellschaft wie etwa eine Aktiengesellschaft Anteile, die sie an einer anderen Kapitalgesellschaft hält, so sind die Gewinne prinzipiell steuerfrei. Seit dem 1.1.2004

Abb. 38 Steuerarten: Einteilung der Steuern nach verschiedenen Gesichtspunkten

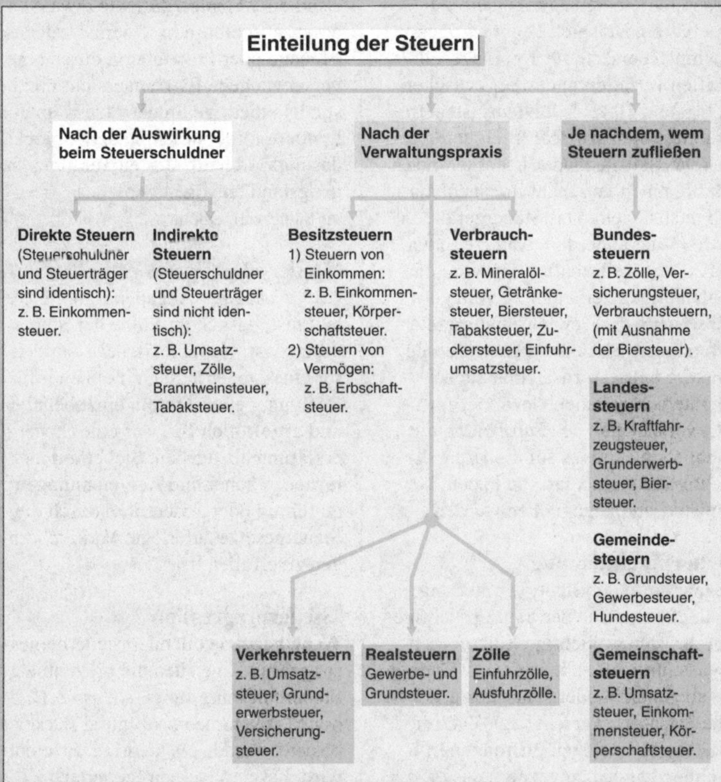

Quelle Eigene Darstellung der Autoren

ist die Steuerfreiheit durch § 8, Abs. 3 **K**örperschafts**te**uer**g**esetz (KStG) eingeschränkt, sodass der Veräußerungsgewinn noch zu 95 % steuerfrei gestellt ist.

Steuerharmonisierung

Von der EU angestrebtes Ziel, die national geltenden Steuersätze und Gewinnermittlungsvorschriften der Mitgliedsländer der EU einander anzugleichen. Es gibt allerdings nur Ansätze dazu, denn die EU kann hier keine Regelungen allein herbeiführen. Vielmehr müssten sich die nationalen Regierungen der Euroländer zu Kompromissen in der Steuerpolitik bereitfinden, denen alle zustimmen können. Doch die Steuerpolitik ist ein Kernstück der nationalen Souveränität, an der bisher weitgehend festgehalten wird. Von Mitgliedsländern der EU wird sogar gezielt versucht, sich mit nationaler Steuerpolitik Vorteile gegenüber anderen Euroländern zu verschaffen. Beispiel: Die wichtigen Gewinnsteuersätze für Kapitalgesellschaften variieren in der EU zwischen 38,7 % und 10 %. Mit Niedrigsteuern ermuntern v. a. wirtschaftlich unterentwickelte Beitrittsländer Unternehmen, sich bei ihnen und nicht im Nachbarland anzusiedeln. Das Steuergefälle in der EU setzt außerdem Anreize (etwa für Aktiengesellschaften), Gewinne in EU-Niedrigsteuerländer zu verlagern. Selbst wenn die Gewinnsteuersätze harmonisiert und angeglichen werden könnten, müssten zusätzlich auch die unterschiedlichen Gewinnermittlungsvorschriften der Euroländer, die erheblichen Einfluss auf die Höhe der effektiven Steuerbelastung haben, harmonisiert und angeglichen werden.

Steuerhinterziehung

Illegale Form der Steuervermeidung. Sie liegt vor, wenn der Steuerpflichtige über das steuerpflichtige Einkommen bewusst unrichtige bzw. unvollständige Angaben macht oder steuerlich erhebliche Tatsachen verschweigt. Zahlreiche Fälle von S. über sog. Stiftungen in Liechtenstein haben gezeigt, dass v. a. bei Einkünften aus Kapitalvermögen u. U. mit dem Tatbestand der Steuerflucht zu rechnen ist. Einkommensbestandteile werden z. B. durch geheime Transfers der Besteuerung im Inland entzogen und in Stiftungen eingestellt, deren Inhaber anonym bleiben. Auch anfallende Zinsen aus Kapitalvermögen fehlen damit in den inländischen Steuererklärungen. Die rechtliche Definition und die rechtlichen Folgen von S. finden sich im § 370 Abgabenordnung (AO).

➡ Steueroase

Steueroase

Land oder Gebiet, das, wie etwa Andorra, Liechtenstein, Guernsey, Jersey, Monaco oder Luxemburg, durch eine verschwiegene Bankenaufsicht und besonders niedrige Steuersätze Kapital aus Ländern mit höheren Steuern anlockt, das hierdurch der Besteuerung im Ausgangsland entzogen wird.

➡ Steuervermeidung

Steuerpflichtiger

§ 33, Abs. 1 der Abgabenordnung (AO) legt fest, dass S. im Sinne der Steuergesetze ist, wer eine Steuer schuldet, für eine Steuer haftet, eine Steuer für Rechnung eines Dritten einzubehalten und abzuführen hat, wer eine Steuererklärung abzugeben, Sicherheit zu leisten, Bücher und Aufzeichnungen zu führen oder andere ihm durch die Steuergesetze auferlegte Verpflichtungen zu erfüllen hat.

Steuerprogression

Wenn bei zunehmender Steuerbemessungsgrundlage auch die prozentuale Steuerbelastung steigt, sodass z. B. hohe Einkommen prozentual stärker belastet werden als niedrige. Erreicht wird dies durch einen Steuertarif mit ansteigendem Grenzsteuersatz (Steuerbelastung auf einen zusätzlich verdienten Euro), der bei höherem Einkommen zu einer Erhöhung des Durchschnittssteuersatzes (gesamte Einkommensteuer bezogen auf das gesamte zu versteuernde Einkommen) führt. Der Grenzsteuersatz ist dabei immer höher als der Durchschnittssteuersatz. Ein Beispiel aus der steuerlichen Progressionszone im dt. Einkommensteuertarif (§ 32 a EStG): Ein Alleinstehender mit einem zu versteuernden Einkommen von 52.882 € hat einen Grenzsteuersatz von 42 %, aber einen Durchschnittssteuersatz von nur 27 %.

➡ Kalte Progression

Steuerquote

Die Steuereinnahmen der Gebietskörperschaften im Verhältnis zum Bruttoinlandsprodukt

Steuerreform

Sammelbegriff für die Umgestaltung der Steuergesetze, der dazu gehörenden Verordnungen und weiterer Verwaltungsvorschriften. Ausgelöst werden S. z. B. durch neue politische Anschauungen oder Veränderungen der wirtschaftlichen und sozialen Verhältnisse, die durch ein verändertes Steuerrecht beeinflusst werden sollen.

Steuersatz

Der zu zahlende Steuerbetrag in % der Steuerbemessungsgrundlage.

➡ Spitzensteuersatz

Steuertarif

Ist gesetzlich festgelegt und gibt je nach Höhe der Steuerbemessungsgrundlage den Steuersatz und damit den Umfang der Steuerschuld an. Der S. kann progressiv, proportional oder auch regressiv verlaufen.

Steuerüberwälzung

Überwälzung der Steuerlast auf Dritte. Bekanntes Beispiel: die Kaffeesteuer. Der Kaffeeimporteur zahlt sie an das Finanzamt und verlangt dann einen entsprechend höheren Bruttopreis für den Kaffee, sodass am Ende die Kaffeetrinker, die den Kaffeegenuss kaum einschränken werden, die Kaffeesteuer mit bezahlen. Man bezeichnet das als Vorüberwälzung der Steuer über höhere Preise auf den Nachfrager. Wenn aber der Kaffeeimporteur eine Erhöhung der Kaffeesteuer durch Druck auf die Kaffeeproduzenten kompensiert, nennt man dies Rücküberwälzung der Steuer.

Steuervergünstigungen

Besondere steuerliche Ausnahmeregelungen, die zur Verringerung der Steuerschuld führen. Mit S. werden wirtschafts-, sozial- oder gesellschaftspolitische Ziele angestrebt. Die Bundesregierung zählt einen Teil der S. zu den Subventionen.

➡ Subventionen

Steuervermeidung

Meist legale Form, der Steuer auszuweichen. Unternehmen können etwa ihren inländischen Standort aufgeben und sich in anderen Staaten niederlassen, die Ausländern besonders niedrige Steuersätze anbieten. Häufig werden Tochterfirmen in einem Niedrigsteuerland gegründet und die Gewinne der Muttergesellschaft dorthin verlagert und versteuert. Örtliche Firmen können den Firmensitz in Regionen mit niedrigerer Gewerbesteuer verlagern. Haushalten bleibt etwa bei Mehrwertsteuererhöhung nur die Konsumeinschränkung oder die Veränderung des Konsumverhaltens.

➡ Steueroase

Steuerzahler

Natürliche oder juristische Person, die Steuern an das Finanzamt zahlt. Sie muss nicht mit dem Steuerschuldner identisch sein. Beispiel Lohnsteuer: Der Arbeitgeber behält sie ein und überweist sie für den Arbeitnehmer an die zuständigen Finanzbehörden. Oder die ab 1.1.2009 eingeführte Abgeltungssteuer von 25 % auf Einkünfte aus Kapitalvermögen oder privaten Veräußerungsgewinnen aus Wertpapieren: Die Sparkasse oder Bank, bei der das Kapital bzw. die Wertpapiere angelegt sind, muss die Steuer direkt an das Finanzamt abführen. Sie ist der S.

➡ Quellenabzugsverfahren

Stille Reserve

Zur S. werden Personen gezählt, die grundsätzlich erwerbsbereit sind, aber in der offiziellen Arbeitslosenstatistik nicht erscheinen. Dazu gehören etwa Arbeitnehmer, die auf eine Arbeitslosenmeldung verzichten, weil sie bei schlechter Arbeitsmarktlage die Arbeitsplatzsuche aufgegeben haben, oder Arbeitnehmer, die vorzeitig in Rente gehen, weil sie am Arbeitsmarkt ohne Chance sind. Auch Arbeitslose, die an arbeitsmarktpolitischen Weiterbildungs- und Trainingsmaßnahmen teilnehmen, zählen zur S. so wie Schüler und Studenten, die ihren Abschluss wegen der Schwierigkeiten am Arbeitsmarkt hinauszögern.

Strafzölle

Einfuhrzölle, die Staaten beim Import von Gütern verlangen, um den Zugang ausländischer Anbieter zum heimischen Markt zu erschweren. Deklarieren Länder Handelshemmnisse als Strafzölle, führen sie unfaire Wettbewerbsvorteile ausländischer Anbieter an, etwa aus Sicht des Inlands unzulässige Subventionen für Produzenten. Beispiel für einen Strafzoll sind die seit 2016 durch die EU erhobenen Zahlungen auf bestimmte Stahlprodukte aus China. Die EU argumentiert, der chin. Stahl werde durch Subventionen unzulässig verbilligt, China hingegen bewertete die S. als ungerechtfertigte protektionistische Maßnahme.

Streik

Arbeitskampf von Arbeitnehmern, der durch Art. 9, Abs. 3 GG gewährleistet ist. Das Recht des Arbeitskampfes ist im Detail nicht gesetzlich geregelt, sondern beruht wesentlich auf der Rechtsprechung. Danach ist ein S. eine vorübergehende Arbeitsniederlegung, mit der Forderungen auf Veränderung der Entlohnung oder der Arbeitsbedingungen über einen Tarifvertrag durchgesetzt werden sollen. Voraussetzung ist dabei, dass der S. von einer tariffähigen Gewerkschaft ausgerufen, organisiert und durchgeführt wird, nachdem mind. 75 % der gewerkschaftlich organisierten Arbeitnehmer einem Arbeitskampf zugestimmt haben. Der S. ist rechtmäßig, wenn nur tariflich regelbare Ziele angestrebt werden und alle Verständigungsmöglichkeiten ergebnislos ausgeschöpft wurden. Der S. verstößt gegen die Friedenspflicht, wenn bei noch geltendem oder ungekündigtem Tarifvertrag ein Arbeitskampf gegen Bestimmungen dieser Tarifvereinbarung begonnen wird. Das Gebot der Verhältnismäßigkeit ist beim S. zu beachten, er hat fair zu sein und darf nicht auf die wirtschaftliche Vernichtung des Arbeitgebers zielen. Bleiben Arbeitskampf und Tarifverhandlungen ohne Ergebnis, können sich die Tarifparteien auf einen Versuch zur Schlichtung einigen. Die Teilnahme an einem rechtmäßigen S. ist durch die grundgesetzlich verbürgte Koalitionsfreiheit geschützt. Sanktionen des Arbeitgebers wie Abmahnung oder Kündigung bleiben rechtlich unwirksam. Der Arbeitgeber hat aber das Recht zur Aussperrung. Während des S. ruhen die Rechte und Pflichten des Arbeitsvertrages. Der Arbeitnehmer muss nicht arbeiten, der Arbeitgeber keinen Lohn zahlen. Nur Arbeitnehmer, die Mitglied der Gewerkschaft sind, erhalten Unterstützung aus der gewerkschaftlichen Streikkasse.

➡ Arbeitskampf

Strukturbruch

Kennzeichnet eine drastische ökonomische Verhaltensänderung, nach deren Eintreten vorher gültige Zusammenhänge ihre Aussagekraft verlieren.

Strukturelle Arbeitslosigkeit

➠ Arbeitslosigkeit

Strukturelle Inflation

➠ Demand-Shift-Inflation

Strukturelles Defizit

Das S. ist der Anteil am Haushaltsdefizit, der auch bei normaler Auslastung der Wirtschaft bzw. des Produktionspotenzials bestehen bleiben würde. Berechnet oder geschätzt wird das strukturelle Defizit, indem der konjunkturabhängige Teil des Haushaltsdefizits herausgerechnet und Einmaleffekte wie z. B. Privatisierungserlöse nicht berücksichtigt werden. Das S. gibt als Indikator wichtige Hinweise für die Ausrichtung der Fiskalpolitik.

Strukturfonds

Finanzierungsinstrumente der EU, die gezielt den wirtschaftlichen und sozialen Zusammenhalt in der Gemeinschaft stärken und den Rückstand der besonders benachteiligten Regionen verringern sollen (Art. 158 EG-Vertrag). Die Mitgliedsländer müssen zur Finanzierung von entsprechenden Projekten stets auch eigene Mittel beisteuern, die EU-Regionalförderung erfolgt zusätzlich. 2007–2013 gab es mit dem **E**uropäischen **F**onds für **r**egionale **E**ntwicklung (EFRE) sowie dem **E**uropäischen **S**ozial**f**onds (ESF) 2 Strukturfonds. Mit den Mitteln aus dem EFRE sollten regionale Ungleichgewichte in der EU abgebaut und u. a. Forschung, Innovation und Umweltschutz gefördert werden. Der ESF unterstützte Maßnahmen und Schwerpunkte, die mehr und bessere Arbeitsplätze schaffen sollten. Die dt. Regionen wurden in dieser Förderperiode mit 25 Mrd. € aus den EU-S. unterstützt. Der Schwerpunkt lag dabei auf den neuen Bundesländern. In der Förderperiode 2014 bis 2020 sind neben den Strukturfonds EFRE und ESF auch der Landwirtschaftsfonds LER und der Fischereifonds EMFF mit einbezogen worden. Mit diesen Förderinstrumenten soll ein intelligentes, nachhaltiges und integratives Wachstum in Europa erreicht werden. Die EU-Strukturfondsmittel sollen für Deutschland in dieser Förderperiode insgesamt 19,3 Mrd. € betragen.

➠ Subsidiaritätsprinzip

Strukturpolitik

Zusammenfassender Begriff für Maßnahmen der Wirtschaftspolitik, mit denen die Wirtschaftsstruktur verändert oder der Strukturwandel beeinflusst werden soll. Die Aufgabe der S. ist insb. die Herstellung gleichwertiger Lebensverhältnisse in allen Regionen Deutschlands, wie sie als Zielvorstellung im Raumordnungsgesetz enthalten ist. Die S. ist eine der Gemeinschaftsaufgaben von Bund und Ländern, doch kommt ihrer Entwicklung im Rahmen der EG eine immer größere Bedeutung zu. Die EU-S. mit dem Ziel der Festigung des wirtschaftlichen und sozialen Zusammenhalts in Europa (Art. 158-162 EG-Vertrag) wird in enger Abstimmung mit den Mitgliedsländern verfolgt und etwa ein Drittel der EU-Haushaltsmittel dafür aufgewandt. Zu den wichtigsten Finanzierungsinstrumenten zählen dabei die Strukturfonds.

Strukturwandel

Häufige Bezeichnung für eingetretene oder angestrebte Strukturänderungen in den Wirtschaftssektoren eines Landes. Von S. wird gesprochen, wenn die einzelnen Wirtschaftszweige einer Volkswirtschaft sich – ablesbar an ihrem Beitrag zum Inlandsprodukt – sehr unterschiedlich entwickeln. Die Ursachen können in Gesetzesänderungen, Verschiebungen der gesamtwirtschaftlichen Nachfragestruktur, Veränderungen auf der Angebotsseite oder in der Strukturpolitik liegen. Neben dem sektoralen wird auch der regionale S. beschrieben. Er ist häufig in Regionen mit Strukturproblemen vorhanden, wie z. B. in traditionellen Industriegebieten mit rückläufiger Industrieentwicklung oder städtischen Problemgebieten. Als S. wird auch die wachsende Bedeutung des Dienstleistungssektors oder die zunehmende Verdrängung menschlicher Arbeitskraft durch den Einsatz von Automaten und Robotern begriffen.

Stückkosten

Die S. einer Produkteinheit werden gefunden, indem die Gesamtkosten durch die produzierte Menge an Produkteinheiten dividiert werden.

Subprime loans

Sog. zweitklassige Kredite, wie etwa die in den USA im großen Umfang vergebenen Immobilienkredite an Hauskäufer mit geringer Bonität.

Subsidiaritätsprinzip

Prinzip einer gesellschaftlichen Ordnungsform, die in der katholischen Soziallehre entwickelt wurde. Danach soll der Staat Angelegenheiten von untergeordneter Bedeutung den kleineren nachgeordneten Organisationseinheiten des Gemeinwesens überlassen. Diese Abkehr vom Zentralismus hat Eingang in den Vertragstext zur EG gefunden und definiert ihre Aufgaben: »In den Bereichen, die nicht in ihre ausschließliche Zuständigkeit fallen, wird die Gemeinschaft nach dem S. nur tätig, sofern und soweit die Ziele der in Betracht gezogenen Maßnahmen auf Ebene der Mitgliedstaaten nicht ausreichend erreicht werden können […]« (Art. 5 EG-Vertrag).

Substanzsteuer

Steuer, die von einem vorhandenen Vermögensbestand erhoben wird. Dazu gehören Grund-, Gewerbekapital-, Schenkungs- und Erbschaftssteuer. Die Einnahmen aus S. betrugen nach einer Untersuchung der OECD in Deutschland 0,9 % des Bruttoinlandsproduktes.

Substitution

Als S. wird das Ersetzen eines Gutes durch ein anderes bezeichnet, das funktional austauschbar ist. Innerhalb von Konsumgütern kann z. B. Kaffee durch Tee, Butter durch Margarine oder Heizöl durch Kohle substituiert werden. Eine S. bei Produktionsfaktoren liegt vor, wenn bei der Produktion eines Gutes die menschliche Arbeitskraft durch Maschinen ersetzt wird. Häufig sind es technische Neuerungen oder Preisveränderungen, die S. auslösen.

Subventionen

Unter S. [von lat.: subvenire = zu Hilfe kommen] versteht man staatliche Geldleistungen, die nicht an eine direkte Gegenleistung gebunden sind, sondern zur Erreichung wirtschaftspolitischer Ziele eingesetzt werden. Es gibt allerdings keine allgemein anerkannte Begriffsbestimmung der S. Die Bundesregierung verwendet im Subventionsbericht eine an § 12 **St**abilitäts- und **W**achstumsgesetz (StWG) orientierte Definition. Danach sind S. Geldleistungen des Bundes und Steuervergünstigungen der öffentlichen Hand, die an Betriebe und Wirtschaftsbereiche (z. B. Bergbau und Landwirtschaft) i. d. R. mit Auflagen vergeben werden, um ihre Erhaltung und Anpassung an neue Bedingungen zu ermöglichen oder ihnen zu Fortschritten bei Wachstum und Produktivität zu verhelfen. Bestimmte Hilfen für Privathaushalte wie die Unterstützung des Wohnungsbaus, die Vermögensbildung und die Sparförderung werden ebenfalls zu den S. gezählt. Die Finanzhilfen von Ländern und Gemeinden zählen ebenfalls dazu. Nicht aber z. B. Zuschüsse zur Forschungs- und Entwicklungsförderung. Art. 87 des EG-Vertrages enthält zwar ein grundsätzliches Verbot von sog. Beihilfen innerhalb der EU, das aber durch Ausnahmetatbestände gekennzeichnet ist.

Subventionsbericht

Seit 1967 legt die Bundesregierung alle 2 Jahre nach Maßgabe des § 12 Stabilitäts- und Wachstumsgesetz (StWG) den sog. S. vor. Auch der 25. S. (Zeitraum 2013–2016) enthält eine Übersicht über Finanzhilfen des Bundes und Steuervergünstigungen, die der Erhaltung von Betrieben und Wirtschaftszweigen sowie ihrer Anpassung an neue Bedingungen dienen und damit Produktivitätsfortschritt und Wachstum fördern sollen. 22,9 Mrd. € betrug das Subventionsvolumen im Jahr 2016. Der quantitativ bedeutendste Subventionsbereich bleibt die gewerbliche Wirtschaft. Ihr sind im Jahr 2016 ca. 53 % aller Subventionen zugutekommen. Großen Anteil haben Zukunftsinvestitionen wie die Unterstützung des flächendeckenden Breitbandausbaus, Maßnahmen zur energetischen Gebäudesanierung und zur Steigerung der Energieeffizienz sowie die Nationale Klimaschutzinitiative des **B**undesministeriums für **Um**welt, Naturschutz, **B**au und Reaktorsicherheit (BUMB). Der 25. S. enthält erstmalig Darlegungen über die Nachhaltigkeit der einzelnen Fördermaßnahmen.

Sucharbeitslosigkeit

[Auch: friktionelle Arbeitslosigkeit] Kurzfristige Form der Arbeitslosigkeit, die z. B. entstehen kann, wenn der Arbeitnehmer entweder zu einem räumlich entfernten Wohnort wechselt oder es eine zeitliche Lücke zwischen mehreren Beschäftigungsverhältnissen gibt.

Swap

S. bezeichnet den allgemeinen Austausch von Zahlungsströmen. Unterschieden wird z. B. zwischen Zinsswap und Währungsswap. Der Zinsswap meint den Tausch von Zinszahlungsströmen gleicher Währung mit unterschiedlichen Konditionen (beispielsweise fest/variabel). Der Währungsswap bezeichnet den Tausch von Zinszahlungsströmen und Kapitalbeträgen in unterschiedlichen Währungen.

Swing

Überziehungskredit, den sich 2 Länder in Handelsverträgen gegenseitig einräumen. Der S. dient zur zeitweiligen Abdeckung eines Defizits im bilateralen Handels- und Zahlungsverkehr. Insbesondere im Handel zwischen Bundesrepublik und DDR hatten sich die Handelspartner auf einen gegenseitigen und zinslosen Swing geeinigt. Er wurde fast ausschließlich von der DDR genutzt und immer wieder aufgestockt, um zu vermeiden, dass es im innerdt. Handel zur Stagnation kommt.

System of National Accounts (SNA)

[Dt.: System Volkswirtschaftlicher Gesamtrechnungen] Ein weltweit gültiges einheitliches Schema der Volkswirtschaftlichen Gesamtrechnung. Das von den Vereinten Nationen bestätigte System soll weltweit die Vergleichbarkeit wichtiger ökonomischer Daten erleichtern. Das »**E**uropäische **S**ystem **V**olkswirtschaftlicher **G**esamtrechnungen (ESVG) 1995« basiert auf der Grundlage des »SNA 1993«, ist jedoch stärker auf die Verwendung in der EU ausgerichtet.

Systemisch

Als s. werden solche Banken und Finanzmarktakteure bezeichnet, deren Bankrott das gesamte Finanzmarktsystem gefährdet. Der bekannteste Fall ist die Investmentbank Lehman Brothers, deren Bankrott die jüngste Finanzkrise dramatisch verschärfte. Weil in diesen Fällen der Staat, letztendlich also der Steuerzahler, für die finanziellen Schäden aufkommen muss, müssen systemische Banken einer strengen staatlichen Regulierung unterworfen werden, die die Risiken begrenzt.

Target-Salden

Salden der Zahlungsströme innerhalb des Europäischen Systems der Zentralbanken in der Währungsunion. Wenn also die Deutsche Bundesbank Geld an eine andere Zentralbank überweist, geht dies in den entsprechenden T. ein. T. waren in jüngster Zeit in die Diskussion geraten, weil der Target-Saldo der griech. Nationalbank mit der Bundesbank stark defizitär war. Dies wurde häufig als eine Art Transfer seitens Deutschlands an Griechenland missinterpretiert. Tatsächlich handelt es sich um vom gesamten Zentralbanksystem der Europäischen Währungsunion zu verantwortende Liquiditätszahlungen an das griech. Bankensystem. Das Defizit war zwar Ausdruck der Schwierigkeiten griech. Banken Liquidität zu bekommen. Sie mussten hierzu die EZB-Mittel in Anspruch nehmen, die ihnen von der Bundesbank überwiesen wurden. Diese Zahlungen sind aber keine Transfers, sondern fließen immer wieder an das Zentralbanksystem zurück.

Tarifautonomie

Das System der Tarifpolitik in Deutschland wird maßgeblich von den Arbeitgeberverbänden und den Gewerkschaften selbst bestimmt. Ihr Organisationszuschnitt und ihre konkreten Aufgaben weisen spezifische Strukturen auf, die sie von den entsprechenden Verbänden in den übrigen europ. Ländern z. T. unterscheiden. Im dt. System der industriellen Beziehungen hat die T. einen hohen Rang. Das lässt sich aus der im Art. 9, Abs. 3 GG verankerten Vereinigungs- und Koalitionsfreiheit ableiten. Dort heißt es: »Das Recht, zur Wahrung und Förderung der Arbeits- und Wirtschaftsbedingungen Vereinigungen zu bilden, ist für jedermann und für alle Berufe gewährleistet.« Das Grundrecht auf Koalitionsfreiheit gilt nicht nur für den Einzelnen, es schützt auch den Zusammenschluss selbst. Der autonomen Regelung der Arbeits- und Wirtschaftsbedingungen durch die Tarifvertragsparteien wird Priorität eingeräumt. Die T. ist Ausdruck der hervorgehobenen Stellung der Tarifparteien im Grundgesetz.

➠ Flächentarifvertrag ➠ Gewerkschaften ➠ Tarifbindung ➠ Tariffähigkeit ➠ Tarifkommission ➠ Tariflohn ➠ Tarifvertrag ➠ Tarifvertragsgesetz

Tarifbindung

Grundsätzlich gelten die Regelungen des Tarifvertrags nur zwischen den Mitgliedern der Tarifparteien. Der Arbeitgeber muss also dem tarifgebundenen Arbeitgeberverband angehören, der Arbeitnehmer der tarifgebundenen Gewerkschaft. Tritt ein Unternehmen aus dem Arbeitgeberverband aus, bleibt es dennoch in vollem Umfang an den Tarifvertrag gebunden, bis dieser endet. Danach gilt der Vertrag so lange weiter, bis er durch eine andere Abmachung ersetzt wird. Dies formuliert sinngemäß das Tarifvertragsgesetz.

➡ Flächentarifvertrag ➡ Gewerkschaften

Tariffähigkeit

Zum Abschluss von Tarifverträgen berechtigt. Dies sind einzelne Arbeitgeber oder Arbeitgeberverbände. Auf Arbeitnehmerseite sind nur Gewerkschaften tariffähig. Diese müssen als Organisation auf Dauer angelegt und in der Lage sein, auf den Gegenspieler Druck auszuüben. Die T. ist Voraussetzung für das Zustandekommen eines wirksamen Tarifvertrags. Kritiker zweifelten die T. der sog. christlichen Gewerkschaften in den vergangenen Jahren wiederholt an. Als Begründung wurde z. B. angeführt, dass deren Tarifverträge lediglich der Absenkung gesetzlicher Mindeststandards gedient hätten. Oder auch, dass sie wegen nicht nennenswerter Mitgliederzahlen über keinerlei demokratische Legitimation verfügten und letztlich niemanden repräsentierten.

➡ Tarifvertragsgesetz

Tarifkommission

Gewerkschaftliches Gremium, das sich mit der Vorbereitung und Durchführung von Tarifverhandlungen mit Vertretern des Arbeitgeberverbands befasst. Die gewerkschaftliche T. stellt in der Tarifrunde Forderungen auf, und aus ihrer Mitte wird die Verhandlungskommission gebildet. Diese begleitet die Verhandlungen und befindet über das erzielte Tarifergebnis. Die Beschlüsse der T. haben Empfehlungscharakter. Die endgültige Entscheidung, ob ein Angebot der Arbeitgeber angenommen oder abgelehnt wird, trifft der jeweilig für die entsprechende Branche zuständige Gewerkschaftsvorstand. In der T. sind i. d. R. überwiegend oder ausschließlich ehrenamtliche Mitglieder. Meist handelt es sich dabei um Betriebsräte und Vertrauensleute aus den wichtigsten Betrieben im Geltungsbereich des Tarifvertrages.

➡ Tariflohn ➡ Tarifpolitik

Tariflohn

Der im Tarifvertrag zwischen Gewerkschaft und Arbeitgeberverband vereinbarte Lohn in einem bestimmten Tarifgebiet. Er ist das Mindestgehalt, das der tarifgebundene Arbeitgeber an den gleichfalls tarifgebundenen Arbeitnehmer zu zahlen hat. Häufig wird in Arbeitsverträgen auf den geltenden Tarifvertrag Bezug genommen, sodass der nicht organisierte Arbeitnehmer den gleichen Anspruch auf den Tariflohn hat wie ein gewerkschaftlich organisierter Arbeitnehmer. Zwar ist es möglich, dass Arbeitgeber ihre Arbeitnehmer über den T. hinaus bezahlen, doch unterschreiten dürfen sie ihn nicht. Oft ist der T. ein Streitthema, sodass Gewerkschaften die Arbeitnehmer in den Betrieben zum Streik aufrufen, um für eine Verbesserung ihrer Lohnbedingungen zu kämpfen.

➡ Flächentarifvertrag ➡ Tarifkommission
➡ Tarifpolitik

Tarifpartner

T. sind die Arbeitnehmer, vertreten durch die Gewerkschaften, und die Arbeitgeber, vertreten durch die Arbeitgeberverbände. Sie verhandeln und beschließen die generellen Regelungen in Tarifverträgen. Das Tarifvertragsgesetz

(TVG) berechtigt die T. Tarifverträge abzuschließen, welche die Gestaltung der Lohn- und Arbeitsbedingungen regeln. Sie tun dies in eigener Zuständigkeit und Verantwortung (Tarifautonomie). Die Tarifautonomie ist durch das Grundgesetz geschützt (Art. 9, Abs. 3). Dem Staat ist es deshalb verwehrt, in die Tarifautonomie einzugreifen.

Tarifpolitik

Die T. liegt in der Zuständigkeit der Arbeitgeberverbände und der Einzelgewerkschaften, die während der Tarifrunden in teils zähen Verhandlungen Verträge miteinander vereinbaren. Bei der Interessenvertretung der Arbeitnehmerinnen und Arbeitnehmer kommt dem Deutschen Gewerkschaftsbund (DGB), eine koordinierende Funktion zu. Die Arbeitgeberverbände nutzen ihrerseits die Zeit vor den Tarifrunden, um die Öffentlichkeit in ihrem Sinne zu beeinflussen. Dem Staat kommt in der T. keine offizielle Funktion zu. Gleichwohl übt jede Regierung, unabhängig von ihrer parteipolitischen Orientierung, direkt oder indirekt Einfluss auf die Tarifvertragsparteien aus, so über Einschätzungen und Stellungnahmen zur wirtschaftlichen Entwicklung, die häufig mit Empfehlungen an die Adresse der Tarifparteien verbunden sind. Insbesondere Gewerkschaften reagieren sensibel auf jeden Versuch staatlicher Einflussnahme auf die tarifliche Einkommenspolitik. Das von der sozialdemokratisch geführten Bundesregierung 1998 geschaffene »Bündnis für Arbeit« von Arbeitgeber- und Wirtschaftsverbänden, Gewerkschaften und Regierung scheiterte nicht zuletzt an Konflikten darüber, ob und in welcher Form dieses Bündnis Vereinbarungen über Lohnpolitik treffen sollte. Als öffentliche Arbeitgeber hingegen spielen Bund, Länder und Gemeinden eine aktive Rolle in der Tarifpolitik.

➡ Flächentarifvertrag ➡ Gewerkschaften ➡ Tarifautonomie ➡ Tarifbindung ➡ Tariffähigkeit ➡ Tarifkommission ➡ Tariflohn ➡ Tarifvertragsgesetz

Tarifvertrag

Zwischen Gewerkschaften und einzelnen Arbeitgebern oder Vereinigungen von Arbeitgebern abgeschlossener Vertrag. Er regelt die Rechte und Pflichten der Tarifvertragsparteien und enthält Rechtsnormen u. a. über den Inhalt, den Abschluss und die Beendigung von Arbeitsverhältnissen. Rechtsgrundlage für den T. ist das Tarifvertragsgesetz (TVG). Die tariflichen Normen gelten zwischen den tarifgebundenen Parteien. Sie wirken auf die Arbeitsverhältnisse ein, ohne dass es einer Umsetzung des T. durch eine Vereinbarung zwischen Arbeitgeber und Arbeitnehmer oder auch nur einer Kenntnis von dessen Bestand bedarf. Der T. genießt nach § 77, Abs. 3 BetrVG Vorrang vor der Betriebsvereinbarung. Dies bedeutet, dass Arbeitsentgelte und sonstige Arbeitsbedingungen, die durch T. üblicherweise geregelt werden, nicht Gegenstand einer Betriebsvereinbarung sein können. Für die tarifgebundenen Arbeitgeber und Arbeitnehmer besitzt der T. selbst im Fall des Wegfalls Nachwirkung – solange bis ein neuer T. den beendeten ablöst. Abschluss, Aufhebung und Änderung eines T. werden in einem Tarifregister eingetragen.

➡ Arbeitgeberverbände ➡ Tarifautonomie ➡ Tarifbindung

Tarifvertragsgesetz (TVG)

Im T. sind in 13 Paragrafen die formalen Grundlagen des dt. Tarifsystems geregelt. U. a. sind dort folgende Aspekte berücksichtigt: Inhalt und

Form des Tarifvertrages, unter welchen Bedingungen die Tarifvertragsparteien (Gewerkschaft und Arbeitgeberverband) berechtigt sind, diese Verträge abzuschließen, welche Rechtsnormen für sie gelten, wann der Vertrag als allgemein verbindlich gilt, in welcher Form er in den Betrieben bekannt gegeben werden muss.

➠ Flächentarifvertrag ➠ Tarifautonomie ➠ Tarifbindung ➠ Tariffähigkeit ➠ Tarifkommission ➠ Tariflohn ➠ Tarifpolitik

TARP

Troubled **A**sset **R**elief **P**rogram, mit dem die US-Regierung im September 2008 den Zusammenbruch des US-Finanzsystems zu retten versuchte. Im Rahmen des T., dessen Volumen anfänglich mit 700 Mrd. US-$ beziffert wurde (= 5 % des US-amerik. BIP), stattete die amerik. Regierung in Not geratene Banken mit mehr Eigenkapital oder liquiden Mitteln aus. Ziel war es, auf diese Weise den Bankensektor in der Finanzmarktkrise zu stabilisieren. Ein Teil der Mittel wurde entgegen den ursprünglichen Zielen von T. auch als Kredit an die US-Autoindustrie vergeben. Im Allgemeinen wird T. als gescheitert angesehen.

Technischer Fortschritt

Veränderungen und Neuerungen in der Technik. Diese können sich z. B. in der Anwendung verbesserter oder neuartiger Methoden, Arbeitsabläufe, Fertigungsverfahren und Produkten niederschlagen. T. bewirkt eine Steigerung der Produktivität. Seit der industriellen Revolution hat er deshalb zu einem Zuwachs des Inlandsprodukts der Industriestaaten geführt. Arbeitserleichterungen, Arbeitszeitverkürzungen, höheres Lebensalter, Wachstum des materiellen Wohlstandes waren die positiven Begleiterscheinungen. Die Beschleunigung des T. wird von Forschung und Entwicklung sowie von wirtschaftspolitischen Maßnahmen flankiert. Seit der zweiten Hälfte des 20. Jh. rückten jedoch auch die negativen Folgen stärker ins Bewusstsein: Umweltzerstörung, nukleare Risiken und Arbeitsplatzvernichtung durch zunehmende Rationalisierung. Kritiker des T. monierten, dass den Industriegesellschaften auf diese Weise langsam »die Arbeit ausgeht«.

➠ FuE ➠ Technologie ➠ Wirtschaftswachstum

Technologie

Der Begriff wurde erstmals 1769 von Johann Beckmann (* 4.6.1739 † 3.2.1811) als »Wissenschaft, welche die Verarbeitung der Naturalien lehrt« eingeführt und wird gemeinhin als Verfahrenskunde bezeichnet. Er beinhaltet die Methodenlehre eines ingenieurwissenschaftlichen Gebiets oder eines Fertigungsablaufs. T. umfasst zudem notwendige Vorgänge zur Gewinnung und Bearbeitung von Stoffen, einschließlich der dazu gehörigen Arbeitsmittel, Werkzeuge und Arbeitsorganisation. Heute wird der Begriff auch verwendet, wenn es um technische Kenntnisse, Fähigkeiten und Möglichkeiten geht, z. B. Raumfahrttechnologie oder Gentechnologie.

➠ Technischer Fortschritt ➠ Technologietransfer

Technologietransfer

Weitergabe von technischem Wissen für die Anwendung im Produktionsprozess. Diesem Transfer von Forschungs- und Entwicklungsergebnissen liegt i. d. R. eine vertragliche Vereinbarung zugrunde. T. kann privatwirtschaftlich zwischen Hochschulen, Erfindern, Forschungseinrichtungen und Firmen erfolgen sowie innerhalb multinationaler Konzerne oder zwischen unterschiedlichen Unternehmen. Er kann ebenso staatlich organisiert entweder zwischen verschiedenen Industrieländern oder Industrie- und Entwicklungsländern. Dabei geht es einerseits um die Übermittlung freier Technologien (z. B. Patente oder Lizenzen), andererseits werden gütergebundene Technologien zur Verfügung gestellt, darunter fallen Spezialmaschinen oder vollständige Fabrikanlagen. In der Entwicklungspolitik stellt T. ein wichtiges Instrument dar und kann sich auf das wirtschaftliche Wachstum förderlich auswirken.

➠ Technischer Fortschritt

Technologische Lücke

Die Theorie der T. erweitert das Konzept der komparativen Kostenvorteile auf die Technologie. Außenhandel wird demnach selbst dann befürwortet, wenn ein Land in der Produktion von Gütern anderen unterlegen ist. Nach dieser Theorie exportiert ein Land, dessen Produkt gegenüber den anderen einen technologischen Vorsprung besitzt, dieses Produkt so lange, bis andere Länder in der Lage sind, dasselbe Produkt herzustellen. In der folgenden Zeit werden die sog. komparativen Kostenvorteile entscheidend. Stellt dann ein Staat ein Produkt her, das im Vergleich zu anderen im Land gefertigten Waren relativ ausgereift ist, so geht der Export in die anderen Länder künftig von ihm aus.

➠ Theorie der komparativen Kosten

Teilverstaatlichung

Die T. wurde im Rahmen des Rettungspakets für Banken ermöglicht, in dem, der Staat den Banken Eigenkapital gegen Eigentumsrechte zur Verfügung stellt. Dadurch wird der Staat Miteigentümer einer Bank, ohne sie komplett zu verstaatlichen. Angewendet wurde eine T. erstmalig im Fall der Commerzbank.

Tenderverfahren

Die Europäische Zentralbank (EZB) setzt ein Ausschreibungs- und Zuteilungsverfahren beim Verkauf von Wertpapieren ein, so werden Kreditinstitute mit Liquidität (flüssigen Mitteln) versorgt. Das T. ähnelt einer Auktion. Die Zentralbank setzt den Mindestzinssatz und eine Angebotsfrist fest. Die Kreditinstitute unterbreiten ihrerseits Angebote mit den Konditionen, zu denen sie eine bestimmte Menge von Wertpapieren an die EZB abgeben wollen. Läuft die Frist des Verfahrens ab, teilt die EZB die Summe, die sie in den Markt pumpen will, entsprechend den Angeboten zu. Beim sog. Mengentender legt die EZB den Zins selbst fest und setzt auf diese Weise ein geldpolitisches Signal. Beim Zinstender legt die EZB die Menge fest und die Kreditinstitute geben den Zinssatz an, zu dem sie Wertpapiere abgeben wollen.

Terminbörse

Handelsplatz zum Kauf und Verkauf von Terminkontrakten auf Waren oder Finanzprodukten.

Terms of Trade

Verhältnis von Exportpreis- zu Importpreisniveau. Anhand der T. können Wohlstandseffekte des Außenhandels erfasst werden. Steigen die Exportpreise stärker als die Importpreise, wird eine Volkswirtschaft durch den Außenhandel im internationalen Vergleich reicher, da sie sich mit jeder exportierten Gütereinheit mehr ausländische Güter leisten kann. Umgekehrt wird eine Volkswirtschaft relativ ärmer, wenn die T. fallen.

➠ Reales Austauschverhältnis

Tertiärer Sektor

Der »dritte« (tertiäre) Sektor ist der Dienstleistungssektor. Daneben gibt es noch den primären Sektor (Landwirtschaft) und sekundären Sektor (Industrie).

Teuerungsrate

➡ Inflation ➡ Inflationsrate

Thatcherismus

Bezeichnet die Wirtschaftspolitik der ehemaligen brit. Premierministerin Margaret Thatcher (* 13.10.1925 † 8.4.2013) von 1979–1990. Deren Politik zielte auf die Privatisierung des öffentlichen Sektors, z. B. von Staatsbetrieben (Bahn, Luftfahrt, Telekommunikation), aber auch lokalen Versorgungsbetrieben wie Stadt-, Wasser- und Elektrizitätswerke. Sie minimierte staatliche Eingriffe in das Marktgeschehen, schränkte staatliche Sozialleistungen ein, betrieb Sozial- und Subventionsabbau, erhöhte die Mehrwertsteuern und versuchte den Einfluss der Gewerkschaften zu brechen. Sie betrieb eine am Monetarismus orientierte Wirtschaftspolitik, um so die Staatsdefizite zu reduzieren, und senkte den Spitzensteuersatz. Kritiker des T. bezeichneten diese Politik als neoliberale Ideologie, die den freien Markt einer sozialen Marktwirtschaft vorzieht.

➡ Monetarismus ➡ Neoliberalismus ➡ Reaganomics

Thesaurierung

Einbehaltung von Gewinnen z. B. bei einem Unternehmen oder auch bei einem Anlagefonds. T. ist das Gegenteil von Ausschüttung.

TISA – Trade in Services Agreement

[Dt.: Abkommen über den Handel mit Dienstleistungen] T. ist ein geplantes Handelsabkommen über Dienstleistungen, das derzeit (2017) von 23 Mitgliedern der Welthandelsorganisation WTO, darunter die EU und die USA, verhandelt wird. Diese Länder vereinigen gemeinsam etwa 70 % des weltweiten Handels mit Dienstleistungen auf sich. Die Teilnehmer haben sich nach Mitteilung des Bundeswirtschaftsministeriums darauf geeinigt, sich an den Formulierungen des bestehenden multilateralen Abkommens zum Dienstleistungshandel zu orientieren, das bereits 1995 im Rahmen der WTO verabschiedet wurde. Darunter befindet sich sowohl die Verpflichtung, den Dienstleistungsmarkt nicht durch Quoten zu beschränken als auch Inländer und Ausländer gleich zu behandeln. Die EU will mit T. vor allem Märkte öffnen und Regelungen in Bereichen wie Lizenzierung, Finanzdienstleistungen, Telekommunikation, elektronischer Handel, Seeverkehr und grenzüberschreitende Arbeitnehmermobilität im Dienstleistungssektor verbessern. Die Liberalisierung des Handels mit Dienstleistungen werde nach Meinung der EU zu mehr Wachstum und Beschäftigung führen. Bisher haben 21 Verhandlungsrunden in Genf stattgefunden. Den Vorsitz führten abwechselnd EU, Australien und die USA. Die EU erklärt, die T.-Gespräche würden nicht öffentlich geführt, doch man bemühe sich um größtmögliche Transparenz. Eine umfangreiche Zahl von Kritikern fürchtet allerdings, dass mit T. Sozialstandards oder etwa Umwelt- und Verbraucherschutz beseitigt werden könnten. Im Hintergrund sei das Ziel von Konzernen erkennbar, öffentliche Dienste zu privatisieren.

Tobin-Steuer

Diese vom amerik. Ökonomen und Nobelpreisträger James Tobin (* 5.3.1918 † 11.3.2002) 1972 vorgeschlagene Spekulationssteuer auf internationale Devisengeschäfte wurde nie eingeführt. Tobin hatte angeregt, eine sehr niedrige Steuer auf sämtliche Devisentransaktionen zu erheben, um so die kurzfristigen Spekulationen auf Währungsschwankungen einzudämmen. Heute fordern auch Globalisierungskritiker von Attac und viele Nichtregierungsorganisationen die Einführung einer T. i. H. v. 0,1–0,25 %. Mit den Einnahmen dieses finanzpolitischen Instruments soll die Bekämpfung der Armut und der Umweltschäden in der Dritten Welt gefördert werden.

➠ Devisen ➠ Devisenspekulation

Trade-off

Ökonomischer Zielkonflikt. Dieser beinhaltet das Abwägen von 2 Aspekten, wenn eine Problemlösung zugleich eine Verschlechterung nach sich zieht. Die Europäische Zentralbank hat etwa mit einem T. zu tun, wenn sie ihren Einfluss Konjunktur fördernd mit niedrigen Zinsen geltend machen will, aber zugleich damit zu kämpfen hat, dass diese Maßnahme die Preise erhöht.

Transaktionskasse

Zum Abwickeln ihrer täglichen Transaktionen, dem Sammeln von Informationen, Vorbereiten und Gestalten einzelner Unternehmungen, benötigen sowohl private Haushalte, Unternehmen als auch der Staat Geld. Wichtig ist, zu einem gewissen Grad liquide zu sein, um erwarteten und unerwarteten Zahlungsverpflichtungen nachkommen zu können. Je mehr die wirtschaftliche Leistung zunimmt, desto mehr steigen die Kosten der Transaktionen und die Nachfrage an eine T. Diese ist wesentlich durch die Höhe des Einkommens bestimmt.

➠ Liquiditätspräferenztheorie

Transaktionskosten

Bei Unternehmensentscheidungen ist zu berücksichtigen, ob zur Produktion notwendige Güter, Dienst- und Arbeitsleistung am Markt beschafft oder im eigenen Unternehmen bereitgestellt werden können. Zu den Produktionskosten müssen deshalb T. addiert werden. Zu Letzteren zählen Vertragsanbahnungskosten sowie Such- und Informationskosten, Vertragsgestaltungskosten, Verhandlungs- und Entscheidungskosten, Kosten der Vertragsüberwachung und Vertragsanpassung, Kosten der Durchsetzung von Leistungsverpflichtungen, Kosten bei Insolvenz des Vertragspartners. Für die öffentliche Verwaltung ist zu beachten, dass dies zum großen Teil »interne«, nicht haushaltswirksame Kosten sind. Sie müssen aber dennoch berücksichtigt werden, weil sie Personalkapazität binden. 1937 hat der brit. Ökonom Ronald H. Coase (* 29.12.1910 † 2.9.2013) die T. erstmals beschrieben und in die Theorie eingeführt.

Transferausgaben

Leistungen von Bund, Ländern und Gemeinden an private Haushalte und Unternehmen. Diese Ausgaben tätigt der Staat, ohne eine Gegenleistung zu empfangen. So sollen aus dem Marktprozess entstandene Ungerechtigkeiten korrigiert werden. Staatliche Transferausgaben sind z. B. Arbeitslosengeld, gesetzliche Renten, soziale Grundsicherung, Entwicklungshilfe, Lastenausgleich.

➠ Arbeitslosengeld II ➠ Hartz IV ➠ Sozialbudget ➠ Transferleistungen ➠ Transfereinkommen

Transfereinkommen

Einkommen, die einem Wirtschaftssubjekt ohne ökonomische Gegenleistung zufließen, z. B. Grundsicherung, Wohngeld, Sozialhilfe oder Kindergeld. Transferleistungen beziehen nicht nur private Haushalte, auch der Staat erhält T. in Form von Steuern, Abgaben und Beiträgen. Unternehmen beziehen T., wenn sie subventioniert werden. Gezahlt werden diese T. zum großen Teil aus Primäreinkommen. Ziel der T. ist eine staatliche Umverteilungspolitik. Dabei geht es darum, Ungerechtigkeiten aus der primären Einkommensverteilung auszugleichen, die aus der direkten Teilnahme am Wirtschaftsgeschehen entstehen.

→ Arbeitslosengeld II → Hartz IV → Sozialbudget → Transferausgaben

Transfergesellschaft

Eine T. kann im Falle der Insolvenz einer großen Firma gebildet werden. Die ehemaligen Mitarbeiter des bankrotten Unternehmens kommen in der Gesellschaft unter, wo sie sich weiterbilden und bei der Suche nach einer neuen Tätigkeit beraten werden. Die Bundesagentur für Arbeit zahlt für ein Jahr 60 % (67 % an Arbeitnehmer mit Kindern) des zuletzt gezahlten Nettogehalts aus. Die insolvente Firma muss für die Sozial- und Rentenbeiträge der Mitarbeiter in der T. aufkommen. T. werden in Abstimmung mit der Agentur für Arbeit gegründet. Die Bestimmungen zu T. sind im §§ 110-111 des SGB III geregelt.

Transferleistungen

Vom Staat gezahlte Sozialleistungen, ohne dass vorab Beiträge geleistet oder andere Gegenleistungen erbracht worden wären, wie dies etwa bei der Arbeitslosenversicherung, Krankengeld und Rente der Fall ist. Neben den typischen Sozialleistungen wie der Grundsicherung von 399 € plus Miete oder dem Kindergeld gibt es z. B. auch staatliche T., um Niedriglöhne aufzustocken, wenn diese nicht ausreichen, um den Lebensunterhalt des Arbeitnehmers zu bestreiten. Kritiker monieren, es könne nicht im Sinn der Allgemeinheit sein, wenn Arbeitsentgelte so weit nach unten gedrückt werden, dass der Staat ergänzende T. zahlen muss. Der Gesetzgeber selbst habe diesen Missstand mit den Hartz-IV-Gesetzen hervorgerufen. Durch die verschärften Regelungen der Zumutbarkeit, die mit Sanktionen seitens der Arbeitsagenturen gegenüber Arbeitssuchenden durchgesetzt werden, müssten immer mehr Menschen Löhne unterhalb des gesetzlichen Existenzminimums (ALG II) akzeptieren.

→ Transferausgaben → Transfereinkommen

Trendbereinigung

Statistisches Verfahren, um die Entwicklung einer ökonomischen Größe über eine bestimmte Zeit in einen sich nur langsam verändernden Trend und in stärker schwankende (z. B. konjunkturabhängige) Komponenten aufzuspalten. Zieht man von der beobachteten Größe die Trendkomponente ab, gilt sie als trendbereinigt.

Treuhandanstalt

Öffentliche Einrichtung mit Sitz in Berlin, die das Volkseigentum der DDR treuhänderisch im Interesse der Allgemeinheit verwalten sollte. So hatte es der Ministerrat der DDR am 1.3.1990 beschlossen. Damals wurde auch die Gründung einer Dachgesellschaft, einer Staatsholding, diskutiert, an der das Volk Anteile behalten sollte. Nach der Wiedervereinigung am 3.10.1990 wurde die T. in eine öffentlich-rechtliche An-

stalt umgewandelt, die dem Bundesfinanzministerium unterstand. Die vorübergehend größte Holding der Welt war bis zu ihrer Auflösung 1994 damit beschäftigt, rund 6.000 Kombinate und volkseigene Betriebe zu verkaufen, etwa 2.000 Betriebe an ihre ehemaligen Eigentümer zurückzugeben. Knapp 14.000 Betriebe mit fast 4 Mio. Beschäftigten wurden privatisiert.
Rund 4.000 wurden liquidiert, wobei es immer wieder öffentliche Proteste gab. Einige der geplanten Stilllegungen mussten aufgrund des politischen Drucks aufgegeben werden. Die auf rund 153 Mrd. € geschätzten Schulden und Defizite, die aus dieser großen Privatisierungsaktion resultierten, trägt der Bund.

➠ Privatisierung ➠ Wiedervereinigungskosten

Troika

Allgemein wird unter einer T. ein autoritäres Herrschaftsgremium verstanden, dem drei Personen angehören. Im Zuge der Krise des Euroraums wurde die Kommission, die die Fortschritte bei der Konsolidierung des öffentlichen Haushalts in Griechenland beurteilen sollte, als T. bezeichnet. Denn sie bestand aus den Vertretern dreier Institutionen: der EU-Kommission, der EZB und des IWF.

TTIP – Transatlantic Trade and Investment Partnership

[Dt.: Transatlantische Handels- und Investitionspartnerschaft] Die EU verhandelt seit Juli 2013 mit den USA über ein Handels- und Investitionsabkommen mit dem Ziel, die Länder der Europäischen Union und der Vereinigten Staaten in einer transatlantischen Freihandelszone zu vereinigen. Zölle und andere Barrieren im transatlantischen Handel sollen abgebaut und die Märkte zu beiden Seiten des Atlantiks stärker geöffnet werden. Laut Bundeswirtschaftsministerium werden Einschränkungen für kommerzielle Dienstleistungen verringert, die Investitionssicherheit verbessert und der Zugang zu öffentlichen Aufträgen auf allen staatlichen Ebenen sowohl in der EU wie in den USA vereinfacht. TTIP könne das Wirtschaftswachstum steigern und die Lage auf dem Arbeitsmarkt verbessern. Der intransparente Verhandlungsprozess zwischen der EU-Kommission und den US-Partnern führte aber schon bald zu öffentlichem Unmut, denn das EU-Parlament, die nationalen Regierungen und ihre Parlamentarier dürfen nur beschränkt und zur Geheimhaltung verpflichtet Einblick in Verhandlungsergebnisse nehmen. Der Verdacht wurde genährt, dass TTIP nur als Einfallstor für die Interessen großer Konzerne diene. Die US-Agrarkonzerne z. B. wollten wohl die bäuerliche Landwirtschaft in Europa mit billigen gentechnisch veränderten Produkten überrollen. Die europ. Sozialsysteme und Standards seien in Gefahr. Als sich herausstellte, dass bei TTIP Investoren das Recht eingeräumt wurde, Staaten vor nicht staatlichen Schiedsgerichten auf Schadensersatz zu verklagen, wenn etwa politische Entscheidungen Gewinnerwartungen schmälern, zog es europaweit in der breiten Öffentlichkeit zusätzlich heftige Kritik auf sich. Das Abkommen sollte Ende 2016 fertig verhandelt sein. Ein Abschluss jedoch ist derzeit nicht absehbar.

Überbrückungsgeld

Staatliche Subvention für arbeitslos Gemeldete oder in Arbeitsbeschaffungsmaßnehmen Beschäftigte, die in die Selbstständigkeit überwechseln und eine eigene Existenz aufbauen wollen. Ü. wurde bis 1.8.2006 von der Bundesagentur für Arbeit für einen Zeitraum von jeweils 6 Monaten gezahlt. Seit dem 1. August gehört diese Subvention genauso wie auch der Existenzgründungszuschuss (Ich-AG) der Vergangenheit an. Das Ü. wurde durch den sog. Gründungszuschuss abgelöst.

➠ Arbeitslosigkeit ➠ Arbeitsmarktpolitik ➠ Bundesagentur für Arbeit

Überschuldung

Wenn das Vermögen eines Unternehmens die Schulden nicht mehr deckt und das Eigenkapital infolge von Verlusten oder zu hoher Kapitalentnahme durch die Eigentümer aufgezehrt ist. Dann wird ein Insolvenzverfahren eröffnet. In der Schuldnerberatung spricht man bei der Ü. von Privathaushalten von einer Situation, in der es den betroffenen Personen nicht mehr möglich ist, ihre Schulden innerhalb eines überschaubaren Zeitraums unter Einsatz des vorhandenen Vermögens und freien Einkommens zu bezahlen, ohne die eigene Grundversorgung aufzugeben. Studien zufolge sind in Deutschland 3,4 Mio. Haushalte von Überschuldung betroffen.

Übertragbarkeit

Ausnahme vom Haushaltsgrundsatz der Jährlichkeit und der zeitlichen Bindung. Weil mit dem Abschluss des Haushaltsjahres nicht verbrauchte Mittel verfallen, können bestimmte Mittel ins nächste Haushaltsjahr übertragen oder durch einen Vermerk im Haushaltsplan für übertragbar erklärt werden.

➠ Haushaltsgrundsätze

Umlageverfahren

Verfahren, in dem ein interessierter Personenkreis zu einem bestimmten Zweck Mittel aufbringt, um sie bei Bedarf wieder an die jeweiligen Beteiligten auszuzahlen. Bei Genossenschaften dient das U. dazu, die Geschäftsanteile, die die Nachschussbeträge übersteigend, auf die Mitglieder zu verteilen. Das U. wird in Deutschland bei der gesetzlichen Sozialversicherung angewendet, der Kranken- und Arbeitslosenversicherung und der Altersvorsorge. Die Beiträge der Versicherungspflichtigen sind dabei so zu bemessen, dass sie innerhalb des betreffenden Zeitraums anfallende Ausgaben decken. Kritiker monieren allerdings, dass bei der Rentenversicherung versicherungsfremde Leistungen mitfinanziert worden seien, z. B. die Kosten der Wiedervereinigung oder die Kriegsversehrtenrente.

Umlaufgeschwindigkeit des Geldes

Häufigkeit, mit der die Geldmenge innerhalb eines Jahres für das Transaktionsvolumen in Höhe des Bruttoinlandsprodukts (BIP) umgeschlagen wird. Erhöht sich die U., steht mehr Geld zur Verfügung und es wächst auch die Nachfrage der Konsumenten auf dem Markt. Dies steigert das Preisniveau und wirkt inflationär. Die Geschwindigkeit, mit der das Geld ausgeben wird, hängt von verschiedenen Einflüssen ab, z. B. von den Erwartungen an die künftige Preisentwicklung. Auch Zahlungsgewohnheiten wirken sich auf die U. aus, z. B. ob bar oder bargeldlos gezahlt wird. Werden Kredite aufgenommen, erhöht dies die Umschlaghäufigkeit des Geldes.

➠ Geldangebot ➠ Inflation ➠ Quantitätsgleichung

Umlaufrendite

Durchschnittliche Rendite aller im Umlauf befindlichen inländischen festverzinslichen Wertpapiere, v. a.

Staatsanleihen. Die U. für Deutschland wird von der Deutschen Bundesbank ermittelt und spiegelt das Zinsniveau des Kapitalmarktes wider.

Umsatzsteuer

➡ Mehrwertsteuer

Umschuldung

Kreditnehmer, die ihre Schulden nicht mehr begleichen können, müssen eine U. vornehmen. Bei der U. werden die alten Kredite oder Anleihen durch neue Papiere mit einem geringeren Nennwert abgelöst. Bei einer U. müssen die Gläubiger eines überschuldeten Staates oder Unternehmen also auf einen Teil ihrer Forderungen verzichten. Die Schulden werden geringer verzinst und später bezahlt. Dadurch sinkt die Schuldenlast des betroffenen Landes oder Unternehmen und es kann sich wieder besser auf den Finanzmärkten refinanzieren. Bei »weichen« Formen der Umschuldung verlängern die Gläubiger freiwillig die Anleihelaufzeiten oder die Verringerung der Zinsen. Man spricht dann von einer Restrukturierung bzw. Umstrukturierung. Bei einer harten Umschuldung müssen die Gläubiger den Schuldenschnitt in entsprechender Höhe akzeptieren und ihre Anleihen unter Nennwert zurückgeben oder umtauschen. Durch eine U. soll der Schuldner wieder zahlungsfähig gemacht werden.

Umverteilung

Finanzpolitische Maßnahmen, um das Marktgeschehen zu korrigieren, wenn es im Widerspruch zu sozialpolitischen Zielen steht. Z. B. kann der Staat durch unterschiedlich hohe Steuerabzüge (Steuerprogression) Einkommens- oder Vermögensverhältnisse beeinflussen. Er kann die Bezieher höherer Einkommen stärker belasten als Niedriglöhner, größere Erbschaften stärker besteuern als geringe oder eine Vermögenssteuer erheben. Als Maßnahme der U. gilt auch die Zahlung von Sozialhilfe und Wohngeld, da diese staatlichen Transferleistungen ohne Gegenleistung bedürftigen Haushalten zufließen. Mit U. kann die Ungleichheit der Einkommens- und Vermögensverteilung reduziert werden. Im Zusammenhang mit der Diskussion um Verteilungsgerechtigkeit entstand allerdings auch der Begriff der »Umverteilung von unten nach oben«. Damit wird eine Wirtschaftspolitik kritisiert, die das Ausmaß der U. verringert.

➡ Soziale Gerechtigkeit

Umweltabgaben

U. sollen Verursacher umweltschädigender Aktivitäten zu deren Reduzierung oder Vermeidung anregen. Als Umweltsteuern gelten in der EU Energiesteuern, Verkehrssteuern, Steuern auf Umweltverschmutzung und auf Ressourcen. In Deutschland zählt das Statistische Bundesamt zu den umweltbezogenen Steuern die Mineralölsteuer inklusive Ökosteuer, die Kraftfahrzeugsteuer und die Stromsteuer. Kritiker monieren jedoch, dass die ökonomischen Verlierer die Verbraucher sind. Die Industrie dagegen profitiere nicht nur bei der Energieerzeugung, sondern auch beim Verbrauch häufig von Ausnahmen.

➡ Umweltgebühren ➡ Umweltpolitik

Umweltauflagen

Über Gebote und Verbote steuert der Staat umweltbelastende Aktivitäten der Konsumenten und Produzenten. Neben Umweltabgaben sind die U. die am häufigsten angewandten umweltpolitischen Instrumente. Auflagen werden hinsichtlich der Produktion und der Produktionsverfahren erlassen, ebenso Ansiedlungsverbote, Produktionseinschränkungen oder -verbote. Bei Emissionsauflagen geht es darum, den Schadstoffausstoß zu reduzieren und im Rahmen der Grenzwerte zu bleiben. Es gibt Kennzeichnungspflichten, Verwendungsauflagen, Fahrverbote und -beschränkungen. Weiterhin gibt es marktwirtschaftliche Instrumente wie finanzielle Anreize, Umweltzertifikate oder Kompensationsregelungen. Unternehmen sollen durch Preissignale und höhere Kosten zu umweltgerechtem Verhalten gebracht werden. International zeigt sich aber, wie schwierig es ist, U. über Ländergrenzen hinweg miteinander abzustimmen. Die bisherigen internationalen Klimakonferenzen haben gezeigt, wie schwer konkrete umweltpolitische Ziele zu erreichen sind, obgleich globale Umweltprobleme wie die weltweite Klimaerwärmung dies dringend erfordern.

➡ Umweltgebühren ➡ Umweltlizenzen ➡ Umweltpolitik

Umweltgebühren

Von U. ist dann die Rede, wenn Umweltabgaben als Preis dafür interpretiert werden, dass man Umweltressourcen in Anspruch nehmen darf.

➡ Umweltauflagen ➡ Umweltlizenzen ➡ Umweltpolitik ➡ Umweltzertifikate

Umweltlizenzen

In der Umweltökonomie eines Staates werden U. als Alternative zu ordnungsrechtlichen Verfahren angesehen. Im Kyoto-Protokoll, benannt nach dem Weltklimagipfel von 1997 in der gleichnamigen jap. Stadt, werden handelbare Umweltnutzungsrechte explizit als marktwirtschaftliche Instrumente empfohlen. Ökonomische Steuerungsanreize werden als effizienter Beitrag zum Umweltschutz betrachtet. Der Marktmechanismus tritt dann in Kraft, wenn die zulässige Gesamtemission in einzelne Lizenzen zerstückelt und diese an die emittierenden Unternehmen verteilt werden.

➡ Umweltgebühren ➡ Umweltpolitik ➡ Umweltzertifikate

Umweltpolitik

Erste Initiativen einer europ. U. gehen zurück auf den Pariser Gipfel 1972, bei dem sich europ. Staaten über eine Verbesserung des Umweltschutzes und der Lebensqualität einigten. Rechtlich verbindlich wurde dies 1987 in der Einheitlichen Europäischen Akte. Seit 1999 müssen bei der EU-Politik die Auswirkungen auf die Umwelt im Vorfeld berücksichtigt werden. »Die Erfordernisse des Umweltschutzes müssen bei der Festlegung und Durchführung aller Gemeinschaftspolitiken insbesondere zur Förderung einer nachhaltigen Entwicklung einbezogen werden«, heißt es im Vertrag (Art. 6). In der Landwirtschaftspolitik, der Energiepolitik, der Verkehrspolitik, in der Regionalförderung und auch in allen anderen Politikbereichen müssen seither Umweltaspekte berücksichtigt werden. Mehr als 300 europ. Rechtsakte wurden im Umweltschutz erlassen. Von den EU-Mitgliedsstaaten müssen diese in nationales Recht umgesetzt, durchgeführt und kontrolliert werden. Sie werden regelmäßig an den neuesten Stand der Technik angepasst und ergänzt. Zu den Schwerpunkten gehören Richtlinien zur Reinhaltung der Luft, zur Reinhaltung des Wassers sowie Regelungen in den Bereichen Abfallpolitik und Natur- und Artenschutz. Zentrales Thema ist der Klimaschutz. Dazu wurde 1997 beim Weltklimagipfel in Kyoto ein Protokoll zum Schutz des Klimas verabschiedet, das nach der Ratifikation durch Russland in Kraft getreten ist. In diesem hat sich die EU verpflichtet, die in der EU emittierten Treibhausgase bis zum Jahr 2012 um 8 % jährlich zu reduzieren. Dies ist auch dringend geboten. Der Weltklimarat (IPCC) hat Mitte November 2007 in Valencia im vierten Weltklimabericht konstatiert: Der Mensch ist »sehr wahrscheinlich« schuld an der globalen schnell voranschreitenden Erwärmung. Bis Ende des Jahrhunderts werden die Temperaturen um bis zu 6,4 Grad, der Meeresspiegel um bis zu 1,40 Meter steigen. Die Zerstörungskraft von Naturkatastrophen wird deshalb größer. Nicht nur den Vereinigten Staaten drohen in Zukunft neue Wirbelstürme; durch die Erwärmung der Meere könnte es ebenso im Mittelmeerraum zu Hurrikans kommen. Für Klimawandel, Umweltschäden und die Ausbeutung der natürlichen Ressourcen sind v. a. die Industrienationen verantwortlich – am meisten leiden aber die armen Länder des Südens darunter.

➡ Umweltabgabe ➡ Umweltauflagen ➡ Umweltgebühren ➡ Umweltlizenzen ➡ Umweltzertifikate

Umweltzertifikate

Der Staat definiert ein Sollziel der Umweltbelastung und gewährt in diesem Rahmen kontingentiert Emissionsgenehmigungen (auch Verschmutzungsrechte genannt) an Unternehmen. Diese Verschmutzungsrechte sind zwischen den Unternehmen handelbar. Wenn ein Unternehmen die Emissionsgenehmigungen nicht mehr in vollem Umfang benötigt, kann es diese an andere Unternehmen verkaufen. Auf diese Weise entsteht ein Markt für U. mit Angebot und Nachfrage. Emissionszertifikate berechtigen ihren Besitzer, pro Zeiteinheit eine bestimmte Schadstoffmenge (z. B. CO_2) in die Umwelt zu abgeben, wobei die insgesamt zulässigen Emissionen durch die Menge der in Umlauf befindlichen Zertifikate begrenzt werden.

➡ Umweltauflagen ➡ Umweltlizenzen ➡ Umweltpolitik

Unterbeschäftigung

Situation, in der das volkswirtschaftliche Produktionspotenzial nicht ausreichend genutzt wird. Für den Arbeitsmarkt bedeutet dies, dass der Beschäftigungsgrad insgesamt niedriger als möglich ist. Die Zahl der arbeitswilligen Erwerbspersonen übersteigt die am Markt angebotenen offenen Stellen. Ebenso ist Kurzarbeit im Betrieb ein Zeichen für U., denn die im Unternehmen Beschäftigten können nicht tatsächlich solange arbeiten, wie es in ihrem Arbeitsvertrag vereinbart ist. U. ist typisch für Konjunkturabschwung und Depression. U. kann auch bedeuten, dass die Zahl voll sozialversicherungspflichtiger Beschäftigter insgesamt zurückgeht. Sog. Normalarbeitsverhältnisse werden dann durch eine Erwerbsarbeit im Bereich marginaler Tätigkeiten abgelöst, die durch geringe Arbeitszeiten und Einkommen geprägt sind. Im Jahr 2015 waren laut Destatis von den rund 40 Mio. Erwerbstätigen in Deutschland etwa 6,8 % unterbeschäftigt. U. bedeutet für viele Deutsche brüchige Erwerbsbiografien und kann auch Verarmung im Rentenalter zur Folge haben, denn zwischen Phasen der (Unter-)Beschäftigung liegen immer wieder Zeiten der Erwerbslosigkeit, der Beschäftigungssuche und Inaktivität.

➡ Arbeit ➡ Arbeitslosigkeit ➡ Arbeitsmarktpolitik ➡ Unterbeschäftigungsgleichgewicht

Unterbeschäftigungsgleichgewicht

U. beschreibt der brit. Volkswirtschaftler John Maynard Keynes (* 5.6.1883

† 21.4.1946) als eine wirtschaftliche Situation, in der auf dem Güter- und Geldmarkt ein Gleichgewicht von Angebot und Nachfrage herrscht. Auf dem Arbeitsmarkt dagegen ist die Nachfrage nach Arbeitsstellen größer als das Angebot, es herrscht Arbeitslosigkeit. Insofern pendelt sich die Volkswirtschaft auf eine niedrigere Produktionsweise ein. Durch die Entlassungen von Arbeitnehmern sinkt die Nachfrage weiter. Jetzt sei der Staat gefragt, die Wirtschaft aus der Krise, dem U., herauszuführen, indem er seine Ausgaben für öffentliche Aufträge wie den Bau von Straßen, Schienenwegen oder öffentlichen Gebäuden erhöht. Möglich sei auch, indirekt gegenzusteuern und Steuervergünstigungen für Investitionen zu gewähren, meint Keynes. So könnten neue Arbeitsplätze und Einkommen bei privaten Haushalten entstehen. Die Nachfrage für Konsumgüter steige, dies bewirke Investitionen der Unternehmen und schaffe weitere Arbeitsplätze. Im konjunkturellen Abschwung soll der Staat die gesamtwirtschaftliche Nachfrage beleben und mehr ausgeben, als er einnimmt, und dadurch seine Schulden erhöhen. Im Aufschwung müsse die gesamtwirtschaftliche Nachfrage dagegen gebremst und die entstandenen Schulden durch Steuererhöhungen getilgt werden. Eine solche antizyklische Wirtschaftspolitik nach Keynes wurde in den 1960er- und 1970er-Jahren in der Bundesrepublik Deutschland betrieben. Im Stabilitätsgesetz hat sie ihren Niederschlag gefunden. Belebt der Staat die gesamtwirtschaftliche Nachfrage nicht, könne ein marktwirtschaftliches System im U. mit Arbeitslosigkeit verharren.

➡ Arbeit ➡ Arbeitsmarktpolitik ➡ Beschäftigungsgrad ➡ Keynesianische Theorie ➡ Unterbeschäftigung

Unternehmen

➡ Aktiengesellschaft ➡ Kapitalgesellschaft ➡ Unternehmer

Unternehmenssteuern

Alle Steuerarten, die Unternehmen an den Staat abführen. Dazu gehört die Körperschaftsteuer. Sie ist die Einkommenssteuer für Kapitalgesellschaften wie etwa Aktiengesellschaften oder Gesellschaften mit beschränkter Haftung (GmbH). Dafür werden betriebliche Einnahmen und Ausgaben verrechnet. Bleibt ein Plus, muss dieses versteuert werden. Die Kommunen verlangen von Unternehmen aller Rechtsformen eine Gewerbesteuer auf ihre Gewinne. Den Kommunen steht es frei, den jeweiligen Hebesatz für ihre Gemeinde festzulegen.

➡ Besteuerungsgrundsätze ➡ Direkte und indirekte Besteuerung ➡ Mehrwertsteuer

Unternehmer

Allein- oder Miteigentümer einer Firma, der diese auch leitet. Er bietet Güter oder Dienstleistungen auf dem Markt an, strebt nach Gewinn, hat die Entscheidungshoheit über den Einsatz der Produktionsmittel und des Personals, trägt aber auch das Geschäftsrisiko. Traditionell ging man davon aus, dass das Eigentum am Unternehmen und die Verfügungsgewalt darüber eine Einheit bilden. Bei großen Kapitalgesellschaften delegiert der U. jedoch seine Leitungsfunktion zunehmend an angestellte Mitglieder der Geschäftsleitung (Manager). Häufig werden auch sog. »Ich-AGler« und Freiberufler, die ohne Personal arbeiten, als U. bezeichnet. Im Dunstkreis der Scheinselbstständigkeit werden mitunter Arbeitnehmer als Subunternehmer angeheuert. Sie sind somit nicht mehr sozialversicherungspflichtig tätig und müssen für die Kosten der Produktionsmittel selbst aufkommen.

Abb. 39 Unternehmenstypen am Markt: Rechtsformen · Branchen · Größenklassen · Programmtypologie

Typologie der Rechtsformen

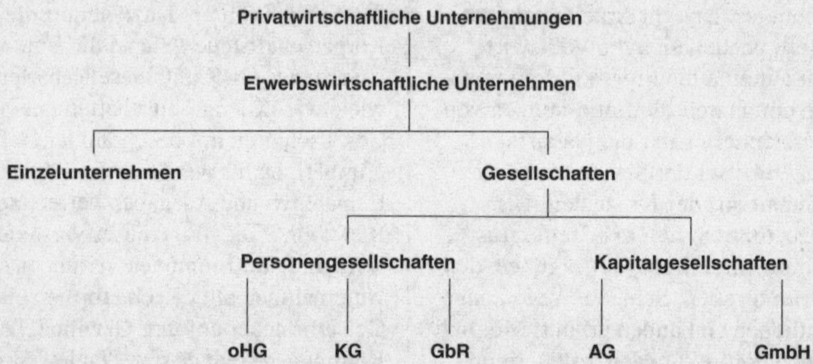

oHG: offene Handelsgesellschaft • **KG:** Kommanditgesellschaft • **GbR:** Gesellschaft bürgerlichen Rechts
AG: Aktiengesellschaft • **GmbH:** Gesellschaft mit beschränkter Haftung

Typologie der Branchen

Sachleistungsunternehmen			Dienstleistungsbetriebe
Gewinnungsbetriebe	Veredelungsbetriebe	Fertigungsbetriebe	

Typologie der Größenklassen im Handelsgesetzbuch (HGB)

Merkmale / Größenklassen	Beschäftigte	Bilanzsumme in Euro	Umsatz in Euro
Kleinbetriebe	≤ 50	≤ 3,436 Mio.	≤ 6,872 Mio.
Mittelbetriebe	51–250	≤ 13,749 Mio.	≤ 27,498 Mio.
Großbetriebe	> 250	> 13,749 Mio.	> 27,498 Mio.

Programmtypologie

Homogenes Leistungsprogramm		Heterogenes Leistungsprinzip	
Undifferenziertes Massenprogramm	Differenziertes Massenprogramm	Serienprogramm	Individualprogramm
Einproduktprogramm	Mehrproduktprogramm		
Auflagenhöhe > 1			Auflagenhöhe = 1

Quelle Eigene Darstellung der Autoren

Unternehmerlohn

Vergütung, die dem Gesellschafter einer Personengesellschaft oder dem Geschäftsführer einer GmbH, der zugleich auch Gesellschafter ist, für die Tätigkeit im eigenen Unternehmen zusteht. Die Mitarbeit des Unternehmers im eigenen Betrieb wird bei einer einfachen Personengesellschaft in der Kostenrechnung als kalkulatorischer U. erfasst und berücksichtigt. Der Lohn, den der Inhaber an sich selbst zahlt, ist dem Gewinn zuzurechnen und somit steuerlich irrelevant. Das Gehalt, das ein Gesellschafter, der zugleich Geschäftsführer ist, bei einer Kapitalgesellschaft erhält, zählt hingegen als Betriebsausgabe. Im Regelfall ist dann auch beim U. Lohnsteuer einzubehalten und abzuführen.

➠ Unternehmer

Unvollständige Konkurrenz

Wenn durch Wettbewerbsbeschränkungen, v. a. durch die Marktmacht von Unternehmen, die Konkurrenzsituation begrenzt ist. Im Fall von U. haben die Unternehmen die Macht, die Preise zu setzen. Diese liegen dann höher als bei vollständiger Konkurrenz und vermindern somit den Absatz der entsprechenden Güter. Im Gegensatz dazu hat die perfekte Konkurrenz unter liberalisierten Marktbedingungen eine größere Wettbewerbsintensität. Wird bei bisher unvollständiger Konkurrenz liberalisiert, dann treten neue Anbieter in den Markt und es gibt neue innovative Dienstleistungen. Durch die neue verschärfte Konkurrenz sinken die Preise und die Nachfrage steigt.

➠ Vollständige Konkurrenz

Ursprungslandprinzip

Das Prinzip ist für das Umsatzsteuerrecht von Bedeutung. Lieferungen und sonstige Leistungen sind nach dem U. dort versteuerbar und steuerpflichtig, wo sie ausgeführt werden, also im Herkunftsland. Es ist das Ziel innerhalb der EU, dieses Prinzip allgemein einzuführen. Bisher gilt als Übergangsregelung das Bestimmungslandprinzip, weil viele EU-Länder beim U. wegen unterschiedlicher Steuersätze sowie Einfuhr- und Ausfuhrquoten Nachteile befürchten. Besonders umstritten war das U. in Bezug auf grenzüberschreitende Dienstleistungen. Dienstleistende Unternehmen, die einzig den gesetzlichen Regelungen ihrer Heimatländer unterliegen, könnten z. B. zu wettbewerbsverzerrenden Bedingungen und Preisen in Deutschland tätig werden. Poln. Installateure könnten eine Heizung etwa wesentlich billiger und weniger qualifiziert reparieren als dt. Handwerker. Insofern drohe neben Abstrichen beim Konsumentenschutz auch Sozialdumping, hatten Kritiker eingewendet. In der EU-Kommission wird darüber nachgedacht, langfristig im Dienstleistungssektor gemeinsame Mindeststandards in allen EU-Ländern zu entwickeln.

➠ Mehrwertsteuer

Variable Kosten

In der Betriebswirtschaftslehre unterscheidet man bei der Produktion in einem Unternehmen variable und fixe Kosten. Die V. verändern sich im Verhältnis zur Auslastung und zum Umsatz, etwa wenn eine höhere Anzahl von Beschäftigten in einer Fabrik eine größere Stückzahl von Produkten fertigt. Bei Rohstoff- und Lohnkosten spricht man z. B. von V. Beispiel: Mengenrabatte bei größeren Einkaufsmengen oder Akkordlöhne bei Beschäftigungszunahme. Fixe Kosten sind dagegen z. B. Miet- oder Abschreibungskosten. Diese bleiben unabhängig von der Produktionsmenge konstant.

Venture Capital

[Dt. auch: Risiko-/Wagniskapital] Wird als privates Beteiligungskapital mit hohem Risiko in ein Unternehmen eingebracht. Mitunter ist es so hoch, dass diese Fremdfinanzierung zum Verlust des eingesetzten Kapitals führen kann. Erträge aus solchen Beteiligungen sind zum Zeitpunkt der Aufnahme nicht absehbar. Bei Gelingen kann der Kapitalgeber jedoch eine sehr hohe Rendite erwarten.

Verarbeitendes Gewerbe

Industriezweige des V. sind die Kraftfahrzeugindustrie, Ernährungsindustrie, chemische Industrie, Maschinenbau und Metall verarbeitende Industrie. Als V. werden alle Industriebetriebe bezeichnet, die Rohstoffe und Zwischenprodukte weiterverarbeiten. Das V. ist in der Wirtschaft der wichtigste Bereich des produzierenden Gewerbes.

Verbindlichkeiten

➟ Schulden

Verbrauch

Wenn ein Gut durch eine Tätigkeit abnimmt, weniger wird oder nicht mehr verfügbar ist. Es kann aufgebraucht oder nur verwertet werden und auf diese Weise in ein Folgeprodukt übergehen. Derjenige, der das Gut konsumiert, ist der Verbraucher. In der Wirtschaftsstatistik wird unterschieden zwischen Staatsverbrauch und privatem V.

➟ Konsum

Verbraucherpreise

Darunter ist der vom Verbraucher zu zahlende Preis für Waren und Dienstleistungen, inklusive Umsatzsteuer zu verstehen. Inbegriffen sind Verkaufspreise im Einzelhandel, Preise des Handwerks, der Energie- und Wasserversorgung und des Verkehrs sowie Ausgaben für Bildung und Freizeitgestaltung. Die statistische Erfassung der V. dient hauptsächlich dazu, die Lebenshaltungskosten der privaten Haushalte zu ermitteln.

➟ Harmonisierter Verbraucherpreisindex

Verbraucherschutz

Umfasst Gesetze, Vorschriften und gesellschaftspolitische Regelungen, die den Verbraucher vor Benachteiligungen im Wirtschaftsleben schützen und seine rechtliche Stellung stärken sollen. Z. B. gibt es die **L**ebens**m**ittel**k**ennzeichnungs**v**erordnung (LMKV) und eine **P**reis**ang**aben**v**erordnung (PAngV), um eine bessere Grundlage für die Kaufentscheidung zu gewährleisten. Weiterhin sind im Lebensmittel- und Arzneimittelrecht sowie im Produktsicherheitsgesetz Verordnungen enthalten, die der Sicherheit und Gesundheit der Verbraucher dienen sollen. Rechtliche Bestimmungen sollen zudem das Recht des Käufers auf Rücktritt von einem Vertrag regeln. Das Bundesamt für Verbraucherschutz und Lebensmittelsicherheit ist 2002 als selbstständige Bundesoberbehörde gegründet worden und ersetzt das bisherige Bundesinstitut für gesundheitlichen Verbraucherschutz und Veterinärmedizin. Zudem gibt es die **V**erbraucher**z**entrale **B**undes**v**erband (VZBV), eine Dachorganisation der 16 Verbraucherzentralen der Länder sowie von rund 25 weiteren Verbänden anderer Träger, die sich verbraucherpolitisch engagieren. Der VZBV informiert über V., Verbraucherpolitik und Verbraucherrecht. Kritiker monieren allerdings, dass dort teilweise nur eine kostenpflichtige Information angeboten wird. In einigen Fällen hätten Verbraucherzentralen auf Anfragen auch gar nicht reagiert.

Verbrauchssteuer

Steuer, die den Konsum von Gütern besteuert. Ziel kann zum einen die generelle Besteuerung des Verbrauchs sein, um die Spartätigkeit anzuregen. Darüber hinaus kann auch der Konsum bestimmter als schädlich erachteter Güter durch eine V. gebremst werden. Beispiel für V. in Deutschland sind die Mehrwertsteuer als allgemeine V. sowie die Alkohol-, Tabak- und Mineralölsteuer als spezielle V.

Verbriefung von Krediten

Die V. soll Kredite handelbar machen. Dazu gibt der Gläubiger ein Wertpapier über Zinszahlungen aus, das sich aus mehreren Krediten zusammensetzt. I. d. R. werden dabei Kredite an Schuldner unterschiedlicher Bonität miteinander verknüpft, um Risiken zu streuen. Dieses Wertpapier wird auf den Finanzmärkten zumeist mit einem Sicherheitsabschlag auf die zu erwartenden Zinszahlungen verkauft. Der erste Gläubiger kommt damit sofort wieder in den Besitz von liquiden Mitteln, mit denen er neue Kredite vergeben kann, die dann gleichfalls auf dem globalen Finanzmarkt weiterkauft werden. Durch die V. sollte die Kreditvergabe kostengünstiger machen und so breiteren Schichten von Haushalten und Unternehmen der Zugang zum Kapitalmarkt erleichtert werden. Wie die Finanzmarktkrise von 2008 zeigte, erhöhten sich aber auch die Risiken. Zum einen vernachlässigten die ursprünglichen Gläubiger (wie die Krise im US-amerik. Immobiliensektor mit »Subprime«-Krediten zeigte) die Bonitätsprüfung ihrer Schuldner, da sie die Kredite ja weiterverkaufen konnten. Zum Zweiten wurden die emittierten Wertpapiere Gegenstand spekulativer Kursübertreibungen. Als zahlreiche Schuldner ihren Verpflichtungen nicht mehr nachkommen konnten, brachen die Kurse ein und lösten die Finanzmarktkrise von 2008 aus.

Verbriefungsmarkt

Markt, an dem gebündelte Kreditrisiken und Forderungen weiterverkauft werden. Am V. werden über Verbriefungstransaktionen vom Verkäufer (Originator) bestimmte Vermögenspositionen an einen Käufer übertragen. Verbrieft werden kann dabei alles, was einen fortdauernden Zahlungsstrom beinhaltet. Von Immobilien- oder sonstigen Krediten, bis hin zu Darlehen an Studenten oder die Einnahmen eines Fußballstadions. Das Problem bei jeder Verbriefung ist das sog. Moral-Hazard-Problem. Weil die Käufer der Verbriefungspapiere das Ausfallrisiko tragen, haben die verbriefenden Banken nur ein geringes Interesse daran, den Schuldner zu überwachen. Das gilt mit als Grund für die »Subprime«-Krise und die darauf folgende Finanzkrise. Danach trocknete der Verbriefungsmarkt fast völlig aus, weil wichtige Abnehmer der Kreditrisiken ausfielen. Die amerik. Regierung und Zentralbank stützte den Verbriefungsmarkt durch große Ankaufprogramme, weil diesem Refinanzierungskanal eine wichtige Rolle beigemessen wird.

Verdienste

In der Volkswirtschaftslehre wird unter V. das Geld verstanden, das man für seine Arbeit erhält. Es wird als Synonym für Einkommen, Entgelt, Gehalt oder Lohn verwendet.

Verfügbares Einkommen

Im privaten Haushalt: das Einkommen abzüglich Steuern und Sozialleistungen. Monetäre Sozialleistungen oder Subventionen (z. B. Kilometergeld) werden hinzugerechnet. Das V. entspricht dem Geld, das für Konsum und Sparzwecke zur Verfügung steht. Das V. einer Volkswirtschaft ergibt sich entsprechend aus der Summe der Nettoeinkommen zuzüglich der Transfers aus dem Ausland und abzüglich der Transfers an das Ausland. Es teilt sich auf in das V. von Kapitalgesellschaften, des Staates, der privaten Haushalte und privater Organisationen ohne Erwerbscharakter.

Vergabe öffentlicher Aufträge

Öffentliche Aufträge können in Deutschland nicht frei vergeben werden, sondern nur unter Beachtung der geltenden vergaberechtlichen Vorschriften. Hier ist der Austausch von Leistungen präzise geregelt, um eventuellen Streitfällen vorzubeugen. Die Auswahl des Auftraggebers muss mit dem Ziel erfolgen, das beste und günstigste Angebot zu finden. Dabei geht es darum, Wirtschaftlichkeit, Transparenz, Nachprüfbarkeit, Wettbewerb und Nichtdiskriminierung zu beachten. Auf diese Weise sollen Preisabsprachen und Bestechung seitens der Auftragnehmer sowie die Verletzung von Geheimhaltungspflichten und die Bestechlichkeit von Beamten oder gesetzwidrige Ausschreibungspraktiken verhindert werden. Die öffentlichen Auftraggeber sollen mit Steuermitteln sparsam umgehen. Kern des europ. Vergaberechts ist es, eine Öffnung der nationalen Märkte für Anbieter aus anderen Mitgliedstaaten zu erreichen: aus Mitgliedsstaaten des Europäischen Wirtschaftsraums (EWR) und, z. B. bei Aufträgen der Bundesregierung, auch für Anbieter aus den Mitgliedsstaaten der Welthandelsorganisation (WTO). Zu beachten sind das Verbot der Diskriminierung, die EU-weite Veröffentlichung, transparente Vergabeverfahren sowie die Durchsetzung über ein geregeltes Nachprüfungsverfahren. Informationen über das öffentliche Auftragswesen in der EU werden auf dem offiziellen Internetauftritt »**S**ystème d'**I**nformation pour les **M**archés **P**ublics« (SIMAP) angeboten.

Verkäufermarkt

Marktsituation, in der sich der Verkäufer verhandlungstaktisch in einer günstigeren Position befindet als der Käufer. Folgende Gründe kann es für die überlegene Stellung des Verkäufers am Markt geben: Es besteht ein Nachfrageüberhang, die Nachfrage übersteigt das Angebot. Z. B. verfügt der Verkäufer über höhere Fachkenntnisse, etwa in Anwaltskanzleien; der Käufer ist vom Verkäufer abhängig wie in der Seniorenbetreuung. Der Gegenbegriff ist Käufermarkt, dieser bezeichnet einen für den Käufer vorteilhafteren Markt. In diesen Fällen ist das Angebot größer als die Nachfrage.

Verlust

Das negative Ergebnis der Gewinn-und-Verlust-Rechnung eines Unternehmens. V. liegt im Jahresabschluss eines Unternehmens vor, wenn in einem Geschäftsjahr der Aufwand größer ist als der Ertrag. In der Gewinn-und-Verlust-Rechnung übersteigen die Kosten des Geschäftsjahrs dann die Erlöse. V. können das Eigenkapital eines Unternehmens mindern und im Extremfall zur Überschuldung führen.

Vermögen

Summe aller in Geld schätzbaren Güter und Rechte, die ein Wirtschaftssubjekt besitzt, z. B. Grundbesitz, Wertpapiere, Bargeld. Im Betrieb wird das Vermögen in der Bilanz dargestellt. Nach

Abzug der Schulden und zuzüglich des jeweiligen Eigenkapitals ergibt sich das Reinvermögen. Das Volksvermögen besteht aus land- und forstwirtschaftlichem Besitz, aus Grund-, Betriebs- und sonstigen Besitzständen nach Abzug aller Schulden und Lasten.

Vermögensbildung

Ersparnisse privater Haushalte können auf Konten bei Kreditinstituten, in Wertpapieren, in Aktien, in Eigenheimen, Bausparverträgen und Lebensversicherungen angelegt werden. Zu unterscheiden sind Geldvermögen, Sachvermögen, z. B. Haus- und Grundbesitz, und das sog. Produktivvermögen, das eine Beteiligung an Wirtschaftsunternehmen voraussetzt. Der Staat hat durch steuerliche Vergünstigungen und Förderungen Anreize für spezielle Sparformen geschaffen. Allerdings hat der Staat mit der Hartz-Gesetzgebung das Gegenteil bewirkt: Hier wurde veranlasst, dass z. B. Partner von Langzeitarbeitslosen ihr Vermögen zunächst aufbrauchen müssen, bevor diese ALG II erhalten.

Vermögenseinkommen

Einkünfte für die Überlassung von Boden, Grundeigentum und Finanzkapital, z. B. Mieten und Pachten, Zinsen oder Dividenden und Ausschüttungen aus Unternehmensgewinnen.

Vermögenssteuer

Steuer, deren Höhe sich nach dem Vermögenstand an einem Stichtag bemisst. In Deutschland wird eine Vermögensteuer seit 1997 nicht mehr erhoben. Das Vermögensteuergesetz wurde zwar nicht aufgehoben, wird jedoch nicht mehr angewendet. In seinen Beschlüssen im Juni 1995 hatte das Bundesverfassungsgericht beanstandet, die unterschiedliche Bewertung von Grundbesitz u. a. Vermögen sei nicht mit dem Gleichheitsgrundsatz vereinbar. Seit 2007 ist die Erhebung der V. wieder in der öffentlichen Debatte und wird von Gewerkschaften, linken Sozialdemokraten und der Partei Die Linke gefordert. Die Reichen und Superreichen sollen hierdurch einen höheren Beitrag zur Verteilungsgerechtigkeit leisten, so die Argumentation. Mit einem Freibetrag von 1 Mio. € Nettovermögen sei die Masse der Bürger nicht betroffen, der Massenkonsum werde nicht beschnitten, die öffentlichen Haushalte könnten ihre Investitionen steigern.

Vermögensverteilung

Aufteilung des Volksvermögens auf die verschiedenen Bevölkerungsgruppen. V. ist eng verbunden mit der Einkommensverteilung, weil die Möglichkeit der Vermögensbildung u. a. von der Einkommenshöhe abhängt. Angelegte Vermögensbestände stellen eine weitere Einkommensquelle dar (Zinsen oder Mieteinkünfte). Das **D**eutsche **I**nstitut für **W**irtschaftsforschung (DIW) hat 2014 festgestellt, dass 5 % der bundesdt. Bevölkerung ein Vermögen von mindestens 323.000 €/Kopf besitzen. Dagegen haben die ärmsten 5 % Schulden in Höhe von gut 3.000 €/Kopf.

➠ Umverteilung

Versicherungspflichtgrenze

[Auch: Jahresarbeitsentgeltgrenze] Legt fest, bis zu welcher Grenze ihres Bruttojahreslohns Arbeitnehmer verpflichtet sind, der gesetzlichen Krankenversicherung beizutreten. Arbeitnehmer, die mehr verdienen als das gesetzlich angegebene Jahresgehalt, haben hingegen die Wahl, sich entweder freiwillig in der gesetzlichen Krankenkasse oder ausschließlich in einer privaten Krankenkasse zu versichern. Der Eintritt in die private Versicherung kann erfolgen, wenn das Gehalt ein Jahr lang diese vorgegebene Grenze übersteigt. Für das Jahr 2017 wurde die Grenze auf jährlich 57.600 € (mtl. 4.800 €) festgelegt.

Versteckte Arbeitslosigkeit

V. ist jene Arbeitslosigkeit, die nicht von der offiziellen Statistik der Bundesagentur für Arbeit oder von Eurostat erfasst wird. Es handelt bei versteckten Arbeitslosen zumeist um Menschen, die zwar gerne arbeiten würden, sich aber, i. d. R. durch Misserfolge verursacht, entmutigt vom Arbeitsmarkt zurückgezogen haben. Dies ist vor allem dann der Fall, wenn keine Ansprüche auf ALG I bestehen. Vor allem ältere Arbeitnehmer, die möglicherweise schon Rentenansprüche haben, ziehen sich bei Arbeitslosigkeit häufig vom Arbeitsmarkt zurück, obwohl sie eigentlich noch arbeiten wollen und können.

Verteilungsgerechtigkeit

Zu seinem Verteilungsbericht 2016 stellt der DGB fest, dass 10 % der dt. Bevölkerung etwa 60 % des gesamten Vermögens halten, während rund 30 % ohne Ersparnisse oder sogar verschuldet seien. Einkommen und Vermögen seien in Deutschland – auch im internationalen Vergleich – ungleich verteilt, dies sei eine Folge jahrelanger Umverteilung von unten nach oben. Auch Wissenschaftler konstatieren, dass kein Land in der Eurozone eine so hohe Ungleichheit bei den Privatvermögen aufweise wie Deutschland. Prof. Marcel Fratzscher (* 25.1.1971), Präsident des DIW, geht davon aus, dass 40 % der dt. Familien über keine Ersparnisse verfügen, die ihnen notwendige Bildungsausgaben für die Kinder oder eine Absicherung für das Alter ermöglichen. Die fehlende Verteilungsgerechtigkeit und die damit verbundene Ungleichheit bei den Bildungschancen habe dazu geführt, dass nur jeder vierte junge Deutsche es schaffe, einen besseren Bildungsabschluss zu erlangen als seine Eltern. Dies sei die zweitschlechteste Quote aller Industrieländer. Eine wachsende Zahl von Organisationen und Gruppen kritisieren ausbleibende Investitionen in die Infrastruktur und den Bildungssektor. Vermögende müssten stärker zur Finanzierung des Gemeinwohls herangezogen werden. Eine Vermögenssteuer, eine wirkungsvolle Erbschaftssteuer und eine höhere Einkommensteuer für Reiche seien vorrangig. Auch die Abgeltungssteuer, die Kapitaleinkünfte pauschal mit nur 25 % besteuert, sei ein Verstoß gegen Steuer- und Verteilungsgerechtigkeit.

Verteilungskampf

Gibt es hohe Wachstumsraten und prosperiert die Wirtschaft, wird im Rahmen der Sozialpolitik viel verteilt. Ein Verteilungskampf tritt erst dann auf, wenn Krisen sich häufen. Im globalen Raum wird um die Verteilung der knapper werdenden Rohstoffressourcen gekämpft. Innenpolitisch wird der V. auch zwischen der Interessenvertretung der Arbeitnehmer (Gewerkschaften) und den Arbeitgebern ausgetragen. Dabei gilt es, die Schere zu schließen, die sich immer stärker zwischen den Löhnen und den Kapitaleinkommen aufgetan hat. Häufig wird auch der Generationenkonflikt zwischen Alt und Jung als V. dargestellt. Der 1990 verstorbene österr. Bundeskanzler Bruno Kreisky (* 22.1.1911 † 29.7.1990) definierte den gesellschaftlichen V. als ein Wort der modernen Ökonomie, um das Wort Klassenkampf zu vermeiden. Klassenkampf bezeichnet den Kampf zwischen den Inhabern der Arbeitskraft (Proletariern) und den Besitzern der Produktionsmittel (Kapitalisten).

Verteilungspolitik
Wirtschaftspolitische Maßnahmen, die eine Veränderung der Einkommens- oder Vermögensverteilung zum Ziel haben.

Verteilungsspielraum
Zentraler Begriff aus der Lohnpolitik. Er bezeichnet den Spielraum für Lohnsteigerungen, wenn die Verteilung zwischen Lohn- und Gewinneinkommen unverändert bleibt. Der V. errechnet sich aus der Summe der Produktivitätssteigerungen und der Inflationsrate sowie der Terms of Trade und der Lohnnebenkosten. Die Löhne sind demnach an die Produktivität gebunden und folgen dem Zuwachs an wirtschaftlicher Leistungsfähigkeit. Außerdem gibt es einen Inflationsausgleich. Ferner werden auch veränderte Kosten, die sich durch Preisschocks aus dem Ausland (Terms of Trade) oder veränderte Kosten des Sozialsystems ergeben, berücksichtigt. Gibt es einen Preisschock aus dem Ausland oder steigen die Kosten des Sozialsystems, verengt sich der V. entsprechend. Sowohl die konkrete Berechnung des V. als auch die Frage, wie seine Ausschöpfung auf die Beschäftigung wirken würde, sind umstritten. Damit stark schwankende Löhne Konjunkturausschläge nicht verstärken, ist es nach vielen Theorien sinnvoll, sich am Trend der Produktivität zu orientieren und nicht an den ebenfalls stark variierenden Terms of Trade, die sich früher oder später in der Inflationsrate niederschlagen. Von neoklassischer Seite wird zudem empfohlen, die Produktivität um die Entlassungsproduktivität zu bereinigen. Wichtig ist ferner, dass das Inflationsziel der Zentralbank anerkannt und respektiert wird. Nur dann ist dessen Einhaltung möglich. Ansonsten würde sich bei Abweichungen eine deflationäre bzw. inflationäre Lohn-Preis-Spirale herausbilden.

Verteilungstheorie
[Auch: Distributionstheorie] Umfasst in der Volkswirtschaftslehre wirtschafts- und sozialpolitische Fragestellungen. Hierbei wird unterschieden zwischen rein ökonomischen Markttheorien und Machttheorien. Die vorherrschende wirtschaftswissenschaftliche Auffassung ist, dass es prinzipiell wirtschaftliche Gesetzmäßigkeiten sind, die die Einkommensverteilung bestimmen. Mitunter werden aber auch außerökonomische Machteinflüsse von verschiedenen gesellschaftlichen Gruppen zur Erklärung herangezogen. Die Klassiker, die sich mit V. beschäftigten, waren der dt. Philosoph Karl Marx (* 5.5.1818 † 14.3.1883) und der brit. Ökonom David Ricardo (* 18.4.1772 † 11.9.1823). Nach Ricardo ist der Arbeitslohn durch die Reproduktionskosten des Arbeiters bestimmt. Marx hingegen erklärt den Profit als Mehrwert (= Wertschöpfung – Lohn); er geht von einer besitzlosen Arbeiterklasse und einer besitzenden Kapitalistenklasse aus.

➡ Marxismus

Verwendungsrechnung
Neben der Entstehungsrechnung, die die Entstehung des Bruttoinlandsprodukts (BIP) von der Produktionsseite erklärt, und der Verteilungsrechnung, die über die Einkommen aus selbstständiger und unselbstständiger Arbeit in einer Volkswirtschaft Auskunft gibt, ist die V. eine Berechnungsweise der volkswirtschaftlichen Gesamtrechnung. Sie gibt Aufschluss darüber, auf welche Weise die produzierten Güter und bewertbaren

Dienstleistungen einer Volkswirtschaft im Inland verwendet werden. In der Summe ergibt sich auch bei der V. das Bruttoinlandsprodukt (BIP). Man unterscheidet die folgenden 4 Kategorien:

- Privater Konsum;
- Staatsverbrauch im zivilen und militärischen Bereich;
- Investitionen und Außenbeitrag.

Letzterer umfasst den Export, von dem der Import abgezogen wird. Bewertet werden die Waren und Dienstleistungen nach den Wiederbeschaffungspreisen.

Volatilität

Eine mathematisch-statistische Größe, mit der gemessen wird, wie hoch das Risiko einer bestimmten Kapitalanlage gemessen an ihrem Erwartungswert (Mittelwert) ist. Sie gibt somit Auskunft über den Schwankungsbereich von Wertpapierkursen, Rohstoffpreisen, Zinssätzen oder auch Investmentfondsanteilen in einem bestimmten Zeitraum. Je größer die Schwankungsbreite ist, desto volatiler und damit risikoreicher ist eine Anlage.

Volkseinkommen

[Auch: Sozialprodukt] Summe aller Einkommen aus Erwerbsarbeit und unternehmerischer Tätigkeit sowie aus Kapitaleinkünften, die Inländer während eines bestimmten Zeitraums im Inland und Ausland erzielt haben. Erfasst werden z. B. Löhne, Gehälter, Mieten, Zinsen, Pachten und Vertriebsgewinne. Die Gesamtheit aller produzierten Waren und Dienstleistungen einer Volkswirtschaft, die verbraucht, investiert oder gegen ausländische Güter eingetauscht worden sind, wird in Geld ausgedrückt. Das V. gilt als zentrale Größe der Verteilungsrechnung des Inlandsprodukts und kann zur Analyse und politischen Gestaltung der Einkommensverteilung dienen.

Volkswirtschaft

Gesamtheit der unterschiedlichen Akteure eines Staates oder Staatenverbundes sowie ihre Wirtschaftsbeziehungen untereinander. Zentrale Wirtschaftseinheiten sind die Unternehmen, die über Art und Umfang der Produktion entscheiden und Gewinne anstreben, ferner die privaten Haushalte und der Staatshaushalt. Zwischen den Wirtschaftseinheiten fließt Geld, deshalb spricht man auch von einem Wirtschaftskreislauf. Die Erfassung aller wirtschaftlichen Aktivitäten geschieht mittels der volkswirtschaftlichen Gesamtrechnung.

Volkswirtschaftliche Gesamtrechnungen (VGR)

Die Güter- und Einkommensströme einer Volkswirtschaft werden buchhaltungstechnisch in Einnahmen und Ausgaben erfasst. Die V. liefern nach Abschluss einer Wirtschaftsperiode einen quantitativen Überblick über die wirtschaftlichen Aktivitäten in einer Volkswirtschaft. Festgehalten werden in den V. Güter-, Geld- und Leistungsströme zwischen unterschiedlichen Akteuren. Zu den erfassten Wirtschaftseinheiten gehören Produzenten, finanzielle Kapitalgesellschaften (Kreditinstitute, Versicherungen) und staatliche Institutionen, Bund, Länder, Gemeinden und Sozialversicherung sowie private Haushalte, Arbeitnehmer, selbstständige Landwirte, Einzelunternehmer, Freiberufler und private Wohnungsvermieter. Ebenso werden Organisationen wie Parteien, Gewerkschaften und Wohlfahrtsverbände als Teil des Wirtschaftskreislaufes in den V. berücksichtigt. Alle Geldströme werden zum einen in laufenden Preisen und, um Preissteigerungen herauszurechnen, in Preisen eines Basisjahres angegeben.

Volkswirtschaftslehre (VWL)

Teilgebiet der Wirtschaftswissenschaft, es umfasst gesamtwirtschaftliche Zusammenhänge. Kerngebiet ist die Wirtschaftstheorie, unterteilt in Mikroökonomik (einzelwirtschaftliche Vorgänge) und Makroökonomik (gesamtwirtschaftliche Prozesse). Weitere Themen sind die Wirtschaftspolitik, Finanzwissenschaft, Wirtschaftsgeschichte, Statistik, Ökonometrie sowie Umweltökonomik. Mathematische Theorien und Analysemethoden spielen eine Rolle. Die VWL versucht, Gesetzmäßigkeiten zu finden und daraus Handlungsmöglichkeiten für die Wirtschaftspolitik abzuleiten. Sie teilt sich in unterschiedliche Schulen ein, z. B. in die marxistische politische Ökonomie, den Keynesianismus, Monetarismus, die Neoklassik, die Neuklassik, die Neukeynesianer oder die Evolutionsökonomik.

Vollbeschäftigung

Zählt zu den wichtigsten wirtschaftspolitischen Zielen. Sie ist dann gegeben, wenn die Zahl der offenen Arbeitsstellen mit der Zahl der Arbeitssuchenden übereinstimmt. Allerdings ist dabei nicht gesagt, dass alle arbeitswilligen Arbeitnehmer tatsächlich auch einen zumutbaren Arbeitsplatz finden. Volkswirtschaftlich wird von einer V. bereits bei einer Arbeitslosenquote von etwa 2 % ausgegangen, weil einkalkuliert wird, dass eine bestimmte Zahl von Arbeitnehmern den Arbeitsplatz gerade wechselt. Nach Auffassung des US-amerik. Ökonomen Jeremy Rifkin (* 26.1.1945) stellt V. allerdings nur eine Illusion dar. Langfristig werde durch die digitale Revolution die Arbeit verschwinden. Insofern stellt sich die Frage, womit der Mensch seinen Lebensunterhalt bestreiten soll. Der frz. Sozialphilosoph André Gorz (* 9.2.1923 † 22.9.2007) meinte ebenfalls, dass die menschliche Arbeitskraft durch den Einsatz von Maschinen überflüssig gemacht wird. Er befürwortet ein Grundeinkommen.

Vollständige Konkurrenz

Wenn kein Marktteilnehmer über die Macht verfügt, die Preise auf seinem Markt zu beeinflussen. Dann ist er machtlos gegenüber den Wettbewerbern und es herrscht V.

Vorgezogenes Altersruhegeld

Gesetzliche Rente, die vor dem Eintritt ins Renteneintrittsalter bezogen wird. Dies ist i. d. R. nur noch dann möglich, wenn eine Schwerbehinderung vorliegt oder eine Altersteilzeit in Anspruch genommen wird.

→ Gesetzliche Rentenversicherung

Vorleistungen

Darunter ist der Wert aller im Produktionsprozess verbrauchten, verarbeiteten oder umgewandelten Waren und Dienstleistungen zu verstehen. Als V. sind Roh-, Hilfs- und Betriebsstoffe, Fertigteile, Halbfabrikate, Handelswaren oder Dienstleistungen zu verstehen, die ein Unternehmen von einem anderen kauft, um sie dem eigenen Produkt beizufügen. V. unterscheiden sich von Investitionen, indem sie im Endprodukt aufgehen. Z. B. ist die Melkmaschine keine Vorleistung, denn sie kann weiterhin eingesetzt und gemäß der Abnutzung abgeschrieben werden. Das Tierfutter für die Kühe ist indes eine Vorleistung, wenn es bei der Milchproduktion verbraucht wird und voll im Produkt aufgeht.

Vorprodukte

Keine Rohstoffe, sondern halb fertige Produkte, die bei der Herstellung weiterverarbeitet werden. Pflanzenfette gelten z. B. in einer Margarinefabrik als V., auch Kunststoffgranulat geht als V. in eine Kunststoffteilefertigung ein.

Vorruhestand

Durch Pensions- oder Rentenzahlung finanzierte Zeitspanne ab dem Beenden der Berufstätigkeit bis zum Eintritt in den Ruhestand, der bis 2012 noch mit dem 65. Lebensjahr beginnt. Von diesem Zeitpunkt an wird die Regelaltersgrenze jährlich um einen Monat verlängert. Ab 2029 ist das Rentenalter auf 67 Jahre heraufgesetzt. Wer vorzeitig in den Ruhestand geht, muss mit finanziellen Einbußen rechnen. Jeder Monat vor dem 65. Lebensjahr mindert die Rente um 0,3 %. Wer mit 60 Jahren in den Ruhestand geht, muss mit einem Abzug von 18 % rechnen.

Vorsteuer

Mehrwertsteuer, die ein Unternehmen auf seine Ausgaben zahlt und die es später von der eingenommenen Mehrwertsteuer wieder abziehen kann. Diese Verrechnung wird in der Umsatzsteuererklärung oder -voranmeldung für das Finanzamt vorgenommen.

Vorzieheffekt

Reaktion von Konsumenten, die aufgrund der bloßen Ankündigung einer maßgeblichen wirtschaftspolitischen Veränderung eintritt, ohne dass sie tatsächlich schon eingetreten ist. Der Umsatz vieler Produkte stieg z. B. im Vorfeld der Mehrwertsteuererhöhung im Januar 2007 sprunghaft an. Ende 2006 wurden viele für 2007 geplante Investitionen vorgezogen, um keine höheren Mehrwertsteuern zahlen zu müssen.

Wachstumsbeitrag

In gesamtwirtschaftlicher Betrachtung bezeichnet der W. den Anteil bestimmter Wirtschaftskomponenten wie etwa Bruttoinvestitionen oder privater und öffentlicher Konsum an der Entwicklung des Bruttoinlandprodukts (BIP). Der W. kann grundsätzlich in verschiedenen Weisen berechnet werden. In der dt. Volkswirtschaftlichen Gesamtrechnung (VGR) wird derzeit der sog. komparative Ansatz angewandt: Der W. einer bestimmten wirtschaftlichen Komponente wird ermittelt aus der Wachstumsrate des BIP und einer hypothetischen Wachstumsrate, die sich ergibt, wenn diese Komponente keine Veränderung ausweisen würde.

Wachstumsdelle

Begriff aus der Konjunkturforschung. Eine W. liegt vor, wenn sich die konjunkturelle Dynamik zunächst für eine kurze Zeit abschwächt und anschließend ihr vorheriges Tempo wieder aufnimmt.

Wachstumspolitik

Politisches Handeln einer Regierung, das sich auf die Förderung des Wirtschaftswachstums richtet. Gemessen wird dies an der Höhe des Sozialproduktes pro Kopf in Bezug auf die Entwicklung von Produkten und Dienstleistungen, aber auch an der Steigerung des Volkseinkommens. Dabei geht es um mehr Produktion, mehr Einkommen, mehr Nachfrage. Allerdings bedeutet W. nicht zwangsläufig eine Steigerung der Lebensqualität des Einzelnen. Mit der Förderung des technischen Fortschritts, einer wichtigen Komponente des Wachstums, können durchaus auch soziale Folgekosten anfallen. Zudem äußerte sich der Club of Rome in seiner 1972 veröffentlichten Studie »Grenzen

des Wachstums« kritisch zur Zukunft der Weltwirtschaft wegen steigender Umweltverschmutzung. Eine positive Entwicklung des sozialen Wohlfahrtsstaats ist nicht automatisch ein Ziel von W.
➠ Wirtschaftspolitik ➠ Wachstumstheorie

Wachstumsrate
Zeigt das Wirtschaftswachstum durch Angabe der prozentualen Änderungen gegenüber der Vorperiode an.

Wachstumsschwäche
Länger anhaltende Verlangsamung des Wachstums. Die Politik wirkt dem häufig entgegen, indem sie Steuern für Unternehmen senkt, damit diese wieder investieren und Gewinne machen können. Kritiker äußern jedoch, dass W. häufig durch eine Nachfragedelle bedingt ist. Insofern habe die W. eher etwas mit der zu großen steuerlichen Dämpfung der Massenkaufkraft zu tun, als mit zu hohen Unternehmenssteuern.
➠ Wachstumspolitik ➠ Wachstumstheorie
➠ Wirtschaftswachstum

Wachstumstheorie
Zweig der Volkswirtschaftslehre, der sich mit den Ursachen des Wirtschaftswachstums befasst. Bereits Karl Marx und Joseph A. Schumpeter haben z. B. die Wirkung technischer Neuerungen und des Konkurrenzkampfes auf die Profitrate und das Wachstum untersucht. Vertreter der neoklassischen W. wie der brit. Ökonom John Maynard Keynes (* 5.6.1883 † 21.4.1946) betrachten den technischen Fortschritt in diesem Zusammenhang nicht näher, sondern sehen ihn als gegebene (exogene) Größe an. Neuere Wachstumstheoretiker halten Investitionen in Bildung, Forschung und Entwicklung für unverzichtbar, um das Wachstum zu steigern.
➠ Wachstumspolitik

Währung
Geldsorten verschiedener Staaten und Währungsgebiete. Weltweit gibt es über 160 verschiedene W. In vielen europ. Staaten ist der Euro die gültige W. Neben dem US-Dollar gilt er derzeit als zweitwichtigste Leitwährung. I. d. R. gilt eine W. als ein Symbol nationaler Souveränität. Im Fall des Euro ist sie hingegen ein Zeichen für den europ. Integrationsprozess.
➠ Währungsordnung ➠ Währungspolitik
➠ Währungsreform ➠ Währungssystem

Währungsordnung
Alle Regelungen zur Ausgabe, zum Umlauf und Tausch einer Währung. Insbesondere geht es dabei um die Arten von Zahlungsmitteln, deren rechtliche Regelungen sowie die Klärung der Frage, in welchem Verhältnis sie zueinander stehen. Der Fokus der W. richtet sich auf die Deckung der Währung, deren Einbindung in den internationalen Devisenmarkt und das Wechselkurssystem.

Währungspolitik
Ziele der W. sind: äußere Preisstabilität und Wettbewerbsfähigkeit, eine hohe inländische Kaufkraft, außenwirtschaftliches Gleichgewicht sowie der Zugang zum internationalen Kapitalmarkt. Wichtigste Akteure der W. sind die Zentralbank eines Landes und seine Regierung. Die Deutsche Bundesbank war bis 1997 verpflichtet, für die Aufrechterhaltung der Währungsstabilität zu sorgen.
Gleiches gilt seither für die Europäische Zentralbank. Die Zentralbank hat folgende Möglichkeiten: Sie kann in den Devisenmarkt unmittelbar eingreifen, als Anbieter oder Nachfrager auftreten. Mitunter kündigt sie einen Eingriff in den Markt nur an und erreicht schon

dadurch die gewünschte Wirkung. Sie kann den Leitzins erhöhen, um die Inlandswährung aufzuwerten, oder ihn umgekehrt absenken. Regierungen können die Zentralbank per Gesetz verpflichten, den Wechselkurs stabil zu halten.

➜ Währung ➜ Währungsordnung ➜ Währungsreform ➜ Währungssystem

Währungsreform

Neuordnung eines zerrütteten Geldwesens durch gesetzliche Maßnahmen. Länder, die hohe Inflationsraten haben, versuchen häufig mittels eines Neustarts den Vertrauensverlust in die alte Währung zu beenden. Deutschland hatte z. B. 2 W. 1923 wollte man mit der Umstellung der Mark (M) auf die Rentenmark (später Reichsmark, RM) die galoppierende Inflation stoppen. Der Kurs betrug 1 Bio. M zu einer RM. 1948 wurde in den westlichen Besatzungszonen die D-Mark eingeführt. Damals wurden Verbindlichkeiten 10 RM zu 1 DM umgestellt. Löhne und Mieten wurden im Kurs 1:1, Bargeld und Sparguthaben zum Kurs von 100 RM zu 6,50 DM umgetauscht.

Währungsreserven

Aktiva eines Landes, die zur Verfügung stehen, um dessen internationale Zahlungsfähigkeit abzusichern. Sie können für Interventionen an den Devisenmärkten verwendet werden. Die internationale Bonität eines Landes wird u. a. auch an der Höhe seiner W. gemessen. Sie bestehen i. d. R. aus Devisen, Gold oder Reserveaktiva beim **I**nternationalen **W**ährungs**f**onds (IWF), der seit 1969 auch sog. **S**onder**z**iehungs**r**echte (SZR) geschaffen hat.

➜ Währung ➜ Währungsordnung ➜ Währungspolitik ➜ Währungssystem

Währungsspekulationen

Wenn Spekulanten z. B. auf die Über- oder Unterbewertung der Währung eines Landes setzen und dessen Währung verkaufen. Sie gehen davon aus, dass andere Devisenmarktakteure sich ähnlich verhalten wie sie selbst. So wird die Währung z. B. verstärkt verkauft und damit gleichzeitig abgewertet. Selbst ohne Einsatz eigener Mittel kann dies funktionieren; der Spekulant leiht sich Geld in der bedrohten Währung und erwirbt auf diese Weise eine noch starke Währung. Nach deren erfolgter Abwertung muss er dann weniger von der dann starken Währung einsetzen, um den Kredit in der abgewerteten Form zurückzuzahlen. Es verbleibt ein erheblicher Gewinn. Zumeist basieren W. auf der korrekten Vermutung einer Über- oder Unterbewertung der Währung.

➜ Tobin-Steuer

Währungssystem

Umfasst alle Regelungen, die den Zahlungsverkehr national und international sichern sollen. Eine entscheidende Rolle spielen dabei die Zahlungsmittel und wie ihr Verhältnis jeweils zueinander geregelt ist. Seit dem Zusammenbruch des »Bretton-Woods-Systems« 1973, das bis dahin ein stabiles W. vorgab, herrschen überwiegend flexible Wechselkurse. Der **I**nternationale **W**ährungs**f**onds (IWF) nimmt mithilfe von sog. Anreizen, Währungskrediten, eine rudimentäre Steuerungsfunktion wahr.

➜ Währung ➜ Währungsordnung ➜ Währungspolitik

Währungsunion

Zusammenschluss von Staaten zur Bildung eines gemeinsamen Währungsgebietes mit einheitlicher Währung und Währungspolitik. In Deutschland wurde am 1.7.1990 die Währungsunion zwischen der Bundesrepublik Deutschland und der DDR umgesetzt. Dazu wurde die Ostwährung in D-Mark umgetauscht:

- Löhne, Gehälter, Renten, Mieten, Pachten u. a. wiederkehrende Zahlungen im Verhältnis 1:1, andere Forderungen und Verbindlichkeiten 2:1.
- Private Spareinlagen wurden bis zu einer gewissen Höhe 1:1 umgetauscht, darüber hinausgehende Einlagen 2:1.

Seit 1.1.1999 besteht die Europäische Währungsunion. Dabei wurden alle monetären Größen der Bundesrepublik im Verhältnis von Euro zu D-Mark (1:1,955883) umgetauscht.

➡ Währungsordnung

Waren

Waren sind Güter oder Dienstleistungen, die für den Verkauf (und nicht zur Eigennutzung) erstellt werden.

Warenkorb

Dient dazu, ein umfassendes Bild der Preisentwicklung darzustellen. Dabei geht es darum, die Verbrauchergewohnheiten in den privaten Haushalten zu erfassen. Das Statistische Bundesamt wählt aus der Fülle der Güter repräsentativ einige 100 Waren und Dienstleistungen aus, um sowohl den gesamten Verbrauch als auch die Preisentwicklung der von den Haushalten nachgefragten Güter zu skizzieren. Kurzfristige Veränderungen des Konsumverhaltens werden nicht abgebildet, wohl aber längerfristige. Berücksichtigt werden dabei das Angebot neuer Produkte auf dem Markt und das Verschwinden derer, die nicht mehr nachgefragt werden. So etwa wurden Schreibmaschinen entfernt, CDs hinzugefügt.

➡ Harmonisierter Verbraucherpreisindex ➡ Inflation ➡ Statistisches Bundesamt

Wechselkurs

Austauschverhältnis von Währungen auf dem Devisenmarkt (etwa das von Euro und US-Dollar). Den Wert einer Währung im Vergleich zu anderen Währungen bestimmen Angebot und Nachfrage. Der W. wird täglich an den Devisenbörsen ermittelt. Bei der Entwicklung des W. spielen Erwartungen von Anlegern und Spekulanten eine große Rolle.
Eine erwartete Aufwertung des Euro gegenüber dem US-Dollar führt z. B. zu sofortigen Dollarverkäufen und gleichzeitig zu Eurokäufen, um so Gewinne zu erzielen. Ziehen andere nach, steigt die Nachfrage nach dem Euro und entsprechend auch der W. gegenüber dem US-Dollar.

➡ Wechselkursmechanismus ➡ Wechselkurspolitik

Wechselkursmechanismus (WKM)

Seit 1999 zwischen verschiedenen EU-Staaten bestehendes Abkommen über die Wechselkurse. Es legt die fest, wie stark eine europ. Währung im Wechselkurs zum Euro differieren darf. Länder, die den Euro einführen wollen, müssen zuvor 2 Jahre ohne Leitkursabwertung beim WKM II, Nachfolger des **E**uropäischen **W**ährungssystems (EWS), teilgenommen haben.

➡ Wechselkurspolitik

Wechselkurspolitik

Alle Maßnahmen, mit denen der Wert der Währung beeinflusst werden soll, z. B. die Anpassung von Leitkursen oder gezielte Käufe, um den Wechselkurs zu stützen.
Seit der Europäischen Währungsunion 1999 nimmt die Europäische Zentralbank diese Einflussnahme auf die Wechselkurse vor. Für die Vereinigten Staaten nimmt die Funktion

einer Zentralbank seit 1913 das Fed, das Federal Reserve System, wahr.
Währungsordnung ➡ Währungspolitik ➡ Wechselkursmechanismus

Wechselkursregime

Grundlage für die Tauschrelation zwischen unterschiedlichen nationalen Währungen. Es gibt unterschiedliche Typen von W., flexible und fixe Wechselkurse. Flexible Wechselkurse bilden sich allein durch die Gegebenheiten auf dem Devisenmarkt heraus, ohne jeden Eingriff seitens der Zentralbanken. Im Fall eines fixen Wechselkurses sind die Notenbanken hingegen verpflichtet einzugreifen und z. B. ausländische Währungen zu einem fest vereinbarten Kurs aufzukaufen, um diese zu verknappen und so die entsprechende Währung zu stabilisieren.
Die Zentralbank bestimmt in diesem Fall den Kurs einer Währung gegenüber anderen. Fixe Regimetypen sind z. B. in einer Währungsunion gegeben und ferner bei Übernahme einer Fremdwährung. Dann spielt die Notenbank selbst keine entscheidende Rolle mehr. Daneben gibt es auch zahlreiche Zwischenformen. So können freie Kursschwankungen nur innerhalb eines bestimmten Intervalls zugelassen sein. Erst wenn die Grenzen des Intervalls überschritten werden, intervenieren die Zentralbanken. Dies war z. B. beim Europäischen Währungssystem (EWS), dem Vorläufersystem zur Europäischen Währungsunion, der Fall.

Wechselkursspaltung

Von den Zentralbanken gesteuerter uneinheitlicher Wechselkurs. Ein fixer Wechselkurs ist z. B. für den Leistungsverkehr (Waren und Dienstleistungen) zu nutzen. Gleichzeitig kann ein flexibler Wechselkurs angewandt werden, um destabilisierende Kapitalbewegungen abzuwehren. Die Einhaltung dieser Regelung ist allerdings nicht leicht zu kontrollieren.
➡ Wechselkursmechanismus ➡ Wechselkurspolitik

Tab. 18 Waren des Welthandels

Exporte weltweit – Reihenfolge nach wirtschaftlicher Bedeutung

Produkt
Energierohstoffe
Maschinen, Kraftwerke, Flugzeuge, Schiffe u. a.
EDV, Telekommunikation, Büromaschinen
Kraftfahrzeuge
Nahrungsmittel, Agrarprodukte
Chemieprodukte
Halbwaren
Textilien, Bekleidung
Eisen und Stahl
Pharmazeutische Produkte
Nichteisenmetalle
Wissenschaftlich-technische Instrumente
Erze, Mineralien

Quelle WTO

Weltbank

[Auch: Internationale Bank für Wiederaufbau und Entwicklung] Offizielle Zielsetzung der 1945 gegründeten W. ist die Förderung der wirtschaftlichen Entwicklung und die Bekämpfung der Armut. Die Sonderorganisation der Vereinten Nationen, zu deren Aufgaben der Wiederaufbau nach dem

Abb. 40 Handel in der globalisierten Welt (1970 bis 2015)

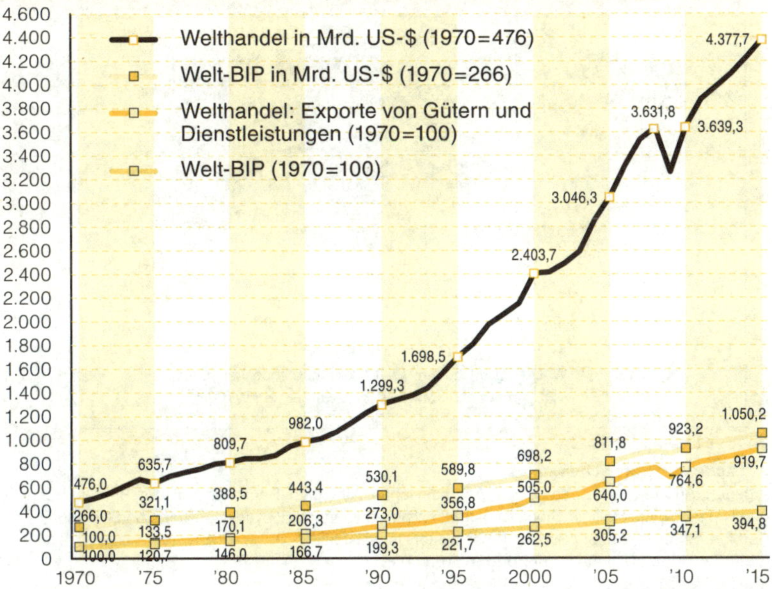

Quelle WTO, IMF

2. Weltkrieg gehörte, hat ihren Sitz in Washington. Die Darlehenspolitik der W. erfolgt nach strikt privatwirtschaftlichen Grundsätzen. Auch die Vergabe von Krediten ist daran geknüpft. Wettbewerb soll auf diese Weise gefördert werden. Kritiker monieren die neoliberale Haltung der W.; staatliche Betriebe würden auf ihren Druck hin privatisiert, was vielfach zur Ausbeutung von Beschäftigten und Rohstoffen führe sowie zur Umweltzerstörung durch internationale Konzerne.

➡ Entwicklungspolitik ➡ Weltwirtschaft

Welthandelsanteil

Prozentualer Anteil eines Landes am gesamten Welthandel oder am Handel mit einzelnen Güter- und Warengruppen. Im Jahr 2015 führte Deutschland z. B. im internationalen Maschinenhandel mit einem W. von 15,4 % (155,5 Mrd. €), gefolgt von China mit 13,5 % (136,5 Mrd. €) und den USA mit 11,4 % % (115,3 Mrd. €).

➡ Export ➡ Import ➡ Weltwirtschaft

Welthandelsorganisation (WTO)

[Engl.: **W**orld **T**rade **O**rganization] Die W. ist die internationale Organisation, die sich mit der Ordnung der weltweiten Handels- und Wirtschaftsbeziehungen beschäftigt. Gegründet wurde sie 1995; sie ist die Nachfolgeorganisation des GATT. Die W. ist eine eigenständige Organisation im System der Vereinten Nationen. Sie soll Handelshemmnisse aller Art abbauen, um so den internationalen Handel zu fördern. Die WTO befasst sich nun auch mit Dienstleistun-

Karte 8 Die WTO

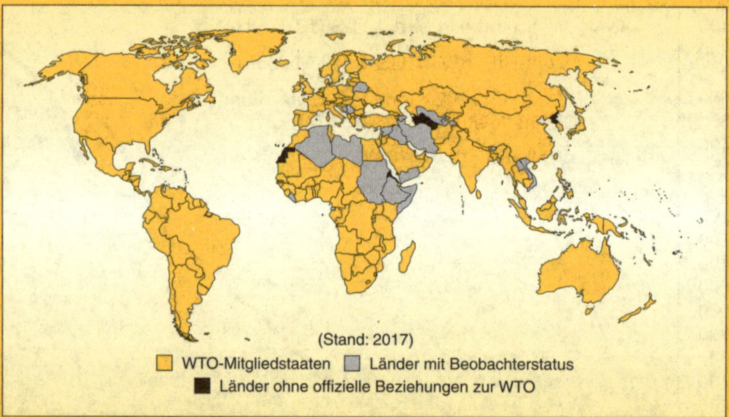

22 Länder mit Beobachterstatus:
Algerien, Andorra, Äquatorialguinea, Aserbaidschan, Äthiopien, Bahamas, Belarus, Bhutan, Bosnien und Herzegowina, Heiliger Stuhl, Iran, Irak, Komoren, Libanon, Libyen, São Tomé und Príncipe, Serbien, Somalia, Sudan, Syrien, Timor Leste, Usbekistan.
4 Länder ohne offizielle Beziehungen zur WTO:
Eritrea, Nordkorea, Turkmenistan, Westsahara.

gen, geistigem Eigentum und landwirtschaftlichen Produkten. Zurzeit (Stand Juli 2016) hat sie 164 Mitgliedstaaten.
➡ GATT ➡ Weltwirtschaft

Weltmarktanteil

Anteil des Außenhandels (Ex- und Importe) eines Landes am gesamten Welthandel.
➡ Weltwirtschaft

Weltwirtschaft

Gesamtheit der internationalen Wirtschaftsbeziehungen. Darunter befinden sich Teilmärkte wie Finanzmarkt, Informationsmarkt, Rohstoff- und Gütermarkt und Arbeitsmarkt. Die W. wird weitgehend von den Industriestaaten dominiert. Allerdings gewinnen Schwellenländer wie Brasilien, Indien und v. a. China über die Gruppe der großen 20 (G20) an Einfluss. Institutionelle Rahmenbedingungen sind u. a. die Verträge der Welthandelsorganisation (WTO), Zoll- und Währungsabkommen sowie die Organisation für wirtschaftliche Zusammenarbeit und Entwicklung (OECD).

Weltwirtschaftsgipfel

Bezeichnung für das seit 1975 jährlich stattfindende Treffen der Regierungschefs der sieben führenden westlichen Industrienationen Deutschland, Frankreich, Großbritannien, Italien, Japan, Kanada und USA. Ehemals war dies die »Gruppe der Sieben« (G7). Weiterhin nimmt seit 1977 der Präsident der Europäischen Kommission teil. Im Jahr 1994 wurde der Kreis um den russ. Präsidenten erweitert, man sprach dann von G8. Neben der G8 hat sich angesichts von Finanz- und Wirtschaftskrise eine G20 aus wirtschaftlich und politisch führenden Ländern gebildet (die EU gehört dazu). Globale Wirtschafts-, Entwicklungs- und Währungsfragen werden dort behandelt, aber auch weltpolitische Sonderprobleme wie z. B. Umweltschutz, Klimawandel, Terrorismus, Drogen- und Waffenhandel, Kernenergie, Arbeitslosigkeit und Schuldenkrise. In der Folge des Konflikts zwischen der Ukraine und Russland erklärten die G-7-Staaten am 24.3.2014 ihre Teilnahme am jährlichen G-8-Format »auszusetzen«. Die G7 befasst sich, nun allerdings ohne den russ. Präsidenten, vor allem mit Außen-, Sicherheits- und Entwicklungspolitik.

Weltwirtschaftskrise

Wenn der wirtschaftliche Zusammenbruch mehrerer maßgeblicher Industrienationen sich auf die meisten Länder der Erde auswirkt. Das bekannteste Beispiel ist die W. von 1929. Ursache war das Zusammenbrechen des spekulativ überbewerteten Aktienmarktes an der New Yorker Börse. Die von den USA in anderen Volkswirtschaften investierten Gelder wurden abgezogen. In einer Kettenreaktion kam es zu einem massiven Rückgang des Welthandels, der sich v. a. auf die europ. Staaten auswirkte. Arbeitslosigkeit und Deflation waren die Folge. In Deutschland brach bspw. der Warenexport zusammen, die Erwerbslosenzahl stieg auf über 6 Mio. an. Unternehmen und Banken mussten schließen, Löhne und Preise fielen. Die Staaten reagierten auf die weltweite Krise unterschiedlich: Funktionierende Demokratien wie die skandinavischen Staaten begannen als Wohlfahrtsstaaten in das Marktgeschehen regulierend einzugreifen. Franklin D. Roosevelt unternahm wachstumsfördernde öffentliche Investitionen, die er durch vermehrte Schuldenaufnahme finanzierte. Das Deutsche Reich unter Reichskanzler Heinrich Brüning versuchte, die Währung zu stärken und mit rapidem Sozialabbau die Krise zu beenden. Dies beförderte den Aufstieg der Nationalsozialisten und das Entstehen des Faschismus. Die Krise auf den Finanzmärkten 2008 führte zu einer weiteren Weltwirtschaftskrise, in der das wirtschaftspolitische Instrumentarium aus den 30er-Jahren wie keynesianische Investitionsprogramme und eine sehr expansive Geldpolitik rascher angewendet wurden.

➠ Finanzmarktkrise

Weltwirtschaftsordnung

Regelwerk aus Handels- und Finanzabkommen, die die führenden Industrienationen unter sich aushandeln und beschließen. Diese Nationen, die der Gruppe der Acht (G 8) angehören, dominieren die Entscheidungen des Internationalen Währungsfonds (IWF) und der Weltbank. Ferner befassen sich die Mitglieder der Welthandelsorganisation (WTO) mit der W. Ihrer Ministerkonferenz, die alle 2 Jahre tagt, gehören auch die Wirtschaftsminister von Entwicklungs- und Schwellenländern an. Dabei geht es u. a. um handelspolitische Vereinbarungen. Über den klassischen Warenhandel hinaus werden Regelungen zum Handel mit Dienstleistungen (GATS) diskutiert, handelsbezogene geistige Eigentumsrechte (TRIPS), handelsbezogene Investitionsmaßnahmen (TRIMS) und landwirtschaftliche Produkte (AoA). Kritiker von Attac u. a. Organisationen fordern allerdings einen Paradigmenwechsel der W., weg von der über WTO-Verträge betriebenen weiteren Öffnung der Märkte. Eine auf diese Weise geförderte Liberalisierung des Welthandels treibe die armen Länder nur weiter in eine von einer neoliberalen Finanzkrise geschüttelte Wirtschaft hinein. So würden weltweit Hunger, explodierende Nahrungsmittelpreise, Klimawandel und Rohstoffkriege verschärft.

Wertpapiere

Geldanlagen, die Staaten, Institutionen und Unternehmen zur Fremdfinanzierung dienen. Bei Aktien wird der Investor am Gewinn beteiligt. Käufer festverzinslicher Wertpapiere hingegen sind Gläubiger und haben nur Anspruch auf Zinsen und Tilgung ihres geliehenen Kapitals. Sie werden mit unterschiedlichen Modalitäten zur Zahlung, Tilgung und Laufzeit aufgelegt und haben bei der Auszahlung Vorrang vor anderen Verbindlichkeiten. Denn wenn die Herausgeber der Papiere ihrer Verpflichtung nicht nachkommen, kann das zum Konkurs führen.

➡ Wertpapierfonds

Wertpapierfonds

Bündel unterschiedlicher Wertpapiere wie z. B. Aktien, Investmentanteile und Anleihen. Sie werden von **K**apital**a**nlage**g**esellschaften (KAG) gemanagt und sollen die Risiken der einen Anlageform durch die anderen ausgleichen.

Wertschöpfung

Summe der in den verschiedenen Wirtschaftsbereichen einer Volkswirtschaft hergestellten Gütermengen zu den jeweiligen Marktpreisen, abzüglich aller im selben Zeitraum erbrachten Vorleistungen. Dies ist der in einer Periode erwirtschaftete Wertzuwachs an Gütern und Dienstleistungen. In einem einzelnen Unternehmen ist von W. die Rede, wenn man von der Gesamtleistung die Vorleistung abzieht. Beispiel: Ein Bäcker kauft Mehl vom Müller und backt daraus Brot. Die W. ist der Verkaufswert des Brotes abzüglich der Kosten für das gekaufte Mehl. Dieser Betrag kann als Lohn an den Bäckergesellen ausbezahlt werden oder den Gewinn des Bäckers selbst mehren.

➡ Volkswirtschaftliche Gesamtrechnungen

Wettbewerb

Konkurrenz der Marktakteure untereinander und das Streben danach, so viel Gewinn wie möglich zu erzielen. Dies geht nur dann, wenn ein Unternehmen mit seinen Erzeugnissen und Dienstleistungen die Gunst der Käufer erlangt. Nur Unternehmen, die wettbewerbsfähig produzieren, können dauerhaft am Markt bestehen. Neoliberale Ökonomen sprechen vom »freien Spiel der Kräfte« in der Marktwirtschaft, und »einem Markt, der sich selbst reguliert«. Der Nationalökonom Adam Smith vertrat die Auffassung, das »Prinzip der unsichtbaren Hand« führe zur günstigsten Güterversorgung. Der amerik. Wirtschaftswissenschaftler John Maurice Clark war der Meinung, nur durch den W. ließen sich Wachstum und technischer Fortschritt erzielen.

➡ Wettbewerbsbeschränkungen ➡ Wettbewerbsintensität ➡ Wettbewerbspolitik

Wettbewerbsbeschränkungen

Staatliche Gesetze und Kontrollen, um den Missbrauch einer marktbeherrschenden Position zu verhindern. z. B. sollen auf diese Weise Unternehmenszusammenschlüsse unterbunden werden, die angestrebt werden, um eine Monopolstellung zu erreichen. Das Bundeskartellamt überprüft dies auf der Grundlage des Gesetzes gegen W. (GWB). Das Gesetz gegen unlauteren

Wettbewerb (UWG) soll hingegen Sittlichkeit, Lauterkeit und Fairness des Wettbewerbs gewährleisten.
➡ Wettbewerbsintensität ➡ Wettbewerbspolitik

Wettbewerbsfähigkeit

Der Begriff kann einzelwirtschaftlich verstanden werden (für einen einzelnen Marktteilnehmer) und gesamtwirtschaftlich (für eine Volkswirtschaft). Ein Marktteilnehmer ist wettbewerbsfähig, wenn er ein Produkt höherer Qualität zu gleichen Kosten oder ein Produkt gleicher Qualität zu höchstens gleichen Kosten herstellen kann wie die Konkurrenz. Eine Volkswirtschaft ist wettbewerbsfähig, wenn sie ihren Wohlstand (ihre Einkommen und ihren Konsum) stetig erhöhen kann, ohne außenwirtschaftliche Probleme wie Leistungsbilanzdefizite zu bekommen.

Wettbewerbsintensität

Ausmaß des Wettbewerbs in einem Land oder einer Branche. Wie stark die W. ist, zeigt sich z. B. an der Geschwindigkeit, mit der Unternehmen die Vorsprünge eines Konkurrenten aufholen können.
➡ Wettbewerbsbeschränkungen ➡ Wettbewerbspolitik

Wettbewerbspolitik

Möglichkeit, mit staatlichen Mitteln und per Gesetzgebung in den unternehmerischen Wettbewerb einzugreifen. Ziel ist, einen fairen Wettbewerb zu erhalten und zu fördern. Dazu dient das **G**esetz gegen **u**nlauteren **W**ettbewerb (UWG) und das **G**esetz gegen **W**ettbewerbs**b**eschränkung (GWB). Ersteres dient dazu, die Marktpraktiken so zu gestalten, dass der Wettbewerb nicht zum Nachteil von Mitbewerbern, Verbrauchern oder sonstigen Marktteilnehmern ausfällt. Letzteres wird auch das Kartellgesetz genannt. Es hat den Zweck, Kartelle, Absprachen, Preisbindungen und Ähnliches zu unterbinden, um so einer Konzentration entgegenzuwirken. Für die Fusionskontrolle ist das Bundeskartellamt mit Sitz in Bonn zuständig. Die §§ 97-129 des GWB sollen gewährleisten, dass auch die Vergabe öffentlicher Aufträge nach den Gesichtspunkten des Wettbewerbs erfolgt. Seit 2007 ist zudem das Gesetz zur Bekämpfung von Preismissbrauch im Bereich der Energieversorgung und des Lebensmittelhandels in Kraft. Auch darüber soll die Kartellbehörde wachen.
➡ Wettbewerbsintensität

Wiedervereinigungskosten

Kosten, die mit der Wiedereinigung Deutschlands verbunden sind. Im Jahr 2007 wurden die W. mit mehr als 1.100 Mrd. € (Nettogesamttransfer) beziffert. Das Münchner Institut für Wirtschaftsforschung (ifo) konstatiert, dass die tatsächlichen Kosten über 2.000 Mrd. € liegen dürften, weit mehr als das 1990 prognostizierte Volumen. Die damals prognostizierten »blühenden Landschaften« sind nicht in Sicht. Von jedem Euro, der im Osten ausgegeben wird, kommen immer noch durchschnittlich 31 Ct. aus dem Westen. Deutschland muss sich darauf einstellen, dass selbst nach dem offiziellen Ende des Solidarpakts 2019 weitere Kosten anfallen. Sozialverbände beklagen, dass die W. über die Sozialsysteme statt über Steuern finanziert werden und Erstere deshalb überlastet sind.

Wirtschaft

[Auch: Ökonomie] Sämtliche Güter- und Geldbewegungen einer Gesellschaft. Volkswirtschaftlich werden damit die Transaktionen bezeichnet,

die alle Wirtschaftsteilnehmer – wie Banken, Betriebe, private Haushalte und der Staat selbst – vornehmen.
➠ Geldwirtschaft ➠ Marktwirtschaft
➠ Ökonomie

Wirtschafts- und Währungsunion (WWU)

Wirtschaftlicher Zusammenschluss verschiedener Staaten in Fragen der Wirtschafts- und Finanzpolitik. So haben die europ. Staaten seit 1990 begonnen, sich in eine WWU zu begeben (**E**uropäische **W**irtschafts- und **W**ährungs**u**nion, EWWU). In der EWWU verzichten 19 Staaten auf ihre nationale Geldpolitik und haben als gemeinsame Währung den Euro eingeführt. Die Verantwortung für die Währung ist 1998 von den nationalen Zentralbanken auf die Europäische Zentralbank (EZB) mit Sitz in Frankfurt am Main übergegangen. Im EG-Vertrag ist als Grundregel festgeschrieben, dass sich die Mitgliedstaaten verpflichten, übermäßige öffentliche Defizite zu vermeiden. Im Stabilitäts- und Wachstumspakt haben sie sich verpflichtet, nahezu ausgeglichene Haushalte oder aber einen Überschuss zu realisieren. Der sog. Ecofin-Rat, der sich aus den Wirtschafts- und Finanzministern der EU-Staaten zusammensetzt, kann Empfehlungen an die Mitgliedstaaten richten. Diese sollen auf den im EG-Vertrag oder Stabilitäts- und Wachstumspakt festgehaltenen Vorschriften basieren. Das dt. Stabilitätsprogramm wird vom Bundesministerium für Finanzen erstellt.
➠ Europäische Union

Wirtschaftsforschungsinstitute

Institute, die sich im Wesentlichen mit empirischer Forschung über wirtschaftliche und v. a. wirtschaftspolitische Zusammenhänge befassen. Die bedeutendsten W. in Deutschland sind:

- Deutsches Institut für Wirtschaftsforschung e. V. (DIW), Berlin;
- ifo Institut für Wirtschaftsforschung e. V., München;
- **I**nstitut der deutschen **W**irtschaft Köln e. V. (IW), Köln;
- **I**nstitut für **M**akroökonomie und **K**onjunkturforschung in der Hans-Böckler-Stiftung (IMK), Düsseldorf;
- **I**nstitut **f**ür **W**eltwirtschaft an der Universität Kiel (IfW), Kiel;
- **I**nstitut für **W**irtschaftsforschung **H**alle (IWH), Halle/Saale;
- **R**heinisch-**W**estfälisches **I**nstitut für Wirtschaftsforschung e. V. (RWI), Essen;
- **W**irtschafts- und **S**ozialwissenschaftliches **I**nstitut in der Hans-Böckler-Stiftung (WSI), Düsseldorf;
- **Z**entrum für **E**uropäische **W**irtschaftsforschung GmbH (ZEW), Mannheim.

Wirtschaftskreislauf

Begriff, der in Anlehnung an den medizinischen Begriff des Blutkreislaufs von dem brit. Ökonomen Richard Cantillon (* 1680 † 15.5.1734) und dem frz. Arzt und Ökonomen François Quesnay (* 4.6.1694 † 16.12.1774) entwickelt worden ist. Der W. umfasst die Güter- und Geldströme zwischen den Haushalten, den Unternehmen, dem Staat und dem Ausland.

Wirtschaftslenkung

Der starke Staat und das Vertrauen in die öffentliche Daseinsvorsorge spielen bei der W. eine große Rolle. Dabei geht es vorrangig darum, gemeinwirtschaftliche Ziele zu erreichen. In der Politik tobt ein heftiger Grundsatzstreit zwischen den Verfechtern eines unregulierten Marktes, die verstärkt auf Privatisierung auch bislang öffentlicher Bereiche setzen, und Befürwortern der W. In der

Nachkriegsgeschichte befürworteten hingegen auch konservative Politiker regulierende Eingriffe des Staates. Ludwig Erhards (* 4.2.1897 † 5.5.1977) Politik der »sozialen Marktwirtschaft« setzte darauf, »das Prinzip der Freiheit auf dem Markte mit dem Prinzip des sozialen Ausgleichs« zu verbinden. Die CDU verabschiedete in ihrem Ahlener Programm (1947) u. a. diesen Satz: »Das kapitalistische Wirtschaftssystem ist den staatlichen und sozialen Lebensinteressen des deutschen Volkes nicht gerecht geworden.«
➔ Planwirtschaft ➔ Wirtschaftspolitik

Wirtschaftsordnung

➔ Wirtschaftssystem

Wirtschaftspolitik

Alle pol. Aktivitäten, die zum Ziel haben, den Wirtschaftsprozess zu regeln, zu ordnen und zu beeinflussen. Die quantitativen wirtschaftspolitischen Ziele sind ein hoher Beschäftigungsstand, Preisniveaustabilität, Wirtschaftswachstum und außenwirtschaftliches Gleichgewicht. Im innenwirtschaftlichen Bereich stehen Geldwertstabilität, Löhne, Arbeitszeitregelungen, Steuern und die Erfüllung sozialstaatlicher Aufgaben im Zentrum, z. B. im Bereich der Arbeitslosen- und Rentenversicherung. Eingriffe des Staates in die Wirtschaftsabläufe sollen der Steuerung und Überwachung des Wirtschaftskreislaufes dienen, damit er den gesellschaftlichen Bedürfnissen gerecht wird. Mit der zunehmenden Öffnung der Märkte im Zeitalter der Globalisierung treten Ziele wie Verteilungsgerechtigkeit und globaler Umweltschutz in den Vordergrund. Internationale Absprachen, Handelsabkommen, u. a. die fortschreitende Gestaltung der **E**uropäischen **W**irtschafts- und **W**ährungs**u**nion (EWWU), nehmen mehr Raum ein, nationalstaatliche Regelungen werden entsprechend zurückgefahren.
➔ Angebotsorientierte Wirtschaftspolitik ➔ Antizyklische Fiskalpolitik ➔ Antizyklische Wirtschaftspolitik ➔ Arbeitsmarktpoli-

Tab. 19 Bundeswirtschaftsminister

Minister/in	Amtszeit
Prof. Dr. Ludwig Erhard (parteilos)	1949–1963
Kurt Schmücker (CDU)	1963–1966
Prof. Dr. Karl Schiller (SPD)	1966–1972
Helmut Schmidt (SPD)	1972
Dr. Hans Friderichs (FDP)	1972–1977
Dr. Otto Graf Lambsdorff (FDP)	1977–1982
Manfred Lahnstein (SPD)	1982
Dr. Otto Graf Lambsdorff (FDP)	1982–1984
Dr. Martin Bangemann (FDP)	1984–1988
Dr. Helmut Haussmann (FDP)	1988–1991
Jürgen W. Möllemann (FDP)	1991–1993
Dr. Günter Rexrodt (FDP)	1993–1998
Dr. Werner Müller (parteilos)	1998–2002
Wolfgang Clement (SPD)	2002–2005
Michael Glos (CSU)	2005–2009
Dr. Karl-Theodor Freiherr von und zu Guttenberg (CSU)	2009
Rainer Brüderle (FDP)	2009-2011
Dr. Philipp Rösler (FDP)	2011–2013
Sigmar Gabriel (SPD)	2013–2017
Brigitte Zypries (SPD)	2017
N. N.	2017–

Tab. 20 Wirtschaftsordnungen

Modellhafte Klassifikation von Wirtschaftsordnungen		
	Idealtypische Wirtschaftssysteme	
Hauptunterscheidungs-elemente	Zentralverwaltungs-wirtschaft	Marktwirtschaft
Koordination der Wirtschaftseinheiten	Einplanwirtschaft und staatliche Steuerung (»zentral geleitete Wirtschaft«)	Mehrplanwirtschaft und Wettbewerbssteuerung (»freie Verkehrswirtschaft«)
Subordination der Wirtschaftseinheiten unter den Staat	Gebote (Plansollvorgaben)	Verbote (staatlicher Ordnungsrahmen)
Eigentumsordnung	Staatseigentum (»Sozialismus«)	Privateigentum (»Kapitalismus«)
Interdependenz mit der politischen Ordnung	Diktatur	Demokratie

Quelle Eigene Darstellung der Autoren

tik ➡ Außenwirtschaftspolitik ➡ Konjunkturpolitik ➡ Strukturpolitik ➡ Technologiepolitik ➡ Verteilungspolitik ➡ Wachstumspolitik ➡ Wettbewerbspolitik ➡ Ziele der Wirtschaftspolitik

Wirtschaftssanktionen

Wirtschaftssanktionen sind restriktive Maßnahmen, die vorgenommen werden, um bestimmten Staaten Nachteile zuzufügen und damit zu einem anderen politischen oder wirtschaftspolitischen Handeln zu bewegen. Beispiel: Die gezielten Wirtschaftssanktionen von USA und EU gegen Russland wegen dessen Ukraine- und Krim-Politik.

In der EU werden solche Sanktionen von den Staats- und Regierungschefs oder den Außenministern der EU-Mitglieder beschlossen. Gegen Russland etwa wurden umfangreiche Handelsbeschränkungen verhängt. Waren, die auf der Krim produziert wurden, dürfen von EU-Staaten nicht eingeführt, wichtige Ausrüstungen oder Technologien nicht nach Russland exportiert werden. Zudem folgten Finanzsanktionen wie die Beschränkung des Zugangs zum europ. Kapitalmarkt für bestimmte russ. Banken und Finanzinstitute. Sanktionen sind auch gegen Staatsfirmen, natürliche und juristische Personen gerichtet. Gegen mehr als 100 russ. Staatsangehörige, die nach Meinung der EU-Politik in der Ukraine-Krise eine wichtige Rolle spielten oder spielen, wurden Einreise- und Durchreiseverbote verfügt und Konten gesperrt. Wirtschaftssanktionen sind umstritten, weil sie nicht nur dem attackierten Land schaden, sondern auch dem Land, das die Sanktionen verhängt. Denn ein zurückgedrängter Handel bedeutet Wohlstandsverluste für beide Seiten. Die EU hat inzwischen die Sanktionen gegen Russland bis zum 31.1.2018 verlängert.

Wirtschaftsstatistik

W. erfasst, analysiert und beschreibt die quantitativen Tatbestände des Wirtschaftslebens. Statistiken werden z. B. erstellt über die Bevölkerungsentwicklung, den Arbeitsmarkt, Unternehmen, Einkommen und Konsumverhalten,

Tab. 21 Wirtschaftspolitische Konzepte

Angebots- und Nachfragepolitik im Vergleich

Nachfragepolitik: Keynesianische Nachfragesteuerung		**Angebotspolitik: Angebotsorientierung mit Geldmengensteuerung**
Kurzfristige Beseitigung von Gleichgewichtsstörungen	⇦ **Ziele** ⇨	Mittel- bis längerfristige Beseitigung gleichgewichtsstörender Auslösefaktoren
Stärkung der gesamtwirtschaftlichen Nachfrage durch Konsumsteigerung	⇦ **Ansatzpunkte** ⇨	• Stärkung des gesamtwirtschaftlichen Angebots durch Verbesserung der Produktionsbedingungen • Verstetigung des gesamtwirtschaftlichen Spielraums durch Geldmengensteuerung
• Stärkung der Massenkaufkraft durch Lohnerhöhungen und/oder höhere staatliche Zuschüsse für bzw. geringere Abgaben der Privathaushalte • Erhöhung des Staatskonsums durch öffentliche Ausgabenprogramme • Ausweitung des öffentlichen Sektors • Stärkere Regulierung • Schaffung verbrauchsfördernder Rahmenbedingungen	⇦ **Maßnahmen** ⇨	• Erhöhung der Unternehmensrentabilität durch Kostendämpfung (Lohnmäßigung und/oder Verringerung der Unternehmenssteuerbelastung) • Verringerung des effizienzschwachen Staatskonsums • Ausweitung des privaten Sektors • Investitionsförderung • Deregulierung • Abbau von Subventionen • Schaffung leistungsanreizender, innovationsfördernder Rahmenbedingungen

Quelle Eigene Darstellung der Autoren

Preisentwicklung und den Außenhandel. Ein weiteres Ziel kann sein, aus der W. finanz- und steuerpolitische Schlussfolgerungen zu ziehen.

➠ Amtliche Statistik ➠ Empirische Wirtschaftsforschung

Wirtschaftsstruktur

Aufbau und Gestaltung der Wirtschaft eines Landes nach verschiedenen Gesichtspunkten: Produktion, Beschäftigungs- und Erwerbsstruktur, Einkommens- und Vermögensstruktur. Beim Erfassen der W. sind zudem besondere geografische Kennzeichen, Bodenschätze, agrarwirtschaftliche Bedingungen, Krisenherde oder die Verschuldung eines Landeshaushalts von Bedeutung.

Wirtschaftssubjekt

Jeder, der das Wirtschaftsleben in irgendeiner Weise mitgestaltet und trägt, sowohl Privatpersonen als auch juristische Personen, die z. B. ein Unternehmen oder den Staat vertreten. Arbeitnehmer und Arbeitgeber, Produ-

Abb. 41 Nominales und reales Wirtschaftswachstum in Deutschland 1955 bis 2016 (in %)

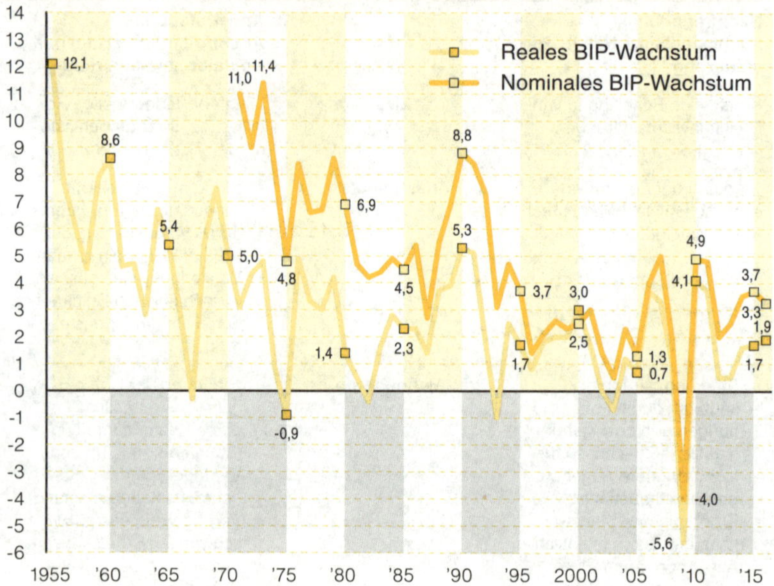

Quelle Destatis

zenten und Konsumenten, Investoren und Sparer, Steuerzahler und Rentenempfänger sind als W. zu bezeichnen, insofern sie die Wirtschaftsrealität eines Landes prägen.

➠ Privater Haushalt

Wirtschaftssystem

Wird häufig als synonym des Begriffs Wirtschaftsordnung verwendet. Zwar ist das W. entscheidend durch die Wirtschaftsordnung geprägt (entweder Kapitalismus mit weitgehend privatisierter Wirtschaft oder Sozialismus mit hauptsächlich verstaatlichten Produktionsmitteln), doch es umfasst darüber hinaus die Gesamtheit des Wirtschaftslebens einer Epoche. Dazu gehören alle wirtschaftlichen Elemente, z. B. Beziehungen, die in Produktions-, Verteilungs- und Konsumtionsprozessen von Bedeutung sind, aber auch der Reichtum an Ressourcen eines Landes.

➠ Marktwirtschaft ➠ Planwirtschaft

Wirtschaftswachstum

Zunahme des Bruttoinlandsprodukts (BIP), also das Anwachsen der Summe aller in einer Volkswirtschaft zu laufenden Preisen oder in Preisen eines Basisjahres bewerteten Waren und Dienstleistungen. Da im Regelfall von einem Wachstum ausgegangen wird, wird eine Stagnation als Nullwachstum angegeben. Nimmt die Produktion ab, wird ein Minuswachstum vermerkt. Beim realen Wachstum wird die Preissteigerung herausgerechnet. Nach diesem aussagekräftigeren Konzept wird die reale Leistungssteigerung der Gesamtwirtschaft erfasst. W. kann als rein quantitativer Wert erfasst werden. Wird es als qualitativer Wert ausgelegt, muss ein schonender Umgang mit der Umwelt oder eine gerechte Einkommensverteilung in die Berechnung einbezogen werden.

Wirtschaftswissenschaften

Lehre von der Ökonomie. Sie beschäftigt sich mit Wesen, Aufbau, Ablauf, Ziel und Ordnung der Wirtschaft. Sie unterteilt sich in Betriebswirtschaftslehre und Volkswirtschaftslehre. Letztere untersucht die Gesetzmäßigkeiten der Wirtschaft sowohl in Bezug auf einzelne wirtschaftende Einheiten (Mikroökonomie) als auch im Hinblick auf die Gesamtwirtschaft (Makroökonomie). Die Betriebswirtschaftslehre liefert Erkenntnisse für betriebliche Strukturen und Prozesse. Beim Studium der W. spielen u. a. die Teildisziplinen Wirtschaftsethik, Wirtschaftsgeschichte, Wirtschaftsmathematik, Wirtschaftspädagogik und Wirtschaftsrecht eine Rolle.

Wirtschaftszweige

Gruppen von Unternehmen oder wirtschaftlichen Einrichtungen, die ähnliche Produkte oder Dienstleistungen anbieten. Unternehmen schließen sich auf der Ebene verschiedener W. in Verbänden zusammen (z. B. Hauptverband des Deutschen Einzelhandels oder Verband der Elektro- und Metallindustrie). Auch Tarifverträge mit den Gewerkschaften handeln die Arbeitgeber in Deutschland auf Branchenebene (also nach W.) aus.

➠ Arbeitgeberverbände

Wohlfahrtsstaat

Bezeichnung für einen Staat, der mit unterschiedlichen Fürsorgeprogrammen dem sozialen, kulturellen und materiellen Wohlergehen der Bürger dienen will. Damit unterscheidet er sich vom Sozialstaat, der einzig das Ziel verfolgt, Menschen in unverschuldeten Notlagen beizustehen. Neoliberale Politiker kritisieren den W., da ein W. seine Bürger von Eigeninitiative und Verantwortung abhalte.

➠ Sozialstaat

Wohlfahrtstheorie

Befasst sich mit der Zielsetzung, wirtschaftliche Wohlfahrt im Sinn von Wohlstand zu definieren. Dieser wird von den jeweiligen Wertvorstellungen der beteiligten Wirtschaftssubjekte, einer Gruppe oder der Gesamtbevölkerung abgeleitet. Bei dieser volkswirtschaftlichen Theorie geht es darum, wie die zur Verfügung stehenden knappen Ressourcen optimal zur Wohlstandsmehrung der Bevölkerung eingesetzt werden können. Dazu gibt es unterschiedliche Auffassungen. Umstritten ist, ob eine ideale Marktwirtschaft zu einem Wohlfahrtsoptimum führen kann oder ob der Staat mittels steuer- und finanzpolitischen Maßnahmen korrigierend eingreifen muss.

➠ Wohlstand

Wohlstand

Wird als ökonomischer Begriff am Versorgungsgrad von der Gesellschaft mit Gütern und Dienstleistungen gemessen. Rein materiell wird er nach der Höhe des Bruttoinlandsprodukts oder des Pro-Kopf-Einkommens berechnet. Dabei geht es nicht um Glücksempfinden oder allgemeine Lebensqualität.

➠ Wohlstandsindikator

Wohlstandsindikator

Häufig wird das Bruttoinlandsprodukt (BIP) pro Kopf als Indikator für den

Wohlstand eines Landes herangezogen. Das BIP misst jedoch nur den Marktwert aller in einem bestimmten Zeitraum im Inland hergestellten Waren und Dienstleistungen. Alle Formen der Schattenwirtschaft, u. a. Tätigkeiten im Haushalt und in der Familie, Subsistenzwirtschaft, Tauschhandel und Schwarzarbeit werden jedoch vom BIP nicht erfasst. Somit werden all jene nicht berücksichtigt, die aus dem Wirtschaftskreislauf durch Armut herausgefallen sind. Zusätzlich wird häufig der »Human Development Index« (Index der menschlichen Entwicklung) zurate gezogen werden, denn er berücksichtigt die Lebenserwartung und den Bildungsgrad.

Wohngeld

Von Bund und Ländern je zur Hälfte getragener Zuschuss zur Miete oder zum selbst genutztem Wohneigentum einkommensschwächerer Haushalte. Die Höhe des Zuschusses hängt ab von der Zahl der Haushaltsmitglieder, deren monatlichen Gesamteinkommen sowie den örtlichen Wohnkosten. Empfängerinnen und Empfänger von Transferleistungen, z. B. ALG II, Sozialgeld u. a. sind vom Wohngeldbezug ausgeschlossen. Deren Wohnkosten werden mit den ihnen zustehenden Leistungen verrechnet.

Zahlungsausfall

Kann ein Schuldner die Forderung eines Gläubigers nicht mehr bedienen, dann spricht man von einem Z. Wenn der Gläubiger ein Unternehmen ist, dann muss er den Ausfall der Forderung in der Bilanz kenntlich machen. Aber auch Staaten können von Z. betroffen sein. Dieses wird i. d. R. von entsprechenden Bewertungen der Ratingagenturen begleitet. Der Z. eines Staates hat weitreichende Konsequenzen. Das betroffene Land hat dann Schwierigkeiten, nötiges Geld auf den Kapitalmärkten zu beschaffen, und in Europa darf die EZB Staatsanleihen dieses Landes nur auf dem Sekundärmarkt kaufen. Auch ein Land hat u. U. nicht mehr ausreichend Geld zur Verfügung, um seine Ausgaben zu decken.

Zahlungsbilanz

Bilanz des Zahlungsverkehrs zwischen In- und Ausland. Die Z. besteht aus der Leistungsbilanz – die die auf den Handel zurückgehenden Zahlungen abbildet –, der Kapitalverkehrsbilanz und der Devisenbilanz. In Deutschland gibt die Deutsche Bundesbank monatlich die Z. heraus.

➡ Zahlungsbilanzkrise ➡ Zahlungsbilanzungleichgewicht ➡ Zahlungsverkehr

Zahlungsbilanzkrise

Wenn ein Land seinen Lebensstandard nur über starke Kapitalzuflüsse aus dem Ausland halten kann, steuert es auf eine Z. zu. Erfahrungsgemäß entziehen internationale Anleger als Reaktion auf eine vermutete Überschuldung eines Landes ihre Einlagen, was die Krise verschlimmert. Dann kann unmittelbar eine Währungskrise folgen.

➡ Zahlungsbilanz ➡ Zahlungsbilanzungleichgewicht ➡ Zahlungsverkehr

Zahlungsbilanzungleichgewicht

Können bei einem Land durch Zahlungsbilanzüberschüsse oder -defizite hervorgerufen sein, wenn die Exporte größer bzw. niedriger sind als die Importe. Monetäre Eingriffe können regulierend wirken: Heraufsetzung oder Senken des Wechselkurses sowie Zinsanhebungen oder Senkungen.

➡ Zahlungsbilanz ➡ Zahlungsverkehr

Zahlungsverkehr

Sämtliche Geldbewegungen: sowohl Zahlungen in Bargeld (persönlich oder durch dritte Personen übergeben) als auch bargeldlose Zahlungen in Form von Überweisung, Verrechnungsscheck, EC- oder Kreditkarte, Electronic Banking oder Wechsel.

Zeitverzögerungen in der Wirtschaftspolitik

Können ihre Ursache in langwierigen und komplexen Entscheidungsprozessen haben oder auch darin, dass es häufig lange dauert, bis wirtschaftspolitische Maßnahmen greifen. Deshalb werden Z. oft als grundlegender Einwand gegen eine aktive Wirtschaftspolitik ins Feld geführt.

→ Lags

Zentralbanken

[Auch: Notenbank, Zentralnotenbank] Sind für die Geld- und Währungspolitik eines Währungsraums zuständig und werden auch »Währungshüter« genannt. Es gibt Z. sowohl auf nationaler als auch auf supranationaler Ebene. Z. für Deutschland war bis 1997 die Deutsche Bundesbank in Frankfurt am Main. Dort befindet sich auch die Europäische Zentralbank (EZB), die seit 1998 für die Europäische Währungsunion als auch Deutschland zuständig ist. Z. sind zuständig für die Geldpolitik, sie führen die Finanzmarktaufsicht, verantworten die Geldversorgung und den Zahlungsverkehr. Den internationalen Zahlungsverkehr der Z. regelt die Bank für Internationalen Zahlungsbilanzausgleich.

Zentralbankgeld

Bargeld und Sichteinlagen der Banken bei der Zentralbank. Es ist also das Geld, das eine Zentralbank unmittelbar schafft.

Zentralverwaltungswirtschaft

Wirtschaftssystem, das die Produktion genauso wie Dienstleistungen und Handel verstaatlicht und vergesellschaftet. Die Wirtschaft soll von einer zentralisierten Instanz geplant werden. Dabei werden Preise bestimmt, die sich an den realen Kosten für die Herstellung des Produkts orientieren. Der Gegenbegriff für eine solche zentralstaatlich gesteuerte Ökonomie ist der Wirtschaftsliberalismus, der jeden regulierenden Eingriff in den Markt ablehnt und auf die sog. »freien Kräfte des Marktes« vertraut. In der sog. sozialen Marktwirtschaft hingegen wird der Markt durch ordnungspolitische Vorgaben geregelt (z. B. Kartellgesetze).

→ Marktwirtschaft → Planwirtschaft

ZEW-Index

Das Mannheimer **Z**entrum für **E**uropäische **W**irtschaftsforschung (ZEW) erhebt monatlich die Konjunkturerwartungen in Deutschland. An der Umfrage beteiligen sich bis zu 350 Finanzanalysten. So entsteht jeweils ein Frühindikator für die künftige Wirtschaftsentwicklung, der auf 6 Monate Gültigkeit angelegt ist. Der Z. gibt die Differenz der positiven und negativen Einschätzungen wieder. Sind z. B. 40 % der Umfrageteilnehmer der Ansicht, die wirtschaftliche Lage wird sich verbessern, aber 50 % meinen, sie wird sich verschlechtern, so ergibt sich ein Index von –10. Der Anteil derjenigen, die mit keiner Veränderung für die Konjunktur rechnen, spielt für die Erhebung keine Rolle.

→ Wirtschaftsforschungsinstitute

Ziele der Wirtschaftspolitik

Die 4 quantitativen Z. sind: hoher Beschäftigungsstand, Stabilität des Preisniveaus, Wirtschaftswachstum und außenwirtschaftliches Gleichgewicht, worunter z. B. die Vermeidung von Auslandsverschuldung zu verstehen ist. Zusätzlich gibt es 2 qualitative Ziele: eine sozial gerechte Einkommens- und Vermögensverteilung sowie Umweltschutz. Diese wirtschaftspolitischen Ziele werden als »Magisches Sechseck« bezeichnet.

Zielkonflikt

Entsteht in der Wirtschaftspolitik immer dann, wenn mindestens 2 wirtschaftspolitische Ziele nicht gleichzeitig erfüllt werden können. Der bekannteste Z. ist der zwischen hohem Wachstum und Preisstabilität.

Zins

Preis für die zeitweilige Überlassung von Geld- oder Finanzvermögen.

Zinsparitätentheorie

Wechselkurstheorie, die die kurzfristige Bewegung von Devisenkursen mit Differenzen zwischen den Zinssätzen (preisbereinigt oder nominal) verschiedener Währungsgebiete erklärt. Ein Devisenmarktgleichgewicht ist dann erreicht, wenn eine Parität (Gleichheit) von Zinsen und erwarteten Wechselkursänderungen besteht.

Zinspolitik

Z. bedeutet, dass die Zentralbank Geldpolitik über Änderungen des Leitzinses betreibt. Sie versucht auf diese Weise, Einfluss auf die Zinsen am Kapitalmarkt auszuüben, die für die Finanzierungsbedingungen von Unternehmen und Konsumenten entscheidend sind. Diese Zinsen sind Ergebnis von Nachfrage und Angebot und können insofern nur indirekt beeinflusst werden, wenn z. B. die Zentralbank ihre Zinsen erhöht, um in einem konjunkturellen Hoch Preissteigerungen zu verringern. Geschäftsbanken werden in der Folge die Zinsen, die sie ihren Kunden in Rechnung stellen, ebenfalls erhöhen. Solche Zinserhöhungen bewirken eine geringere Geldnachfrage, z. B. werden dann weniger Kredite aufgenommen für Investitionen. Auf private Haushalte wirkt sich dies konsumhemmend aus. Dadurch stabilisiert sich das Preisniveau. Sinkende Zinsen haben die gegenteilige Wirkung.

➠ Europäische Zentralbank

Zinsstruktur

Abhängigkeit des Zinssatzes von der Bindungsdauer einer Anlage. Eine normale oder auch steigende Z. besteht, wenn der Anleger für längerfristig angelegtes Geld mehr Zinsen erhält als für kurzfristig angelegtes – der Zinssatz steigt also mit der Bindungsdauer. Als flach wird die Z. bezeichnet, wenn die Bindungsdauer nur einen geringen Einfluss auf die Zinshöhe aufweist. Werden für langfristige Anlagen weniger Zinsen bezahlt als für kurzfristige, spricht man von einer inversen bzw. fallenden Z.

Zinstender

Offenmarktgeschäft einer Zentralbank, wobei den Geschäftsbanken eine bestimmte Menge Zentralbankgeld angeboten wird, auf das sie mit Zinsgeboten reagieren. Der Gegensatz: Mengentender,

Zölle

Steuern im Sinn der Abgabenordnung, die im grenzüberschreitenden Warenverkehr mit Drittländern zu entrichten sind. Z. sind Instrumente der Außenhandelspolitik. Bei der Festlegung von Z. darf nicht zwischen den Handelspartnern unterschieden werden, sondern nur zwischen den Waren. Ausnahmen sind allerdings möglich, z. B. gegenüber Entwicklungsländern oder innerhalb einer Zollunion.

➠ Zollwirkungen

Zollunion

Zusammenschluss von Staaten, die ein gemeinsames Zollgebiet bilden. Binnenzölle u. a. Handelsbeschränkungen werden innerhalb dieses Gebietes abgeschafft. Durch den Wegfall von Zöllen verbilligen sich ausländische Waren, und der Außenhandel wird angeregt. Dadurch kommt es allerdings auch zur Handelsumlenkung. Handelspartner, die außerhalb der Z. bleiben, werden jenen gegenüber, die sich innerhalb befinden, diskriminiert. Letztere können ihre Waren billiger und effizienter anbieten, wodurch die Produzenten des Drittlandes häufig verdrängt werden.

➠ Zollwirkungen

Zollwirkungen

Folgen von Preisverschiebungen, die durch das Erheben von Zöllen entstehen: Die Konsumenten im Inland werden benachteiligt und im Exportland begünstigt. Hingegen werden die Produzenten im Importland begünstigt und im Exportland benachteiligt. Der den Zoll erhebende Staat verzeichnet Einkünfte. Das Handelsvolumen insgesamt sinkt.

➠ Zollunion

Zu versteuerndes Einkommen

Bruttoeinkommen reduziert um mögliche Freibeträge und Aufwendungen. Der so errechnete Betrag bildet die Bemessungsgrundlage, um die Steuer für das Einkommen zu ermitteln.

Zumutbarkeit

In der Sozialgesetzgebung spielt das Kriterium der Z. eine große Rolle für die Beurteilung eines Stellenangebots an Arbeitslose. Ist das Kriterium erfüllt, muss ein Arbeitsloser die Stelle grundsätzlich annehmen. Im Rahmen der Agenda 2010 ist die Z. im Hinblick auf die Entfernung zum Arbeitsort, die Entlohnung und Art der Tätigkeit deutlich verschärft worden. Dies hat dazu geführt, dass Arbeitslose kaum noch ein Stellenangebot ablehnen können und sich der Lohndruck nach unten verschärfte.

➠ Hartz I

Zuschlagskalkulation

Mit jedem Auftrag, den ein Betrieb annimmt, sind Kosten verbunden, die sich dem Produkt nicht direkt zurechnen lassen. So müssen z. B. Werkzeuge gekauft werden, bevor ein Tisch gebaut wird, bei einem Beratungsgespräch fallen Fahrtkosten an oder das Lagern des Produkts ist zu finanzieren. Für all diese Kosten, die im Betrieb anfallen, müssen Zuschläge ermittelt werden.

Zwangssparen

Unfreiwilliger Konsumverzicht aufgrund behördlicher Anordnungen oder durch allgemeine Steuer- und Preiserhöhungen bedingt. Unter Z. fallen z. B. Pflichtversicherungen oder in Krisenzeiten auch Zwangsanleihen, zu denen bestimmte Bevölkerungsgruppen oder Unternehmen gesetzlich gezwungen werden. Das zurückgehaltene Geld fließt dann in Investitionen für bestimmte Aufgaben (etwa Altersvorsorge oder Kriegswirtschaft).

Zweckbindung

Ausnahme vom Haushaltsgrundsatz Nonaffektation/Verbot der Z. öffentlicher Mittel. Die zweckgebundene Ausgabe von bestimmten Einnahmen – z. B. die Finanzierung der Abfallbeseitigung durch Müllgebühren – muss gesetzlich oder durch Vermerk im Haushaltsplan vorgesehen werden.

Zwei-Säulen-Konzept

Geldpolitische Strategie der **E**uropäischen **Z**entral**b**ank (EZB), die sich aus 2 Orientierungsmerkmalen speist. Zum einen orientiert sich die EZB bei ihren Entscheidungen an der Analyse der Inflationsentwicklung und deren Einflussgrößen. Zum Zweiten führt sie in Anlehnung an die frühere Strategie der Bundesbank eine monetäre Analyse durch, bei der die Entwicklung der Geldmengen mit Blick auf längerfristige Inflationstendenzen untersucht wird. Mit dem Z. unterscheidet sich die EZB merklich von anderen Zentralbanken wie der Bank of England oder der US-amerik. Fed, die nicht nur auf das Inflationsziel, sondern auch auf erweiterte gesamtwirtschaftliche Ziele achten.

Zweiter Arbeitsmarkt

Arbeitsmarkt, der aus staatlich subventionierten Arbeitsverhältnissen besteht. Sein Ziel soll sein, die dort Beschäftigten wieder in den regulären ersten Arbeitsmarkt zu integrieren. Zum Z. gehörten bis 2004 v. a. **A**rbeits**b**eschaffungs**m**aßnahmen (ABM) und **S**truktur**a**npassungs**m**aßnahmen (SAM). Mit den Hartz-Gesetzen sollten die für die staatlich subventionierte Arbeit zur Verfügung stehenden Mittel reduziert werden. Der Grundgedanke war weiterhin, Arbeit an Stelle von Arbeitslosigkeit zu finanzieren. Die Arbeit in den sog. Beschäftigungsgesellschaften sollte gemeinnützig und zusätzlich sein, d. h. nicht mit bestehenden Arbeitsplätzen konkurrieren. Die Gefahren des zweiten Arbeitsmarktes liegen darin, dass Arbeitsplätze des regulären Arbeitsmarktes vernichtet oder etwa zu Dumpinglöhnen angeboten werden. Aus einem Bericht des Bundesrechnungshofs 2008 geht hervor, dass dies bei 2/3 der Arbeitsgelegenheiten mit Mehraufwandsentschädigung der Fall ist. Kritiker monieren, dass es bisher nur wenigen, die im Z. tätig sind (»Ein-Euro-Jobber«), gelungen ist, wieder in den regulären Arbeitsmarkt vorzudringen und stattdessen viele Menschen in die Armut getrieben werden.

➡ Arbeitsmarktpolitik ➡ Bundesagentur für Arbeit

Zweitrundeneffekt

Mittelbare Folgewirkungen eines ökonomischen Impulses. Wenn z. B. Unternehmen gestiegene Kosten aufgrund höherer Energiepreise (Impuls) an die Verbraucher weitergeben und die Gewerkschaften versuchen, den auf diese Weise entstandenen Kaufkraftverlust mit Lohnzuwächsen zurückzuholen. Dann ergeben sich Preissteigerungen als unmittelbare Folge höherer Ölpreise und Lohnzuwächse mit weiteren Preissteigerungen als mittelbare Folge, die man als Z. bezeichnet. Unter diesen Umständen ist eine inflationäre Wirkung zu befürchten.

➡ Tarifverhandlung

Zyklenvergleich

Vergleich verschiedener Konjunkturzyklen.

Serviceteil

Weiterführende Internetlinks zur Wirtschaft

1. Kostenlose Datensammlungen zur Wirtschaft

Bundesagentur für Arbeit (BA), Nürnberg: https://statistik.arbeitsagentur.de/

Deutsche Bundesbank: https://www.bundesbank.de/Navigation/DE/Statistiken/Zeitreihen_Datenbanken/zeitreihen_datenbank.html

Europäische Kommission (AMECO-Datenbank mit Jahresdaten): http://ec.europa.eu/economy_finance/ameco/user/serie/SelectSerie.cfm

Europäische Zentralbank: https://www.ecb.europa.eu/ecb/tasks/statistics/html/index.de.html

Eurostat: http://ec.europa.eu/eurostat/

Federal Reserve St. Louis (Daten für die USA): https://fred.stlouisfed.org/

Groningen Growth and Development Centre, Groningen, Niederlande: http://www.rug.nl/ggdc/

Statistisches Bundesamt: http://www.destatis.de

UNCTAD (u. a. Datenbank internationaler Direktinvestitionen): http://unctadstat.unctad.org

Europäische Kommission (Economy and Finance): https://ec.europa.eu/info/business-economy-euro_en

Europäisches Parlament: http://www.europarl.europa.eu

Europäische Zentralbank, Frankfurt am Main: http://www.ecb.europa.eu

US-amerikanische Zentralbank (Fed): https://www.federalreserve.gov/data.htm

Britische Zentralbank (Bank of England): http://www.bankofengland.co.uk/statistics/index.htm

Japanische Zentralbank (Bank of Japan): http://www.boj.or.jp/en/statistics/index.htm/

Internationale Arbeitsorganisation (ILO), Genf: http://www.ilo.org

Internationaler Währungsfonds (IMF), Washington, D. C.: http://www.imf.org

Organisation for Economic Cooperation and Development (OECD), Paris: http://www.oecd.org

United Nations Conference on Trade and Development (UNCTAD), Genf: http://www.unctad.org/

Weltbank, Washington: http://data.worldbank.org/data-catalog/world-development-indicators

2. Deutsche Wirtschaftsforschungsinstitute

Deutsches Institut für Wirtschaftsforschung (DIW Berlin): http://diw.de/deutsch

Institut der deutschen Wirtschaft: http://www.iwkoeln.de

Hamburgisches Weltwirtschaftsinstitut (HWWI): http://www.hwwi.org

ifo Institut für Wirtschaftsforschung, München: http://www.cesifo-group.de

Institut für Arbeitsmarkt- und Berufsforschung (IAB), Nürnberg: http://www.iab.de/

Institut Arbeit und Qualifikation (IAQ) an der Universität Duisburg-Essen: http://www.iaq.uni-due.de

Institut für Makroökonomie und Konjunkturforschung (IMK) in der Hans-Böckler-Stiftung: http://imk-boeckler.de

Institut für Weltwirtschaft (IfW), Kiel: http://www.ifw-kiel.de

Institut für Wirtschaftsforschung Halle (IWH): http://www.iwh-halle.de

Rheinisch-Westfälisches Institut für Wirtschaftsforschung (RWI), Essen: http://www.rwi-essen.de

Wissenschaftszentrum Berlin für Sozialforschung (WZB), Berlin: http://www.wzb.eu

Zentrum für Europäische Wirtschaftsforschung (ZEW): http://www.zew.de

3. Ausländische Wirtschaftsforschungsinstitute

Arbejderbevægelsens erhvervsråd, Kopenhagen: https://www.ae.dk/

Brookings Institution, Washington: http://www.brookings.edu

Center for Economic and Policy Research (CEPR), Washington: http://www.cepr.net

DARES, Paris: http://dares.travail-emploi.gouv.fr/dares-etudes-et-statistiques/

Economic Policy Institute (EPI), Washington: http://www.epi.org

Economic and Social Research Institute (ESRI), Dublin: http://www.esri.ie

Elinkeinoelämän Tutkimuslaitos (ETLA), Helsinki: https://www.etla.fi/

Europäisches Gewerkschaftsinstitut, Brüssel: https://www.etui.org/

Institut de Recherches Economiques et Sociales (IRES), Noisy-le-Grand, Frankreich: http://www.ires-fr.org

Labour Institute for Economic Research, Helsinki: http://www.labour.fi/

National Bureau of Economic Research (NBER), Cambridge, Massachusetts: http://www.nber.org

National Institute of Economic and Social Research (NIESR), London: http://www.niesr.ac.uk

Prometeia, Bologna: http://www.prometeia.it

Observatoire Français de Conjonctures Economiques (OFCE), Paris: http://www.ofce.sciences-po.fr

WIFO – Österreichisches Institut für Wirtschaftsforschung, Wien: http://www.wifo.ac.at

4. Hintergrundmaterial zur Wirtschaftspolitik

BRUEGEL, Brüssel: http://www.bruegel.org

Bundesministerium für Wirtschaft und Technologie: http://www.bmwi.de

Bundesministerium der Finanzen: http://www.bundesfinanzministerium.de

Homepage von Dr. Heiner Flassbeck (bis 2012 Chefvolkswirt der UNCTAD): http://www.flassbeck.de

Nachdenkseiten: http://www.nachdenkseiten.de

Thomas Palley, Economics for Democratic and Open Societies, Washington: http://www.thomaspalley.com

Sachverständigenrat zur Begutachtung der gesamtwirtschaftlichen Entwicklung: http://www.sachverstaendigenrat-wirtschaft.de

Sozialpolitik aktuell (Universität Essen-Duisburg): http://www.sozialpolitik-aktuell.de

5. Weiterführende Linksammlungen

American Economic Association: umfangreiche Linksammlung (USA, international): http://www.aeaweb.org/RFE

Economic Education Web: umfangreiche Linksammlung (Schwerpunkt USA): http://ecedweb.unomaha.edu/econinfo.htm

Europäische Zentralbank: Links zu allen europäischen Zentralbanken: http://www.ecb.europa.eu/home/links/html/index.en.html

Trade Union related Research Institutes (TURI) network: Liste von gewerkschaftsnahen Forschungseinrichtungen: http://www.turi-network.eu/Members

Statistisches Bundesamt: Links zu anderen statistischen Ämtern: http://www.statistik-portal.de/Statistik-Portal/LinksUebersicht.asp

United Nations Economic Commission for Europe: Links zu statistischen Ämtern: **http://www.unece.org/stats/links.htm**

Zeittafel zum wirtschaftspolitischen Geschehen in der Bundesrepublik Deutschland von 1945–2016

1945

7./8./9. Mai

Unterzeichnung der bedingungslosen Kapitulation der deutschen Wehrmacht in Reims (US-Hauptquartier) und Berlin-Karlshorst (sowjetisches Hauptquartier).

5. Juni

Deutschland wird in 4 Besatzungszonen eingeteilt; Alliierte übernehmen oberste Regierungsgewalt; Bildung eines gemeinsamen Kontrollrates.

1947

1. Januar

Vereinigung der britischen und amerikanischen Zone zum »Vereinigten Wirtschaftsgebiet« (Bizone).

5. Juni

Verkündung eines wirtschaftlichen Wiederaufbauprogramms für die Länder Europas durch den US-Außenminister George Marshall (»Marshall-Plan«).

25. Juni

Konstituierung des Wirtschaftsrates in Frankfurt am Main.

1948

1. März

Gründung der Bank deutscher Länder (Bundesbank) in Frankfurt am Main.

20. März

Ende des gemeinsamen Alliierten Kontrollrates der 4 Siegermächte; die Sowjetunion verlässt diese Institution.

20. Juni

Währungsreform in den 3 Westzonen (ohne West-Berlin).

23. Juni

Einführung der »Ostmark« für die Sowjetische Besatzungszone und Berlin.

1949

5. Mai

Unterzeichnung des Statuts des Europarats.

8. Mai

Grundgesetz der Bundesrepublik Deutschland wird vom Parlamentarischen Rat gebilligt.

23. Mai

Gründung der Bundesrepublik Deutschland; Grundgesetz tritt in Kraft.

31. Oktober

Bundesrepublik Deutschland wird Mitglied der Organisation für Europäische Wirtschaftliche Zusammenarbeit (OEEC).

1950

31. März

Ende der Lebensmittelrationierung.

9. Mai

Vorschlag des französischen Außenministers Schumann zur Montanunion.

15. Juni

Beitritt der Bundesrepublik Deutschland zum Europarat.

19. September

Unterzeichnung des Abkommens über die Europäische Zahlungsunion (EZU).

1951

18. April

Vertrag über Montanunion durch Bundesrepublik Deutschland.

2. Mai

Die Bundesrepublik Deutschland wird vollberechtigter Mitgliedstaat des Europarates.

1. Oktober

Beitritt der Bundesrepublik Deutschland zum Allgemeinen Zoll- und Handelsabkommen (GATT).

21. Dezember

Aufhebung des Ruhrstatuts.

1952

11. Januar

Bundestag ratifiziert Vertrag über die Gründung der »Europäischen Gemeinschaft für Kohle und Stahl« (EGKS, Montanunion).

10. Juli

Lastenausgleichsgesetz verabschiedet.

23. Juli

Montanunion tritt in Kraft.

14. August

Die Bundesrepublik Deutschland wird Mitglied des Internationalen Währungsfonds (IWF) und der Weltbank.

1. September

Lastenausgleichsgesetz tritt in Kraft.

11. Oktober

Verkündung des Betriebsverfassungsgesetzes.

1955

5. Mai

Proklamation der vollen Souveränität der Bundesrepublik Deutschland: Pariser Verträge treten in Kraft.

1.–3. Juni

Konferenz der Außenminister der Montanunion in Messina.

22. Dezember

Deutsche und italienische Regierung unterzeichnen Anwerbeabkommen in Rom; weitere Anwerbeabkommen folgen.

23. Dezember

Finanzverfassungsgesetz.

1958

25. April

Unterzeichnung des deutsch-sowjetischen Handelsabkommens.

1960

4. Januar

Unterzeichnung des Abkommens über die europäische Freihandelszone.

19.–20. Dezember

Beschluss des EWG-Rates, die Landwirtschaft in den gemeinsamen Markt mit einzubeziehen.

1961

4. Mai

Bundessozialhilfegesetz wird verabschiedet.

1962

21. März

»Maßhalte-Appelle«, Wirtschaftsminister Ludwig Erhard warnt vor Überhitzung der Konjunktur.

1963

23. Juni

Gesetz über Bildung eines »Sachverständigen Rates zur Begutachtung der gesamtwirtschaftlichen Entwicklung«.

1964

19. März

Beschluss der Ministerpräsidenten, neue Hochschulen zu gründen (z. B. Konstanz, Regensburg, Bochum, Bremen).

19. September

Zahl der Gastarbeiter in der Bundesrepublik Deutschland übersteigt die Grenze von 1 Mio.

24. September

2. Passierscheinabkommen zwischen West- und Ost-Berlin.

1965

26. Februar

Europäische Sozialcharta (ESC) tritt in Kraft.

7. April

Letzte Plenarsitzung des Bundestages in West-Berlin.

8. April

Vertrag über die Fusion von Montanunion, EURATOM und EWG zur EG.

1. Juli

Bundestag verabschiedet 2. Vermögensbildungsgesetz.

1967

14. Februar

»Konzertierte Aktion« von Wirtschaftsminister Karl Schiller (SPD): Gesprächsrunde aus Arbeitgeberverbänden, Gewerkschaften, Wissenschaft und Politik.

23. Februar
Bundestag verabschiedet erstes Konjunkturprogramm.

26. April
Bundestag verabschiedet Mehrwertsteuergesetz.

10. Mai
Bundestag verabschiedet Stabilitätsgesetz.

1. Juli
Fusion von Montanunion, EURATOM und EWG zur EG.

1968

1. Januar
Mehrwertsteuer löst Umsatzsteuersystem ab.

1969

13. Mai
Verabschiedung des Arbeitsförderungsgesetzes im Bundestag.

12. Juni
Verabschiedung des Lohnfortzahlungsgesetzes im Bundestag.

14. August
Verkündung des Berufsbildungsgesetzes nach Zustimmung des Bundesrates.

24. Oktober
Aufwertung der DM um 8,5 %.

1970

1. Februar
Unterzeichnung des ersten Erdgas-Röhren-Geschäfts deutscher und sowjetischer Firmen.

7. Juli
Konjunkturzuschlag.

1971

9. Mai
Bundesregierung beschließt konjunkturpolitisches Stabilitätsprogramm.

19. Juli
Verabschiedung des Städtebauförderungsgesetzes.

1. September
Bundesausbildungsförderungsgesetz (BAföG) tritt in Kraft.

1972

21. März
Einführung der sog. Währungsschlange durch den EG-Rat.

21. September
Verabschiedung des Rentenreformgesetzes.

1973

1. Januar
EG-Erweiterung tritt in Kraft (Großbritannien, Dänemark, Irland).

12. März
Zusammenbruch des Weltwährungssystems; 6 europäische Länder beschließen gemeinsam, den Dollarkurs freizugeben (Blockfloating).

17. Oktober
Erhöhung des Ölpreises durch die OPEC: Beginn der ersten Ölkrise.

23. November
Die Bundesregierung verfügt einen Anwerbestopp von Ausländern aus Nicht-EG-Staaten.

24. November
Energieeinsparungsverordnungen des Bundeswirtschaftsministeriums.

1974

9./10. Dezember
Gründung des »Europäischen Rates« der Staats- und Regierungschefs.

1975

1. Januar
Steuerreform tritt in Kraft (neuer Tarif).

1976

1. Januar
Höchste Arbeitslosenquote in der Geschichte der Bundesrepublik Deutschland: mehr als 5 %.

18. März
Mitbestimmungsgesetz wird verabschiedet.

1977

9. Dezember

Konstituierende Sitzung der Internationalen Nord-Süd-Kommission.

1978

5. Dezember

Europäischer Rat beschließt Europäisches Währungssystem (EWS).

5. Dezember

Arbeitslosenzahl liegt erstmals seit 1974 unter 1 Mio.

17. Dezember

Beginn der 2. Ölkrise.

1979

16. Juli

Benzinpreise erstmals über 1 DM pro Liter.

1981

1. Januar

EG-Beitritt Griechenlands.

20. November

2. Erdgas-Röhren-Abkommen zwischen der Bundesrepublik Deutschland und der UdSSR.

1982

14. Juli

Finanzielle Anreize sollen ausländischen Gastarbeitern die Rückkehr in ihre Heimat erleichtern.

9. September

Bundeswirtschaftsminister stellt neues Konzept zur Neuorientierung der Wirtschafts- und Sozialpolitik vor.

1983

17.–19. Juni

Verabschiedung der »Feierlichen Deklaration zur Europäischen Union« durch den Europäischen Rat in Stuttgart.

29. Juni

Erster »Milliardenkredit« (initiiert von Franz Josef Strauß) für die DDR.

1986

1. Januar

EG-Beitritt Portugals und Spaniens.

17.–28. Februar

Unterzeichnung der EEA: EG-Binnenmarkt bis 1993.

20. März

Verabschiedung des neuen § 116 des Arbeitsförderungsgesetzes durch den Bundestag.

1987

19. Oktober

Internationaler Börsenkrach (»Schwarzer Montag«).

1988

1. Juli

Einführung des Deutschen Aktienindex (DAX).

1989

9. November

Bundestag verabschiedet Rentenreformgesetz. Öffnung der Mauer.

28. November

Verkündung eines 10-Punkte-Programms für die DDR durch Bundeskanzler Kohl.

1990

6. Februar

Bundeskanzler Kohl schlägt Verhandlungen über eine Währungsunion mit der DDR vor.

10./11. Februar

Kohl und Hans-Dietrich Genscher besuchen Moskau; sowjetischer Staatschef Gorbatschow stimmt der deutschen Einheit zu.

20. Februar

Volkskammer der DDR verabschiedet Gesetz über freie, allgemeine, gleiche und direkte Wahlen.

18. März

Erste freie Wahlen der Volkskammer in der DDR: CDU: 40,9 %, DSU: 6,3 %, SPD: 21,3 %, PDS: 16,3 %, Liberale: 5,3 %, Bündnis 90: 2,9 %, DIE GRÜNEN: 2,0 %.

18. April
Initiative des französischen Staatspräsidenten Mitterrand und Kohls zur Einberufung einer Regierungskonferenz über die »Europäische Politische Union«.
18. Mai
Erster Staatsvertrag zwischen der Bundesrepublik Deutschland und der DDR zur Einrichtung der Wirtschafts-, Währungs- und Sozialunion zum 1. Juli.
28. Mai
Unterzeichnung des Staatsvertrages über die Währungs-, Wirtschafts- und Sozialunion zwischen der DDR und der Bundesrepublik.
21. Juni
Ratifizierung des Staatsvertrages über die Währungs-, Wirtschafts- und Sozialunion durch den Deutschen Bundestag und die Volkskammer der DDR.
1. Juli
Wirtschafts-, Währungs- und Sozialunion zwischen der Bundesrepublik Deutschland und der DDR; Die erste Stufe der Europäischen Wirtschafts- und Währungsunion tritt in Kraft: Einführung der DM und der sozialen Marktwirtschaft in der DDR, Umstellung von Löhnen, Gehältern, Renten und Pensionen zum Umtauschkurs 1:1.
23. August
Volkskammer beschließt Beitritt der DDR zur Bundesrepublik.
31. August
Unterzeichnung des 2. Staatsvertrags (Einigungsvertrag) zwischen der DDR und der Bundesrepublik.
3. Oktober
Die DDR tritt dem Geltungsbereich des Grundgesetzes bei.

1991

9. Dezember
Beschluss der Gründung der Europäischen Union durch die Staat- und Regierungschefs der 12 EG-Staaten auf einem Gipfeltreffen im niederländischen Maastricht.

1993

1. November
Der Vertrag von Maastricht über die Europäische Union tritt in Kraft.

1994

11. März
Beschluss der Bundesregierung, die Pflegeversicherung als 4. Säule der Sozialversicherungen neben Renten-, Arbeitslosen und Krankenversicherung einzuführen.

1995

1. Januar
EU-Beitritt Finnlands, Österreichs und Schwedens.

1996

18. November
Aktien der Deutschen Telekom werden erstmals an allen 8 deutschen Wertpapierbörsen sowie in den USA und Japan gehandelt.

1999

1. Januar
Die Europäische Währungsunion tritt in Kraft.
11. März
Bundesfinanzminister Oskar Lafontaine gibt schriftlich und ohne Angabe von Gründen seinen Rücktritt als Finanzminister, als SPD-Vorsitzender und als Bundestagsmitglied bekannt.

2000

1. Januar
Griechenland wird Mitglied des Euroraums.
15. Juni
Vertreter der Bundesregierung und der Energiewirtschaft einigen sich auf den Ausstieg aus der Atomenergie mit einer Frist von 32 Jahren.

2001

26. Januar

Bundestag verabschiedet Rentenreform. Das Gesetz sieht einen langsameren Anstieg der Renten vor; Kernpunkt ist die sog. Riester-Rente.

22. August

Der Traditionskonzern Mannesmann wird von dem Mobilfunkunternehmen Vodafone übernommen.

2002

1. Januar

Einführung des Euro als offizielles Zahlungsmittel in 12 europäischen Ländern.

20. März

Bundeskabinett beschließt Dosenpfand.

2003

14. März

Bundeskanzler Schröder stellt im Bundestag die »Agenda 2010« vor.

1. Juni

SPD billigt »Agenda 2010« auf dem SPD-Sonderparteitag in Berlin.

2004

1. Januar

EU-Beitritt Estlands, Lettlands, Litauens, Maltas, Polens, der Slowakischen und Tschechischen Republik, Sloweniens, Ungarns und Zyperns.

August

Zehntausende demonstrieren gegen die sog. »Hartz-IV-Bestimmungen«.

2006

Februar

Der größte Streik im öffentlichen Dienst seit 14 Jahren beginnt – und zieht sich bis Anfang März hin.

1. März

Die EU verschärft das Defizitstrafverfahren gegen Deutschland, das im 5. Jahr gegen den Stabilitätspakt verstößt. Im Oktober wird das Verfahren auf Eis gelegt, nachdem Finanzminister Peer Steinbrück die Neuverschuldung drücken kann.

22. Mai

Der Bundestag beschloss die Erhöhung der Mehrwertsteuer auf 19 %.

29. Juni

Der Bundestag verabschiedet das Steueränderungsgesetz 2007. Dieses bringt Einschnitte für Pendler, Sparer, Familien und Spitzenverdiener.

26. Oktober

Vor dem Düsseldorfer Landgericht beginnt die Neuauflage des Mannesmann-Prozesses um Prämien und Pensionsabfindungen an Manager in Höhe von 57 Mio. €, später wird das Verfahren gegen Zahlung von 5,8 Mio. € eingestellt.

9. November

Berlin kippt das 50 Jahre alte Ladenschlussgesetz, kurz darauf beschließen weitere Bundesländer die weitgehende Freigabe der Ladenschlusszeiten.

2007

1. Januar

Der Mehrwertsteuersatz steigt von 16 auf 19 %.

1. Januar

Deutschland übernimmt für ein halbes Jahr die EU-Ratspräsidentschaft, gleichzeitig ist die Bundesrepublik für ein Jahr Vorsitzende der 7 führenden Industrienationen und Russlands (G8).

1. Januar

EU-Beitritt Bulgariens und Rumäniens.

1. Januar

Slowenien wird Mitglied des Euroraums.

2. Februar

Der Bundestag beschließt die Gesundheitsreform. Kernpunkt des wichtigsten Reformprojekts der Großen Koalition ist die Einführung eines Gesundheitsfonds in der gesetzlichen Krankenversicherung.

9. März

Die Große Koalition beschließt die »Rente mit 67«. Von 2012 an soll das Renteneintrittsalter schrittweise angehoben werden, 2029 wird es dann bei 67 angelangt sein.

6.–8. Juni

Auf dem G-8-Gipfel in Heiligendamm vereinbaren die Staats- und Regierungschefs der 7 wichtigsten Industrienationen und Russland eine globale Klimaschutzstrategie. Demnach sollen bis 2050 die Kohlendioxidemissionen halbiert werden.

30. Juli

Die schwere Krise auf dem US-Immobilienmarkt hat auch Auswirkungen auf Deutschland. Die Deutsche Industriebank (IKB) hatte in den USA mit riskanten Kreditpaketen spekuliert. Die staatliche KfW-Förderbank u. a. Banken müssen mit hohen Summen aushelfen, um die Zahlungsfähigkeit der Bank zu gewährleisten.

9. August

Aufgrund der anhaltenden Krise auf dem US-Hypothekenmarkt greifen die Europäische Zentralbank u. a. Notenbanken ein. Sie stellen kurzfristig mehr als 100 Mrd. € bereit, um Engpässe bei der Geldversorgung zu überbrücken.

26. August

Die Regierung in Dresden beschließt den Verkauf der Sachsen LB an die Landesbank Baden-Württemberg. Der Schritt war notwendig geworden, um die wegen des Engagements am US-Hypothekenmarkt finanziell stark angeschlagene Landesbank vor der Insolvenz zu retten.

19. Oktober

Die Staats- und Regierungschefs der EU verabschieden in Portugals Hauptstadt die »Lissabonner Verträge« Dieses Reformprojekt soll die im Jahr 2005 in Frankreich und den Niederlanden abgelehnte EU-Verfassung ersetzen.

2008

1. Januar

Malta und Zypern werden Mitglied des Euroraums.

15. Januar

Der deutsche Immobilienfinanzierer Hypo Real Estate (HRE) wird von der Finanzkrise hart getroffen. Die Bank gibt einen Gewinneinbruch von rund 1/4 im Jahr 2007 bekannt, HRE-Aktien stürzen um 37 % ab.

25. Januar

Ältere Arbeitslose erhalten wieder länger Arbeitslosengeld. Über 50-Jährige können künftig wieder bis zu 24 Monate Arbeitslosengeld I beziehen. Damit wird ein wesentlicher Punkt der »Agenda 2010« teilweise rückgängig gemacht.

20. März

Die Mittelstandsbank IKB gibt erneut hohe Verluste bekannt. Die staatliche Förderbank KfW stützt die IKB erneut, nachdem sie bereits im Februar eine Kapitalspritze von 600 Mio. € gegeben hatte.

3. April

Die BayernLB hat durch die Finanzkrise 4,3 Mrd. € Verlust erlitten.

7. April

KfW-Chefin Ingrid Matthäus-Maier zieht Konsequenzen aus dem IKB-Debakel und tritt zurück. Sie geht im September in Ruhestand. Die KfW weist 2007 einen Konzernverlust von 6,2 Mrd. € aus.

9. April

Zum ersten Mal seit Beginn der Finanzmarktkrise geht in Deutschland eine Bank pleite. Die Bankenaufsicht BaFin schließt die Weserbank und beantragt ein Insolvenzverfahren.

19. Mai

Aus dem Armutsbericht der Bundesregierung geht hervor, dass 13 % der Deutschen arm sind. Weitere 13 % erhalten Transferleistungen, die das Abrutschen in die Armut verhindern sollen.

3. Juni

Die Slowakei kann 2009 den Euro einführen. Die Finanzminister der Europäischen Union sind sich einig, dass das Land die Maastrichter Beitrittskriterien erfüllt. Die Slowakei wird damit am 1. Januar 2009 das 16. Euroland.

6. Juni

Der Bundestag beschließt das erste Klima- und Energiepaket. Bis 2020 soll der Anteil von Ökostrom am Energieverbrauch auf 25 bis 30 % steigen.

21. August

Die KfW zieht einen Schlussstrich unter die IKB-Krise und verkauft die Mittelstandsbank an den US-Finanzinvestor Lone Star.

15. September

Die US-Investmentbank Lehman Brothers meldet Insolvenz an. Die Pleite gilt als Höhepunkt der Finanzkrise und als Schlüsselmoment.

Die staatliche Förderbank KfW hat Lehman Brothers noch kurz vor der Pleite 320 Mio. € überwiesen. Einem Prüfbericht zufolge hätte die Überweisung gestoppt werden können, wenn die Staatsbank die Entwicklung in den USA beobachtet hätte.

17. September

Die US-Notenbank rettet mit einem Milliardenkredit den Versicherungskonzern AIG.

29. September

Bund und Banken bewahren den Immobilienfinanzierer Hypo Real Estate (HRE) mit einem Rettungspaket vor dem Untergang. Finanzminister Peer Steinbrück verteidigt die Aktion, die den Steuerzahler im schlimmsten Fall 26,6 Mrd. € kostet.

8. Oktober

In einer konzertierten Aktion senken die Europäische Zentralbank und die Notenbanken der USA, von Großbritannien, Kanada, Schweden und der Schweiz den jeweiligen Leitzins. Die Weltbörsen beruhigen sich jedoch nur kurz.

13. Oktober

Die Bundesregierung beschließt ein 500-Milliarden-Euro-Rettungspaket für die Finanzbranche. Der Bund springt angeschlagenen Banken notfalls mit Bürgschaften und Krediten zur Seite.

21. Oktober

Die BayernLB nimmt als erste Bank den Rettungsfonds des Bundes in Anspruch. Die Bank braucht 6,4 Mrd. €.

28. November

Mit Finanzspritzen und Garantien von insgesamt rund 31 Mrd. € soll die Zukunft der schwer angeschlagenen Bayerischen Landesbank abgesichert werden.

4. Dezember

Wegen der Rezession in vielen europäischen Ländern senkt die Europäische Zentralbank den Leitzins für den Euroraum so stark wie noch nie zuvor: um 0,75 auf 2,50 %.

2009

1. Januar

Die Slowakei wird Mitglied des Euroraums.

2. Januar

Die US-Notenbank Fed pumpt 500 Mrd. US-$ in den angeschlagenen Immobilienmarkt und will Anleihen der angeschlagenen verstaatlichten Hypothekenfinanzierer Fannie Mae und Freddie Mac aufkaufen.

5. Januar

Union und SPD wollen 2009 und 2010 zusätzlich bis zu 50 Mrd. € im Rahmen des Konjunkturpakets II in die Bekämpfung der Wirtschaftskrise investieren. Darauf verständigen sich die Koalitionsspitzen in einer 5-stündigen Verhandlungsrunde im Berliner Kanzleramt.

6. Januar

Laut Veröffentlichungen des Statistischen Bundesamts brechen im Dezember 2009 Export und Produktion der Automobilindustrie um jeweils mehr als 20 % ein.

7. Januar

Die Bundesregierung bestätigt Überlegungen, einen Rettungsschirm für Unternehmen einzurichten, die aufgrund der Bankenkrise keine Kredite mehr bekommen. Die Zahl der Arbeitslosen steigt wieder über die Drei-Millionen-Marke an. Dem US-Haushalt droht ein gigantisches Defizit in Höhe von bis zu 1,2 Bio. US-$.

8. Januar

Die Commerzbank wird teilverstaatlicht. Der Bund erhält 25 % plus eine Aktie an dem Institut, das die Dresdner Bank bis zum Monatsende übernehmen will. Die deutschen Unternehmen melden drastische Rückgänge bei Auftragseingängen und beim Export. Der künftige US-Präsident Barack Obama spricht sich für massive Investitionen im Kampf gegen die Wirtschaftskrise aus.

9. Januar

Bei einem Treffen mit Arbeitsminister Olaf Scholz geben die 30 DAX-Konzerne keine Jobgarantie ab – sondern lediglich eine unverbindliche Absichtserklärung. Bundeskanzlerin Angela Merkel kündigt einen Fonds an, aus dem Unternehmen, die keine Kredite von den Banken erhalten, Bürgschaften erhalten sollen. Die Arbeitslosigkeit in den USA erreicht den höchsten Stand seit 1993.

11. Januar

Der Chef der Bundesagentur für Arbeit, Frank-Jürgen Weise, rechnet für 2009 mit einem Schrumpfen der Wirtschaft um 2 Prozent – und mit bis zu 4 Mio. Arbeitslosen.

12. Januar

Zehntausende Beschäftigte in der deutschen Autoindustrie gehen wegen der Absatzkrise in Kurzarbeit.

14. Januar

Die Deutsche Bank meldet für das 4. Quartal einen Verlust von 4,8 Mrd. € und vereinbart mit der Deutschen Post neue Bedingungen für die Übernahme von deren Postbankaktien. Die Deutsche Post erhält dabei im Gegenzug für 22,9 % der Postbank-Anteile ein Paket von 8 % der Deutsche-Bank-Aktien. Das Statistische Bundesamt gibt bekannt, dass die deutsche Wirtschaft 2008 zwar um 1,3 Prozent gewachsen ist, aber im 4. Quartal einen Einbruch von bis zu 2 Prozent erlitten hat.

15. Januar

Die Europäische Zentralbank senkt den Leitzins auf 2,0 Prozent. Die Bank of America erhält Milliardenhilfen der US-Regierung. Aufgrund des Absatzeinbruchs zum Jahresende sinkt die Zahl der neu zugelassenen Autos 2008 nach Angaben des Branchenverbandes ACEA um 7,8 Prozent.

16. Januar

Irland verstaatlicht die Anglo Irish Bank und sagt den Erhalt aller Arbeitsplätze zu.

19. Januar

Die EU erwartet für dieses Jahr einen Einbruch der Wirtschaftsleistung in Deutschland um 2,3 Prozent. Russland geht nur noch von einem Nullwachstum seiner Wirtschaft aus. Angesichts immer neuer Milliardenlöcher bei britischen Banken will die Regierung in London ein 2. Rettungspaket schnüren.

21. Januar

In ihrem Jahreswirtschaftsbericht erwartet die Regierung in Deutschland die schärfste Rezession seit Bestehen der Bundesrepublik: In diesem Jahr wird das BIP demnach um 2,25 Prozent schrumpfen.

24. Januar

Die zweitgrößte US-Hypothekenbank Freddie Mac benötigt weitere Staatsmilliarden – bis zu 35 Mrd. US-$ (27 Mrd. €) will der Immobilienfinanzierer vom US-Finanzministerium. Bundesarbeitsminister Olaf Scholz erwartet, dass aufgrund der Wirtschaftskrise sowohl die Zahl der Kurzarbeiter als auch die Zahl der Arbeitslosen steigen wird.

25. Januar

Der neue Chef des Bundesverbandes der Deutschen Industrie, Hans-Peter Keitel, warnt vor neuen Konjunkturprogrammen. Angesichts der Staatsverschuldung sei die Grenze für solche Programme erreicht. Die Autoindustrie meldet eine überraschende Wende: Hatte sie noch vor wenigen Tagen von dramatischen Absatzproblemen berichtet, heißt es nun, die Verkaufsräume seien voll – dank der Abwrackprämie. In Island tritt der Wirtschaftsminister zurück.

27. Januar

Nach Freddie Mac braucht auch der zweite große US-Immobilienfinanzierer Fannie

Mae neue Staatsgelder – bis zu 16 Mrd. US-$. Die Bundesregierung erwägt – wie die französische Regierung auch – Kredithilfen für Airbuskunden.

28. Januar

Russland ist immer stärker von den Folgen der Krise betroffen. Bei der Eröffnung des Weltwirtschaftsforums in Davos warnt Regierungschef Putin vor zu viel Staatsgläubigkeit in der Krise. Der Internationale Währungsfonds senkt seine Wachstumsprognosen nochmals – und prophezeit das schwärzeste Jahr für die Wirtschaft seit 1945.

29. Januar

Die Krise schlägt sich immer mehr auf dem Arbeitsmarkt nieder – die Zahl der registrierten Arbeitslosen stieg im Januar um 387.000 auf 3.489.000. Der Vorstandschef der schwer angeschlagenen Hypo Real Estate (HRE) ruft nach dem Staat als Anteilseigner.

31. Januar

Offenbar arbeitet das Finanzministerium an einem Gesetzesentwurf, der die Verstaatlichung von Banken in Deutschland ermöglichen soll. Erster Kandidat: die Hypo Real Estate (HRE). Auch Kanzlerin Merkel schließt eine Verstaatlichung nicht aus.

2. Februar

Die Bundesregierung erklärt, sie werde eine Pleite der Hypo Real Estate (HRE) nicht zulassen. Gleichzeitig wächst die Kritik an Verstaatlichungsplänen.

4. Februar

Der US-Senat mildert die »Buy American«-Klausel im geplanten Konjunkturpaket ab.

6. Februar

Im Tauziehen um das US-Konjunkturpaket verstärkte US-Präsident Obama den Druck und rief zu einer Einigung auf. Im Januar sind in den USA rund 598.000 Jobs der Rezession zum Opfer gefallen – das ist der größte Einbruch seit 1974.

9. Februar

Die weltweite Wirtschaftsflaute setzt auch dem Außenhandel von Exportweltmeister Deutschland zu: Im Dezember 2008 sanken die Ausfuhren um 7,7 Prozent. Frankreich unterstützt seine Autobauer mit 6,5 Mrd. € und muss sich dabei kritischen Fragen der EU stellen.

10. Februar

Der US-Senat verabschiedet seinen Entwurf für ein Konjunkturprogramm. US-Finanzminister Timothy Geithner stellt einen Plan zur Bankenrettung vor. Die Chefs der britischen Banken entschuldigen sich im Parlament. In Deutschland bricht der Auftragseingang der Maschinenbauer um 40 Prozent ein.

11. Februar

In den USA einigen sich Senat und Repräsentantenhaus auf eine gemeinsame Fassung des milliardenschweren Konjunkturprogramms.

12. Februar

Die EU-Kommission beschreibt in einem Bericht die Wirtschaftskrise als beispiellos in Ausmaß und Tempo. Die Industrieproduktion in der Eurozone bricht zum Jahresende 2008 so stark ein wie nie zuvor.

13. Februar

Im Bundestag wird das Konjunkturpaket II beschlossen.

14. Februar

Nach zähem Ringen verabschiedet der US-Kongress das größte staatliche Konjunkturpaket in der Geschichte der USA. Kostenpunkt: fast 790 Mrd. US-$. Die 7 führenden Industrieländer (G7) erklären sich bei einem Treffen in Rom bereit, im Kampf gegen die Krise alle Register zu ziehen. Protektionistische Maßnahmen wollen sie vermeiden.

16. Februar

Im Sog der weltweiten Finanzkrise sieht sich Japan mit der schlimmsten Wirtschaftskrise seit der Nachkriegszeit konfrontiert. Auch in Dubai ist die Krise angekommen: Rund jedes zweite Bauprojekt im Land wurde auf Eis gelegt.

18. Februar

Die Bundesregierung stellt die Weichen für eine Enteignung angeschlagener Banken im äußersten Notfall und billigt im Kabinett einen entsprechenden Gesetzentwurf.

19. Februar
US-Präsident Barack Obama will rund 9 Mio. Hausbesitzern mit bis zu 275 Mrd. US-$ helfen.

21. Februar
Am Tag vor einem europäischen Vorbereitungstreffen für den G-20-Gipfel in London drängt Kanzlerin Merkel auf lückenlose Regeln für die internationalen Finanzmärkte.

25. Februar
US-Präsident Obama will das Finanzwesen modernisieren.

27. Februar
Opel legt seinen Rettungsplan vor. Fannie Mae meldet 59 Mrd. US-$ Verlust. Die japanische und amerikanische Wirtschaft schrumpfen im Rekordtempo.

1. März
Ein EU-Sondergipfel endet ohne konkrete Beschlüsse. Ein von Ungarn geforderter Sonderfonds für Osteuropa wird abgelehnt.

10. März
Die deutschen Exporte brechen im Januar um mehr als 20 Prozent ein. Lichtblick aus den USA: Die angeschlagene Großbank Citigroup meldet nach langer Durststrecke erstmals wieder Gewinne.

12. März
In den USA werden immer mehr Immobilien zwangsversteigert – und das, obwohl die großen Banken zeitweilig auf Vollstreckungen verzichten. Die Wirtschaftsforschungsinstitute HWWI und IfW senken ihre Wachstumsprognosen. Sie gehen nun von einem Schrumpfen des BIP um bis zu 3,8 Prozent aus. Forderungen aus den USA, die Europäer sollten mehr Geld für die Konjunkturstützung ausgeben, weisen mehrere EU-Spitzenpolitiker zurück. Und: Auch Superreiche sind Opfer der Finanzmarktkrise, meldet die Forbes-Liste.

13. März
Die Regierung bleibt bei ihrer Linie: kein neues Konjunkturpaket, keine niedrigere Mehrwertsteuer – und auch keine Sonderrolle für Opel.

14. März
Die G-20-Finanzminister einigen sich bei ihrem Vorbereitungstreffen für den Weltfinanzgipfel auf das Ziel, den Internationalen Währungsfonds zu stärken und die Kontrolle der Finanzmärkte zu verbessern.

17. März
Die Wirtschaftsforschungsinstitute DIW und IWH senken ihre Konjunkturprognosen für Deutschland deutlich. Wirtschaftsminister Guttenberg vereinbart mit der US-Regierung eine enge Zusammenarbeit bei den Rettungsbemühungen für Opel.

18. März
Die US-Notenbank Fed will 1 Bio. US-$ in die Wirtschaft pumpen und vor allem Staatsanleihen aufkaufen. Rumänien gibt bekannt, mit dem IWF und der EU über Kredite von bis zu 20 Mrd. € zu verhandeln, um die Folgen der Finanzkrise zu bewältigen.

19. März
Die US-Regierung startet ein Hilfsprogramm für die Autozulieferer im Umfang von 5 Mrd. US-$. Der Internationale Währungsfonds korrigiert seine Konjunkturprognose und erwartet 2009 ein Schrumpfen der Weltwirtschaft um 0,5 bis 1,0 Prozent.

20. März
Der Bundestag beschließt das Rettungsübernahmegesetz, das die Verstaatlichung von Banken und die Enteignung ihrer Aktionäre ermöglicht. Der EU-Gipfel stellt weitere 100 Mrd. € an Hilfen für Staaten bereit, die durch die Finanzkrise in Zahlungsschwierigkeiten geraten.

23. März
Die US-Regierung stellt die Details eines öffentlich-privaten Investitionsprogramms vor, mit dem Banken und Finanzkonzernen faule Kredite und Wertpapiere im Umfang von bis zu 1 Bio. US-$ abgekauft werden sollen.

25. März
Die Große Koalition einigt sich auf die Aufstockung der Abwrackprämie aus dem Konjunkturpaket II. EU und IWF stützen Rumänien mit Krediten über 20 Mrd. €.

26. März
Die US-Regierung stellt als Konsequenz aus der Finanzkrise ihr Modell einer stärkeren Regulierung und Kontrolle der Finanzmärkte vor.

28. März
Der Bankenrettungsfonds SoFFin steigt bei der angeschlagenen Immobilienbank Hypo Real Estate (HRE) ein und sichert sich für 60 Mio. € eine Beteiligung von 8,7 Prozent.

29. März
Die Bank von Spanien als oberste Aufsichtsbehörde rettet die erste Bank vor der Pleite. Betroffen ist die regionale Sparkasse Caja Castilla-La Mancha (CCM).

1. April
Mexiko bittet den Internationalen Währungsfonds um einen Milliardenkredit. Die Zahl der Anträge und Reservierungen für die Abwrackprämie aus dem Konjunkturpaket II der Bundesregierung übersteigt die Marke von einer Million. Der deutsche Maschinenbau meldet einen Auftragseinbruch um 49 Prozent. Die Hamburgische Bürgerschaft billigt das Rettungspaket für die HSH Nordbank AG.

2. April
Die G-20-Staaten beschließen beim Weltfinanzgipfel strengere Kontrollen und Regeln für die internationalen Finanzmärkte und stellen 1,1 Bio. US-$ für Hilfen zugunsten ärmerer Länder bereit. Die Europäische Zentralbank senkt den Leitzins um 0,25 Punkte auf 1,25 Prozent.

3. April
Der Bundesrat macht mit der Zustimmung zum Rettungsübernahmegesetz den Weg für eine mögliche Zwangsverstaatlichung der Hypo Real Estate (HRE) frei.

8. April
Das Bundeskabinett beschließt die Ausweitung der Abwrackprämie; das größere Budget fordert neue Kritik heraus. Die Talfahrt der deutschen Industrie hält an – Exporte und Industrieaufträge brechen weiter weg. Auf der Hauptversammlung schwört Daimler-Chef Zetsche den Konzern auf ein schweres Jahr ein und schließt erstmals Entlassungen nicht mehr aus.

9. April
Während in Deutschland wegen der Abwrackprämie einige Schrottplätze keine Altautos mehr annehmen und Ford statt der geplanten Kurzarbeit nun Sonderschichten fährt, plant die US-Regierung einen ähnlichen Kaufanreiz: »Cash for Klunkers«. Der Bund macht bei der HRE-Übernahme ernst und bietet den Aktionären 1,39 € pro Anteilschein.

10. April
Japan stellt ein Konjunkturprogramm im Umfang von umgerechnet 116 Mrd. € vor.

16. April
In China fällt das Wirtschaftswachstum auf ein Rekordtief, in den USA macht sich die Angst vor einer Deflation breit. Gleichzeitig legt mit JPMorgan Chase die 3. Großbank in Folge gute Zahlen vor. In Deutschland fordert nun auch die Union schärfere Regeln für Manager, die HSH Nordbank AG feuert ihren Vorstand Roth.

17. April
Startschuss für den Versuch einer einvernehmlichen Verstaatlichung: Die Aktionäre der angeschlagenen Hypo Real Estate (HRE) können ihre Anteilscheine ab sofort für 1,39 € dem Bund anbieten. Der Internationale Währungsfonds gewährt Mexiko im Kampf gegen die Folgen der Finanzkrise eine flexible Kreditlinie von 47 Mrd. US-$.

20. April
Die Bundesbank erwartet, dass sich die Rezession im ersten Quartal 2009 weiter verschärft hat.

21. April
Die Bundesregierung einigt sich darauf, bis Mitte Mai einen Gegenentwurf für ein Bad-Bank-Modell vorzulegen. Der Internationale Währungsfonds geht davon aus, dass die Finanzkrise weltweit zu Verlusten von 4,1 Bio. US-$ führen wird.

22. April
Die Regierung korrigiert ihre Konjunkturprognose heftig nach unten: Finanzminister Peer Steinbrück spricht von einem Fünf-Prozent-Minus. Dennoch sprechen sich die Teilnehmer des Konjunkturgipfels im Kanzleramt gegen ein 3. Konjunkturpaket aus.

23. April
In ihrem Frühjahrsgutachten prognostizieren die Wirtschaftsforschungsinstitute Deutschland ein Schrumpfen des BIP um 6 Prozent.

26. April
Der Internationale Währungsfonds verdoppelt seine Kreditreserven auf 500 Mrd. US-$.

29. April
Auch die Bundesregierung erwartet jetzt, dass die Wirtschaft 2009 um 6 Prozent schrumpft. Die USA melden für das erste Quartal ebenfalls ein Minus von 6,1 Prozent.

30. April
Der US-Autobauer Chrysler meldet Insolvenz an. Die Bundesagentur für Arbeit meldet einen Ausfall der Frühjahrsbelebung am Arbeitsmarkt.

5. Mai
Die HRE meldet fürs erste Quartal einen Verlust in Höhe von 382 Mio. €. Der Run auf die Abwrackprämie lässt nach. Rumänien erhält von IWF und EU einen Kredit über 18 Mrd. €.

6. Mai
Erste Ergebnisse des Stresstests für die US-Banken sickern durch: Die Bank of America braucht offenbar weitere 34 Mrd. US-$. Das EU-Parlament verschärft mehrere Vorschriften für Banken. Auch die Post spürt die Krise und verkündet einen Sparkurs.

7. Mai
Der Bund besitzt nun 47,31 Prozent der HRE und kann auf eine Komplettübernahme ohne Enteignung setzen. Die EU-Kommission gibt nach langer Prüfung grünes Licht für die zweite Tranche der Staatshilfen für die Commerzbank. GM meldet einen weiteren Milliardenverlust und einen im ersten Quartal nahezu halbierten Umsatz. Die EZB senkt zum siebten Mal seit Oktober den Leitzins auf nun nur noch 1,0 Prozent. Laut Stresstest brauchen die US-Großbanken weitere 75 Mrd. US-$.

11. Mai
Durch einen massiven Auftragseinbruch im April sinkt die in der Stahlindustrie produzierte Menge an Rohstahl auf das Niveau der 50er-Jahre.

13. Mai
Das Kabinett verabschiedet den Gesetzentwurf zur Schaffung von Bad Banks. Die US-Hypothekenbank Freddie Mac meldet einen zusätzlichen Finanzbedarf von 6,1 Mrd. US-$, die der Staat bereitstellen soll.

15. Mai
Die deutsche Wirtschaft bricht im ersten Quartal 2009 um 3,8 Prozent im Vergleich zum Vorquartal ein. Die EU-Kommission erlaubt die HRE-Verstaatlichung. Eine Insolvenz des Opel-Mutterkonzerns GM, der 1.100 Händlern die Verträge kündigt, wird immer wahrscheinlicher. Die Opel-Händler bekräftigen ihren Plan, sich mit 150 € pro verkauftem Auto an einer Opel-Rettung beteiligen zu wollen.

16. Mai
Die Commerzbankaktionäre billigen den Einstieg des Staates.

21. Mai
Die erste Großbürgschaft aus dem Rettungspaket des Bundes geht an den Maschinenbauer Heidelberger Druck.

31. Mai
Die angeschlagene Hypo Real Estate (HRE) will weitere Hilfe vom Staat.

1. Juni
General Motors stellt einen Insolvenzantrag.

2. Juni
Ein US-Richter gibt einen staatlichen Milliardenkredit für GM frei; außerdem verkündet der Konzern den Verkauf seiner Marke Hummer.

11. Juni
Japan, die zweitgrößte Volkswirtschaft der Welt, beschleunigt die Talfahrt: minus 3,8 Prozent im ersten Quartal.

12. Juni
Die Wirtschaftskrise droht Verbraucher- und Sozialverbänden zufolge immer mehr Privathaushalte in Deutschland in finanzielle Not zu treiben.

15. Juni
Das ifo-Institut meldet, dass in der deutschen Industrie etwa jede zweite Firma über fehlende Aufträge klage. Das Wirtschaftsministerium zieht eine Zwischenbilanz der Kredit- und Bürgschaftsprogramme: Von den 40 Mrd. € Kreditvolumen aus den Konjunkturpaketen I und II seien bisher 1,3 Mrd. € bewilligt. Der BDI bemängelt das Krisenmanagement der Regierung.

16. Juni
Der ZEW-Index zieht zum achten Mal in Folge an.

17. Juni
US-Präsident Obama stellt Pläne zur Reform der Finanzmarktaufsicht vor – kurz gefasst soll Kontrolle nicht mehr die Ausnahme, sondern die Regel werden. Außerdem zahlen 10 US-Großbanken Milliardenkredite an den Staat zurück, um den Einfluss der US-Regierung auf die Unternehmen zurückzudrängen.

18. Juni
Korrektur nach oben für China: Nach einem durch das Konjunkturprogramm der Regierung angekurbelten »beachtlichen« Wachstum geht die Weltbank nun von einem Wirtschaftswachstum von 7,2 Prozent im laufenden Jahr aus. Die EU-Staats- und -Regierungschefs einigen sich bei ihrem Gipfel in Brüssel auf Grundzüge einer Reform der Finanzaufsicht.

19. Juni
Nach dem US-Repräsentantenhaus verabschiedet auch der Senat eine Abwrackprämie für Sprit fressende Autos.

22. Juni
Der Ifo-Geschäftsklimaindex steigt zum dritten Mal in Folge leicht an.: Der Auszahlung der Sparguthaben der deutschen Kunden der isländischen Kaupthing Bank steht nichts mehr im Wege. Auf die ärmsten Länder wirkten sich die Folgen der globalen Wirtschaftskrise besonders dramatisch aus, warnt die Weltbank.

23. Juni
D. GM bringt mit Überlegungen zu einer Rückkaufoption für Opel den Betriebsrat gegen sich auf.

24. Juni
Die OECD rechnet bis Ende 2010 mit 5,1 Mio. Arbeitslosen in Deutschland.

1. Juli
Der deutsche Maschinenbau meldet für Juni erneut einen drastischen Auftragseinbruch: Das Minus gegenüber dem Vorjahresmonat liegt bei 48 Prozent.

2. Juli
Dank der Abwrackprämie setzen die Autohersteller im Juni 40 Prozent mehr Pkw in Deutschland ab als ein Jahr zuvor und heben ihre Prognose für die Neuzulassungen 2009 auf 3,5 Mio. Fahrzeuge an.

3. Juli
Der Bundestag beschließt das Bad-Bank-Gesetz.

7. Juli
Die deutsche Industrie vermeldet für Mai ein überraschend hohes Auftragsplus von 4,4 Prozent. Auch die Stahlbranche verzeichnet wieder Zuwachsraten. Die EU-Finanzminister lehnen den Vorstoß der Bundesregierung ab, die Eigenkapitalvorschriften für Banken zu lockern, um damit die Kreditvergabe zu erleichtern.

8. Juli
Die deutsche Industrie meldet für Mai den stärksten Produktionszuwachs seit 1991. Der Internationale Währungsfonds korrigiert seine Wachstumsprognosen für 2010 nach oben.

9. Juli
Die deutschen Exporte legen im Mai minimal gegenüber April zu. Der Internationale Währungsfonds gewährt Bosnien-Herzegowina einen Milliardenkredit, um die Folgen der Finanz- und Wirtschaftskrise zu bewältigen.

13. Juli
In der Wirtschaftskrise schmilzt das Finanzpolster der Bundesagentur für Arbeit schneller dahin als erwartet: Reserven von 16,7 Mrd. € werden am Ende dieses Jahres fast aufgebraucht sein.

14. Juli
Der ZEW-Index fällt überraschend. Nach monatelanger Kurzarbeit will der Autohersteller BMW die Produktion in seinen deutschen Werken zum Start neuer Modelle wieder hochfahren.

16. Juli
Trotz der weltweiten Krise wächst Chinas Wirtschaft im 2. Quartal um 7,9 Prozent im Vergleich zum Vorjahreszeitraum – vor allem dank eines staatlichen Konjunkturprogramms.

21. Juli
Die Mitarbeiter der insolventen Warenhauskette Hertie erhalten ihre Kündigungen – und wahrscheinlich kein Geld. Die Krise lässt die Urlaubspreise fallen – und auch französische Edelweine sind deutlich billiger geworden.

22. Juli
Nach Angaben der Bundesagentur für Arbeit werden Jüngere besonders hart von der Krise getroffen – die Zahl der Arbeitslosen in dieser Gruppe steigt deutlich. Goldman Sachs kauft sich aus dem US-Bankenrettungspaket frei.

23. Juli
Entscheidung im Machtkampf um Porsche: Wiedeking geht, Porsche wird in den VW-Konzern integriert. Nachwehen einer Beinahepleite: HRE-Aktionäre ziehen vor Gericht und verklagen die frühere Führung auf Schadenersatz.

24. Juli
Der ifo-Geschäftsklimaindex steigt zum vierten Mal in Folge – und erstmals seit Langem sehen die befragten Unternehmen auch die aktuelle Lage wieder etwas optimistischer.

25. Juli
In den USA zeichnet sich eine weitere große Bankenpleite ab. Diesmal ist die texanische Guaranty Financial Group Inc. betroffen.

29. Juli
Die Preise in Deutschland sind vorläufigen Zahlen des Statistischen Bundesamtes zufolge erstmals seit 22 Jahren ins Minus gerutscht.

30. Juli
Im Juli klettert die Arbeitslosigkeit um 0,1 Prozentpunkte auf 8,2 Prozent.

3. August
Der deutsche Einzelhandel meldet für das erste Halbjahr einen Umsatzrückgang um 2,1 Prozent.

4. August
Die Abwrackprämie verhilft den Autokonzernen in Deutschland erneut zu hohen Verkaufszahlen. Mit 340.000 Pkw-Neuzulassungen im Juli wird der Vorjahreswert um fast 30 Prozent übertroffen.

6. August
Das Wirtschaftsministerium beabsichtigt von Insolvenz bedrohte Banken künftig per Verordnung unter staatliche Zwangsverwaltung stellen.

7. August
Der deutsche Außenhandel legt im Vergleich zum Vormonat um 7,0 Prozent zu. Dank guter Arbeitsmarktdaten schließt der Dow Jones auf einem neuen Jahreshoch.

8. August
Der angeschlagene US-Immobilienfinanzierer Freddie Mac erzielt wieder einen Gewinn. Heidelberger Druck erhält dank Staatsbürgschaften neue Kredite und hat damit seine Finanzierung bis 2011 gesichert.

11. August
Die Verbraucherpreise sinken in Deutschland im Juli im Vergleich zum Vorjahresmonat so stark wie seit mehr als 20 Jahren nicht mehr.

13. August
Der rasante Absturz der deutschen Wirtschaft ist gestoppt: Im Frühjahr ist sie erstmals seit Anfang 2008 wieder gewachsen. Die Wirtschaftsleistung in der Eurozone sank im 2. Quartal nur noch leicht.

14. August
Die deutsche Industrie vermeldet den stärksten Stellenabbau seit 2002: Im Juni beschäftigten die Betriebe fast 155.000 Menschen weniger als ein Jahr zuvor.

15. August
Weiteres Opfer der Finanzkrise wird die Colonial Bank mit Sitz in Montgomery im US-Bundesstaat Alabama – es ist die bislang größte Bankenpleite des Jahres.

16. August
Der Präsident der Deutschen Bundesbank, Weber, befürchtet weitere Probleme bei deutschen Kreditinstituten.

17. August
Eine Bilanz des Statistischen Bundesamts der ersten 5 Monate dieses Jahres belegt: Die Abwrackprämie bescherte zwar dem Autohandel höhere Umsätze, nicht aber den deutschen Autoherstellern und Zulieferern. Nach Deutschland und Frankreich verzeichnet jetzt auch Japan erstmals wieder ein kleines Plus beim Wirtschaftswachstum.

18. August
Die ZEW-Konjunkturerwartungen steigen im August deutlich.

19. August
Die Erzeugerpreise in Deutschland sind im Juli so stark gesunken wie nie zuvor.

21. August
In den USA verkündet die Regierung das Ende der Abwrackprämie – nach großem Erfolg.

25. August
Die deutsche Wirtschaft ist im 2. Quartal durch verstärkten Konsum und vermehrte Bautätigkeit um 0,3 Prozent gewachsen. Vor allem durch die Mehrausgaben durch die Finanzkrise stieg das deutsche Staatsdefizit im ersten Halbjahr 2009 auf 17,3 Mrd. €. US-Präsident Obama nominiert Notenbankchef Ben Bernanke für eine 2. Amtszeit, damit dieser seine Politik gegen die Krise fortsetzen kann.

26. August
Die Stimmung in der deutschen Wirtschaft hat sich im August laut Ifo-Index erneut verbessert.

27. August
Mehrere Experten korrigieren ihre Wachstumsprognosen für Deutschland nach oben. Der GfK-Konsumklimaindex steigt zum fünften Mal in Folge.

1. September
Die Bundesregierung beschließt staatliche Milliardenhilfen gegen die drohende Kreditklemme. Die Arbeitslosenzahlen steigen nur leicht und schüren den Optimismus, dass die Folgen der Krise weniger schlimm sein werden als lange befürchtet.

2. September
Die 5 Mrd. € für die Abwrackprämie sind aufgebraucht, neue Anträge können nicht mehr gestellt werden. Die EU-Finanzminister beschließen, die Unterstützung des Internationalen Währungsfonds im Kampf gegen die Folgen der Finanzkrise um 50 Mrd. € zu erhöhen.

5. September
Die 20 wichtigsten Industrie- und Schwellenländer (G20) unterstützen die milliardenschweren Konjunkturmaßnahmen im Kampf gegen die Rezession.

7. September
Die führenden Zentralbanken schlagen strengere Regeln für die Aufsicht über die Finanzinstitute vor. Bahnchef Grube bestätigt Gewerkschaftsangaben, nach denen wegen der Krise in der Güterverkehrssparte des Konzerns zahlreiche Jobs bedroht sind.

9. September
Neue Konjunkturprognosen des Instituts für Weltwirtschaft und des Bundesverbands deutscher Banken gehen davon aus, dass die deutsche Wirtschaft die Talsohle durchschritten hat.

14. September
Die EU-Kommission erwartet laut ihrer neuen Konjunkturprognose eine anhaltende Erholung der deutschen Wirtschaft. Magna teilt mit, dass nach der Opel-Übernahme 4.000 Stellen in Deutschland wegfallen sollen und das Werk in Antwerpen schließen soll.

18. September
Die EU-Staaten einigen sich auf gemeinsame Forderungen für den G-20-Gipfel in Pittsburgh. Vor allem Bonuszahlungen für Bankmanager sollen geregelt werden. In Hamburg demonstrieren Tausende Mitarbeiter von ThyssenKrupp Marine Systems für den Erhalt ihrer Arbeitsplätze.

19. September
Der Internationale Währungsfonds kündigt den Verkauf von 403 Tonnen Gold an, um armen Ländern infolge der Finanzkrise mehr Kredite bereitstellen zu können.

21. September
Infolge der Finanzkrise und der hohen Zahl von Kurzarbeitern sinken die Reallöhne in Deutschland im 2. Quartal um 1,2 Prozent. Gleichzeitig mehren sich die Zeichen für eine Fortsetzung der wirtschaftlichen Erholung.

22. September
Die deutschen Unternehmen verzeichnen wegen der Wirtschaftskrise im ersten Halbjahr den stärksten Einbruch der Exporte seit Gründung der Bundesrepublik. In den USA kündigt die Bank of America Staatsgarantien, um sich möglichst bald wieder der Kontrolle der Regierung zu entziehen. 500 internationale Konzerne fordern, beim Weg aus der Wirtschaftskrise die politischen Weichen für einen Aufschwung mit deutlich geringeren Emissionen von Treibhausgasen zu stellen.

23. September
Die Europäische Union will als Konsequenz aus der Finanzkrise die Aufsicht über Banken, Versicherungen und Börsen reformieren. Die EU-Kommission legte dazu in Brüssel ein Gesetzespaket vor. Drei europäische Behörden und ein neues Aufsichtsgremium der Zentralbanken sollen demnach künftig über die Stabilität des Finanzsystems wachen und in bestimmten Situationen den nationalen Behörden Vorschriften machen können.

25. September
Beim G-20-Gipfel beraten die Staats- und Regierungschefs über Maßnahmen zur Stabilisierung der Wirtschaft und über die Reform des Finanzsektors. Schärfere Regeln für Managerboni und Banken sind das Ergebnis. Die Finanz- und Wirtschaftskrise trifft die Städte und Gemeinden hart: Die Einnahmen aus der Gewerbesteuer brechen weg.

29. September
Aus für den Schiffbau in Emden: ThyssenKrupp trennt sich vom größten Teil seiner Nordseewerke. Die Erholung der deutschen Wirtschaft beschleunigt sich dem DIW zufolge im 3. Quartal.

30. September
Die Zahl der Arbeitslosen in Deutschland ist im September dank Herbstbelebung gesunken.

1. Oktober
Der IWF verbessert seine Prognose für Deutschland: Für das laufende Jahr geht er von einem Minus von 5,3 Prozent und für 2010 von einem leichten Wachstum in Höhe von 0,3 Prozent aus.

2. Oktober
Die US-Arbeitslosigkeit steigt infolge der Wirtschaftskrise auf den höchsten Stand seit 1983.

5. Oktober
Bei der Hauptversammlung der Hypo Real Estate (HRE) wird die vollständige Verstaatlichung beschlossen. Die verbliebenen Kleinaktionäre erhalten eine Zwangsabfindung. Die HRE kündigt zugleich

einen Bedarf von weiteren 7 Mrd. € Staatshilfe an.

6. Oktober

IWF-Chef Strauss-Kahn fordert bei der gemeinsamen Jahrestagung seiner Organisation mit der Weltbank mehr Macht für den IWF, um die Finanzmärkte zu stabilisieren.

15. Oktober

Führende Wirtschaftsforschungsinstitute erwarten nach der schweren Krise eine schnellere Erholung als bislang. In ihrem Herbstgutachten rechnen sich im kommenden Jahr mit einem Wachstum von 1,2 Prozent.

16. Oktober

Die Bundesregierung hebt ihre Wachstumsprognose an und teilt damit die Erwartungen der Forschungsinstitute aus deren Herbstgutachten.

22. Oktober

Dem wachsenden Unmut über hohe Managergehälter und Boni will US-Präsident Obama nun mit staatlichem Zwang begegnen – zumindest bei mit Staatsgeldern gestützten Unternehmen. Chinas Wirtschaft hat zu alter Stärke zurückgefunden und wächst im 3. Quartal um fast 9 Prozent.

23. Oktober

Die US-Regierung beschließt eine drastische Kürzung der Bezüge für die jeweils 25 bestbezahlten Manager der 7 Unternehmen, die zum Überleben Regierungskredite in Anspruch genommen haben.

24. Oktober

80. Jahrestag des großen Crashs 1929. In den USA steigt die Zahl der seit Jahresbeginn zusammengebrochenen Banken auf mehr als 100.

28. Oktober

Trotz der Wirtschaftskrise stiegen laut Statistischem Bundesamt die Tarifgehälter deutlich an – die Erhöhungen kommen aber längst nicht bei allen an. Nach einer Studie des DGB war während der vergangenen 12 Monate jeder 9. Beschäftigte von einem Arbeitsplatzverlust betroffen. Die Deutsche Bank übernimmt die durch Krise und Fehlinvestitionen angeschlagene Privatbank Sal. Oppenheim.

29. Oktober

Trotz der Krise fällt die Herbstbelebung auf dem Arbeitsmarkt überraschend kräftig aus. Die US-Wirtschaft wächst erstmals seit einem Jahr wieder – das BIP legte im vergangenen Quartal um 3,5 Prozent zu.

30. Oktober

EU-weit hinterlässt die Krise deutliche Spuren auf dem Arbeitsmarkt. Laut Eurostat erreicht sie den höchsten Stand seit 10 Jahren.

1. Dezember

Die Bundesagentur für Arbeit meldet für November trotz Wirtschaftskrise erneut sinkende Arbeitslosenzahlen. Die insolvente Warenhauskette Karstadt gibt die Schließung von weiteren 7 Filialen bekannt.

3. Dezember

Der Druck der Bundesregierung wirkt: Die Banken kündigen einen Sonderfonds für den Mittelstand an, um der Kreditklemme zu begegnen.

8. Dezember

Die Ratingagentur Fitch stuft die Kreditwürdigkeit Griechenlands herab. Das Baugewerbe sieht nach einem schweren Jahr 2009 optimistisch auf 2010. US-Präsident Barack Obama will Mittel aus dem Bankenrettungsfonds TARP umwidmen, um die Arbeitslosigkeit zu bekämpfen.

9. Dezember

Die EU gibt 1,5 Mrd. € aus ihrem Konjunkturpaket zur Förderung CO2-armer Energien und zum Ausbau der Netze frei. Die Finanzprobleme Griechenlands belasten weiterhin die Märkte.

10. Dezember

Frankreichs Staatschef Sarkozy und Großbritanniens Premier Brown setzen sich für eine weltweite Besteuerung von Bankerboni ein. Die deutschen Banken setzen auf eine Selbstverpflichtung.

16. Dezember

Nach Fitch hat auch die führende Ratingagentur Standard & Poor's ihre Note für die

Kreditwürdigkeit Griechenlands gesenkt. Das »Time«-Magazin kürt US-Notenbankchef Ben Bernanke zur Person des Jahres. Die Begründung der Redaktion: Ohne ihn wäre die Rezession weit schwerer verlaufen.

17. Dezember

In Griechenland legen Tausende Menschen ihre Arbeit nieder, um gegen die Sparpläne der Regierung zu demonstrieren. Der Baseler Ausschuss der weltweit wichtigsten Bankenaufseher einigt sich auf ein Paket neuer Regeln, das die Banken zügeln soll.

19. Dezember

Die US-Bankenaufsicht schließt 7 weitere Geldinstitute wegen Überschuldung.

24. Dezember

Das griechische Parlament verabschiedet einen Krisenhaushalt. Das Haushaltsdefizit in Höhe von 12,7 Prozent soll gesenkt werden – mit drastischen Mitteln wie Einstellungsstopps, Lohnkürzungen und Steuererhöhungen.

28. Dezember

Erstmals seit der Lehman-Pleite überspringt der DAX wieder die Marke von 6.000 Punkten.

29. Dezember

Die Krise drückt die Preise: Die Inflationsrate liegt laut Statistischem Bundesamt 2009 bei 0,4 Prozent – und damit so niedrig wie seit 1987 nicht mehr.

2010

6. Januar

Neue Handelszahlen der chinesischen Zollverwaltung lassen nach Expertenmeinung darauf schließen, dass das Land den langjährigen Exportweltmeister Deutschland in diesem Jahr übertrumpft hat.

14. Januar

Die Krise reißt tiefe Löcher in die Kassen des Staates und der Sozialversicherungen. 2009 verzeichnen die Statistiker zwar insgesamt eine sehr niedrige Inflationsrate – doch zum Jahresende steigen die Preise merklich an. US-Präsident Obama kündigt eine Sonderabgabe für die Banken an – so sollen die für die Bankenrettung eingesetzten Steuergelder zurück in die Staatskasse fließen.

18. Januar

Das Finanzministerium kündigt an, dass der Bund seine Wachstumsprognose für Deutschland für das laufende Jahr auf 1,5 Prozent erhöhen wird. Bisher war die Regierung von 1,2 Prozent ausgegangen.

19. Januar

Die Bundesregierung rechnet in diesem Jahr wegen der Auswirkungen der Wirtschaftskrise mit einem Anstieg der Arbeitslosenzahlen um 320.000.

26. Januar

Der Internationale Währungsfonds hebt seine Wachstumsprognose für die deutsche Wirtschaft auf 1,5 Prozent an.

27. Januar

Die Bundesregierung korrigiert ihre Konjunkturprognose nach oben und sagt der deutschen Wirtschaft 2010 ein Wachstum um 1,4 Prozent voraus.

28. Januar

Die Arbeitslosigkeit steigt im Januar um 342.000 auf 3,617 Mio. – und damit weniger als zunächst befürchtet. Siemens kündigt an, in Deutschland 2.000 Stellen zu streichen.

3. Februar

Griechenland steht vor der Pleite, und die EU-Kommission will Athen zu größeren Sparanstrengungen zwingen. Griechenland bekommt 2 Jahre mehr Zeit, um seine maroden Staatsfinanzen wieder in den Griff zu bekommen. Dabei wird das Land von Brüssel intensiv überwacht.

5. Februar

Der Winter und die schwache Konjunktur in Deutschland belasten die Arbeitslosenversicherung: Im Januar wurden 27 Mio. € für Saisonkurzarbeitergeld, das frühere Schlechtwettergeld, gezahlt.

6. Februar

Die Finanzprobleme Griechenlands und anderer EU-Staaten schüren die Sorge um die

Währung – und beschäftigen auch das G-7-Finanzministertreffen im kanadischen Iqaluit.

9. Februar

Nun ist es amtlich: Nach einem drastischen Einbruch der Ausfuhren im Krisenjahr 2009 verliert Deutschland den Titel des Exportweltmeisters an China, wie das Statistische Bundesamt mitteilt.

11. Februar

Im Kampf gegen den Staatsbankrott wollen die EU-Staaten Griechenland kein Geld geben, dafür aber politische Unterstützung gewähren. Das ist das Ergebnis eines EU-Sondergipfels in Brüssel. Die Erholung der deutschen Wirtschaft ist ins Stocken geraten, teilt das Statistische Bundesamt mit: Im 4. Quartal 2009 blieb das Bruttoinlandsprodukt auf dem Niveau des Vorquartals.

19. Februar

Die US-Notenbank Fed deutet mit einer Erhöhung des Diskontsatzes eine Zinswende an.

23. Februar

Der ifo-Geschäftsklimaindex sinkt überraschend.

24. Februar

Griechenlands Gewerkschaften rufen zum Generalstreik gegen die Sparpläne der Regierung – doch die Beteiligung ist eher mäßig. Deutschland schließt das Krisenjahr 2009 mit einem staatlichen Defizit in Höhe von 79,3 Mrd. € ab. Das entspricht 3,3 Prozent des Bruttoinlandsprodukts.

25. Februar

Die Arbeitslosenzahlen steigen trotz Krise und strengen Winters weniger stark als von Experten erwartet. Die EU-Kommission bleibt bei ihrer Wachstumsprognose vom vergangenen Herbst – und zeigt sich damit deutlich skeptischer als Bundesregierung, Bundesbank, IWF, OECD und zahlreiche Institute. Die Allianz kehrt nach dem Verkauf der Dresdner Bank wieder in die Gewinnzone zurück.

26. Februar

Angesichts der griechischen Haushaltsprobleme meiden deutsche Banken griechische Anleihen.

1. März

EU-Wirtschaftskommissar Rehn fordert Griechenland auf, zusätzliche Sparmaßnahmen zu ergreifen, um das Schuldenproblem in den Griff zu bekommen.

3. März

Griechenlands Regierung beschließt unter dem Druck der EU ein weiteres Sparpaket mit einem Umfang von 4,8 Mrd. €. Auf dem Weg aus der Wirtschaftskrise will die EU-Kommission mit der neuen Strategie »Europa 2020« den Mitgliedsstaaten konkrete Wachstumsziele vorschreiben. Das Statistische Bundesamt gibt bekannt, dass als Folge der rezessionsbedingten Kurzarbeit die Bruttoverdienste der Arbeitnehmer 2009 erstmals seit Gründung der Bundesrepublik gesunken sind.

4. März

Aufgrund des drastischen Sparprogramms der Regierung in Athen werden griechische Staatsanleihen wieder attraktiv. Das britische Pfund gerät durch die hohen Staatsschulden und die unklare politische Lage unter Druck. In Portugal streiken öffentliche Bedienstete gegen die Sparmaßnahmen der Regierung. In Spanien steigt die Arbeitslosigkeit auf ein Rekordhoch.

5. März

In Griechenland gibt es Massenproteste gegen die Sparmaßnahmen der Regierung. Der US-Arbeitsmarkt zeigt sich trotz des strengen Winters stabil.

7. März

Per Volksabstimmung lehnen die Isländer Milliardenzahlungen ihres Landes an Großbritannien und die Niederlande wegen der Pleite der Icesave-Bank ab. Vor allem die Konditionen für die Rückzahlung erzürnen die Isländer. In Deutschland scheinen sich die Koalitionsparteien einig darüber zu sein, dass es eine Sonderabgabe für Banken geben soll, mit der sich die Institute an den Kosten für die Bewältigung der Finanzmarktkrise beteiligen.

8. März
Ein europäischer Währungsfonds für den Einsatz bei Krisen wie in Griechenland – dieser Vorschlag von Finanzminister Schäuble sorgt in Deutschland und Europa für Diskussionen.

10. März
Die deutschen Exporte brechen im Januar so stark ein wie seit einem Jahr nicht mehr.

12. März
Finanzminister Schäuble führt seine Idee für einen europäischen Währungsfonds weiter aus, der im Notfall Liquiditätshilfen an EU-Länder geben soll. Nur die Abwrackprämie hat verhindert, dass die Konsumausgaben 2009 zurückgingen.

15. März
Die Eurogruppe verhandelt über einen Notfallplan für Griechenland. Vor allem Frankreich macht den deutschen Handelsbilanzüberschuss für die Probleme anderer Staaten mitverantwortlich. Karstadt legt seinen Insolvenzplan vor. In der Industrie geht der Stellenabbau weiter.

16. März
EU-Kommissar Oettinger weist die Vorwürfe gegen die deutschen Bilanzüberschüsse zurück.

21. März
Bundeskanzlerin Merkel und Bundesfinanzminister Schäuble zeigen sich weiter zurückhaltend hinsichtlich konkreter Hilfszusagen für Griechenland. Bei einem Spitzentreffen im Kanzleramt bringt die Koalition eine Abgabe auf den Weg, mit der sich Banken an Rettungskosten für Finanzinstitute infolge riskanter Spekulationsgeschäfte beteiligen sollen.

24. März
Bundeskanzlerin Merkel und Frankreichs Präsident Sarkozy planen ein Kompromisspaket im Ringen um Griechenland-Hilfen, bei dem der Internationale Währungsfonds eine wichtige Rolle spielen soll. Die Ratingagentur Fitch stuft nach Griechenland nun auch die Kreditwürdigkeit Portugals herab.

30. März
Die Arbeitskosten sind in Deutschland im vergangenen Jahr um 4,1 Prozent gestiegen. Pro Stunde zahlten die privaten Arbeitgeber im Schnitt 30,90 €. Ursachen sind der Abbau von Überstunden und die Kurzarbeit. Die Gehälter der Arbeitnehmer stiegen real aber nicht an.

31. März
Die Zahl der Arbeitslosen sinkt im März stärker als von Experten zuvor angenommen. Das Bundeskabinett will eine Bankenabgabe einführen, in Schweden gibt es eine solche Abgabe bereits seit Oktober. Die BayernLB muss Milliardenverluste wegen des HGAA-Desasters verbuchen. Der Hamburger Hafen spürt weiterhin die Auswirkungen der Krise.

5. April
Der Internationale Währungsfonds (IWF) warnt angesichts der weltweit überraschend freundlichen Wirtschaftsentwicklung vor zu viel Optimismus. »Wir sind noch nicht über dem Berg«, sagte IWF-Chef Strauss-Kahn.

7. April
Katerstimmung nach dem Abwrackrausch – die Autohändler versuchen, der Misere mit einer Rabattschlacht zu entkommen. In Griechenland ist ein Beraterstab des Internationalen Währungsfonds eingetroffen, um der Regierung dabei zu helfen, den Staatshaushalt wieder in den Griff zu bekommen.

9. April
Die deutschen Exporte legen um 5,1 Prozent im Vergleich zum Vormonat zu. Das ist der kräftigste Zuwachs seit 8 Monaten.

10. April
Chinas Wirtschaft boomt ungebrochen. Doch die Importe nehmen schneller zu als die Exporte. Erstmals seit 6 Jahren verzeichnet das Land ein Handelsdefizit.

11. April
Die Euroländer einigen sich auf die Details eines Rettungspakets für Griechenland. Kern-

punkte: bilaterale Kredite in Höhe von bis zu 30 Mrd. €.

12. April

Das Hilfspaket zeigt erste Wirkung: Die Zinsen für griechische Anleihen sinken, der Eurokurs steigt. Eine Untersuchungskommission erhebt im Zusammenhang mit den isländischen Bankenzusammenbrüchen schwere Vorwürfe gegen die damalige Führung des Landes.

13. April

Griechenland kann problemlos neue Anleihen am Markt platzieren, muss aber dafür relativ hohe Zinsen anbieten.

15. April

In ihrem Frühjahrsgutachten kritisieren die führenden Forschungsinstitute die Politik der Bundesregierung und das Rettungspaket für Griechenland. Für das laufende Jahr rechnen sie mit 1,5 Prozent Wirtschaftswachstum.

16. April

Die Eurofinanzminister bereiten das Rettungspaket für Griechenland vor.

21. April

Das Bundeskabinett beschließt die weitere finanzielle Förderung der Kurzarbeit. Die Bundesregierung legt ihre Frühjahrsprognose vor: Sie erwartet 1,4 Prozent Wachstum in diesem Jahr und 2011 noch einmal 1,6 Prozent. Der Internationale Währungsfonds IWF korrigiert seine diesjährige Wachstumsprognose für Deutschland leicht um 0,3 Punkte auf 1,2 Prozent nach unten.

22. April

Das Europäische Statistikamt rechnet vor, dass sich das griechische Staatsdefizit 2009 auf 13,6 Prozent der Wirtschaftsleistung beläuft – und damit größer ist als bisher bekannt. Allerdings ist die irische Neuverschuldung noch höher als die griechische, wie aus den Statistiken hervorgeht.

23. April

Griechenland bittet bei EU und IWF um Finanzhilfe. Das Hilfspaket für Griechenland wird beschlossen.

25. April

Erste Befürchtungen, dass 45 Mrd. € für Griechenland nicht ausreichen könnten.

27. April

Die Ratingagentur Standard & Poor's stuft die Kreditwürdigkeit Griechenlands auf »Ramsch« zurück. Griechenlands Finanzminister Giorgos Papakonstantinou erklärt daraufhin, es sei für sein Land nun unmöglich, frisches Geld aufzunehmen.

29. April

Der Frühling sorgt in diesem Monat für mehr Beschäftigung in Deutschland: Die Arbeitslosenzahlen sind deutlich gesunken. Die Oppositionsparteien kündigen, dass sie ein Eilverfahren für die schnelle Griechenland-Hilfe im Bundestag mittragen werden. Griechenland hat derweil seine Sparpläne noch einmal verschärft.

2. Mai

Am Morgen informiert der griechische Ministerpräsident seine Landsleute über das Sparpaket, auf das sich die Regierung mit dem IWF geeinigt hat. Abends stimmen dann die Eurofinanzminister dem Hilfspaket für Griechenland zu.

3. Mai

Das Bundeskabinett stimmt den Hilfen für Griechenland zu. Bundeskanzlerin Merkel verspricht den Bundesbürgern: »Wir schützen Ihr Erspartes.«

4. Mai

In Athen und andernorts in Griechenland wird gestreikt. In Berlin beschließt das Bundeskabinett, mit welchen Maßnahmen der Euro wieder sicher gemacht werden soll. Darunter ist auch ein Insolvenzrecht für Staaten. Die Banken vereinbaren tatsächlich eine Beteiligung an der Griechenland-Hilfe mit Finanzminister Schäuble. Der Umfang ist aber nicht klar.

5. Mai

Bei Protesten gegen das Sparpaket werden in Athen 3 Menschen getötet. Die EU-Kommission meldet: Noch nie waren die Staatsdefizite in der EU so hoch.

6. Mai
Das Athener Parlament stimmt dem umstrittenen Sparpaket zu. Bundeskanzlerin Merkel und Frankreichs Staatspräsident Sarkozy appellieren in einem gemeinsamen Brief für schärfere Kontrollen im Euroraum.

7. Mai
Bundestag und Bundesrat verabschieden das Gesetz zur Griechenland-Hilfe. Bundespräsident Köhler unterzeichnet das Gesetz kurz darauf.

10. Mai
EU und IWF beschließen ein 750-Milliarden-Paket zur Stützung des Euros. Die deutschen Exporte legen erneut kräftig zu. Das deutsche Gastgewerbe verzeichnet mehr Übernachtungen.

11. Mai
Die Bundesregierung bringt den deutschen Anteil am Rettungspaket für den Euro auf den Weg. Die Staatsverschuldung steigt durch die Bankenrettung nominal um fast 100 Mrd. €.

17. Mai
Der Euro fällt auf den tiefsten Stand seit 2006, während gleichzeitig der Goldpreis auf ein Rekordniveau steigt.

18. Mai
Die deutsche Finanzaufsicht BaFin verbietet ungedeckte Leerverkäufe wichtiger Finanzaktien und Staatsanleihen von Ländern der Eurozone. Die schwarz-gelbe Koalition einigt sich auf die gemeinsame Forderung nach einer Finanzmarktsteuer.

19. Mai
Bundeskanzlerin Merkel fordert in einer Regierungserklärung eine neue Stabilitätskultur in der Europäischen Union und sagt zu, sich auf europäischer und internationaler Ebene für eine Finanzmarktsteuer einzusetzen.

20. Mai
In Griechenland legt ein Generalstreik gegen das Sparprogramm der Regierung erneut das öffentliche Leben weitgehend lahm.

24. Mai
Der Internationale Währungsfonds (IWF) fordert Spanien zu tief greifenden Wirtschaftsreformen und strenger Haushaltsdisziplin auf. Die neue britische Regierung kündigt massive Einsparungen an.

26. Mai
Die OECD rechnet für dieses Jahr mit 1,9 Prozent Wachstum in Deutschland. Im kommenden Jahr sollen es sogar 2,1 Prozent werden.

27. Mai
Spaniens Parlament stimmt mit knapper Mehrheit für ein drastisches Sparpaket.

1. Juni
Gute Nachrichten vom Arbeitsmarkt: Die Auswirkungen der Wirtschaftskrise auf den Arbeitsmarkt sind weiterhin moderat, im Mai sank die Zahl der Arbeitslosen weiter.

2. Juni
Das Bundeskabinett beschließt ein weitergehendes Verbot ungedeckter Leerverkäufe. Den Vorwurf eines nationalen Alleingangs weist Finanzminister Schäuble zurück. Die EU macht bei der Verschärfung der Regeln für Banken und Finanzmärkte Tempo. EU-Kommissar Barnier will die Ratingagenturen unter zentrale Kontrolle stellen.

15. Juni
EU-Wirtschaftskommissar Rehn lobt das deutsche Kürzungspaket. Die Bundesländer mit Opel-Standorten sagen eine schnelle Bearbeitung der Bürgschaftsanträge des Autobauers zu.

17. Juni
Griechenland lockert seine Kündigungsschutzregeln. Die EU diskutiert über eine Veröffentlichung der Bankenstresstests, um das Vertrauen in die Institute zu stärken. Der EU-Gipfel in Brüssel beschließt die Offenlegung der Daten und will sich für weltweite Bankenabgabe und Finanztransaktionssteuer einsetzen.

26. Juni
Die Teilnehmer des G-8-Gipfels finden bei den Themen Finanztransaktionssteuer und

Bankenabgabe keine gemeinsame Linie. Damit ist der Vorstoß von Bundeskanzlerin Angela Merkel für eine globale Vereinbarung gescheitert.

28. Juni

Die Teilnehmer des G-20-Gipfels vereinbaren, dass die entwickelten Industriestaaten ihre jährliche Neuverschuldung bis 2013 halbieren und bis 2016 ausgeglichene Haushalte ohne neue Kredite vorlegen sollen. Der Bundesrechnungshof fordert eine grundlegende Reform des Mehrwertsteuersystems.

29. Juni

Die schwarz-gelbe Koalition will im Zuge des geplanten Restrukturierungsgesetzes die Möglichkeit schaffen, systemrelevante Banken zu zerschlagen, wenn diesen die Pleite droht.

2. Juli

Der Bundestag stimmt für ein Verbot ungedeckter Leerverkäufe. Laut Eurostat sind 23,2 Mio. EU-Bürger arbeitslos. Die deutschen Autobauer freuen sich über eine steigende Nachfrage aus dem Ausland.

7. Juli

Das Europaparlament beschließt strenge Regeln für Bankerboni. Laut OECD hat Deutschland als einziger Staat weniger Arbeitslose als vor der Krise.

8. Juli

Der IWF hebt seine weltweite Wachstumsprognose an, warnt aber vor den Risiken in Europa.

21. Juli

US-Präsident Obama setzt durch seine Unterschrift die umkämpfte Finanzmarktreform in Kraft.

26. Juli

Experten von EU, EZB und IWF kontrollieren erneut den griechischen Haushalt.

28. Juli

Die Zahl der offenen Stellen steigt – allerdings suchen vor allem Zeitarbeitsfirmen neue Beschäftigte.

30. Juli

Angesichts der guten Wirtschaftsentwicklung kündigen die Gewerkschaften ein Ende ihrer Lohnzurückhaltung in den kommenden Tarifrunden an. Die US-Wirtschaft verlangsamt im 2. Quartal ihr Wachstum und meldet ein Plus von 2,4 Prozent. Auch die angeschlagene US-Autoindustrie kommt langsam aus der Krise.

5. August

Gute Nachricht für Griechenland: Die zweite Tranche des Hilfspakets wird ausgezahlt. EU, EZB und IWF lobten die bisherigen Reformen – mahnte aber auch weitere an.

7. August

Die anziehende Konjunktur lässt die Gewerbesteuereinnahmen sprudeln. Städte und Gemeinden erzielten im 2. Quartal ein Plus von 24 Prozent gegenüber dem Vorjahreszeitraum.

24. August

Das Haushaltsdefizit ist im ersten Halbjahr krisenbedingt deutlich gestiegen. Laut einer DIHK-Umfrage beklagen fast 3/4 der Firmen Fachkräftemangel – und sehen das auch als Gefahr für den Aufschwung.

25. August

Das Bundeskabinett macht den Weg frei für einen Gesetzesentwurf, der unter anderem mit einer Bankenabgabe eventuelle neue Krisen von Großbanken bekämpfen soll. In den USA wächst die Angst vor einem Rückfall in die Rezession – von der Krise ist mehr und mehr auch Europa betroffen.

27. August

Die amerikanische Notenbank will die Konjunktur der USA notfalls weiter stützen – also neues Geld auf den Markt pumpen.

1. September

Das Kabinett gibt grünes Licht für sein Kürzungspaket. Mit enthalten ist die Einführung einer Luftverkehrsabgabe. Die IFA-Veranstalter können sich trotz Krise über ein deutliches Plus bei Ausstellern und vermieteter Fläche freuen.

6. September
US-Präsident Obama kündigt im Kampf gegen die Folgen der Wirtschafts- und Finanzkrise ein Milliardenprogramm an, das neue Arbeitsplätze schaffen soll.

8. September
Wegen des strikten Sparkurses schrumpft die griechische Wirtschaft.

12. September:
Basel III steht – nach langem Tauziehen einigen sich die wichtigsten Bankenaufseher auf strengere Eigenkapitalvorschriften für die Kreditwirtschaft. Außerdem macht die Deutsche Bank bei der Postbank-Übernahme ernst: Sie will den Aktionären 25 € pro Aktie bieten.

14. September:
Der ZEW-Index sinkt zum fünften Mal in Folge. Außerdem wächst die Kritik an den hohen Dispozinsen.

22. September:
Als Konsequenz aus der Krise stimmt das EU-Parlament für eine wesentlich schärfere Finanzaufsicht und hebt 3 neue Behörden aus der Taufe. In Deutschland billigt das Kabinett eine Novelle des Investmentgesetzes. Siemens sendet positive Signale und verlängert in Deutschland seinen Beschäftigungspakt.

24. September:
Der Ifo-Geschäftsklimaindex weist erneut nach oben. Der Bundesrat stoppt vorerst die EU-Pläne zur Einlagensicherung.

1. Oktober
Seit Mitternacht werden faule Wertpapiere der Immobilienbank HRE in eine Bad Bank übertragen. Die Bundesregierung korrigiert ihre Defizitprognose für das laufende Jahr nach unten.

4. Oktober
In Irland reagieren die Menschen wütend auf ein neues, milliardenschweres Bankenrettungspaket. Letzte Hoffnung für das Opel-Werk in Antwerpen platzt: Ein neuer Investor wurde nicht gefunden.

8. Oktober
In Tokio verkündet die Regierung ein weiteres milliardenschweres Konjunkturprogramm.

9. Oktober
Beim Jahrestreffen des Internationalen Währungsfonds gelingt es nicht, den Streit über die Währungspolitik zu entschärfen.

13. Oktober
China wertet den Yuan auf – zumindest ein wenig.

14. Oktober
Die führenden Wirtschaftsforschungsinstitute sagen in ihrem Herbstgutachten ein Wirtschaftswachstum von 3,5 Prozent im laufenden voraus.

16. Oktober
Nach Bundeskanzlerin Angela Merkel und Bundeswirtschaftsminister Rainer Brüderle spricht sich auch Vizekanzler Guido Westerwelle für Lohnerhöhungen aus, um die Beschäftigten am wirtschaftlichen Aufschwung teilhaben zu lassen.

19. Oktober
Die EU-Finanzminister einigen sich als Reaktion auf die Finanzkrise auf Regeln und ein Zulassungsverfahren für Hedgefonds. Die Bank of America meldet einen hohen Milliardenverlust und begründet dies mit notwendigen Abschreibungen infolge der Finanzmarktregulierung in den USA.

21. Oktober
Die Bundesregierung erhöht ihre Wachstumsprognose für 2010 auf 3,4 Prozent und für 2011 auf 1,8 Prozent. Vizekanzler Westerwelle stimmt in die Kritik am Kompromiss zum EU-Stabilitätspakt ein, den Kanzlerin Merkel und Frankreichs Präsident Sarkozy ausgehandelt hatten.

25. Oktober
Wenige Tage vor dem EU-Gipfel stoßen Deutschland und Frankreich mit ihrer Forderung nach einer EU-Vertragsänderung auf Widerstand. Vor allem Luxemburg und Tschechien üben am Rande des EU-Außenministertreffens in Luxemburg Kritik an dem

Plan zur Verschärfung des EU-Stabilitätspaktes.

27. Oktober

Bundeskanzlerin Merkel verteidigt im Bundestag die Vereinbarung mit Frankreich zum EU-Stabilitätspakt. Luxemburg kündigt erneut seinen Widerspruch an. Arbeitsministerin von der Leyen gibt vorzeitig die Arbeitsmarktzahlen für Oktober bekannt – mit 2,945 Mio. liegen sie so niedrig wie seit fast 20 Jahren nicht mehr.

29. Oktober

Der EU-Gipfel will einen dauerhaften Krisenmechanismus zum Schutz des Euro und dafür die EU-Verträge ändern – aber nur in begrenztem Umfang. Wie die Änderungen genau aussehen sollen, bleibt offen.

10. November

Die EU fürchtet, beim G-20-Gipfel mit ihren Positionen zerrieben zu werden – in einigen Punkten sind aber auch die Positionen unklar. Auch die Tonlage zwischen Deutschland und den USA ist eher frostig. Das Herbstgutachten der Wirtschaftsweisen prognostiziert zwar 3,7 Prozent Wachstum, kritisiert aber auch die Bundesregierung deutlich.

11. November

Der G-20-Gipfel in Seoul beginnt mit stolzen Gastgebern und streitenden Gästen. Im Mittelpunkt stehen Diskussionen über Wirtschafts-, Währungs- und Finanzpolitik. Der Bund steigt angesichts knapper Staatsfinanzen und steigender Kosten aus der Finanzierung von 9 Bahnprojekten aus. Griechenland verfehlt – wenn auch nur knapp – seine Sparziele.

12. November

Die G-20-Staaten einigen sich auf den kleinsten gemeinsamen Nenner. China ist vor allem mit dem Verlauf des Gipfels zufrieden; US-Präsident Obama steht dagegen weitgehend mit leeren Händen da. Das eigentlich wichtigste Thema, die Finanzmarktregulierung, sei viel zu sehr von anderen Themen überlagert worden, meint Wirtschaftsforscher Otte im Interview. In den USA schlagen die Chefs einer von Präsident Obama eingesetzten Kommission einschneidende Sparmaßnahmen zum Abbau des gigantischen US-Staatsdefizits vor. Deutschland wird dagegen 2011 voraussichtlich weniger neue Schulden machen als eingeplant – aber trotz boomender Konjunktur plant Finanzminister Schäuble immer noch eine Nettokreditaufnahme in Höhe von 48,4 Mrd. € ein. Die deutsche Wirtschaft setzt ihre Erholung im 3. Quartal fort. Das Bruttoinlandsprodukt legte von Juli bis September um 0,7 Prozent im Vergleich zum Vorquartal zu.

15. November

Eurostat teilt mit, dass Griechenland 2009 ein deutlich höheres Haushaltsdefizit anhäufte als bisher angenommen. Die mittelständischen Unternehmen in Deutschland verbesserten ihre Eigenkapitalausstattung seit 2005 trotz der tiefen Wirtschaftskrise im Jahr 2009 kontinuierlich, stellt die KfW in ihrem Mittelstandspanel fest.

17. November

Die EU-Staaten drängen Irland, Hilfsgelder zur Stützung seines Finanzsektors anzunehmen. Irland hatte jedwede Bedürftigkeit weit von sich gewiesen, nun hört sich das schon etwas anders an. Karstadt teilt mit, dass das Warenhaus in der Insolvenz deutlich besser wirtschaftete als gedacht.

21. November

Als erstes Euromitglied wird das angeschlagene Irland nun doch unter den Rettungsschirm von EU und Internationalem Währungsfonds schlüpfen.

22. November

Die Entscheidung Irlands, EU-Finanzhilfen zu beantragen, sorgt für eine Regierungskrise in Dublin: Der kleine Koalitionspartner, die Grünen, fordert Neuwahlen schon im Januar.

23. November

Der IWF lobt Griechenland für seine Sparanstrengungen; im Land gibt es erneut Streiks.

24. November

Mit einem Generalstreik gegen die Sparpläne der Regierung legen die Gewerkschaften das öffentliche Leben in Portugal lahm. In Irland präsentiert die Regierung ihre Sparpläne. Die sehen massive Kürzungen im Sozialbereich und im öffentlichen Dienst vor, außerdem werden Steuern erhöht – allerdings nicht die umstritten niedrige Körperschaftssteuer.

25. November

Die EU lobt den irischen Sparplan. Er sei eine gute Grundlage für die Verhandlungen über Hilfen durch den Eurorettungsschirm. Die Bundesbank beziffert das Irland-Risiko deutscher Banken auf 25 Mrd. € und sieht die Institute in ihrem Finanzstabilitätsbericht in robusterer Verfassung als noch vor einem Jahr.

26. November

Das portugiesische Parlament verabschiedet endgültig den umstrittenen Sparhaushalt für 2011. Die Ratingagentur Standard & Poor's stuft 4 irische Banken herunter.

27. November

In Irland protestieren Zehntausende gegen die Sparpläne der Regierung. Wirtschaftsminister Brüderle gibt sich zuversichtlich, dass keine weiteren Staaten unter den Eurorettungsschirm schlüpfen müssen.

2011

1. Januar

Mit dem Jahreswechsel führt Estland als 17. EU-Mitglied den Euro als Währung ein. Zugleich nehmen die 3 neuen europäischen Aufsichtsbehörden für Banken, Börsen und Versicherungen ihre Arbeit auf.

3. Januar

Rückblickend wird für 2010 ein neuer Rekord auf dem deutschen Arbeitsmarkt gemeldet: Im Jahresschnitt waren 40,37 Mio. Menschen erwerbstätig. Auch die Computerhersteller profitierten von der Konjunkturerholung: 2010 wurden in Deutschland 13,7 Mio. PCs verkauft und damit mehr als je zuvor.

4. Januar

Die offizielle Arbeitslosenzahl für 2010 wird veröffentlicht: Sie lag mit durchschnittlich 3,2 Mio. etwa 179.000 niedriger als 2009. Die Autoindustrie verzeichnete 2010 einen Absatzeinbruch in Deutschland, nachdem die Abwrackprämie ausgelaufen war.

7. Januar

Für November meldet das Statistische Bundesamt ein neues Allzeithoch bei den Einfuhren nach Deutschland. Die große Nachfrage in China und den USA verhilft mehreren deutschen Autoherstellern 2010 zu Rekordabsätzen.

10. Januar

China meldet für 2010 einen deutlichen Rückgang des Außenhandelsüberschusses, weil die Importe noch deutlich stärker stiegen als die Exporte. Die hohe Nachfrage in China trägt dazu bei, dass weitere Autokonzerne für das abgelaufene Jahr Rekordabsätze melden können.

12. Januar

Die deutsche Wirtschaft wächst im vergangenen Jahr so stark wie noch nie seit der Wiedervereinigung, nämlich um 3,6 Prozent, wie das Statistische Bundesamt mitteilt. Die EU-Kommission dringt auf eine Aufstockung des Eurorettungsfonds. Portugal nimmt erfolgreich frisches Geld am Kapitalmarkt auf.

13. Januar

Nach Portugal beschaffen sich auch die Europroblemstaaten Spanien und Italien frisches Kapital am Finanzmarkt.

18. Januar

Die EU-Finanzminister können sich nicht auf eine Ausweitung des Eurorettungsschirms einigen.

19. Januar

Die Regierung hebt für dieses Jahr die Wachstumsprognose um 0,5 Prozentpunkte auf 2,3 Prozent an. 2012 sieht sie das Konjunkturplus bei 1,8 Prozent.

24. Januar

Der französische Präsident Sarkozy präsentiert Pläne für den G-8- und G-20-Vorsitz: Er will die Präsidentschaft seines Landes nutzen, um die Schwankungen im Währungssystem und auf Rohstoffmärkten einzudämmen.

26. Januar
Eine von US-Präsident Obama eingesetzte Kommission kommt zu dem Schluss, dass Politiker, Banken und Finanzaufseher für die Finanzkrise verantwortlich waren – und dass die Krise vermeidbar gewesen wäre.
9. Februar
Bundesbankpräsident Axel Weber kündigt seinen Rücktritt an.
21. Juli
Auf einem EU-Gipfel wir eine Einigung über ein neues Hilfspaket für Griechenland in Höhe von 109 Mrd. € erzielt.
6. August
S & P senkt das Bonitätsrating der USA auf AA+.
16. August
Merkel und Sarkozy fordern gemeinsam eine »tatsächliche Wirtschaftspolitik« für den Euroraum.
15. September
Ein UBS-Händler verursacht der Schweizer Bank einen Schaden in Höhe von 2,3 Mrd. US-$, der CEO tritt zurück.
17. September
Die Occupy-Bewegung nimmt ihren Protest in New York auf.
27. Oktober
Schuldenschnitt für Griechenland: Nach einem EU-Gipfel sollen die Schulden des Landes um 50 Prozent gesenkt werden.
28. Oktober
Die Bad Bank der verstaatlichen Hypo Real Estate (HRE) gibt bekannt, 55,5 Mrd. € weniger Schulden zu haben als gedacht – die Verschuldungsquote Deutschlands ist damit 2,6 Prozentpunkte geringer als angenommen.
3. November
Mario Draghi tritt erstmals als EZB-Chef in die Öffentlichkeit und veranlasst eine Zinssenkung.
23. November
Die EU-Kommission schlägt Eurobonds als Anleihen mit gemeinschaftlicher Haftung der Währungsunion vor, Deutschland lehnt den Vorschlag ab.
29. November
Die Eurofinanzminister wollen den Rettungsschirm EFSF auf die 3- bis 5-fache Größe ausdehnen.
30. November
In einer konzertierten Aktion versuchen EZB, FED und andere Zentralbanken dem Finanzsystem durch Eingriffe in die Geldpolitik mehr Liquidität zur Verfügung zu stellen.
9. Dezember
EU-Gipfel zur Gründung einer Fiskalunion, das Vorhaben scheitert am Vereinigten Königreich.

2012

23. Januar
Die Drogeriekette Schlecker, die zu diesem Zeitpunkt etwa 30.000 Mitarbeiter beschäftigt, meldet Insolvenz an.
1. Februar
Die EU-Kommission legt ihr Veto gegen die Fusion der Börsen in New York und Frankfurt ein.
14. März
Das 2. Hilfspaket für Griechenland wird offiziell von den Staaten der Währungsunion freigegeben.
30. März
Der Eurorettungsschirm wird von 500 auf 800 Mrd. € vergrößert.
1. Juni
Anshu Jain und Jürgen Fitschen übernehmen die Leitung der Deutschen Bank als Doppelspitze.
9. Juni
Spanien macht vom Eurorettungsschirm Gebrauch, zugesagt werden Notkredite in Höhe von bis zu 100 Mrd. €.
18. Juli
Das Versandhandelsunternehmen **Neckermann.de** wird insolvent. Mehr als 2.000 Menschen verlieren ihre Arbeit.

1. August
Volkswagen schließt die Übernahme von Porsche ab. Zuvor hatte es mehrere wechselseitige Übernahmeversuche gegeben, die 2008 Porsche mit dem Versuch einleitete, Volkswagen aufzukaufen.
24. August
Im Patenstreit mit Samsung kann Apple einen Erfolg verbuchen, der koreanische Elektronikkonzern wird von einem US-Gericht zur Zahlung von 1,05 Mrd. US-$ Schadensersatz verurteilt.
29. Oktober
Bertelsmann und Pearson leiten die Bildung eines gemeinsamen Verlags ein, aus der Fusion geht später der weltgrößte Verlag Penguin Random House hervor.
3. Dezember
Spanien ruft Notkredite in Höhe von 39,5 Mio. € bei der EU ab. 37 Mrd. € werden für 4 verstaatlichte Banken eingesetzt.
10. Dezember
Opel kündigt das Ende der Produktion im Werk in Bochum an, die Maßnahme bedroht 3.000 Arbeitsplätze.
15. Dezember
Büros der Deutschen Bank werden in einer groß angelegten Razzia durchsucht, die Beamten gehen dem Verdacht auf Steuerhinterziehung und Geldwäsche nach.

2013

16. März
Für die Rettung Zyperns werden erstmals auch Bankkunden belangt. Kunden, die Einlagen von über 100.000 halten, verlieren bis zu 10 Prozent ihres Geldes.
24. Juni
Vodafone initiiert die Übernahme von Kabel Deutschland für 10,7 Mrd. €.
1. Juli
EU-Beitritt Kroatiens.
16. Juli
Der Fernsehgerätehersteller Loewe beantragt ein Schutzschirmverfahren, um sich vor dem Zugriff von Gläubigern zu schützen. Dem Antrag wird stattgegeben.
23. Juli
Der bisherige Eigner von E-Plus, der niederländische Konzern KPN, gibt bekannt, dass E-Plus von der spanischen Telefónica übernommen werden soll.
29. August
Josef Ackermann tritt von seinem Posten als Verwaltungsratspräsident von Zurich Insurance Group zurück.
12. September
Die Markttransparenzstelle für Kraftstoffe wird vom Bundeskartellamt ins Leben gerufen. Tankstellenbetreiber müssen ihre Preise melden, Autofahrer können die Information über das Internet abrufen.
25. Oktober
Der DAX steigt erstmals über 9.000 Punkte.
7. November
Die EZB senkt den Leitzins auf das Rekordtief von 0,25 Prozent.
13. November
Die EU-Kommission befasst sich mit dem Ausfuhrüberschuss Deutschlands. Es wird diskutiert, ob Deutschlands Außenhandelsstärke anderen europäischen Staaten schadet.
25. November
Detlef Wetzel tritt an die Spitze der IG Metall.
4. Dezember
Die EU spricht eine Kartellstrafe für Zinsmanipulationen gegen 6 Banken aus. Die Deutsche Bank muss 725 Mio. € zahlen.
7. Dezember
Auf der 9. Ministerkonferenz der WTO wird das Bali-Paket von 159 Staaten verabschiedet. Es umfasst weltweite Handelserleichterungen, den Abbau von Agrarsubventionen und Hilfe für Entwicklungsländer.

2014

1. Januar
Lettland wird Mitglied des Euroraums.

7. Januar
Die amerikanische Bank JPMorgan Chase schließt im Fall um den Betrüger Bernard L. Madoff einen Vergleich in Höhe von 2,6 Mrd. US-$ mit den US-Behörden. Der Bank wurde vorgeworfen, Anzeichen für Madoffs Betrugsmasche ignoriert zu haben.

19. Januar
Der Autoclub ADAC gerät in die Kritik. Der Verein räumt ein, eine Wahl zur Beliebtheit von Autos manipuliert zu haben. Außerdem geraten Hubschrauberflüge von Präsidiumsmitgliedern in den Fokus der Öffentlichkeit.

2. April
Piloten der Fluggesellschaft Lufthansa treten im Kampf für Übergangsrenten in einen 3-tägigen Streik ein. Über 400.000 Fluggäste sind von der Arbeitskampfmaßnahme betroffen, etwa 3.800 Flüge fallen aus.

31. Juli
Argentinien meldet zum zweiten Mal in 12 Jahren Staatsbankrott an. Die Verhandlungen zwischen Argentinien und verschiedenen Hedgefonds scheitern, es handelt sich um die viertgrößte Staatspleite der Wirtschaftsgeschichte.

15. August
Der Investor Nicolas Berggruen zieht sich von Karstadt zurück. Die Signa-Holding des österreichischen Investors René Benko übernimmt die Kaufhauskette.

1. September
Ein 3-stündiger Warnstreik läutet den Arbeitskampf der Lokführergesellschaft GDL ein, von dem Millionen Bahnkunden betroffen sind.

23. September
Die Staatsanwaltschaft München wirft Jürgen Fitschen und 4 weiteren Deutsche-Bank-Managern versuchten Prozessbetrug im Fall Leo Kirch vor.

26. Oktober
25 von 130 getesteten europäischen Banken fallen durch Stresstests der EZB.

14. November
Der ehemalige Top-Manager von Arcandor und Bertelsmann, Thomas Middelhoff, wird wegen Steuerhinterziehung und Untreue zu 3 Jahren Haft verurteilt. Er wird noch im Gerichtssaal festgenommen.

30. November
E.ON nimmt eine strategische Neuausrichtung vor: Die ehemalige Kernfelder Atom, Kohle und Gas werden abgestoßen und über einen Börsengang an die Aktionäre verteilt.

10. Dezember
Erstmals seit 2009 sinkt der Ölpreis unter 65 US-$ pro Barrel.

16. Dezember
Unter dem Druck fallender Ölpreise und westlicher Sanktionen fällt der Rubel zeitweise auf einen Kurs von 100 RUB (Rubel) für einen Euro.

2015

1. Januar
Litauen wird Mitglied des Euroraums.

15. Januar
Die Schweizerische Notenbank hebt die Kopplung des Franken an den Euro auf, die zuvor mit weitreichenden Interventionen aufrechterhalten wurde.

22. Januar
Die EZB beschließt ein Programm, das den monatlichen Ankauf von Staatsanleihen im Wert von 60 Mrd. € vorsieht.

5. März
Die Mietpreisbremse wird vom Bundestag beschlossen, sie soll überzogene Mieterhöhungen stoppen. Darüber hinaus müssen Makler nach dem Bestellerprinzip von ihrem Auftraggeber bezahlt werden.

6. März
Der Bundestag beschließt eine Frauenquote für Aufsichtsräte börsennotierter Unternehmen. Der Aufsichtsrat muss demnach zu mindestens 30 Prozent mit Frauen besetzt werden.

18. März
Die Eröffnung der neuen Zentrale der EZB ist Anlass für teils gewalttätige Proteste in Frankfurt.

1. April
Das Bundeskartellamt verbietet die Übernahme der Supermarktkette Kaiser's Tengelmann durch Edeka, die Aufsichtsbehörde fürchtet eine zu große Marktmacht, Wirtschaftsminister Gabriel setzt die Entscheidung später per Ministerialerlaubnis außer Kraft.

23. April
Die Deutsche Bank schließt einen Vergleich über 2,5 Mrd. € wegen Zinsmanipulationen.

7. Juni
Die Doppelführung an der Spitze der Deutschen Bank, Jürgen Fitschen und Anshu Jain, kündigt ihren Rücktritt an. John Cryan rückt als neuer CEO an ihre Stelle nach.

1. Juli
Die Bahn und die Gewerkschaft der Lokführer (GDL) beenden nach einem Jahr mit mehreren Streiks den Tarifstreit. Die Gewerkschafter stellen ihre Arbeitskampfmaßnahmen ein.

9. Juli
Griechenland beugt sich bestimmten Forderungen der Troika aus EU-Kommission, EZB und IWF.

18. September
Die Abgasmanipulationen von VW dringen an die Öffentlichkeit. Die US-Umweltbehörde beschuldigt die Autobauer, den Schadstoffausstoß bei Tests künstlich gering gehalten zu haben. Millionen Fahrzeuge sind betroffen, CEO Winterkorn tritt im Verlauf des Skandals zurück.

29. Oktober
Die Deutsche Bank kürzt massiv Stellen. 9.000 Arbeitsplätze werden gestrichen, 4.000 davon in Deutschland.

6. November
Die Flugbegleitergesellschaft Ufo bestreikt die Lufthansa im Kampf um Altersversorgung; über eine halbe Million Passagiere sind vom Ausstand betroffen.

21. Dezember
Der Preis für Erdöl fällt auf 36 US-$ pro Barrel, den tiefsten Stand seit 2004.

2016

4. Januar
Das US-Justizministerium erhebt wegen des Abgasskandals Klage gegen VW. Später wird ein Rückruf und Schadensersatz in Höhe von insgesamt über 13 Mrd. € vereinbart

23. Februar
Die deutsche Börse in Frankfurt am Main strebt eine Fusion mit der London Stock Exchange an.

10. März
Die EZB senkt den Leitzins von 0,05 Prozent auf 0 Prozent ab.

17. März
Bundeswirtschaftsminister Gabriel gibt seine Ministerialerlaubnis für die Übernahme der Supermarktkette Kaiser's Tengelmann durch Edeka.

25. April
Im Prozess um Falschaussagen im Kirch-Prozess werden Jürgen Fitschen und 4 weitere Deutsche-Bank-Manager freigesprochen.

1. Juni
Die Arbeitslosigkeit im Euroraum befindet sich im Juni auf einem Fünf-Jahres-Tief, trotzdem ist jeder 10. ohne Arbeit: Die Arbeitslosenquote liegt bei 10,1 Prozent, die Jugendarbeitslosigkeit bei 20,8 Prozent.

23. Juni
Im Brexit-Referendum stimmen fast 52 Prozent der Wähler für einen Austritt Großbritanniens aus der Europäischen Union. Der Ausgang des Referendums führt zu einem Einbruch von Börsenkursen und drückt den Kurs des englischen Pfunds im Vergleich zum Dollar kurzzeitig auf ein 31-Jahres-Tief.

2. Juli
Käufer von Elektroautos können in Deutschland Prämien von bis zu 4.000 € abrufen, der entsprechende Fonds umfasst 1,2 Mrd. €.

19. Juli
Daimler und 3 weitere europäische Lastwagenhersteller werden zur Zahlung von Kartellstrafen in einer Gesamthöhe von 2,93 Mrd. € verpflichtet. Die EU-Kommission sieht die Beteiligung an Preisabsprachen als erwiesen an.

29. Juli
Mehrere italienische und europäische Banken beteiligen sich an der Rettung der ältesten Bank der Welt, der Monte dei Paschi di Siena.

3. August
Das Fernbusunternehmen FlixBus kündigt an, den Konkurrenten Postbus zu übernehmen. FlixBus kontrolliert den Großteil des Marktes.

30. August
Die Steuervorteile, die Apple in Irland gewährt werden, werden von der EU-Kommission als illegal eingestuft. Das Unternehmen soll Milliardenzahlungen an den Fiskus leisten, Irland selbst legt Berufung ein.

2. September
Samsung ruft sein neues Smartphone Galaxy Note 7 zurück. Das Elektronikunternehmen bringt das Problem explodierender Akkus nicht unter Kontrolle und stellt die Produktion der Geräte ein.

14. September
Bayer übernimmt für etwa 66 Mrd. US-$ den amerikanischen Biotechnologiekonzern und Saatguthersteller Monsanto.

30. Oktober
Kanada und die Europäische Union unterzeichnen das Freihandelsabkommen CETA nach 7-jähriger Verhandlungszeit.

8. November
Donald Trump (Republikaner) wird in den USA zum Präsidenten gewählt. Er verspricht im Wahlkampf protektionistische Maßnahmen, Steuersenkungen, massive Infrastrukturinvestitionen und Defizitabbau.

18. November
Volkswagen gibt einen massiven Stellenabbau in den nächsten Jahren bekannt. Bis 2025 sollen 30.000 Stellen abgebaut werden, 23.000 davon in Deutschland.

23. November
Lufthansa-Piloten treten für höhere Gehälter in einen Streik, der etwa eine halbe Million Flugreisende betrifft.

30. November
Zum ersten Mal in 8 Jahren senkt die OPEC die Ölförderung, um höhere Preise durchzusetzen.

Zeittafel zum wirtschaftspolitischen Geschehen in der Deutschen Demokratischen Republik 1945–1990

1945

9. Juni

Bildung der Sowjetischen Militäradministration in Ostdeutschland (SMAD).

3.–11. September

Verordnungen zur Bodenreform in der SBZ. Beginn der Enteignung des größeren land- und forstwissenschaftlichen Grundbesitzes.

1946

21.–22. April

Vereinigungsparteitag von KPD und SPD in Berlin zur Gründung der Sozialistischen Einheitspartei Deutschlands (SED).

17. August

SMAD-Befehl Nr. 253: Gleicher Lohn bei gleicher Arbeit für Arbeiter und Angestellte, Männer, Frauen und Jugendliche.

1947

11. Juni

Auf SMAD-Befehl Nr. 138 hin erfolgt die Gründung der Deutschen Wirtschaftskommission (DWK).

9. Oktober

Die SMAD befiehlt Maßnahmen zur Steigerung der Arbeitsproduktivität und zum Kampf gegen »Bummelantentum«.

1948

9. März

Die Deutsche Wirtschaftskommission (DWK) wird mit Vollmachten zur zentralen Lenkung der Wirtschaft in der SBZ ausgestattet.

23. Juni

Einführung der Mark als Antwort auf die Währungsreform in den Westzonen.

24. Juni

Beginn der Blockade Westberlins. Die Stadt wird über eine Luftbrücke versorgt.

29.–30. Juni

Die zentralistische Planwirtschaft beginnt mit dem von der SED beschlossenen ersten Zweijahrplan.

13. Oktober

Adolf Hennecke wird zum Vorbild der Aktivistenbewegung in der SBZ. Er hatte sein Soll um 380 Prozent übererfüllt.

1949

25. Januar

Gründung des Rates für gegenseitige Wirtschaftshilfe (RGW).

7. Oktober

Gründung der Deutschen Demokratischen Republik (DDR) in Berlin (Ost). Bildung einer provisorischen Regierung. Konstituierung der Provisorischen Volkskammer. Berlin wird zur Hauptstadt der DDR erklärt.

1950

19. April

Volkskammer verabschiedet das »Gesetz der Arbeit«. Garantie des Rechts auf Arbeit.

29. September

DDR tritt dem RGW bei.

1951

1. Januar

Beginn des 1. Zweijahrplans.

8. Oktober

Lebensmittelrationierung wird in der DDR aufgehoben (mit Ausnahme von Fleisch, Fett und Zucker).

1952

9.–12. Juli

Auf der 2. Parteikonferenz beschließt die SED den »planmäßigen Aufbau des Sozialismus in der DDR«. Die Kollektivierung der Landwirtschaft in landwirtschaftlichen

Produktionsgenossenschaften (LPG) wird eingeleitet.

1953

28. Mai

Ministerrat der DDR beschließt Arbeitsnormerhöhungen.

17. Juni

Volksaufstand in Ostberlin und in der DDR.

1954

3. September

Der Ministerrat beschließt umfassende Preissenkungen für Lebensmittel, Genussmittel und Gebrauchsgüter sowie der Post- und Telegrammgebühren.

1955

25. Januar

Erklärung der Sowjetunion, der Kriegszustand mit Deutschland sei beendet.

18. August

Ministerrat beschließt die vollständige Eingliederung des Handwerks in die Planwirtschaft.

1956

16. November

Erhöhung aller Renten um 30 Mark. Die Mindestrente wird auf 105 Mark festgesetzt.

1957

18. Januar

Volkskammer beschließt Gesetz über die schrittweise Einführung der 45-Stunden-Woche.

4. Oktober

Die Sowjetunion schießt erfolgreich Sputnik in den Weltraum. Schock in den westlichen Ländern.

1958

29. Mai

Abschaffung der Lebensmittelkarten in der DDR.

10.–16. Juli

V. Parteitag der SED. Es wird ein Wirtschaftsprogramm mit dem Ziel beschlossen, den Lebensstandard Westdeutschlands binnen 3 Jahren zu übertreffen.

2. Dezember

ZK der SED schlägt Aktionseinheit mit der SPD und Gewerkschaften der Bundesrepublik vor.

1959

11. Mai–20. Juni und 13. Juli–15. August

Delegationen beider deutschen Staaten nehmen an der Außenministerkonferenz der 4 Großmächte in Genf teil.

3. Juni

Mit dem Gesetz über die Landwirtschaftlichen Produktionsgenossenschaften (LPG) beginnt die endgültige Vergesellschaftung der Landwirtschaft.

1. Oktober

Nach sowjetischem Vorbild beschließt die Volkskammer einen Siebenjahrplan für die DDR-Wirtschaft.

1960

14. April

Abschluss der Kollektivierung der Landwirtschaft.

1961

12. April

Verabschiedung des Gesetzbuchs der Arbeit durch die Volkskammer. Streikrecht wird darin nicht erwähnt.

30. Dezember

Interview Ulbrichts in der Prawda. Massenflucht in die Bundesrepublik führte zu einem »Schaden von 30 Milliarden Mark«.

1962

24. Mai

Bildung eines Volkswirtschaftsrates als Organ des Ministerrates.

1963

15. Juli

Die vom Ministerrat über die Richtlinie »Neues Ökonomisches System der Planung und Leitung der Volkswirtschaft«(NÖSPL) beschlossene Wirtschaftsreform wird vom Staatsrat bestätigt.

1. September

Bildung des Luftverkehrsunternehmens Interflug.

26. Oktober

Handelsabkommen zwischen der DDR und der Sowjetunion zur Steigerung des Warenaustauschs.

17. Dezember

Unterzeichnung des ersten Passierscheinabkommens. Westberlinern wird der Besuch von Verwandten im Ostteil der Stadt zu Weihnachten gestattet.

1964

1. August

Ausgabe neuer Banknoten mit dem Aufdruck »Mark der Deutschen Notenbank« (MDN).

9. September

Ministerrat gestattet Rentnern Besuchsreisen in die Bundesrepublik Deutschland und nach Westberlin.

25. November

Festsetzung eines Zwangsumtauschs von DM in Mark der Deutschen Notenbank der DDR für Besucher aus dem Westen.

1965

25. Februar

Verabschiedung des »Gesetzes über das Vertragssystem in der sozialistischen Wirtschaft«.

14. Juli

DDR und Sowjetunion schließen Abkommen über den Bau von Atomkraftwerken in der DDR.

1. August

Ulbricht schlägt Bildung einer gemeinsamen deutschen Wirtschaftskommission vor.

22. Dezember

Ministerrat beschließt Auflösung des Volkswirtschaftsrats und die Errichtung von 9 Industrieministerien.

1966

16. März

Für die ökonomische und wissenschaftlich-technische Zusammenarbeit zwischen DDR und UdSSR wird eine paritätische Regierungskommission gebildet.

1. April

Vom Tag an gilt für alle Werktätigen eine wöchentliche Arbeitszeit von 45 Stunden.

9. Mai

In Rheinsberg geht das erste Atomkraftwerk der DDR in Betrieb.

1967

28. August

Einführung der 5-Tage-Woche.

1. Dezember

Neubezeichnung der DDR-Währung in »Mark der Deutschen Demokratischen Republik«.

1968

15. März

Der Staatsrat beschließt Erhöhung der Mindestrente ab 1. Juli auf 150 Mark monatlich.

11. Juni

Volkskammer beschließt Pass- und Visapflicht im Reise- und Transitverkehr von und nach Westberlin.

1969

16. September

Erste Verhandlung zwischen Ministerien der DDR und der Bundesrepublik über Verkehrsfragen.

1970

29. April

Die beiden deutschen Staaten einigen sich in Postverhandlungen auf neue Fernsprech- und

Fernschreibleitungen sowie einen Kostenausgleich.

7. Mai

Außenhandelszentrum der DDR wird in Paris eröffnet.

1. Juli

Exportwaren der DDR erhalten die Bezeichnung »Made in GDR« (German Democratic Republic).

8. September

Das Politbüro der DDR berät über wirtschaftliche Krisen. Es ändert Wirtschafts- und Investitionspläne ab.

1971

1. März

Erhöhung der Mindestlöhne und Mindestrenten.

1. Juli

Einführung von Auslandstarifen für Postsendungen und Ferngespräche in die Bundesrepublik einschließlich Westberlin, mit der Folge einer drastischen Erhöhung der Tarife.

21. Oktober

Ministerrat beschließt Förderung des privaten Wohnungsbaus.

1972

18. Mai

Abschluss der letzten Verstaatlichungswelle. Firmen mit bisheriger halbstaatlicher Beteiligung im Industrie- und Baubereich werden »Volkseigentum«.

26. Mai

Unterzeichnung des Verkehrsvertrages zwischen der Bundesrepublik Deutschland und der DDR.

21. Dezember

Unterzeichnung des Grundlagenvertrages zwischen der Bundesrepublik Deutschland und der DDR.

1973

23. Februar

DDR wird Mitglied der Konferenz der Vereinten Nationen für Handel und Entwicklung (UNCTAD).

18. September

Aufnahme von DDR und Bundesrepublik Deutschland in die UNO.

2. Oktober

ZK-Plenum beschließt »Lösung der Wohnungsfrage« bis 1990.

5. November

Verdoppelung der Mindestumtauschsätze für Besucher aus nichtsozialistischen Staaten.

19. Dezember

DDR-Bürger dürfen mit Devisen in »Intershops« einkaufen.

1974

26. Oktober

Der Mindestumtauschsatz für den DDR-Besucher wird gesenkt.

11.–12. Dezember

Abkommen über die Entsorgung von Müll aus dem Westen gegen Devisen.

1975

1. Januar

Sonntagsausgaben der DDR-Zeitungen werden eingestellt, um Papierkosten zu sparen.

31. Januar

DDR und Sowjetunion vereinbaren Warenaustausch für das laufende Jahr. Die Sowjetunion hebt die Rohölpreise schrittweise auf Weltmarktniveau an.

1976

12. März

Westdeutschen Korrespondenten wird die Akkreditierung zur Leipziger Messe verweigert.

30. März

Beide deutschen Staaten unterzeichnen das ausgehandelte Post- und Fernmeldeabkommen.

18.–22. Mai
IX. Parteitag der SED. Beschlossen werden u. a. Direktiven zum Fünfjahrplan 1976–1980.

27. Mai
Erhöhung der Mindestlöhne und -renten.

1977

25. Februar
Für westliche Fahrzeuge in Ost-Berlin werden von der DDR Straßennutzungsgebühren erhoben.

16. Juni
Verabschiedung eines neuen Arbeitsgesetzbuches durch die Volkskammer.

23.–24. Juni
Das ZK beschließt die Erweiterung des Kombinats Robotron und Gründung des Kombinats Mikroelektronik.

9. August
Beschluss des Politbüros: Die Industrialisierung der der Landwirtschaft soll weiter vorangetrieben werden.

26. September
Honecker verteidigt die Intershops mit dem Hinweis auf den volkswirtschaftlichen Nutzen der Devisen für die DDR und kündigt den Aufbau der Exquisit-Läden an.

30. November
Die DDR ordert 10.000 VW-Golf, die nur in Ost-Berlin zugeteilt werden.

1978

24.–25. Mai
ZK beschließt die Einrichtung weiterer zentral geleiteter Kombinate.

1979

1. Januar
Für alle Beschäftigten wird der Mindesturlaub von 15 auf 18 Tage erweitert.

8. November
Ministerrat beschließt Kombinatsverordnung. Das »volkseigene Kombinat« wird als »grundlegende Wirtschaftseinheit« eingestuft.

14. Dezember
Preiserhöhungen für hochwertige Industriewaren.

1980

1. Januar
Abkommen über gegenseitigen Verzicht auf Straßenbenutzungsgebühren für LKW und Busse tritt in Kraft. Bei Zahlung einer jährlichen Pauschale von 50 Mio. DM bis 1989 durch die Bundesrepublik an die DDR für die Straßenbenutzung durch bundesdeutsche Pkw.

13. Oktober
Erhöhung des Mindestumtauschs für Reisen in die DDR führt zu erheblichem Rückgang der Besucherzahlen.

1981

19. März
Handelsabkommen für den Zeitraum von 1981 bis 1985 zwischen DDR und Sowjetunion. Sie sagt die Lieferung von 19 Mio. Tonnen Erdöl zu.

1983

15. Januar
Mitteilung der DDR-Zentralverwaltung für Statistik. Die aktuelle Wachstumsrate der DDR-Wirtschaft sei die niedrigste seit 20 Jahren.

18. April
Wirtschaftsgespräche in Bonn mit Günter Mittag.

1. Juli
Milliardenkredit für die DDR – vermittelt durch den westdeutschen CSU-Parteivorsitzenden Franz Josef Strauß – wird unterzeichnet.

1984

1. Januar
Agrarpreisreform tritt in Kraft.

9. Februar

Honecker übergibt in Ost-Berlin die »zweimillionste Wohnung« des Programms von 1971.

22.–24. Februar

Arbeitsvereinbarung zwischen DGB und FDGB.

25. Juli

Die Bundesregierung bürgt für einen 950-Mio.-DM-Kredit an die DDR. Senkung des Mindestumtauschs für Rentner.

1986

21.–26. Oktober

Honecker reist nach China. Ein Abkommen zur wirtschaftlichen und wissenschaftlich-technischen Zusammenarbeit wird unterzeichnet.

1987

25. August

Abkommen über wissenschaftliche und technische Zusammenarbeit zwischen der Bundesrepublik Deutschland und der DDR wird paraphiert.

13.–14. Oktober

Konferenz der RGW-Staaten. Es werden Wirtschaftsreformen vorgeschlagen. Die DDR lehnt ab.

1988

28. November

DDR-Regierung beschließt »umfassendste Rentenreform seit Bestehen der DDR«. Anhebung der Mindestrenten.

1989

27.–28. Juni

Honecker in Moskau. Gorbatschow drängt auf Reformen in der DDR.

ab Juli

Beginnende Massenflucht von DDR-Bürgern.

7. November

Rücktritt der DDR-Regierung.

9.–10. November

Öffnung der Grenzen zur Bundesrepublik und nach West-Berlin.

1990

13. Februar

Vereinbarung über die Einsetzung gemeinsamer Expertenkommissionen zur Vorbereitung von Währungsunion und Wirtschaftsgemeinschaft.

1. März

Beschluss des Ministerrates: Volkseigene Betriebe und Kombinate werden in Kapitalgesellschaften umgewandelt sowie eine Anstalt zur treuhänderischen Verwaltung von Volkseigentum gegründet.

16. Mai

Gründung des Fonds »Deutsche Einheit« (115 Mrd. DM) durch die Bundesregierung und die Bundesländer.

1. Juli

Die Wirtschafts-, Währungs- und Sozialunion tritt in Kraft. Zahlungsmittel in der DDR wird die DM.

3. Oktober

Die DDR tritt dem Geltungsbereich des Grundgesetzes bei.

Die Autoren

Volker Happe
geb. 1942, Diplomvolkswirt, Journalist und langjähriger Redakteur des WDR, arbeitete viele Jahre beim Politmagazin »Monitor«. Studierte Volkswirtschaft, Finanzwissenschaft und Betriebswirtschaftslehre u. a. bei Alfred Müller-Armack, dem »Erfinder« der Sozialen Marktwirtschaft.

Kim Otto
geb. 1968, Prof. Dr., Volkswirt und Journalist, arbeitet seit 17 Jahren für das ARD-Politikmagazin »Monitor« des WDR. Träger des Grimme-Preises 2007. Spiegel-Bestsellerautor, Professor für Wirtschaftsjournalismus an der Universität Würzburg.

Gustav A. Horn
geb. 1954, Prof. Dr., Diplomvolkswirt, Wissenschaftlicher Direktor des Instituts für Makroökonomie und Konjunkturforschung in der Hans-Böckler-Stiftung. Von 2000 bis 2004 leitete er die Abteilung Konjunktur am Deutschen Institut für Wirtschaftsforschung (DIW) in Berlin. Er ist ein gefragter Konjunkturexperte in Presse und Rundfunk.